SCRIPTORVM CLASSICORVM
BIBLIOTHECA OXONIENSIS

OXONII

E TYPOGRAPHEO CLARENDONIANO

PLOTINI

OPERA

EDIDERVNT

PAUL HENRY

ET

HANS-RUDOLF SCHWYZER

TOMVS III

ENNEAS VI

OXONII

E TYPOGRAPHEO CLARENDONIANO

Oxford University Press, Walton Street, Oxford OX2 6DP

Oxford New York
Athens Auckland Bangkok Bombay
Calcutta Cape Town Dar es Salaam Delhi
Florence Hong Kong Istanbul Karachi
Kuala Lumpur Madras Madrid Melbourne
Mexico City Nairobi Paris Singapore
Taipei Tokyo Toronto
and associated companies in
Berlin Ibadan

Oxford is a trade mark of Oxford University Press

Published in the United States by
Oxford University Press Inc., New York

British Library Cataloguing in Publication Data
Data available

ISBN 0-19-814591-8

5 7 9 10 8 6

Printed in Great Britain on acid-free paper by
The Ipswich Book Co. Ltd.
Suffolk

Quicumque *Vitam Plotini* et *Enneades I-V*
perlegere excerpere consulere molietur in lucro
ponet Addenda huic tomo adiuncta inspicere

PRAEFATIO

IN *SEXTA ENNEADE* ut in *quinta* eaedem sex codicum
familiae w, B, x, U, C, z^1 distingui possunt. Pauca
tantum admonenda sunt de quibusdam codicibus.

De codice A
De manibus A^1, A^2, A^3 cf. primum huius editionis
tomum p. vi.

De codice E
Tractatus VI. 5 in E bis scriptus est, a priore scriba ex
w i.e. ex exemplari codicum A et E, a posteriore ex
exemplari deperdito alieno ab omnibus familiis. Poste-
rioris scribae lectiones siglo *E* distinximus. Vltimum
codicis folium, ubi textus inde ab VI. 9. 11. 22 ἀλλὰ
scriptus erat, interiit.

De codice J
In *sexta Enneade* paene tota ut in *quinta* codex J cum
codice R familiae x addicendus est. Tres autem ultimae
paginae quae continent finem *Enneadum* inde ab VI.

---

[1] De quibus conferas alterum huius editionis tomum, pp. viii-x.

9. 9. 35 οἷον aut e codice U aut ex exemplari codicis U exscriptae sunt.

De codicibus Q et L
In *sexta Enneade* codices Q et L quos ubi consentiunt siglo z complexi sumus duos tantum tractatus VI. 4–5 quibusdam omissis continent, codex Q solus insuper praebet integros tractatus VI. 6, VI. 7, VI. 8, VI. 9.

De codicibus secundariis
Tres tantum secundarios codices in hoc tertio tomo afferimus:

F codicem ex A descriptum adnotauit Marsilius Ficinus cuius manum siglo F³ significamus.

Ex Ottoboniano Graeco 371 qui e codice S descriptus est[1] in *Addendis* ad V. 1. 6. 22 coniecturam petiuimus.

Ad VI. 6. 17. 42 mentionem cuiusdam lectionis facimus quae legitur in Vaticano Graeco 239 qui descriptus est ex Ottoboniano.[2]

Vt in altero tomo huius editionis ita et in hoc tertio Arabicos praetermisimus textus quos in Anglicam linguam uersos Geoffrey Lewis alteri editionis maioris tomo adiungendos concesserat.[3] Sex tamen locos ubi coniecturae Arabico textu comprobari uidentur enumeramus:

VI. 7. 4. 37 ἢ *Enn.*: ἴη *Th. .ogia* X. 63
VI. 7. 6. 2 ἀναισθήτω(ν) *Enn.*: ἂν αἰσθητῶν *Theologia* X. 75

---

[1] Argumentum reperias apud P. Henry, *Les Manuscrits des Ennéades*, p. 198.
[2] Argumentum reperias apud P. Henry, ibid. p. 298.
[3] De operibus Arabicis quorum nomina sunt *Theologia, Epistola de scientia diuina, Dicta Sapientis Graeci,* in altero editionis maioris tomo, pp. xxvi–xxxiv, locuti sumus.

VI. 7. 6. 14 ἐκείνοις *Enn.*: ἐκεῖνοι *Theologia* X. 79
VI. 7. 8. 26 αὐτῷ *Enn.*: αὐτῇ *Theologia* X. 98
VI. 7. 14. 11 ἂν *Enn.*: ἐν *Theologia* VIII. 43
VI. 7. 14. 12 οἶκος *Enn.*: ὄγκος *Theologia* VIII. 43

Rationes parandae huius minoris editionis de quibus et in primo tomo, pp. viii–ix, et in altero tomo, pp. x–xii, disseruimus in hoc quoque tertio tomo secuti sumus. Coniecturarum quas repudiauimus raro mentionem fecimus, coniecturas quas recepimus nomine auctoris distinximus, sed quo in libro coniecturam publici iuris fecisset e maiore editione non iterauimus.[1] Indicem hic addimus omnium locorum *sextae Enneadis*[2] ubi editionem maiorem deseruimus.

In editione maiore (= H.-S.[1])		In hac editione minore
VI. 1. 1. 10	αὐτῶν. Ὅτι ⟨δὲ⟩ τὰ	αὐτῶν, ὅτι τὰ
1. 11	γένη [δὲ] τινὰ	γένη δή τινα
5. 13–14	εἰ συσσημαντικὸν	εἰ ⟨τὸ σημαντικὸν ταύτης, τὸ δὲ⟩ συσσημαντικὸν
6. 26	καὶ διάθεσις	[καὶ διάθεσις]
7. 7	ὑπερβάλλεται. Εἰ	ὑπερβάλλεται, εἰ
7. 21	τοιούτοις. Τοῦτ'	τοιούτοις· τοῦτ'
10. 29–30	λέγονται. Ἀλλὰ	λέγονται; ἀλλὰ
10. 34	πάσχον, ἀλλὰ	πάσχον; ἀλλὰ
10. 35	καὶ τὴν διάθεσιν	κατὰ τὴν διάθεσιν
10. 47	τὸ κάλλος	τἀκαλλὲς
12. 4	διδόντα	νέμοντα

[1] Commemorauimus tamen eos libros in quibus leguntur coniecturae post editionem maiorem perfectam commendatae; si libri nomen deest, concludas auctorem coniecturam per litteras nobiscum communicauisse.

[2] Non tamen indicauimus, ubi αὐτοῦ αὐτῶν etc. in hoc tomo (sicut in altero tomo, sed aliter atque in primo) scripsissemus pro αὐτοῦ αὐτῶν quas grauioris ponderis formas reflexiui pronominis codices persaepe praebent. Confer notam 3 paginae xii praefationis alterius tomi editionis minoris.

PRAEFATIO

PRAEFATIO

VI. 2. 14. 11   οὐσίαν.Τὴν   οὐσίαν. [τὴν

14. 14   ἔχειν. Καίτοι   ἔχειν.] καίτοι

18. 17   γένους   γένος

19. 20   [νοῦν εἶναι],   νοῦν εἶναι,

20. 12   ἐκδέ⟨χεσθαι⟩   νοῦς

21. 38   τοῖς πρὸ   τοῖς ⟨ἀνωτέρω⟩ πρὸ

21. 41   ἂν   ⟨πᾶν⟩ ἂν

22. 21   εἶναι, καὶ   εἶναι καὶ

22. 24   ἔχων, καὶ ὁ πᾶς   ἔχων καὶ ὁ πᾶς, †καὶ
          ⟨μέρος⟩ καὶ

22. 25   [μέρος], ψυχὴ   μέρος†, ψυχὴ

VI. 3. 1. 10   ζητεῖν διαιροῦντας   [ζητεῖν διαιροῦντας]

1. 11   ἔστι   ἐστι ⟨ζητεῖν⟩

1. 23   τὰρ   γὰρ

3. 12   τούτῳ   τοῦτο

3. 25-6   τρία ⟨εἰ⟩ εἰς ἕν, εὕροιμεν   τρία εἰς ἕν, ⟨εἰ⟩ εὕροιμεν
        κοινόν τι, τὴν   κοινόν τι τὴν

5. 5   ἔσχατα, ἄλλα   ἔσχατα ἄλλα

7. 35   διαφορὰ   διάφορα

8. 30   ἐν   ἐκ

9. 16   καὶ μιγνύντα   καταμιγνύντα

11. 27   μετα⟨λήψει⟩   μετὰ

12. 27   αὕτη   αὐτὴ

13. 12   Ἐπεὶ   εἰ

14. 20   τοιόνδε   τοσόνδε

14. 22   Ἢι καὶ αὐτὸ   ἢ καθ᾽ αὐτὸ

14. 22   τρίγωνον, τί   τρίγωνον. τί

15. 2   λέγεται—ἢ   λέγεται. ἢ

15. 3   μεγέθη—καὶ   μεγέθη, καὶ

15. 4   ποσῷ   ποιῷ

15. 34-5   ⟨λέγομεν Σωκράτη⟩·   ⟨ὀρθῶς λεκτέον οὐ
        ἀλλὰ   Σωκράτη⟩, ἀλλὰ

19. 25   τὸν μὲν ἐρυθρίαν   τὸ μὲν ἐρυθριᾶν

20. 7   ἢ θεωρεῖσθαι, ἀντι-   ἢ, θεωρεῖσθαι ἀντιτίθεμεν
        τίθεμεν

20. 13-14   ὡσαύτως, θερμόν,   ὡσαύτως ⟨καὶ τῶν ἁπτῶν
                       πικρὸν γλυκύ⟩, θερμὸν

22. 4-5   [τοῦ] δ. τοῦ μέν   τοῦ ⟨μὲν⟩ δ. [τοῦ μέν]

22. 36   ἔτι   ἐπί

PRAEFATIO

		H.-S.¹	ed. min.

		H.-S.¹	ed. min.
VI. 6.	10. 32	ἢ τὸ	ἢ τὸ
	10. 32	[δεῖ] εἶναι, ἢ	δεῖ εἶναι ἢ
	10. 32–3	αὐτοαγαθόν, ἢ	αὐτοαγαθὸν ἢ
	10. 39	εἶναι	οὖσαν
	12. 26	ὅτι	ὅτι ὁ
	12. 28	θέσιν	θέσιν ⟨ἔχειν⟩
	12. 31	[ἐπὶ πάντων]	ἐπὶ πάντων
	12. 32	ἐπὶ πάντων	ἁπάντων
	13. 2	καὶ	[καὶ]
	13. 21	ἢ	ἢ
	13. 46	δυνατὸν	δύνασαι
	14. 13	τοῖς νοητοῖς, τῷ	[τοῖς νοητοῖς] τῷ
	14. 45	δεκάδα [ἐνοῦσαν δεκάδα]	[δεκάδα] ἐνοῦσαν δεκάδα
	15. 12	ζῷον, [τὸ πᾶν]	ζῷον τὸ πᾶν,
	15. 23	συνῇ	σὺν νῷ
	16. 18	ποσὸν καὶ μερίζον καθ'	ποσόν. καὶ μερίζων καθ'
		ἕνα· καὶ	ἕνα καὶ
	17. 34–5	ζῷον ἢ ἐν τῷ νῷ πρότερον;	ζῷον; ἢ ἐν τῷ νῷ πρότερον·
	18. 49	μετ' αὐτοῦ τὸ ἀγαθὸν	μετὰ τοῦτο τἀγαθὸν
VI. 7.	1. 40–1	τοῦτο; Καὶ	τοῦτο καὶ
	1. 42	γενόμενον. Προείδετο	γενόμενον; προείδετο
	1. 43–4	ἄρα. Καὶ δὴ καὶ τὸ νῦν	ἄρα καὶ δὴ καὶ—τὸ νῦν
		ἐξ ἀρχῆς λεχθὲν τὰς	ἐξαρχῆς λεχθέν—τὰς
	1. 44	ἔδωκε καὶ τὰς δυνάμεις,	καὶ ἔδωκε [τὰς δυνάμεις],
	1. 45	καὶ πῶς	[καὶ πῶς]
	1. 48	ἐνυπάρχειν. Δεῖ τοίνυν	ἐνυπάρχειν. δεῖ
		καὶ τοῦ ἀεὶ εἶναι. Δεῖ	
	2. 25	τῶν ἐν αὐτῷ	[τῶν ἐν αὐτῷ]
	3. 4	βούλησις	βούλευσις
	5. 18	δυνάμεις ἀμυδράς, πάντα,	δυνάμεις, ἀμυδρὰ πάντα,
	5. 19	εἴδη αἰσθήσεων ἄλλων,	[εἴδη αἰσθήσεων ἄλλων]
	6. 20	ἡ δευτέρα	τῇ δευτέρᾳ
	6. 29	ἄνθρωπον. Οὐ	δαίμονα· οὐ
	6. 31	στίχου	στοίχου
	6. 32	δαημόνων	δαιμόνων
	6. 33	συνέπηται—τὴν	συνέπηται τῇ
	6. 34	ἑλομένη—ψυχὴ ἡ συν-	ἑλομένη ψυχῇ ἡ συν-
		ηρτημένη τῇ ὅτε	ηρτημένη [τῇ] ὅτε

		H.-S.¹	ed. min.
VI. 7.	7. 25	ἀντιλήψει, καὶ	ἀντιλήψει· καὶ
	7. 26	αἴσθησιν ἀμυδροτέραν	αἴσθησιν, ⟨ὅτι σωμάτων ἦν,⟩ ἀμυδροτέραν
	7. 27	αἴσθησιν, ὅτι σωμάτων ἦν,	[αἴσθησιν ὅτι σωμάτων ἦν]
	8. 1	ὅλως	ὅμως
	8. 30	πλείων, δύναμιν	πλείω δύναμιν
	11. 11	ζωή τις ἐστὶ	ζωή τίς ἐστι
	11. 32	Τὴν	τὴν ⟨δὴ⟩
	11. 42	εἴη; ἢ	εἴη ἢ
	11. 43	δυναμένη· τοῦτο	δυναμένη; τοῦτο
	14. 11	ἂν ὡς ἓν	ἓν ὡς ἓν
	15. 4	ἀτελεῖς	εὐτελεῖς
	15. 31	ἑαυτὸν	αὐτὸν
	15. 32	[ἑαυτὸν]	ἑαυτὸν
	16. 30	καὶ νοεῖσθαι	καὶ ⟨νοεῖν καὶ⟩ νοεῖσθαι
	16. 33	ἐκεῖνο τὸ πρὶν πληρω- θῆναι ἦν· ἑτέρα	ἐκεῖνό τε ὃ πρὶν πληρω- θῆναι ἦν, ἑτέρα
	18. 16	ἡ ζωὴ ἡ	ἡ ζωὴ ᾗ
	18. 17	ζωὴ ᾗ	ζωὴ [ἡ]
	18. 18	ἡ ζωὴ ἡ ἀπ' αὐτοῦ, τὸ	ᾗ ζωὴ ἡ ἀπ' αὐτοῦ. τὸ
	18. 18–19	ἡ τοιαύτη. Πάλιν	ἢ τοιαύτη; πάλιν
	18. 22	λεκτέον εἶναι,	[λεκτέον εἶναι],
	18. 22–3	ἀγαθὸν εἶναι	ἀγαθὸν ⟨λεκτέον⟩ εἶναι
	18. 25	ἀγαθοειδές. Ἤ	ἀγαθοειδές, ᾗ
	23. 2	κινεῖ, οὗτοι	κινεῖ. οὗτοι
	25. 32	δίδωσι	δίδωσί ⟨τι⟩
	26. 1	αἰσθάνεσθαι, παρ' αὐτὸν εἰ ἥκοι	αἰσθάνεσθαι παρ' αὐτόν, εἰ ἥκει
	26. 15	ὅτι ἡδονὴν	ὅ τι ἡδονὴ
	28. 15	αἱρομένη	αἱρουμένη
	28. 17	Ἀλλ'	ἀλλ'
	28. 18–19	μὴ ἀγαπητὸν	μὴ ἀγαθὸν
	28. 24	ψυχῆς	ὕλης
	29. 12	οὗτος, ὃς	οὗτος ⟨τοῦ⟩ ὃς
	29. 13	μοῖραν οὐδὲν	μοῖραν, οὐδὲν
	32. 12	τίς	⟨τί⟩ τις
	36. 10–11	Ὅστις γένηται	ὅστις ⟨δὲ γε⟩γένηται

PRAEFATIO

		H.-S.¹	ed. min.
VI. 7.	37. 23	ἔξει	ἔξειν
	38. 15	αὐτό	αὐτόν
	39. 14	τοῦτο	τούτου
	39. 21	Ἀλλὰ σεμνὸν ἐστήξεται.	[ἀλλὰ σεμνὸν ἐστήξεται]
	39. 23-4	ἑστηκότων; κἂν	ἑστηκότων· κἂν
	41. 10	μᾶλλον ⟨οὐ⟩δὲ πλείω	μᾶλλον δὲ ⟨οὐδὲ⟩ πλείω
VI. 8.	1. 34-5	συνθεῖμεν	συνθέοι μὲν
	1. 38	κἀκεῖνο	κἀκείνῳ
	2. 3	πράττεται	πράττεται ⟨ἢ μὴ πράττεται⟩,
	2. 5	ἢ μὴ πράττεται	[ἢ μὴ πράττεται]
	3. 23	δώσομεν	⟨εἶναι⟩ δώσομεν
	3. 24	εἶναι δώσομεν	[εἶναι δώσομεν]
	4. 38-9	εἴπερ πρὸς αὐτό	[εἴπερ πρὸς αὐτό]
	6. 12	βεβουλεῦσθαι	βεβουλῆσθαι
	6. 37	καὶ γὰρ λέγομεν· ἡ	ἡ γὰρ λεγομένη
	7. 29	τοῖς ἀιδίοις ὑπάρχει καὶ τοῖς	⟨καὶ⟩ τοῖς ἀιδίοις ὑπάρχει [καὶ τοῖς]
	9. 19-20	τοῦτο, ὅπερ ἐστὶν αὐτός, τοῦτο αὐτὸν θέσθαι	τοῦτο ⟨αὐτὸν θέσθαι⟩, ὅπερ ἐστὶν αὐτός [τοῦτο αὐτὸν θέσθαι],
	9. 30-1	νοῦς· ἐπεὶ οὕτω τις καὶ	νοῦς; ἐπεὶ οὕτω τις κἂν
	10. 2	συνέβη, πῶς	συνέβη· πῶς
	10. 2	εἴ τι εἴη,	εἰ τί εἴη;
	10. 3	συνέβη. Καὶ εἴ τις	συνέβη; καὶ εἰ τίς
	10. 4	συνέβη. Εἰ	συνέβη; εἰ
	11. 12	λαβόντας, ἐν τῷ	λαβόντας ἐν νῷ
	11. 18	εἰσάγοντας	εἰσάγοντες
	11. 19	ὡς περὶ	ὥσπερ
	12. 20	φθέγγεσθαι; Τὸ δὲ	φθέγγεσθαι τόδε;
	13. 1-2	οὐκ ὀρθῶς	[οὐκ ὀρθῶς]
	13. 2-3	τὰ μὲν ὀρθῶς	τὰ μὲν ⟨οὐκ⟩ ὀρθῶς
	13. 39	ἐπισπωμένου	ἐπισπομένου
	13. 52	ὡς	εἰς
	13. 53	καὶ τὸ θέλειν	[καὶ τὸ θέλειν]
	14. 19	τοιοῦτον, τῷ	[τοιοῦτον], τῷ
	15. 17	καὶ ἐκκείμενα	κἀκκείμενα

		H.-S.[1]	ed. min.
VI. 8.	18. 6-7	ἐφάπτεται αὐτοῦ καὶ ᾗ ἐξήρτηται	ἐξήρτηται αὐτοῦ [καὶ ᾗ ἐξήρτηται]
	18. 20	ἐξηρτημένον ἐκ	ἐξηρτημένον, ἐκ
	18. 21	φύσεως, μαρτυρεῖν	φύσεως μαρτυρεῖν
	18. 29	⟨ἐκ⟩ τῆς δυνάμεως αὐτοῦ νοῦν	τῆς δυνάμεως αὐτοῦ νοῦς
	20. 15	πρῶτον, πρώτη	πρῶτον, πρῶτον
VI. 9.	1. 29	ἑνὸς μᾶλλον ἔχει	ἑνὸς ⟨τὸ⟩ μᾶλλον ⟨ἓν⟩ ἔχει
	1. 30	τὸ μᾶλλον ἕν	[τὸ μᾶλλον ἕν]
	3. 33	ἢ τὰ πρὸ αὐτοῦ	[ἢ τὰ πρὸ αὐτοῦ]
	3. 34	[ἢ τὰ παρ' αὐτοῦ]	ἢ τὰ πρὸ αὐτοῦ
	3. 52	ὄντως	ὄντος
	4. 20-1	περιφωτίσας	περιφωτίσαν
	4. 27	θίγειν	θιγεῖν
	5. 42	λέγοντες	λέγομεν
	6. 18-19	μὴ ἓν ἐνδεές—μὴ ἓν	[μὴ ἕν] ἐνδεὲς μὴ ἓν
	6. 51	συνιέναι	συνεῖναι
	7. 4	θίγειν ἐκεῖ	θιγεῖν ἀεὶ
	7. 19	διαθέσει	αἰσθήσει
	8. 38	ἐξᾴδων	ἐξῆς ᾄδων
	8. 41	αὐτόν, καὶ	αὐτόν—καὶ
	8. 42	ἐσόμεθα· οὐκ	ἐσόμεθα—οὐκ
	8. 42-3	αὐτόν, ἀλλ'	αὐτόν· ἀλλ'
	9. 27	θεοῦ ἐκείνου	θεοῦ ἐκείνη
	11. 19	νεῷ	νεῴ
	11. 32	καὶ τῷ ὁμοίῳ τὸ ὅμοιον.	[καὶ] τῷ ὁμοίῳ τὸ ὅμοιον. ⟨καὶ⟩

Duodeuiginti anni circumacti sunt ex quo primum huius editionis minoris tomum emisimus. Interea multae a multis rationes textui medendi excogitatae sunt quae perscrutandae et si placebant recipiendae erant.[1] Emendatam duorum priorum tomorum edi-

[1] Nonnumquam textus nobis mutandus quidem non uidebatur, sed aliter explicandus. Insuper nonnulli errores typographici tollendi erant.

tionem iteratis curis prelo subicere nos certe maluimus. Sed quae optauimus quia fieri nobis uiuis nec potuerunt nec poterunt, a lectore beneuolo petimus, ut cum tomos priores euoluerit oculos coniciat in *Fontes addendos* inque *Addenda et Corrigenda ad textum et apparatum lectionum* quae huic tomo eo consilio adiunximus, ut recensionem *Vitae* et *quinque Enneadum priorum* aequaremus cum editione *sextae Enneadis*.[1]

Multos fontes aperuerunt plures coniecturas proposuerunt uiri docti B. S. Page et J. Igal S.J. quibus praeterea gratias maximas agimus ob corrigendarum plagularum laborem operosum.

PAUL HENRY S.J.
HANS-RUDOLF SCHWYZER

---

[1] Quaecumque in his *Addendis* nouata sunt omnia fere *Lexico Plotiniano* ab J. H. Sleeman et G. Pollet confecto inclusa et siglo H–S² signata sunt.

OPERA IN TERTIO TOMO ALLATA

ALBINVS. *Didascalicus*, ed. C. F. Hermann, Appendix Platonica. Leipzig, Teubner, 1853. Editio stereotypa 1920.

ALEXANDER APHRODISIENSIS. *De anima*, ed. I. Bruns, Commentaria in Aristotelem Graeca, Supplementum Aristotelicum ii. 1. Berlin, Reimer, 1887.

— *In Aristotelis Metaphysica commentaria*, ed. M. Hayduck, Commentaria in Aristotelem Graeca i. Berlin, Reimer, 1891.

— *Quaestiones*; *De fato*; *De mixtione*, ed. I. Bruns, Commentaria in Aristotelem Graeca, Supplementum Aristotelicum ii. 2. Berlin, Reimer, 1892.

ANDRONICVS. *Fragmenta* apud Simplicium, *In Categorias*.

Pseudo-ARCHYTAS. *Fragmenta*, ed. J. Nolle. Dissertatio Münster. Tübingen, Laupp, 1914.

— *Categoriae* (Περὶ τῶν καθόλου λόγων) in: H. Thesleff, *The Pythagorean Texts of the Hellenistic Period*. Acta Academiae Aboensis, series A, vol. 30, n. 1. Abo, Academi, 1965, pp. 21–32.

— *Über die Kategorien*, herausgegeben, übersetzt und kommentiert von Th. Szlezák. Peripatoi 4. Berlin, De Gruyter, 1972.

ARISTOTELES. *Qui ferebantur librorum Fragmenta*, ed. V. Rose, tertia editio. Leipzig, Teubner, 1886.

— *Fragmenta selecta*, ed. W. D. Ross. Oxford, Clarendon Press, 1955.

ARISTOXENVS. *Fragmenta*, ed. F. Wehrli, Die Schule des Aristoteles 2. Basel, Schwabe, 1945; altera editio 1967.

ARMSTRONG, A. H. Ad textum nonnulla litteris nobiscum communicauit.

ARNIM. Cf. *Stoicorum Veterum Fragmenta*.

ARNOBIVS. *Aduersus nationes*, ed. C. Marchesi, Corpus scriptorum Latinorum Paravianum 62. Torino 1934.

ATTICVS. *Fragments*, ed. J. Baudry. Paris, Les Belles Lettres, 1931.

— *Frammenti*, ed. G. Martano in: *Due precursori del neoplatonismo*. Napoli, Il Tripode, 1955.

— *Fragments*, ed. É. des Places. Paris, Les Belles Lettres, 1977.

BEIERWALTES, W. Cf. Plotinus.

BEUTLER, R. Cf. Plotinus.

BIDEZ, J. et CUMONT, F. *Les Mages hellénisés* I–II. Paris, Les Belles Lettres, 1938.

OPERA IN TERTIO TOMO ALLATA

Boëthvs Peripateticvs. *Fragmenta* apud Simplicium, *In Categorias*.

Bouillet, M. N. *Les Ennéades de Plotin*. Traduction française, notes et éclaircissements, 3 tomes. Paris, Hachette, 1857-61. Editio iterata Frankfurt, Minerva, 1968.

Bréhier, É. Cf. Plotinus.

Brinkmann, A. 'Ein Schreibgebrauch und seine Bedeutung für die Textkritik'. *Rheinisches Museum* 57, 1902, 481-97.

Bury, R. G. *Proceedings of the Cambridge Philological Society* 178, 1941-5, 20.

Chrysippvs et Cleanthes. Cf. *Stoicorum Veterum Fragmenta*.

Cilento, V. *Plotino, Enneadi*. Versione italiana e commentario critico; bibliografia di B. Mariën, 3 volumi. Bari, Laterza, 1947-9.

Coleridge, S. T. *Biographia Literaria*. London 1817. Noua impressio: London, Bell & Daldy, 1870 (Coniecturae ad Plotinum reperiuntur in capitulo 12).

Creuzer, F. Cf. Plotinus.

Critolavs. *Fragmenta*, ed. F. Wehrli. Die Schule des Aristoteles 10. Basel, Schwabe, 1959; altera editio 1969.

Deichgräber, K. *Pseudohippokrates Über die Nahrung*. Akademie der Wissenschaften und der Literatur, Mainz, Abhandlungen der geistes- und sozialwissenschaftlichen Klasse, 1973, Nr. 3.

Dexippvs. *In Aristotelis categorias commentaria*, ed. A. Busse, Commentaria in Aristotelem Graeca iv. 2. Berlin, Reimer, 1888.

Diogenes Oenoandensis. *Fragmenta*, ed. C. W. Chilton. Leipzig, Teubner, 1957.

Dodds, E. R. *Gnomon* 37, 1965, 419-20.

Doxographi Graeci, ed. H. Diels, editio quarta. Berlin, De Gruyter, 1965.

Epicvrvs. *Epicurea*, ed. H. Usener. Leipzig, Teubner, 1887; editio stereotypa Stuttgart, Teubner, 1966.

— *The extant remains*, ed. C. Bailey. Oxford, Clarendon Press, 1926; impressio iterata Hildesheim, Olms, 1970.

Epimenides. Cf. Vorsokratiker.

Epiphanivs. *Panarion*, ed. K. Holl, I-III. Leipzig, Hinrich, 1915-33.

Etymologicon magnvm, ed. Th. Gaisford. Oxford, Typographeum Academicum, 1848.

Evripides. *Fragmenta*. Cf. *Tragicorum Graecorum Fragmenta*.

Evsebivs Pamphili. *Praeparatio Euangelica*, ed. Karl Mras, I-II. Berlin, Akademie-Verlag, 1954-6.

OPERA IN TERTIO TOMO ALLATA

FICINVS, MARSILIVS. *Plotini Opera.* Latina interpretatio. Florentiae, 1492.

GALENVS. *De placitis Hippocratis et Platonis.* In: *Claudii Galeni opera omnia,* ed. C. G. Kühn, vol. v, 281-805. Leipzig, Knobloch, 1823.

— ed. Iwan Müller. Leipzig, Teubner, 1874.

— ed. Ph. de Lacy. Corpus Medicorum Graecorum V. 4. 1. 2. Berlin, Akademie-Verlag, 1978-80.

Pseudo-GALENVS. Περὶ φιλοσόφου ἱστορίας, *Doxographi Graeci,* ed. H. Diels, editio iterata. Berlin et Leipzig, De Gruyter, 1929, 595-648.

GARCÍA BAZÁN, F. *Plotino y la Gnosis.* Buenos Aires, Fundación para la Educación, la Ciencia y la Cultura, 1981.

GNOSTICI. Cf. García, Nag Hammadi Library, Schmidt.

GOLLWITZER, TH. *Beiträge zur Kritik und Erklärung Plotins,* Beilage zum *Jahresbericht des Humanist. Gymnasiums Kaiserslautern,* 1909.

GREGORAS, NICEPHORVS. *Byzantina historia* I-II, ed. L. Schopen. Bonn, Weber, 1829-1830; III, ed. I. Bekker, 1855 = Patrologia Graeca 148-9, col. 9-520. Paris, Migne, 1865.

HANNEMANN-HALLER, I. *Plotins Schrift III. 1 Über das Schicksal.* Dissertation Universität Bern. Basel, Selbstverlag, 1977.

HARDER, R. Cf. Plotinus.

HEIGL, G. A. Cf. Plotinus.

HEINTZ, W. Secundum Harder.

HELLEMAN-ELGERSMA, W. *Soul-Sisters, a Commentary on Enneads IV 3 [27] 1-8.* Academisch proefschrift, Vrije Universiteit te Amsterdam, 1980.

HENRY, P. *Études Plotiniennes,* t. I. *Les États du texte de Plotin.* Museum Lessianum, Section philosophique, n. 20. Paris, Desclée de Brouwer; Bruxelles, L'Édition universelle, 1938; impressio iterata 1961.

— *Études Plotiniennes,* t. II. *Les Manuscrits des Ennéades.* Museum Lessianum, Section philosophique, n. 21. Paris, Desclée de Brouwer; Bruxelles, L'Édition universelle, 1941; altera editio 1948.

— Cf. Plotinus.

HERMAE PASTOR. In: *Patrum Apostolicorum opera,* ed. O. v. Gebhardt, A. Harnack, Th. Zahn, sexta editio, Leipzig, Hinrichs, 1920.

Pseudo-HIPPOCRATES. *De alimento,* ed. J. L. Heiberg. Corpus Medicorum Graecorum I. 1, 79-84. Leipzig, Teubner, 1927.

HOLWERDA, D. *Sprünge in die Tiefen Heraklits.* Groningen, Bouma, 1978.

IAMBLICHVS. *De uita Pythagorica liber,* ed. L. Deubner. Leipzig, Teubner, 1937; impressio iterata Stuttgart, Teubner, 1975.

OPERA IN TERTIO TOMO ALLATA

IGAL, J. 'Porfirio, Vida de Plotino'. *Perficit*, 2, 1970, 281-323.
— *La cronología de la Vida de Plotino de Porfirio*. Universidad de Deusto, 1972.
— 'Observaciones al texto de Plotino'. *Emerita*, 41, 1973, 75-98.
— 'Sobre Plotini Opera, III'. *Emerita*, 43, 1975, 169-96.
— 'Notas al texto de Plotino'. *Genethliakon Isidorianum*. Salamanca, Universidad Pontificia, 1975, 299-307.
— 'Observaciones a las Enéadas I-II de Plotino'. *Helmantica*, 28, 1977, 241-52.
— Ad textum et ad fontes nonnulla litteris nobiscum communicauit.

IRENAEVS. *Aduersus haereses*, PG 7, col. 437-1264. Paris, Migne, 1857.

JONAS, H. 'Plotin über Ewigkeit und Zeit'. *Festgabe für E. Voegelin*. München, Beck, 1962, 295-319.

KIRCHHOFF, A. Cf. Plotinus.

LEWIS, G. Cf. Plotinus, ed. Henry-Schwyzer.

LEXICON PLOTINIANVM. Cf. Plotinus.

LVCIVS. *Fragmenta* apud Simplicium, *In Categorias*.

LYDVS, IOANNES LAVRENTIVS. *Liber de mensibus*, ed. R. Wünsch. Leipzig, Teubner, 1898.

MACKENNA, ST. *Plotinus*. English Translation. Fourth edition revised by B. S. Page. London, Faber & Faber, 1969.

MARINVS. *Vita Procli*, ed. J. F. Boissonade. In: *Procli opera inedita*, ed. V. Cousin. Paris, Durand, 1864, col. 1-65. Impressio iterata Frankfurt, Minerva, 1962.

MRAS, K. *Macrobius' Kommentar zu Ciceros Somnium*. Sitzungsberichte Akademie Berlin, phil.-hist. Klasse 1933, 232-86.

MÜLLER, H. F. Cf. Plotinus.

THE NAG HAMMADI LIBRARY IN ENGLISH (= NHL). Director: J. M. Robinson. San Francisco, Harper & Row, 1977.

NEMESIVS EMESENVS. *De natura hominis*, ed. C. F. Matthaei. Halle, Gebauer, 1802 (= Patrologia Graeca 40, col. 503-818. Paris, Migne, 1863). Impressio iterata Hildesheim, Olms, 1967.

NICEPHORVS. Cf. Gregoras.

NICOSTRATVS. *Fragmenta* apud Simplicium, *In Categorias*.

NVMENIVS. *Testimonia et Fragmenta*, ed. E.-A. Leemans, *Académie royale de Belgique, Classe des Lettres, Mémoires*, 37, 2. Bruxelles, 1937.

OPERA IN TERTIO TOMO ALLATA

NVMENIVS. *Fragments*, ed. É. des Places. Paris, Les Belles Lettres, 1973.

OCELLVS LVCANVS, ed. R. Harder. Berlin, Weidmann, 1926; altera editio 1967.

ORIGENES. *Contra Celsum*, ed. P. Koetschau. In: Origenes, Werke I-II. Leipzig, Hinrichs, 1899.

ORIGENES PLATONICVS. *Fragmenta*, ed. K.-O. Weber, *Origenes der Neuplatoniker*. Zetemata 27. München, Beck, 1962.

ORPHICORUM FRAGMENTA, ed. O. Kern. Berlin, Weidmann, 1922.

ORTH, E. Coniecturas litteris nobiscum communicauit.

PAGE, B. S. Cf. MacKenna.

— Coniecturas litteris nobiscum communicauit.

PERNA. Cf. Plotinus.

PHERECYDES. Cf. Vorsokratiker.

PHILOLAVS. Cf. Vorsokratiker.

PHILOPONVS, IOANNES. *De aeternitate mundi*, ed. H. Rabe. Leipzig, Teubner, 1899; impressio iterata Hildesheim, Olms, 1963.

PLOTINVS. *Operum philosophicorum libri LIV nunc primum Graece editi*. Basileae, ad Perneam lecythum, 1580.

— *Opera omnia*. Apparatum criticum disposuit, indices concinnauit G. H. Moser; emendauit, indices expleuit, prolegomena, introductiones, annotationes adiecit F. Creuzer, uol. I-III. Oxford, Typographeum Academicum, 1835.

— *Enneades*, iterum ed. F. Creuzer et G. H. Moser. Paris, Didot, 1855.

— *Opera* (secundum ordinem chronologicum), ed. A. Kirchhoff, uol. I-II. Leipzig, Teubner, 1856.

— *Enneades*. Antecedunt Porphyrius, Eunapius, Suidas, Eudocia *De Vita Plotini*, ed. H. F. Müller, uol. I-II. Berlin, Weidmann, 1878-80.

— *Enneades* praemisso Porphyrii *De Vita Plotini* libello, ed. R. Volkmann, uol. I-II. Leipzig, Teubner, 1883-4.

— *Ennéades*, ed. É. Bréhier. Texte, traduction française, notices, t. I-VI. 2. Paris, Les Belles Lettres, 1924-38.

— *Opera*, t. I-III, ed. P. Henry et H.-R. Schwyzer. Paris et Bruxelles, Desclée de Brouwer; Leiden, Brill, 1951-73 (= H-S[1]). Tomus alter continet *Plotiniana Arabica* quae Anglice uertit G. Lewis.

— *Schriften*. Griechischer Text, deutsche Übersetzung, Anmerkungen. Neubearbeitung, Bände I, Vc von R. Harder (= Harder[2]); Bände II, III, IV, Va-b von R. Beutler und W. Theiler (= B-T); Band VI (Indices) von W. Theiler und G. O'Daly. Hamburg, Meiner, 1956-71.

OPERA IN TERTIO TOMO ALLATA

PLOTINVS. *Opera*, t. I–III. *Vita Plotini, Enneades*, ed. P. Henry et H.-R. Schwyzer. Oxford, Clarendon Press, 1964–82 (= H-S²).

— *Ad Gnosticos liber* (*Enn.* II. 9), ed. G. A. Heigl. Ratibor, Pustet, 1832.

— Πόθεν τὰ κακά (*Enn.* I. 8), ed. E. Schröder. Dissertation Universität Rostock. Borna-Leipzig, 1916.

— *Über Ewigkeit und Zeit* (*Enn.* III. 7). Griechischer Text, deutsche Übersetzung, Kommentar, von W. Beierwaltes. Frankfurt, Klostermann, 1967; 3. Auflage 1981.

— *Traité sur les nombres* (*Enn.* VI. 6 [34]). Introduction, texte grec, traduction, commentaire et index grec, par J. Bertier, L. Brisson, A. Charles, J. Pépin, H.-D. Saffrey, A.-Ph. Segonds. Paris, Vrin, 1980.

— *Lexicon Plotinianum*, ed. J. H. Sleeman et G. Pollet. Leiden, Brill; Leuven, University Press, 1980.

PORPHYRIVS. *Vita Plotini*. In huius editionis tomo I, 1964.

— *Introductio in Tetrabiblum Ptolemaei*, ed. Ae. Boer et St. Weinstock in: *Catalogus codicum astrologorum Graecorum* V. 4. 190–228. Bruxelles, in aedibus Academiae, 1940.

— *Sententiae ad intellegibilia ducentes*, ed. B. Mommert. Leipzig, Teubner, 1907.

— — ed. E. Lamberz. Leipzig, Teubner, 1975.

POSIDONIVS. Vol. I. *The Fragments*, ed. L. Edelstein et I. G. Kidd. Cambridge, University Press, 1972.

PROCLVS. *In Platonis Cratylum commentaria*, ed. G. Pasquali. Leipzig, Teubner, 1908.

In Platonis Timaeum commentaria, ed. E. Diehl, uol. I–III. Leipzig, Teubner, 1903 6.

— *In Platonis Theologiam libri sex*, ed. Aemilius Portus. Hamburg-Frankfurt am Main, Ruland, 1618. Impressio iterata Frankfurt, Minerva, 1960.

— *Théologie platonicienne*, livres I–III, ed. H. D. Saffrey et L. G. Westerink. Paris, Les Belles Lettres, 1968 78. Plura nondum edita sunt.

PUELMA, M. 'Vorschläge zu Plotin *Enn.* VI. 9'. *Museum Helveticum*, 36, 1979, 90–100.

— 'Zu Plotin *Enn.* VI. 9. Ein Nachtrag'. *Museum Helveticum*, 37, 1980, 133–4.

ROUSSOS, E. N. Ὁ Ἡράκλειτος στὶς Ἐννεάδες τοῦ Πλωτίνου. Ἀθήνα 1968.

— Φιλοσοφία (Ἐπετηρὶς τοῦ Κέντρου ἐρεύνης τῆς Ἑλληνικῆς φιλοσοφίας), 4, 1974, 459–65.

RUTTEN, Chr. *Les catégories du monde sensible dans les Ennéades de Plotin.* Paris, Les Belles Lettres, 1961.

OPERA IN TERTIO TOMO ALLATA

SCHMIDT, C. *Unbekanntes altgnostisches Werk*, traditum in codice Bruciano, e lingua Coptica in Germanicam uersum. Koptisch-gnostische Schriften I. Leipzig, Hinrichs, 1905, p. 335-67. Tertia editio, ed. W. Till. Berlin, Akademie-Verlag, 1959. Impressio iterata 1962.

SCHRÖDER, E. Cf. Plotinus, Πόθεν τὰ κακά.

SCHWYZER, H.-R. 'Plotinos'. *Paulys Realencyclopädie*, 21, 1951, Spalte 471-592; Supplementband 15, 1978, Spalte 310-28.

— 'Plotins letztes Wort'. *Museum Helveticum*, 33, 1976, 85-97.

— 'ἀκήμων "still" bei Plotin?' *Museum Helveticum*, 37, 1980, 179-89.

— Cf. Plotinus.

SEVERVS PLATONICVS apud Proclum. *In Timaeum commentaria*.

SIMPLICIVS. *In Aristotelis Categorias commentarium*, ed. C. Kalbfleisch, Commentaria in Aristotelem Graeca viii. Berlin, Reimer, 1907.

— *In Aristotelis De Caelo commentaria*, ed. I. L. Heiberg, Commentaria in Aristotelem Graeca vii. Berlin, Reimer, 1894.

— *In Aristotelis Physicorum libros commentaria*, ed. H. Diels, Commentaria in Aristotelem Graeca ix-x. Berlin, Reimer, 1882-95.

SOSIGENES. *Fragmenta* apud Dexippum.

STOBAEVS, IOANNES. *Anthologium*, ed. C. Wachsmuth et O. Hense, uol. I-V et appendix. Berlin, Weidmann, 1884-1923.

STOICORVM VETERVM FRAGMENTA, ed. I. ab Arnim, uol. I-IV. Leipzig, Teubner, 1903-24. Impressio iterata Stuttgart, Teubner, 1968.

DE STRYCKER, É. Coniecturas litteris nobiscum communicauit.

SZLEZÁK, Th. A. *Platon und Aristoteles in der Nuslehre Plotins*. Basel, Schwabe, 1979. Nonnullos fontes hic liber nobis aperuit.

TAYLOR, Th. Secundum Creuzer, cf. Plotinus.

TERTVLLIANVS. *De anima*, ed. J. H. Waszink. Amsterdam, Meulenhoff, 1947.

THEILER, W. Cf. Plotinus.

THEODORETVS. *Graecarum affectionum curatio*, ed. I. Raeder. Leipzig, Teubner, 1904.

THEOLOGIA. Conspectus in altero tomo editionis maioris *Plotini Operum*, pp. 495-7.

THEOPHRASTVS. *Metaphysica*, ed. W. D. Ross et F. H. Fobes. Oxford, Clarendon Press, 1929. Impressio iterata Hildesheim, Olms, 1967.

— *Physicorum opiniones*. Fragmenta apud *Doxographos Graecos*, pp. 473-527.

— Cf. Simplicius, *In Categorias*.

OPERA IN TERTIO TOMO ALLATA

TIMAEVS LOCRVS. *De natura mundi et animae*, ed. W. Marg. Leiden, Brill, 1972.

TRAGICORVM GRAECORVM FRAGMENTA, ed. A. Nauck, editio secunda, Leipzig, Teubner, 1889.

VITRINGA, A. J. *Annotationes criticae in Plotini Enneadum partem priorem* (secundum ordinem chronologicum). Deventer, 1876.

— Secundum Müller et Volkmann. Cf. Plotinus.

VOLKMANN. Cf. Plotinus.

VORSOKRATIKER, DIE FRAGMENTE DER. Griechisch und Deutsch von H. Diels; 6. Auflage von W. Kranz. Berlin, Weidmann, 1951-2.

WESTERINK, L. G. *Mnemosyne*, 30, 1977, 321-2.

VAN WINDEN, J. C. M. 'Das ἐκεῖ in Plotin *Enn.* VI. 9. 7. 4'. *Museum Helveticum*, 37, 1980, 61-2.

XENOCRATES. *Darstellung der Lehre und Sammlung der Fragmente*, ed. R. Heinze. Leipzig, Teubner, 1892.

ORDO ENNEADVM COMPARATVR
CVM ORDINE CHRONOLOGICO

Enn.	chron.	Enn.	chron.	Enn.	chron.
I. 1	53	II. 1	40	III. 1	3
I. 2	19	II. 2	14	III. 2	47
I. 3	20	II. 3	52	III. 3	48
I. 4	46	II. 4	12	III. 4	15
I. 5	36	II. 5	25	III. 5	50
I. 6	1	II. 6	17	III. 6	26
I. 7	54	II. 7	37	III. 7	45
I. 8	51	II. 8	35	III. 8	30
I. 9	16	II. 9	33	III. 9	13

Enn.	chron.	Enn.	chron.	Enn.	chron.
IV. 1	21	V. 1	10	VI. 1	42
IV. 2	4	V. 2	11	VI. 2	43
IV. 3	27	V. 3	49	VI. 3	44
IV. 4	28	V. 4	7	VI. 4	22
IV. 5	29	V. 5	32	VI. 5	23
IV. 6	41	V. 6	24	VI. 6	34
IV. 7	2	V. 7	18	VI. 7	38
IV. 8	6	V. 8	31	VI. 8	39
IV. 9	8	V. 9	5	VI. 9	9

ORDO CHRONOLOGICVS COMPARATVR CVM ORDINE ENNEADVM

chron.	Enn.	chron.	Enn.	chron.	Enn.
1	I. 6	11	V. 2	21	IV. 1
2	IV. 7	12	II. 4	22	VI. 4
3	III. 1	13	III. 9	23	VI. 5
4	IV. 2	14	II. 2	24	V. 6
5	V. 9	15	III. 4	25	II. 5
6	IV. 8	16	I. 9	26	III. 6
7	V. 4	17	II. 6	27	IV. 3
8	IV. 9	18	V. 7	28	IV. 4
9	VI. 9	19	I. 2	29	IV. 5
10	V. 1	20	I. 3	30	III. 8

chron.	Enn.	chron.	Enn.	chron.	Enn.
31	V. 8	41	IV. 6	51	I. 8
32	V. 5	42	VI. 1	52	II. 3
33	II. 9	43	VI. 2	53	I. 1
34	VI. 6	44	VI. 3	54	I. 7
35	II. 8	45	III. 7		
36	I. 5	46	I. 4		
37	II. 7	47	III. 2		
38	VI. 7	48	III. 3		
39	VI. 8	49	V. 3		
40	II. 1	50	III. 5		

SIGLA

H	Scriba in scribendo
H^s	Scriba in scribendo supra lineam
H^{mg}	Scriba in scribendo in margine
H^{γρ}	Scriba in scribendo praemisso γρ(άφεται)
H^{γρs}	Scriba in scribendo supra lineam praemisso γρ(άφεται)
H^{γρmg}	Scriba in scribendo in margine praemisso γρ(άφεται)
H^{ec}	Ipse probabiliter scriba e correctione
H^{ac}	Ante correctionem
H^{pc}	Post correctionem
H^1	Reuisor non certo distinctus a scriba
H^2	Reuisor certo distinctus a scriba
H^3	Reuisor ab H, H^1, H^2 distinctus
H$^{1-2}$	H^1 uel H^2
καὶ^1	καὶ prima uice in contextu
μ^2	Littera μ secunda uice in uocabulo de quo agitur
w	Consensus codicum eiusdem classis qui in apparatu testium afferuntur
Enn.	Enneadum archetypus
Vita	Vitae Plotini archetypus
Pinax	Index omnium titulorum primae Enneadi praemissus
Summ.	Summarium, id est index titulorum cuique Enneadi praemissus
γρ.	γράφεται
ἴσ.	ἴσως
[σῶμα]	Interpolatio delenda
⟨ψυχὴ⟩	Additio
νέκυες	Quae ad uerbum citat Plotinus, diductis litteris scripsimus
†	Locus nondum sanatus
=	Fons ex quo Plotinus quamquam liberius citans tamen dubium non est quin hauriat
cf.	Locus ad quem alludere uidetur

CODICES PRIMARII

FAMILIA W

A   Laurentianus 87. 3
E   Parisinus Gr. 1976

FAMILIA B

B   Laurentianus 85. 15

FAMILIA X

R   Vaticanus Reginensis Gr. 97
J   Parisinus Gr. 2082

FAMILIA U

U   Vaticanus Vrbinas Gr. 62

FAMILIA C

C   Monacensis Gr. 449

FAMILIA Z

Q   Marcianus Gr. 242
L   Ambrosianus Gr. 667

Haec sunt nomina priorum editorum: Perna, Creuzer, Kirchhoff, Müller, Volkmann, Bréhier, Harder[2], Beutler et Theiler (=B-T).

H-S[1]: *Plotini Opera*, ed. P. Henry et H.-R. Schwyzer, editio maior, tom. I–III, 1951–73

H-S[2]: *Plotini Opera*, ed. P. Henry et H.-R. Schwyzer, editio minor, tom. I–III, 1964–82

H-S[3]: In *Addendis* tomo III H-S[1] additis

ENNEAS VI

SVMMARIVM

Τάδε ἔνεστι Πλωτίνου φιλοσόφου ἐννεάδος ἕκτης·

Summarium = w(= AE) BR

ΠΕΡΙ ΤΩΝ ΓΕΝΩΝ ΤΟΥ ΟΝΤΟΣ ΠΡΩΤΟΝ

1. Περὶ τῶν ὄντων πόσα καὶ τίνα ἐζήτησαν μὲν καὶ οἱ
πάνυ παλαιοί, ἕν, οἱ δὲ ὡρισμένα, οἱ δὲ ἄπειρα εἰπόντες,
καὶ τούτων ἕκαστοι οἱ μὲν ἄλλο οἱ δὲ ἄλλο τὸ ἕν, οἱ δὲ
τὰ πεπερασμένα καὶ αὖ τὰ ἄπειρα εἰπόντες· καὶ τοῖς μετ᾽
5 αὐτοὺς ἐξετασθεῖσαι αὗται αἱ δόξαι ἱκανῶς ἀφετέαι ἡμῖν.
ὅσα δ᾽ ἐξετάσαντες τὰ ἐκείνων ἔθεντο ἐν γένεσιν ὡρισμέ-
νοις αὐτοί, περὶ τούτων ἐπισκεπτέον, οἳ οὔτε ἕν θέμενοι,
ὅτι πολλὰ καὶ ἐν τοῖς νοητοῖς ἑώρων, οὔτε ἄπειρα, ὅτι μήτε
οἷόν τε μήτ᾽ ἐπιστήμη ἂν γένοιτο, τά τε πεπερασμένα εἰς
10 ἀριθμὸν αὐτῶν, ὅτι τὰ ὑποκείμενα οὐκ ὀρθῶς οἷον στοι-
χεῖα, γένη δή τινα οὗτοι εἰρήκασιν, οἱ μὲν δέκα, οἱ δὲ

Enn. = w(= AE) B x(= RJ) U C

---

1. 1 cf. Plat. Soph. 242c5-6   1-3 cf. Aristot. Metaph. Z 1. 1028ᵇ3-6;
Phys. A 2. 184ᵇ22-4   2 ἕν Thales, Anaximenes, Heraclitus, cf. Aristot.
Metaph. A 3. 983ᵇ18-21; 984ᵃ5-7   ὡρισμένα Empedocles, cf. Aristot.
ibid. 984ᵃ8   ἄπειρα Anaxagoras, cf. Aristot. ibid. 984ᵃ11-13, et Demo-
critus, cf. Simplicius In De caelo i. 10, p. 295. 1-2 (= Aristot. Fr. 208 Roseᵃ =
p. 144 Ross = Democritus Fr. A 37)   7 αὐτοί Aristoteles et Stoici
8 cf. Aristot. Metaph. A 8. 988ᵇ22-6   8-9 μήτε οἷόν τε cf. Aristot. Phys.
A 4. 187ᵇ34   9 μήτ᾽ ἐπιστήμη cf. ibid. A 4. 187ᵇ7-8 et A 6. 189ᵃ13 et
Metaph. a 2. 994ᵇ 28-9   11 οἱ μὲν δέκα cf. Aristot. Categ. 4. 1ᵇ25-7; Top.
A 9. 103ᵇ22-3   11-12 οἱ δὲ ἐλάττω cf. Stoic. Vet. Fr. ii, n. 369-75

Tit. πρῶτον om. wB   1. 2 ἕν om. x   δὲ¹: μὲν x   3 τούτων
scil. omnium qui enumerabantur   ἄλλο .. ἄλλο praedicatiua ad 3 ἕν et 4
πεπερασμένα et ἄπειρα   post ἄλλο² add. εἰπόντες w   4 αὖ τὰ BxUC:
αὐτὰ w   9 τε² (aduersatiuum) del. Theiler   10 αὐτῶν del.
Volkmann   10-11 ὅτι—στοιχεῖα argumentum ad 11 γένη—εἰρήκασιν
11 δή Theiler: δέ Enn.: del. Volkmann

ἐλάττω· εἶεν δ' ἄν τινες οἱ πλείω τούτων. ἔστι δὲ καὶ ἐν
τοῖς γένεσι διαφορά· οἱ μὲν γὰρ τὰ γένη ἀρχάς, οἱ δὲ αὐτὰ
τὰ ὄντα τῷ γένει τοσαῦτα.

Πρῶτον τοίνυν τὴν διαιρουμένην εἰς δέκα τὰ ὄντα ληπ- 15
τέον ἀνασκοποῦντας, πότερα δέκα γένη δεῖ νομίζειν αὐτοὺς
λέγειν κοινοῦ ὀνόματος τυχόντα τοῦ ὄντος ἢ κατηγορίας
δέκα. ὅτι γὰρ οὐ συνώνυμον τὸ ὂν ἐν ἅπασι, λέγουσι καὶ
ὀρθῶς λέγουσι· μᾶλλον δὲ ἐκεῖνο πρῶτον ἐρωτητέον, πότερα
ὁμοίως ἔν τε τοῖς νοητοῖς ἔν τε τοῖς αἰσθητοῖς τὰ δέκα, 20
ἢ ἐν μὲν τοῖς αἰσθητοῖς ἅπαντα, ἐν δὲ τοῖς νοητοῖς τὰ
μὲν εἶναι, τὰ δὲ μὴ εἶναι· οὐ γὰρ δὴ ἀνάπαλιν. οὗ δὴ ἐξετα-
στέον, τίνα κἀκεῖ τῶν δέκα, καὶ εἰ τὰ ἐκεῖ ὄντα ὑφ' ἓν
γένος ὑπακτέον τοῖς ἐνταῦθα, ἢ ὁμωνύμως ἥ τε ἐκεῖ οὐσία
ἥ τε ἐνταῦθα· ἀλλ' εἰ τοῦτο, πλείω τὰ γένη. εἰ δὲ συνω- 25
νύμως, ἄτοπον τὸ αὐτὸ σημαίνειν τὴν οὐσίαν ἐπί τε τῶν
πρώτως ὄντων καὶ τῶν ὑστέρων οὐκ ὄντος γένους κοινοῦ,
ἐν οἷς τὸ πρότερον καὶ ὕστερον. ἀλλὰ περὶ τῶν νοητῶν κατὰ
τὴν διαίρεσιν οὐ λέγουσιν· οὐ πάντα ἄρα τὰ ὄντα διαιρεῖσ-
θαι ἐβουλήθησαν, ἀλλὰ τὰ μάλιστα ὄντα παραλελοίπασι. 30

2. Πάλιν οὖν ἆρα γένη νομιστέον εἶναι; καὶ πῶς ἓν
γένος ἡ οὐσία; ἀπὸ γὰρ ταύτης πάντως ἀρκτέον. ὅτι
μὲν ἓν ἐπί τε τῆς νοητῆς ἐπί τε τῆς αἰσθητῆς κοινὸν
εἶναι ἀδύνατον τὸ τῆς οὐσίας, εἴρηται. καὶ προσέτι ἄλλο τι
ἔσται πρό τε τῆς νοητῆς καὶ πρὸ τῆς αἰσθητῆς, ἄλλο τι 5

---

1. 12 οἱ πλείω Peripatetici quos impugnat Dexippus *In Categ*. i. 37, p. 32.
10-34. 2   13 οἱ μὲν cf. Aristot. *Metaph*. B 3. 999ᵃ22-3 et VI. 2. 2.
11 et Stoici apud Plot. VI. 1. 25. 24-5   οἱ δὲ Stoici cf. VI. 1.
25. 1-3   18 cf. Aristot. *Metaph*. Γ 2. 1003ᵇ5-6; Δ 7. 1017ᵃ22-7; Z 1.
1028ᵃ10-13   19-25 cf. VI. 3. 5. 1-7   27-8 cf. Aristot. *Metaph*. B
3. 999ᵃ6-7   2. 3 cf. ibid. H 3. 1043ᵇ29-30   4 εἴρηται cf. VI. 1. 1.
26-7

---

1. 14 τὰ ὄντα om. x   18-19 καὶ ὀρθῶς λέγουσι om. x   24 ὁμώνυ-
μος x

ὂν κατηγορούμενον κατ᾽ ἀμφοῖν, ὃ οὔτε σῶμα οὔτε ἀσώματον
ἂν εἴη· ἔσται γὰρ ἢ τὸ σῶμα ἀσώματον, ἢ τὸ ἀσώματον
σῶμα. οὐ μὴν ἀλλὰ ἐπ᾽ αὐτῶν τῶν τῇδε οὐσιῶν ζητητέον,
τί κοινὸν ἐπὶ τῆς ὕλης καὶ τοῦ εἴδους καὶ τοῦ ἐξ ἀμφοῖν.
10 πάντα γὰρ ταῦτα οὐσίας λέγουσιν εἶναι, καὶ οὐ τὸ ἴσον εἰς
οὐσίαν ἔχειν, ὅταν μᾶλλον λέγηται τὸ εἶδος οὐσία ἢ ἡ ὕλη·
καὶ ὀρθῶς· οἱ δ᾽ ἂν εἴποιεν τὴν ὕλην μᾶλλον. αἱ δὲ πρῶται
λεγόμεναι οὐσίαι πρὸς τὰς δευτέρας τί ἂν ἔχοιεν κοινόν,
ὁπότε παρὰ τῶν προτέρων ἔχουσιν αἱ δεύτεραι τὸ οὐσίαι
15 λέγεσθαι; ὅλως δὲ τί ἐστιν ἡ οὐσία εἰπεῖν οὐκ ἔστιν· οὐδὲ
γάρ, εἰ τὸ ἴδιόν τις ἀποδοίη, ἤδη ἔχει τὸ τί ἐστι, καὶ ἴσως
οὐδὲ τὸ "ἓν καὶ ταὐτὸν ἀριθμῷ δεκτικὸν τῶν
ἐναντίων" ἐπὶ πάντων ἁρμόσει.

3. Ἀλλ᾽ ἆρα μίαν τινὰ κατηγορίαν λεκτέον ὁμοῦ συλλα-
βούσι τὴν νοητὴν οὐσίαν, τὴν ὕλην, τὸ εἶδος, τὸ ἐξ ἀμφοῖν;
οἷον εἴ τις τὸ τῶν Ἡρακλειδῶν γένος ἕν τι λέγοι, οὐχ ὡς
κοινὸν κατὰ πάντων, ἀλλ᾽ ὡς ἀφ᾽ ἑνός· πρώτως γὰρ ἡ
5 οὐσία ἐκείνη, δευτέρως δὲ καὶ ἧττον τὰ ἄλλα. ἀλλὰ τί
κωλύει μίαν κατηγορίαν τὰ πάντα εἶναι; καὶ γὰρ καὶ τὰ ἄλλα
πάντα ἀπὸ τῆς οὐσίας τὰ λεγόμενα εἶναι. ἢ ἐκεῖνα μὲν
πάθη, αἱ δ᾽ οὐσίαι ἐφεξῆς ἄλλως. ἀλλὰ γὰρ καὶ οὕτως
οὔπω ἔχομεν ἐπερείσασθαι τῇ οὐσίᾳ, οὐδὲ τὸ κυριώτατον
10 λαβεῖν, ἵν᾽ ἀπὸ τούτου καὶ τὰς ἄλλας. συγγενεῖς μὲν δὴ
οὕτως ἔστωσαν πᾶσαι αἱ λεγόμεναι οὐσίαι ἔχουσαί τι παρὰ

2. 9 cf. Aristot. *Metaph.* H 2. 1043ᵃ27-8 et Ps.-Archytas *Fr.* 14b Nolle
= 24. 17-19 Thesleff = Simplicius *In Categ.* 5, p. 91. 15-17: τὰς τε γὰρ ὡσίας
ἐντὶ διαφοραὶ τρεῖς· ἁ μὲν γάρ ἐντι ὕλα, ἁ δὲ μορφά, ἁ δὲ συναμφότερον ἐκ
τούτων· cf. VI. 3. 3. 1-2 et 4. 1   11 cf. Aristot. *Metaph.* Z 3. 1029ᵃ29-30
12 cf. ibid. 1029ᵃ18-19 et *Stoic. Vet. Fr.* ii, n. 316 = Diog. Laërt. 7. 150
12-13 cf. Aristot. *Categ.* 5. 2ᵃ14-15 et VI. 3. 9. 19-21   16-18 ἴδιον et
ἓν—ἐναντίων = Aristot. *Categ.* 5. 4ᵃ10-11   3. 3 cf. Aristot. *Metaph.*
I 8. 1058ᵃ24

2. 12 οἱ δ᾽ Müller: οἱ δ᾽ AᵖᶜBxUC: οὐδ᾽ A(οἱ A¹ˢ)E

τὰ ἄλλα γένη. τί ἄρα γε αὐτὸ τοῦτο τὸ "τί" καὶ τὸ "τόδε"
καὶ τὸ "ὑποκείμενον" καὶ μὴ ἐπικείμενον μηδ' ἐν ἄλλῳ
ὡς ἐν ὑποκειμένῳ μηδὲ ὅ ἐστιν ἄλλου ὄν, οἷον λευκὸν
ποιότης σώματος καὶ ποσὸν οὐσίας, καὶ χρόνος κινήσεώς 15
τι καὶ κίνησις τοῦ κινουμένου· ἀλλ' ἡ δευτέρα οὐσία κατ'
ἄλλου. ἢ ἄλλον τρόπον τὸ "κατ' ἄλλου" ἐνταῦθα, ὡς γένος
ἐνυπάρχον καὶ ἐνυπάρχον ὡς μέρος καὶ τὸ "τί" ἐκείνου· τὸ
δὲ λευκὸν κατ' ἄλλου, ὅτι ἐν ἄλλῳ. ἀλλὰ ταῦτα μὲν ἴδια
ἄν τις λέγοι πρὸς τὰ ἄλλα καὶ διὰ τοῦτο εἰς ἓν οὕτω συνάγοι 20
καὶ οὐσίας λέγοι, ἓν δέ τι γένος οὐκ ἂν λέγοι, οὐδὲ δηλοῖ
πω τὴν ἔννοιαν τῆς οὐσίας καὶ τὴν φύσιν. καὶ ταῦτα μὲν
ἐνταῦθα κείσθω· ἐπὶ δὲ τὴν τοῦ ποσοῦ ἴωμεν φύσιν.

4. Ἀριθμὸν δὴ πρῶτον ποσὸν λέγουσι καὶ τὸ συνεχὲς
ἅπαν μέγεθος καὶ τόπον καὶ χρόνον, τὰ δ' ἄλλα εἰς ταῦτα
ἀναφέρουσιν, ὅσα ποσὰ λέγουσι, καὶ τὴν κίνησιν ποσὸν τῷ
τὸν χρόνον, καίτοι ἴσως ἀνάπαλιν τοῦ χρόνου τὸ συνεχὲς
παρὰ τῆς κινήσεως λαβόντος. εἰ μὲν δὴ τὸ συνεχὲς ᾗ 5
συνεχὲς ποσὸν φήσουσιν εἶναι, τὸ διωρισμένον οὐκ ἂν εἴη
ποσόν· εἰ δὲ κατὰ συμβεβηκὸς τὸ συνεχές, τί κοινὸν ἀμφο-
τέροις ἔσται τὸ ποσοῖς εἶναι; τοῖς μὲν γὰρ ἀριθμοῖς τὸ
ποσοῖς εἶναι ὑπαρχέτω· καίτοι τοῦτο τὸ λέγεσθαι ποσοῖς
ὑπάρχει, οὔπω δέ, τίς ἡ φύσις καθὸ λέγεται, δηλοῦται· 10
ἀλλὰ γραμμή γε καὶ ἐπίπεδον καὶ σῶμα οὐδὲ λέγεται, ἀλλὰ
μεγέθη μὲν λέγεται, ποσὰ δὲ οὐ λέγεται, εἴπερ τότε προσ-
λαμβάνει τὸ ποσὸν λέγεσθαι, ὅταν εἰς ἀριθμὸν ἀχθῇ

3. 12 cf. Aristot. *Categ.* 5. 3^b10   13–14 cf. ibid. 5. 3^a7   15–16 cf.
Aristot. *Phys. Δ* 11. 219^a10; *De. an. A* 3. 406^b12–13   19 cf. Aristot.
Categ. 5. 2^a31–2 et VI. 3. 4. 8   4. 1–3 cf. Aristot. *Categ.* 6. 4^b23–4 et
5^a38–b1   11 cf. ibid. 6. 4^b23–4 et VI. 3. 13. 9–10   11–14 uide ad
VI. 3. 18. 13–24

3. 18. καί¹—μέρος del. Müller   4. 3–4 intellegendum: τὴν κίνησιν
ποσὸν λέγουσι τῷ τὸν χρόνον ποσὸν λέγειν   7 τὸ συνεχές scil. ποσόν ἐστι
9–10 intellegendum: τοῦτο τὸ λέγεσθαι ποσοῖς εἶναι ὑπάρχει μὲν τοῖς ἀριθμοῖς

δίπηχυ ἢ τρίπηχυ· ἐπεὶ καὶ τὸ σῶμα τὸ φυσικὸν μετρηθὲν
15 γίγνεται ποσόν τι, καὶ ὁ τόπος κατὰ συμβεβηκός, οὐχ ᾗ
τόπος. δεῖ δὲ μὴ τὸ κατὰ συμβεβηκὸς ποσὸν λαμβάνειν,
ἀλλὰ τὸ καθ' αὑτό, οἷον ποσότητα· ἐπεὶ οὐδὲ τοὺς τρεῖς
βοῦς ποσόν, ἀλλὰ τὸν ἐπ' αὐτοῖς ἀριθμόν· βόες γὰρ τρεῖς
δύο κατηγορίαι ἤδη. οὕτως οὖν καὶ γραμμὴ τοσήδε δύο
20 κατηγορίαι, καὶ ἐπιφάνεια τοσήδε δύο, καὶ ἡ ποσότης μὲν
αὐτῆς ποσόν, αὐτὴ δὲ ἡ ἐπιφάνεια διὰ τί ποσόν; περατω-
θεῖσα γοῦν οἷον τρισὶ γραμμαῖς ἢ τέτρασι λέγεται εἶναι
ποσόν. τί οὖν; μόνον τοὺς ἀριθμοὺς φήσομεν ποσόν; ἀλλ'
εἰ μὲν τοὺς καθ' αὑτοὺς ἀριθμούς, οὐσίαι λέγονται οὗτοι
25 καὶ μάλιστα τῷ καθ' αὑτοὺς εἶναι. εἰ δὲ τοὺς ἐν τοῖς μετ-
έχουσιν αὐτῶν, καθ' οὓς ἀριθμοῦμεν, οὐ μονάδας, ἀλλὰ
ἵππους δέκα καὶ βοῦς δέκα, πρῶτον μὲν ἄτοπον δόξει
εἶναι, εἰ ἐκεῖνοι οὐσίαι, μὴ καὶ τούτους, ἔπειτα δέ, εἰ
μετροῦντες τὰ ὑποκείμενα ἐνυπάρχουσιν ἐν αὐτοῖς, ἀλλὰ
30 μὴ ἔξω ὄντες ὥσπερ οἱ κανόνες καὶ τὰ μέτρα μετροῦσιν.
ἀλλ' εἰ ἐφ' ἑαυτῶν ὄντες λαμβάνονται εἰς τὸ μετρεῖν καὶ
μὴ ἐν τοῖς ὑποκειμένοις, οὔτε ἐκεῖνα ποσὰ τὰ ὑποκείμενα
μὴ μετέχοντα ποσότητος, αὐτοί τε διὰ τί ποσόν; μέτρα
γάρ· τὰ δὲ μέτρα διὰ τί ποσὰ ἢ ποσότης; ἢ ὅτι ἐν τοῖς
35 οὖσιν ὄντες, εἰ μηδεμιᾷ τῶν ἄλλων ἁρμόττουσι, τοῦτο, ὃ
λέγονται, ἔσονται καὶ ἐν τῇ λεγομένῃ ποσότητι κείσονται.
καὶ γὰρ ἡ μονὰς αὐτῶν ὁρίζει ἕν, εἶτ' ἔπεισι καὶ ἐπ' ἄλλο,
καὶ ὁ ἀριθμὸς ὅσα μηνύει, καὶ μετρεῖ τὸ πλῆθος ἡ ψυχὴ
προσχρωμένη. μετροῦσα οὖν οὐ τὸ τί ἐστι μετρεῖ· ἓν γὰρ
40 λέγει καὶ δύο, κἂν ὁποιαοῦν καὶ ἐναντία ᾖ· ἀλλ' οὐδὲ ἥντινα
διάθεσιν ἔχει, οἷον θερμὸν ἢ καλόν, ἀλλ' ὅσα. τοῦ ποσοῦ

4. 15–16 cf. VI. 3. 11. 6–7

4. 22 τέσσαρσι w   23 τί—ποσόν² om. x   26 αὐτῶν scil. τῶν καθ'
αὑτοὺς ἀριθμῶν   28 ἐκεῖνοι i.e. οἱ καθ' αὑτοὺς ἀριθμοί   ἔπειτα δὲ scil.
ἄτοπον δόξει εἶναι   37 αὐτῶν scil. τῶν ἀριθμῶν

ἆρα, εἴτε καθ᾽ αὑτόν, εἴτ᾽ ἐν τοῖς μετέχουσι θεωροῖτο,
αὐτός, οὐ τὰ μετέχοντα. οὐ τὸ τρίπηχυ τοίνυν, ἀλλὰ τὰ
τρία. διὰ τί οὖν καὶ τὰ μεγέθη; ἆρα, ὅτι ἐγγὺς τοῦ ποσοῦ,
καὶ οἷς ἂν ἐγγίνηται, ποσὰ αὐτὰ λέγομεν, οὐ τῷ κυρίως 45
ποσῷ, ἀλλὰ μέγα λέγομεν, ὥσπερ πολλοῦ μετέχον ἀριθμοῦ,
καὶ μικρόν, ὅτι ὀλίγου· ἀλλὰ τὸ μέγα αὐτὸ καὶ τὸ μικρὸν
οὐκ ἀξιοῦται ποσὰ εἶναι, ἀλλὰ πρός τι· ἀλλὰ ὅμως πρός τι
λέγουσι, καθόσον ποσὰ δοκεῖ εἶναι. σκεπτέον δὲ ἀκριβέσ-
τερον. ἔσται τοίνυν οὐχ ἕν τι γένος, ἀλλ᾽ ὁ ἀριθμὸς μόνος, 50
τὰ δὲ δευτέρως. οὐ κυρίως τοίνυν ἓν γένος, ἀλλὰ κατηγορία
μία συνάγουσα καὶ τὰ ἐγγύς πως τὰ πρώτως καὶ δευτέρως.
ἡμῖν δὲ ζητητέον, πῶς οἱ καθ᾽ αὑτοὺς ἀριθμοὶ οὐσίαι ἢ
καὶ αὐτοὶ ποσόν τι· ὁποτέρως δ᾽ ἂν ἔχωσιν, οὐκ ἂν κοινόν
τι ἔχοιεν πρὸς τούτους ἐκεῖνοι, ἀλλ᾽ ἢ ὄνομα μόνον. 55

5. Ὁ δὲ λόγος καὶ ὁ χρόνος καὶ ἡ κίνησις πῶς; πρῶτον δὲ
περὶ τοῦ λόγου, εἰ βούλει [μετρεῖται μὲν γάρ]. ἀλλὰ λόγος ὢν
τοσόσδε ἐστί[ν] —⟨μετρεῖται μὲν γάρ⟩— ᾗ δὲ λόγος, οὐ
ποσόν· σημαντικὸν γάρ, ὥσπερ τὸ ὄνομα καὶ τὸ ῥῆμα. ὕλη δ᾽
αὐτοῦ ὁ ἀήρ, ὥσπερ καὶ τούτων· καὶ γὰρ σύγκειται ἐξ αὐτῶν· 5
ἡ δὲ πληγὴ μᾶλλον ὁ λόγος, καὶ οὐχ ἡ πληγὴ ἁπλῶς, ἀλλ᾽ ἡ

4. 47-9 cf. Aristot. *Categ.* 6. 5ᵇ27-9 et 6. 6ᵃ8-11 et VI. 3. 11. 11-13
5. 2-3 = Aristot. *Categ.* 6. 4ᵇ32-3   2-12 cf. VI. 3. 12. 25-8 et 19. 8-9
3-4 cf. Aristot. *De interpret.* 2. 16ᵃ19; 3. 16ᵇ6; 4. 16ᵇ26

4. 43 αὐτός nempe ὁ ἀριθμός   44 τὰ μεγέθη scil. τοῦ ποσοῦ   50 ἀλλ᾽ ὁ
Kirchhoff: ἄλλο *Enn.*   ὁ ἀριθμὸς μόνος scil. ποσόν ἐστι   52 τὰ
πρώτως (πρῶτα x) καὶ δευτέρως appositio ad τὰ ἐγγύς πως   55 τούτοις
w   5. 1 πῶς scil. ποσά ἐστι   2 μετρεῖται μὲν γάρ post 3 ἐστί
(ἐστίν *Enn.*) transp. H-S¹ secundum Aristot. *Categ.* 6. 4ᵇ32-3 ὅτι μὲν γὰρ
ποσόν ἐστιν ὁ λόγος φανερόν· καταμετρεῖται γάρ   ἀλλὰ λόγος sed sermo
nudus, cf. Dexippus *In Categ.* iii. 7, p. 70. 1 λέγει τοίνυν (ὁ Πλωτῖνος), ὡς ὁ
λόγος .. τοσόσδε ἐστί, et Simplicius *In Categ.* 6, p. 131. 1: ἀλλ᾽ ἄλογος Harder
4 σημαντικὸν Aᵖᶜ, testantur Aristot. *De interpret.* 4. 16ᵇ26; Dexippus ibid.
p. 70. 2; Simplicius ibid. p. 131. 2: σωματικὸν Aᵃᶜ(in ω scr. η et νⁱ ins. Aˢ =
Ficinus)EBxUC

7

τύπωσις ἡ γιγνομένη, ὥσπερ μορφοῦσα· μᾶλλον οὖν ποίη-
σις καὶ ποίησις σημαντική. τὴν δὴ κίνησιν ταύτην κατὰ τὴν
πληγὴν ποίησιν μᾶλλον ἂν εὐλόγως τις θεῖτο, τὴν δὲ ἀντικει-
10 μένως πάθος, ἢ ἑκάστην ἄλλου μὲν ποίησιν, ἄλλου δὲ πάθος,
ἢ ποίησιν εἰς τὸ ὑποκείμενον, πάθημα δ' ἐν τῷ ὑποκειμένῳ.
εἰ δὲ μὴ κατὰ τὴν πληγὴν ἡ φωνή, ἀλλὰ καὶ κατὰ τὸν ἀέρα,
δύο ἂν εἴη καὶ οὐ μία ἡ κατηγορία ἐκ τῆς σημαντικῆς, εἰ
⟨τὸ σημαντικὸν ταύτης, τὸ δὲ⟩ συσσημαντικὸν ἐκείνης
15 τῆς κατηγορίας. ὁ δὲ χρόνος, εἰ μὲν κατὰ τὸ μετροῦν
λαμβάνοιτο, τί ποτε τὸ μετροῦν ληπτέον· ἢ γὰρ ψυχὴ ἢ τὸ
νῦν. εἰ δὲ κατὰ τὸ μετρούμενον, κατὰ μὲν τὸ τοσόσδε εἶναι,
οἷον ἐνιαύσιος, ἔστω ποσόν, κατὰ μέντοι τὸ χρόνος εἶναι
φύσις τις ἄλλη· τὸ γὰρ τοσόνδε ἄλλο ὂν τοσόνδε ἐστίν. οὐ
20 γὰρ δὴ ποσότης ὁ χρόνος· ἡ δὲ ποσότης οὐκ ἐφαπτομένη
ἄλλου αὐτὸ τοῦτο ἂν εἴη τὸ κυρίως ποσόν. εἰ δὲ τὰ μετέχοντα
πάντα τοῦ ποσοῦ ποσὰ θεῖτο, καὶ ἡ οὐσία ἔσται τὸ αὐτὸ καὶ
ποσόν. τὸ δὲ ἴσον καὶ ἄνισον ἴδιον εἶναι τοῦ ποσοῦ
ἐπ' αὐτοῦ ληπτέον, οὐ τῶν μετεχόντων, ἀλλ' ἢ κατὰ
25 συμβεβηκός, οὐχ ᾗ αὐτὰ ἐκεῖνα, ὥσπερ ὁ τρίπηχυς ποσός,
συνῃρημένος καὶ οὗτος οὐκ εἰς γένος ἕν, ἀλλ' ὑφ' ἓν καὶ
μίαν κατηγορίαν.

6. Τὸ δὲ πρός τι οὕτως ἐπισκεπτέον, εἴ τις κοινότης
γενικὴ ἐν αὐτῷ ὑπάρχει ἢ ἄλλον τρόπον εἰς ἕν, καὶ μάλιστα

5. 19-20 cf. VI. 3. 11. 6-7   23 = Aristot. Categ. 6. 6ᵃ26, cf. VI. 3. 15.
1 et 6

5. 8 κατὰ H–S¹: καὶ Enn.   9 μᾶλλον om. x   12 καὶ BUC (cf.
Dexippus In Categ. iii. 7, p. 70. 4 ψιλὴ et Simplicius In Categ. 6, p. 131. 7 μόνην):
om. wx   13 σημαντικῆς scil. ποιήσεως, cf. lin. 8   εἰ BxUC: εἴγε
Simplicius ibid. p. 131. 9: εἰς w   14 ⟨τὸ¹—δὲ⟩ inseruit Igal e Simpl. ibid.
p. 131. 9 εἴγε οὐχ ἓν τὸ σημαντικὸν καὶ συσσημαντικὸν   19 ἄλλο ὂν idem ac
φύσις τις ἄλλη   22 ante θεῖτο add. τις Simplicius In Categ. 9, p. 343.
5, sed tacite supplendum, cf. I. 4. 11. 11 et 13. 5   23 ἴδιον om. x
26-7 συνῃρημένος—κατηγορίαν ne hic quidem in unicum genus coactus, sed cadens
sub unum quiddam nempe unam categoriam

ἐπὶ τούτου, εἰ ὑπόστασίς τις ἡ σχέσις ἐστὶν αὕτη, ὥσπερ
ὁ δεξιὸς καὶ ἀριστερὸς καὶ τὸ διπλάσιον καὶ τὸ ἥμισυ, ἢ
ἐπὶ μὲν τῶν ἐστιν, ὥσπερ ἐπὶ τοῦ ὕστερον λεχθέντος, ἐπὶ 5
δὲ τοῦ πρότερον λεχθέντος οὐδεμία, ἢ οὐδαμοῦ τοῦτο. τί
δὴ ἐπὶ διπλασίου καὶ ἡμίσεος καὶ ὅλως ὑπερέχοντος καὶ
ὑπερεχομένου, καὶ αὖ ἕξεως καὶ διαθέσεως, ἀνακλίσεως,
καθίσεως, στάσεως, καὶ αὖ πατρὸς υἱέος, δεσπότου δού-
λου, καὶ πάλιν ὁμοίου ἀνομοίου, ἴσου ἀνίσου, ποιητικοῦ 10
τε αὖ καὶ παθητικοῦ, καὶ μέτρου καὶ μετρουμένου; καὶ
ἐπιστήμη καὶ αἴσθησις, ἡ μὲν πρὸς ἐπιστητόν, ἡ δὲ πρὸς
αἰσθητόν. ἡ μὲν γὰρ ἐπιστήμη ἔχοι ἂν πρὸς ἐπιστητὸν
μίαν τινὰ κατ᾽ ἐνέργειαν ὑπόστασιν [πρὸς τὸ τοῦ ἐπιστητοῦ
εἶδος], καὶ ἡ αἴσθησις πρὸς αἰσθητὸν ὡσαύτως, τό τε ποιη- 15
τικὸν πρὸς τὸ παθητικὸν κἂν ἔργον ἓν ἀπεργάσαιτο, καὶ τὸ
μέτρον πρὸς τὸ μετρούμενον τὴν μέτρησιν. ὅμοιον δὲ πρὸς
ὅμοιον τί ἂν ἔχοι ἀπογεννώμενον; ἢ οὐκ ἀπογεννώμενον,
ἀλλὰ ὑπάρχον, τὴν ταυτότητα τὴν ἐν τῷ ποιῷ. ἀλλὰ παρὰ τὸ
ἐν ἑκατέρῳ ποιὸν οὐδέν. οὐδὲ τὰ ἴσα· τὸ γὰρ ταὐτὸν ἐν τῷ 20
ποσῷ προϋπάρχει πρὸ τῆς σχέσεως. ἡ δὲ σχέσις τί ἄλλο ἢ
ἡμετέρα κρίσις παραβαλλόντων τὰ ἐφ᾽ ἑαυτῶν ὄντα ἅ ἐστι καὶ
λεγόντων "τοῦτο καὶ τοῦτο τὸ αὐτὸ μέγεθος ἔχει καὶ τὴν
αὐτὴν ποιότητα" καὶ "οὗτος πεποίηκε τοῦτον καὶ οὗτος
κρατεῖ τούτου"; κάθισίς τε καὶ στάσις παρὰ τὸ καθήμενον 25
καὶ ἑστηκὸς τί ἂν εἴη; ἡ δ᾽ ἕξις [καὶ διάθεσις] ἡ μὲν κατὰ τὸ
ἔχον λεγομένη ἔχειν ἂν μᾶλλον σημαίνοι, ἡ δὲ κατὰ τὸ ἐχό-
μενον ποιὸν ἂν εἴη· καὶ ἐπὶ διαθέσεως ὡσαύτως. τί ἂν οὖν

6. 7-15 cf. Aristot. *Categ.* 7. 6ᵃ39-ᵇ12 et 6ᵇ29-36   7-17 cf. VI. 3. 28.
10-11   26-8 cf. VI. 1. 12. 30-1

6. 3. ἡ R²ˢ Simplicius *In Categ.* 7, p. 169. 1: ἢ *Enn.*   4 post καί¹ add. ὁ w
5 μὲν om. x   14-15 πρὸς—εἶδος del. Dörrie   16 κἂν (= καὶ ἂν)
wBUC: ἢ ἂν x   17 τὴν μέτρησιν defendit Cilento, cf. VI. 1. 9. 24: del.
Kirchhoff   26 καὶ διάθεσις *Enn.*: om. Simplicius *In Categ.* 7, p. 173. 33:
del. Kirchhoff H-S²   27 ἢ: εἰ x

εἴη παρὰ ταῦτα τὰ πρὸς ἄλληλα ἢ ἡμῶν τὴν παράθεσιν νοούν-
30 των; τὸ δ' ὑπερέχον τὸ μὲν τοσόνδε μέγεθος, τὸ δὲ τοσόνδε·
ἄλλο δὲ τόδε, τὸ δὲ ἄλλο· ἡ δὲ παραβολὴ παρ' ἡμῶν, οὐκ ἐν
αὐτοῖς. ὁ δὲ δεξιὸς πρὸς ἀριστερὸν καὶ ἔμπροσθεν καὶ
ὄπισθεν μᾶλλον ἂν ἴσως ἐν τῷ κεῖσθαι· ὁ μὲν ὡδί, ὁ δὲ
ὡδί· ἡμεῖς δὲ τὸ δεξιὸν καὶ τὸ ἀριστερὸν ἐνοήσαμεν, ἐν δὲ
35 αὐτοῖς οὐδέν. τό τε πρότερον καὶ ὕστερον χρόνοι δύο· τὸ
δὲ πρότερον καὶ ὕστερον ἡμεῖς ὡσαύτως.

7. Εἰ μὲν οὖν οὐδὲν λέγομεν, ἀλλὰ λέγοντες ψευδόμεθα,
οὐδὲν ἂν τούτων εἴη, ἀλλὰ κενὸν ἡ σχέσις· εἰ δ' ἀληθεύο-
μεν λέγοντες "πρότερος ὅδε τοῦδε, ὁ δ' ὕστερος", χρόνους
δύο παραβάλλοντες ἕτερον παρὰ τὰ ὑποκείμενα αὐτῶν
5 λέγοντες τὸ πρότερον, καὶ ἐπὶ δεξιοῦ καὶ ἐπὶ ἀριστεροῦ
ὡσαύτως, καὶ ἐπὶ μεγεθῶν παρὰ τὸ ποσὸν αὐτῶν τὴν σχέσιν,
καθὸ τὸ μὲν ὑπερβάλλει, τὸ δ' ὑπερβάλλεται, εἰ δὲ καὶ μὴ
λεγόντων ἡμῶν μηδὲ νοούντων ἔστιν οὕτως, ὥστε διπλάσιον
εἶναι τόδε τοῦδε, καὶ ἔχει, τὸ δ' ἔχεται, καὶ πρὶν ἡμᾶς ἐπι-
10 στῆσαι, καὶ ἴσα πρὸ ἡμῶν πρὸς ἄλληλα, καὶ ἐπὶ τοῦ ποιὰ
εἶναι ἔστιν ἐν ταὐτότητι τῇ πρὸς ἄλληλα, καὶ ἐπὶ πάντων
ὧν λέγομεν πρός τι μετὰ τὰ ὑποκείμενα ἔστι πρὸς ἄλληλα
ἡ σχέσις, ἡμεῖς δὲ οὖσαν θεωροῦμεν καὶ ἡ γνῶσις πρὸς τὸ
γινωσκόμενον—οὗ δὴ καὶ φανερώτερον τὸ τῆς ὑποστάσεως
15 τὸ ἐκ τῆς σχέσεως—παυστέον μὲν τὸ ζητεῖν, εἰ ἔστι
σχέσις, ἐπισημηναμένους δὲ ὅτι τῶν τοιούτων ἐπὶ μὲν
ὧν, ἕως μένει τὰ ὑποκείμενα ὅπως εἶχε, κἂν χωρὶς γένη-
ται, ὑπάρχει ἡ σχέσις, ἐπὶ δὲ τῶν, ὅταν συνέλθῃ, γίγνεται,
ἐπὶ δὲ τῶν καὶ μενόντων παύεται ἡ σχέσις ἢ ὅλως ἢ ἄλλη
20 γίγνεται, οἷον ἐπὶ δεξιοῦ καὶ πλησίον, ἐξ ὧν καὶ μάλιστα
ἡ ὑπόνοια τοῦ μηδὲν εἶναι ἐν τοῖς τοιούτοις· τοῦτ' οὖν ἐπι-
σημηναμένους χρὴ ζητεῖν τί ταὐτὸν ἐν πᾶσι, καὶ εἰ ὡς

---

6. 35-6 καὶ—πρότερον om. x   7. 2 τούτων εἴη transp. w   2-15
εἰ—σχέσεως protasis   11 τῇ om. x   17 ὧν (pro demonstratiuo):
τῶν A

γένος, ἀλλὰ, μὴ συμβεβηκός· εἶτα εὑρεθὲν τὸ ταὐτὸν
ποίαν ὑπόστασιν ἔχει. λεκτέον δὴ τὸ πρός τι οὐκ εἴ τι
ἁπλῶς ἑτέρου λέγεται, οἷον ἕξις ψυχῆς ἢ σώματος, οὐδ᾽ 25
ὅτι ψυχὴ τοῦδέ ἐστιν ἢ ἐν ἑτέρῳ, ἀλλ᾽ οἷς ἡ ὑπόστα-
σις οὐδαμόθεν ἢ ἐκ τῆς σχέσεως παραγίγνεται· ὑπόστασις
δὲ οὐχ ἡ τῶν ὑποκειμένων, ἀλλ᾽ ἢ πρός τι λέγεται. οἷον τὸ
διπλάσιον πρὸς ἥμισυ τὴν ὑπόστασιν δίδωσιν οὔτε τῷ
διπήχει ἢ ὅλως δυσίν, οὔτε τῷ πηχυαίῳ ἢ ὅλως ἑνί, ἀλλὰ 30
τούτων ὄντων κατὰ τὴν σχέσιν αὐτῶν πρὸς τῷ δύο, τὸ δὲ
ἓν εἶναι, ἔσχε τὸ μὲν διπλάσιον λέγεσθαί τε καὶ εἶναι, τὸ
δὲ ἓν ἥμισυ ἔσχεν αὐτό. συνεγέννησεν οὖν ἄμφω ἐξ αὐτῶν
ἄλλο εἶναι διπλάσιον καὶ ἥμισυ, ἃ πρὸς ἄλληλα ἐγεννήθη,
καὶ τὸ εἶναι οὐκ ἄλλο τι ἢ τὸ ἀλλήλοις εἶναι, τῷ μὲν 35
διπλασίῳ παρὰ τοῦ ὑπερέχειν τὸ ἥμισυ, τῷ δὲ ἡμίσει παρὰ
τοῦ ὑπερέχεσθαι· ὥστε οὐκ ἔστι τὸ μὲν αὐτῶν πρότερον, τὸ
δὲ ὕστερον, ἀλλ᾽ ἅμα ὑφίσταται. εἰ δὲ καὶ ἅμα μένει; ἢ
ἐπὶ πατρὸς καὶ υἱοῦ καὶ τῶν παραπλησίων πατρὸς ἀπελθόν-
τος υἱός ἐστι, καὶ ἀδελφοῦ ἀδελφός· ἐπεὶ καὶ τὸ "ὅμοιος 40
οὗτος τῷ τεθνηκότι" λέγομεν.

8. Ἀλλὰ ταῦτα μὲν παρεξέβημεν· ἐκεῖθεν δὲ ζητητέον
τὸ διὰ τί ἐπὶ τούτων οὐχ ὁμοίως. ἀλλὰ τὸ εἶναι τοῦτο τὸ
παρ᾽ ἀλλήλων τίνα ἔχει κοινὴν τὴν ὑπόστασιν εἰπάτωσαν.
σῶμα μὲν οὖν τι τοῦτο τὸ κοινὸν οὐκ ἂν εἴη. λείπεται δέ,
εἴπερ ἔστιν, ἀσώματον, καὶ ἢ ἐν αὐτοῖς ἢ ἔξωθεν. καὶ εἰ 5
μὲν ἡ αὐτὴ σχέσις, συνώνυμος, εἰ δὲ μή, ἀλλ᾽ ἄλλη ἄλλων,
ὁμώνυμος· οὐ γὰρ δή, ὅτι σχέσις λέγεται, καὶ τὴν οὐσίαν

---

7. 28–38 cf. Aristot. *Categ.* 7. 7ᵇ15–21 et VI. 3. 21. 15–21   38 ἅμα[1] cf.
VI. 3. 28. 5   **8.** 7–8 cf. VI. 1. 17. 5–6

---

7. 31 τῷ Kirchhoff: τὸ *Enn.*   32–3 τὸ μὲν (i.e. δύο) et τὸ δὲ ἓν subiecta
33 ἓν delendum suspic. Müller   ἥμισυ scil. λέγεσθαί τε καὶ εἶναι
33 αὐτό nominatiuus   36 ὑπερέχειν AᵖᶜRᵖᶜJCᵖᶜ: ὑπάρχειν Aᵃᶜ(corr.
A³)EBRᵃᶜ(corr. R²)UC(corr. C¹)

τὴν αὐτὴν ἂν ἔχοι. ἆρ᾽ οὖν τὰς σχέσεις ταύτῃ διαιρετέον,
ἢ τὰ μὲν ἔχει ἀργὸν τὴν σχέσιν, οἷον κειμένην θεωρεῖν,
10 καὶ ἅμα πάντη ἡ ὑπόστασις, τὰ δὲ μετὰ δυνάμεως καὶ
ἔργου ἢ ἀεὶ πρὸς τὴν σχέσιν καὶ εἶχε καὶ πρὸ τοῦ τὴν
ἑτοιμότητα, ἐν δὲ τῇ συνόδῳ καὶ ἐνεργείᾳ ὑπέστη, ἢ καὶ
ὅλως τὰ μὲν πεποίηκε, τὰ δ᾽ ὑπέστη, καὶ τὸ ὑποστὰν
ὄνομα μόνον παρέσχε τῷ ἑτέρῳ, τὸ δὲ τὴν ὑπόστασιν;
15 τοιοῦτον γὰρ καὶ ὁ πατὴρ καὶ ὁ υἱός· καὶ τὸ ποιητικὸν
δὲ καὶ παθητικὸν ἔχει τινὰ οἷον ζωὴν καὶ ἐνέργειαν.
ἆρ᾽ οὖν ταύτῃ διαιρετέον τὴν σχέσιν καὶ διαιρετέον οὐχ
ὡς ταὐτόν τι καὶ κοινὸν ἐν διαφοραῖς, ἀλλ᾽ ὅλως ὡς ἑτέραν
φύσιν τὴν σχέσιν ἐν ἑκατέρῳ, καὶ λεκτέον ὁμώνυμον τὴν
20 μὲν ποιοῦσαν ποίησιν καὶ πάθησιν, ὡς μίαν ἄμφω, τὴν δὲ
οὐ ποιοῦσαν, ἀλλ᾽ ἐπ᾽ ἀμφοῖν τὸ ποιοῦν ἄλλο; οἷον
ἰσότητα τὴν τὰ ἴσα· ἰσότητι γὰρ ἴσα καὶ ὅλως ταὐτότητί
τινι ταὐτά· τὸ δὲ μέγα καὶ μικρόν, τὸ μὲν μεγέθους
παρουσίᾳ, τὸ δὲ μικρότητος. ὅταν δὲ τὸ μὲν μεῖζον, τὸ
25 δὲ μικρότερον, οἱ μὲν μεταλαβόντες ὁ μὲν μείζων ἐνεργείᾳ
φανέντος τοῦ ἐν αὐτῷ μεγέθους, ὁ δὲ μικρὸς τῆς μικρό-
τητος.

9. Χρὴ οὖν ἐπὶ μὲν τῶν πρόσθεν εἰρημένων, οἷον ποιοῦντος,
ἐπιστήμης, ἐνεργῇ τὴν σχέσιν κατὰ τὴν ἐνέργειαν καὶ τὸν
ἐπὶ τῇ ἐνεργείᾳ λόγον τίθεσθαι, ἐπὶ δὲ τῶν ἄλλων εἴδους
καὶ λόγου μετάληψιν εἶναι. καὶ γάρ, εἰ μὲν σώματα ἔδει
5 τὰ ὄντα εἶναι, οὐδὲν ἔδει λέγειν εἶναι ταύτας τὰς τοῦ
πρός τι λεγομένας σχέσεις· εἰ δὲ καὶ ἀσωμάτοις δίδομεν
τὴν κυρίαν χώραν καὶ τοῖς λόγοις λόγους λέγοντες τὰς
σχέσεις καὶ εἰδῶν μεταλήψεις αἰτίας—τοῦ γὰρ διπλάσιον

8. 10 τὰ δὲ diuiduntur in 11 ἢ et 12 ἢ   11 πρὸς τὴν σχέσιν (scil. ἐστί) in
habitudinem conuersa   πρὸ τοῦ scil. τὴν σχέσιν γενέσθαι   19 τὴν σχέσιν
delendum suspic. Müller   9. 2 κατὰ Theiler: καὶ Enn.   7-8 τὰς
σχέσεις et εἰδῶν μεταλήψεις subiecta, λόγους et αἰτίας (scil. τῶν σχέσεων)
praedicata, deest apodosis post αἰτίας   8 ⟨καὶ⟩ αἰτίας suspic. Cilento

εἶναι τὸ διπλάσιον αὐτὸ αἴτιον, τῷ δὲ τὸ ἥμισυ. καὶ τὰ
μὲν τῷ αὐτῷ εἴδει, τὰ δὲ τοῖς ἀντικειμένοις εἶναι ἃ 10
λέγεται· ἅμα οὖν τῷδε μὲν προσῆλθε τὸ διπλάσιον, ἄλλῳ δὲ
τὸ ἥμισυ, καὶ τῷδε μὲν τὸ μέγεθος, τῷδε δὲ ἡ μικρότης.
ἢ ἀμφότερά ἐστιν ἐν ἑκάστῳ, καὶ ὁμοιότης καὶ ἀνομοι-
ότης καὶ ὅλως ταὐτὸν καὶ θάτερον· διὸ καὶ ὅμοιον καὶ
ἀνόμοιον τὸ αὐτὸ καὶ ταὐτὸν καὶ θάτερον. τί οὖν, εἰ ὁ μὲν 15
αἰσχρός, ὁ δὲ αἰσχίων εἴδους τοῦ αὐτοῦ μετουσίᾳ; ἢ, εἰ μὲν
παντάπασιν αἰσχροί, ἴσοι εἴδους ἀπουσίᾳ· εἰ δ᾽ ἐν τῷ
μὲν τὸ μᾶλλον, τῷ δὲ τὸ ἧττον, μεταλήψει εἴδους οὐ
κρατοῦντος ὁ ἧττον αἰσχρός, ὁ δὲ μᾶλλον ἔτι μᾶλλον οὐ
κρατοῦντος· ἢ τῇ στερήσει, εἴ τις βούλοιτο τὴν παραβολὴν 20
ἔχειν, οἷον εἴδους αὐτοῖς ὄντος. αἴσθησις δὲ εἶδός τι ἐξ
ἀμφοῖν, καὶ γνῶσις ὡσαύτως ἐξ ἀμφοῖν τι εἶδος· ἡ δὲ ἕξις
πρὸς τὸ ἐχόμενον ἐνέργειά τις οἷον συνέχουσα, ὥσπερ
ποίησίς τις· ἡ δὲ μέτρησις τοῦ μετροῦντος ἐνέργεια πρὸς
τὸ μετρούμενον λόγος τις. εἰ μὲν οὖν [ὡς εἶδος] γενικῶς 25
τὴν τοῦ πρός τι σχέσιν ὡς εἶδός τις θήσεται, γένος ἓν καὶ
ὑπόστασις ὡς λόγος τις πανταχοῦ· εἰ δὲ οἱ λόγοι καὶ
ἀντικείμενοι καὶ διαφορὰς ἔχοντες τὰς εἰρημένας, τάχα
οὐκ ἂν ἓν γένος εἴη, ἀλλ᾽ εἰς ὁμοιότητά τινα πάντα ἀν-
άγεται καὶ κατηγορίαν μίαν. ἀλλ᾽ εἰ καὶ εἰς ἓν δύναιτο 30
ἀνάγεσθαι τὰ εἰρημένα, ἀλλ᾽ εἰς γένος ἓν ἀδύνατον τὰ ὑπὸ
τὴν αὐτὴν κατηγορίαν αὐτοῖς τεθέντα. καὶ γὰρ τὰς ἀπο-
φάσεις αὐτῶν εἰς ἓν ἀνάγουσι, καὶ τὰ παρονομαζόμενα
ἀπ᾽ αὐτῶν, οἷον καὶ τὸ διπλάσιον καὶ ὁ διπλάσιος. πῶς ἂν
οὖν ὑφ᾽ ἓν γένος αὐτό τι καὶ ἡ ἀπόφασις, διπλάσιον καὶ 35

9. 15-21 cf. Aristot. *Categ.* 7. 6ᵇ19-27   21-2 cf. Aristot. *De an.* Γ 8.
432ᵃ2-3   26 cf. Aristot. *Categ.* 7. 6ᵇ2 et VI. 3. 28. 4-5   32-4 cf.
Aristot. *Fr.* 116 Rose³ = p. 103 Ross et *Categ.* 1. 1ᵃ12

9. 25 λόγος τις del. Harder   ὡς εἶδος del. Theiler   26 εἶδός
Theiler: ἓν *Enn.*: ⟨εἶδος⟩ ἓν Igal, *Emerita* 43, 1975, 181

οὐ διπλάσιον, καὶ πρός τι καὶ οὐ πρός τι; ὥσπερ ἂν εἰ ζῷόν
τις γένος θεὶς καὶ τὸ οὐ ζῷον ἐκεῖ τιθείη. καὶ τὸ διπλάσιον
καὶ ὁ διπλάσιος ὥσπερ ἡ λευκότης καὶ ὁ λευκός, οὐχ ὅπερ
ταὐτόν.

10. Τὴν δὲ ποιότητα, ἀφ' ἧς ὁ λεγόμενος ποιός, δεῖ
λαμβάνειν πρῶτον τίς οὖσα τοὺς λεγομένους ποιοὺς
παρέχεται, καὶ ⟨εἰ⟩ μία καὶ ἡ αὐτὴ κατὰ τὸ κοινὸν ταῖς
διαφοραῖς τὰ εἴδη παρέχεται ἤ, εἰ πολλαχῶς αἱ ποιότητες,
5 οὐχ ἓν ἂν εἴη γένος. τί οὖν τὸ κοινὸν ἐπί τε ἕξεως καὶ
διαθέσεως καὶ παθητικῆς ποιότητος καὶ σχήματος καὶ μορ-
φῆς; καὶ λεπτόν, παχύ, ἰσχνόν; εἰ μὲν γὰρ τὸ κοινὸν
δύναμιν ἐροῦμεν, ἣ ἐφαρμόττει καὶ ταῖς ἕξεσι καὶ ταῖς δια-
θέσεσι καὶ ταῖς φυσικαῖς δυνάμεσιν, ἀφ' ἧς τὸ ἔχον δύναται
10 ἃ δύναται, οὐκέτι αἱ ἀδυναμίαι ἁρμόσουσιν. ἔπειτα τὸ
σχῆμα καὶ ἡ μορφὴ ἡ περὶ ἕκαστον πῶς δύναμις; εἶτα καὶ
τὸ ὂν ᾗ ὂν δύναμιν οὐδεμίαν ἕξει, ἀλλ' ὅταν αὐτῷ προσέλθῃ
τὸ ποιόν. αἱ δὲ ἐνέργειαι τῶν οὐσιῶν, ὅσαι μάλιστά εἰσιν
ἐνέργειαι, τὸ ποιοῦ καθ' αὑτὰς ἐνεργοῦσαι καὶ τῶν οἰκείων
15 δυνάμεων ὅ εἰσιν. ἀλλ' ἆρα κατὰ τὰς ἐπ' αὐτὰς τὰς οὐσίας
δυνάμεις; οἷον ἡ πυκτικὴ δύναμις οὐ τοῦ ἀνθρώπου ᾗ
ἄνθρωπος, ἀλλὰ τὸ λογικόν· ὥστε οὐ ποιότης τὸ οὕτω
λογικόν, ἀλλὰ μᾶλλον ὃ ἐξ ἀρετῆς κτήσαιτο ἄν τις· ὥστε
ὁμώνυμον τὸ λογικόν· ὥστε εἴη ἂν ἡ ποιότης δύναμις

10. 1 cf. Aristot. *Categ.* 8. 8ᵇ25 et VI. 3. 19. 1-2   5-7 et 11 cf. Aristot.
Categ. 8. 8ᵇ27; 9ᵃ28-9; 10ᵃ11-12 et 17   10 cf. ibid. 8. 9ᵃ16   16 cf.
ibid. 8. 9ᵃ19-21

9. 38 οὐχ ὅπερ scil. λέγεται   10. 1 ἀφ'—ποιός om. x   2 πρῶτον
recipitur ab VI. 1. 12. 13 ἐπισκεπτέον δέ   τίς *Enn.*: τί Simplicius *In
Categ.* 8, p. 213. 8   3 εἰ Aᵃˢ (*numquid* Ficinus): om. *Enn.*   4 ἤ *an*
13 αἱ δὲ incipit Plotini doctrina   13-15 αἱ—εἰσιν *actus essentiarum
quae maxime actus sunt opus qualitatis secundum seipsos operantur, et id quod sunt
propriarum uirium est*   14 τὸ ποιοῦ EBC: τὸ ποίου x: τὸ ποιοῦν U: τοῦ
ποιοῦ A

προστιθεῖσα ταῖς οὐσίαις μεθ' αὑτὰς τὸ ποιαῖς εἶναι. αἱ δὲ 20
διαφοραὶ αἱ πρὸς ἀλλήλας τὰς οὐσίας διιστᾶσαι ὁμωνύμως
ποιότητες, ἐνέργειαι οὖσαι μᾶλλον καὶ λόγοι ἢ μέρη λόγων,
τὸ τὶ οὐδὲν ἧττον δηλοῦσαι, κἂν δοκῶσι τὴν ποιὰν οὐσίαν
λέγειν. αἱ δὲ ποιότητες αἱ κυρίως, καθ' ἃς ποιοί, ἃς δὴ
λέγομεν δυνάμεις εἶναι, τὸ κοινὸν εἶεν ἂν λόγοι τινὲς καὶ 25
οἷον μορφαί, περί τε ψυχὴν κάλλη καὶ αἴσχη καὶ περὶ σῶμα
ὡσαύτως. ἀλλὰ πῶς δυνάμεις πᾶσαι; κάλλος μὲν γὰρ
ἔστω καὶ ὑγίεια ἑκατέρα, αἶσχος δὲ καὶ νόσος καὶ ἀσθένεια
καὶ ἀδυναμία ὅλως; ἢ ὅτι καὶ κατὰ ταύτας ποιοὶ λέγονται;
ἀλλὰ τί κωλύει λεγομένους ποιοὺς ὁμωνύμως λέγεσθαι καὶ 30
μὴ καθ' ἕνα λόγον, καὶ μὴ μόνον τετραχῶς, ἀλλὰ καὶ καθ'
ἕκαστον τῶν τεττάρων τοὐλάχιστον διχῶς; ἢ πρῶτον μὲν
οὐ κατὰ τὸ ποιῆσαι ἢ παθεῖν ἡ ποιότης, ὥστε ἄλλως μὲν
τὸ δυνάμενον ποιεῖν, ἄλλως δὲ τὸ πάσχον; ἀλλὰ καὶ τὴν
ὑγίειαν κατὰ τὴν διάθεσιν καὶ τὴν ἕξιν ποιὸν καὶ τὴν νόσον 35
ὡσαύτως καὶ τὴν ἰσχὺν καὶ τὴν ἀσθένειαν. ἀλλ' εἰ τοῦτο,
οὐκέτι κοινὸν ἡ δύναμις, ἀλλὰ ἄλλο τι δεῖ τὸ κοινὸν ζητεῖν.
οὐδ' αὖ λόγους πάσας· πῶς γὰρ ἡ νόσος ἡ ἐν ἕξει λόγος;
ἀλλ' ἆρα τὰς μὲν ἐν εἴδεσι καὶ δυνάμεσι ποιότητας,
ταύτας δὲ στερήσεις; ὥστε μὴ ἓν γένος, ἀλλὰ εἰς ἓν ὡς 40
μίαν κατηγορίαν, οἷον ἐπιστήμην μὲν εἶδος καὶ δύναμιν,
ἀνεπιστημοσύνην δὲ στέρησιν καὶ ἀδυναμίαν. ἢ μορφή τις
καὶ ἡ ἀδυναμία καὶ ἡ νόσος, καὶ δύναται δὲ καὶ ποιεῖ
πολλά, ἀλλὰ φαύλως, καὶ ἡ νόσος καὶ ἡ κακία. ἢ ἔκ-

10. 20-7 cf. II. 6. 1. 15-29 et 2. 1-5; VI. 2. 14. 14-23; VI. 3. 15. 15-19
et 17. 8-10

10. 25 ⟨κατὰ⟩ τὸ Kirchhoff, sed τὸ κοινὸν aduerbium   28 ἑκατέρα
(scil. tum corporis tum animae) w: ἑκάτερα BxUC   29 ὅλως ⟨πῶς⟩
subaudit Creuzer recte   ἢ ὅτι an quia   34-5 τὴν ὑγίειαν . . ποιὸν
(scil. εἶναι) accusatiuus cum infinitiuo sicut lin. 38   35 κατὰ (cf. VI. 8.
5. 27) coniecimus: καὶ Enn. H-S¹   36 ὡσαύτως i.e. κατὰ τὴν διάθεσιν
καὶ τὴν ἕξιν

15

45 πτῶσις τοῦ σκοποῦ οὖσα πῶς δύναμις; ἢ τὸ αὑτῆς
ἑκάστη πράττει οὐ πρὸς τὸ ὀρθὸν βλέπουσα· οὐ γὰρ ἂν
ἐποίησέ τι, ὃ μὴ δύναται. καὶ τἀκαλλὲς δὲ δύναμιν ἔχει
τινός. ἆρ' οὖν καὶ τὸ τρίγωνον; ἢ ὅλως οὐδὲ πρὸς
δύναμιν δεῖ βλέπειν, ἀλλὰ μᾶλλον πρὸς ὃ διάκειται· ὥστε
50 κατὰ τὰς οἷον μορφὰς καὶ χαρακτῆρας, καὶ κοινὸν ἡ
μορφὴ καὶ τὸ εἶδος τὸ ἐπὶ τῇ οὐσίᾳ μετὰ τὴν οὐσίαν.
ἀλλὰ πάλιν πῶς αἱ δυνάμεις; ἢ καὶ ὁ φύσει πυκτικὸς
τῷ διακεῖσθαί πως ἔχει τοῦτο, καὶ ὁ ἀδύνατος πρός τι. καὶ
ὅλως χαρακτήρ τις ἡ ποιότης οὐκ οὐσιώδης, ὃ δ' ἂν τὸ
55 αὐτὸ δοκῇ καὶ εἰς οὐσίαν συμβάλλεσθαι καὶ εἰς μὴ οὐσίαν,
οἷον θερμότης καὶ λευκότης καὶ ὅλως χρόα· τὸ μὲν τῆς
οὐσίας ἄλλο, οἷον ἐνέργεια αὐτῆς, τὸ δὲ δευτέρως καὶ
ἀπ' ἐκείνου καὶ ἄλλο ἐν ἄλλῳ, εἴδωλον αὐτοῦ καὶ ὅμοιον.
ἀλλ' εἰ κατὰ τὴν μόρφωσιν καὶ χαρακτῆρα καὶ λόγον, πῶς
60 τὰ κατὰ ἀδυναμίαν καὶ αἴσχη; ἢ λόγους ἀτελεῖς λεκτέον,
οἷον ἐν τῷ αἰσχρῷ. καὶ ἐν τῇ νόσῳ πῶς ὁ λόγος; ἢ καὶ
ἐνταῦθα λόγον κινούμενον τὸν τῆς ὑγιείας. ἢ οὐκ ἐν λόγῳ
πάντα, ἀλλὰ ἀρκεῖ τὸ κοινὸν παρὰ τό πως διακεῖσθαι εἶναι
ἔξωθεν τῆς οὐσίας, καὶ τὸ ἐπιγιγνόμενον μετὰ τὴν οὐσίαν
65 ποιότης τοῦ ὑποκειμένου. τὸ δὲ τρίγωνον ποιότης τοῦ ἐν ᾧ,
οὐχ ἁπλῶς τρίγωνον, ἀλλὰ τὸ ἐν τούτῳ καὶ καθόσον ἐμόρ-
φωσεν. ἀλλὰ καὶ ἡ ἀνθρωπότης ἐμόρφωσεν; ἢ οὐσίωσεν.

11. Ἀλλ' εἰ ταῦτα οὕτως, διὰ τί πλείω εἴδη ποιότητος,
καὶ ἕξεις καὶ διαθέσεις ἄλλο; οὐ γὰρ διαφορὰ ποιότητος
τὸ μόνιμον καὶ τὸ μή, ἀλλ' ἀρκεῖ ἡ διάθεσις ὁπωσοῦν

---

10. 48 cf. Aristot. *Categ.* 8. 10ᵃ14   52-3 cf. ibid. 8. 9ᵃ19-20
61-3 cf. ibid. 8. 8ᵇ36-8   11. 1-3 cf. ibid. 8. 8ᵇ26-8 et Nicostratus apud
Simpl. *In Categ.* 8, p. 231. 20-1   2-6 cf. VI. 3. 19. 29-32

10. 47 τἀκαλλὲς Igal, *Emerita* 43, 1975, 184: τὸ κάλλος Enn.   49 διά-
κειται wBUC: ἀδικεῖται x: εἰδοποιεῖται Theiler   11. 2 ἕξεις καὶ διαθέσεις
Enn.: ἕξις καὶ διάθεσις Simplicius *In Categ.* 8, p. 235. 29

ἔχουσα πρὸς τὸ παρασχέσθαι ποιόν· προσθήκη δ' ἔξωθεν
τὸ μένειν· εἰ μή τις λέγοι τὰς μὲν διαθέσεις μόνον ἀτελεῖς 5
οἷον μορφάς, τὰς δὲ ἕξεις τελείας. ἀλλ' εἰ ἀτελεῖς, οὔπω
ποιότητες· εἰ δ' ἤδη ποιότητες, προσθήκη τὸ μόνιμον. αἱ
δὲ φυσικαὶ δυνάμεις πῶς ἕτερον εἶδος; εἰ μὲν γὰρ κατὰ
τὰς δυνάμεις ποιότητες, οὐκ ἐφαρμόττει πάσαις τὸ τῆς
δυνάμεως, ὡς εἴρηται· εἰ δὲ τῷ διακεῖσθαι τὸν φύσει 10
πυκτικὸν ποιὸν λέγομεν, οὐδὲν ἡ δύναμις προστεθεῖσα
ποιεῖ, ἐπεὶ καὶ ἐν ταῖς ἕξεσι δύναμις. ἔπειτα διὰ τί ὁ
κατὰ δύναμιν τοῦ κατὰ ἐπιστήμην διοίσει; ἢ εἰ ποιοί,
οὐδὲ διαφοραὶ ποιότητος αὗται, εἰ ὁ μὲν μελετήσας ἔχοι, ὁ
δὲ φύσει, ἀλλ' ἔξωθεν ἡ διαφορά· κατ' αὐτὸ δὲ τὸ εἶδος 15
τῆς πυκτικῆς πῶς; καὶ εἰ αἱ μὲν ἐκ πάθους, αἱ δὲ οὔ·
οὐ γὰρ διαφέρει ὁπόθεν ἡ ποιότης· λέγω δὲ ποιότητος
παραλλαγαῖς καὶ διαφοραῖς. ἔχοι δ' ἂν ζήτησιν καί, εἰ ἐκ
πάθους αἵδε, αἱ μὲν οὕτως, αἱ δὲ μὴ τῶν αὐτῶν, πῶς ἐν
εἴδει τῷ αὐτῷ· καὶ εἰ αἱ μὲν τῷ γεγονέναι, αἱ δὲ τῷ ποι- 20
εῖν, ὁμωνύμως ἂν εἶεν. τί δὲ ἡ περὶ ἕκαστον μορφή; εἰ
μὲν γὰρ καθὸ εἶδός ἐστιν ἕκαστον, οὐ ποιόν· εἰ δὲ καθὸ
καλὸν μετὰ τὸ τοῦ ὑποκειμένου εἶδος ἢ αἰσχρόν, λόγον ἂν
ἔχοι. τὸ δὲ τραχὺ καὶ τὸ λεῖον καὶ τὸ ἀραιὸν καὶ τὸ πυκνὸν
οὐκ ὀρθῶς ἂν λέγοιτο ποιά; οὐ γὰρ δὴ ταῖς διαστάσεσι ταῖς 25
ἀπ' ἀλλήλων καὶ ⟨τῷ⟩ ἐγγὺς τὸ μανὸν καὶ τὸ πυκνὸν καὶ
τραχύτης, καὶ οὐ πανταχοῦ ἐξ ἀνωμαλίας θέσεως καὶ ὁμα-

---

11. 7-8 cf. Aristot. *Categ.* 8. 9ᵃ14-16   10 εἴρηται cf. VI. 1. 10. 8-11
16-21 cf. Aristot. *Categ.* 8. 9ᵃ35-ᵇ11   21 cf. ibid. 8. 10ᵃ11-12
24-8 cf. ibid. 8. 10ᵃ16-22 et Nicostratus apud Simpl. *In Categ.* 8, p. 268.
19-20

---

11. 13 τοῦ κατὰ ἐπιστήμην scil. πυκτικοῦ   ἢ εἰ ποιοί A(pro εἰ scr. ᾗ
Aᵃᵐᵍ)EBxUC: ᾗ ποιοί· ἢ καθὸ μὲν ποιοί, οὐδὲν διοίσουσιν ἀλλήλων Simplicius
In Categ. 8, p. 245. 4-5: ἢ ᾗ ποιοί Aᵖᶜ: ᾗ ποιοί Bréhier   19 αἶδε del.
Vitringa   20 τῷ γεγονέναι scil. ἐκ πάθους et τῷ ποιεῖν scil. τὸ πάθος
26 ⟨τῷ⟩ F³⁸ = Ficinus

λότητος· εἰ δὲ καὶ ἐκ τούτων, οὐδὲν κωλύει καὶ ὧς ποιὰ εἶναι.
τὸ δὲ κοῦφον καὶ βαρὺ γνωσθὲν δηλώσει, ὅπου δεῖ αὐτὰ
30 θεῖναι. εἴη δ' ἂν καὶ ὁμωνυμία περὶ τὸ κοῦφον, εἰ μὴ τῷ
σταθμῷ λέγοιτο τοῦ πλείονος καὶ ἐλάττονος, ἐν ᾧ καὶ τὸ
ἰσχνὸν καὶ λεπτόν, ὃ ἐν ἄλλῳ εἴδει παρὰ τὰ τέτταρα.

12. Ἀλλ' εἰ μὴ οὕτω τις ἀξιώσειε τὸ ποιὸν διαιρεῖν,
τίνι ἂν διέλοι; ἐπισκεπτέον οὖν, εἰ δεῖ τὰς μὲν σώματος
λέγοντα, τὰς δὲ ψυχῆς, τοῦ δὲ σώματος μερίζειν κατὰ
τὰς αἰσθήσεις, τὰς μὲν ὄψει νέμοντα, τὰς δ' ἀκοῇ ἢ
5 γεύσει, ἄλλας ὀσφρήσει ἢ ἁφῇ. τὰς δὲ τῆς ψυχῆς πῶς;
ἐπιθυμητικοῦ, θυμοειδοῦς, λογιστικοῦ. ἢ ταῖς διαφοραῖς
τῶν ἐνεργειῶν, αἳ γίνονται κατ' αὐτάς, ὅτι γεννητικαὶ
αὗται τούτων. ἢ τῷ ὠφελίμῳ καὶ βλαβερῷ· καὶ πάλιν
διαιρετέον τὰς ὠφελείας καὶ τὰς βλάβας. τὰ αὐτὰ δὲ καὶ
10 ἐπὶ τῶν σωματικῶν τῷ ποιεῖν διάφορα ἢ τῷ ὠφελίμῳ καὶ
βλαβερῷ· οἰκεῖαι γὰρ διαφοραὶ ποιότητος. ἢ γὰρ δοκεῖ ἡ
ὠφέλεια καὶ τὸ βλάβος ἀπὸ τῆς ποιότητος καὶ ποιοῦ ἢ
ζητητέον τρόπον ἄλλον. ἐπισκεπτέον δέ, πῶς καὶ ὁ ποιὸς
ὁ κατὰ τὴν ποιότητα ἐν τῇ αὐτῇ ἔσται· οὐ γὰρ δὴ ἓν γένος
15 ἀμφοῖν. καὶ εἰ ὁ πυκτικὸς ἐν ποιότητι, πῶς οὐ καὶ ὁ
ποιητικός; καὶ εἰ τοῦτο, καὶ τὸ ποιητικόν· ὥστε οὐδὲν δεῖ
εἰς τὸ πρός τι τὸ ποιητικὸν οὐδ' αὖ τὸ παθητικόν, εἰ ὁ
παθητικὸς ποιός. καὶ ἴσως βέλτιον ἐνταῦθα ὁ ποιητικός,
εἰ κατὰ δύναμιν λέγεται, ἡ δὲ δύναμις ποιότης. εἰ δὲ κατ'
20 οὐσίαν ἡ δύναμις ἤ τις δύναμις, οὐδ' οὕτω πρός τι οὐδὲ

11. 32 ἐν ἄλλῳ εἴδει cf. Aristot. *Categ.* 8. 10ª25 et Andronicus apud Simpl. *In
Categ.* 8, p. 263. 19-22   12. 2-5 cf. VI. 3. 17. 1-5   10-11 cf. VI. 3.
18. 27-8   16-17 cf. Andronicus apud Simpl. *In Categ.* 8, p. 258. 18-22

12. 2 τὰς μὲν scil. ποιότητας   4 νέμοντα Igal, *Emerita* 43, 1975, 184:
λέγοντα *Enn.*   11 διαφοραί: αἱ διαφοραὶ x   19 εἴ¹ regit etiam ἡ—
ποιότης   19-20 εἰ δὲ—δύναμις² *sin autem secundum essentiam* ipsa *potentia*
(cf. VI. 1. 10. 12-15) est *uel* saltem *quaedam potentia*   20 ἤ τις H-S¹: ἡ τίς
ABxUC: ἥτις E

ποιὸν ἔτι. οὐδὲ γὰρ ὡς τὸ μεῖζον τὸ ποιητικόν· τὸ γὰρ
μεῖζον τὴν ὑπόστασιν, καθὸ μεῖζον, πρὸς τὸ ἔλαττον, τὸ
δὲ ποιητικὸν τῷ τοιόνδε εἶναι ἤδη. ἀλλ᾽ ἴσως κατὰ μὲν τὸ
τοιόνδε ποιόν, ᾗ δὲ δύναται εἰς ἄλλο ποιητικὸν λεγόμενον
πρός τι. διὰ τί οὖν οὐ καὶ ὁ πυκτικὸς πρός τι, καὶ ἡ 25
πυκτικὴ αὐτή; πρὸς ἄλλον γὰρ ὅλως ἡ πυκτική· καὶ γὰρ
οὐδὲν αὐτῆς θεώρημα, ὃ μὴ πρὸς ἄλλο. καὶ περὶ τῶν ἄλλων
δὲ τεχνῶν ἢ τῶν πλείστων ἐπισκεπτέον καὶ λεκτέον ἴσως·
ᾗ μὲν διατιθεῖσι τὴν ψυχήν, ποιότητες, ᾗ δὲ ποιοῦσι,
ποιητικαὶ καὶ κατὰ τοῦτο πρὸς ἄλλον καὶ πρός τι· ἐπεὶ καὶ 30
ἄλλον τρόπον πρός τι, καθὸ ἕξεις λέγονται. ἆρ᾽ οὖν ἄλλη
τις ὑπόστασις κατὰ τὸ ποιητικὸν τοῦ "ποιητικὸν" οὐκ
ἄλλου τινὸς ὄντος ἢ καθόσον ποιόν; τάχα μὲν γὰρ ἄν
τις ἐπὶ τῶν ἐμψύχων καὶ ἔτι μᾶλλον ἐπὶ τῶν προαίρεσιν
ἐχόντων τῷ νενευκέναι πρὸς τὸ ποιεῖν ὑπόστασιν εἶναι 35
καὶ κατὰ τὸ ποιητικόν· ἐπὶ δὲ τῶν ἀψύχων δυνάμεων, ἃς
ποιότητας εἴπομεν, τί τὸ ποιητικόν; ἢ ὅταν συντύχῃ
αὐτῷ ἄλλο, ἀπέλαυσε καὶ μετέβαλε παρ᾽ ἐκείνου οὗ ἔχει.
εἰ δὲ τὸ αὐτὸ καὶ ποιεῖ εἰς ἄλλο καὶ πάσχει, πῶς ἔτι τὸ
ποιητικόν; ἐπεὶ καὶ τὸ μεῖζον τρίπηχυ ὂν καθ᾽ αὐτὸ καὶ 40
μεῖζον καὶ ἔλαττον ἐν τῇ συντυχίᾳ τῇ πρὸς ἄλλο. ἀλλ᾽ ἐρεῖ

---

12. 30-1 cf. Aristot. *Categ.* 7. 6ᵇ2, aliter Plot. VI. 1. 6. 26-8   37 εἴπομεν
cf. VI. 1. 10. 8-9

---

12. 22 τὴν ὑπόστασιν accusatiuus respectus   24-5 ᾗ—πρός τι¹ *quatenus*
uero pollet in aliud, cum effectiuum dicatur, relatio est   26 ἄλλο Kirchhoff
29 διατιθεῖσι = διατιθέασι   30 ἄλλο Kirchhoff   31-3 ἄλλη . . ᾗ
alia . . atque Harder recte; quaeritur, num eo quod aliquid est effectiuum
(ideoque relatium) substantiam diuersam habeat ab ea quam habet eo
quod est qualitate praeditum; respondetur (33-7) affirmatiue de animatis,
negatiue de inanimis   32 ποιητικὸν² (non declinatum) wBRUC:
ποιητικοῦ J   34 τις ⟨εἴποι⟩ Page, sed subaudiendum   35 ποιεῖν
Kirchhoff: ποιὸν Enn.   36 καὶ om. x   38 ἀπήλαυσε w
38 μετέβαλε (intransitiuum, subiectum αὐτό) wBxC: μετέλαβε UF³ᵐᵍ
(= Ficinus)   οὗ ἔχει = ὃ ἔχει τὸ ἄλλο

τις τὸ μεῖζον καὶ τὸ ἔλαττον μεταλήψει μεγέθους καὶ μικρό-
τητος· ἢ καὶ τοῦτο μεταλήψει ποιητικοῦ καὶ παθητικοῦ.
ζητητέον δὲ καὶ ἐνταῦθα καὶ εἰ αἱ τῇδε ποιότητες καὶ αἱ
45 ἐκεῖ ὑφ' ἕν· τοῦτο δὲ πρὸς τοὺς τιθεμένους κἀκεῖ· ἢ κἂν
μὴ εἴδη τις διδῷ, ἀλλὰ νοῦν λέγων εἰ ἕξιν λέγοι, ἢ κοινόν
τι ἐπ' ἐκείνης καὶ ταύτης τῆς ἕξεως· καὶ σοφία δὲ
συγχωρεῖται. ἢ εἰ ὁμώνυμος πρὸς τὴν ἐνταῦθα, οὐκ
ἠρίθμηται δηλονότι ἐν τούτοις· εἰ δὲ συνωνύμως, ἔσται τὸ
50 ποιὸν κοινὸν ἐνταῦθα κἀκεῖ, εἰ μή τις τἀκεῖ λέγοι πάντα
οὐσίας· καὶ τὸ νοεῖν τοίνυν. ἀλλὰ τοῦτο κοινὸν καὶ πρὸς
τὰς ἄλλας κατηγορίας, [ἢ] εἰ τὸ διττὸν ὧδε κἀκεῖ, ἢ ὑφ'
ἕν ἄμφω.

13. Περὶ δὲ τοῦ ποτὲ ὧδε ἐπισκεπτέον· εἰ τὸ χθὲς καὶ
αὔριον καὶ πέρυσι καὶ τὰ τοιαῦτα μέρη χρόνου, διὰ τί οὐκ ἐν
τῷ αὐτῷ ἔσται καὶ ταῦτα, ἐν ᾧπερ καὶ ὁ χρόνος; ἐπεὶ καὶ
τὸ ἦν καὶ τὸ ἔστι καὶ τὸ ἔσται, εἴδη ὄντα χρόνου, δίκαιον
5 δήπου ἐν ᾧ ὁ χρόνος τετάχθαι. λέγεται δὲ τοῦ ποσοῦ
ὁ χρόνος· ὥστε τί δεῖ κατηγορίας ἄλλης; εἰ δὲ λέγοιεν
ὡς οὐ μόνον χρόνος τὸ ἦν καὶ ἔσται, καὶ τὸ χθὲς καὶ πέρυσι,
τὰ ὑπὸ τὸ ἦν—ὑποβεβλῆσθαι γὰρ δεῖ ταῦτα τῷ ἦν—
ἀλλ' οὖν οὐ μόνον χρόνος, ἀλλὰ ποτὲ χρόνος, πρῶτον μὲν
10 ἔσται, εἰ τὸ "ποτὲ χρόνος", χρόνος· ἔπειτα, εἰ χρόνος
παρεληλυθὼς τὸ χθές, σύνθετόν τι ἔσται, εἰ ἕτερον τὸ

---

12. 42-3 cf. Plat. Phaed. 100 e 5-6   46 ἕξιν λέγοι prob. Peripateticus
quidam, cf. Aristot. Categ. 8. 8ᵇ28-9   13. 1-2 cf. Aristot. Categ. 4. 2ᵃ2
2-4 cf. Plat. Tim. 37 a 3-5   5-6 cf. Aristot. Categ. 6. 4ᵇ24

---

12. 46 εἴδη wRᵖᶜ: εἴδῃ BRᵃᶜJU: εἰ δὴ C   ἢ sane, iterat 45 ἢ
48 συγχωρεῖται scil. ἕξις εἶναι   48-51 ὁμώνυμος et οὐσίας Plotini
doctrina, συνωνύμως autem reicit   50 κοινὸν om. x   52 ἢ¹ del.
Kirchhoff   13. 2 οὐκ: οὐ καὶ w   9 οὖν οὐ Page et prob. iam Ficinus:
οὐ νῦν Enn.   οὐ μόνον χρόνος redintegrat post parenthesim 7 οὐ μόνον
χρόνος   9-10 ποτὲ χρόνος (bis) coniungendum   10 χρόνος²
(praedicatum ad 7 τὸ ἦν καὶ ἔσται) A�ᵐᵍ BUC: om. wx

παρεληλυθὸς καὶ ἕτερον ὁ χρόνος· δύο οὖν κατηγορίαι καὶ
οὐχ ἁπλοῦν. εἰ δὲ τὸ ἐν χρόνῳ φήσουσι τὸ ποτὲ εἶναι,
ἀλλ᾽ οὐ χρόνον, τοῦτο τὸ ἐν χρόνῳ εἰ μὲν τὸ πρᾶγμα λέγου-
σιν, οἷον Σωκράτης ὅτι πέρυσιν ἦν, ὁ μὲν Σωκράτης 15
ἔξωθεν ἂν εἴη, καὶ οὐχ ἕν τι λέγουσιν. ἀλλὰ Σωκράτης ἢ
ἡ πρᾶξις ἐν τούτῳ τῷ χρόνῳ τί ἂν εἴη ἢ ἐν μέρει τοῦ
χρόνου; εἰ δ᾽ ὅτι μέρος χρόνου λέγουσι, καὶ καθότι μέρος
ἀξιοῦσι μὴ χρόνον ἁπλῶς τι λέγειν, ἀλλὰ μέρος χρόνου
παρεληλυθός, πλείω ποιοῦσι, καὶ τὸ μέρος ᾗ μέρος πρός τι 20
ὂν προσλαμβάνουσι. καὶ τὸ παρεληλυθὸς ἐγκείμενον τί
αὐτοῖς ἔσται ἢ τὸ αὐτὸ τῷ ἦν, ὃ ἦν εἶδος χρόνου; ἀλλ᾽ εἰ τῷ
ἀόριστον μὲν εἶναι τὸ ἦν, τὸ δὲ χθὲς καὶ τὸ πέρυσιν ὡρίσθαι,
πρῶτον μὲν τὸ ἦν ποῦ τάξομεν; ἔπειτα τὸ χθὲς ἔσται
"ἦν ὡρισμένον", ὥστε ἔσται ὡρισμένος χρόνος τὸ χθές· 25
τοῦτο δὲ ποσός τις χρόνος· ὥστε, εἰ χρόνος ποσόν, ποσὸν
ὡρισμένον ἕκαστον τούτων ἔσται. εἰ δέ, ὅταν λέγωσι χθές,
τοῦτο λέγομεν, ὡς ἐν χρόνῳ παρεληλυθότι ὡρισμένῳ γέγονε
τόδε, ἔτι πλείω καὶ μᾶλλον λέγουσιν· ἔπειτα, εἰ δεῖ ἐπεισάγειν
ἄλλας κατηγορίας τῷ ἕτερον ἐν ἑτέρῳ ποιεῖν, ὡς ἐνταῦθα 30
τὸ ἐν χρόνῳ, ἄλλας πολλὰς ἀνευρήσομεν ἀπὸ τοῦ ποιεῖν
ἄλλο ἐν ἄλλῳ. λεχθήσεται δὲ σαφέστερον ἐν τοῖς ἑξῆς
τοῖς περὶ τοῦ ποῦ.

14. Τὸ δὲ ποῦ, ἐν Λυκίῳ καὶ ἐν Ἀκαδημίᾳ. ἡ μὲν οὖν

---

13. 22 ὃ ἦν εἶδος χρόνου cf. VI. 1. 13. 4   32 ἐν τοῖς ἑξῆς cf. VI. 1. 14
14. 1 cf. Aristot. *Categ.* 4. 2ᵃ1–2 et Simplicius *In Categ.* prooem. p. 11. 20

---

13. 12 δύο . . κατηγορίαι nempe ποτέ et χρόνος i.e. ποσόν   18 χρόνου[2]
om. x   20 πλείω nempe tres categoriae ποτέ, ποσόν, πρός τι
21 ἐγκείμενον *quod continetur* in definitione 19–20   ἐγκείμενον τί Harder:
ἐγκείμενόν τι Enn.   22 εἰ ⟨μὴ⟩ Theiler   26 ποσός τις χρόνος Aᵧᵣᵖᵐᵍ
BxUᵖᶜC: ποσότης χρόνου A: ποσότης χρόνος EUᵃᶜ   ποσόν, ποσὸν
⟨ποσὸν⟩ Theiler   27–8 εἰ . . τοῦτο λέγομεν (si . . *id dictum intelligamus*
Ficinus recte): εἰ . . τοῦτο λέγουσιν Kirchhoff   29 ἔτι πλείω nempe
quattuor categoriae ἐν χρόνῳ (i.e. πρός τι et ποσόν), ποτέ et insuper ὡρισμένον
14. 1 οὖν om. x

Ἀκαδημία καὶ τὸ Λύκιον πάντως τόποι καὶ μέρη τόπου,
ὥσπερ τὸ ἄνω καὶ τὸ κάτω καὶ τὸ ὡδὶ εἴδη ἢ μέρη·
διαφέρει δέ, ὅτι ἀφωρισμένως μᾶλλον. εἰ οὖν τὸ ἄνω καὶ
5 τὸ κάτω καὶ τὸ μέσον τόποι, οἷον Δελφοὶ τὸ μέσον, καὶ
τὸ παρὰ τὸ μέσον, οἷον Ἀθῆναι καὶ Λύκιον δὴ καὶ τὰ
ἄλλα, τί δεῖ παρὰ τὸν τόπον ζητεῖν ἡμᾶς καὶ ταῦτα
λέγοντας τόπον ἐφ' ἑκάστου τούτων σημαίνειν; εἰ δὲ ἄλλο
ἐν ἄλλῳ λέγομεν, οὐχ ἓν λέγομεν οὐδὲ ἁπλοῦν λέγομεν.
10 ἔπειτα, εἰ τοῦτον ἐνταῦθα λέγομεν, σχέσιν τινὰ γεν-
νῶμεν τοῦδε ἐν τῷδε καὶ τοῦ δεξαμένου πρὸς ὃ ἐδέξατο·
διὰ τί οὖν οὐ πρός τι, εἰ ἐκ τῆς ἑκατέρου πρὸς ἑκάτερον
σχέσεως ἀπεγεννήθη τι; εἶτα ⟨τί⟩ διαφέρει τὸ ὧδε τοῦ
Ἀθήνησιν; ἀλλὰ τὸ ὧδε τὸ δεικτικὸν τόπον φήσουσι σημαί-
15 νειν· ὥστε καὶ τὸ Ἀθήνησιν· ὥστε τοῦ τόπου τὸ Ἀθήνησιν.
εἶτα, εἰ τὸ Ἀθήνησι τοῦτό ἐστι τὸ "ἐν Ἀθήναις ἐστί",
πρὸς τῷ τόπῳ καὶ τὸ ἔστι προσκατηγορεῖται· δεῖ δὲ οὐ·
ὥσπερ οὐδὲ τὸ "ποιότης ἐστίν", ἀλλὰ τὸ "ποιότης" μόνον.
πρὸς δὲ τούτοις, εἰ τὸ ἐν χρόνῳ ἄλλο καὶ τὸ ἐν τόπῳ
20 ἄλλο παρὰ χρόνον καὶ τόπον, διὰ τί οὐ καὶ τὸ ἐν ἀγγείῳ
ἄλλην κατηγορίαν ποιήσει, καὶ τὸ ἐν ὕλῃ ἄλλο, καὶ τὸ ἐν
ὑποκειμένῳ ἄλλο, καὶ τὸ ἐν ὅλῳ μέρος καὶ τὸ ὅλον ἐν
μέρεσι, καὶ γένος ἐν εἴδεσι καὶ εἶδος ἐν γένει; καὶ οὕτως
ἡμῖν πλείους αἱ κατηγορίαι ἔσονται.

15. Ἐν δὲ τῷ ποιεῖν λεγομένῳ τάδ' ἄν τις ἐπισκέψαιτο.
λέγεται γάρ· ὡς, ἐπεὶ μετὰ τὴν οὐσίαν τὰ περὶ τὴν οὐσίαν
ἦν ποσότης καὶ ἀριθμός, τὸ ποσὸν γένος ἕτερον ἦν, καὶ

14. 5 cf. Aristot. *Categ.* 6. 6ᵃ12-14   5-6 Δελφοὶ τὸ μέσον cf. Pind.
Pyth. 4. 74 μέσον ὀμφαλόν et Plat. *Resp.* 427c3-4   8-9 ἄλλο ἐν ἄλλῳ cf.
Aristot. *Phys. Δ* 5. 212ᵇ13-16 et Plot. VI. 2. 16. 4   10-12 cf. VI.
3. 11. 9-10   15. 1 cf. Aristot. *Categ.* 4. 1ᵇ27 et 9. 11ᵇ1

14. 10 λέγομεν : λέγομεν οὐδὲ ἁπλοῦν λέγομεν x   13 ⟨τί⟩ Creuzer
19 εἰ Simplicius *In Categ.* 9, p. 349. 5: εἰ δεῖ *Enn.*   19-20 καὶ—ἄλλο
om. w   15. 2-4 ὡς .. οὕτω ut .. *ita*

ποιότητος οὔσης περὶ αὐτὴν ἄλλο γένος τὸ ποιόν, οὕτω
καὶ ποιήσεως οὔσης ἄλλο γένος τὸ ποιεῖν. ἆρ' οὖν τὸ ποιεῖν 5
ἢ ἡ ποίησις, ἀφ' ἧς τὸ ποιεῖν, ὥσπερ καὶ ποιότης, ἀφ' ἧς
τὸ ποιόν; ἢ ἐνταῦθα ποίησις, ποιεῖν, ποιῶν, ἢ ποιεῖν καὶ
ποίησις εἰς ἓν ληπτέα; ἐμφαίνει δὲ μᾶλλον τὸ ποιεῖν καὶ
τὸν ποιοῦντα, ἡ δὲ ποίησις οὔ· καὶ τὸ ποιεῖν ἐν ποιήσει
εἶναί τινι, τοῦτο δὲ ἐνεργείᾳ. ὥστε ἐνέργειαν μᾶλλον εἶναι 10
τὴν κατηγορίαν, ἢ περὶ τὴν οὐσίαν λέγεται θεωρεῖσθαι, ὡς
ἐκεῖ ποιότης. καὶ ⟨εἰ⟩ αὐτὴ περὶ τὴν οὐσίαν ὥσπερ κίνησις,
καὶ ἓν γένος ἡ κίνησις τῶν ὄντων. διὰ τί γὰρ ποιότης μὲν
ἕν τι περὶ τὴν οὐσίαν, καὶ ποσότης ἕν τι, καὶ πρός τι
διὰ τὴν σχέσιν ἄλλου πρὸς ἄλλο, κινήσεως δὲ περὶ τὴν 15
οὐσίαν οὔσης οὐκ ἔσται τι καὶ κίνησις ἓν γένος;

16. Εἰ δέ τις λέγοι τὴν κίνησιν ἀτελῆ ἐνέργειαν
εἶναι, οὐδὲν ἐκώλυε τὴν μὲν ἐνέργειαν προτάττειν, εἶδος
δὲ τὴν κίνησιν ὡς ἀτελῆ οὖσαν ὑποβάλλειν, κατηγοροῦντά
γε αὐτῆς τὴν ἐνέργειαν, προστιθέντα δὲ τὸ ἀτελές. τὸ γὰρ
ἀτελὲς λέγεται περὶ αὐτῆς, οὐχ ὅτι οὐδὲ ἐνέργεια, ἀλλὰ 5
ἐνέργεια μὲν πάντως, ἔχει δὲ καὶ τὸ πάλιν καὶ πάλιν,
οὐχ ἵνα ἀφίκηται εἰς ἐνέργειαν—ἔστι γὰρ ἤδη—ἀλλ' ἵνα
ἐργάσηταί τι, ὃ ἕτερόν ἐστι μετ' αὐτήν. καὶ οὐκ αὐτὴ

---

15. 10-12 cf. Aristot. *Metaph.* Θ 3. 1047ª32 et Λ 5. 1071ª1-2   13 cf.
Plat. *Soph.* 254d4-5   16 cf. VI. 3. 21. 1   **16.** 1 = Aristot. *Phys.* Γ 2.
201ᵇ31-2; *Metaph.* Κ 9. 1066ª20-1   4-8 cf. Stoic. *Vet. Fr.* ii, n. 498
6 cf. Aristot. *Phys.* E 4. 227ᵇ15-17

---

15. 7 ἢ¹ *an*, ἢ² *uel*   7-8 ἢ²—ποίησις del. Müller, sed testatur Simplicius
In Categ. 9, p. 301. 31-3: ἡ δὲ ποίησις καὶ τὸ ποιεῖν ἁπλούστερα . . ὥστε
οἰκειότερα ταῦτα τοῦ ποιοῦντος εἰς γένους ἀφορισμόν   8 καὶ *etiam*
11 περὶ τὴν οὐσίαν del. Theiler H-S¹   12 ⟨εἰ⟩ Igal, quod testatur
Simplicius ibid. p. 302. 6-9 εἰ δὲ καὶ ἡ ἐνέργεια διὰ τοῦτο οἰκειοτέρα τῆς
ποιήσεως, διότι τὸ κατὰ κίνησιν ἐμφαίνει, ἀλλ' οὐ τὸ μετὰ τὴν κίνησιν, ὥσπερ
ἡ ποίησις, ἔδει κίνησιν θέσθαι ἓν γένος ἐν ταῖς κατηγορίαις   αὐτὴ scil.
ἐνέργεια   16. 6 πάλιν² AᵃᶜE Iamblichus apud Simpl. *In Categ.* 9, p. 307.
4, cf. Plot. III. 7. 8. 42: τὸ πάλιν AᵖᶜBxUC

τελειοῦται τότε, ἀλλὰ τὸ πρᾶγμα οὗ ἐστοχάζετο· οἷον
10 βάδισις ἐξ ἀρχῆς βάδισις ἦν. εἰ δ' ἔδει στάδιον διανύσαι,
οὔπω δὲ ἦν διανύσας, τὸ ἐλλεῖπον οὐ τῆς βαδίσεως οὐδὲ
τῆς κινήσεως ἦν, ἀλλὰ τῆς ποσῆς βαδίσεως· βάδισις δὲ ἦν
καὶ ὁποσηοῦν καὶ κίνησις ἤδη· ὁ γοῦν κινούμενος καὶ ἤδη
κεκίνηται, καὶ ὁ τέμνων ἤδη ἔτεμε. καὶ ὡς ἡ λεγομένη
15 ἐνέργεια οὐ δεῖται χρόνου, οὕτως οὐδ' ἡ κίνησις, ἀλλ' ἡ εἰς
τοσοῦτον κίνησις· καὶ εἰ ἐν ἀχρόνῳ ἡ ἐνέργεια, καὶ ἡ
κίνησις ᾗ ὅλως κίνησις. εἰ δ' ὅτι τὸ συνεχὲς προσλαβοῦσα
πάντως ἐν χρόνῳ, καὶ ἡ ὅρασις μὴ διαλείπουσα τὸ ὁρᾶν ἐν
συνεχείᾳ ἂν εἴη καὶ ἐν χρόνῳ. μαρτυρεῖ δὲ τούτῳ καὶ ἡ
20 ἀλογία ἡ λέγουσα ἀεὶ οἷόν τε εἶναι λαμβάνειν ἡστινοσοῦν
κινήσεως καὶ μὴ εἶναι μήτε τοῦ χρόνου ἀρχὴν ἐν ᾧ καὶ
ἀφ' οὗ ἤρξατο μήτε αὐτῆς ἀρχὴν τῆς κινήσεως, ἀλλ' εἶναι
αὐτὴν διαιρεῖν ἐπὶ τὸ ἄνω· ὥστε ἐξ ἀπείρου συμβαίνοι ἂν
τοῦ χρόνου κεκινῆσθαι τὴν ἄρτι ἀρξαμένην καὶ αὐτὴν
25 ἄπειρον εἰς τὸ ἀρξάμενον εἶναι. τοῦτο γὰρ συμβαίνει διὰ
τὸ χωρίζειν ἐνέργειαν κινήσεως καὶ τὴν μὲν ἐν ἀχρόνῳ
φάσκειν γενέσθαι, τὴν δὲ χρόνου δεῖσθαι λέγειν μὴ τὴν
τόσην μόνον, ἀλλ' ὅλως τὴν φύσιν αὐτῆς ἀναγκάζεσθαι
ποσὴν λέγειν καίτοι ὁμολογοῦντας καὶ αὐτοὺς κατὰ συμβε-
30 βηκὸς τὸ ποσὸν αὐτῇ παρεῖναι, εἰ ἡμερησία εἴη ἢ ὁπο-
σουοῦν χρόνου. ὥσπερ οὖν ἐνέργεια ἐν ἀχρόνῳ, οὕτως

16. 10 βάδισις et 18 ὅρασις cf. Aristot. *Metaph.* Θ 6. 1048ᵇ29 et 33
10-13 cf. VI. 3. 22. 8-9   10-17 cf. Aristot. *Phys.* Z 4. 235ᵃ10-17
13-14 cf. ibid. Z 6. 237ᵃ2-3   15 οὐδ' ἡ κίνησις contra Aristot. *Phys.* Z 2.
232ᵇ20   16-17 cf. Plat. *Parm.* 156e1   17 cf. Aristot. *Phys.* Γ 1.
200ᵇ17   25-35 cf. Aristot. *Metaph.* Θ 6. 1048ᵇ28-35   26 cf.
Theophrastus apud Simpl. *In Categ.* 9, p. 304. 32-3   27 cf. Aristot.
Phys. Z 4. 235ᵃ11   29-30 aliter ibid. 235ᵃ18   30 cf. ibid. Γ 1. 201ᵃ6

16. 10 δ' ἔδει Kirchhoff: δὲ δεῖ *Enn.*: δὲ ἔδει Simplicius *In Categ.* 9, p. 307.
32   13 καί³ del. Kirchhoff   17 ᾗ H-S¹: ἡ *Enn.*   19 τούτῳ
AᴾᶜBxU: τοῦτο A('et ω A¹ˢ)EC   20 ἀλογία Theiler: ἀναλογία *Enn.*
30 τὸ ποσὸν om. x

οὐδὲν κωλύει καὶ κίνησιν ἦρχθαι ἐν ἀχρόνῳ, ὁ δὲ χρόνος τῷ
τοσήνδε γεγονέναι. ἐπεὶ καὶ μεταβολαὶ ἐν ἀχρόνῳ ὁμολο-
γοῦνται γίγνεσθαι ἐν τῷ λέγεσθαι ὥσπερ οὐ καὶ ἀθρόας
γιγνομένης μεταβολῆς. εἰ οὖν μεταβολή, διὰ τί οὐχὶ 35
καὶ κίνησις; εἴληπται δὲ μεταβολὴ οὐκ ἐν τῷ μεταβεβλη-
κέναι· οὐ γὰρ τῆς ἐν τῷ μεταβεβληκέναι ἐδεῖτο.

17. Εἰ δέ τις λέγοι μήτε τὴν ἐνέργειαν μήτε τὴν κίνη-
σιν γένους δεῖσθαι καθ᾿ αὑτά, ἀλλ᾿ εἰς τὸ πρός τι ἀνάγειν
τῷ τὴν μὲν ἐνέργειαν τοῦ δυνάμει εἶναι ἐνεργητικοῦ,
τὴν δὲ τοῦ δυνάμει κινητικοῦ ἢ κινητοῦ, λεκτέον ὡς
τὰ μὲν πρός τι αὐτὴ ἡ σχέσις ἐγέννα, ἀλλ᾿ οὐ τῷ πρὸς 5
ἕτερον μόνον λέγεσθαι. ὅταν δὲ ᾖ τις ὑπόστασις, κἂν ἑτέ-
ρου ᾖ κἂν πρὸς ἕτερον, τήν γε πρὸ τοῦ πρός τι εἴληχε
φύσιν. αὕτη τοίνυν ἡ ἐνέργεια καὶ ἡ κίνησις καὶ ἡ ἕξις
δὲ ἑτέρου οὖσα οὐκ ἀφήρηται τὸ πρὸ τοῦ πρός τι εἶναί
τε καὶ νοεῖσθαι καθ᾿ αὑτά· ἢ οὕτω πάντα ἔσται πρός τι· 10
πάντως γὰρ ἔχει ὁτιοῦν σχέσιν πρὸς ὁτιοῦν, ὡς καὶ ἐπὶ τῆς
ψυχῆς. αὐτή τε ἡ ποίησις καὶ τὸ ποιεῖν διὰ τί εἰς τὸ πρός
τι οὐκ ἀναχθήσεται; ἢ γὰρ κίνησις ἢ ἐνέργεια πάντως
ἔσται. εἰ δὲ τὴν μὲν ποίησιν εἰς τὸ πρός τι ἀνάξουσι,
τὸ δὲ ποιεῖν ἓν γένος θήσονται, διὰ τί οὐ καὶ τὴν 15
μὲν κίνησιν εἰς τὸ πρός τι, τὸ δὲ κινεῖσθαι ἕν τι γένος

---

16. 34-5 = Aristot. *Phys.* A 3. 186ᵃ15-16   36-7 cf. ibid. Z 6. 237ᵇ3-6
17. 1 τις cf. Simplicius *In Categ.* 4, p. 63. 9-11   1-3 cf. VI. 3. 21. 9
4 cf. Aristot. *Phys.* Γ 1. 200ᵇ30-1 et Θ 1. 251ᵃ9-10   5-6 cf. VI. 1. 8. 7-8
et VI. 3. 21. 15-17   15-19 cf. Plat. *Theaet.* 156a5-7 et 157a4-6;
Boëthus apud Simpl. *In Categ.* 9, p. 302. 15-17; cf. VI. 1. 20. 12-13; 22. 5 -11;
VI. 3. 21. 6-9

---

17. 3 τοῦ Simplicius *In Categ.* 9, p. 309. 31: om. *Enn.*   4 τὴν δὲ
(scil. κίνησιν): τὴν δὲ κίνησιν Simplicius ibid. 32   κινητικοῦ ἢ κινητοῦ
EBxUC: κινητικοῦ ᾖ κινητικοῦ A: κινητοῦ Simplicius ibid.: κινητικοῦ
Kirchhoff   5 αὕτη w   τῷ *Enn.*: τὸ Simplicius ibid. 33   7 ᾖ: ἦν w
9 τὸ (coniungendum cum εἶναί τε καὶ νοεῖσθαι) BxUC Simplicius ibid.
p. 310. 1: τοῦ w

θήσονται, καὶ διαιρήσονται τὸ κινεῖσθαι ὡς ἐν διχῇ ἐν
εἴδεσι τοῦ ποιεῖν καὶ τοῦ πάσχειν, ἀλλ' οὐχ ὡς νῦν τὸ μὲν
ποιεῖν λέγουσι, τὸ δὲ πάσχειν;

18. Ἐπισκεπτέον δέ, εἰ ἐν τῷ ποιεῖν τὰς μὲν ἐνεργείας
φήσουσι, τὰς δὲ κινήσεις, τὰς μὲν ἐνεργείας λέγοντες
εἶναι τὰς ἀθρόας, τὰς δὲ κινήσεις, οἷον τὸ τέμνειν—ἐν
χρόνῳ γὰρ τὸ τέμνειν—ἢ πάσας κινήσεις ἢ μετὰ κινήσεως,
5 καὶ εἰ πάσας πρὸς τὸ πάσχειν τὰς ποιήσεις ἢ τινας καὶ
ἀπολύτους, οἷον τὸ βαδίζειν καὶ τὸ λέγειν, καὶ εἰ τὰς
πρὸς τὸ πάσχειν πάσας κινήσεις, τὰς δ' ἀπολύτους
ἐνεργείας, ἢ ἐν ἑκατέροις ἑκάτερον. τὸ γοῦν βαδίζειν
ἀπολελυμένον ὂν κίνησιν ἂν εἴποιεν, τὸ δὲ νοεῖν οὐκ ἔχον
10 τὸ πάσχον καὶ αὐτὸ ἐνέργειαν, οἶμαι. ἢ οὐδὲ ποιεῖν φατέον
τὸ νοεῖν καὶ τὸ βαδίζειν. ἀλλ' εἰ μὴ ἐν τῷ ποιεῖν ταῦτα,
ποῦ λεκτέον· τάχα δὲ τὸ νοεῖν πρὸς τὸ νοητόν, ὥσπερ τὴν
νόησιν. καὶ γὰρ τὴν αἴσθησιν πρὸς τὸ αἰσθητόν· ἀλλ' εἰ
κἀκεῖ τὴν αἴσθησιν πρὸς τὸ αἰσθητόν, διὰ τί αὐτὸ τὸ
15 αἰσθάνεσθαι οὐκέτι πρὸς τὸ αἰσθητόν; καὶ ἡ αἴσθησις δέ,
εἰ πρὸς ἕτερον, σχέσιν μὲν ἔχει πρὸς ἐκεῖνο, ἔχει δέ τι
παρὰ τὴν σχέσιν, τὸ ἢ ἐνέργεια ἢ πάθος εἶναι. εἰ οὖν τὸ
πάθος παρὰ τό τινος εἶναι καὶ ὑπό τινος ἔστι τι ἕτερον,
καὶ ἡ ἐνέργεια. ἡ δὲ δὴ βάδισις ἔχουσα καὶ αὐτὴ τό τινος
20 εἶναι καὶ ποδῶν εἶναι καὶ ὑπό τινος ἔχει τὸ κίνησις
εἶναι. ἔχοι ἂν οὖν καὶ ἡ νόησις παρὰ τὸ πρός τι τὸ ἢ
κίνησις εἶναι ἢ ἐνέργεια.

19. Ἐπισκεπτέον δέ, εἰ καί τινες ἐνέργειαι δόξουσιν

18. 1-4 cf. VI. 1. 16. 25-35   3 cf. Aristot. Categ. 4. 2ᵃ3-4
12-13 cf. Aristot. De an. Γ 4. 429ᵃ17-18   19-20 cf. ibid. A 3. 406ᵃ9
19. 1-3 cf. VI. 1. 16. 25-35

18. 4 πάσας subiectum, κινήσεις praedicatum   6 τὰς: τὰς μὲν Sim-
plicius In Categ. 9, p. 313. 5   13-14 ἀλλ'—αἰσθητόν om. xU   16 εἰ
(si quidem) BxUC: ἢ w   19 ἡ ἐνέργεια scil. ἔστι τι ἕτερον   20 καὶ
ποδῶν εἶναι del. Müller

ἀτελεῖς εἶναι μὴ προσλαβοῦσαι χρόνον, ὥστε εἰς ταὐτὸν
ταῖς κινήσεσιν ἐλθεῖν, οἷον τὸ ζῆν καὶ ἡ ζωή. ἐν χρόνῳ
γὰρ τελείῳ τὸ ζῆν ἑκάστου καὶ ἡ εὐδαιμονία ἐνέργεια οὐκ
ἐν ἀμερεῖ, ἀλλὰ οἷον ἀξιοῦσι καὶ τὴν κίνησιν εἶναι. ὥστε 5
κινήσεις ἄμφω λεκτέον, καὶ ἕν τι τὴν κίνησιν καὶ γένος ἕν,
θεωροῦντας παρὰ τὸ ποσὸν τὸ ἐν τῇ οὐσίᾳ καὶ τὸ ποιὸν καὶ
κίνησιν οὖσαν περὶ αὐτήν. καὶ, εἰ βούλει, τὰς μὲν σωμα-
τικάς, τὰς δὲ ψυχικάς, ἢ τὰς μὲν παρ' αὐτῶν, τὰς δὲ ὑπ'
ἄλλων εἰς αὐτά, ἢ τὰς μὲν ἐξ αὐτῶν, τὰς δὲ ἐξ ἄλλων, καὶ 10
τὰς μὲν ἐξ αὐτῶν ποιήσεις εἴτε εἰς ἄλλα εἴτε ἀπολελυ-
μένας, τὰς δὲ ἐξ ἄλλων πείσεις. καίτοι καὶ αἱ εἰς ἄλλα
κινήσεις αἱ αὐταὶ ταῖς ἐξ ἄλλων· ἡ γὰρ τμῆσις, ἥ τε παρὰ
τοῦ τέμνοντος ἥ τε ἐν τῷ τεμνομένῳ, μία, ἀλλὰ τὸ τέμνειν
ἕτερον καὶ τὸ τέμνεσθαι. τάχα δὲ οὐδὲ μία ἡ τμῆσις ἡ ἀπὸ 15
τοῦ τέμνοντος καὶ ἡ ἐν τῷ τεμνομένῳ, ἀλλ' ἔστι τὸ τέμνειν
τὸ ἐκ τῆς τοιᾶσδε ἐνεργείας καὶ κινήσεως ἑτέραν ἐν τῷ
τεμνομένῳ διάδοχον κίνησιν γίγνεσθαι. ἢ ἴσως οὐ κατ'
αὐτὸ τὸ τέμνεσθαι τὸ διάφορον, ἀλλὰ κατ' ἄλλο τὸ ἐπιγιγνό-
μενον κίνημα, οἷον τὸ ἀλγεῖν· καὶ γὰρ τὸ πάσχειν ἐν τούτῳ. 20
τί οὖν, εἰ μή τι ἀλγοῖ; τί ἄλλο ἢ ἡ ἐνέργεια τοῦ ποιοῦντος
ἐν τῷδε οὖσα; οὕτω γὰρ καὶ τὸ οὕτω λεγόμενον ποιεῖν. καὶ
διττὸν οὕτως εἶναι τὸ ποιεῖν, τὸ μὲν μὴ ἐν ἄλλῳ, τὸ δ' ἐν
ἄλλῳ συνιστάμενον· καὶ οὐκέτι τὸ μὲν ποιεῖν, τὸ δὲ πάσχειν,
ἀλλὰ τὸ ποιεῖν ἐν ἄλλῳ πεποίηκε δύο νομίζειν εἶναι, τὸ 25
μὲν ποιεῖν, τὸ δὲ πάσχειν. οἷον καὶ τὸ γράφειν, καίτοι ὂν
ἐν ἄλλῳ, οὐκ ἐπιζητεῖ τὸ πάσχειν, ὅτι μὴ ἄλλο τι ἐν τῷ
γραμματείῳ ποιεῖ παρὰ τὴν ἐνέργειαν τοῦ γράφοντος οἷον
τὸ ἀλγεῖν· εἰ δέ τις λέγοι γεγράφθαι, οὐ τὸ πάσχειν λέγει.

---

19. 3-4 cf. Aristot. *Eth. Nic.* A 11. 1101ᵃ11-13   26-8 cf. Sosigenes
apud Dexipp. *In Categ.* i. 3, p. 9. 2

19. 11 ἄλλα Aᵃᵐᵍ Simplicius *In Categ.* 9, p. 320. 12: ἄλλας *Enn.*   17-18 τὸ
. . γίγνεσθαι praedicatum   18 οὐ κατ' wBU: οὐκ xC   22 καὶ¹ etiam

30 καὶ ἐπὶ τοῦ βαδίζειν, καίτοι οὔσης γῆς ἐφ' ἧς, οὐ προσποιεῖ-
ται τὸ πεπονθέναι. ἀλλ' ὅταν ἐπὶ σώματος ζῴου βαίνῃ, τὸ
πάσχειν ἐπινοεῖ, ὃ ἐπιγίγνεται ἄλγημα συλλογιζόμενος, οὐ
τὸ βαδίζειν· ἢ ἐπενόησεν ἂν καὶ πρότερον. οὕτω καὶ ἐπὶ
πάντων κατὰ μὲν τὸ ποιεῖν ἓν λεκτέον μετὰ τοῦ λεγομένου
35 πάσχειν, τοῦ ἀντιθέτου. ὃ δὲ πάσχειν λέγεται, τὸ γενό-
μενον ὕστερον, οὐ τὸ ἀντίθετον οἷον τῷ καίειν τὸ καίεσθαι,
ἀλλὰ τὸ ἐκ τοῦ καίειν καὶ καίεσθαι ἑνὸς ὄντος, τὸ ἐπ' αὐτῷ
γιγνόμενον ἢ ἄλγημα ἤ τι ἄλλο, οἷον μαραίνεσθαι. τί οὖν, εἴ
τις αὐτὸ τοῦτο ἐργάζοιτο, ὥστε λυπεῖν, οὐχ ὁ μὲν ποιεῖ, ὁ
40 δὲ πάσχει, κἂν ἐκ μιᾶς ἐνεργείας τὰ δύο; [καὶ ὁ μὲν ποιεῖ,
ὁ δὲ πάσχει] ἢ ἐν τῇ ἐνεργείᾳ οὐκέτι τὸ τῆς βουλήσεως
τοῦ λυπεῖν, ἀλλὰ ποιεῖ τι ἕτερον, δι' οὗ λυπεῖ, ὃ ἐν τῷ λυπη-
σομένῳ γενόμενον ἓν ὂν καὶ ταὐτὸν πεποίηκεν ἄλλο, τὸ
λυπεῖσθαι. τί οὖν αὐτὸ τὸ ἓν γενόμενον, πρὶν καὶ λύπην ποι-
45 ῆσαι, ἢ ὅλως λύπην οὐκ ἐμποιοῦν, οὐ πάθος ἐστὶ τοῦ εἰς ὄν,
οἷον τὸ ἀκοῦσαι; ἢ οὐ πάθος τὸ ἀκοῦσαι οὐδ' ὅλως τὸ
αἰσθάνεσθαι, ἀλλὰ τὸ λυπηθῆναί ἐστι γενέσθαι ἐν πάθει,
ὃ μὴ ἀντίθετον τῷ ποιῆσαι.

20. Ἀλλ' ἔστω μὴ ἀντίθετον· ὅμως δὲ ἕτερον ὂν τοῦ ποιεῖν
οὐκ ἐν τῷ αὐτῷ γένει τῇ ποιήσει. ἤ, εἰ κινήσεις ἄμφω,
ἐν τῷ αὐτῷ, οἷον ἀλλοίωσις κίνησις κατὰ τὸ ποιόν.

---

19. 36 cf. Aristot. *Categ.* 4. 2ᵃ4   20. 3 = Aristot. *Phys.* E 3. 226ᵃ26,
cf. VI. 3. 25. 38

---

19. 32-3 πάσχειν—βαδίζειν *passionem neque incessum perpendit, cum percipit*
subeuntem dolorem   33 ἐπενόησεν scil. τὸ πάσχειν   καὶ πρότερον
scil. τοῦ ἄλγημα συλλογίζεσθαι   34 ἕν scil. γένος   35-6 intel-
legendum: ὃ δὲ πάσχειν λέγεται, τοῦτό ἐστι τὸ γενόμενον ὕστερον, οὐ τοιοῦτον
ἀντίθετον, οἷον τῷ καίειν τὸ καίεσθαι ἀντίθετον λέγεται   36 τῷ:
τὸ x   37-8 τὸ²—γιγνόμενον epexegetice ad τὸ ἐκ τοῦ κτλ.   40 κἂν
Harder: καὶ wBRUC: om. J   40-1 καὶ—πάσχει del. Kirchhoff
42 τοῦ: τὸ x   20. 1 μὴ del. Theiler   2 κινήσεις AᵖᶜBxC: κίνησις
Aᵃᶜ(corr. A¹ˢ)EU

ἆρ' οὖν, ὅταν μὲν ἀπὸ τοῦ ποιοῦν⟨τος ἡ κίνησις ἡ κατὰ
τὸ ποιὸν⟩ ἴῃ, ἡ ἀλλοίωσις ποίησις καὶ τὸ ποιεῖν ἀπαθοῦς 5
αὐτοῦ ὄντος; ἢ ἐὰν μὲν ἀπαθὴς ᾖ, ἐν τῷ ποιεῖν ἔσται, ἐὰν δὲ
ἐνεργῶν εἰς ἄλλον, οἷον τύπτων, καὶ πάσχῃ, οὐκέτι ποιεῖ.
ἢ οὐδὲν κωλύει ποιοῦντα καὶ πάσχειν. εἰ οὖν κατὰ ταὐτὸ τὸ
πάσχειν, οἷον τὸ τρίβειν, διὰ τί ποιεῖν μᾶλλον ἢ πάσχειν;
ἤ, ὅτι ἀντιτρίβεται, καὶ πάσχει. ἆρ' οὖν, ὅτι ἀντικινεῖται, 10
καὶ δύο κινήσεις φήσομεν περὶ αὐτόν; καὶ πῶς δύο; ἀλλὰ
μία. καὶ πῶς ἡ αὐτὴ καὶ ποίησις καὶ πεῖσις; ἢ οὕτω μὲν
ποίησις τῷ ἀπ' ἄλλου, εἰς ἄλλον δὲ πεῖσις ἡ αὐτὴ οὖσα.
ἀλλὰ ἄλλην φήσομεν; καὶ πῶς ἄλλο τι διατίθησι τὸν
πάσχοντα ἀλλοιοῦσα καὶ ὁ ποιῶν ἀπαθὴς ἐκείνου; πῶς γὰρ 15
ἂν πάθοι ὃ ποιεῖ ἐν ἄλλῳ; ἆρ' οὖν τὸ ἐν ἄλλῳ τὴν κίνησιν
εἶναι ποιεῖ τὸ πάσχειν, ὃ ἦν οὐ πάσχειν κατὰ τὸν ποιοῦντα;
ἀλλ' εἰ τὸ μὲν λευκαίνει ὁ λόγος ὁ τοῦ κύκνου, ὁ δὲ λευ-
καίνεται ὁ γιγνόμενος κύκνος, πάσχειν φήσομεν ἰόντα εἰς
οὐσίαν; εἰ δὲ καὶ ὕστερον λευκαίνοιτο γενόμενος; καὶ εἰ τὸ 20
μὲν αὔξοι, τὸ δὲ αὔξοιτο, τὸ αὐξόμενον πάσχειν; ἢ
μόνον ἐν τῷ ποιῷ τὴν πεῖσιν; ἀλλ' εἰ τὸ μὲν καλὸν ποιοῖ,
τὸ δὲ καλλύνοιτο, τὸ καλλυνόμενον πάσχειν; εἰ οὖν τὸ καλ-
λῦνον χεῖρον γίγνοιτο ἢ καὶ ἀφανίζοιτο, οἷον ὁ καττίτερος,
τὸ δὲ βέλτιον γίγνοιτο, ὁ χαλκός, πάσχειν τὸν χαλκὸν 25

20. 12–13 cf. VI. 1. 17. 15–17   16–17 cf. Ps.-Archytas *Fr.* 26 d Nolle
= p. 28. 17–18 Thesleff = Simplicius *In Categ.* 9, p. 314. 16–18   22 cf.
Aristot. *Metaph.* Δ 21. 1022ᵇ15

20. 4 ποιοῦν Aᵃᶜ(ν eras.)EBC: ποιοῦ Aᵖᶜx: om. U   4–5 ποιοῦν⟨τος—
ποιὸν⟩ Igal, *Emerita* 43, 1975, 190   5 τὸ ποιεῖν (scil. γίγνεται) subiectum:
τοῦ ποιεῖν Igal ibid. 184   6 αὐτοῦ scil. τοῦ ποιοῦντος   ἢ *sane*
6 ἀπαθὴς ᾖ scil. ὁ ποιῶν   7 πάσχει w   8 κατὰ ταὐτὸ Igal: κατ' αὐτὸ
Enn.   10 ἤ—πάσχει *sane, quia uicissim conteritur, etiam patitur*   12 ἢ
Kirchhoff: καὶ *Enn.*   οὕτω scil. ἐν τῷ τρίβειν   13 τῷ AᵃᵐᵍBxUCᵉᶜ:
τὸ wCᵃᶜ   ⟨τῷ⟩ εἰς Kirchhoff   ἡ: καὶ ἡ w   14 ἄλλο τι
accusatiuus pro aduerbio, cf. VI. 1. 22. 13   15 ἐκείνου idem atque
ἄλλο τι   20 γινόμενος w

φήσομεν, τὸν δὲ ποιεῖν; τὸν δὲ μανθάνοντα πῶς πάσχειν
τῆς τοῦ ποιοῦντος ἐνεργείας εἰς αὐτὸν ἰούσης; ἢ πάθησις
πῶς ἂν εἴη μία γε οὖσα; ἀλλ' αὕτη μὲν οὐ πάθησις, ὁ δὲ
ἔχων πάσχων ἔσται τοῦ πάσχειν τίνος λαμβανομένου;
30 οὐδὲ γὰρ τῷ μὴ ἐνηργηκέναι αὐτόν· οὐ γὰρ τὸ μανθάνειν
ὥσπερ τὸ πληγῆναι ἐν ἀντιλήψει ὂν καὶ γνωρίσει, ὥσπερ
οὐδὲ τὸ ὁρᾶν.

21. Τίνι οὖν γνωριοῦμεν τὸ πάσχειν; οὐ γὰρ δὴ τῇ
ἐνεργείᾳ τῇ παρ' ἄλλου, εἰ ὁ τὴν ἐνέργειαν παραδεξάμενος
αὐτοῦ ἐποιήσατο διαδεξάμενος. ἀλλ' ἄρα ὅπου μὴ ἐνέργεια,
πεῖσις δὲ μόνον; τί οὖν, εἰ κάλλιον γίγνοιτο, ἡ δὲ ἐνέργεια
5 τὸ χεῖρον ἔχοι; ἢ εἰ κατὰ κακίαν ἐνεργοῖ τις καὶ ἄρχοι εἰς
ἄλλον ἀκολάστως; ἢ οὐδὲν κωλύει ἐνέργειαν εἶναι φαύ-
λην καὶ πεῖσιν καλήν. τίνι οὖν διοριοῦμεν; ἆρα τῷ τὸ μὲν
εἰς ἄλλον παρ' αὐτοῦ, τὸ δὲ ἀφ' ἑτέρου ἐν ἄλλῳ τὸ πάσχειν;
τί οὖν, εἰ ἐξ αὐτοῦ μέν, μὴ εἰς ἄλλον δέ, οἷον τὸ νοεῖν, τὸ
10 δοξάζειν; τὸ δὲ θερμανθῆναι παρ' αὐτοῦ διανοηθέντος ἢ
θυμωθέντος ἐκ δόξης μηδενὸς ἔξωθεν προσελθόντος; ἢ
τὸ μὲν ποιεῖν εἴτε ἐν αὐτῷ εἴτε εἰς ἄλλον ἰὸν κίνημα ἐξ
αὐτοῦ; ἡ οὖν ἐπιθυμία τί καὶ πᾶσα ὄρεξις, εἰ ἡ ὄρεξις
κινεῖται ἀπὸ τοῦ ὀρεκτοῦ; εἰ μή τις μὴ προσποιοῖτο ἀφ' οὗ
15 κεκίνηται, ὅτι δὲ μετ' ἐκεῖνο ἐγήγερται. τί οὖν διαφέρει τοῦ
πεπλῆχθαι ἢ ὠσθέντα κατενεχθῆναι; ἀλλ' ἆρα διαιρετέον

---

21. 13-15 cf. Aristot. De an. Γ 10. 433ᵃ25 et ᵇ10-11

20. 27 πάθησις praedicatum, ἡ ἐνέργεια subiectum   28 αὕτη
(scil. ἡ ἐνέργεια ἡ ἐν τῷ μανθάνοντι) BxUC: αὐτὴ w   29 ἔσται irrealis
29 τοῦ—λαμβανομένου; quomodo pati accipietur?   τίνος BxUC Bréhier:
τινὸς w H-S¹   30 αὐτόν scil. τὸν μανθάνοντα πάσχειν   21. 3 ἆρα
Simplicius In Categ. 9, p. 324. 9: ὅρα Enn.   7 τὸ μὲν scil. τὸ ποιεῖν
8 ἀφ' Kirchhoff: ἐφ' Enn.   τὸ πάσχειν del. Kirchhoff   12 ἄλλον ἰὸν
Igal, Emerita 43, 1975, 185: ἄλλον τι ὂν BC: ἄλλον τινὰ ὂν U: ἄλλο τι ὂν wx
13 εἰ Enn.: ἢ Müller   14-15 εἰ—ἐγήγερται nisi quis nolit assumere a
quonam incitata sit (ἡ ὄρεξις), sed id ipsum dumtaxat quod post illud excitata sit
14 προσποιοῖτο (cf. VI. 1. 19. 30) Enn.: προσποιοῖ τὸ Creuzer

τὰς ὀρέξεις λέγοντα τὰς μὲν ποιήσεις, ὅσαι νῷ ἑπόμεναι,
τὰς δὲ ὁλκὰς οὔσας πείσεις, τὸ δὲ πάσχειν οὐ τῷ παρ'
ἑτέρου ἢ παρ' ἑαυτοῦ—σαπείη γὰρ ἄν τι ἐν ἑαυτῷ—ἀλλ'
ὅταν μηδὲν συμβαλλόμενον αὐτὸ ὑπομείνῃ ἀλλοίωσιν τὴν 20
μὴ εἰς οὐσίαν ἄγουσαν, ἥτις ἐξίστησι πρὸς τὸ χεῖρον ἢ μὴ
πρὸς τὸ βέλτιον, τὴν τοιαύτην ἀλλοίωσιν πεῖσιν καὶ τὸ
πάσχειν ἔχειν· ἀλλ' εἰ τὸ θερμαίνεσθαι θερμότητά ἐστιν
ἴσχειν, εἴη δὲ τῷ μὲν εἰς οὐσίαν συντελοῦν, τῷ δὲ μή, τὸ
αὐτὸ πάσχειν καὶ οὐ πάσχειν ἔσται. καὶ πῶς οὐ τὸ θερμαί- 25
νεσθαι διττόν; ἢ τὸ θερμαίνεσθαι, ὅταν εἰς οὐσίαν
συντελῇ, καὶ τότε ἄλλου πάσχοντος εἰς οὐσίαν συντελέσει,
οἷον θερμαινομένου τοῦ χαλκοῦ καὶ πάσχοντος, ἡ δὲ οὐσία
ὁ ἀνδριάς, ὃς οὐκ αὐτὸς ἐθερμαίνετο, ἀλλ' ἢ κατὰ συμβε-
βηκός. εἰ οὖν καλλίων ὁ χαλκὸς ἀπὸ τοῦ θερμαίνεσθαι ἢ 30
κατὰ τὸ θερμαίνεσθαι, οὐδὲν κωλύει πάσχειν λέγειν· διττὸν
γὰρ εἶναι τὸ πάσχειν, τὸ μὲν ἐν τῷ χεῖρον γίγνεσθαι, τὸ
δ' ἐν τῷ βέλτιον, ἢ οὐδέτερον.

22. Οὐκοῦν γίγνεται τὸ πάσχειν τῷ ἔχειν ἐν αὐτῷ κίνησιν
[τὴν ἀλλοίωσιν] τὴν κατὰ τὸ ἀλλοιοῦσθαι ὁπωσοῦν· καὶ τὸ
ποιεῖν ἢ ἔχειν ἐν αὐτῷ κίνησιν τὴν ἀπόλυτον παρ' αὐτοῦ ἢ
τὴν τελευτῶσαν εἰς ἄλλο ἀπ' αὐτοῦ, ὁρμωμένην ἀπὸ τοῦ
λεγομένου ποιεῖν. καὶ κίνησις μὲν ἐπ' ἀμφοῖν, ἡ δὲ διαφορὰ 5
ἡ διαιροῦσα τὸ ποιεῖν καὶ τὸ πάσχειν τὸ μὲν ποιεῖν, καθόσον
ποιεῖν, ἀπαθὲς τηροῦσα, τὸ δὲ πάσχειν ἐν τῷ διατίθεσθαι
ἑτέρως ἢ πρότερον εἶχε, τῆς τοῦ πάσχοντος οὐσίας οὐδὲν εἰς
οὐσίαν προσλαμβανούσης, ἀλλὰ ἄλλου ὄντος τοῦ πάσχοντος,

21. 21 cf. VI. 3. 22. 21   22. 5–11 cf. VI. 1. 17. 15–19; VI. 3. 21. 6–9;
22. 23–5

21. 19 ἑαυτοῦ σαπείη H–S[1], testatur Simplicius In Categ. 9, p. 325. 6
σήπεσθαι: ἑαυτοὺς ἀπείη EBUC: ἑαυτοῦ ἀπείη Ax   24 τῷ[a]: τὸ w
33 βελτίονι x   22. 1 τῷ wB[ec]R[ec]C: τὸ B[ac]R[ac]JU   2 τὴν ἀλλοίωσιν
Enn. Simplicius In Categ. 9, p. 326. 14: del. Kirchhoff   3 ἢ[1] BxUC: οὖν
ἢ w   4 ἀπ' αὐτοῦ a seipso

10 ὅταν τις οὐσία γίνηται. γίνεται τοίνυν τὸ αὐτὸ ἐν σχέσει τινὶ
ποιεῖν, ἐν ἄλλῃ δὲ πάσχειν· παρὰ μὲν γὰρ τῷδε θεωρού-
μενον ποιεῖν ἔσται, κίνησις οὖσα ἡ αὐτή, παρὰ δὲ τῷδε
πάσχειν, ὅτι τάδε οὗτος διατίθεται· ὥστε κινδυνεύειν ἄμφω
πρός τι εἶναι, ὅσα τοῦ ποιεῖν πρὸς τὸ πάσχειν, εἰ μὲν παρὰ
15 τούτῳ τὸ αὐτό, ποιεῖν, εἰ δὲ παρὰ τῷδε, πάσχειν. καὶ
θεωρούμενον ἑκάτερον οὐ καθ' αὑτό, ἀλλὰ μετὰ τοῦ ποιοῦν-
τος καὶ πάσχοντος· οὗτος κινεῖ καὶ οὗτος κινεῖται, καὶ
δύο κατηγορίαι ἑκάτερον· καὶ οὗτος δίδωσι τῷδε κίνησιν,
οὗτος δὲ λαμβάνει, ὥστε λῆψις καὶ δόσις καὶ πρός τι.
20 ἢ εἰ ἔχει ὁ λαβών, ὥσπερ λέγεται ἔχειν χρῶμα, διὰ τί οὐ
καὶ ἔχει κίνησιν; καὶ ἡ ἀπόλυτος κίνησις, οἷον ἡ τοῦ
βαδίζειν, ἔχει βάδισιν, καὶ ἔχει δὲ νόησιν. ἐπισκεπτέον δέ,
εἰ τὸ προνοεῖν ποιεῖν, εἰ καὶ τὸ προνοίας τυγχάνειν πάσχειν·
εἰς ἄλλο γὰρ καὶ περὶ ἄλλου ἡ πρόνοια. ἢ οὐδὲ τὸ προ-
25 νοεῖν ποιεῖν, καὶ εἰ περὶ ἄλλου τὸ νοεῖν, ἢ ἐκεῖνο πάσχειν.
ἢ οὐδὲ τὸ νοεῖν ποιεῖν—οὐ γὰρ εἰς αὐτὸ τὸ νοούμενον,
ἀλλὰ περὶ αὐτοῦ—οὐδὲ ποίησις ὅλως. οὐδὲ δεῖ πάσας ἐνερ-
γείας ποιήσεις λέγειν οὐδὲ ποιεῖν τι· κατὰ συμβεβηκὸς δὲ
ἡ ποίησις. τί οὖν; εἰ βαδίζων ἴχνη εἰργάσατο, οὐ λέγομεν
30 πεποιηκέναι; ἀλλ' ἐκ τοῦ εἶναι αὐτὸν ἄλλο τι. ἢ ποιεῖν
κατὰ συμβεβηκὸς καὶ τὴν ἐνέργειαν κατὰ συμβεβηκός, ὅτι
μὴ πρὸς τοῦτο ἑώρα· ἐπεὶ καὶ ἐπὶ τῶν ἀψύχων ποιεῖν
λέγομεν, οἷον τὸ πῦρ θερμαίνειν καὶ "ἐνήργησε τὸ φάρμα-
κον". ἀλλὰ περὶ μὲν τούτων ἅλις.

22. 26-7 cf. Sext. Emp. *Adu. math.* 8. 406-7

22. 13 τάδε οὗτος: τόδε οὕτως Bréhier, sed recte Ficinus *quoniam ille iam sic*
(= τάδε accusatiuus pro aduerbio). *afficitur* 14-15 εἰ—πάσχειν del.
Müller 16-17 ἀλλὰ τὸ μὲν μετὰ τοῦ ποιοῦντος, τὸ δὲ μετὰ τοῦ πάσχοντος
intellegendum 20 εἰ om. x 22 ad ἔχει[2] subiectum ἡ τοῦ νοεῖν
κίνησις 23 εἰ[1] num, εἰ[2] si 24-5 οὐδὲ regit etiam ἢ ἐκεῖνο (i.e. τὸ
προνοίας τυγχάνειν) πάσχειν 29 οὐ om. x

23. Περὶ δὲ τοῦ ἔχειν, εἰ τὸ ἔχειν πολλαχῶς, διὰ τί οὐ
πάντες οἱ τρόποι τοῦ ἔχειν εἰς ταύτην τὴν κατηγορίαν
ἀναχθήσονται; ὥστε καὶ τὸ ποσόν, ὅτι ἔχει μέγεθος, καὶ
τὸ ποιόν, ὅτι ἔχει χρῶμα, καὶ ὁ πατὴρ καὶ τὰ τοιαῦτα, ὅτι
ἔχει υἱόν, καὶ ὁ υἱός, ὅτι ἔχει πατέρα, καὶ ὅλως κτήματα. 5
εἰ δὲ τὰ μὲν ἄλλα ἐν ἐκείναις, ὅπλα δὲ καὶ ὑποδήματα καὶ
τὰ περὶ τὸ σῶμα, πρῶτον μὲν ζητήσειεν ἄν τις, διὰ τί, καὶ
διὰ τί ἔχων μὲν αὐτὰ μίαν ἄλλην κατηγορίαν ποιεῖ, καίων
δὲ ἢ τέμνων ἢ κατορύττων ἢ ἀποβάλλων οὐκ ἄλλην ἢ ἄλλας;
εἰ δ' ὅτι περίκειται, κἂν ἱμάτιον κέηται ἐπὶ κλίνης, ἄλλη 10
κατηγορία ἔσται, κἂν κεκαλυμμένος ᾖ τις. εἰ δὲ κατὰ τὴν
κάθεξιν αὐτὴν καὶ τὴν ἕξιν, δηλονότι καὶ τὰ ἄλλα πάντα
⟨αὖ τὰ⟩ κατὰ τὸ ἔχειν λεγόμενα καὶ εἰς ἕξιν [αὐτά], ὅπου
ποτὲ ἡ ἕξις, ἀνακτέον· οὐ γὰρ διοίσει κατὰ τὸ ἐχόμενον.
εἰ μέντοι ποιότητα ἔχειν οὐ δεῖ λέγειν, ὅτι ἤδη ποιότης 15
εἴρηται, οὐδὲ ποσότητα ἔχειν, ὅτι ποσότης, οὐδὲ μέρη
ἔχειν, ὅτι οὐσία εἴρηται, διὰ τί δὲ ὅπλα ἔχειν εἰρημένης
οὐσίας, ἐν ᾗ ταῦτα; οὐσία γὰρ ὑπόδημα καὶ ὅπλα. πῶς δ'
ὅλως ἁπλοῦν καὶ μιᾶς κατηγορίας "ὅδε ὅπλα ἔχει"; τοῦτο
γὰρ σημαίνει τὸ ὡπλίσθαι. ἔπειτα πότερον ἐπὶ ζῶντος 20
μόνον ἢ κἂν ἀνδριὰς ᾖ, ὅτῳ ταῦτα; ἄλλως γὰρ ἑκάτερον
ἔχειν δοκεῖ καὶ ἴσως ὁμωνύμως· ἐπεὶ καὶ τὸ "ἔστηκεν" ἐπ'
ἀμφοῖν οὐ ταὐτόν. ἔτι καὶ τὸ ἐν ὀλίγοις πῶς εὔλογον ἔχειν
κατηγορίαν γενικὴν ἄλλην;
24. Ἐπὶ δὲ τοῦ κεῖσθαι—ἐν ὀλίγοις καὶ αὐτὸ ὄν—ἀνα-

---

23. 1 cf. Aristot. *Categ.* 4. 1ᵇ27 et 15. 15ᵇ17 et *Metaph.* Δ 23. 1023ᵃ8
3–10 cf. Aristot. *Categ.* 15. 15ᵇ19-22   6 cf. ibid. 4. 2ᵃ3   16 μέρη cf.
ibid. 15. 15ᵇ23   20 cf. ibid. 4. 2ᵃ3   24. 1-2 cf. ibid. 4. 2ᵃ2-3

23. 5 υἱόν, καὶ ὁ υἱός, ὅτι ἔχει Simplicius *In Categ.* 9, p. 368. 5: om. *Enn.*
6 ἐκείναις scil. ταῖς κατηγορίαις nempe ποσόν, ποιόν, πρός τι memorata lin. 3–5
13 αὖ τὰ ex αὐτά huc transp. H–S¹   21 κἂν ἀνδριὰς U: κἀνδριὰς
wBR: κ' ἀνδριὰς C: καὶ ἀνδριὰς J   ᾖ BUC: ἢ wx   23 ἔτι: ὅτι x
24. 1 ἐπὶ: περὶ x   αὐτὸ scil. τὸ κεῖσθαι   1-2 ἀνακεῖσθαι καθῆσθαι
(reguntur ab ἐπὶ) del. Harder, sed testatur Simplicius *In Categ.* 9, p. 338. 26

κεῖσθαι, καθῆσθαι, καίτοι οὐ κεῖσθαι ἁπλῶς λεγομένων,
ἀλλὰ "πῶς κεῖνται" καὶ "κεῖται ἐν σχήματι τοιῷδε". καὶ
τὸ μὲν σχῆμα ἄλλο· τοῦ δὲ κεῖσθαι τί ἄλλο σημαίνοντος ἢ
5 "ἐν τόπῳ ἐστίν", εἰρημένου τοῦ σχήματος καὶ τοῦ τόπου,
τί δεῖ εἰς ἓν δύο κατηγορίας συνάπτειν; ἔπειτα, εἰ μὲν τὸ
"κάθηται" ἐνέργειαν σημαίνει, ἐν ταῖς ἐνεργείαις τακτέον, εἰ
δὲ πάθος, ἐν τῷ πεπονθέναι ἢ πάσχειν. τὸ δὲ "ἀνάκειται" τί
ἄλλο ἢ "ἄνω κεῖται", ὥσπερ καὶ τὸ "κάτω κεῖται" ἢ "μεταξὺ
10 κεῖται"; διὰ τί δὲ ἀνακλίσεως οὔσης ἐν τῷ πρός τι οὐχὶ καὶ
ὁ ἀνακείμενος ἐκεῖ; ἐπεὶ καὶ τοῦ δεξιοῦ ὄντος ἐκεῖ καὶ
ὁ δεξιὸς ἐκεῖ καὶ ὁ ἀριστερός. ταῦτα μὲν οὖν ἐπὶ τούτων.

25. Πρὸς δὲ τοὺς τέτταρα τιθέντας καὶ τετραχῶς διαι-
ροῦντας εἰς "ὑποκείμενα" καὶ "ποιὰ" καὶ "πῶς ἔχοντα" καὶ
"πρός τί πως ἔχοντα", καὶ κοινόν τι ἐπ' αὐτῶν τιθέντας καὶ
ἑνὶ γένει περιλαμβάνοντας τὰ πάντα, ὅτι μὲν κοινόν τι καὶ
5 ἐπὶ πάντων ἓν γένος λαμβάνουσι, πολλὰ ἄν τις λέγοι.
καὶ γὰρ ὡς ἀσύνετον αὐτοῖς καὶ ἄλογον τὸ τὶ τοῦτο καὶ
οὐκ ἐφαρμόττον ἀσωμάτοις καὶ σώμασι. καὶ διαφορὰς οὐ
καταλελοίπασιν, αἷς τὸ τὶ διαιρήσουσι. καὶ τὸ τὶ τοῦτο ἢ ὂν
ἢ μὴ ὄν ἐστιν· εἰ μὲν οὖν ὄν, ἕν τι τῶν εἰδῶν ἐστιν· εἰ δὲ
10 μὴ ὄν, ἔστι τὸ ὂν μὴ ὄν. καὶ μυρία ἕτερα. ταῦτα μὲν οὖν
ἐν τῷ παρόντι ἐατέον, αὐτὴν δὲ τὴν διαίρεσιν ἐπισκεπτέον.
ὑποκείμενα μὲν γὰρ πρῶτα τάξαντες καὶ τὴν ὕλην
ἐνταῦθα τῶν ἄλλων προτάξαντες τὴν πρώτην αὐτοῖς
δοκοῦσαν ἀρχὴν συντάττουσι τοῖς μετὰ τὴν ἀρχὴν αὐτῶν.
15 καὶ πρῶτον μὲν τὰ πρότερα τοῖς ὕστερον εἰς ἓν ἄγουσιν,

---

24. 10 cf. Aristot. *Categ.* 7. 6ᵇ11–12   25. 1–3 cf. *Stoic. Vet. Fr.* ii, n. 369
= Simplicius *In Categ.* 4, p. 66. 33–67. 2   3–7 cf. *Stoic. Vet. Fr.* ii, n. 329
et 332 et 333   12–14 cf. ibid. i, n. 85 et 87; ii, n. 316 (= Diog.
Laërt. 7. 150)

---

24. 3 πῶς Kirchhoff: πῶς *Enn.*   25. 1 τέτταρας w   1–2 διαι-
ροῦντας: ποιοῦντας x   2 πῶς Creuzer: πῶς *Enn.*   6 αὐτοῖς post
ἄλογον transp. x   15 συνάγουσιν x

ПЕΡΙ ΤΩΝ ΓΕΝΩΝ ΤΟΥ ΟΝΤΟΣ Α΄ VI. 1

οὐχ οἷόν τε ὂν ἐν γένει τῷ αὐτῷ τὸ μὲν πρότερον, τὸ δὲ
ὕστερον εἶναι. ἐν μὲν γὰρ τοῖς ἐν οἷς τὸ πρότερον καὶ τὸ
ὕστερον, τὸ ὕστερον παρὰ τοῦ προτέρου λαμβάνει τὸ εἶναι,
ἐν δὲ τοῖς ὑπὸ τὸ αὐτὸ γένος τὸ ἴσον εἰς τὸ εἶναι ἕκαστον
ἔχει παρὰ τοῦ γένους, εἴπερ τοῦτο δεῖ γένος εἶναι τὸ ἐν 20
τῷ τί ἐστι τῶν εἰδῶν κατηγορούμενον· ἐπεὶ καὶ αὐτοὶ
φήσουσι παρὰ τῆς ὕλης, οἶμαι, τοῖς ἄλλοις τὸ εἶναι ὑπάρ-
χειν. ἔπειτα τὸ ὑποκείμενον ἓν ἀριθμοῦντες οὐ τὰ ὄντα
ἐξαριθμοῦνται, ἀλλ᾽ ἀρχὰς τῶν ὄντων ζητοῦσι· διαφέρει δὲ
ἀρχὰς λέγειν καὶ αὐτά. εἰ δὲ ὂν μὲν μόνον τὴν ὕλην 25
φήσουσι, τὰ δ᾽ ἄλλα πάθη τῆς ὕλης, οὐκ ἐχρῆν τοῦ ὄντος
καὶ τῶν ἄλλων ἕν τι γένος προτάττειν· μᾶλλον δ᾽ ἂν βέλτιον
αὐτοῖς ἐλέγετο, εἰ τὸ μὲν οὐσίαν, τὰ δ᾽ ἄλλα πάθη, καὶ
διῃροῦντο ταῦτα. τὸ δὲ καὶ λέγειν τὰ μὲν ὑποκείμενα, τὰ
δὲ τὰ ἄλλα, ἑνὸς ὄντος τοῦ ὑποκειμένου καὶ διαφορὰν οὐκ 30
ἔχοντος, ἀλλ᾽ ἢ τῷ μεμερίσθαι, ὥσπερ ὄγκον εἰς μέρη—
καίτοι οὐδὲ μεμερίσθαι τῷ συνεχῆ λέγειν τὴν οὐσίαν—
βέλτιον λέγειν ἦν "τὸ μὲν ὑποκείμενον".

26. Ὅλως δὲ τὸ προτάττειν ἁπάντων τὴν ὕλην, ὃ δυνάμει
ἐστίν, ἀλλὰ μὴ ἐνέργειαν πρὸ δυνάμεως τάττειν, παντάπασιν
ἀτοπώτατον. οὐδὲ γὰρ ἔστι τὸ δυνάμει εἰς ἐνέργειαν ἐλθεῖν
ποτε τάξεως ἀρχὴν ἔχοντος ἐν τοῖς οὖσι τοῦ δυνάμει· οὐ
γὰρ δὴ αὐτὸ ἑαυτὸ ἄξει, ἀλλὰ δεῖ ἢ πρὸ αὐτοῦ εἶναι τὸ ἐνερ- 5
γείᾳ καὶ οὐκέτι τοῦτο ἀρχή, ἤ, εἰ ἅμα λέγοιεν, ἐν τύχαις
θήσονται τὰς ἀρχάς. ἔπειτα, εἰ ἅμα, διὰ τί οὐκ ἐκεῖνο
προτάττουσι; καὶ διὰ τί τοῦτο μᾶλλον ὄν, ἡ ὕλη, ἀλλ᾽ οὐκ

25. 16-17 cf. Aristot. *Metaph. B* 3. 999ᵃ6-7 et VI. 1. 1. 27-8   24-5 cf.
VI. 1. 1. 13-14   25-6 cf. Aristot. *Metaph. A* 3. 983ᵇ9-11 et II. 4. 1. 6-11
26. 1-3 cf. Aristot. *Metaph.* Θ 8. 1049ᵇ5

25. 20 τὸ: τῷ w   25 αὐτὰ scil. τὰ ὄντα   29 τὰ μὲν: τὰ μὲν τὰ x
31 τῷ: τὸ w   33 τὸ μὲν (corrigit 29 τὰ μὲν): τὸ Kirchhoff   26. 1 τὴν
ὕλην del. Kirchhoff   6 τοῦτο scil. τὸ δυνάμει   7 ἐκεῖνο scil. τὸ
ἐνεργείᾳ   8 ἡ ὕλη del. Kirchhoff

35

ἐκεῖνο; εἰ δὲ ὕστερον ἐκεῖνο, πῶς; οὐ γὰρ δὴ ἡ ὕλη τὸ εἶδος
10 γεννᾷ, ἡ ἄποιος τὸ ποιόν, οὐδ᾽ ἐκ τοῦ δυνάμει ἐνέργεια·
ἐνυπῆρχε γὰρ ἂν τὸ ἐνεργείᾳ, καὶ οὐχ ἁπλοῦν ἔτι. καὶ ὁ
θεὸς δεύτερος αὐτοῖς τῆς ὕλης· καὶ γὰρ σῶμα ἐξ ὕλης ὢν
καὶ εἴδους. καὶ πόθεν αὐτῷ τὸ εἶδος; εἰ δὲ καὶ ἄνευ τοῦ
ὕλην ἔχειν ἀρχοειδὴς ὢν καὶ λόγος, ἀσώματος ἂν εἴη ὁ θεός,
15 καὶ τὸ ποιητικὸν ἀσώματον. εἰ δὲ καὶ ἄνευ τῆς ὕλης ἐστὶ
τὴν οὐσίαν σύνθετος, ἅτε σῶμα ὤν, ἄλλην ὕλην τὴν τοῦ
θεοῦ εἰσάξουσιν. ἔπειτα πῶς ἀρχὴ ἡ ὕλη σῶμα οὖσα; οὐ
γάρ ἐστι σῶμα μὴ οὐ πολλὰ εἶναι· καὶ πᾶν σῶμα ἐξ ὕλης
καὶ ποιότητος. εἰ δὲ ἄλλως τοῦτο σῶμα, ὁμωνύμως λέγου-
20 σι σῶμα τὴν ὕλην. εἰ δὲ κοινὸν ἐπὶ σώματος τὸ τριχῇ δια-
στατόν, μαθηματικὸν λέγουσιν· εἰ δὲ μετὰ ἀντιτυπίας τὸ
τριχῇ, οὐχ ἓν λέγουσιν. ἔπειτα ἡ ἀντιτυπία ποιὸν ἢ παρὰ
ποιότητος. καὶ πόθεν ἡ ἀντιτυπία; πόθεν δὲ τὸ τριχῇ
διαστατὸν ἢ τίς διέστησεν; οὐ γὰρ ἐν τῷ λόγῳ τοῦ τριχῇ
25 διαστατοῦ ἡ ὕλη, οὐδ᾽ ἐν τῷ τῆς ὕλης τὸ τριχῇ διαστατόν.
μετασχοῦσα τοίνυν μεγέθους οὐκέτ᾽ ἂν ἁπλοῦν εἴη. ἔπειτα
πόθεν ἡ ἕνωσις; οὐ γὰρ δὴ αὐτοένωσις, ἀλλὰ μετοχῇ ἑνό-
τητος. ἐχρῆν δὴ λογίσασθαι ὡς οὐκ ἔστι δυνατὸν προτάτ-
τειν ἁπάντων ὄγκον, ἀλλὰ τὸ ἄογκον καὶ τὸ ἕν, καὶ ἐκ τοῦ
30 ἑνὸς ἀρξαμένους εἰς τὰ πολλὰ τελευτᾶν, καὶ ἐξ ἀμεγέθους εἰς
μεγέθη, εἴ γε οὐκ ἔστι πολλὰ εἶναι μὴ ἑνὸς ὄντος, οὐδὲ
μέγεθος μὴ ἀμεγέθους· εἴ γε τὸ μέγεθος ἓν οὐ τῷ αὐτὸ ἕν,

26. 11 cf. *Stoic. Vet. Fr.* ii, n. 313 et 323
Calcid. *In Tim.* cap. 294 = *Stoic. Vet. Fr.* i, n. 87
n. 313   20-2 cf. ibid. ii, n. 381

11-12 cf. ibid. i, n. 153;
16 σύνθετος cf. ibid. ii,
n. 313

26. 10 ἤ: ἦ w   11 ad ἁπλοῦν subiectum ἡ ὕλη, cf. lin. 26   12 ὢν
BJUCᵉᶜ: ὂν wRCᵃᶜ   13 εἴδους AᵃˢJU: ὕλης wBRC   19 τοῦτο
(scil. ἡ ὕλη) BxUC: τοῦτο τὸ w   23 τὸ om. x   26 τοίνυν: γοῦν x
27 αὐτοένωσις U Igal, *Emerita* 43, 1975, 193: αὐτὸ ἕνωσις wBxC: αὐτὸ ἕν
Arnim, *Stoic. Vet. Fr.* ii, n. 315 H-S¹   μετοχῇ participatione Ficinus:
μετοχὴ Enn.   32 αὐτοέν JC Theiler

ἀλλὰ τῷ μετέχειν τοῦ ἕν καὶ κατὰ σύμβασιν. δεῖ τοίνυν
εἶναι τὸ πρώτως καὶ κυρίως πρὸ τοῦ κατὰ σύμβασιν· ἢ πῶς
ἡ σύμβασις; καὶ ζητεῖν, τίς ὁ τρόπος τῆς συμβάσεως· τάχα 35
γὰρ ἂν εὗρον τὸ μὴ κατὰ συμβεβηκὸς ἕν. λέγω δὲ κατὰ
συμβεβηκός, ὃ τῷ μὴ αὐτὸ ἕν, ἀλλὰ παρ' ἄλλου.

27. Ἐχρῆν δὲ καὶ ἄλλως τηροῦντας τὴν ἀρχὴν τῶν
πάντων ἐν τῷ τιμίῳ μὴ τὸ ἄμορφον μηδὲ τὸ παθητὸν μηδὲ
τὸ ζωῆς ἄμοιρον καὶ ἀνόητον καὶ σκοτεινὸν καὶ τὸ ἀόριστον
τίθεσθαι ἀρχήν, καὶ τούτῳ ἀναφέρειν καὶ τὴν οὐσίαν. ὁ
γὰρ θεὸς αὐτοῖς εὐπρεπείας ἕνεκεν ἐπεισάγεται παρά τε 5
τῆς ὕλης ἔχων τὸ εἶναι καὶ σύνθετος καὶ ὕστερος, μᾶλλον
δὲ ὕλη πως ἔχουσα. ἔπειτα εἰ ὑποκείμενον, ἀνάγκη ἄλλο
εἶναι, ὃ ποιοῦν εἰς αὐτὴν ἔξω ὂν αὐτῆς παρέχει αὐτὴν
ὑποκεῖσθαι τοῖς παρ' αὐτοῦ πεμπομένοις εἰς αὐτήν. εἰ δ'
ἐν τῇ ὕλῃ καὶ αὐτὸς εἴη ὑποκείμενος καὶ αὐτὸς σὺν αὐτῇ 10
γενόμενος, οὐκέτι ὑποκείμενον τὴν ὕλην παρέξεται οὐδὲ
μετὰ τῆς ὕλης αὐτὸς ὑποκείμενον· τίνι γὰρ ὑποκείμενα
ἔσται οὐκέτι ὄντος τοῦ παρέξοντος ὑποκείμενα αὐτὰ ἁπάν-
των καταναλωθέντων εἰς τὸ λεγόμενον ὑποκείμενον; πρός
τι γὰρ τὸ ὑποκείμενον, οὐ πρὸς τὸ ἐν αὐτῷ, ἀλλὰ πρὸς τὸ 15
ποιοῦν εἰς αὐτὸ κείμενον. καὶ τὸ ὑποκείμενον ὑπόκειται
πρὸς τὸ οὐχ ὑποκείμενον· εἰ τοῦτο, πρὸς τὸ ἔξω, ὥστε
παραλελειμμένον ἂν εἴη τοῦτο. εἰ δὲ οὐδὲν δέονται ἄλλου
ἔξωθεν, αὐτὸ δὲ πάντα δύναται γίγνεσθαι σχηματιζόμενον,
ὥσπερ ὁ τῇ ὀρχήσει πάντα αὐτὸν ποιῶν, οὐκέτ' ἂν ὑπο- 20
κείμενον εἴη, ἀλλ' αὐτὸ τὰ πάντα. ὡς γὰρ ὁ ὀρχηστὴς οὐχ

---

27. 4–7 cf. Stoic. Vet. Fr. ii, n. 1047 (= Alex. Aphrod. De mixt. 11, Suppl.
Aristot. ii. 2, p. 226. 10–19) et IV. 7. 4. 16–17   6 σύνθετος cf. VI.
1. 26. 16   19 cf. Hom. δ 417

---

26. 37 ὁ τῷ Theiler: ὅτῳ Enn.   αὐτοέν JUC Theiler   27. 7 πως
Creuzer: πῶς Enn.   14–15 πρός—ὑποκείμενον om. xC   16 κείμενον
cum αὐτὸ coniungendum

ὑποκείμενον τοῖς σχήμασιν—ἐνέργεια γὰρ αὐτοῦ τὰ ἄλλα—
οὕτως οὐδὲ ἣν λέγουσιν ὕλην ἔσται τοῖς πᾶσιν ὑποκείμενον,
εἰ τὰ ἄλλα παρ' αὐτῆς εἴη· μᾶλλον δὲ οὐδὲ τὰ ἄλλα ὅλως
25 ἔσται, εἴ γέ πως ἔχουσα ὕλη τὰ ἄλλα, ὡς πως ἔχων [ὁ]
ὀρχούμενος τὰ σχήματα. εἰ δὲ τὰ ἄλλα οὐκ ἔσται, οὐδὲ
ὅλως ὑποκείμενον αὕτη, οὐδὲ τῶν ὄντων ἡ ὕλη, ἀλλὰ ὕλη
μόνον οὖσα τούτῳ αὐτῷ οὐδὲ ὕλη· πρός τι γὰρ ἡ ὕλη. τὸ
γὰρ πρός τι πρὸς ἄλλο καὶ ἐκ τοῦ αὐτοῦ γένους, οἷον διπλά-
30 σιον πρὸς ἥμισυ, οὐκ οὐσία πρὸς διπλάσιον· ὂν δὲ πρὸς μὴ
ὂν πῶς πρός τι, εἰ μὴ κατὰ συμβεβηκός; τὸ δὲ καθ' αὑτὸ
ὂν καὶ ἡ ὕλη ὂν πρὸς ὄν. εἰ γὰρ δύναμίς ἐστιν, ὃ μέλλει
ἔσεσθαι, ἐκεῖνο δὲ μὴ οὐσία, οὐδ' ἂν αὐτὴ οὐσία· ὥστε
συμβαίνει αὐτοῖς αἰτιωμένοις τοὺς ἐκ μὴ οὐσιῶν οὐσίας
35 ποιοῦντας αὐτοὺς ποιεῖν ἐξ οὐσίας μὴ οὐσίαν· ὁ γὰρ κόσμος
καθόσον κόσμος οὐκ οὐσία. ἄτοπον δὲ τὴν μὲν ὕλην τὸ
ὑποκείμενον οὐσίαν, τὰ δὲ σώματα μὴ μᾶλλον οὐσίας,
καὶ τούτων μᾶλλον μὴ τὸν κόσμον οὐσίαν, ἀλλ' ἢ μόνον,
καθόσον μόριον αὐτοῦ, οὐσίαν· καὶ τὸ ζῷον μὴ παρὰ τῆς
40 ψυχῆς ἔχειν τὴν οὐσίαν, παρὰ δὲ τῆς ὕλης μόνον, καὶ τὴν
ψυχὴν πάθημα ὕλης καὶ ὕστερον. παρὰ τίνος οὖν ἔσχεν ἡ
ὕλη τὸ ἐψυχῶσθαι, καὶ ὅλως τῆς ψυχῆς ἡ ὑπόστασις; πῶς δὲ
ἡ ὕλη ὁτὲ μὲν σώματα γίνεται, ἄλλο δὲ αὐτῆς ψυχή; καὶ
γὰρ εἰ ἄλλοθεν προσίοι τὸ εἶδος, οὐδαμῇ ψυχὴ ἂν γένοιτο
45 ποιότητος προσελθούσης τῇ ὕλῃ, ἀλλὰ σώματα ἄψυχα.

---

27. 34 cf. VI. 3. 8. 30–1   36–9 cf. Stoic. Vet. Fr. ii, n. 323

27. 25 γέ πως et ὡς πως Creuzer: γε πῶς et ὡς πῶς Enn.   25-6 πως
ἔχων ὀρχούμενος praedicatum, τὰ σχήματα subiectum   25 ὁ deleuimus
27 τῶν ὄντων scil. ὑποκείμενον   ἡ del. Theiler   31-2 τὸ—ὄν³
secundum Stoicos   32–3 δύναμις praedicatum, ὃ μέλλει ἔσεσθαι
subiectum, ἐκεῖνο i.e. δύναμις, αὐτὴ i.e. ὕλη   35–6 ὁ—οὐσία secundum
Stoicos   37 οὐσίαν essentiam Ficinus: οὐσίας Enn.   39 μόριον αὐτοῦ
(τοῦ κόσμου) i.e. ὕλη

εἰ δέ τι αὐτὴν πλάττοι καὶ ψυχὴν ποιοῖ, πρὸ τῆς γινομένης
ψυχῆς ἔσται ἡ ποιοῦσα ψυχή.

28. Ἀλλὰ γὰρ πολλῶν ὄντων τῶν λεγομένων πρὸς τὴν
ὑπόθεσιν ταύτην τούτων μὲν παυστέον, μὴ καὶ ἄτοπον ᾖ τὸ
πρὸς οὕτω φανερὰν ἀτοπίαν φιλονεικεῖν, δεικνύντα, ὅτι τὸ
μὴ ὂν ὡς τὸ μάλιστα ὂν προτάττουσι καὶ τὸ ὕστατον πρῶτον.
αἴτιον δὲ ἡ αἴσθησις αὐτοῖς ἡγεμὼν γενομένη καὶ πιστὴ 5
εἰς ἀρχῶν καὶ τῶν ἄλλων θέσιν. τὰ γὰρ σώματα νομίσαντες
εἶναι τὰ ὄντα, εἶτα αὐτῶν τὴν μεταβολὴν εἰς ἄλληλα φοβη-
θέντες τὸ μένον ὑπ' αὐτὰ τοῦτο ᾠήθησαν τὸ ὂν εἶναι, ὥσπερ
ἂν εἴ τις μᾶλλον τὸν τόπον ἢ τὰ σώματα νομίσειεν εἶναι τὸ
ὄν, ὅτι οὐ φθείρεται ὁ τόπος νομίσας. καίτοι καὶ οὗτος 10
αὐτοῖς μένει, ἔδει δὲ οὐ τὸ ὁπωσοῦν μένον νομίσαι τὸ ὄν,
ἀλλὰ ἰδεῖν πρότερον, τίνα δεῖ προσεῖναι τῷ ἀληθῶς ὄντι,
οἷς οὖσιν ὑπάρχειν καὶ τὸ ἀεὶ μένειν. οὐδὲ γάρ, εἰ σκιὰ ἀεὶ
μένοι παρακολουθοῦσα ἀλλοιουμένῳ ἄλλῳ, μᾶλλόν ἐστιν ἢ
ἐκεῖνο. τό τε αἰσθητὸν μετ' ἐκείνου καὶ ἄλλων πολλῶν τῷ 15
πλήθει μᾶλλον ἂν τὸ ὅλον ὂν εἴη ἢ ἕν τι τῶν ἐν ἐκείνῳ· εἰ
δὲ δὴ καὶ τὸ ὅλον [ὑποβάθρα ἐκεῖνο] μὴ ὄν, πῶς ἂν ⟨ὑπο-
βάθρα⟩ ἐκεῖνο; πάντων τε θαυμαστότατον τὸ τῇ αἰσθήσει
πιστουμένους ἕκαστα τὸ μὴ τῇ αἰσθήσει ἁλωτὸν τίθεσθαι
ὄν. οὐδὲ γὰρ ὀρθῶς τὸ ἀντιτυπὲς αὐτῇ διδόασι· ποιότης γὰρ 20
τοῦτο. εἰ δὲ τῷ νῷ λέγουσι λαβεῖν, ἄτοπος ὁ νοῦς οὗτος ὁ
τὴν ὕλην αὐτοῦ προτάξας καὶ τὸ ὂν αὐτῇ δεδωκώς, ἀλλ' οὐχ
αὐτῷ. οὐκ ὢν οὖν ὁ νοῦς αὐτοῖς πῶς ἂν πιστὸς εἴη περὶ

28. 6-7 cf. Stoic. Vet. Fr. ii, n. 329   17-18 ὑποβάθρα cf. VI. 3. 4. 3 et
Plat. Tim. 52 b 1   20 cf. Stoic. Vet. Fr. ii, n. 381

28. 3 ὅτι Volkmann: οἱ wBJC: οἱ U: εἰ R   4 προστάττουσι w
13 ὑπάρχειν (scil. λέγομεν): ὑπάρχει Müller   15 μετ' ἐκείνου scil. τοῦ
μένοντος ὑπ' αὐτά (lin. 8) = τοῦ ὑποκειμένου   16 τὸ ὅλον ὂν quia totum est
16 ἐν ἐκείνῳ scil. τῷ αἰσθητῷ   17 ὑποβάθρα ἐκεῖνο del. Theiler
17-18 ⟨ὑποβάθρα⟩ Theiler   18 ἐκεῖνο scil. ἕν τι (lin. 16)   19 τὸ:
τῷ w   20 αὐτῇ nempe τῇ ὕλῃ

τῶν κυριωτέρων αὐτοῦ λέγων καὶ οὐδαμῇ αὐτοῖς συγγενὴς
25 ὤν; ἀλλὰ περὶ μὲν ταύτης τῆς φύσεως καὶ τῶν ὑποκει-
μένων ἱκανῶς καὶ ἐν ἄλλοις.

29. Τὰ δὲ ποιὰ αὐτοῖς ἕτερα μὲν δεῖ εἶναι τῶν ὑποκει-
μένων, καὶ λέγουσιν· οὐ γὰρ ἂν αὐτὰ δεύτερα κατηρίθμουν.
εἰ τοίνυν ἕτερα, δεῖ αὐτὰ καὶ ἁπλᾶ εἶναι· εἰ τοῦτο, μὴ
σύνθετα· εἰ τοῦτο, μηδ᾽ ὕλην ἔχειν, ᾗ ποιά· εἰ τοῦτο,
5 ἀσώματα εἶναι καὶ δραστήρια· ἡ γὰρ ὕλη πρὸς τὸ πάσχειν
αὐτοῖς ὑπόκειται. εἰ δὲ σύνθετα, πρῶτον μὲν ἄτοπος ἡ
διαίρεσις ἁπλᾶ καὶ σύνθετα ἀντιδιαστέλλουσα καὶ ταῦτα
ὑφ᾽ ἓν γένος, ἔπειτα ἐν θατέρῳ τῶν εἰδῶν τὸ ἕτερον
τιθεῖσα, ὥσπερ ἄν τις διαιρῶν τὴν ἐπιστήμην τὴν μὲν
10 γραμματικὴν λέγοι, τὴν δὲ γραμματικὴν καὶ ἄλλο τι. εἰ δὲ
τὰ ποιὰ ὕλην ποιὰν λέγοιεν, πρῶτον μὲν οἱ λόγοι αὐτοῖς
ἔνυλοι, ἀλλ᾽ οὐκ ἐν ὕλῃ γενόμενοι σύνθετόν τι ποιήσουσιν,
ἀλλὰ πρὸ τοῦ συνθέτου ὃ ποιοῦσιν ἐξ ὕλης καὶ εἴδους
ἔσονται· οὐκ ἄρα αὐτοὶ εἴδη οὐδὲ λόγοι. εἰ δὲ λέγοιεν
15 μηδὲν εἶναι τοὺς λόγους ἢ ὕλην πως ἔχουσαν, τὰ ποιὰ
δηλονότι πως ἔχοντα ἐροῦσι καὶ ἐν τῷ τρίτῳ γένει
τακτέον. εἰ δὲ ἥδε ἡ σχέσις ἄλλη, τίς ἡ διαφορά; ἢ
δῆλον, ὅτι τό πως ἔχειν ἐνταῦθα ὑπόστασις μᾶλλον· καίτοι
εἰ μὴ κἀκεῖ ὑπόστασις, τί καταριθμοῦσιν ὡς ἓν γένος ἢ
20 εἶδος; οὐ γὰρ δὴ ὑπὸ τὸ αὐτὸ τὸ μὲν ὄν, τὸ δὲ οὐκ ὂν
δύναται εἶναι. ἀλλὰ τί τοῦτο τὸ ἐπὶ τῇ ὕλῃ πως ἔχον; ἢ

28. 26 ἐν ἄλλοις cf. II. 4. 6-16; III. 6. 6-19   29. 10-14 cf. Stoic. Vet.
Fr. ii, n. 394

29. 4 ᾗ RᵖᶜUC: ἡ wRᵃᶜJ: ᾗ B   9 ἄν: ἂν ⟨εἰ⟩ Kirchhoff   15 et 16 πως
(bis) Creuzer: πῶς Enn.   16 τρίτῳ H-S¹ cf. VI. 1. 25. 2: τετάρτῳ Enn.
17 ἥδε ἡ σχέσις scil. ἡ τῶν λόγων uel τῶν ποιῶν   ἄλλη scil. τῆς τοῦ τρίτου
γένους σχέσεως   17-20 ἢ—εἶδος locus obscurus, alii aliter uertunt
18 τό πως Creuzer: τὸ πῶς Enn.   ἐνταῦθα scil. ἐν τοῖς ποιοῖς
18 ὑπόστασις μᾶλλον scil. ἢ ἐν τοῖς ἰδίως πως ἔχουσιν, cf. VI. 1. 30.
5-7   19 κἀκεῖ (scil. ἐν τῷ τρίτῳ γένει): ἐκεῖ fortasse coniciendum
21 et 24 et 27 πως (ter) Creuzer: πῶς Enn.

γὰρ ὂν ἢ οὐκ ὄν· καὶ εἰ ὄν, πάντως ἀσώματον· εἰ δὲ οὐκ ὄν,
μάτην λέγεται, καὶ ὕλη μόνον, τὸ δὲ ποιὸν οὐδέν. ἀλλ' οὐδὲ
τό πως ἔχον· ἔτι γὰρ μᾶλλον οὐκ ὄν. τὸ δὲ τέταρτον λεχθὲν
καὶ πολλῷ μᾶλλον. μόνον ὂν ἄρα ὕλη. τίς οὖν τοῦτό 25
φησιν; οὐ γὰρ δὴ αὐτὴ ἡ ὕλη. εἰ μὴ ἄρα αὐτή· πῶς γὰρ
ἔχουσα ὁ νοῦς· καίτοι τό "πως ἔχουσα" προσθήκη κενή. ἡ
ὕλη ἄρα λέγει ταῦτα καὶ καταλαμβάνει. καὶ εἰ μὲν ἔλεγεν
ἔμφρονα, θαῦμα ἂν ἦν, πῶς καὶ νοεῖ καὶ ψυχῆς ἔργα ποιεῖ
οὔτε νοῦν οὔτε ψυχὴν ἔχουσα. εἰ δ' ἀφρόνως λέγοι αὐτὴν 30
τιθεῖσα ὃ μὴ ἔστι μηδὲ δύναται, τίνι ταύτην δεῖ ἀνατιθέναι
τὴν ἀφροσύνην; ἤ, εἰ ἔλεγεν, αὐτῇ· νῦν δὲ οὔτε λέγει
ἐκείνη, ὅ τε λέγων πολὺ τὸ παρ' ἐκείνης ἔχων λέγει, ὅλος
μὲν ὢν ἐκείνης, εἰ καὶ μόριον ψυχῆς ἔχοι, ἀγνοίᾳ δὲ αὐτοῦ
καὶ δυνάμεως τῆς λέγειν τἀληθῆ περὶ τῶν τοιούτων δυνα- 35
μένης.

30. Ἐν δὲ τοῖς πως ἔχουσιν ἄτοπον μὲν ἴσως τά πως ἔχον-
τα τρίτα τίθεσθαι ἢ ὁπωσοῦν τάξεως ἔχει, ἐπειδὴ περὶ τὴν
ὕλην πως ἔχοντα πάντα. ἀλλὰ διαφορὰν τῶν πως ἐχόντων
φήσουσιν εἶναι καὶ ἄλλως πως ἔχειν τὴν ὕλην ὡδὶ καὶ
οὕτως, ἄλλως δὲ ἐν τοῖς πως ἔχουσι, καὶ ἔτι τὰ μὲν ποιὰ 5
περὶ τὴν ὕλην πως ἔχοντα, τὰ ἰδίως δέ πως ἔχοντα περὶ
τὰ ποιά. ἀλλὰ τῶν ποιῶν αὐτῶν οὐδὲν ἢ ὕλης πως ἐχούσης
ὄντων πάλιν τά πως ἔχοντα ἐπὶ τὴν ὕλην αὐτοῖς ἀνατρέχει
καὶ περὶ τὴν ὕλην ἔσται. πῶς δὲ ἓν τό πως ἔχον πολλῆς
διαφορᾶς ἐν αὐτοῖς οὔσης; πῶς γὰρ τὸ τρίπηχυ καὶ τὸ 10
λευκὸν εἰς ἕν, τοῦ μὲν ποσοῦ, τοῦ δὲ ποιοῦ ὄντος; πῶς δὲ

30. 9-21 cf. Stoic. Vet. Fr. ii, n. 399 = Dexippus In Categ. i. 38, p. 34. 19-23

---

29. 26 δὴ om. x   26-7 εἰ—νοῦς nisi fortasse ipsa materia, nam intellectus
est materia quodam modo se habens   26 πὼς Kirchhoff: πῶς Enn.
28 λέγει ταῦτα transp. x   32 αὐτή w   33 λέγων i.e. Stoicus
34 εἰ--ἔχοι cum praecedentibus coniungendum   μόριον ψυχῆς
Igal, Emerita 43, 1975, 185: μόνον ψυχὴν Enn.: ψυχὴν Theiler H-S¹
30. 1-21 πως uel πῶς (passim): πῶς Enn.

τὸ ποτὲ καὶ τὸ ποῦ; πῶς δὲ ὅλως πως ἔχοντα τὸ χθὲς
καὶ τὸ πέρυσι καὶ τὸ ἐν Λυκίῳ καὶ Ἀκαδημίᾳ; καὶ ὅλως
πῶς δὲ ὁ χρόνος πως ἔχων; οὔτε γὰρ αὐτὸς οὔτε τὰ ἐν
15 αὐτῷ τῷ χρόνῳ, οὔτε τὰ ἐν τῷ τόπῳ οὔτε ὁ τόπος. τὸ δὲ
ποιεῖν πῶς πως ἔχον; ἐπεὶ οὐδ' ὁ ποιῶν πως ἔχων, ἀλλὰ
μᾶλλόν πως ποιῶν ἢ ὅλως οὔ πως, ἀλλὰ ποιῶν μόνον· καὶ
ὁ πάσχων οὔ πως ἔχων, ἀλλὰ μᾶλλόν πως πάσχων ἢ ὅλως
πάσχων οὕτως. ἴσως δ' ἂν μόνον ἁρμόσει ἐπὶ τοῦ κεῖσθαι
20 τὸ "πῶς ἔχων" καὶ ἐπὶ τοῦ ἔχειν· ἐπὶ δὲ τοῦ ἔχειν οὐ
"πῶς ἔχων", ἀλλὰ "ἔχων". τὸ δὲ πρός τι, εἰ μὲν μὴ ὑφ'
ἓν τοῖς ἄλλοις ἐτίθεσαν, ἕτερος λόγος ἦν ἂν ζητούντων εἴ
τινα διδόασιν ὑπόστασιν ταῖς τοιαύταις σχέσεσι, πολλαχοῦ
οὐ διδόντων. ἔτι δ' ἐν γένει τῷ αὐτῷ ⟨τὸ⟩ ἐπιγινόμενον
25 πρᾶγμα τοῖς ἤδη οὖσιν ἄτοπον συντάττειν [τὸ ἐπιγινόμενον]
εἰς ταὐτὸν γένος τοῖς πρότερον οὖσι· δεῖ γὰρ πρότερον ἓν καὶ
δύο εἶναι, ἵνα καὶ ἥμισυ καὶ διπλάσιον.

Περὶ δὲ τῶν ὅσοι ἄλλως τὰ ὄντα ἢ τὰς ἀρχὰς τῶν ὄντων
ἔθεντο, εἴτε ἄπειρα εἴτε πεπερασμένα, εἴτε σώματα εἴτε
30 ἀσώματα, ἢ καὶ τὸ συναμφότερον, χωρὶς περὶ ἑκάστων
ἔξεστι ζητεῖν λαμβάνουσι καὶ τὰ παρὰ τῶν ἀρχαίων πρὸς
τὰς δόξας αὐτῶν εἰρημένα.

---

30. 20–1 cf. *Stoic. Vet. Fr.* ii, n. 401 = Boëthus apud Simpl. *In Categ.* 9,
p. 373. 7–8   22–4 cf. *Stoic. Vet. Fr.* ii, n. 404 = Sext. Emp. *Adu. math.*
8. 453   24–6 cf. VI. 1. 25. 16–17

---

30. 17 οὔ πως Gollwitzer: οὐκ ὤν BxUC: οὐκ ὄν w   ποιῶν[a]: ποιὸν w
19 οὕτως (idem atque ἁπλῶς, cf. I. 3. 6. 16) del. Theiler H–S[1]   20 οὐ: ἢ x
22 ἐτίθεσαν irrealis   23 ὑπόστασιν: ὑπόθεσιν x   24–6 ἔτι—οὖσι
*praeterea autem absurdum est rem quae in eodem genere accedit iis quae iam sunt in idem
genus coniungere cum prioribus*   24 ἐν γένει τῷ αὐτῷ summum genus
Stoicorum nempe κοινόν τι, cf. VI. 1. 25. 4   ⟨τὸ⟩ ἐπιγινόμενον e lin. 25
transp. H–S[1]: ἐπιγενόμενον Enn.   25 τὸ ἐπιγινόμενον del. Kirchhoff

ΠΕΡΙ ΤΩΝ ΓΕΝΩΝ ΤΟΥ ΟΝΤΟΣ ΔΕΥΤΕΡΟΝ

1. Ἐπεὶ δὲ περὶ τῶν λεγομένων δέκα γενῶν ἐπέσκεπται,
εἴρηται δὲ καὶ περὶ τῶν εἰς ἓν ἀγόντων γένος τὰ πάντα
τέτταρα ὑπὸ τὸ ἓν οἷον εἴδη τιθεμένων, ἀκόλουθον ἂν εἴη
εἰπεῖν, τί ποτε ἡμῖν περὶ τούτων φαίνεται τὰ δοκοῦντα
ἡμῖν πειρωμένοις εἰς τὴν Πλάτωνος ἀνάγειν δόξαν. εἰ μὲν 5
οὖν ἓν ἔδει τίθεσθαι τὸ ὄν, οὐδὲν ἂν ἔδει ζητεῖν, οὔτ' εἰ
γένος ἓν ἐπὶ πᾶσιν, οὔτε εἰ γένη μὴ ὑφ' ἕν, οὔτ' εἰ ἀρχάς,
οὔτε εἰ τὰς ἀρχὰς καὶ γένη τὰς αὐτὰς δεῖ τίθεσθαι, οὔτε
εἰ τὰ γένη καὶ ἀρχὰς τὰ αὐτά, ἢ τὰς μὲν ἀρχὰς ἁπάσας
καὶ γένη, τὰ δὲ γένη οὐκ ἀρχάς, ἢ ἀνάπαλιν, ἢ ἐφ' ἑκα- 10
τέρων τινὰς μὲν ἀρχὰς καὶ γένη καί τινα γένη καὶ ἀρχάς,
ἢ ἐπὶ μὲν τῶν ἑτέρων πάντα καὶ θάτερα, ἐπὶ δὲ τῶν
ἑτέρων τινὰ καὶ θάτερα. ἐπεὶ δὲ οὐχ ἓν φαμεν τὸ ὄν—
διότι δέ, εἴρηται καὶ τῷ Πλάτωνι καὶ ἑτέροις—ἀναγκαῖον
ἴσως γίγνεται καὶ περὶ τούτων ἐπισκέψασθαι πρότερον εἰς 15
μέσον θέντας, τίνα ἀριθμὸν λέγομεν καὶ πῶς. ἐπεὶ οὖν
περὶ τοῦ ὄντος ἢ τῶν ὄντων ζητοῦμεν, ἀναγκαῖον πρῶτον
παρ' αὐτοῖς διελέσθαι τάδε, τί τε τὸ ὂν λέγομεν, περὶ οὗ

Enn. = w(= AE) B x(= RJ) U C

---

1. 1 ἐπέσκεπται cf. VI. 1. 1. 15-24. 12   2 εἴρηται cf. VI. 1. 25. 1-30. 27
14 cf. Plat. Soph. 244b-245e et Parm. 141e9-10   17-18 cf. Plat. Tim.
27d5-6

Tit. δεύτερον om. w   1. 1 ἐπεὶ δὲ: ἐπειδὴ Vita 5. 54 et 26. 11
4 ἡμῖν om. x   8 εἰ wx: εἰς BUC

ἡ σκέψις ὀρθῶς γίνοιτο νυνί, καὶ τί δοκεῖ μὲν ἄλλοις εἶναι
20 ὄν, γινόμενον δὲ αὐτὸ λέγομεν εἶναι, ὄντως δὲ
οὐδέποτε ὄν. δεῖ δὲ νοεῖν ταῦτα ἀπ᾿ ἀλλήλων διῃρημένα
οὐχ ὡς γένους τοῦ τὶ εἰς ταῦτα διῃρημένου, οὐδ᾿ οὕτως
οἴεσθαι τὸν Πλάτωνα πεποιηκέναι. γελοῖον γὰρ ὑφ᾿ ἓν
θέσθαι τὸ ὂν τῷ μὴ ὄντι, ὥσπερ ἂν εἴ τις Σωκράτη ὑπὸ τὸ
25 αὐτὸ θεῖτο καὶ τὴν τούτου εἰκόνα. τὸ γὰρ "διελέσθαι"
ἐνταῦθά ἐστι τὸ ἀφορίσαι καὶ χωρὶς θεῖναι, καὶ τὸ δόξαν
ὂν εἶναι εἰπεῖν οὐκ εἶναι ὄν, ὑποδείξαντα αὐτοῖς ἄλλο τὸ
ὡς ἀληθῶς ὂν εἶναι. καὶ προστιθεὶς τῷ ὄντι τὸ "ἀεὶ"
ὑπέδειξεν, ὡς δεῖ τὸ ὂν τοιοῦτον εἶναι, οἷον μηδέποτε
30 ψεύδεσθαι τὴν τοῦ ὄντος φύσιν. περὶ δὴ τούτου τοῦ ὄντος
λέγοντες καὶ περὶ τούτου ὡς οὐχ ἑνὸς ὄντος σκεψόμεθα·
ὕστερον δέ, εἰ δοκεῖ, καὶ περὶ γενέσεως καὶ τοῦ γινομένου
καὶ κόσμου αἰσθητοῦ τι ἐροῦμεν.

2. Ἐπεὶ οὖν οὐχ ἓν φαμεν, ἆρα ἀριθμόν τινα ἢ ἄπειρον;
πῶς γὰρ δὴ τὸ οὐχ ἕν; ἢ ἓν ἅμα καὶ πολλὰ λέγομεν, καί
τι ποικίλον ἓν τὰ πολλὰ εἰς ἓν ἔχον. ἀνάγκη τοίνυν τοῦτο
τὸ οὕτως ἓν ἢ τῷ γένει ἓν εἶναι, εἴδη δ᾿ αὐτοῦ τὰ ὄντα,
5 οἷς πολλὰ καὶ ἕν, ἢ πλείω ἑνὸς γένη, ὑφ᾿ ἓν δὲ τὰ πάντα,
ἢ πλείω μὲν γένη, μηδὲν δὲ ἄλλο ὑπ᾿ ἄλλο, ἀλλ᾿ ἕκαστον
περιεκτικὸν τῶν ὑπ᾿ αὐτό, εἴτε καὶ αὐτῶν γενῶν ἐλαττόνων
ὄντων ἢ εἰδῶν καὶ ὑπὸ τούτοις ἀτόμων, συντελεῖν ἅπαντα
εἰς μίαν φύσιν καὶ ἐκ πάντων τῷ νοητῷ κόσμῳ, ὃν δὴ

---

1. 20-1 = Plat. *Tim.* 28a3-4   22-4 cf. Seuerus Platonicus apud
Procl. *In Tim.* 70a, t. 1, p. 227. 15-16 et VI. 1. 25. 3-7   24-5 cf.
VI. 3. 15. 31-3   25 = Plat. *Tim.* 27d5   28 = ibid. 27d6
32 ὕστερον cf. VI. 3. 2. 1-4   **2.** 2 ἕν . . πολλὰ cf. Plat. *Parm.* 145a2

---

1. 19 ὀρθῶς ⟨ἂν⟩ Kirchhoff   26 χωρὶς θεῖναι AᴾᶜUC: χωρισθῆναι
AᵃᶜEx: χωρὶς θῆναι B   27 ὑποδείξαντα scil. τὸν Πλάτωνα   αὐτοῖς
scil. aduersariis   30 φύσιν obiectum, cf. III. 7. 6. 11-12; VI. 5. 9. 22
31 σκεψόμεθα wBU: σκεψώμεθα x: ψευσόμεθα C   **2.** 8 συντελεῖν ⟨δ᾿⟩
Theiler, sed ἅπαντα redintegrat 6 ἕκαστον

λέγομεν τὸ ὄν, τὴν σύστασιν εἶναι. εἰ δὴ τοῦτο, οὐ μόνον 10
γένη ταῦτα εἶναι, ἀλλὰ καὶ ἀρχὰς τοῦ ὄντος ἅμα ὑπάρχειν·
γένη μέν, ὅτι ὑπ᾽ αὐτὰ ἄλλα γένη ἐλάττω καὶ εἴδη μετὰ
τοῦτο καὶ ἄτομα· ἀρχὰς δέ, εἰ τὸ ὂν οὕτως ἐκ πολλῶν καὶ
ἐκ τούτων τὸ ὅλον ὑπάρχει. εἰ μέντοι πλείω μὲν ἦν ἐξ ὧν,
συνελθόντα δὲ τὰ ὅλα ἐποίει τὸ πᾶν ἄλλο οὐκ ἔχοντα ὑπ᾽ 15
αὐτά, ἀρχαὶ μὲν ἂν ἦσαν, γένη δὲ οὐκ ἄν· οἷον εἴ τις ἐκ
τῶν τεσσάρων ἐποίει τὸ αἰσθητόν, πυρὸς καὶ τῶν τοιούτων·
ταῦτα γὰρ ἀρχαὶ ἂν ἦσαν, γένη δὲ οὔ· εἰ μὴ ὁμωνύμως τὸ
γένος. λέγοντες τοίνυν καὶ γένη τινὰ εἶναι, τὰ δ᾽ αὐτὰ καὶ
ἀρχάς, ἆρα τὰ μὲν γένη, ἕκαστον μετὰ τῶν ὑπ᾽ αὐτά, ὁμοῦ 20
μιγνύντες ἀλλήλοις τὰ πάντα, τὸ ὅλον ἀποτελοῦμεν καὶ
σύγκρασιν ποιοῦμεν ἁπάντων; ἀλλὰ δυνάμει, οὐκ ἐνεργείᾳ
ἕκαστον οὐδὲ καθαρὸν αὐτὸ ἕκαστον ἔσται. ἀλλὰ τὰ μὲν
γένη ἐάσομεν, τὰ δὲ καθέκαστον μίξομεν; τίνα οὖν ἔσται
ἐφ᾽ αὑτῶν τὰ γένη; ἢ ἔσται κἀκεῖνα ἐφ᾽ αὑτῶν καὶ καθαρά, 25
καὶ τὰ μιχθέντα οὐκ ἀπολεῖ αὐτά. καὶ πῶς; ἢ ταῦτα
μὲν εἰς ὕστερον· νῦν δ᾽ ἐπεὶ συγκεχωρήκαμεν καὶ γένη εἶναι
καὶ προσέτι καὶ τῆς οὐσίας ἀρχὰς καὶ τρόπον ἕτερον
ἀρχὰς καὶ σύνθεσιν, πρῶτον λεκτέον πόσα λέγομεν γένη
καὶ πῶς διίσταμεν ἀπ᾽ ἀλλήλων αὐτὰ καὶ οὐχ ὑφ᾽ ἓν 30
ἄγομεν, ὥσπερ ἐκ τύχης συνελθόντα καὶ ἕν τι πεποιηκότα·
καίτοι πολλῷ εὐλογώτερον ὑφ᾽ ἕν. ἤ, εἰ μὲν εἴδη οἷόν τε
ἦν τοῦ ὄντος ἅπαντα εἶναι καὶ ἐφεξῆς τούτοις τὰ ἄτομα
καὶ μηδὲν τούτων ἔξω, ἦν ἂν ἴσως ποιεῖν οὕτως. ἐπειδὴ
δὲ ἡ τοιαύτη θέσις ἀναίρεσίς ἐστιν αὐτῆς—οὐδὲ γὰρ τὰ 35

---

2. 11 cf. Aristot. *Metaph. B* 3. 999ᵃ22-3   27 ὕστερον cf. VI. 2.
19. 12-17

---

2. 13 ἄτομα: ἅμα x   15 ἄλλο H-S¹: ἀλλ᾽ wBxC: ἀλλ᾽ Creuzer (*alia*
Ficinus): om. U   20 αὐτό Müller, sed ἕκαστον tamquam pluralis
23 ἕκαστον¹: ἕκαστα w   24 ἐάσομεν et μίξομεν AᵖᶜBUC: ἐάσωμεν
et μίξωμεν AᵃᶜEx   29 συνθέσεις w   πόσα Theiler: πρὸς ἃ Enn.
35 αὐτῆς (scil. τῆς θέσεως) BxUC: αὐτοῖς w

εἴδη εἴδη ἔσται, οὐδ᾽ ὅλως πολλὰ ὑφ᾽ ἕν, ἀλλὰ πάντα ἕν, μὴ
ἑτέρου ἢ ἑτέρων ἔξω ἐκείνου τοῦ ἑνὸς ὄντων· πῶς γὰρ ἂν
πολλὰ ἐγένετο τὸ ἕν, ὥστε καὶ εἴδη γεννῆσαι, εἰ μή τι ἦν
παρ᾽ αὐτὸ ἄλλο; οὐ γὰρ ἑαυτῷ πολλά, εἰ μή τις ὡς μέγεθος
40 κερματίζει· ἀλλὰ καὶ οὕτως ἕτερον τὸ κερματίζον. εἰ δ᾽ αὐτὸ
κερματιεῖ ἢ ὅλως διαιρήσει, πρὸ τοῦ διαιρεθῆναι ἔσται
διῃρημένον. ταύτῃ μὲν οὖν καὶ δι᾽ ἄλλα πολλὰ ἀποστατέον
τοῦ "γένος ἕν", καὶ ὅτι οὐχ οἷόν τε ἕκαστον ὁτιοῦν ληφθὲν
ἢ ὂν ἢ οὐσίαν λέγειν. εἰ δέ τις λέγοι ὄν, τῷ συμβεβηκέναι
45 φήσει, οἷον εἰ λευκὸν λέγοι τὴν οὐσίαν· οὐ γὰρ ὅπερ λευκὸν
λέγει.

3. Πλείω μὲν δὴ λέγομεν εἶναι καὶ οὐ κατὰ τύχην
πλείω. οὐκοῦν ἀφ᾽ ἑνός. ἤ, εἰ καὶ ἀφ᾽ ἑνός, οὐ κατηγο-
ρουμένου δὲ κατ᾽ αὐτῶν ἐν τῷ εἶναι, οὐδὲν κωλύει ἕκαστον
οὐχ ὁμοειδὲς ὂν ἄλλῳ χωρὶς αὐτὸ εἶναι γένος. ἆρ᾽ οὖν
5 ἔξωθεν τοῦτο τῶν γενομένων γενῶν τὸ αἴτιον μέν, μὴ
κατηγορούμενον δὲ τῶν ἄλλων ἐν τῷ τί ἐστιν; ἢ τὸ μὲν
ἔξω· ἐπέκεινα γὰρ τὸ ἕν, ὡς ἂν μὴ συναριθμούμενον
τοῖς γένεσιν, εἰ δι᾽ αὐτὸ τὰ ἄλλα, ἃ ἐπίσης ἀλλήλοις εἰς
τὸ γένη εἶναι. καὶ πῶς ἐκεῖνο οὐ συνηρίθμηται; ἢ τὰ
10 ὄντα ζητοῦμεν, οὐ τὸ ἐπέκεινα. τοῦτο μὲν οὖν οὕτως· τί
δὲ τὸ συναριθμούμενον; ἐφ᾽ οὗ καὶ θαυμάσειεν ἄν τις, πῶς
συναριθμούμενον τοῖς αἰτιατοῖς. ἤ, εἰ μὲν ὑφ᾽ ἕν γένος
αὐτὸ καὶ τὰ ἄλλα, ἄτοπον· εἰ δὲ οἷς αἴτιον συναριθμεῖται,
ὡς αὐτὸ τὸ γένος καὶ τὰ ἄλλα ἐφεξῆς—καὶ ἔστι

2. 39-40 cf. Plat. *Resp.* 525e 1-4 et *Parm.* 144e 3-4   44-6 cf. Aristot.
Metaph. Γ 4. 1007ᵃ32-3

2. 37 ἢ BC: ᾗ xU: ᾗ w   ἑτέρων Kirchhoff: ἕτερον Enn.   39 ἑαυτῷ
BxC: ἑαυτὸ wU: αὐτὸ Creuzer   40 κερματίζει H-S¹: κερματίσει
wU: κερματίσῃ BxC: κερματιεῖ Volkmann   45 ὅπερ λευκὸν *quod reuera
album* est   3. 2-9 de summo uno quod est ἐπέκεινα ὄντος agitur, inde
a lin. 10 de uno quod est ὄν   13 αὐτὸ Müller: αὐτὰ Enn.   οἷς
αἴτιον idem atque οἷς αὐτὸ αἴτιόν ἐστιν   14 ὡς—ἐφεξῆς *tamquam ipsum
quidem sit genus, reliqua deinceps inde sequantur* Ficinus recte

διάφορα τὰ ἐφεξῆς πρὸς αὐτό, καὶ οὐ κατηγορεῖται αὐτῶν 15
ὡς γένος οὐδ᾿ ἄλλο τι κατ᾿ αὐτῶν—ἀνάγκη καὶ αὐτὰ γένη
εἶναι ἔχοντα ὑφ᾿ αὑτά. οὐδὲ γάρ, εἰ σὺ τὸ βαδίζειν
ἐγέννας, ὑπὸ σὲ ὡς γένος τὸ βαδίζειν ἦν ἄν· καὶ εἰ μηδὲν
ἦν πρὸ αὐτοῦ ἄλλο ὡς γένος αὐτοῦ, ἦν δὲ τὰ μετ᾿ αὐτό,
γένος ἂν ἦν τὸ βαδίζειν ἐν τοῖς οὖσιν. ὅλως δὲ ἴσως οὐδὲ 20
τὸ ἓν φατέον αἴτιον τοῖς ἄλλοις εἶναι, ἀλλ᾿ οἷον μέρη
αὐτοῦ καὶ οἷον στοιχεῖα αὐτοῦ καὶ πάντα μίαν φύσιν
μεριζομένην ταῖς ἡμῶν ἐπινοίαις, αὐτὸ δὲ εἶναι ὑπὸ δυνά-
μεως θαυμαστῆς ἓν εἰς πάντα, καὶ φαινόμενον πολλὰ καὶ
γινόμενον πολλά, οἷον ὅταν κινηθῇ κατὰ τὸ πολύνουν τῆς 25
φύσεως, ποιεῖν τὸ ἓν μὴ ἓν εἶναι, ἡμᾶς τε οἷον μοίρας
αὐτοῦ προφέροντας ταύτας ἓν ἕκαστον τίθεσθαι καὶ γένος
λέγειν ἀγνοοῦντας ὅτι μὴ ὅλον ἅμα εἴδομεν, ἀλλὰ κατὰ
μέρος προφέροντες πάλιν αὐτὰ συνάπτομεν οὐ δυνάμενοι
ἐπὶ πολὺν χρόνον αὐτὰ κατέχειν σπεύδοντα πρὸς αὐτά. 30
διὸ πάλιν μεθίεμεν εἰς τὸ ὅλον καὶ ἐῶμεν ἓν γενέσθαι,
μᾶλλον δὲ ἓν εἶναι. ἀλλὰ ἴσως σαφέστερα ταῦτα ἔσται
κἀκείνων ἐγνωσμένων, ἢν τὰ γένη λάβωμεν ὁπόσα· οὕτω
γὰρ καὶ τὸ πῶς. ἀλλ᾿ ἐπεὶ δεῖ λέγοντα μὴ ἀποφάσεις
λέγειν, ἀλλὰ καὶ εἰς ἔννοιαν καὶ νόησιν ἰέναι τῶν λεγομέ- 35
νων, ὡδὶ ποιητέον.

4. Εἰ τὴν σώματος φύσιν ἰδεῖν ἐβουλόμεθα, οἷόν τί ἐστιν
ἐν τῷδε τῷ ὅλῳ ἢ τοῦ σώματος αὐτοῦ φύσις, ἆρ᾿ οὐ κατα-
μαθόντες ἐπί τινος τῶν μερῶν αὐτοῦ, ὡς ἔστι τὸ μὲν
ὡς ὑποκείμενον αὐτοῦ, οἷον ἐπὶ λίθου, τὸ δὲ ὁπόσον αὐτοῦ,
τὸ μέγεθος, τὸ δὲ ὁποῖον, οἷον τὸ χρῶμα, καὶ ἐπὶ παντὸς 5
ἄλλου σώματος εἴποιμεν ἄν, ὡς ἐν τῇ σώματος φύσει τὸ

3. 15 κατηγορεῖται subiectum αὐτό   16 intellegendum: ὡς γένος
οὐδ᾿ ὡς ἄλλο τι   17 ἔχοντα ὑφ᾿ αὑτά siquidem habent quaedam sub
seipsis   18 σὲ ὡς γένος coniungendum   21 ἀλλ᾿: ἀλλὰ ⟨τὰ ἄλλα⟩
Igal   24 καὶ¹ coniungit 21 εἶναι et 26 ποιεῖν   25 κατὰ Igal: καὶ
Enn.   πολύνουν Igal, cf. VI. 2. 21. 4: πολύχουν Ax: πολύχνουν EBUC
H–S¹   34 ἀποφάσεις idem quod ἀποφάνσεις ut III. 7. 1. 9

μέν ἐστιν οἷον οὐσία, τὸ δέ ἐστι ποσόν, τὸ δὲ ποιόν, ὁμοῦ
μὲν πάντα, τῷ δὲ λόγῳ διαιρεθέντα εἰς τρία, καὶ σῶμα ἂν
ἦν ἓν τὰ τρία; εἰ δὲ καὶ κίνησις αὐτοῦ παρῆν σύμφυτος τῇ
10 συστάσει, καὶ τοῦτο ἂν συνηριθμήσαμεν, καὶ τὰ τέτταρα ἦν
ἂν ἕν, καὶ τὸ σῶμα τὸ ἓν ἀπήρτιστο πρὸς τὸ ἓν καὶ τὴν
αὐτοῦ φύσιν τοῖς ἅπασι. τὸν αὐτὸν δὴ τρόπον, ἐπειδὴ
περὶ οὐσίας νοητῆς καὶ τῶν ἐκεῖ γενῶν καὶ ἀρχῶν ὁ λόγος
ἐστίν, ἀφελόντας χρὴ τὴν ἐν τοῖς σώμασι γένεσιν καὶ τὴν
15 δι᾽ αἰσθήσεως κατανόησιν καὶ τὰ μεγέθη—οὕτω γὰρ καὶ τὸ
χωρὶς καὶ τὸ διεστηκότα ἀπ᾽ ἀλλήλων εἶναι—λαβεῖν τινα
νοητὴν ὑπόστασιν καὶ ὡς ἀληθῶς ὂν καὶ μᾶλλον ἕν. ἐν ᾧ
καὶ τὸ θαῦμα πῶς πολλὰ καὶ ἓν τὸ οὕτως ἕν. ἐπὶ μὲν γὰρ
τῶν σωμάτων συγκεχώρηται τὸ αὐτὸ ἓν καὶ πολλὰ εἶναι·
20 καὶ γὰρ εἰς ἄπειρα τὸ αὐτό, καὶ ἕτερον τὸ χρῶμα καὶ τὸ
σχῆμα ἕτερον· καὶ γὰρ χωρίζεται. εἰ δέ τις λάβοι ψυχὴν
μίαν ἀδιάστατον ἀμεγέθη ἁπλούστατον, ὡς δόξει τῇ
πρώτῃ τῆς διανοίας ἐπιβολῇ, πῶς ἄν τις ἐλπίσειε πολλὰ
εὑρήσειν πάλιν αὖ; καίτοι νομίσας εἰς τοῦτο τελευτᾶν, ὅτε
25 διῃρεῖτο τὸ ζῷον εἰς σῶμα καὶ ψυχήν, καὶ σῶμα μὲν
πολυειδὲς καὶ σύνθετον καὶ ποικίλον, τὴν δὲ ψυχὴν ἐθάρρει
ὡς ἁπλοῦν εὑρὼν καὶ ἀναπαύσασθαι τῆς πορείας ἐλθὼν
ἐπ᾽ ἀρχήν. ταύτην τοίνυν τὴν ψυχήν, ἐπειδήπερ ἐκ τοῦ
νοητοῦ τόπου προεχειρίσθη ἡμῖν, ὡς ἐκεῖ τὸ σῶμα ἐκ τοῦ
30 αἰσθητοῦ, λάβωμεν, πῶς τὸ ἓν τοῦτο πολλά ἐστι, καὶ πῶς
τὰ πολλὰ ἕν ἐστιν, οὐ σύνθετον ἓν ἐκ πολλῶν, ἀλλὰ μία
φύσις πολλά· διὰ γὰρ τούτου ληφθέντος καὶ φανεροῦ γενο-
μένου καὶ τὴν περὶ τῶν γενῶν τῶν ἐν τῷ ὄντι ἔφαμεν
ἀλήθειαν φανερὰν ἔσεσθαι.

4. 29 = Plat. *Resp.* 508 c 1 et 517 b 5   33 ἔφαμεν cf. VI. 2. 4. 12-18

4. 20 ἄπειρον w   27 ὡς om. x   καὶ (*etiam*) del. Kirchhoff
31 ἕν² om. x   33 τῶν² A³ᵐᵍ(= Ficinus)Cᵃᶜ: τὴν wBxUCᵖᶜ
34 ἀλήθειαν φανερὰν transp. x

5. *Πρῶτον δὲ τοῦτο ἐνθυμητέον ὡς, ἐπειδὴ τὰ σώματα,*
οἷον τῶν ζῴων καὶ τῶν φυτῶν, ἕκαστον αὐτῶν πολλά ἐστι καὶ
χρώμασι καὶ σχήμασι καὶ μεγέθεσι καὶ εἴδεσι μερῶν καὶ ἄλλο
ἄλλοθι, ἔρχεται δὲ τὰ πάντα ἐξ ἑνός, ἢ παντάπασιν ἐξ ἑνὸς
ἢ ἐξ ἔτι πάντη πάντως ἑνὸς ἢ μᾶλλον μὲν ἑνὸς ἢ οἷον τὸ 5
ἐξ αὐτοῦ, ὥστε καὶ μᾶλλον ὄντος ἢ τὸ γενόμενον—ὅσῳ γὰρ
πρὸς ἓν ἡ ἀπόστασις, τόσῳ καὶ πρὸς ὄν—ἐπεὶ οὖν ἐξ ἑνὸς
μέν, οὐχ οὕτω δὲ ἑνός, ὡς πάντη ἓν ἢ αὐτοέν—οὐ γὰρ ἂν
διεστηκὸς πλῆθος ἐποίει—λείπεται εἶναι ἐκ πλήθους ἑνός.
τὸ δὲ ποιοῦν ἦν ψυχή· τοῦτο ἄρα πλῆθος ἔν. τί οὖν; τὸ 10
πλῆθος οἱ λόγοι τῶν γινομένων; ἆρ᾽ οὖν αὐτὸ μὲν ἄλλο, οἱ
λόγοι δὲ ἄλλοι; ἢ καὶ αὐτὴ λόγος καὶ κεφάλαιον τῶν λόγων,
καὶ ἐνέργεια αὐτῆς κατ᾽ οὐσίαν ἐνεργούσης οἱ λόγοι· ἡ δὲ
οὐσία δύναμις τῶν λόγων. πολλὰ μὲν δὴ οὕτω τοῦτο τὸ ἓν ἐξ
ὧν εἰς ἄλλα ποιεῖ δεδειγμένον. τί δ᾽ εἰ μὴ ποιοῖ, ἀλλά τις 15
αὐτὴν μὴ ποιοῦσαν λαμβάνοι ἀναβαίνων αὐτῆς εἰς τὸ μὴ
ποιοῦν; οὐ πολλὰς καὶ ἐνταῦθα εὑρήσει δυνάμεις; εἶναι
μὲν γὰρ αὐτὴν πᾶς ἄν τις συγχωρήσειεν· ἆρα δὲ ταὐτὸν ὡς
εἰ καὶ λίθον ἔλεγεν εἶναι; ἢ οὐ ταὐτόν. ἀλλ᾽ ὅμως κἀκεῖ
ἐπὶ τοῦ λίθου τὸ εἶναι τῷ λίθῳ ἦν οὐ τὸ εἶναι, ἀλλὰ τὸ λίθῳ 20
εἶναι· οὕτω καὶ ἐνταῦθα τὸ εἶναι ψυχῇ μετὰ τοῦ εἶναι ἔχει
τὸ ψυχῇ εἶναι. ἆρ᾽ οὖν ἄλλο τὸ εἶναι, ἄλλο δὲ τὸ λοιπόν,
ὃ συμπληροῖ τὴν τῆς ψυχῆς οὐσίαν, καὶ τὸ μὲν ὄν, δια-
φορὰ δὲ ποιεῖ τὴν ψυχήν; ἤ τι ὂν μὲν ἡ ψυχή, οὐ μέντοι
οὕτως, ὡς ἄνθρωπος λευκός, ἀλλ᾽ ὥς τις οὐσία μόνον· 25
τοῦτο δὲ ταὐτὸν τῷ μὴ ἔξωθεν τῆς οὐσίας ἔχειν ὃ ἔχει.

6. *Ἀλλ᾽ ἆρα οὐκ ἔξωθεν μὲν ἔχει τῆς ἑαυτοῦ οὐσίας,*

5. 1 ἐπειδὴ recipitur ab 7 ἐπεὶ, apodosis autem incipit ab 9 λείπεται
4–5 ἢ—πάντη πάντως ἑνὸς ἢ aut omnino ab uno aut ab eo quod iam est prorsus unum
aut, sed fortasse locus corruptus   4 παντάπασιν del. Igal, Emerita 43,
1975, 187   5 ἢ ἐξ ἔτι suspic. Theiler: ἢ ἕξει Enn.: ἥξει Igal ibid.
5 πάντως BxUC: παντὸς w   ἢ³ quam   20 τὸ² et τὸ³: τῷ (bis) w
21 ψυχὴ wJ   22 ψυχῇ R: ψυχὴ wBJUC   τὸ² om. w   25 ὥς: ὅς w
6. 1 ἔχει subiectum τόδε scil. ἡ ψυχή   ἑαυτοῦ AᵖᶜEBxUC: ἑαυτῆς A (οὐ A¹ˢ)

ἵνα ἡ μὲν κατὰ τὸ εἶναι ᾖ, ἡ δὲ κατὰ τὸ τοιόνδε εἶναι;
ἀλλ' εἰ κατὰ τὸ τοιόνδε εἶναι καὶ ἔξωθεν τὸ τοιόνδε, οὐ τὸ
ὅλον καθὸ ψυχὴ ἔσται οὐσία, ἀλλὰ κατά τι, καὶ μέρος αὐτῆς
5 οὐσία, ἀλλ' οὐ τὸ ὅλον οὐσία. ἔπειτα τὸ εἶναι αὐτῇ τί
ἔσται ἄνευ τῶν ἄλλων ἢ λίθος; ἢ δεῖ τοῦτο τὸ εἶναι αὐτῆς
ἐντὸς εἶναι οἷον πηγὴν καὶ ἀρχήν, μᾶλλον δὲ πάντα, ὅσα
αὐτή· καὶ ζωὴν τοίνυν· καὶ συνάμφω ἓν τὸ εἶναι καὶ τὴν ζωήν.
ἆρ' οὖν οὕτως ἕν, ὡς ἕνα λόγον; ἢ τὸ ὑποκείμενον ἕν,
10 οὕτω δὲ ἕν, ὡς αὖ δύο ἢ καὶ πλείω, ὅσα ἐστὶν ἡ ψυχὴ τὰ
πρῶτα. ἢ οὖν οὐσία καὶ ζωή, ἢ ἔχει ζωήν. ἀλλ' εἰ ἔχει,
τὸ ἔχον καθ' αὑτὸ οὐκ ἐν ζωῇ, ἥ τε ζωὴ οὐκ ἐν οὐσίᾳ· ἀλλ'
εἰ μὴ ἔχει θάτερον τὸ ἕτερον, λεκτέον ἓν ἄμφω. ἢ ἓν καὶ
πολλὰ καὶ τοσαῦτα, ὅσα ἐμφαίνεται ἐν τῷ ἑνί· καὶ ἓν ἑαυτῷ,
15 πρὸς δὲ τὰ ἄλλα πολλά· καὶ ἓν μὲν ὄν, ποιοῦν δὲ ἑαυτὸ ἐν τῇ
οἷον κινήσει πολλά· καὶ ὅλον ἕν, οἷον δὲ θεωρεῖν ἐπιχειροῦν
ἑαυτὸ πολλά· ὥσπερ γὰρ οὐκ ἀνέχεται ἑαυτοῦ τὸ ὂν ἓν εἶναι
πάντα δυνάμενον, ὅσα ἐστίν. ἡ δὲ θεωρία αἰτία τοῦ φανῆναι
αὐτὸ πολλά, ἵνα νοήσῃ· ἐὰν γὰρ ἓν φανῇ, οὐκ ἐνόησεν, ἀλλ'
20 ἔστιν ἤδη ἐκεῖνο.

7. Τίνα οὖν ἐστι καὶ πόσα τὰ ἐνορώμενα; ἐπειδὴ ἐν
ψυχῇ εὕρομεν οὐσίαν ἅμα καὶ ζωήν—καὶ τοῦτο κοινὸν ἡ
οὐσία ἐπὶ πάσης ψυχῆς, κοινὸν δὲ καὶ ἡ ζωή, ζωὴ δὲ καὶ
ἐν νῷ—ἐπεισαγαγόντες καὶ τὸν νοῦν καὶ τὴν τούτου ζωήν,
5 κοινὸν τὸ ἐπὶ πάσῃ ζωῇ τὴν κίνησιν ἕν τι γένος θησόμεθα.
οὐσίαν δὲ καὶ κίνησιν τὴν πρώτην ζωὴν οὖσαν δύο γένη
θησόμεθα. καὶ γὰρ εἰ ἕν, χωρίζει αὐτὰ τῇ νοήσει ὁ ἐν

---

6. 7 = Plat. *Phaedr*. 245c9　　　13-14 cf. Plat. *Parm*. 145a2
7. 1-6 cf. Plat. *Soph*. 249a9-b3　　1-11 cf. VI. 3. 22. 16-18

6. 4-5 ἀλλά—οὐσία[1] om. x　　　5-6 τί . . ᾖ[1] idem atque τί ἄλλο . . ἢ
6 ᾖ[2] *immo*　　　τὸ BxC: om. wU　　　7 ἐντὸς (oppositum ad 3 ἔξωθεν, post
αὐτῆς *positum*) H-S[1]: ἐν τῷ Enn.　　14 ἓν A[sc]A[3mg]E: ἐν A[pc]BxUC
7. 7 ὁ H-S[1]: τὸ Enn.

οὐχ ἓν εὑρών· ἢ οὐκ ἂν ἠδυνήθη χωρίσαι. ὅρα δὲ καὶ ἐν
ἄλλοις σαφῶς τοῦ εἶναι τὴν κίνησιν ἢ τὴν ζωὴν χωριζο-
μένην, εἰ καὶ μὴ ἐν τῷ ἀληθινῷ εἶναι, ἀλλὰ τῇ σκιᾷ καὶ τῷ 10
ὁμωνύμῳ τοῦ εἶναι. ὡς γὰρ ἐν τῇ εἰκόνι τοῦ ἀνθρώπου
πολλὰ ἐλλείπει καὶ μάλιστα τὸ κύριον, ἡ ζωή, οὕτω καὶ ἐν
τοῖς αἰσθητοῖς τὸ εἶναι σκιὰ τοῦ εἶναι ἀφῃρημένον τοῦ
μάλιστα εἶναι, ὃ ἐν τῷ ἀρχετύπῳ ἦν ζωή. ἀλλ᾽ οὖν ἔσχομεν
ἐντεῦθεν χωρίσαι τοῦ ζῆν τὸ εἶναι καὶ τοῦ εἶναι τὸ ζῆν. 15
ὄντος μὲν δὴ εἴδη πολλὰ καὶ γένος· κίνησις δὲ οὔτε ὑπὸ
τὸ ὂν τακτέα οὔτ᾽ ἐπὶ τῷ ὄντι, ἀλλὰ μετὰ τοῦ ὄντος, εὑρε-
θεῖσα ἐν αὐτῷ οὐχ ὡς ἐν ὑποκειμένῳ· ἐνέργεια γὰρ αὐτοῦ
καὶ οὐδέτερον ἄνευ τοῦ ἑτέρου ἢ ἐπινοίᾳ, καὶ αἱ δύο φύσεις
μία· καὶ γὰρ ἐνεργείᾳ τὸ ὄν, οὐ δυνάμει. καὶ εἰ χωρὶς μέντοι 20
ἑκάτερον λάβοις, καὶ ἐν τῷ ὄντι κίνησις φανήσεται καὶ ἐν
τῇ κινήσει τὸ ὄν, οἷον καὶ ἐπὶ τοῦ ἑνὸς ὄντος ἑκάτερον
χωρὶς εἶχε θάτερον, ἀλλ᾽ ὅμως ἡ διάνοια δύο φησὶ καὶ εἶδος
ἑκάτερον διπλοῦν ἕν. κινήσεως δὲ περὶ τὸ ὂν φανείσης οὐκ
ἐξιστάσης τὴν ἐκείνου φύσιν, μᾶλλον δ᾽ ἐν τῷ εἶναι οἷον 25
τέλειον ποιούσης, ἀεί τε τῆς τοιαύτης φύσεως ἐν τῷ οὕτω
κινεῖσθαι μενούσης, εἴ τις μὴ στάσιν ἐπεισάγοι, ἀτοπώτερος
ἂν εἴη τοῦ μὴ κίνησιν διδόντος· προχειροτέρα γὰρ ἡ τῆς
στάσεως περὶ τὸ ὂν ἔννοια καὶ νόησις τῆς περὶ τὴν κίνησιν
οὔσης· τὸ γὰρ κατὰ ταὐτὰ καὶ ὡσαύτως καὶ ἕνα λόγον 30
ἔχον ἐκεῖ. ἔστω δὴ καὶ στάσις ἓν γένος ἕτερον ὂν κινή-
σεως, ὅπου καὶ ἐναντίον ἂν φανείη. τοῦ δὲ ὄντος ὡς ἕτερον,
πολλαχῇ δῆλον ἂν εἴη καὶ διότι, εἰ τῷ ὄντι ταὐτὸν εἴη, οὐ
μᾶλλον τῆς κινήσεως ταὐτὸ τῷ ὄντι. διὰ τί γὰρ ἡ μὲν
στάσις τῷ ὄντι ταὐτόν, ἡ δὲ κίνησις οὔ, ζωή τις αὐτοῦ καὶ 35

7. 22 = Plat. *Parm.* 142d1   30 = Plat. *Soph.* 248a12   31 cf.
ibid. 249c1

7. 8 ἠδυνήθη Igal: δυνηθῇ *Enn.*   26 ποιούσης BU: που οὔσης wxC
28 δόντος w   γὰρ om. x

ἐνέργεια καὶ τῆς οὐσίας καὶ αὐτοῦ τοῦ εἶναι; ἀλλ' ὥσπερ
ἐχωρίζομεν τὴν κίνησιν αὐτοῦ ὡς ταὐτόν τε καὶ οὐ ταὐτὸν
αὐτῷ καὶ ὡς δύο ἄμφω ἐλέγομεν καὶ αὖ ἕν, τὸν αὐτὸν τρό-
πον καὶ τὴν στάσιν χωριοῦμεν αὐτοῦ καὶ αὖ οὐ χωριοῦμεν
40 τοσοῦτον χωρίζοντες τῷ νῷ, ὅσον ἄλλο γένος θέσθαι ἐν τοῖς
οὖσιν. ἢ εἰ συνάγοιμεν πάντη εἰς ἓν τὴν στάσιν καὶ τὸ ὂν
μηδὲν μηδαμῇ διαφέρειν λέγοντες, τό τε ὂν τῇ κινήσει
ὡσαύτως, τὴν στάσιν καὶ τὴν κίνησιν διὰ μέσου τοῦ ὄντος
εἰς ταὐτὸν συνάξομεν, καὶ ἔσται ἡμῖν ἡ κίνησις καὶ ἡ στάσις
45 ἕν.

8. Ἀλλὰ χρὴ τρία ταῦτα τίθεσθαι, εἴπερ ὁ νοῦς χωρὶς ἕκασ-
τον νοεῖ· ἅμα δὲ νοεῖ καὶ τίθησιν, εἴπερ νοεῖ, καὶ ἔστιν, εἴπερ
νενόηται. οἷς μὲν γὰρ τὸ εἶναι μετὰ ὕλης ἐστί, τούτων
οὐκ ἐν τῷ νῷ τὸ εἶναι· [ἀλλ' ἔστιν ἄυλα] ἃ δ' ἔστιν ἄυλα,
5 εἰ νενόηται, τοῦτ' ἔστιν αὐτοῖς τὸ εἶναι. ἴδε δὲ νοῦν καὶ
καθαρὸν καὶ βλέψον εἰς αὐτὸν ἀτενίσας, μὴ ὄμμασι τούτοις
δεδορκώς. ὁρᾷς δὴ οὐσίας ἑστίαν καὶ φῶς ἐν αὐτῷ ἄυπνον
καὶ ὡς ἕστηκεν ἐν αὐτῷ καὶ ὡς διέστηκεν, ὁμοῦ ὄντα καὶ
ζωὴν μένουσαν καὶ νόησιν οὐκ ἐνεργοῦσαν εἰς τὸ μέλλον, ἀλλ'
10 εἰς τὸ ἤδη, μᾶλλον δὲ "ἤδη καὶ ἀεὶ ἤδη", καὶ τὸ παρὸν ἀεί,
καὶ ὡς νοῶν ἐν ἑαυτῷ καὶ οὐκ ἔξω. ἐν μὲν οὖν τῷ νοεῖν ἡ
ἐνέργεια καὶ ἡ κίνησις, ἐν δὲ τῷ "ἑαυτόν" ἡ οὐσία καὶ τὸ
ὄν· ὢν γὰρ νοεῖ καὶ ὄντα ἑαυτόν, καὶ εἰς ὃ οἷον ἐπερείδετο,

8. 1 cf. Plat. Soph. 254 d 12   6 καθαρὸν cf. Anaxagoras Fr. B 12
7–8 οὐσίας ἑστίαν . . ἕστηκεν cf. Plat. Crat. 401 c; Plut. De primo frigido 21,
p. 954f; Etymol. magnum p. 382. 35 s.u. Ἑστία; Plot. V. 5. 5. 18–25
7 ἄυπνον cf. Plat. Tim. 52 b 7

8. 1 εἴπερ: ὥσπερ x   2–3 ad νοεῖ[2] et τίθησιν obiectum ταῦτα, ad ἔστιν
et νενόηται subiectum ταῦτα   2 εἴπερ[1]—ἔστιν om. w   4 ἀλλ'
ἔστιν ἄυλα ut uariam lectionem ad ἃ δ' ἔστιν ἄυλα deleuimus   ἃ δ'
ἔστιν ἄυλα w: om. BxUC   5 καὶ del. Kirchhoff   7 αὐτῷ scil. τῷ νῷ
8–9 ὁμοῦ—νόησιν qui simul est uita permanens et intellegentia   8 ὄντα scil. τὸν
νοῦν   11 ὡς νοῶν scil. ἐστιν ὁ νοῦς

ὄν. ἡ μὲν γὰρ ἐνέργεια ἡ εἰς αὐτὸν οὐκ οὐσία, εἰς ὃ δὲ καὶ
ἀφ᾽ οὗ, τὸ ὄν· τὸ γὰρ βλεπόμενον τὸ ὄν, οὐχ ἡ βλέψις· ἔχει 15
δὲ καὶ αὕτη τὸ εἶναι, ὅτι ἀφ᾽ οὗ καὶ εἰς ὄν, ὄν. ἐνεργείᾳ δὲ
ὄν, οὐ δυνάμει, συνάπτει πάλιν αὖ τὰ δύο καὶ οὐ χωρίζει,
ἀλλὰ ποιεῖ ἑαυτὸν ἐκεῖνο κἀκεῖνο ἑαυτόν. ὂν δὲ τὸ πάντων
ἑδραιότατον καὶ περὶ ὃ τὰ ἄλλα, τὴν στάσιν ὑπεστήσατο καὶ
ἔχει οὐκ ἐπακτόν, ἀλλ᾽ ἐξ αὐτοῦ καὶ ἐν αὐτῷ. ἔστι δὲ καὶ 20
εἰς ὃ λήγει ἡ νόησις οὐκ ἀρξαμένη στάσις, καὶ ἀφ᾽ οὗ
ὥρμηται οὐχ ὁρμήσασα στάσις· οὐ γὰρ ἐκ κινήσεως κίνησις
οὐδ᾽ εἰς κίνησιν. ἔτι δὲ ἡ μὲν ἰδέα ἐν στάσει πέρας οὖσα
νοῦ, ὁ δὲ νοῦς αὐτῆς ἡ κίνησις.

Ὥστε ὂν πάντα καὶ κίνησις καὶ στάσις, καὶ δι᾽ ὅλων ὄντα 25
γένη, καὶ ἕκαστον τῶν ὑστερόν τι ὂν καί τις στάσις καί τις
κίνησις. τρία δὴ ταῦτα ἰδών τις, ἐν προσβολῇ τῆς τοῦ ὄντος
φύσεως γεγενημένος, καὶ τῷ παρ᾽ αὐτῷ ὄντι τὸ ὂν καὶ τοῖς
ἄλλοις ἰδὼν τὰ ἄλλα, τὴν κίνησιν τὴν ἐν αὐτῷ τῇ ἐν ἑαυτῷ
κινήσει, καὶ τῇ στάσει τὴν στάσιν, καὶ ταῦτα ἐκείνοις ἐφαρ- 30
μόσας, ὁμοῦ μὲν γενομένοις καὶ οἷον συγκεχυμένοις συμμίξας
οὐ διακρίνων, οἷον δ᾽ ὀλίγον διαστήσας καὶ ἐπισχὼν καὶ
διακρίνας εἰσιδὼν ὂν καὶ στάσιν καὶ κίνησιν, τρία ταῦτα καὶ
ἕκαστον ἕν, ἆρ᾽ οὐχ ἕτερα ἀλλήλων εἴρηκε καὶ διέστησεν
ἐν ἑτερότητι καὶ εἶδε τὴν ἐν τῷ ὄντι ἑτερότητα τρία τιθεὶς 35
καὶ ἓν ἕκαστον, πάλιν δὲ ταῦτα εἰς ἓν καὶ ἐν ἑνὶ καὶ πάντα
ἕν, εἰς ταὐτὸν αὖ συνάγων καὶ βλέπων ταυτότητα εἶδε γενο-
μένην καὶ οὖσαν; οὐκοῦν πρὸς τρισὶν ἐκείνοις ἀνάγκη δύο
ταῦτα προστιθέναι, ταὐτόν, θάτερον, ὥστε τὰ πάντα γένη

8. 25 cf. Plat. *Soph.* 254 d 4-5   38-9 cf. ibid. 254 e 2-255 a 1

---

8. 16 ὄν (masculinum quia de intellectu agitur) wBJUC: ὄν R: ὃ Kirchhoff
17 ὄν· ὤν Theiler, sed et 18 ὄν et 19 ὅ, quamquam neutra, τὸν νοῦν designant
17 συνάπτει subiectum ὁ νοῦς   18 ὄν· ὃ Theiler H–S¹   21-2 οὐκ
ἀρξαμένη et οὐχ ὁρμήσασα attributa ad praedicata στάσις (bis)   25 ὂν
Zeller: ἕν Enn.   29 αὐτῷ A³ˢ (= Ficinus): ἑαυτῷ Enn.   ἑαυτῷ C:
αὐτῷ AᵃᶜExU: αὐτῷ AᵖᶜB

40 γίγνεσθαι πέντε πᾶσι, καὶ ταῦτα διδόντα τοῖς μετὰ ταῦτα τὸ
ἑτέροις καὶ ταὐτοῖς εἶναι· καί τι γὰρ ταὐτὸν καί τι ἕτερον
ἕκαστον· ἁπλῶς γὰρ ταὐτὸν καὶ ἕτερον ἄνευ τοῦ "τι" ἐν γένει
ἂν εἴη. καὶ πρῶτα δὲ γένη, ὅτι μηδὲν αὐτῶν κατηγορήσεις
ἐν τῷ τί ἐστι. τὸ γὰρ ὂν κατηγορήσεις αὐτῶν· ὄντα γάρ· ἀλλ'
45 οὐχ ὡς γένος· οὐ γὰρ ὅπερ ὄν τι. οὐδ' αὖ τῆς κινήσεως
οὐδὲ τῆς στάσεως· οὐ γὰρ εἴδη τοῦ ὄντος· ὄντα γὰρ τὰ μὲν
ὡς εἴδη αὐτοῦ, τὰ δὲ μετέχοντα αὐτοῦ. οὐδ' αὖ τὸ ὂν
μετέχον τούτων ὡς γενῶν αὐτοῦ· οὐδὲ γὰρ ἐπαναβέβηκεν
αὐτῷ οὐδὲ πρότερα τοῦ ὄντος.

9. Ἀλλ' ὅτι μὲν ταῦτα γένη πρῶτα, ἐκ τούτων ἄν τις,
ἴσως δὲ καὶ ἄλλων, βεβαιώσαιτο· ὅτι δὲ μόνα ταῦτα καὶ οὐκ
ἄλλα πρὸς τούτοις, πῶς ἄν τις πιστεύσειε; διὰ τί γὰρ οὐ
καὶ τὸ ἕν; διὰ τί δ' οὐ τὸ ποσὸν καὶ τὸ ποιὸν δέ, τὸ δὲ πρός τι
5 καὶ τὰ ἄλλα, ἅπερ ἤδη ἕτεροι κατηρίθμηνται; τὸ μὲν οὖν
ἕν, εἰ μὲν τὸ πάντως ἕν, [ἐν] ᾧ μηδὲν ἄλλο πρόσεστι, μὴ
ψυχή, μὴ νοῦς, μὴ ὁτιοῦν, οὐδενὸς ἂν κατηγοροῖτο τοῦτο,
ὥστε οὐδὲ γένος. εἰ δὲ τὸ προσὸν τῷ ὄντι, ἐφ' οὗ τὸ ἓν ὂν
λέγομεν, οὐ πρώτως ἓν τοῦτο. ἔτι ἀδιάφορον ὂν αὐτοῦ πῶς
10 ἂν ποιήσειεν εἴδη; εἰ δὲ τοῦτο μή, οὐ γένος. πῶς γὰρ καὶ
διαιρήσεις; διαιρῶν γὰρ πολλὰ ποιήσεις· ὥστε αὐτὸ τὸ ἓν
πολλὰ ἔσται καὶ ἀπολεῖ ἑαυτό, εἰ ἐθέλοι γένος εἶναι.
ἔπειτά τι προσθήσεις διαιρῶν εἰς εἴδη· οὐ γὰρ ἂν εἶεν
διαφοραὶ ἐν τῷ ἕν, ὥσπερ εἰσὶ τῆς οὐσίας. ὄντος μὲν γὰρ
15 δέχεται ὁ νοῦς εἶναι διαφοράς, ἑνὸς δὲ πῶς; εἶτα ἑκάστοτε
μετὰ τῆς διαφορᾶς δύο τιθεὶς ἀναιρεῖς τὸ ἕν, ἐπείπερ
πανταχοῦ ἡ μονάδος προσθήκη τὸ πρότερον ποσὸν ἀφανίζει.

9. 5 ἕτεροι cf. Aristot. *Categ.* 4. 1ᵇ26-7   6 cf. Plat. *Parm.* 142a3-4
8 cf. ibid. 142d1

8. 42 ἐν: ἓν x   45 οὐδ' αὖ scil. κατηγορήσεις ὄν τι   48 ἐπαναβέβηκεν
subiectum ταῦτα   9. 1 γένη: μὲν γένη x   6 ἐν del. Müller, cf. lin. 8
προσὸν τῷ ὄντι   7 τούτου x   13 τι Kirchhoff (*aliquid* Ficinus): τί Enn.

εἰ δέ τις λέγοι τὸ ἐπὶ τῷ ὄντι ἓν καὶ τὸ ἐπὶ κινήσει ἓν καὶ
τοῖς ἄλλοις κοινὸν εἶναι, εἰς μὲν ταὐτὸν ἄγων τὸ ὂν καὶ τὸ
ἕν, ἐν ᾧ λόγῳ τὸ ὂν οὐκ ἐποίει τῶν ἄλλων γένος, ὅτι μὴ 20
ὅπερ ὄν τι, ἀλλ᾽ ἕτερον τρόπον ὄντα, οὕτως οὐδὲ τὸ ἓν κοινὸν
ἐπ᾽ αὐτῶν ἔσται, ἀλλὰ τὸ μὲν πρώτως, τὰ δὲ ἄλλως. εἰ δὲ
μὴ πάντων λέγοι ποιεῖν, ἀλλὰ ἕν τι ἐφ᾽ αὐτοῦ, ὥσπερ τὰ ἄλλα,
εἰ μὲν ταὐτὸν αὐτῷ τὸ ὂν καὶ τὸ ἕν, ἤδη τοῦ ὄντος ἠριθμη-
μένου ἐν τοῖς γένεσιν ὄνομα εἰσάγει. εἰ δὲ ἓν ἑκάτερον, 25
τινὰ φύσιν λέγει, καὶ εἰ μὲν προστίθησί ⟨"τι"⟩, τι ἓν λέγει,
εἰ δὲ μηδέν, ἐκεῖνο, ὃ οὐδενὸς κατηγορεῖται, πάλιν αὖ λέγει·
εἰ δὲ τὸ τῷ ὄντι συνόν, εἴπομεν μὲν ὅτι οὐ πρώτως ἓν
λέγει. ἀλλὰ τί κωλύει πρώτως εἶναι τοῦτο ἐξῃρημένου
ἐκείνου τοῦ παντελῶς ἕν; καὶ γὰρ τὸ ὂν μετ᾽ ἐκεῖνο λέγομεν 30
ὂν καὶ ὂν πρώτως ὄν. ἢ ὅτι οὐκ ἦν τὸ πρὸ αὐτοῦ ὂν ἤ,
εἴπερ ἦν, οὐκ ἂν ἦν πρώτως· τούτου δὲ τὸ πρὸ αὐτοῦ
ἕν. ἔπειτα χωρισθὲν τῇ νοήσει τοῦ ὄντος διαφορὰς οὐκ
ἔχει· ἔπειτα ἐν τῷ ὄντι, εἰ μὲν ἐπακολούθημα αὐτοῦ, καὶ
πάντων καὶ ὕστερον· πρότερον δὲ τὸ γένος. εἰ δὲ ἅμα, καὶ 35

9. 19-22 cf. Aristot. *Metaph. H* 6. 1045ᵇ1-7   27 cf. VI. 2. 9. 7
28 cf. VI. 2. 9. 8-9

---

9. 20 ἐν ᾧ λόγῳ incipit apodosis   ὂν A³ᵐᵍBxUC: ἓν w   ἐποίει
subiectum τις, nam aduersarius iam VI. 2. 8. 45 admiserat ὄν non esse genus
20 ὅτι μὴ scil. τὰ ἄλλα ἐστὶν   21 ὄν τι (cf. VI. 2. 8. 45) Igal: ὄντα *Enn.*:
⟨ὂν⟩ ὄντα Müller   22 τὰ BxUCᵉᶜ: τὸ wCᵃᶜ   22-3 εἰ—ποιεῖν
intellegendum: εἰ δὲ μὴ τὸ ἓν πάντων γένος λέγοι τις ποιεῖν   25 εἰ δὲ
ἓν ἑκάτερον si utrumque (et τὸ ὂν et τὸ ἕν) unum (ab altero diuersum) *est*
26 τίνα w   ⟨τι⟩ Bouillet   27 ἐκεῖνο et 30 ἐκείνου et ἐκεῖνο summum
unum   29 πρώτως εἶναι τοῦτο intellegendum: πρώτως ἓν εἶναι τοῦτο
τὸ ἕν   30-1 λέγομεν ὂν w: λεγόμενον BxUC   31 ἤ¹ sane, respondet ad
29 τί κωλύει   31 τὸ πρὸ αὐτοῦ subiectum, ὄν⁴ praedicatum   ἤ² uel
32 εἴπερ—πρώτως intellegendum: εἴπερ τὸ πρὸ αὐτοῦ ὂν ἦν, τοῦτο τὸ ὂν οὐκ ἂν
ἦν πρώτως   τούτου scil. τοῦ ἑνός   32-3 τὸ πρὸ αὐτοῦ subiectum,
ἓν praedicatum   33 χωρισθὲν scil. τὸ ἕν   34-5 εἰ—ὕστερον
intellegendum: εἰ μὲν τὸ ἓν ἐπακολούθημα τοῦ ὄντος ἦν καὶ πάντων ἂν ἦν
ἐπακολούθημα καὶ ὕστερον ἂν ἦν

πάντων· τὸ δὲ γένος οὐχ ἅμα. εἰ δὲ πρότερον, ἀρχή τις καὶ
αὐτοῦ μόνον· εἰ δὲ ἀρχὴ αὐτοῦ, οὐ γένος αὐτοῦ· εἰ δὲ μὴ
αὐτοῦ, οὐδὲ τῶν ἄλλων· ἢ δέοι ἂν καὶ τὸ ὂν καὶ τῶν ἄλλων
πάντων. ὅλως γὰρ ἔοικε τὸ ἓν ἐν τῷ ὄντι πλησιάζον τῷ
40 ἑνὶ καὶ οἷον συνεκπῖπτον τῷ ὄντι, τοῦ ὄντος τὸ μὲν πρὸς
ἐκείνῳ ἓν ὄντος, τὸ δὲ μετ' ἐκεῖνο ὄντος, ᾧ δύναται καὶ
πολλὰ εἶναι, μένον αὐτὸ ἓν καὶ οὐ θέλον μερίζεσθαι οὐδὲ
γένος εἶναι βούλεσθαι.

10. Πῶς οὖν ἕκαστον τοῦ ὄντος ἕν; ἢ τῷ τι ἓν οὐχ ἕν—
πολλὰ γὰρ ἤδη τῷ τι ἕν—ἀλλ' ὁ·ωνύμως ἓν ἕκαστον τῶν
εἰδῶν· τὸ γὰρ εἶδος πλῆθος, ὥστε ἓν ἐνταῦθα ὡς στρατὸς ἢ
χορός. οὐ τοίνυν τὸ ἐκεῖ ἓν ἐν τούτοις, ὥστε οὐ κοινὸν τὸ ἓν
5 οὐδ' ἐθεωρεῖτο ἐν τῷ ὄντι καὶ τοῖς τι οὖσι τὸ αὐτό. ὥστε οὐ
γένος τὸ ἕν· ἐπεὶ πᾶν γένος καθ' οὗ ἀληθεύσεται ⟨τὸ ἓν
ὡς γένος⟩, οὐκέτι καὶ τὰ ἀντικείμενα· καθ' οὗ δὲ παντὸς
ὄντος ἀληθεύεται τὸ ἓν καὶ τὰ ἀντικείμενα [καθ' οὗ
ἀληθεύσεται τὸ ἓν ὡς γένος], κατὰ τούτου ἔσται οὐχ ὡς
10 γένος. ὥστε οὔτε τῶν πρώτων γενῶν ἀληθεύσεται ὡς γένος,
ἐπείπερ καὶ τὸ ἓν ὂν οὐ μᾶλλον ἓν ἢ πολλὰ οὐδέ τι τῶν ἄλλων
γενῶν οὕτως ἓν ὡς μὴ πολλά, οὔτε κατὰ τῶν ἄλλων τῶν

---

9. 37 cf. Aristot. *Metaph.* B 3. 998ᵇ20-2   10. 3-4 cf. *Stoic. Vet. Fr.* ii,
n. 366-8 et 1013 (= Sext. Emp. *Adu. math.* 9. 78); V. 5. 4. 31; VI. 2. 11. 8 et 16;
VI. 6. 13. 18; VI. 9. 1. 4-5 et 32   11 cf. Plat. *Parm.* 142 d 1

---

9. 37-8 αὐτοῦ (quater) scil. τοῦ ὄντος   39 πάντων scil. γένος εἶναι
39 ἔοικε regit 43 βούλεσθαι   τὸ ἓν ἐν τῷ ὄντι idem ac τὸ ἓν τὸ ἐν τῷ ὄντι
39 ἓν om. x   39-40 τῷ ⟨παντελῶς⟩ ἑνὶ Harder, sed subaudiendum
41 ἐκείνῳ BxUC: ἐκεῖνο w   ᾧ (= τούτῳ ᾧ) EBxUC: ὃ A   42 μένον
nominatiuus   10. 1 intellegendum: ἢ τῷ τι ἓν εἶναι ἕκαστον οὐχ ἕν ἐστι
2 τῷ BxUC: τὸ w   5 οὐδ' ἐθεωρεῖτο H–S¹: οὐδὲ θεωρεῖ τὸ Enn.   ἐν x:
ἓν wBUC   6-7 καθ' οὗ ἀληθεύσεται ⟨τὸ ἓν ὡς γένος⟩ e lin. 8-9 huc trans-
posuimus: καθ' οὗ ἀληθεύεται Enn.   7-8 οὗ—καθ' om. x   παντὸς
ὄντος quidquid est Bréhier recte   8-9 καθ'—γένος del. Page, nos autem
transposuimus ad lin. 6-7   11 οὐδέ (recipit 11 καὶ . . οὐ) Kirchhoff:
οὔτε Enn.   12 οὔτε recipit 10 οὔτε

ὑστέρων ἃ πάντως πολλά. τὸ δ᾽ ὅλον γένος οὐδὲν ἕν· ὥστε,
εἰ τὸ ἓν γένος, ἀπολεῖ τὸ εἶναι ἕν. οὐ γὰρ ἀριθμὸς τὸ ἕν·
ἀριθμὸς δ᾽ ἔσται γενόμενον γένος. ἔτι τὸ ἓν ἀριθμῷ ἕν· 15
εἰ γὰρ γένει ἕν, οὐ κυρίως ἕν. ἔτι ὥσπερ ἐν τοῖς ἀριθμοῖς
τὸ ἓν οὐχ ὡς γένος κατ᾽ αὐτῶν, ἀλλ᾽ ἐνυπάρχειν μὲν λέγεται,
οὐ γένος δὲ λέγεται, οὕτως οὐδ᾽ εἰ ἐν τοῖς οὖσι τὸ ἕν, γένος
ἂν εἴη οὔτε τοῦ ὄντος οὔτε τῶν ἄλλων οὔτε τῶν πάντων.
ἔτι ὥσπερ τὸ ἁπλοῦν ἀρχὴ μὲν ἂν εἴη τοῦ οὐχ ἁπλοῦ, οὐ 20
μὴν τούτου καὶ γένος—ἁπλοῦν γὰρ ἂν εἴη καὶ τὸ μὴ
ἁπλοῦν—οὕτω καὶ ἐπὶ τοῦ ἑνός, εἰ τὸ ἓν ἀρχή, οὐκ ἔσται τῶν
μετ᾽ αὐτὸ γένος. ἔσται οὖν οὔτε τοῦ ὄντος οὔτε τῶν ἄλλων.
ἀλλ᾽ εἴπερ ἔσται, τῶν "ἕν" ἑκάστων, οἷον εἴ τις ἀξιώσειε
χωρίσαι ἀπὸ τῆς οὐσίας τὸ ἕν. τινῶν οὖν ἔσται. ὥσπερ γὰρ 25
τὸ ὂν οὐ πάντων γένος, ἀλλὰ τῶν "ὂν" εἰδῶν, οὕτω καὶ τὸ
ἓν τῶν "ἕν" ἑκάστων εἰδῶν. τίς οὖν διαφορὰ ἄλλου πρὸς
ἄλλο καθὸ ἕν, ὥσπερ ἄλλου πρὸς ἄλλο ὄντος διαφορά; ἀλλ᾽ εἰ
συμμερίζεται τῷ ὄντι καὶ τῇ οὐσίᾳ, καὶ τὸ ὂν τῷ μερισμῷ
καὶ τῷ ἐν πολλοῖς θεωρεῖσθαι τὸ αὐτὸ γένος, διὰ τί οὐ 30
καὶ τὸ ἓν τοσαῦτα φαινόμενον ὅσα ἡ οὐσία καὶ ἐπὶ τὰ ἴσα
μεριζόμενον οὐκ ἂν εἴη γένος; ἢ πρῶτον οὐκ ἀνάγκη, εἴ
τι ἐνυπάρχει πολλοῖς, γένος εἶναι οὔτε αὐτῶν, οἷς ἐνυπάρ-
χει, οὔτε ἄλλων· οὐδ᾽ ὅλως, εἴ τι κοινόν, πάντως γένος. τὸ
γοῦν σημεῖον ἐνυπάρχον ταῖς γραμμαῖς οὐ γένος οὔτε αὐτῶν 35
οὔτε ὅλως, οὐδέ γε, ὥσπερ ἐλέγετο, τὸ ἐν τοῖς ἀριθμοῖς

10. 14 = Aristot. *Metaph. N* 1. 1088ᵃ6   36 ἐλέγετο cf. VI. 2. 10. 16-17

---

10. 13 γένος praedicatum, οὐδὲν ἕν subiectum   15-16 ἔτι—κυρίως
ἕν: uerum unum respicit individua (ἄτομα = ἀριθμῷ ἕν ut apud Aristot.
Categ. 2. 1ᵇ6-7) tantum, non genera   15 ἕν¹: ἐν w   18 ἕν
om. x   22 ἓν ἀρχή BᵖᶜRUC: ἐν ἀρχῇ wBᵃᶜJ   27 τίς: τί x
28 καθὸ—ἄλλο² om. x   29 συμμερίζεται subiectum τὸ ἕν   30 τῷ:
τὸ w   τὸ αὐτὸ cum τῷ . . θεωρεῖσθαι coniungendum, γένος
praedicatum

ἓν οὔτε τῶν ἀριθμῶν οὔτε τῶν ἄλλων. δεῖ γὰρ τὸ κοινὸν
καὶ ⟨ἓν⟩ ἐν πολλοῖς καὶ διαφοραῖς οἰκείαις χρῆσθαι καὶ
εἴδη ποιεῖν καὶ ἐν τῷ τί ἐστι. τοῦ δὲ ἑνὸς τίνες ἂν εἶεν
40 διαφοραὶ ἢ ποῖα γεννᾷ εἴδη; εἰ δὲ τὰ αὐτὰ εἴδη ποιεῖ, ἃ
περὶ τὸ ὄν, καὶ τὸ αὐτὸ ἂν εἴη τῷ ὄντι, καὶ ὄνομα μόνον
θάτερον, καὶ ἀρκεῖ τὸ ὄν.

11. Ἐπισκεπτέον δέ, πῶς ἐν τῷ ὄντι τὸ ἕν, καὶ πῶς ὁ
λεγόμενος μερισμὸς καὶ ὅλως ὁ τῶν γενῶν, καὶ εἰ ὁ αὐτὸς
ἢ ἄλλος ἑκάτερος. πρῶτον οὖν, πῶς ὅλως ἓν ἕκαστον ὁτιοῦν
λέγεται καὶ ἔστιν, εἶτα εἰ ὁμοίως καὶ ἐν τῷ ἑνὶ ὄντι λέγομεν
5 καὶ ὡς ἐκεῖ λέγεται. τὸ μὲν οὖν ἐπὶ πάντων ἓν οὐ ταὐτόν·
οὔτε γὰρ ἐπὶ τῶν αἰσθητῶν ὁμοίως καὶ τῶν νοητῶν—ἀλλὰ
γὰρ οὐδὲ τὸ ὄν—οὔτ' ἐπὶ τῶν αἰσθητῶν πρὸς ἄλληλα ὁμοίως·
οὐ γὰρ ταὐτὸν ἐν χορῷ καὶ στρατοπέδῳ καὶ νηὶ καὶ οἰκίᾳ
οὐδ' αὖ ἐν τούτοις καὶ ἐν τῷ συνεχεῖ. ἀλλ' ὅμως πάντα
10 τὸ αὐτὸ μιμεῖται, τυγχάνει δὲ τὰ μὲν πόρρωθεν, τὰ δὲ
μᾶλλον, ἤδη δὲ καὶ ἀληθέστερον ἐν τῷ νῷ· ψυχὴ γὰρ μία
καὶ ἔτι μᾶλλον νοῦς εἷς καὶ τὸ ὂν ἕν. ἆρ' οὖν ἐν ἑκάστῳ
τὸ ὂν αὐτοῦ λέγοντες ἓν λέγομεν καὶ ὡς ἔχει ὄντος, οὕτω
καὶ τοῦ ἑνός; ἢ συμβέβηκε μὲν τοῦτο, οὐ μέντοι, καθὸ ὄν,
15 καὶ ἕν, ἀλλ' ἔστι μὴ ἧττον ὂν ὑπάρχον ἧττον εἶναι ἕν. οὐ γὰρ
ἧττον ⟨ὂν⟩ στρατὸς ἢ χορὸς οἰκίας, ἀλλ' ὅμως ἧττον ἕν.
ἔοικεν οὖν τὸ ἐν ἑκάστῳ ἓν πρὸς ἀγαθὸν μᾶλλον βλέπειν,

---

11. 4 cf. Plat. *Parm.* 142 d 1　　8 cf. VI. 2. 10. 3–4; 11. 16; VI. 6. 13. 18–25
12–14 cf. Aristot. *Metaph.* Γ 2. 1003ᵇ31–2　　16 cf. ad VI. 2. 10. 3–4

---

10. 37–8 τὸ—πολλοῖς quod est commune unumque in multis Ficinus recte
38 ἓν ἐν Ficinus: ἐν BxUC: ἓν w　　καὶ² . . καὶ³ et . . et　　39 καὶ etiam
39 ἐν τῷ τί ἐστι in eo quod essentia distinguuntur τὰ εἴδη　　11. 3 ἑκάτερος
i.e. ὁ τοῦ ἑνὸς μερισμὸς καὶ ὁ τῶν γενῶν　　ἓν praedicatum, ἕκαστον ὁτιοῦν
subiectum　　4 εἰ wBU: om. xC　　5 ἐκεῖ scil. ἐν τῷ παντελῶς ἑνί
5 τὸ . . ἐπὶ πάντων ἓν unum quod omnibus attribuitur Ficinus recte　　11 δὲ:
γὰρ w　　12 ἐν om. w　　13–14 ὄντος et ἑνός genetiui partitiui
14 ἢ immo　　16 ⟨ὂν⟩ Igal, *Emerita* 43, 1975, 188　　17 μᾶλλον:
μᾶλλον ἓν w

καὶ καθόσον τυγχάνει ἀγαθοῦ, κατὰ τοσοῦτον καὶ ἕν, καὶ τὸ
μᾶλλον καὶ ἧττον τοῦ ἓν ἐν τούτῳ· εἶναι γὰρ θέλει ἕκαστον
οὐχ ἁπλῶς, ἀλλὰ μετὰ τοῦ ἀγαθοῦ. διὰ τοῦτο καὶ τὰ μὴ ἓν 20
ὡς δύναται σπεύδει ἓν γενέσθαι, τὰ μὲν φύσει αὐτῇ τῇ
φύσει συνιόντα εἰς ταὐτὸν ἑνοῦσθαι αὐτοῖς θέλοντα· οὐ γὰρ
ἀπ' ἀλλήλων σπεύδει ἕκαστα, ἀλλ' εἰς ἄλληλα καὶ εἰς αὑτά·
καὶ ψυχαὶ πᾶσαι εἰς ἓν ἂν βούλοιντο ἰέναι μετὰ τὴν αὐτῶν
οὐσίαν. καὶ ἀμφοτέρωθεν δὲ τὸ ἕν· καὶ γὰρ τὸ ἀφ' οὗ καὶ 25
τὸ εἰς ὅ· καὶ γὰρ ἄρχεται ἀπὸ τοῦ ἓν καὶ σπεύδει εἰς τὸ ἕν.
οὕτω γὰρ καὶ τὸ ἀγαθόν· οὔτε γὰρ ὑπέστη ἐν τοῖς οὖσιν ὁτι-
οῦν ὑποστάν τε οὐκ ἂν ἀνέχοιτο μὴ πρὸς τὸ ἓν τὴν σπουδὴν
ἔχον. τὰ μὲν δὴ φύσει οὕτω· τὰ δὲ ἐν ταῖς τέχναις αὐτὴ
ἑκάστη ἕκαστον πρὸς τοῦτο καθόσον δύναται καὶ ὡς δύνα- 30
ται ἐκεῖνα οὕτως ἄγει. τὸ δὲ ὂν μάλιστα πάντων τούτου
τυγχάνει· ἐγγὺς γάρ. ὅθεν τὰ μὲν ἄλλα λέγεται ὃ λέγεται
μόνον, οἷον ἄνθρωπος· καὶ γάρ, εἴ ποτε λέγοιμεν εἷς, πρὸς
δύο λέγομεν· εἰ δὲ καὶ ἄλλως τὸ ἓν λέγομεν, ἀπ' αὐτοῦ
προστιθέντες λέγομεν. ἐπὶ δὲ τοῦ ὄντος λέγομεν τὸ ὅλον 35
τοῦτο ἓν ὂν καὶ ἀξιοῦμεν ὡς ἓν ἐνδεικνύμενοι τὴν σφόδρα
αὐτοῦ πρὸς τὸ ἀγαθὸν συνουσίαν. γίγνεται οὖν τὸ ἓν καὶ ἐν
αὐτῷ ὡς ἀρχὴ καὶ τέλος, οὐχ ὡσαύτως δέ, ἀλλὰ ἄλλως,
ὥστε καὶ τὸ πρότερον καὶ τὸ ὕστερον καὶ ἐν τῷ ἕν. τί οὖν
τὸ ἐν αὐτῷ ἕν; οὐχὶ ὁμοίως ἐν ἅπασι τοῖς μέρεσι καὶ κοι- 40

11. 35-6 cf. Plat. *Parm.* 142 d 4

11. 21 τὰ μὲν φύσει: opponuntur 29 τὰ δὲ ἐν ταῖς τέχναις 24 ἰέναι
Volkmann: εἶναι Enn. 26 ἄρχεται (scil. ἡ ψυχή) AᵖᶜBUC: ἔρχεται x:
χέεται Aᵃᶜ(χέ eras., ἄρχ A¹)E 27 οὔτε Enn.: οὐδὲ Kirchhoff, sed 27-8
οὔτε .. τε = neque .. et et 28-9 μὴ—ἔχον condicio ad utrumque ὑπέστη
irrealis 28 ἀνέχοιτο medium 29 αὕτη w 31 ἄγει Sleeman:
λέγει BxUC: λέγοι w 32 μὲν recipitur a 35 δέ ὅ: ἃ Volkmann,
sed ἕκαστον subaudiendum 34-5 ἀπ' αὐτοῦ προστιθέντες i.e. incipiendo
a numero I addentes 37-8 καὶ ἐν αὐτῷ non modo ἐν τοῖς φύσει et ἐν
ταῖς τέχναις, sed etiam ἐν τῷ ὄντι 39 ὥστε—ἕν ut et τὸ πρότερον et τὸ
ὕστερον inclusa sint etiam ἐν τῷ ἕν i.e. ἐν τῷ ἐν τῷ ὄντι ἑνί, cf. lin. 45-6

59

νὸν θεωρούμενον; ἢ πρῶτον μὲν καὶ ἐν ταῖς γραμμαῖς
κοινὸν τὸ σημεῖον καὶ οὐ γένος τῶν γραμμῶν· καὶ ἐν τοῖς
ἀριθμοῖς κοινὸν τὸ ἓν δὴ ἴσως τοῦτο καὶ οὐ γένος· οὐδὲ γὰρ
ταὐτὸν τὸ ἓν τὸ ἐπ' αὐτοῦ τοῦ ἓν τῷ ἐπὶ μονάδος καὶ δυάδος
45 καὶ τῶν ἄλλων ἀριθμῶν. ἔπειτα καὶ ἐν τῷ ὄντι οὐδὲν
κωλύει τὰ μὲν πρῶτα, τὰ δ' ὕστερα εἶναι, καὶ τὰ μὲν ἁπλᾶ,
τὰ δὲ σύνθετα εἶναι. καὶ εἰ ταὐτὸν δὲ ἐν πᾶσι τὸ ἓν τοῖς
τοῦ ὄντος, διαφορὰ οὐκ οὖσα αὐτοῦ οὐδὲ εἴδη ποιεῖ· εἰ δὲ
μὴ εἴδη, οὐδὲ γένος αὐτὸ δύναται εἶναι.

12. Καὶ ταῦτα μὲν οὕτω. πῶς δὲ τοῖς ἀριθμοῖς τὸ
ἀγαθὸν ἐν τῷ ἓν εἶναι ἕκαστον ἀψύχοις οὖσιν; ἢ κοινὸν
τοῦτο καὶ ἐπὶ τῶν ἄλλων ἀψύχων. εἰ δέ τις λέγοι μὴ εἶναι
ὅλως αὐτούς, ἡμεῖς περὶ ὄντων εἴπομεν, καθὸ ἓν ἕκα-
5 στον. εἰ δὲ τὸ σημεῖον ζητοῖεν πῶς ἀγαθοῦ μετέχει, εἰ
μὲν καθ' αὐτὸ φήσουσιν εἶναι, εἰ μὲν ἄψυχον φήσουσι, τὸ
αὐτὸ ὅπερ καὶ ἐπὶ τῶν ἄλλων τῶν τοιούτων ζητοῦσιν· εἰ
δ' ἐν ἄλλοις, οἷον ἐν κύκλῳ, τὸ ἀγαθὸν τὸ ἐκείνου τοῦτο,
καὶ ἡ ὄρεξις πρὸς τοῦτο καὶ σπεύδει ὡς δύναται διὰ τούτου
10 ἐκεῖ. ἀλλὰ πῶς τὰ γένη ταῦτα; ἆρα κατακερματιζόμενα
ἕκαστα; ἢ ὅλον ἐν ἑκάστῳ ὢν γένος. καὶ πῶς ἔτι ἕν;
ἢ τὸ γένει ἓν ὡς ἐν πολλοῖς ὅλον. ἆρ' οὖν μόνον ἐν τοῖς
μετέχουσιν; ἢ οὔ, ἀλλὰ καὶ καθ' αὐτὸ καὶ ἐν τοῖς μετ-
έχουσιν. ἀλλ' ἴσως σαφέστερον ἔσται ὕστερον.

13. Νῦν δέ, πῶς τὸ ποσὸν οὐκ ἐν τοῖς γένεσι τοῖς
πρώτοις, καὶ αὖ τὸ ποιόν; ἢ ποσὸν μὲν οὐ πρῶτον μετὰ
τῶν ἄλλων, ὅτι ἐκεῖνα μὲν ἅμα μετὰ τοῦ ὄντος. κίνησις
γὰρ μετὰ τοῦ ὄντος ἐνέργεια ὄντος ζωὴ αὐτοῦ οὖσα· καὶ

---

12. 3 τις cf. Theophrastus *Metaph.* 4ᵃ23-ᵇ1   14 ὕστερον cf. VI. 2. 19-20

---

11. 43 τὸ ἕν om. x   44 τῷ Kirchhoff: τοῦ *Enn.*   47-8 εἰ ἐν πᾶσι . .
τοῖς τοῦ ὄντος scil. μέρεσιν   12. 5-6 εἰ μὲν καθ' αὐτὸ recipitur a 7-8 εἰ δ'
ἐν ἄλλοις   8 ἐκείνου scil. τοῦ σημείου   τοῦτο scil. κύκλος
10 κατακερματιζόμενα U Igal: καὶ τὰ κερματιζόμενα wBxC

στάσις ἐν αὐτῇ τῇ οὐσίᾳ συνεισῄει· μᾶλλον δὲ συνῆν τὸ 5
εἶναι τούτοις ἑτέροις καὶ τοῖς αὐτοῖς, ὥστε συνορᾶσθαι
καὶ ταῦτα. ἀριθμὸς δὲ ὕστερός τε ἐκείνων καὶ ἑαυτοῦ, καὶ
τὸ "ὕστερος" παρὰ τοῦ προτέρου, καὶ ἐφεξῆς ἀλλήλοις, καὶ
ἐνυπάρχει τὰ ὕστερα ἐν προτέροις· ὥστε ἐν μὲν τοῖς
πρώτοις οὐκ ἂν καταριθμοῖτο· ζητητέον δέ, εἰ ὅλως γένος. 10
τὸ μέντοι μέγεθος ἔτι μᾶλλον ὕστερον καὶ σύνθετον·
ἀριθμὸς γὰρ ἐν τῷδε καὶ γραμμὴ δύο τινὰ καὶ ἐπίπεδον
τρία. εἰ μὲν οὖν παρὰ τοῦ ἀριθμοῦ ἔχει καὶ τὸ συνεχὲς
μέγεθος τὸ ποσόν, τοῦ ἀριθμοῦ οὐκ ὄντος γένους πῶς ἂν
τοῦτο ἔχοι; ἔνι δὲ καὶ ἐν τοῖς μεγέθεσι τὸ πρότερον καὶ τὸ 15
ὕστερον. εἰ δὲ κοινὸν ἐπ᾽ ἀμφοῖν τὸ ποσοῖς, τί τοῦτό ἐστι
ληπτέον, καὶ εὑρόντας θετέον γένος ὕστερον, οὐκ ἐν τοῖς
πρώτοις· καὶ εἰ γένος μὴ ἐν τοῖς πρώτοις, εἴς τι ἀνακτέον
τῶν πρώτων ἢ τῶν εἰς τὰ πρῶτα. δῆλον τοίνυν ἴσως, ὅτι
ὅσον τι δηλοῖ ἡ τοῦ ποσοῦ φύσις καὶ μετρεῖ τὸ ὅσον 20
ἑκάστου αὐτή τε ὅσον τι. ἀλλ᾽ εἰ κοινὸν ἐπ᾽ ἀριθμοῦ καὶ
μεγέθους τὸ ὅσον, ἢ ὁ ἀριθμὸς πρῶτος, τὸ δὲ μέγεθος
ἀπ᾽ ἐκείνου, ἢ ὅλως ὁ μὲν ἀριθμὸς ἐν μίξει κινήσεως καὶ
στάσεως, τὸ δὲ μέγεθος κίνησίς τις ἢ ἐκ κινήσεως, τῆς
μὲν κινήσεως εἰς ἀόριστον προϊούσης, τῆς δὲ στάσεως ἐν 25
τῇ ἐποχῇ τοῦ προϊόντος μονάδα ποιούσης. ἀλλὰ περὶ
γενέσεως ἀριθμοῦ καὶ μεγέθους, μᾶλλον δὲ ὑποστάσεως
ὕστερον καὶ ἐπινοίας θεωρητέον. τάχα γὰρ ὁ μὲν ἀριθμὸς

---

13. 28 et 31 ὕστερον cf. VI. 3. 13. 12–14 et 18–24

13. 5–6 τὸ εἶναι ἑτέροις καὶ τοῖς αὐτοῖς subiectum, τούτοις i.e. τῷ ὄντι, τῇ
κινήσει, τῇ στάσει   9 προτέροις: πρώτοις w   10 et ad καταριθμοῖτο et
ad εἰ ὅλως γένος subiectum ὁ ἀριθμός   12 μέγεθος subiectum ad ἀριθμὸς
γραμμὴ ἐπίπεδον praedicata, ἐν τῷδε in hoc indiuiduo   16 ἐπ᾽ ἀμφοῖν i.e.
ἐπὶ τοῖς ἀριθμοῖς καὶ τοῖς μεγέθεσιν   18 εἴς τι: εἰς τί w   21 αὐτή
Kirchhoff (ipsam Ficinus): αὕτη Enn.   22 ὁ om. x   28 ὕστερον
post ἐπινοίας transp. Müller   καὶ: κατ᾽ Igal, sed ὑπόστασις et ἐπίνοια
contraria, cf. VI. 6. 9. 13–14

ἐν τοῖς πρώτοις γένεσι, τὸ δὲ μέγεθος ὕστερον ἐν συνθέσει·
30 καὶ ὁ μὲν ἀριθμὸς ἑστώτων, τὸ δὲ μέγεθος ἐν κινήσει.
ἀλλὰ ταῦτα μὲν ὕστερον, ὥς φαμεν.

14. Περὶ δὲ τοῦ ποιοῦ, διὰ τί οὐκ ἐν τοῖς πρώτοις;
ἢ ὅτι καὶ τοῦτο ὕστερον καὶ μετὰ τὴν οὐσίαν. [δεῖ δὲ τὴν
οὐσίαν παρακολουθοῦντα ταῦτα ἔχειν τὴν πρώτην, μὴ ἐκ
τούτων δὲ τὴν σύστασιν ἔχειν μηδὲ διὰ τούτων συμπλη-
5 ροῦσθαι· ἢ εἴη ἂν ὑστέρα ποιότητος καὶ ποσότητος.] ἐν
μὲν οὖν ταῖς συνθέταις οὐσίαις καὶ ἐκ πολλῶν, ἐν αἷς καὶ
ἀριθμοὶ καὶ ποσότητες διαλλαγὴν ἐποίησαν αὐτῶν, καὶ
ποιότητες εἶεν ἂν καὶ κοινότης τις ἐν αὐταῖς θεωρηθή-
σεται· ἐν δὲ τοῖς πρώτοις γένεσι τὴν διαίρεσιν οὐχ ἁπλῶν
10 καὶ συνθέτων δεῖ ποιεῖσθαι, ἀλλ' ἁπλῶν καὶ τῶν τὴν οὐσίαν
συμπληρούντων, οὐ τὴν τινὰ οὐσίαν. [τὴν μὲν γὰρ τινὰ
οὐσίαν συμπληροῦσθαι καὶ ἐκ ποιότητος οὐδὲν ἴσως ἄτοπον,
ἐχούσης ἤδη τὴν οὐσίαν πρὸ τῆς ποιότητος, τὸ δὲ τοιόνδε
ἔξωθεν, αὐτὴν δὲ τὴν οὐσίαν ἃ ἔχει οὐσιώδη ἔχειν.] καίτοι
15 ἐν ἄλλοις ἠξιοῦμεν τὰ μὲν τῆς οὐσίας συμπληρωτικὰ ὁμω-
νύμως ποιὰ εἶναι, τὰ δ' ἔξωθεν μετὰ τὴν οὐσίαν ὑπάρχοντα
ποιά, καὶ τὰ μὲν ἐν ταῖς οὐσίαις ἐνεργείας αὐτῶν, τὰ δὲ
μετ' αὐτὰς ἤδη πάθη. νῦν δὲ λέγομεν οὐκ οὐσίας ὅλως
εἶναι συμπληρωτικὰ τὰ τῆς τινὸς οὐσίας· οὐ γὰρ οὐσίας
20 προσθήκη γίνεται τῷ ἀνθρώπῳ καθὸ ἄνθρωπος εἰς οὐσίαν·
ἀλλ' ἔστιν οὐσία ἄνωθεν, πρὶν ἐπὶ τὴν διαφορὰν ἐλθεῖν,
ὥσπερ καὶ ζῷον ἤδη, πρὶν ἐπὶ τὸ λογικὸν ἥκειν.

14. 15 ἐν ἄλλοις cf. II. 6. 1. 15-29 et 2. 1-5 et 2. 20-32; III. 6. 17. 23-4; VI.
1. 10. 20-7; VI. 3. 8. 12-13

14. 2-5 δεῖ—ποσότητος delenda ut e Simpl. *In Categ.* 8, p. 241. 17-20 huc
inserta   4 στάσιν w   6 συνθέταις BxUC^{pc}: συνθέτοις wC
(αις C^{mg})   7 ποσότητες Rieth: ποιότητες *Enn.*   11-14 τὴν μὲν—
ἔχειν delenda ut e Simpl. ibid. p. 241. 20-2 huc inserta   13 ἐχούσης
scil. αὐτῆς i.e. τῆς τινὸς οὐσίας   14 οὐσιώδη neutrum   21 ἔστιν
οὐσία praedicatum, subiectum uero ὁ ἄνθρωπος

15. Πῶς οὖν τὰ τέτταρα γένη συμπληροῖ τὴν οὐσίαν οὔπω ποιὰν οὐσίαν ποιοῦντα; οὐδὲ γὰρ τινά. ὅτι μὲν οὖν τὸ ὂν πρῶτον, εἴρηται, καὶ ὡς ἡ κίνησις οὐκ ἂν εἴη ἄλλο οὐδ' ἡ στάσις οὐδὲ θάτερον οὐδὲ ταὐτόν, δῆλον· καὶ ὅτι οὐ ποιότητα ἐνεργάζεται ἡ κίνησις αὕτη, ἴσως μὲν φανερόν, 5 λεχθὲν δὲ μᾶλλον ποιήσει σαφέστερον. εἰ γὰρ ἡ κίνησις ἐνέργειά ἐστιν αὐτῆς, ἐνεργείᾳ δὲ τὸ ὂν καὶ ὅλως τὰ πρῶτα, οὐκ ἂν συμβεβηκὸς εἴη ἡ κίνησις, ἀλλ' ἐνέργεια οὖσα ἐνεργείᾳ ὄντος οὐδ' ἂν συμπληρωτικὸν ἔτι λέγοιτο, ἀλλ' αὐτή· ὥστε οὐκ ἐμβέβηκεν εἰς ὕστερόν τι οὐδ' εἰς 10 ποιότητα, ἀλλ' εἰς τὸ ἅμα τέτακται. οὐ γὰρ ἔστιν ὄν, εἶτα κεκίνηται, οὐδὲ ἔστιν ὄν, εἶτα ἔστη· οὐδὲ πάθος ἡ στάσις· καὶ ταὐτὸν δὲ καὶ θάτερον οὐχ ὕστερα, ὅτι μὴ ὕστερον ἐγένετο πολλά, ἀλλ' ἦν ὅπερ ἦν ἓν πολλά· εἰ δὲ πολλά, καὶ ἑτερότης, καὶ εἰ ἓν πολλά, καὶ ταυτότης. καὶ ταῦτα εἰς 15 τὴν οὐσίαν ἀρκεῖ· ὅταν δὲ μέλλῃ πρὸς τὰ κάτω προϊέναι, τότε ἄλλα, ἃ οὐκέτι οὐσίαν ποιεῖ, ἀλλὰ ποιὰν οὐσίαν καὶ ποσὴν οὐσίαν, καὶ γιγνέσθω γένη οὐ πρῶτα.

16. Τὸ δὲ "πρός τι" παραφυάδι ἐοικὸς πῶς ἂν ἐν πρώτοις; ἑτέρου γὰρ πρὸς ἕτερον καὶ οὐ πρὸς αὐτὸ ἡ σχέσις [καὶ πρὸς ἄλλο]. "ποῦ" δὲ καὶ "πότε" ἔτι πόρρω. τό τε γὰρ "ποῦ" ἄλλο ἐν ἄλλῳ, ὥστε δύο· τὸ δὲ γένος ἓν δεῖ εἶναι, οὐ σύνθεσιν· καὶ οὐδὲ τόπος ἐκεῖ· νῦν δὲ ὁ λόγος 5 περὶ τῶν ὄντων κατ' ἀλήθειαν. ὅ τε χρόνος εἰ ἐκεῖ, σκεπτέον·

---

15. 3 εἴρηται cf. VI. 2. 8. 25-49   14 = Plat. *Parm.* 144 e 5
16. 1 = Aristot. *Eth. Nic.* A 4. 1096ᵃ21-2   1-2 cf. VI. 1. 6. 1-3
4 ἄλλο ἐν ἄλλῳ cf. Aristot. *Phys. Δ* 5. 212ᵇ13-16 et VI. 1. 14. 9

---

15. 1 τέτταρα nempe κίνησις στάσις ταὐτὸν θάτερον, aliter VI. 2. 19. 1
7 ἐνεργείᾳ Harder: ἐνέργεια Enn.   8-9 ἐνέργεια—ὄντος cum (motus)
actus sit alicuius quod in actu est   9 ὄντως w   10 ἀλλ' αὐτή scil.
οὐσία ἡ κίνησις λέγοιτ' ἄν   12 ἔστη: ἔστιν w   15 πολλά: πολλά,
ὅθεν x   16. 3 καὶ πρὸς ἄλλο del. Harder   πότε AᵃᶜE: ποτὲ
AᵖᶜBxUC

63

μᾶλλον δὲ ἴσως οὔ. εἰ δὲ καὶ μέτρον καὶ οὐχ ἁπλῶς
μέτρον, ἀλλὰ κινήσεως, δύο καὶ σύνθετον τὸ ὅλον καὶ
κινήσεως ὕστερον, ὥστε οὐχ ὅπου κίνησις ἐν ἴσῃ διαιρέσει.
10 τὸ δὲ "ποιεῖν" καὶ τὸ "πάσχειν" ἐν κινήσει, εἰ ἄρα ἐκεῖ τὸ
πάσχειν· καὶ τὸ ποιεῖν δὲ δύο· ὁμοίως καὶ τὸ πάσχειν·
οὐδέτερον οὖν ἁπλοῦν. καὶ τὸ "ἔχειν" δύο καὶ τὸ "κεῖσθαι"
ἄλλο ἐν ἄλλῳ οὕτως, ὥστε τρία.

17. Ἀλλὰ τὸ καλὸν καὶ τὸ ἀγαθὸν καὶ αἱ ἀρεταὶ διὰ τί
οὐκ ἐν τοῖς πρώτοις, ἐπιστήμη, νοῦς; ἢ τὸ μὲν ἀγαθόν,
εἰ τὸ πρῶτον, ἣν δὴ λέγομεν τὴν τοῦ ἀγαθοῦ φύσιν, καθ' ἧς
οὐδὲν κατηγορεῖται, ἀλλ' ἡμεῖς μὴ ἔχοντες ἄλλως σημῆναι
5 οὕτω λέγομεν, γένος οὐδενὸς ἂν εἴη. οὐ γὰρ κατ' ἄλλων
λέγεται ἢ ἦν ἂν καθ' ὧν λέγεται ἕκαστον ἐκεῖνο λεγόμενον.
καὶ πρὸ οὐσίας δὲ ἐκεῖνο, οὐκ ἐν οὐσίᾳ. εἰ δ' ὡς ποιὸν τὸ
ἀγαθόν, ὅλως τὸ ποιὸν οὐκ ἐν τοῖς πρώτοις. τί οὖν ἡ τοῦ
ὄντος φύσις οὐκ ἀγαθόν; ἢ πρῶτον μὲν ἄλλως καὶ οὐκ
10 ἐκείνως ὡς τὸ πρῶτον· καὶ ὡς ἔστιν ἀγαθὸν οὐχ ὡς ποιόν,
ἀλλ' ἐν αὐτῷ. ἀλλὰ καὶ τὰ ἄλλα ἔφαμεν γένη ἐν αὐτῷ, καὶ
διότι κοινόν τι ἦν ἕκαστον καὶ ἐν πολλοῖς ἑωρᾶτο, γένος.
εἰ οὖν καὶ τὸ ἀγαθὸν ὁρᾶται ἐφ' ἑκάστῳ μέρει τῆς οὐσίας
ἢ τοῦ ὄντος ἢ ἐπὶ τοῖς πλείστοις, διὰ τί οὐ γένος καὶ ἐν
15 τοῖς πρώτοις; ἢ ἐν ἅπασι τοῖς μέρεσιν οὐ ταὐτόν, ἀλλὰ
πρώτως καὶ δευτέρως καὶ ὑστέρως· ἢ γὰρ ὅτι θάτερον παρὰ
θατέρου, τὸ ὕστερον παρὰ τοῦ προτέρου, ἢ ὅτι παρ' ἑνὸς
πάντα τοῦ ἐπέκεινα, ἄλλα δ' ἄλλως κατὰ φύσιν τὴν αὐτῶν

16. 7-8 = Aristot. *Phys.* Δ 12. 220ᵇ32-221ᵃ1   8 cf. VI. 1. 13. 20
10 cf. VI. 1. 22. 5-6   12 ἔχειν cf. VI. 1. 23. 18-19   κεῖσθαι cf.
VI. 1. 24. 1-8   17. 3 cf. Plat. *Phileb.* 60b10   7 cf. Plat. *Resp.*
509b9   11 ἔφαμεν cf. VI. 2. 7-8

16. 8 τὸ ὅλον aduerbium   10 εἰ wBUCˢ: om. xC   17. 3 δὴ: δὲ w
10 καὶ ὡς sic quoque   ὡς ἔστιν scripsimus: ὡς ἔστιν Enn.: ἔστιν Kirchhoff
11 αὐτῷ neutrum, nam ἡ τοῦ ὄντος φύσις idem ac τὸ ὄν   16-17 ἢ γὰρ
ὅτι .. ἢ ὅτι nam sic est *aut quia .. aut quia*   17 προτέρου: ὑστέρου w

μεταλαμβάνει. εἰ δὲ δὴ καὶ γένος ἐθέλει τις θέσθαι, ὕστε-
ρον· ὕστερον γὰρ τῆς οὐσίας καὶ τοῦ τί ἐστι τὸ εἶναι 20
αὐτὸ ἀγαθόν, κἂν ἀεὶ συνῇ, ἐκεῖνα δὲ ἦν τοῦ ὄντος ᾗ
ὂν καὶ εἰς τὴν οὐσίαν. ἐντεῦθεν γὰρ καὶ τὸ ἐπέκεινα
τοῦ ὄντος, ἐπειδὴ τὸ ὂν καὶ ἡ οὐσία οὐ δύναται μὴ
πολλὰ εἶναι, ἀλλὰ ἀνάγκη αὐτῷ ἔχειν ταῦτα, ἠριθμημένα
γένη, καὶ εἶναι ἓν πολλά. εἰ μέντοι τὸ ἀγαθὸν τὸ ἓν 25
τὸ ἐν τῷ ὄντι—μὴ ὀκνοῖμεν λέγειν τὴν ἐνέργειαν αὐτοῦ
τὴν κατὰ φύσιν πρὸς τὸ ἓν τοῦτο εἶναι τὸ ἀγαθὸν αὐτοῦ,
ἵν᾿ ἐκεῖθεν ἀγαθοειδὲς ᾖ—ἔσται τὸ ἀγαθὸν τούτῳ ἐνέργεια
πρὸς τὸ ἀγαθόν· τοῦτο δὲ ἡ ζωὴ αὐτοῦ· τοῦτο δὲ ἡ κίνησις,
ἢ ἤδη ἐστὶν ἕν τι τῶν γενῶν.

30

18. Περὶ δὲ τοῦ καλοῦ, εἰ μὲν ἐκεῖνο ἡ πρώτη καλλονή,
τὰ αὐτὰ ἂν καὶ παραπλήσια λέγοιτο τοῖς ἐπὶ τοῦ ἀγαθοῦ
λόγοις· καὶ εἰ τὸ ἐπὶ τῇ ἰδέᾳ οἷον ἀποστίλβον, ὅτι μὴ τὸ
αὐτὸ ἐν πᾶσι, καὶ ὅτι ὕστερον τὸ ἐπιστίλβειν. εἰ δὲ οὐκ
ἄλλο τι τὸ καλὸν ἢ ἡ οὐσία αὐτή, ἐν τῇ οὐσίᾳ εἴρηται. εἰ 5
δὲ πρὸς ἡμᾶς τοὺς ὁρῶντας τῷ τοιόνδε πάθος ποιεῖν ἐστι,
τοῦτο τὸ ἐνεργεῖν κίνησις, καὶ εἰ πρὸς ἐκεῖνο ἡ ἐνέργεια,
κίνησις. ἔστι δὲ καὶ ἡ ἐπιστήμη αὐτοκίνησις ὄψις οὖσα
τοῦ ὄντος καὶ ἐνέργεια, ἀλλ᾿ οὐχ ἕξις· ὥστε καὶ αὐτὴ ὑπὸ
τὴν κίνησιν, εἰ δὲ βούλει, ὑπὸ τὴν στάσιν, ἢ καὶ ὑπ᾿ ἄμφω· 10
εἰ δὲ ὑπ᾿ ἄμφω, ὡς μικτόν· εἰ τοῦτο, ὕστερον τὸ μικτόν.
ὁ δὲ νοῦς ὂν νοοῦν καὶ σύνθετον ἐκ πάντων, οὐχ ἕν τι τῶν
γενῶν· καὶ ἔστιν ὁ ἀληθινὸς νοῦς ὂν μετὰ πάντων καὶ ἤδη
πάντα τὰ ὄντα, τὸ δὲ ὂν [μόνον] ψιλὸν εἰς γένος λαμβανό-
μενον στοιχεῖον αὐτοῦ. δικαιοσύνη δὲ καὶ σωφροσύνη καὶ 15

17. 22-3 = Plat. *Resp.* 509 b 9   25 = Plat. *Parm.* 144 e 5   18. 9-10 cf.
VI. 1. 18. 21-2

---

17. 20-1 τὸ εἶναι αὐτὸ ἀγαθόν subiectum   21 ἐκεῖνα scil. τὰ ἄλλα πρῶτα
γένη (lin. 11)   24 αὐτὸ w   ταῦτα ⟨τὰ⟩ Kirchhoff   25-6 τὸ ἀγαθὸν
subiectum, τὸ ἓν τὸ ἐν τῷ ὄντι (cf. VI. 2. 11. 1) praedicatum   25 τὸ ἓν
del. Kirchhoff   28 τοῦτο w   **18.** 6 τῷ wBC: τὸ xU   7 κίνησις:
καὶ κίνησις x   11 ὑπ᾿: ἐπ᾿ x   14 μόνον ut glossam ad ψιλὸν deleuimus

ὅλως ἀρετὴ ἐνέργειαί τινες νοῦ πᾶσαι· ὥστε οὐκ ἐν πρώτοις καὶ ὕστερα γένος καὶ εἴδη.

19. Γένη δὴ ὄντα τὰ τέτταρα ταῦτα καὶ πρῶτα ἆρα καθ᾽ αὑτὸ ἕκαστον εἴδη ποιεῖ; οἷον τὸ ὂν διαιροῖτο ἂν ἤδη ἐφ᾽ ἑαυτοῦ ἄνευ τῶν ἄλλων; ἢ οὔ· ἐπειδὴ ἔξωθεν τοῦ γένους λαβεῖν δεῖ τὰς διαφοράς, καὶ εἶναι μὲν τοῦ ὄντος
5 διαφορὰς ᾗ ὄν, οὐ μέντοι τὰς διαφορὰς αὐτό. πόθεν οὖν ἕξει; οὐ γὰρ δὴ ἐκ τῶν οὐκ ὄντων. εἰ δὴ ἐξ ὄντων, ἦν δὲ τὰ γένη τὰ τρία τὰ λοιπά, δῆλον ὅτι ἐκ τούτων καὶ μετὰ τούτων προστιθεμένων καὶ συνδυαζομένων καὶ ἅμα γινομένων. ἀλλὰ ἅμα γινόμενα τοῦτο δὴ ἐποίει τὸ ἐκ πάντων.
10 πῶς οὖν τὰ ἄλλα ἐστὶ μετὰ τὸ ἐκ πάντων; καὶ πῶς γένη πάντα ὄντα εἴδη ποιεῖ; πῶς δὲ ἡ κίνησις εἴδη κινήσεως καὶ ἡ στάσις καὶ τὰ ἄλλα; ἐπεὶ κἀκεῖνο δεῖ παραφυλάττειν, ὅπως μὴ ἀφανίζοιτο ἕκαστον ἐν τοῖς εἴδεσι, μηδ᾽ αὖ τὸ γένος κατηγορούμενον ᾗ μόνον ὡς ἐν ἐκείνοις θεωρούμενον,
15 ἀλλ᾽ ᾗ ἐκείνοις ἅμα καὶ ἐν αὐτῷ καὶ μιγνύμενον αὖ καθαρὸν καὶ μὴ μιγνύμενον ὑπάρχῃ, μηδ᾽ ἄλλως συντελοῦν εἰς οὐσίαν αὐτὸ ἀπολλύῃ. περὶ μὲν δὴ τούτων σκεπτέον. ἐπεὶ δὲ ἔφαμεν τὸ ἐκ πάντων τῶν ὄντων νοῦν εἶναι ἕκαστον, πρὸ δὲ πάντων ὡς εἰδῶν καὶ μερῶν τὸ ὂν καὶ τὴν
20 οὐσίαν τιθέμεθα νοῦν εἶναι, τὸν ἤδη νοῦν ὕστερον λέγομεν εἶναι. καὶ δὴ ταύτην τὴν ἀπορίαν χρήσιμον πρὸς τὸ

---

19. 3-5 cf. VI. 3. 18. 4-6   11 cf. VI. 3. 18. 35-6   14 cf. Aristot.
Categ. 5. 2ᵇ20   18 ἔφαμεν cf. VI. 2. 18. 12-15

---

18. 17 γένος A(ου A³ˢ)EBxUC: γένους Aᵖᶜ = Ficinus   γένος et εἴδη
(scil. ἀρετῆς) nominatiui   19. 1 τέτταρα nempe ὂν κίνησις στάσις,
quartum autem genus complectitur ταὐτὸν et θάτερον, aliter VI. 2.
15. 1   14 ᾗ: ᾖ w   15 ᾗ JU: ᾖ BC: ἢ wR: ἐν Fᵃᵐᵍ = Ficinus:
ᾖ ἐν Creuzer   16 ὑπάρχει w   ἄλλως (frustra) Enn.: ἄλλοις
Kirchhoff   17 ἀπολλύῃ E: ἀπολλύει A(λαύει A¹ˢ): ἀπολαύει Aᵖᶜ:
ἀπολαύῃ BxUC   20 τίθεμεν x   νοῦν εἶναι (nempe τὸν
ξύμπαντα, cf. VI. 2. 20. 10): del. Beutler H-S¹

ζητούμενον ποιησώμεθα καὶ οἷον παραδείγματι χρησά-
μενοι εἰς γνῶσιν τῶν λεγομένων αὐτοὺς ἐμβιβάζωμεν.

20. Λάβωμεν οὖν τὸν μὲν εἶναι νοῦν οὐδὲν ἐφαπτόμενον
τῶν ἐν μέρει οὐδ' ἐνεργοῦντα περὶ ὁτιοῦν, ἵνα μὴ τὶς νοῦς
γίγνοιτο, ὥσπερ ἐπιστήμη πρὸ τῶν ἐν μέρει εἰδῶν, καὶ ἡ
ἐν εἴδει δὲ ἐπιστήμη πρὸ τῶν ἐν αὐτῇ μερῶν· πᾶσα μὲν
οὐδὲν τῶν ἐν μέρει δύναμις πάντων, ἕκαστον δὲ ἐνεργείᾳ 5
ἐκεῖνο, καὶ δυνάμει δὲ πάντα, καὶ ἐπὶ τῆς καθόλου ὡσαύ-
τως· αἱ μὲν ἐν εἴδει, αἳ ἐν τῇ ὅλῃ δυνάμει κεῖνται, αἱ δὴ τὸ
ἐν εἴδει λαβοῦσαι, δυνάμει εἰσὶν ἡ ὅλη· κατηγορεῖται γὰρ ἡ
πᾶσα, οὐ μόριον τῆς πάσης· αὐτήν γε μὴν δεῖ ἀκέραιον ἐφ'
αὐτῆς εἶναι. οὕτω δὴ ἄλλως μὲν νοῦν τὸν ξύμπαντα εἰπεῖν 10
εἶναι, τὸν πρὸ τῶν καθέκαστον ἐνεργείᾳ ὄντων, ἄλλως δὲ
νοῦς ἑκάστους, τοὺς μὲν ἐν μέρει ἐκ πάντων πληρωθέν-
τας, τὸν δ' ἐπὶ πᾶσι νοῦν χορηγὸν μὲν τοῖς καθέκαστα,
δύναμιν δὲ αὐτῶν εἶναι καὶ ἔχειν ἐν τῷ καθόλου ἐκείνους,
ἐκείνους τε αὖ ἐν αὐτοῖς ἐν μέρει οὖσιν ἔχειν τὸν καθόλου, 15
ὡς ἡ τὶς ἐπιστήμη τὴν ἐπιστήμην. καὶ εἶναι καὶ καθ'
αὐτὸν τὸν μέγαν νοῦν καὶ ἑκάστους αὖ ἐν αὐτοῖς ὄντας, καὶ
ἐμπεριέχεσθαι αὖ τοὺς ἐν μέρει τῷ ὅλῳ καὶ τὸν ὅλον τοῖς
ἐν μέρει, ἑκάστους ἐφ' ἑαυτῶν καὶ ἐν ἄλλῳ καὶ ἐφ' ἑαυτοῦ
ἐκεῖνον καὶ ἐν ἐκείνοις, καὶ ἐν ἐκείνῳ μὲν πάντας ἐφ' 20
ἑαυτοῦ ὄντι δυνάμει, ἐνεργείᾳ ὄντι τὰ πάντα ἅμα, δυνάμει
δὲ ἕκαστον χωρίς, τοὺς δ' αὖ ἐνεργείᾳ μὲν ὅ εἰσι, δυνάμει
δὲ τὸ ὅλον. καθόσον μὲν γὰρ τοῦτο ὃ λέγονταί εἰσιν,
ἐνεργείᾳ εἰσὶν ἐκεῖνο ὃ λέγονται· ᾗ δ' ἐν γένει ἐκεῖνο,

20. 1 τὸν: τὸ x   6 ἐκεῖνο illud quod est   7–8 αἱ μὲν—λαβοῦσαι
subiectum, δυνάμει εἰσὶν ἡ ὅλη praedicatum   9 αὐτήν scil. τὴν πᾶσαν
ἐπιστήμην   11 τὸν: τῶν wR: del. Kirchhoff   12 νοῦς Igal, Emerita
43, 1975, 185, cf. VI. 7. 17. 27: ἐκ δὲ Enn. (mendum e compendiis confusis
ortum): ἐκδέ⟨χεσθαι⟩ H–S¹: del. Kirchhoff   14 τῷ Theiler: τοῖς
Enn.   15 αὐτοῖς: τοῖς w   18 αὖ τοὺς Volkmann: αὐτοὺς Enn.
20–1 πάντας . . δυνάμει¹ scil. εἶναι   23 et 24 λέγονται (bis): λέγεται x
24 ἐκεῖνο² (scil. τὸ ὅλον ἐστίν) BxUC: ἐκείνῳ w

25 δυνάμει ἐκεῖνο. ὃ δ' αὖ, ᾗ μὲν γένος, δύναμις πάντων τῶν
ὑπ' αὐτὸ εἰδῶν καὶ οὐδὲν ἐνεργείᾳ ἐκείνων, ἀλλὰ πάντα
ἐν αὐτῷ ἥσυχα· ᾗ δὲ ὅ ἐστι πρὸ τῶν εἰδῶν ἐνεργείᾳ, τῶν
οὐ καθέκαστα. δεῖ δή, εἴπερ ἐνεργείᾳ ἔσονται οἱ ἐν εἴδει,
τὴν ἀπ' αὐτοῦ ἐνέργειαν αἰτίαν γίγνεσθαι.

21. Πῶς οὖν μένων αὐτὸς ἓν τῷ λόγῳ τὰ ἐν μέρει ποιεῖ;
τοῦτο δὲ ταὐτὸν πῶς ἐκ τῶν τεττάρων ἐκείνων τὰ
λεγόμενα ἐφεξῆς. ὅρα τοίνυν ἐν τούτῳ τῷ μεγάλῳ νῷ
καὶ ἀμηχάνῳ, οὐ πολυλάλῳ ἀλλὰ πολύνῳ νῷ, τῷ πάντα
5 νῷ καὶ ὅλῳ καὶ οὐ μέρει οὐδὲ τινὶ νῷ, ὅπως ἔνι τὰ πάντα
ἐξ αὐτοῦ. ἀριθμὸν δὴ πάντως ἔχει ἐν τούτοις οἷς ὁρᾷ,
καὶ ἔστι δὲ ἓν καὶ πολλά, καὶ ταῦτα δὲ δυνάμεις καὶ θαυ-
μασταὶ δυνάμεις οὐκ ἀσθενεῖς, ἀλλ' ἅτε καθαραὶ οὖσαι
μέγισταί εἰσι καὶ οἷον σφριγῶσαι καὶ ἀληθῶς δυνάμεις, οὐ
10 τὸ μέχρι τινὸς ἔχουσαι· ἄπειροι τοίνυν καὶ ἀπειρία καὶ τὸ
μέγα. τοῦτο τοίνυν τὸ μέγα σὺν τῷ ἐν αὐτῷ καλῷ τῆς
οὐσίας καὶ τῇ περὶ αὐτὸ ἀγλαΐᾳ καὶ τῷ φωτὶ ὡς ἐν νῷ
ὄντα ἰδὼν ὁρᾷς καὶ τὸ ποιὸν ἤδη ἐπανθοῦν, μετὰ δὲ τοῦ
συνεχοῦς τῆς ἐνεργείας μέγεθος προφαινόμενον τῇ σῇ
15 προσβολῇ ἐν ἡσύχῳ κείμενον, ἑνὸς δὲ καὶ δύο ὄντων καὶ
τριῶν καὶ τὸ μέγεθος τριττὸν ὂν καὶ τὸ ποσὸν πᾶν. τοῦ
δὲ ποσοῦ ἐνορωμένου καὶ τοῦ ποιοῦ καὶ ἄμφω εἰς ἓν ἰόντων
καὶ οἷον γινομένων καὶ σχῆμα ὅρα. εἰσπίπτοντος δὲ τοῦ
θατέρου καὶ διαιροῦντος καὶ τὸ ποσὸν καὶ τὸ ποιὸν σχη-
20 μάτων τε διαφοραὶ καὶ ποιότητος ἄλλαι. καὶ ταυτότης μὲν

---

21. 2 τεττάρων cf. VI. 2. 19. 1

---

20. 25 ὃ δ' (quod autem) w: ὁ δ' BxUC   26 αὐτὸν Kirchhoff
27 τῶν² genetiuus possessoris   28 οἱ: οἷον w   21. 2 post ταὐτὸν
add. τῷ Kirchhoff, sed cf. III. 3. 3. 9; IV. 4. 12. 25 et 45; VI. 3. 11. 19;
VI. 4. 7. 2; VI. 7. 12. 20   3 τῷ R: om. wBJUC   12 περὶ: περὶ τὸ x
13 ὄντα neutrum   16 καὶ τὸ μέγεθος scil. ὁρᾷς   17 τοῦ om. x
18 γινομένων scil. ἔν   19 καὶ τὸ ποσὸν καὶ τὸ ποιὸν obiecta ad διαιροῦντος
20 ποιότητος BxC: ποιότητες wU

συνοῦσα ἰσότητα ποιεῖ εἶναι, ἑτερότης δὲ ἀνισότητα ἐν
ποσῷ ἕν τε ἀριθμῷ ἕν τε μεγέθει, ἐξ ὧν καὶ κύκλους καὶ
τετράγωνα καὶ τὰ ἐξ ἀνίσων σχήματα, ἀριθμούς τε ὁμοίους
καὶ ἀνομοίους, περιττούς τε καὶ ἀρτίους. οὖσα γὰρ ἔννους
ζωὴ καὶ ἐνέργεια οὐκ ἀτελὴς οὐδὲν παραλείπει ὧν εὑρί- 25
σκομεν νῦν νοερὸν ἔργον ὄν, ἀλλὰ πάντα ἔχει ἐν τῇ αὑτῆς
δυνάμει ὄντα αὐτὰ ἔχουσα ὡς ἂν νοῦς ἔχοι. ἔχει δὲ
νοῦς ὡς ἐν νοήσει, νοήσει δὲ οὐ τῇ ἐν διεξόδῳ· παρα-
λέλειπται δὲ οὐδὲν τῶν ὅσα λόγοι, ἀλλ᾽ ἔστιν εἷς οἷον
λόγος, μέγας, τέλειος, πάντας περιέχων, ἀπὸ τῶν πρώτων 30
αὐτοῦ ἐπεξιών, μᾶλλον δὲ ἀεὶ ἐπεξελθών, ὥστε μηδέποτε τὸ
ἐπεξιέναι ἀληθὲς εἶναι. ὅλως γὰρ πανταχοῦ, ὅσα ἄν τις ἐκ
λογισμοῦ λάβοι ἐν τῇ φύσει ὄντα, ταῦτα εὑρήσει ἐν νῷ ἄνευ
λογισμοῦ ὄντα, ὥστε νομίζειν τὸ ὂν νοῦν λελογισμένον οὕτω
ποιῆσαι, οἷον καὶ ἐπὶ τῶν λόγων τῶν τὰ ζῷα ποιούντων· 35
ὡς γὰρ ἂν ὁ ἀκριβέστατος λογισμὸς λογίσαιτο ὡς ἄριστα,
οὕτως ἔχει πάντα ἐν τοῖς λόγοις πρὸ λογισμοῦ οὖσι. τί χρὴ
προσδοκᾶν ἐν τοῖς ⟨ἀνωτέρω⟩ πρὸ φύσεως καὶ τῶν λόγων
τῶν ἐν αὐτῇ [ἐν τοῖς ἀνωτέρω] εἶναι; ἐν οἷς γὰρ ἡ οὐσία
οὐκ ἄλλο τι ἢ νοῦς, καὶ οὐκ ἐπακτὸν οὔτε τὸ ὂν αὐτοῖς 40
οὔτε ὁ νοῦς, ἀμογητὶ ⟨πᾶν⟩ ἂν εἴη ἄριστα ἔχον, εἴπερ κατὰ
νοῦν κείσεται, καὶ τοῦτο ὄν, ὃ θέλει νοῦς καὶ ἔστι· διὸ
καὶ ἀληθινὸν καὶ πρῶτον· εἰ γὰρ παρ᾽ ἄλλου, ἐκεῖνο νοῦς.
σχημάτων δὴ πάντων ὀφθέντων ἐν τῷ ὄντι καὶ ποιότητος
ἁπάσης—ἣν γὰρ οὔ τις· οὐδὲ γὰρ ἦν εἶναι μίαν τῆς θατέρου 45
φύσεως ἐνούσης, ἀλλὰ μία καὶ πολλαί· καὶ γὰρ ταυτότης
ἦν· ἓν δὲ καὶ πολλά, καὶ ἐξ ἀρχῆς τὸ τοιοῦτον ὄν, ὥστε ἐν
πᾶσιν εἴδεσι τὸ ἓν καὶ πολλά· μεγέθη δὴ διάφορα καὶ σχή-

21. 22 κύκλους Müller: κύκλος Enn.   **27** ὄντα αὐτὰ ἔχουσα ea ut
ὄντα habens   ante ὡς add. καὶ w   **36** λογισμὸς: νοῦς w
38 ⟨ἀνωτέρω⟩ e lin. 39 transp. Igal, *Emerita* 43, 1975, 181   **39** αὐτῇ:
αὐτοῖς x   ἐν τοῖς ἀνωτέρω del. H–S[1]   **41** ⟨πᾶν⟩ Igal   ἂν εἴη
ἄριστα: ἄριστα ἂν x   **48** δὴ om. w

ματα διάφορα καὶ ποιότητες διάφοροι· οὐ γὰρ ἦν οὐδὲ θεμι-
50 τὸν ἦν παραλελεῖφθαι οὐδέν· τέλειον γὰρ ἐκεῖ τὸ πᾶν ἢ οὐκ
ἂν ἦν πᾶν—καὶ ζωῆς ἐπιθεούσης, μᾶλλον δὲ συνούσης παν-
ταχοῦ, πάντα ἐξ ἀνάγκης ζῷα ἐγίνετο, καὶ ἦν καὶ σώματα
ὕλης καὶ ποιότητος ὄντων. γενομένων δὲ πάντων ἀεὶ καὶ
μενόντων καὶ ἐν τῷ εἶναι αἰῶνι περιληφθέντων, χωρὶς μὲν
55 ἕκαστον ὅ ἐστιν ὄντων, ὁμοῦ δ' αὖ ἐν ἑνὶ ὄντων, ἡ πάντων
ἐν ἑνὶ ὄντων οἷον συμπλοκὴ καὶ σύνθεσις νοῦς ἐστι. καὶ
ἔχων μὲν τὰ ὄντα ἐν αὑτῷ ζῷόν ἐστι παντελὲς καὶ ὅ
ἐστι ζῷον, τῷ δ' ἐξ αὑτοῦ ὄντι παρέχων ἑαυτὸν ὁρᾶσθαι
νοητὸν γενόμενος ἐκείνῳ δίδωσιν ὀρθῶς λέγεσθαι.

22. Καὶ ᾐνιγμένως Πλάτωνι τὸ ᾗπερ οὖν νοῦς
ἐνούσας ἰδέας ἐν τῷ παντελεῖ ζῴῳ οἷαί τε ἔνεισι
καὶ ὅσαι καθορᾷ. ἐπεὶ καὶ ψυχὴ μετὰ νοῦν, καθόσον
ψυχὴ ἔχουσα ἐν αὑτῇ, ἐν τῷ πρὸ αὑτῆς βέλτιον καθορᾷ·
5 καὶ ὁ νοῦς ἡμῶν ἔχων ἐν τῷ πρὸ αὑτοῦ βέλτιον καθορᾷ·
ἐν μὲν γὰρ αὑτῷ καθορᾷ μόνον, ἐν δὲ τῷ πρὸ αὑτοῦ καὶ
καθορᾷ ὅτι καθορᾷ. ὁ δὴ νοῦς οὗτος, ὃν φαμεν καθορᾶν,
οὐκ ἀπαλλαγεὶς τοῦ πρὸ αὑτοῦ ἐξ αὑτοῦ ὤν, ἅτε ὢν ἐξ
ἑνὸς πολλὰ καὶ τὴν τοῦ θατέρου φύσιν συνοῦσαν ἔχων,
10 εἰς πολλὰ γίνεται. εἷς δὲ νοῦς καὶ πολλὰ ὢν καὶ τοὺς
πολλοὺς νοῦς ποιεῖ ἐξ ἀνάγκης τῆς τοιαύτης. ὅλως δὲ
οὐκ ἔστι τὸ ἓν ἀριθμῷ λαβεῖν καὶ ἄτομον· ὅ τι γὰρ ἂν λάβῃς,
εἶδος· ἄνευ γὰρ ὕλης. διὸ καὶ τοῦτο αἰνιττόμενος ὁ Πλάτων
εἰς ἄπειρά φησι κατακερματίζεσθαι τὴν οὐσίαν.

---

21. 57-8 et 22. 1-3 = Plat. Tim. 31 b 1 et 39 e 7-9   22. 14 = Plat.
Parm. 144 b 4-c 1

---

21. 49 ἦν = δυνατὸν ἦν   53 ὄντων neutrum, nam ὕλη et ποιότης res
sunt   55 ἕκαστον ὅ ἐστιν: ἑκάστων ἃ ἔστιν Volkmann   57 ἔσται x
59 ἐκείνῳ: ἐκείνων w: ἐκεῖ νῷ Igal   22. 1 ᾐνιγμένος w   4-5 ἔχουσα
et ἔχων scil. ἃ ἔχει   10 εἷς¹: εἰς w   νοῦς subiectum, εἷς² et πολλὰ²
praedicata   10-11 τοὺς πολλοὺς: τὰ πολλὰ w   12 λάβῃς wBC:
λάβοις xU   13 ἄνευ γὰρ ὕλης scil. ὁ νοῦς

ἕως μὲν γὰρ εἰς ἄλλο εἶδος, οἷον ἐκ γένους, οὔπω ἄπειρον· 15
περατοῦται γὰρ τοῖς γεννηθεῖσιν εἴδεσι· τὸ δ' ἔσχατον
εἶδος ὃ μὴ διαιρεῖται εἰς εἴδη, μᾶλλον ἄπειρον. καὶ τοῦτό
ἐστι τὸ τότε δὲ ἤδη εἰς τὸ ἄπειρον μεθέντα
ἐᾶν χαίρειν. ἀλλ' ὅσον μὲν ἐπ' αὐτοῖς, ἄπειρα· τῷ δὲ
ἑνὶ περιληφθέντα εἰς ἀριθμὸν ἔρχεται ἤδη. νοῦς μὲν οὖν 20
ἔχει τὸ μεθ' ἑαυτὸν ψυχήν, ὥστε ἐν ἀριθμῷ εἶναι καὶ
ψυχὴν μέχρι τοῦ ἐσχάτου αὐτῆς, τὸ δὲ ἔσχατον αὐτῆς ἤδη
ἄπειρον παντάπασι. καὶ ἔστι νοῦς μὲν ὁ τοιοῦτος μέρος,
καίπερ τὰ πάντα ἔχων καὶ ὁ πᾶς, †καὶ οἱ αὐτοῦ μέρη
ἐνεργείᾳ ὄντος αὐτοῦ ὄντες μέρος,† ψυχὴ δὲ μέρος 25
μέρους, ἀλλ' ὡς ἐνέργεια ἐξ αὐτοῦ. ὅτε μὲν γὰρ ἐν αὐτῷ
ἐνεργεῖ, τὰ ἐνεργούμενα οἱ ἄλλοι νοῖ, ὅτε δὲ ἐξ αὐτοῦ,
ψυχή. ψυχῆς δὲ ἐνεργούσης ὡς γένους ἢ εἴδους αἱ ἄλλαι
ψυχαὶ ὡς εἴδη. καὶ τούτων αἱ ἐνέργειαι διτταί· ἡ μὲν
πρὸς τὸ ἄνω νοῦς, ἡ δὲ πρὸς τὸ κάτω αἱ ἄλλαι δυνάμεις 30
κατὰ λόγον, ἡ δὲ ἐσχάτη ὕλης ἤδη ἐφαπτομένη καὶ
μορφοῦσα. καὶ τὸ κάτω αὐτῆς τὸ ἄλλο πᾶν οὐ κωλύει εἶναι
ἄνω. ἢ καὶ τὸ κάτω λεγόμενον αὐτῆς ἴνδαλμά ἐστιν
αὐτῆς, οὐκ ἀποτετμημένον δέ, ἀλλ' ὡς τὰ ἐν τοῖς
κατόπτροις, ἕως ἂν τὸ ἀρχέτυπον παρῇ ἔξω. δεῖ δὲ 35
λαβεῖν, πῶς τὸ ἔξω. καὶ μέχρι τοῦ πρὸ τοῦ εἰδώλου ὁ
νοητὸς κόσμος ἅπας τέλεος ἐκ πάντων νοητῶν, ὥσπερ
ὅδε μίμημα ὢν ἐκείνου, καθόσον οἷόν τε ἀποσῴζειν εἰκόνα
ζῴου ζῷον αὐτό, ὡς τὸ γεγραμμένον ἢ τὸ ἐν ὕδατι φάν-
τασμα τοῦ πρὸ ὕδατος καὶ γραφῆς δοκοῦντος εἶναι. τὸ δὲ 40

---

22. 18-19 = Plat. *Phileb.* 16 e 1-2   39-40 cf. Plat. *Resp.* 510 a 1

---

22. 23 νοῦς ὁ τοιοῦτος i.e. intellectus in VI. 2. 20-22 descriptus   24 ὁ
πᾶς scil. ὤν   24-5 καὶ² — μέρος¹ locus nondum sanatus   24 οἱ αὐτοῦ
scil. νοῖ   25 ἐνεργείᾳ — ὄντες μέρος: ⟨ᾗ⟩ ἐνέργειαι [ὄντος] αὐτοῦ ὄντος
μέρος Igal   26 ἐνέργεια BUC: ἐνεργείᾳ wx   27 ἐνεργεῖ (subiectum
ὁ νοῦς): ἐνέργεια x   32 ἄλλο: ἄνω x   39 ὡς τὸ: ὥστε w

μίμημα τὸ ἐν γραφῇ καὶ ὕδατι οὐ τοῦ συναμφοτέρου, ἀλλὰ
τοῦ ἑτέρου τοῦ μορφωθέντος ὑπὸ θατέρου. νοητοῦ τοίνυν
εἰκὼν ἔχουσα ἰνδάλματα οὐ τοῦ πεποιηκότος, ἀλλὰ τῶν
περιεχομένων ἐν τῷ πεποιηκότι, ὧν καὶ ἄνθρωπος καὶ ἄλλο
45 πᾶν ζῷον· ζῷον δὲ καὶ τοῦτο καὶ τὸ πεποιηκός, ἄλλως
ἑκάτερον καὶ ἄμφω ἐν νοητῷ.

22. 42-3 cf. Plat. *Tim.* 92 c 7

VI 3 (44)

ΠΕΡΙ ΤΩΝ ΓΕΝΩΝ ΤΟΥ ΟΝΤΟΣ ΤΡΙΤΟΝ

1. Περὶ μὲν τῆς οὐσίας ὅπῃ δοκεῖ, καὶ ὡς συμφώνως
ἂν ἔχοι πρὸς τὴν τοῦ Πλάτωνος δόξαν, εἴρηται. δεῖ δὲ καὶ
περὶ τῆς ἑτέρας φύσεως ἐπισκέψασθαι, πότερα τὰ αὐτὰ
γένη θετέον, ἅπερ κἀκεῖ ἐθέμεθα, ἢ πλείω ἐνταῦθα πρὸς
ἐκείνοις ἄλλα τιθέντας ἢ ὅλως ἕτερα, ἢ τὰ μὲν ὡς ἐκεῖ, τὰ 5
δ' ἄλλως. δεῖ μέντοι τὸ "ταὐτὰ" ἀναλογίᾳ καὶ ὁμωνυμίᾳ
λαμβάνειν· τοῦτο δὲ φανήσεται γνωσθέντων. ἀρχὴ δὲ ἡμῖν
ἥδε· ἐπειδὴ περὶ τῶν αἰσθητῶν ὁ λόγος ἡμῖν, πᾶν δὲ τὸ
αἰσθητὸν τῷδε τῷ κόσμῳ περιείληπται, περὶ τοῦ κόσμου
ἀναγκαῖον ἂν εἴη [ζητεῖν διαιροῦντας] τὴν φύσιν αὐτοῦ καὶ 10
ἐξ ὧν ἐστι ⟨ζητεῖν⟩ διαιροῦντας κατὰ γένη θεῖναι, ὥσπερ
ἂν εἰ τὴν φ ω ν ὴ ν διῃρούμεθα ἄ π ε ι ρ ο ν οὖσαν εἰς ὡρισμένα
ἀνάγοντες τὸ ἐν πολλοῖς ταὐτὸν εἰς ἕν, εἶτα πάλιν ἄλλο
καὶ ἕτερον αὖ, ἕως εἰς ἀριθμόν τινα θέντες ἕκαστον αὐτῶν,
τὸ μὲν ἐπὶ τοῖς ἀτόμοις εἶδος λέγοντες, τὸ δ' ἐπὶ τοῖς 15
εἴδεσι γένος. τὸ μὲν οὖν ἐπὶ τῆς φωνῆς ἕκαστον εἶδος καὶ
ὁμοῦ πάντα τὰ φανέντα εἰς ἓν ἦν ἀνάγειν, καὶ κατηγορεῖν
πάντων σ τ ο ι χ ε ῖ ο ν ἢ φωνήν· ἐπὶ δὲ ὧν ζητοῦμεν οὐχ οἷόν
τε, ὡς δέδεικται. διὸ δεῖ πλείω γένη ζητεῖν, καὶ ἐν τῷδε

Enn. = w(= AE) B x(= RJ) U C

---

1. 2 εἴρηται cf. VI. 2   2-7 cf. VI. 1. 1. 19-25 et VI. 3. 5. 1-7
12-18 cf. Plat. Phileb. 17 b-18 c   12 = ibid. 17 b 3-4 et 18 b 6
13-14 cf. ibid. 18 a 9-b 3   18 = ibid. 18 c 6   19 δέδεικται cf. VI.
1. 3. 6-22 et 25. 3-10   19-21 cf. VI. 3. 1. 2-7

Tit. τρίτον om. w   1. 10-11 [ζητεῖν διαιροῦντας] et ⟨ζητεῖν⟩ coniecimus
10 αὐτῶν x   12 φωνὴν sonus uel uox, cf. Plat. Phileb. 18 b 6   14 ἕως
(ὡς x) εἰς usque ad   19 ἐν om. w

20 τῷ παντὶ ἔτερα ἐκείνων, ἐπειδὴ καὶ ἔτερον τοῦτο ἐκείνου
καὶ οὐ συνώνυμον, ὁμώνυμον δὲ καὶ εἰκών. ἀλλ᾽ ἐπεὶ καὶ
ἐνταῦθα ἐν τῷ μίγματι καὶ ἐν τῇ συνθέσει τὸ μέν ἐστι σῶμα,
τὸ δὲ ψυχή—ζῷον γὰρ τὸ πᾶν—ἡ δὲ ψυχῆς φύσις ἐν ἐκείνῳ
τῷ νοητῷ καὶ οὐδ᾽ ἁρμόσει οὐδ᾽ εἰς οὐσίας τῆς ἐνταῦθα
25 λεγομένης σύνταξιν, ἀφοριστέον, εἰ καὶ χαλεπῶς, ὅμως μὴν
τῆς ἐνταῦθα πραγματείας, ὥσπερ ἂν εἴ τις βουλόμενος
τοὺς πολίτας συντάξαι πόλεώς τινος, οἷον κατὰ τιμήσεις
ἢ τέχνας, τοὺς ἐπιδημοῦντας ξένους παραλίποι χωρίς.
περὶ δὲ τῶν παθημάτων, ὅσα μετὰ τοῦ σώματος ἢ διὰ τὸ
30 σῶμα περὶ ψυχὴν συμβαίνει, περὶ τούτων ἐπισκεπτέον
ὕστερον, ὅπως τακτέον, ὅταν περὶ τῶν ἐνταῦθα ζητῶμεν.
   2. Καὶ πρῶτον περὶ τῆς λεγομένης οὐσίας θεωρητέον
συγχωροῦντας τὴν περὶ τὰ σώματα φύσιν ὁμωνύμως ἢ οὐδὲ
ὅλως οὐσίαν διὰ τὸ ἐφαρμόττειν τὴν ἔννοιαν ῥεόντων,
ἀλλὰ γένεσιν οἰκείως λέγεσθαι. εἶτα τῆς γενέσεως τὰ μὲν
5 τοιά, τὰ δὲ τοιά· καὶ τὰ μὲν σώματα εἰς ἕν, τά τε ἁπλᾶ
τά τε σύνθετα, τὰ δὲ συμβεβηκότα ἢ παρακολουθοῦντα,
διαιροῦντας ἀπ᾽ ἀλλήλων καὶ ταῦτα. ἢ τὸ μὲν ὕλην, τὸ δὲ
εἶδος ἐπ᾽ αὐτῇ, καὶ χωρὶς ἑκάτερον ὡς γένος ἢ ὑφ᾽ ἓν
ἄμφω, ὡς οὐσίαν ἑκάτερον ὁμωνύμως ἢ γένεσιν· ἀλλὰ τί
10 τὸ κοινὸν ἐπὶ ὕλης καὶ εἴδους; πῶς δὲ γένος ἡ ὕλη καὶ
τίνων; τίς γὰρ διαφορὰ ὕλης; ἐν τίνι δὲ τὸ ἐξ ἀμφοῖν
τακτέον; εἰ δὲ τὸ ἐξ ἀμφοῖν εἴη αὐτὸ ἡ σωματικὴ οὐσία,
ἐκείνων δὲ ἑκάτερον οὐ σῶμα, πῶς ἂν ἐν ἑνὶ τάττοιτο καὶ
τῷ αὐτῷ μετὰ τοῦ συνθέτου; πῶς δ᾽ ἂν τὰ στοιχεῖά τινος
15 μετ᾽ αὐτοῦ; εἰ δ᾽ ἀπὸ τῶν σωμάτων ἀρχοίμεθα, ἀρχοί-

---

1. 31 ὕστερον cf. VI. 3. 16. 40–7   2. 4 γένεσιν cf. Plat. Soph. 246 c 1
10–11 cf. VI. 3. 3. 7–8   14–16 cf. Plat. Tim. 48 b 8–c 1

1. 20 τοῦτο i.e. τόδε τὸ πᾶν, ἐκείνου scil. τοῦ νοητοῦ κόσμου   21 ἐπεί:
ἐπειδὴ w   27 τιμήσεις census   29 δὲ om. x   2. 6 δὲ Theiler: τε
Enn.   9 ἑκάτερος x

μεθ' ἂν ἀπὸ συλλαβῶν. διὰ τί δὲ οὐκ ἀνάλογον, εἰ καὶ μὴ
κατὰ ταὐτὰ ἡ διαίρεσις, λέγοιμεν ἂν ἀντὶ μὲν τοῦ ἐκεῖ
ὄντος ἐνταῦθα τὴν ὕλην, ἀντὶ δὲ τῆς ἐκεῖ κινήσεως ἐνταῦθα
τὸ εἶδος, οἷον ζωήν τινα καὶ τελείωσιν τῆς ὕλης, τῆς δὲ
ὕλης τὴν οὐκ ἔκστασιν κατὰ τὴν στάσιν, καὶ τὸ ταὐτὸν καὶ   20
θάτερον οὔσης καὶ ἐνταῦθα ἑτερότητος πολλῆς καὶ ἀν-
ομοιότητος μᾶλλον; ἢ πρῶτον μὲν ἡ ὕλη οὐχ οὕτως ἔχει
καὶ λαμβάνει τὸ εἶδος ὡς ζωὴν αὐτῆς οὐδὲ ἐνέργειαν
αὐτῆς, ἀλλ' ἔπεισιν ἀλλαχόθεν οὐκ ὄν τι ἐκείνης. εἶτα
ἐκεῖ τὸ εἶδος ἐνέργεια καὶ κίνησις, ἐνταῦθα δὲ ἡ κίνησις   25
ἄλλο καὶ συμβεβηκός· τὸ δὲ εἶδος στάσις αὐτῆς μᾶλλον καὶ
οἷον ἡσυχία· ὁρίζει γὰρ ἀόριστον οὖσαν. τό τε ταὐτὸν ἐκεῖ
καὶ τὸ ἕτερον ἑνὸς τοῦ αὐτοῦ καὶ ἑτέρου ὄντος, ἐνταῦθα δὲ
ἕτερον μεταλήψει, καὶ πρὸς ἄλλο, καί τι ταὐτὸν καὶ ἕτερον,
οὐδ' ὡς ἐκεῖ εἴη ἄν τι ἐν τοῖς ὑστέροις τι ταὐτὸν καί τι   30
ἕτερον. στάσις δὲ τῆς ὕλης πῶς ἐπὶ πάντα ἑλκομένης μεγέθη
καὶ ἔξωθεν τὰς μορφὰς καὶ οὐκ αὐτάρκους ἑαυτῇ μετὰ τού-
των τὰ ἄλλα γεννᾶν; ταύτην μὲν οὖν τὴν διαίρεσιν ἀφετέον.

3. Πῶς δέ, λέγωμεν· ἔστι δὴ πρῶτον οὕτως, τὸ μὲν
ὕλην εἶναι, τὸ δὲ εἶδος, τὸ δὲ μικτὸν ἐξ ἀμφοῖν, τὰ δὲ περὶ
ταῦτα· τῶν δὲ περὶ ταῦτα τὰ μὲν κατηγορούμενα μόνον,

---

2. 17-22 cf. Plat. Soph. 254 d 4-255 a 1   27 οἷον ἡσυχία cf. VI. 3. 27. 4
27 ἀόριστον cf. Aristot. Metaph. A 8. 989ᵇ18   3. 1-2 cf. ibid. H 2.
1043ᵃ27-8 et VI. 1. 2. 9 et VI. 3. 4. 1 et 4. 26-7   3-4 cf. Aristot.
Anal. post. A 22. 83ᵃ25-8

2. 21 ⟨ταὐτότητος καὶ⟩ ἑτερότητος Harder   24 ἀλλαχόθι w
26 αὐτῆς i.e. τῆς ὕλης   28 ἑνὸς scil. ἐστι   29 ἕτερον μεταλήψει et
πρὸς ἄλλο et τι ταὐτὸν καὶ ἕτερον praedicata, subiectum uero subintel-
legendum τὸ ταὐτὸν καὶ τὸ ἕτερον   τι aliquid particulare, non uero
uniuersale ut illic   30 οὐδ' ὡς ἐκεῖ neque ut illic i.e. aliter atque illic
30 τι ἐν τοῖς ὑστέροις praedicatum   30-1 τι ταὐτὸν καί τι ἕτερον
(subiectum) del. Müller   31-2 ἑλκομένης medium, μεγέθη et μορφὰς
obiecta   32-3 τούτων i.e. τῶν μορφῶν   3. 1 πῶς δέ scil. διαιρετέον
1 λέγομεν w   3 ταῦτα scil. ὕλην, εἶδος, μικτόν   κατηγορούμενα cf.
lin. 19

τὰ δὲ καὶ συμβεβηκότα· τῶν δὲ συμβεβηκότων τὰ μὲν ἐν
5 αὐτοῖς, τὰ δὲ αὐτὰ ἐν ἐκείνοις, τὰ δὲ ἐνεργήματα αὐτῶν,
τὰ δὲ πάθη, τὰ δὲ παρακολουθήματα. καὶ τὴν μὲν ὕλην
κοινὸν μὲν καὶ ἐν πάσαις ταῖς οὐσίαις, οὐ μὴν γένος, ὅτι
μηδὲ διαφορὰς ἔχει, εἰ μή τις τὰς διαφορὰς κατὰ τὸ τὴν
μὲν πυρίνην, τὴν δὲ τὴν ἀέρος μορφὴν ἔχειν. εἰ δέ τις
10 ἀρκοῖτο τῷ κοινῷ τῷ ἐν πᾶσιν οἷς ἐστιν ὕλην εἶναι, ἢ ὡς
ὅλον πρὸς μέρη, ἄλλως γένος ἂν εἴη· καὶ στοιχεῖον δὲ ἐν
τοῦτο δυναμένου καὶ τοῦ στοιχείου γένους εἶναι. τὸ δὲ
εἶδος προσκειμένου τοῦ "περὶ ὕλην" ἢ "ἐν ὕλῃ" τῶν μὲν
ἄλλων εἰδῶν χωρίζει, οὐ μὴν περιλαμβάνει πᾶν εἶδος
15 οὐσιῶδες. εἰ δὲ εἶδος λέγομεν τὸ ποιητικὸν οὐσίας καὶ
λόγον τὸν οὐσιώδη κατὰ τὸ εἶδος, οὔπω τὴν οὐσίαν εἴπομεν
πῶς δεῖ λαμβάνειν. τὸ δὲ ἐξ ἀμφοῖν εἰ τοῦτο μόνον οὐσίαν,
ἐκεῖνα οὐκ οὐσίας· εἰ δὲ κἀκεῖνα καὶ τοῦτο, τί τὸ κοινὸν
σκεπτέον. τὰ δὲ κατηγορούμενα μόνον ἐν τῷ πρός τι ἂν
20 εἴη, οἷον αἴτιον εἶναι, στοιχεῖον εἶναι. τῶν δὲ ἐν αὐτοῖς
συμβεβηκότων τὸ μὲν ποσὸν εἶναι, τὸ δὲ ποιὸν εἶναι, ἃ ἐν
αὐτοῖς· τὰ δ' αὐτὰ ἐν ἐκείνοις ὡς τόπος καὶ χρόνος, τὰ δὲ
ἐνεργήματα αὐτῶν καὶ πάθη ὡς κινήσεις, τὰ δὲ παρακο-
λουθήματα ὡς τόπος καὶ χρόνος, ὁ μὲν τῶν συνθέτων, ὁ

---

3. 7-8 cf. VI. 3. 2. 10-11   20 cf. VI. 3. 28. 8   23-4 παρακολουθήματα
cf. Epicurus *Fr.* 294 Usener (= Stob. *Anth.* i. 8. 40 b, t. i, p. 103. 6) et
Chrysippus *Stoic. Vet. Fr.* ii, n. 509 et III. 7. 10. 1

---

3. 4 συμβεβηκότα cf. lin. 21   4-5 ἐν αὐτοῖς (cf. lin. 21-2) scil. τοῖς
τρισίν   5 αὐτοῖς: ταύτοῖς x   τὰ δὲ αὐτὰ alia autem ipsa   ἐν
ἐκείνοις scil. τοῖς συμβεβηκόσι, cf. lin. 22   5-6 ἐνεργήματα, πάθη,
παρακολουθήματα cf. lin. 23-4   8 εἰ: οὐ x   9 πυρίνην scil. μορφὴν
ἔχειν   11-12 καὶ—εἶναι et elementum unum esset hoc (i.e. materia),
si elementum quoque genus esse posset, quod negat Plot. VI. 2. 2. 16-19
13 ὕλην: τὴν ὕλην w   14 χωρίζει et περιλαμβάνει subiectum τις
19-24 κατηγορούμενα—παρακολουθήματα cf. lin. 3-6   22 τὰ δ' αὐτὰ ea
autem ipsa   τόπος καὶ χρόνος (neglegenter pro ἐν τόπῳ καὶ ἐν χρόνῳ, cf.
lin. 27, i.e. που et ποτέ, cf. VI. 1. 13. 13-14 et 14. 1-16): an ὡς
τόπος καὶ χρόνος delendum ut e lin. 24 huc insertum?

δὲ τῆς κινήσεως ὁ χρόνος. καὶ τὰ μὲν τρία εἰς ἕν, ⟨εἰ⟩ 25
εὔροιμεν κοινόν τι τὴν ἐνταῦθα ὁμώνυμον οὐσίαν· εἶτα τὰ
ἄλλα ἐφεξῆς, πρός τι, ποσόν, ποιόν, ἐν τόπῳ, ἐν χρόνῳ,
κίνησις, τόπος, χρόνος. ἢ λειφθέντος τόπου καὶ χρόνου
περιττὸν τὸ ἐν χρόνῳ καὶ τόπῳ, ὥστε εἶναι πέντε, ὡς ἓν τῶν
πρώτων τριῶν· εἰ δὲ μὴ εἰς ἓν τὰ τρία, ἔσται ὕλη, εἶδος, 30
συναμφότερον, πρός τι, ποσόν, ποιόν, κίνησις. ἢ καὶ ταῦτα
εἰς τὰ πρός τι· περιεκτικὸν γὰρ μᾶλλον.

4. Τί οὖν ταὐτὸν ἐν τοῖς τρισί, καὶ τί ἔσται, ὃ ταῦτα
ποιεῖ οὐσίαν τὴν ἐν τούτοις; ἆρα ὑποβάθραν τινὰ τοῖς
ἄλλοις; ἀλλ᾽ ἡ μὲν ὕλη ὑποβάθρα καὶ ἕδρα δοκεῖ τῷ εἴδει
εἶναι, ὥστε τὸ εἶδος οὐκ ἔσται ἐν οὐσίᾳ. τό τε σύνθετον
ἄλλοις ὑποβάθρα καὶ ἕδρα, ὥστε καὶ τὸ εἶδος μετὰ τῆς 5
ὕλης ὑποβεβλήσεται τοῖς συνθέτοις ἢ πᾶσί γε τοῖς μετὰ
τὸ σύνθετον, οἷον ποσῷ, ποιῷ, κινήσει. ἀλλ᾽ ἆρα τὸ "μὴ
ἑτέρου" ὃ λέγεται; λευκὸν μὲν γὰρ καὶ μέλαν ἄλλου τοῦ
λελευκωμένου, καὶ τὸ διπλάσιον δὲ ἑτέρου—λέγω δὲ οὐ τοῦ
ἡμίσεος εἶναι, ἀλλὰ ξύλον διπλάσιον—καὶ πατὴρ ἄλλου ᾗ 10
πατήρ ἐστι, καὶ ἡ ἐπιστήμη δὲ ἄλλου τοῦ ἐν ᾧ, καὶ τόπος
δὲ πέρας ἄλλου, καὶ χρόνος μέτρον ἄλλου. πῦρ δὲ οὐκ
ἄλλου, οὐδὲ ξύλον καθὸ ξύλον ἄλλου, οὐδ᾽ ἄνθρωπος ἄλλου,
οὐδὲ Σωκράτης, οὐδ᾽ ὅλως ἡ σύνθετος οὐσία οὐδὲ τὸ
κατὰ τὴν οὐσίαν εἶδος ἄλλου, ὅτι οὐκ ἄλλου πάθος ἦν. 15

---

3. 28-9 cf. VI. 1. 14. 19-23   4. 1 cf. VI. 1. 2. 9 et VI. 3. 3.
1-2   3 ὑποβάθρα cf. VI. 1. 28. 17, ἕδρα = Plat. *Tim.* 52 b 1   8 cf.
VI. 1. 3. 19   11-12 cf. VI. 3. 5. 30 et 34   14 = Aristot. *Metaph.*
H 3. 1043ᵃ30

---

3. 25 ὁ χρόνος del. Kirchhoff   ⟨εἰ⟩ Igal, cf. lin. 30   26 τὴν: τὰ
w   28 λειφθέντος (*omisso*) coniecimus: ληφθέντος *Enn.*   29 ἐν: ἐν
τῷ x   πέντε cf. Simpl. *In Categ.* 9, p. 342. 30 οὐσίαν, ποσόν, ποιόν, πρός
τι, κίνησιν   31 καὶ ταῦτα nempe *etiam* ποσόν, ποιόν, κίνησις aeque ac
τόπος, χρόνος, cf. VI. 3. 11. 6-10   4. 7-8 τὸ "μὴ ἑτέρου" praedicatum,
subiectum uero ταὐτόν   9 δὲ¹ om. x

οὐ γὰρ τῆς ὕλης εἶδος, τοῦ δὲ συναμφοτέρου μέρος·
τὸ δὲ τοῦ ἀνθρώπου εἶδος καὶ ὁ ἄνθρωπος ταὐτόν·
καὶ ἡ ὕλη μέρος ὅλου καὶ ἄλλου ὡς τοῦ ὅλου, οὐχ ὡς
ἑτέρου ὄντος ἐκείνου, οὗ λέγεται· λευκὸν δὲ ὃ λέγεται
20 εἶναι, ἑτέρου ἐστίν. ὃ οὖν ἄλλου ὂν ἐκείνου λέγεται,
οὐκ οὐσία· οὐσία τοίνυν, ὃ ὅπερ ἐστὶν αὐτοῦ ἐστιν,
ἢ μέρος ὂν τοιούτου συμπληρωτικόν ἐστι συνθέτου· ὄντος
μὲν αὐτοῦ ἕκαστον μὲν ἢ ἑκάτερον αὐτοῦ, πρὸς δὲ τὸ
σύνθετον ἄλλον τρόπον ἐκείνου λεγόμενον· ἢ εἰ μὲν μέρος,
25 πρὸς ἄλλο λεγόμενον, καθ' αὑτὸ δὲ φύσει ἐν τῷ εἶναι ὅ
ἐστιν, οὐχ ἑτέρου λεγόμενον. κοινὸν δὲ καὶ τὸ ὑποκείμενον
ἐπί τε τῆς ὕλης καὶ τοῦ εἴδους καὶ τοῦ συναμφοτέρου·
ἀλλὰ ἄλλως μὲν ἡ ὕλη τῷ εἴδει, ἄλλως δὲ τὸ εἶδος τοῖς
πάθεσι καὶ τὸ συναμφότερον. ἢ οὔτε ἡ ὕλη ὑποκείμενον τῷ
30 εἴδει—τελείωσις γὰρ τὸ εἶδος αὐτῆς καθόσον ὕλη καὶ
καθόσον δυνάμει—οὐδ' αὖ τὸ εἶδος ἐν ταύτῃ· μεθ' οὗ γάρ
τι ἀπαρτίζει ἕν τι, οὐκ ἔσται θάτερον ἐν θατέρῳ, ἀλλ' ἄμφω
ἡ ὕλη καὶ τὸ εἶδος ὁμοῦ ὑποκείμενα ἄλλῳ—οἷον ἄνθρωπος
καὶ τὶς ἄνθρωπος ὑπόκεινται τοῖς πάθεσι καὶ προϋπάρχουσι
35 τῶν ἐνεργειῶν καὶ τῶν παρακολουθούντων—καὶ ἀφ' ἧς δὲ
τὰ ἄλλα καὶ δι' ἣν τὰ ἄλλα καὶ περὶ ὃ τὸ πάσχειν καὶ ἀφ'
ἧς τὸ ποιεῖν.

---

4. 16 cf. Alex. Aphrod. *Quaest.* i. 8, Suppl. Aristot. ii. 2, p. 18. 1
17 cf. Aristot. *Metaph. Z* 11. 1037ᵃ28-9 et *H* 3. 1043ᵇ1-4   22-6 cf.
Lucius apud Simpl. *In Categ.* 2, p. 48. 1-8   25-6 cf. Aristot. *Metaph.*
Z 4. 1029ᵇ14   26-7 cf. ibid. *Z* 3. 1029ᵃ1-3 et Plot. VI. 3. 7. 13-14
29-31 cf. Alex. Aphrod. *De an.*, Suppl. Aristot. ii. 1, p. 119. 32-3 et
Quaest. i. 8, Suppl. Aristot. ii. 2, p. 17. 8

---

4. 20 ἄλλου EBUC: ἄλλο Ax   22 τοιούτου i.e. τοῦ ὃ ὅπερ ἐστὶν αὐτοῦ
ἐστιν   22-3 ὄντος (scil. τοῦ συνθέτου) μὲν αὐτοῦ (*si* compositum *sui est*):
del. Page   23 μὲν² om. x   24 ἢ εἰ: ἢ Aᵃᵐᵍ = Ficinus   33 ἡ
ὕλη καὶ τὸ εἶδος del. Kirchhoff   35-7 καὶ²—ποιεῖν alterum praedicatum
ad 32 ἄμφω   35 ἧς scil. οὐσίας idem atque 33 ὑποκείμενα ἄλλῳ

5. Ἀκουστέον δὲ ταῦτα περὶ τῆς ἐνθάδε οὐσίας λεγομέ
νης· εἰ δέ πῃ ταῦτα καὶ ἐπ᾽ ἐκείνης συμβαίνει, ἴσως μὲν κατ᾽
ἀναλογίαν καὶ ὁμωνύμως. καὶ γὰρ τὸ πρῶτον ὡς πρὸς τὰ
μετ᾽ αὐτὸ λέγεται. οὐ γὰρ ἁπλῶς πρῶτον, ἀλλ᾽ ἔστιν ὡς πρὸς
ἐκεῖνα ἔσχατα ἄλλα πρῶτα μετ᾽ ἐκεῖνα. καὶ τὸ ὑποκείμενον 5
ἄλλως, καὶ τὸ πάσχειν εἰ ἐκεῖ ἀμφισβητεῖται, καὶ εἰ κἀκεῖ,
ἄλλο τὸ ἐκεῖ πάσχειν. καὶ τ ὸ μ ὴ ἐ ν ὑ π ο κ ε ι μ έ ν ῳ ε ἶ ν α ι
κ α τ ὰ π ά σ η ς ο ὐ σ ί α ς, ε ἰ τ ὸ ἐ ν ὑ π ο κ ε ι μ έ ν ῳ ε ἶ ν α ι
δ ε ῖ μ ὴ ὡ ς μ έ ρ ο ς ὑ π ά ρ χ ε ι ν τ ο ῦ ἐ ν ᾧ ἐ σ τ ι, μ η δ᾽ ο ὕ τ ω ς,
ὥστε μηδὲ συντελεῖν μετ᾽ ἐκείνου εἰς ἕν τι· μεθ᾽ οὗ γὰρ συν 10
τελεῖ εἰς σ ύ ν θ ε τ ο ν ο ὐ σ ί α ν, ἐ ν ἐ κ ε ί ν ῳ ὡ ς ἐ ν ὑ π ο κ ε ι μ έ ν ῳ
οὐκ ἂν εἴη· ὥστε μήτε τὸ εἶδος ἐν τῇ ὕλῃ εἶναι ὡς ἐν ὑποκει
μένῳ μήτε τὸν ἄνθρωπον ἐν τῷ Σωκράτει μέρος ὄντα Σωκρά
τους. ὃ οὖν μὴ ἐν ὑποκειμένῳ, οὐσία· εἰ δὲ λέγομεν μ ή τ ε ἐ ν
ὑ π ο κ ε ι μ έ ν ῳ μ ή τ ε κ α θ᾽ ὑ π ο κ ε ι μ έ ν ο υ, προσθετέον "ὡς 15
ἄλλου", ἵνα καὶ ὁ ἄνθρωπος λεγόμενος κατὰ τοῦ τινὸς ἀνθρώ
που περιλαμβάνηται τῷ λόγῳ ἐν τῇ προσθήκῃ τῇ "μὴ κατ᾽
ἄλλου". ὅταν γὰρ τὸν ἄνθρωπον κατηγορῶ τοῦ Σωκράτους,
οὕτως λέγω, οὐχ ὡς τὸ ξύλον λευκόν, ἀλλ᾽ ὡς τὸ λευκὸν
λευκόν· τὸν γὰρ Σωκράτη λέγων ἄνθρωπον τὸν τινὰ ἄνθρωπον 20
λέγω ἄνθρωπον, κατὰ τοῦ ἐν τῷ Σωκράτει ἀνθρώπου τὸν ἄν
θρωπον· τοῦτο δὲ ταὐτὸν τῷ τὸν Σωκράτη Σωκράτη λέγειν,
καὶ ἔτι τῷ κατὰ ζῴου λογικοῦ τοιοῦδε τὸ ζῷον κατηγορεῖν.

---

5. 1–7 cf. VI. 1. 1. 19–25 et VI. 3. 1. 2–7   7–8 = Aristot. Categ.
5. 3ᵃ7–8   8–9 = ibid. 2. 1ᵃ24–5   11 = Aristot. Metaph. H 3.
1043ᵃ30   12 cf. Alex. Aphrod. ad VI. 3. 4. 29–31   14–15 = Aristot.
Categ. 5. 2ᵃ12–13   20–1 cf. ibid. 5. 2ᵃ25–6

---

5. 4 οὐ . . ἁπλῶς idem ac πολλαχῶς   4–5 ἀλλ᾽—ἐκεῖνα² sed comparatione
ad illa superna existunt ultima i.e. sensibilia nempe alia prima i.e. substantiae
sensibiles post illa superna prima   6 τὸ πάσχειν εἰ ἐκεῖ num pati illic
existat   εἰ¹ BU: om. wxC   εἰ² si   8 κατὰ—εἶναι om. x
8 εἰ Aᵖᶜ (si Ficinus): εἰς Aᵃᶜ(ς eras.)EBUC: om. x   11 ἐν² om. w
12 ἐν² om. w   21 κατὰ H–S¹: καὶ Enn.   22 τῷ: τὸ w

εἰ δέ τις λέγοι μὴ ἴδιον εἶναι τῆς οὐσίας τὸ μὴ ἐν ὑπο-
25 κειμένῳ εἶναι, τὴν γὰρ διαφορὰν μηδ' αὐτὴν εἶναι τῶν ἐν
ὑποκειμένῳ, μέρος οὐσίας λαμβάνων τὸ δίπουν τοῦτο
οὐκ ἐν ὑποκειμένῳ φησὶν εἶναι· ἐπεί, εἰ μὴ τὸ δίπουν λαμ-
βάνοι, ὅ ἐστι τοιάδε οὐσία, ἀλλὰ διποδίαν, μὴ οὐσίαν λέγων,
ἀλλὰ ποιότητα, ἐν ὑποκειμένῳ ἔσται τὸ δίπουν. ἀλλ' οὐδὲ ὁ
30 χρόνος ἐν ὑποκειμένῳ, οὐδ' ὁ τόπος. ἀλλ' εἰ μὲν τὸ μέτρον
λαμβάνεται κινήσεως κατὰ τὸ μεμετρημένον, τὸ μέτρον ἐν
τῇ κινήσει ὑπάρξει ὡς ἐν ὑποκειμένῳ, ἥ τε κίνησις ἐν τῷ κι-
νουμένῳ· εἰ δὲ κατὰ τὸ μετροῦν λαμβάνεται, ἐν τῷ μετροῦντι
ἔσται τὸ μέτρον. ὁ δὲ τόπος, πέρας τοῦ περιέχοντος
35 ὤν, ἐν ἐκείνῳ. καὶ τὸ περὶ ταύτην τὴν οὐσίαν, περὶ ἧς ὁ
λόγος; γίνεται ἐναντίως ἢ κατὰ ἓν τούτων ἢ κατὰ πλείω
ἢ κατὰ πάντα τὰ εἰρημένα λαμβάνεσθαι τὴν οὐσίαν τὴν
τοιαύτην ἐφαρμοττόντων καὶ τῇ ὕλῃ καὶ τῷ εἴδει καὶ τῷ
συναμφοτέρῳ τῶν εἰρημένων.

6. Εἰ δέ τις λέγοι, ὡς ταῦτα μὲν ἔστω τεθεωρημένα περὶ
τὴν οὐσίαν, ὃ δ' ἔστιν οὐκ εἴρηται, αἰτεῖ ἔτι ἴσως αἰσθητὸν
ἰδεῖν τοῦτο· τὸ δ' "ἔστι" τοῦτο καὶ τὸ "εἶναι" οὐκ ἂν ὁρῶτο.
τί οὖν; τὸ πῦρ οὐκ οὐσία καὶ τὸ ὕδωρ; οὐσία οὖν ἑκάτερον,
5 ὅτι ὁρᾶται; οὔ. ἀλλὰ τῷ ὕλην ἔχειν; οὔ. ἀλλὰ τῷ εἶδος;
οὐδὲ τοῦτο. ἀλλ' οὐδὲ τῷ συναμφότερον. ἀλλὰ τίνι δή; τῷ
εἶναι. ἀλλὰ καὶ τὸ ποσὸν ἔστι, καὶ τὸ ποιὸν ἔστιν. ἡμεῖς
δὴ φήσομεν ἄρα, ὅτι ὁμωνύμως. ἀλλὰ τί τὸ ⟨"ἔστιν"⟩ ἐπὶ
πυρὸς καὶ γῆς καὶ τῶν τοιούτων [τὸ ἔστι] καὶ τίς ἡ διαφορὰ

5. 24-7 = Aristot. *Categ.* 5. 3ᵃ21-4   30-1 = Aristot. *Phys.* Δ 12.
220ᵇ32-221ᵃ1   34 = ibid. Δ 4. 212ᵃ5-6

5. 26 δίπους x   33 κατὰ τὸ μετροῦν Simpl. *In Categ.* 5, p. 95. 26-7: τὸ
καταμετροῦν wBx: τὸ κατὰ μετροῦν C: κατὰ μετροῦν U   35 ἐκείνῳ scil.
τῷ περιέχοντι   τὸ: τῷ x   36 ἐναντίως scil. τῇ νοητῇ οὐσίᾳ
36-7 ἢ . . ἢ . . ἢ uel . . uel . . uel   36 τούτων nempe substantiae proprietates,
cf. lin. 3 et 7 et 15   6. 8 ⟨ἔστιν⟩ Theiler   9 τὸ ἔστι del. Kirchhoff

τούτου τοῦ "ἔστι" καὶ τοῦ ἐπὶ τῶν ἄλλων; ἢ ὅτι τὸ μὲν 10
ἁπλῶς εἶναι λέγει καὶ ἁπλῶς ὄν, τὸ δὲ λευκὸν εἶναι. τί οὖν;
τὸ εἶναι τὸ προσκείμενον τῷ λευκῷ ταὐτὸν τῷ ἄνευ προσ-
θήκης; οὐχί, ἀλλὰ τὸ μὲν πρώτως ὄν, τὸ δὲ κατὰ μετάλη-
ψιν καὶ δευτέρως. τό τε γὰρ λευκὸν προστεθὲν πεποίηκε
τὸ ὂν λευκόν, τό τε ὂν τῷ "λευκὸν" προστεθὲν πεποίηκε 15
⟨τὸ⟩ λευκὸν ὄν, ὥστε ἑκατέρῳ, τῷ μὲν ὄντι συμβεβηκὸς
τὸ λευκόν, τῷ δὲ λευκῷ συμβεβηκὸς τὸ ὄν. καὶ οὐχ οὕτως
λέγομεν, ὡς ἂν εἴποι τις τὸν Σωκράτη λευκὸν καὶ τὸ λευ-
κὸν Σωκράτη· ἐν γὰρ ἀμφοτέροις ὁ Σωκράτης ὁ αὐτός,
ἀλλ' ἴσως τὸ λευκὸν οὐ ταὐτόν· ἐπὶ γὰρ τοῦ "τὸ λευκὸν 20
Σωκράτης" ἐμπεριείληπται ὁ Σωκράτης τῷ λευκῷ, ἐν δὲ
τῷ "Σωκράτης λευκὸς" καθαρῶς συμβεβηκὸς τὸ λευκόν.
καὶ ἐνταῦθα "τὸ ὂν λευκὸν" συμβεβηκὸς ἔχει τὸ λευκόν,
ἐν δὲ τῷ "τὸ λευκὸν ὄν" τὸ λευκὸν συνειλημμένον τὸ ὄν.
καὶ ὅλως τὸ μὲν λευκὸν ἔχει τὸ εἶναι, ὅτι περὶ τὸ ὂν καὶ 25
ἐν ὄντι· παρ' ἐκείνου οὖν τὸ εἶναι· τὸ δὲ ὂν παρ' αὐτοῦ
τὸ ὄν, παρὰ δὲ τοῦ λευκοῦ τὸ λευκόν, οὐχ ὅτι αὐτὸ ἐν τῷ
λευκῷ, ἀλλ' ὅτι τὸ λευκὸν ἐν αὐτῷ. ἀλλ' ἐπεὶ καὶ τοῦτο τὸ
ὂν τὸ ἐν τῷ αἰσθητῷ οὐ παρ' αὐτοῦ ὄν, λεκτέον, ὅτι παρὰ
τοῦ ὄντως ὄντος ἔχει τὸ ὄν, παρὰ δὲ τοῦ ὄντως λευκοῦ ἔχει 30
τὸ λευκὸν εἶναι, κἀκείνου τὸ λευκὸν ἔχοντος κατὰ μετά-
ληψιν τοῦ ἐκεῖ ὄντος ἔχοντος τὸ εἶναι.

---

6. 10-11 cf. Aristot. *Metaph. Δ* 7. 1017ᵃ7-8   18-19 cf. Aristot.
Anal. priora A 27. 43ᵃ35 et *Metaph. Γ* 4. 1007ᵇ8   23-7 cf. Aristot.
Metaph. Δ 7. 1017ᵃ7-22

---

6. 10 τοῦ¹ om. x   14-17 τό τε—ὄν Plotinus exponit relationem
logicam inter subiectum et praedicatum, quam doctrinam statim corrigit
14 γὰρ explicat 13-14 τὸ δὲ—δευτέρως tantum   15 τὸ ὂν λευκόν
xUC: λευκὸν ὄν w: om. B   τῷ λευκὸν (uocabulo "λευκὸν") Aᶦᵐᵍ BJUC: τῷ
λευκῷ ER: om. A   16 ⟨τὸ⟩ Creuzer, cf. lin. 24   18 ἂν om. w
20 ἐπὶ γὰρ τοῦ τὸ Kirchhoff: ἐπεὶ γὰρ τοῦτο Enn.   24 τὸ λευκὸν²
nominatiuus, συνειλημμένον (scil. ἔχει) τὸ ὄν accusatiuus   31 κἀκείνου
i.e. καὶ τοῦ ὄντως λευκοῦ

7. Εἰ δέ τις λέγοι παρὰ τῆς ὕλης ἔχειν τὰ τῆδε ὅσα ἐπ'
αὐτῆς τὸ εἶναι, πόθεν ἕξει ἡ ὕλη τὸ εἶναι καὶ τὸ ὂν ἀπαι-
τήσομεν. ὅτι δὲ μὴ πρῶτον ἡ ὕλη, εἴρηται ἐν ἄλλοις. εἰ δέ,
ὅτι τὰ ἄλλα οὐκ ἂν συσταίη μὴ ἐπὶ τῆς ὕλης, τὰ αἰσθητὰ
5 φήσομεν. πρὸ τούτων δὲ οὖσαν ὕστερον πολλῶν εἶναι καὶ
τῶν ἐκεῖ πάντων οὐδὲν κωλύει ἀμυδρὸν τὸ εἶναι ἔχουσαν
καὶ ἧττον ἢ τὰ ἐφ' αὐτῆς, ὅσῳ τὰ μὲν λόγοι καὶ μᾶλλον ἐκ
τοῦ ὄντος, ἡ δ' ἄλογος παντελῶς, σκιὰ λόγου καὶ ἔκπτωσις
λόγου· εἰ δέ τις λέγοι, ὅτι τὸ εἶναι αὕτη δίδωσι τοῖς ἐπ' αὐτῆς,
10 ὥσπερ ὁ Σωκράτης τῷ ἐπ' αὐτοῦ λευκῷ, λεκτέον, ὅτι τὸ
μὲν μᾶλλον ὂν δοίη ἂν τῷ ἧττον ὄντι τὸ [ἧττον] εἶναι, τὸ δὲ
ἧττον ὂν οὐκ ἂν δοίη τῷ μᾶλλον ὄντι. ἀλλ' εἰ μᾶλλον ὂν τὸ
εἶδος τῆς ὕλης, οὐκέτι κοινόν τι τὸ ὂν κατ' ἀμφοῖν, οὐδ' ἡ
οὐσία γένος ἔχον τὴν ὕλην, τὸ εἶδος, τὸ συναμφότερον,
15 ἀλλὰ κοινὰ μὲν πολλὰ αὐτοῖς ἔσται, ἅπερ λέγομεν, διάφορον
δ' ὅμως τὸ εἶναι. περὶ γὰρ ἐλαττόνως ὂν μᾶλλον ὂν προσ-
ελθὸν τάξει μὲν πρῶτον ἂν εἴη, οὐσίᾳ δὲ ὕστερον· ὥστε,
εἰ μὴ ἐπίσης τὸ εἶναι τῇ ὕλῃ καὶ τῷ εἴδει καὶ τῷ συναμφο-
τέρῳ, κοινὸν μὲν οὐκ ἂν ἔτι εἴη ἡ οὐσία ὡς γένος. ἄλλως
20 μέντοι ἕξει πρὸς τὰ μετὰ ταῦτα, ὡς κοινόν τι πρὸς ἐκεῖνα
ἔχουσα τῷ αὐτῶν εἶναι, ὡς ζωῆς ἡ μέν τις ἀμυδρά, ἡ δὲ
ἐναργεστέρα, καὶ εἰκόνων ἡ μέν τις ὑποτύπωσις, ἡ δὲ ἐξερ-
γασία μᾶλλον. εἰ δὲ τῷ ἀμυδρῷ τοῦ εἶναι μετροῖ τις τὸ
εἶναι, τὸ δὲ ἐν τοῖς ἄλλοις πλέον ἐφη, τούτῳ πάλιν αὖ
25 κοινὸν ἔσται τὸ εἶναι. ἀλλὰ μήποτε οὐχ οὕτω δεῖ ποιεῖν.

7. 1-2 cf. Stoic. Vet. Fr. i, n. 85 et 87; ii, n. 316   3 εἴρηται cf. VI. 1.
25-8   13-14 cf. VI. 3. 3. 1-2 et 4. 26-7   15 λέγομεν cf. VI. 3. 5.
35-9

7. 3 εἰ δέ scil. λέγοι   11 ἧττον² del. Kirchhoff   18 εἶναι Kirch-
hoff: εἶδος Enn.   20 ἕξει subiectum ἡ οὐσία   τὰ μετὰ ταῦτα et ἐκεῖνα
posteriores categoriae, ταῦτα = ὕλη εἶδος συναμφότερον   21 τῷ αὐτῶν
εἶναι ob eorum scil. trium existentiam   22 ἐναργεστέρα Perna: ἐνεργεστέρα
Enn.   24 τούτῳ BU: τοῦτο wxC

ἄλλο γὰρ ἕκαστον ὅλον, ἀλλ' οὐ κοινόν τι τὸ ἀμυδρόν,
ὥσπερ ἐπὶ τῆς ζωῆς οὐκ ἂν εἴη κοινόν τι ἐπὶ θρεπτικῆς καὶ
αἰσθητικῆς καὶ νοερᾶς. καὶ ἐνταῦθα τοίνυν τὸ εἶναι ἄλλο
τὸ ἐπὶ τῆς ὕλης καὶ εἴδους, καὶ συνάμφω ἀφ' ἑνὸς ἄλλως
καὶ ἄλλως ῥυέντος. οὐ γὰρ μόνον δεῖ, εἰ τὸ δεύτερον ἀπὸ τοῦ   30
πρώτου, τὸ δὲ τρίτον ἀπὸ τοῦ δευτέρου, τὸ μὲν μᾶλλον, τὸ
δὲ ἐφεξῆς χεῖρον καὶ ἔλαττον, ἀλλὰ κἂν ἀπὸ τοῦ αὐτοῦ
ἄμφω, ᾗ δὲ τὸ μὲν μᾶλλον μετασχὸν πυρός, οἷον κέραμος,
τὸ δὲ ἧττον, ὥστε μὴ κέραμος γενέσθαι. τάχα δὲ οὐδ' ἀπὸ
τοῦ αὐτοῦ ἡ ὕλη καὶ τὸ εἶδος· διάφορα γὰρ καὶ ἐν ἐκείνοις.   35
8. Ἀλλ' ἆρα τὸ μὲν διαιρεῖν εἰς στοιχεῖα ἐὰν δεῖ, καὶ μάλιστα
περὶ τῆς αἰσθητῆς οὐσίας λέγοντα, ἣν δεῖ αἰσθήσει μᾶλλον
ἢ λόγῳ λαμβάνειν, καὶ τὸ ἐξ ὧν σύγκειται μὴ προσποιεῖσθαι
—οὐ γὰρ οὐσίαι ἐκεῖνα, ᾗ οὐκ ἂν αἰσθηταί γε οὐσίαι—ἑνὶ δὲ
γένει περιλαμβάνοντα τὸ κοινὸν ἐπὶ λίθου καὶ γῆς καὶ ὕδατος   5
καὶ τῶν ἐκ τούτων φυτῶν, ᾗ αἰσθητά, καὶ ζῴων ὡσαύτως;
οὐ γὰρ παραλελείψεται ἡ ὕλη οὐδὲ τὸ εἶδος· ἡ γὰρ αἰσθητὴ
οὐσία ἔχει ταῦτα· ὕλη γὰρ καὶ εἶδος πῦρ καὶ γῆ καὶ τὰ
μεταξύ, τὰ δὲ σύνθετα ἤδη πολλαὶ οὐσίαι εἰς ἕν. καὶ τὸ
κοινὸν πᾶσι τούτοις, ᾗ τῶν ἄλλων κεχώρισται· ὑποκείμενα   10
γὰρ ταῦτα τοῖς ἄλλοις καὶ οὐκ ἐν ὑποκειμένῳ οὐδὲ ἄλλου·
καὶ ὅσα εἴρηται, ὑπάρχει ταύτῃ. ἀλλ' εἰ ἡ αἰσθητὴ οὐσία
οὐκ ἄνευ μεγέθους οὐδ' ἄνευ ποιότητος, πῶς ἔτι τὰ συμβε-
βηκότα χωριοῦμεν; χωρίζοντες γὰρ ταῦτα, τὸ μέγεθος, τὸ
σχῆμα, τὸ χρῶμα, ξηρότητα, ὑγρότητα, τί τὴν οὐσίαν αὐτὴν   15

---

8. 12 εἴρηται cf. VI. 3. 4. 21-36   14-19 cf. Aristot. *Metaph.* Z 3.
1029ᵃ16-19

---

7. 29 συνάμφω i.e. ὕλη et εἶδος, cf. 33 ἄμφω   30 δεῖ del. Kirchhoff
30 εἰ regit 30-1 τὸ δεύτερον—δευτέρου   33-4 τὸ μὲν et τὸ δὲ subiecta,
μᾶλλον μετασχὸν et ἧττον praedicata   35 διάφορα Igal, *Emerita* 43, 1975,
182: διαφορὰ *Enn.*   ἐν ἐκείνοις in intellegibilibus   8. 1 ἆρα AR
8 ὕλη, εἶδος praedicata   8-9 τὰ μεταξύ nempe ἀὴρ καὶ ὕδωρ

θησόμεθα; ποιαὶ γὰρ οὐσίαι αὗται. ἀλλὰ τί ἐστι, περὶ ὃ συμ-
βαίνει τὰ ποιοῦντα ἐκ τοῦ μόνον οὐσίαν εἶναι ποιὰν οὐσίαν
εἶναι; καὶ ἔσται τὸ πῦρ οὐχ ὅλον οὐσία, ἀλλά τι αὐτοῦ, οἷον
μέρος; τοῦτο δὲ τί ἂν εἴη; ἢ ὕλη. ἀλλὰ ἆρά γε ἡ αἰσθητὴ
20 οὐσία συμφόρησίς τις ποιοτήτων καὶ ὕλης, καὶ ὁμοῦ μὲν
πάντα ταῦτα συμπαγέντα ἐπὶ ὕλης μιᾶς οὐσία, χωρὶς δὲ
ἕκαστον λαμβανόμενον τὸ μὲν ποιόν, τὸ δὲ ποσὸν ἔσται, ἢ
ποιὰ πολλά; καὶ ὃ μὲν ἂν ἐλλεῖπον μήπω ἀπηρτισμένην ἐᾷ
γίνεσθαι τὴν ὑπόστασιν, μέρος τῆσδε τῆς οὐσίας, ὃ δ' ἂν
25 γενομένῃ τῇ οὐσίᾳ ἐπισυμβῇ, τὴν οἰκείαν ἔχει τάξιν οὐ
κρυπτόμενον ἐν τῷ μίγματι τῷ ποιοῦντι τὴν λεγομένην
οὐσίαν; καὶ οὐ τοῦτό φημι, ὡς ἐκεῖ μετὰ τῶν ἄλλων ὄν
ἐστιν οὐσία, συμπληροῦν ἕνα ὄγκον τοσόνδε καὶ τοιόνδε,
ἀλλαχοῦ δὲ μὴ συμπληροῦν ποιόν, ἀλλὰ μηδὲ ἐκεῖ ἕκαστον
30 οὐσίαν, τὸ δ' ὅλον τὸ ἐκ πάντων οὐσίαν. καὶ οὐ δυσχεραν-
τέον, εἰ τὴν οὐσίαν τὴν αἰσθητὴν ἐξ οὐκ οὐσιῶν ποιοῦμεν·
οὐδὲ γὰρ τὸ ὅλον ἀληθὲς οὐσία, ἀλλὰ μιμούμενον τὴν ἀληθῆ,
ἥτις ἄνευ τῶν ἄλλων τῶν περὶ αὐτὴν ἔχει τὸ ὂν καὶ τῶν
ἄλλων ἐξ αὐτῆς γινομένων, ὅτι ἀληθῶς ἦν· ὡδὶ δὲ καὶ τὸ
35 ὑποβεβλημένον ἄγονον καὶ οὐχ ἱκανὸν εἶναι ὄν, ὅτι μηδὲ
ἐξ αὐτοῦ τὰ ἄλλα, σκιὰ δὲ καὶ ἐπὶ σκιᾷ αὐτῇ οὔσῃ ζωγραφία
καὶ τὸ φαίνεσθαι.

9. Καὶ περὶ μὲν τῆς λεγομένης οὐσίας αἰσθητῆς καὶ
γένους ἑνὸς ταύτῃ. εἴδη δ' αὐτοῦ τίνα ἄν τις θεῖτο καὶ πῶς
διέλοι; σῶμα μὲν οὖν τὸ σύμπαν θετέον εἶναι, τούτων δὲ
τὰ μὲν ὑλικώτερα, τὰ δὲ ὀργανικά· ὑλικώτερα μὲν πῦρ, γῆ,
5 ὕδωρ, ἀήρ· ὀργανικὰ δὲ τὰ τῶν φυτῶν καὶ τὰ τῶν ζῴων
σώματα κατὰ τὰς μορφὰς τὰς παραλλαγὰς σχόντα. εἶτα

8. 19-23 cf. II. 7. 3. 1-5 et VI. 3. 15. 24-6   30-1 cf. VI. 1. 27.
34-5   9. 3-5 cf. Aristot. Metaph. Δ 8. 1017ᵇ10-12

8. 16 τί interrogatiuum testatur Simplicius In Categ. 5, p. 116. 1
23 μήπω: μή πως w   9. 6 post εἶτα add. δεῖ Theiler, sed ex 3
θετέον subaudiendum

εἴδη γῆς λαμβάνειν καὶ τῶν ἄλλων στοιχείων, καὶ ἐπὶ τῶν
σωμάτων τῶν ὀργανικῶν τά τε φυτὰ κατὰ τὰς μορφὰς διαι-
ροῦντα καὶ τὰ τῶν ζῴων σώματα· ἢ τῷ τὰ μὲν ἐπίγεια καὶ
ἔγγεια, καὶ καθ' ἕκαστον στοιχεῖον τὰ ἐν αὐτῷ· ἢ τῶν σωμά- 10
των τὰ μὲν κοῦφα, τὰ δὲ βαρέα, τὰ δὲ μεταξύ, καὶ τὰ μὲν
ἑστάναι ἐν μέσῳ, τὰ δὲ περιέχειν ἄνωθεν, τὰ δὲ μεταξύ· καὶ
ἐν τούτων ἑκάστῳ σώματα ἤδη σχήμασι διειλημμένα, ὡς
εἶναι σώματα τὰ μὲν ζῴων οὐρανίων, τὰ δὲ κατὰ ἄλλα στοι-
χεῖα· ἢ κατ᾽ εἴδη διαστησάμενον τὰ τέσσαρα τὸ μετὰ τοῦτο 15
ἄλλον τρόπον ἤδη συμπλέκειν καταμιγνύντα τὰς διαφορὰς
αὐτῶν κατὰ τοὺς τόπους καὶ τὰς μορφὰς καὶ τὰς μίξεις, οἷον
πύρινα ἢ γήινα τῷ πλείονι καὶ ἐπικρατοῦντι λεγόμενα. τὸ δὲ
π ρ ώ τ α ς κ α ὶ δ ε υ τ έ ρ α ς λέγειν—"τόδε τὸ πῦρ" καὶ "πῦρ"—
ἄλλως μὲν ἔχειν διαφοράν, ὅτι τὸ μὲν καθέκαστον, τὸ δὲ 20
καθόλου, οὐ μέντοι οὐσίας διαφοράν· καὶ γὰρ καὶ ἐν ποιῷ
"τὶ λευκὸν" καὶ "λευκὸν" καὶ "τὶς γραμματικὴ" καὶ "γραμ-
ματική". ἔπειτα τί ἔλαττον ἔχει ἡ γραμματικὴ πρὸς τινὰ
γραμματικὴν καὶ ὅλως ἐπιστήμη πρὸς τινὰ ἐπιστήμην; οὐ
γὰρ ἡ γραμματικὴ ὕστερον τῆς τινος γραμματικῆς, ἀλλὰ 25
μᾶλλον οὔσης γραμματικῆς καὶ ἡ ἐν σοί· ἐπεὶ καὶ ἡ ἐν σοί
τίς ἐστι τῷ ἐν σοί, αὐτὴ δὲ ταὐτὸν τῇ καθόλου. καὶ ὁ Σω-
κράτης οὐκ αὐτὸς ἔδωκε τῷ μὴ ἀνθρώπῳ τὸ εἶναι ἀνθρώπῳ,
ἀλλ᾽ ὁ ἄνθρωπος τῷ Σωκράτει· μεταλήψει γὰρ ἀνθρώπου
ὁ τὶς ἄνθρωπος. ἔπειτα ὁ Σωκράτης τί ἂν εἴη ἢ ἄνθρωπος 30
τοιόσδε, τὸ δὲ "τοιόσδε" τί ἂν ἐργάζοιτο πρὸς τὸ μᾶλλον
οὐσίαν εἶναι; εἰ δ᾽ ὅτι τὸ μὲν "εἶδος μόνον ὁ ἄνθρωπος", τὸ
δὲ "εἶδος ἐν ὕλῃ", ἧττον ἄνθρωπος κατὰ τοῦτο ἂν εἴη· ἐν ὕλῃ

9. 19 = Aristot. *Categ.* 5. 2ᵃ11 et 14 et VI. 1. 2. 12-13   24-30 contra
Aristot. *Metaph.* Λ 5. 1071ᵃ20-1   29-30 cf. Aristot. *Categ.* 5. 2ᵃ23-4

9. 7 καὶ¹: καὶ τὰ x   8 κατά: καὶ w   9 τῷ scil. εἶναι
16 καταμιγνύντα Igal: καὶ μιγνύντα *Enn.*   22 καὶ λευκὸν om. x
27 αὐτὴ (*ipsa*) Ficinus: αὕτη *Enn.*   33 κατὰ τοῦτο i.e. κατὰ τὸ "εἶδος ἐν
ὕλῃ"

γὰρ ὁ λόγος χείρων. εἰ δὲ καὶ ὁ ἄνθρωπος οὐ καθ' αὐτὸ εἶδος,
35 ἀλλ' ἐν ὕλῃ, τί ἔλαττον ἕξει τοῦ ἐν ὕλῃ, καὶ αὐτὸς λόγος τοῦ
ἕν τινι ὕλῃ; ἔτι πρότερον τῇ φύσει τὸ γενικώτερον, ὥστε
καὶ τὸ εἶδος τοῦ ἀτόμου· τὸ δὲ πρότερον τῇ φύσει καὶ
ἁπλῶς πρότερον· πῶς ἂν οὖν ἧττον εἴη; ἀλλὰ τὸ καθ-
έκαστον πρὸς ἡμᾶς γνωριμώτερον ὂν πρότερον· τοῦτο δ'
40 οὐκ ἐν τοῖς πράγμασι τὴν διαφορὰν ἔχει. ἔπειτα οὕτως οὐχ
εἷς λόγος τῆς οὐσίας· οὐ γὰρ ὁ αὐτὸς τοῦ πρώτως καὶ
δευτέρως, οὐδ' ὑφ' ἓν γένος.

10. Ἔστι δὲ καὶ οὕτως διαιρεῖν, θερμῷ καὶ ξηρῷ, καὶ
ξηρῷ καὶ ψυχρῷ, καὶ ὑγρῷ καὶ ψυχρῷ, ἢ ὅπως βούλεται
τὸν συνδυασμὸν εἶναι, εἶτα ἐκ τούτων σύνθεσιν καὶ μίξιν·
καὶ ἢ μένειν ἐνταῦθα στάντα ἐπὶ τοῦ συνθέτου, ἢ κατὰ τὸ
5 ἔγγειον καὶ ἐπίγειον, ἢ κατὰ τὰς μορφὰς καὶ κατὰ τὰς τῶν
ζῴων διαφοράς, οὐ τὰ ζῷα διαιροῦντα, ἀλλὰ κατὰ τὰ
σώματα αὐτῶν ὥσπερ ὄργανα διαιροῦντα. οὐκ ἄτοπος δὲ
ἡ κατὰ τὰς μορφὰς διαφορά, εἴπερ οὐδ' ἡ κατὰ τὰς ποιό-
τητας αὐτῶν διαίρεσις, θερμότης, ψυχρότης καὶ τὰ τοιαῦτα.
10 εἰ δέ τις λέγοι "ἀλλὰ κατὰ ταύτας ποιεῖ τὰ σώματα",
καὶ κατὰ τὰς μίξεις φήσομεν ποιεῖν καὶ κατὰ τὰ χρώματα
καὶ τὰ σχήματα. ἐπεὶ γὰρ περὶ αἰσθητῆς οὐσίας ὁ λόγος,
οὐκ ἄτοπος ἂν εἴη, διαφοραῖς εἰ λαμβάνοιτο ταῖς πρὸς τὴν
αἴσθησιν· οὐδὲ γὰρ ὂν ἁπλῶς αὕτη, ἀλλ' αἰσθητὸν ὂν τὸ ὅλον
15 τοῦτο· ἐπεὶ καὶ τὴν δοκοῦσαν ὑπόστασιν αὐτῆς σύνοδον
τῶν πρὸς αἴσθησιν ἔφαμεν εἶναι καὶ ἡ πίστις τοῦ εἶναι
παρὰ τῆς αἰσθήσεως αὐτοῖς. εἰ δὲ ἄπειρος ἡ σύνθεσις,

9. 36 cf. Aristot. *Categ.* 13. 15ᵃ4-5　　38-9 cf. ibid. 5. 2ᵇ10-14
10. 1-3 cf. Aristot. *De gen. et corr.* B 3. 330ᵃ31-ᵇ1　　10 cf. ibid. B 2.
329ᵇ9　　16 ἔφαμεν cf. VI. 3. 8. 2-3 et 19-27

9. 35 ἕξει primum subiectum ὁ ἄνθρωπος, alterum αὐτὸς λόγος　　τοῦ¹
et τοῦª genetiui comparationis　　40 οὕτως x　　10. 2 βούλεται scil.
Aristoteles (ubi συνδυάζεσθαι)　　6 τὰ ζῷα scil. ᾗ ζῷα　　13 ἂν εἴη
scil. ἡ διαίρεσις　　16 φαμεν x

κατ᾽ εἴδη τῶν ζῴων διαιρεῖν, οἷον ἀνθρώπου εἶδος τὸ ἐπὶ
σώματι· ποιότης γὰρ αὕτη σώματος, τὸ τοιοῦτον εἶδος,
ποιότησι δ᾽ οὐκ ἄτοπον διαιρεῖν. εἰ δ᾽ ὅτι τὰ μὲν ἁπλᾶ, τὰ 20
δὲ σύνθετα εἴπομεν, ἀντιδιαιροῦντες τὸ σύνθετον τῷ ἁπλῷ,
ὑλικώτερα εἴπομεν καὶ ὀργανικὰ οὐ προσποιούμενοι τὸ
σύνθετον. ἔστι δ᾽ οὐκ ἀντιδιαίρεσις τὸ σύνθετον πρὸς τὸ
ἁπλοῦν εἶναι, ἀλλὰ κατὰ πρώτην διαίρεσιν τὰ ἁπλᾶ τῶν
σωμάτων θέντα μίξαντα αὐτὰ ἀπ᾽ ἄλλης ἀρχῆς ὑποβεβη- 25
κυίας διαφορὰν συνθέτων ἢ τόποις ἢ μορφαῖς ποιεῖσθαι,
οἷον τὰ μὲν οὐράνια, τὰ δὲ γήινα. καὶ περὶ μὲν τῆς ἐν τοῖς
αἰσθητοῖς οὐσίας ἢ γενέσεως ταῦτα.

11. Περὶ δὲ ποσοῦ καὶ ποσότητος, ὡς ἐν ἀριθμῷ δεῖ
τίθεσθαι καὶ μεγέθει, καθόσον τοσοῦτον ἕκαστον, ὅ ἐστιν
ἐν ἀριθμῷ τῶν ἐνύλων καὶ διαστήματι τοῦ ὑποκειμένου—
οὐ γὰρ περὶ χωριστοῦ ποσοῦ ὁ λόγος, ἀλλ᾽ ὃ ποιεῖ τρίπηχυ
εἶναι τὸ ξύλον, καὶ ἡ πεμπὰς ἡ ἐπὶ τοῖς ἵπποις—εἴρηται 5
πολλάκις, ὅτι ταῦτα ποσὰ μόνον λεκτέον, τόπον δὲ καὶ
χρόνον μὴ κατὰ τὸ ποσὸν νενοῆσθαι, ἀλλὰ τὸν μὲν χρόνον
τῷ μέτρον κινήσεως εἶναι καὶ τῷ πρός τι δοτέον αὐτόν,
τὸν δὲ τόπον σώματος περιεκτικόν, ὡς καὶ τοῦτον ἐν σχέσει
καὶ τῷ πρός τι κεῖσθαι· ἐπεὶ καὶ ἡ κίνησις συνεχὴς καὶ 10
οὐκ ἐν ποσῷ ἐτέθη. μέγα δὲ καὶ μικρὸν διὰ τί οὐκ ἐν ποσῷ;
ποσότητι γάρ τινι μέγα τὸ μέγα, καὶ τὸ μέγεθος δὲ οὐ τῶν
πρός τι, ἀλλὰ τὸ μεῖζον καὶ τὸ ἔλαττον τῶν πρός τι· πρὸς γὰρ
ἕτερον, ὥσπερ καὶ τὸ διπλάσιον. διὰ τί οὖν ὅρος μικρόν,

10. 21 εἴπομεν cf. VI. 3. 2. 5-6   22 εἴπομεν cf. VI. 3. 9. 4   11. 1 cf.
Aristot. Categ. 6. 4ᵇ20-3   6-7 contra Aristot. Categ. 6. 4ᵇ24-5; cf.
VI. 1. 4. 15-16 et 5. 19-20   8 = Aristot. Phys. Δ 12. 220ᵇ32-221ᵃ1
9 cf. ibid. Δ 4. 212ᵃ5-6   9-10 cf. VI. 1. 14. 10-12   11-13 cf.
Aristot. Categ. 6. 6ᵃ8-11 et VI. 1. 4. 47-9   14-15 = Aristot. Categ.
6. 5ᵇ18-19

10. 18 διαιρεῖν scil. ἔστιν   25-6 ὑποβεβηκυίας (inferior, si comparatur
cum 24 πρώτῃ) Sleeman: ὑποβεβληκυίας Enn.   11. 5 εἴρηται regit 6
ὅτι—λεκτέον κτλ.   8 καὶ etiam, cf. VI. 3. 3. 31-2

15 κέγχρος δὲ μεγάλη; ἢ πρῶτον μὲν ἀντὶ τοῦ "μικρότε-
ρον" λέγεται. εἰ γὰρ πρὸς τὰ ὁμογενῆ ὁμολογεῖται καὶ
παρ' αὐτῶν εἰρῆσθαι, ὁμολογεῖται, ὅτι ἀντὶ τοῦ "μικρό-
τερον" λέγεται. καὶ μεγάλη κέγχρος οὐχ ἁπλῶς λεγομένη
"μεγάλη", ἀλλὰ "κέγχρος μεγάλη"· τοῦτο δὲ ταὐτὸν "τῶν
20 ὁμογενῶν", τῶν δὲ ὁμογενῶν κατὰ φύσιν ἂν λέγοιτο μεί-
ζων. ἔπειτα διὰ τί οὐ καὶ τὸ καλὸν λέγοιτο ἂν τῶν πρός
τι; ἀλλά φαμεν καλὸν μὲν καθ' ἑαυτὸ καὶ ποιόν, κάλλιον
δὲ τῶν πρός τι· καίτοι καὶ καλὸν λεγόμενον φανείη ἂν πρὸς
ἄλλο αἰσχρόν, οἷον ἀνθρώπου κάλλος πρὸς θεόν· π ι θ ή κ ω ν,
25 φησίν, ὁ κ ά λ λ ι σ τ ο ς α ἰ σ χ ρ ὸ ς σ υ μ β ά λ λ ε ι ν ἑ τ έ ρ ῳ
γ έ ν ε ι· ἀλλ' ἐφ' ἑαυτοῦ μὲν καλόν, πρὸς ἄλλο δὲ ἢ κάλλιον
ἢ τοὐναντίον. καὶ ἐνταῦθα τοίνυν ἐφ' ἑαυτοῦ μὲν μέγα
μετὰ μεγέθους, πρὸς ἄλλο δὲ οὐ τοιοῦτον. ἢ ἀναιρετέον τὸ
καλόν, ὅτι ἄλλο κάλλιον αὐτοῦ· οὕτω τοίνυν οὐδ' ἀναιρετέον
30 τὸ μέγα, ὅτι ἔστι τι μεῖζον αὐτοῦ· ἐπεὶ οὐδὲ τὸ μεῖζον ὅλως
ἂν εἴη μὴ μεγάλου ὄντος, ὥσπερ οὐδὲ κάλλιον μὴ καλοῦ.

12. Ἀπολειπτέον τοίνυν καὶ ἐναντιότητα εἶναι περὶ τὸ
ποσόν· αἱ γὰρ ἔννοιαι τὴν ἐναντιότητα συγχωροῦσιν, ὅταν
"μέγα" λέγωμεν καὶ ὅταν "μικρόν", ἐναντίας τὰς φαντα-
σίας ποιοῦσαι, ὥσπερ ὅταν "πολλὰ" καὶ "ὀλίγα"· καὶ γὰρ
5 τὰ παραπλήσια περὶ τοῦ "ὀλίγα" καὶ "πολλὰ" λεκτέον.
"π ο λ λ ο ὶ γὰρ οἱ ἐ ν τ ῇ ο ἰ κ ί ᾳ" ἀντὶ τοῦ "πλείους"· τοῦτο
δὲ πρὸς ἄλλο· καὶ "ὀ λ ί γ ο ι ἐ ν τ ῷ θ ε ά τ ρ ῳ" ἀντὶ τοῦ
"ἐλάττους". καὶ δεῖ ὅλως τὰ πολλὰ πολὺ λέγειν πλῆθος ἐν
ἀριθμῷ—πλῆθος δὲ πῶς τῶν πρός τι;—τοῦτο δὲ ταὐτὸν

---

11. 24 cf. Plat. *Hipp. mai.* 289 b 4   24-6 = Heraclit. *Fr.* B 82 et Plat.
Hipp. mai. 289 a 3-4   12. 1-2 contra Aristot. *Categ.* 6. 5ᵇ11   3-5 cf.
ibid. 6. 5ᵇ14-15   6-7 = ibid. 6. 5ᵇ24-5

---

11. 16-17 καὶ παρ' αὐτῶν etiam ab illis scil. Peripateticis, cf. Aristot. *Categ.*
6. 5ᵇ19   19 post ταὐτὸν add. τῷ Kirchhoff, sed cf. VI. 2. 21. 2
19-20 τῶν ὁμογενῶν (genetiuus partituus) scil. μεγάλη   24 θεῶν w
12. 7 θατέρῳ w

τῷ "ἐπέκτασις ἀριθμοῦ" τὸ δὲ ἐναντίον "συστολή". τὸ δ' 10
αὐτὸ καὶ ἐπὶ τοῦ συνεχοῦς τῆς ἐννοίας τὸ συνεχὲς προαγού-
σης εἰς τὸ πόρρω. ποσὸν μὲν οὖν, ὅταν τὸ ἓν προέλθῃ καὶ τὸ
σημεῖον. ἀλλ' ἐὰν μὲν ταχὺ στῇ ἑκάτερον, τὸ μὲν ὀλίγον, τὸ
δὲ μικρόν· ἐὰν δ' ἡ πρόοδος προϊοῦσα μὴ παύσηται ταχύ,
τὸ μὲν πολύ, τὸ δὲ μέγα. τίς οὖν ὅρος; τίς δὲ καλοῦ; θερμοῦ 15
δέ; καὶ ἔνι θερμότερον καὶ ἐνταῦθα. ἀλλὰ λέγεται τὸ μὲν
θερμότερον πρός τι, τὸ δὲ θερμὸν ἁπλῶς ποιόν. ὅλως δὲ
λόγον τινά, ὥσπερ καλοῦ, οὕτω καὶ μεγάλου εἶναι, ὃς μετα-
ληφθεὶς μέγα ποιεῖ, ὥσπερ καλὸν ὁ τοῦ καλοῦ. ἐναντιότης
τοίνυν κατὰ ταῦτα περὶ τὸ ποσόν· κατὰ γὰρ τὸν τόπον οὐκ- 20
έτι, ὅτι μὴ τοῦ ποσοῦ· ἐπεὶ καί, εἰ τοῦ ποσοῦ ἦν ὁ τόπος,
οὐκ ἦν ἐναντίον τὸ ἄνω τινὶ μὴ ὄντος τοῦ κάτω ἐν τῷ
παντί. ἐν δὲ τοῖς μέρεσι τὸ ἄνω καὶ κάτω λεγόμενον ἄλλο
οὐδὲν ἂν σημαίνοι ἢ ἀνωτέρω καὶ κατωτέρω καὶ ὅμοιον
τῷ "δεξιὸν" καὶ "ἀριστερόν"· ταῦτα δὲ τῶν πρός τι. συλ- 25
λαβῇ δὲ καὶ λόγῳ συμβαίνει ποσοῖς εἶναι καὶ ὑποκεῖσθαι τῷ
ποσῷ· φωνὴ γὰρ ποσή· αὐτὴ δὲ κίνησίς τις· εἰς κίνησιν
οὖν ὅλως ἀνακτέον, ὥσπερ καὶ τὴν πρᾶξιν.

13. Τὸ μὲν οὖν συνεχὲς ἀπὸ τοῦ διωρισμένου κεχωρίσθαι
καλῶς τῷ κοινῷ καὶ τῷ ἰδίῳ ὅρῳ εἴρηται· τὸ δ' ἐντεῦθεν
ἤδη ἐπὶ μὲν ἀριθμοῦ περιττῷ, ἀρτίῳ. καὶ πάλιν, εἴ τινες

---

12. 12-13 cf. Aristot. *Top. A* 18. 108ᵇ26   20-3 cum Plat. *Tim.*
63 a 4-6 contra Aristot. *Categ.* 6. 6ᵃ11-15   25-8 cf. Aristot. *Categ.* 6.
4ᵇ32-3 et VI. 1. 5. 2-12 et VI. 3. 19. 8-9   **13.** 2 καλῶς εἴρηται cf.
Aristot. *Categ.* 6. 4ᵇ20 et 25-6 et 5ᵃ1   3 cf. ibid. 10. 12ᵃ7-8

---

12. 10 ἐπέκτασις AJUCᵉᶜ Simplicius *In Categ.* 6, p. 145. 32: ἐπέκστασις
EBRCᵃᶜ   11-12 προαγούσης (*protrahente*) Ficinus: προσαγούσης
wBRUC: προσαγαγούσης J   12 προέλθῃ (*progrediuntur*) Ficinus: προσέλθῃ
Enn.   15 ὅρος (*terminus*) scil. μικροῦ et μεγάλου   27 φωνὴ ποσή
praedicatum, subiectum autem συλλαβὴ καὶ λόγος   αὐτή (*ipsa* scil.
φωνή) Ficinus: αὕτη *Enn.*   **13.** 2 ὅρῳ *terminus*, κοινῷ spectat ad συνεχές,
ἰδίῳ ad διωρισμένου   3 ἀρτίῳ scil. κεχωρίσθαι εἴρηται

διαφοραὶ τούτων ἑκατέρου, ἢ παραλειπτέον τοῖς περὶ
5 ἀριθμὸν ἔχουσιν ἤδη, ἢ δεῖ ταύτας μὲν διαφορὰς τῶν
μοναδικῶν ἀριθμῶν τίθεσθαι, τῶν δ' ἐν τοῖς αἰσθητοῖς
οὐκέτι. εἰ δὲ τοὺς ἐν τοῖς αἰσθητοῖς ἀριθμοὺς χωρίζει ὁ
λόγος, οὐδὲν κωλύει καὶ τούτων τὰς αὐτὰς νοεῖν διαφοράς.
τὸ δὲ συνεχὲς πῶς, εἰ τὸ μὲν γραμμή, τὸ δ' ἐπίπεδον, τὸ
10 δὲ στερεόν; ἢ τὸ μὲν ἐφ' ἕν, τὸ δ' ἐπὶ δύο, τὸ δ' ἐπὶ τρία,
οὐκ εἰς εἴδη διαιρουμένου δόξει, ἀλλὰ καταρίθμησιν μόνον
ποιουμένου. εἰ γὰρ ἐν τοῖς ἀριθμοῖς οὕτω λαμβανομένοις
κατὰ τὸ πρότερον καὶ τὸ ὕστερον κοινόν τι ἐπ' αὐτῶν οὐκ
ἔστι γένος, οὐδ' ἐπὶ πρώτης καὶ δευτέρας καὶ τρίτης αὔξης
15 κοινόν τι ἔσται. ἀλλὰ ἴσως καθόσον ποσὸν τὸ ἴσον ἐπ'
αὐτοῖς, καὶ οὐ τὰ μὲν μᾶλλον ποσά, τὰ δὲ ἧττον, κἂν
τὰ μὲν ἐπὶ πλείω τὰς διαστάσεις ἔχῃ, τὰ δὲ ἐπ' ἔλαττον.
καὶ ἐπὶ τῶν ἀριθμῶν τοίνυν, καθόσον πάντες ἀριθμοί, τὸ
κοινὸν ἂν εἴη· ἴσως γὰρ οὐχ ἡ μονὰς τὴν δυάδα, οὐδ' ἡ
20 δυὰς τὴν τριάδα, ἀλλὰ τὸ αὐτὸ πάντα. εἰ δὲ μὴ γίνεται,
ἀλλ' ἔστιν, ἡμεῖς δ' ἐπινοοῦμεν γινόμενα, ἔστω ὁ μὲν
ἐλάττων πρότερος, ὁ δὲ ὕστερος ὁ μείζων· ἀλλὰ καθόσον
ἀριθμοὶ πάντες, ὑφ' ἕν. καὶ ἐπὶ μεγεθῶν τοίνυν τὸ ἐπ'
ἀριθμῶν μετενεκτέον· χωριοῦμεν δὲ ἀπ' ἀλλήλων γραμμήν,
25 ἐπίπεδον, στερεόν, ὃ δὴ κέκληκε σ ῶ μ α, τῷ διάφορα τῷ

---

13. 6 μοναδικῶν ἀριθμῶν cf. Aristot. *Metaph.* M 8. 1083ᵇ16-17 et VI. 6.
9. 35   9-10 cf. Aristot. *Categ.* 6. 4ᵇ23-4 et VI. 1. 4. 11   12-14 cf.
Aristot. *Categ.* 6. 5ᵃ30-1; *Metaph.* B 3. 999ᵃ6-14; VI. 1. 1. 27-8 et VI. 2.
13. 7-15   25 = Aristot. *Categ.* 6. 4ᵇ24

13. 4-5 τοῖς—ἔχουσιν i.e. τὰ ἀριθμούμενα αἰσθητά   7 χωρίζει scil.
ἀπὸ τῶν αἰσθητῶν   8 τούτων i.e. τῶν ἐν τοῖς αἰσθητοῖς ἀριθμῶν
12 εἰ Westerink, *Mnemosyne* 30, 1977, 322: ἀεὶ *Enn.*: ἐπεὶ Theiler H-S¹
14 αὔξης *dimensio*   17 ἐπ' om. w   18 καὶ om. w   20 post
αὐτὸ add. παράγει Theiler, sed subaudiendum   21-2 ὁ μὲν ἐλάττων et
ὁ δὲ . . ὁ μείζων subiecta, πρότερος et ὕστερος praedicata   25 κέκληκε
subiectum Aristoteles   25-6 τῷ¹—εἶναι *ex eo quod cum magnitudines sint
specie differant* Ficinus recte

εἴδει μεγέθη ὄντα εἶναι. εἰ δὲ δεῖ ἕκαστον τούτων διαιρεῖν,
γραμμὴν μὲν εἰς εὐθύ, περιφερές, ἑλικοειδές, ἐπίπεδον δὲ
⟨εἰς⟩ εὐθύγραμμον καὶ περιφερὲς σχῆμα, στερεὸν δὲ εἰς
στερεὰ σχήματα, σφαῖραν, [εἰς] εὐθυγράμμους πλευράς,
καὶ ταῦτα πάλιν, οἷα οἱ γεωμέτραι ποιοῦσι τρίγωνα, 30
τετράπλευρα, καὶ πάλιν ταῦτα εἰς ἄλλα, ἐπισκεπτέον.

14. Τί γὰρ ἂν φαῖμεν εὐθεῖαν; οὐ μέγεθος εἶναι;
ἢ ποιὸν μέγεθος τὸ εὐθὺ φαίη τις ἄν. τί οὖν κωλύει
διαφορὰν εἶναι ᾗ γραμμή;—οὐ γὰρ ἄλλου τινὸς τὸ εὐθὺ ἢ
γραμμῆς—ἐπεὶ καὶ οὐσίας διαφορὰς κομίζομεν παρὰ τοῦ
ποιοῦ. εἰ οὖν γραμμὴ εὐθεῖα, ποσὸν μετὰ διαφορᾶς, καὶ οὐ 5
σύνθετον διὰ τοῦτο ἡ εὐθεῖα ἐξ εὐθύτητος καὶ γραμμῆς· εἰ
δὲ σύνθετον, ὡς μετὰ οἰκείας διαφορᾶς. τὸ δ᾽ ἐκ τριῶν γραμ-
μῶν—τὸ τρίγωνον—διὰ τί οὐκ ἐν τῷ ποσῷ; ἢ οὐχ ἁπλῶς
τρεῖς γραμμαὶ τὸ τρίγωνον, ἀλλὰ οὑτωσὶ ἐχουσῶν, καὶ
τὸ τετράπλευρον τέσσαρες οὑτωσί· καὶ γὰρ ἡ γραμμὴ ἡ εὐ- 10
θεῖα οὑτωσὶ καὶ ποσόν. εἰ γὰρ τὴν εὐθεῖαν οὐ ποσὸν μόνον,
τί κωλύει καὶ τὴν πεπερασμένην μὴ ποσὸν μόνον λέγειν;
ἀλλὰ τὸ πέρας τῆς γραμμῆς στιγμὴ καὶ οὐκ ἐν ἄλλῳ. καὶ
τὸ πεπερασμένον τοίνυν ἐπίπεδον ποσόν, ἐπείπερ γραμ-
μαὶ περατοῦσιν, αἳ πολὺ μᾶλλον ἐν τῷ ποσῷ. εἰ οὖν τὸ πε- 15
περασμένον ἐπίπεδον ἐν τῷ ποσῷ, τοῦτο δὲ ἢ τετράγωνον
ἢ πολύπλευρον ἢ ἑξάπλευρον, καὶ τὰ σχήματα πάντα ἐν

---

14. 1–2 cf. Aristot. *Categ.* 8. 10ᵃ12–15   4–5 cf. Aristot. *Metaph. Δ*
14. 1020ᵃ33 et *Categ.* 5. 3ᵃ25–8   7–8 cf. Aristot. *Categ.* 8. 10ᵃ14–15
13 cf. Arist. *Metaph. N* 3. 1090ᵇ5–6

---

13. 26 εἰ (*num*) regitur ab 31 ἐπισκεπτέον   28 ⟨εἰς⟩ Kirchhoff
29 εἰς deleuimus ut falso huc insertum pro 28 ⟨εἰς⟩   εὐθυγράμμους
πλευράς neglegenter pro solidis   **14.** 2 ποιὸν w: ποῖον BUC: om. x
2 μέγεθος—κωλύει om. x   3 διαφορὰν praedicatum, subiectum uero τὴν
εὐθεῖαν   7 διαφορᾶς scil. σύνθετόν ἐστιν   8–9 διὰ—τρίγωνον om. x
10–11 καὶ—οὑτωσὶ om. x   13 τὸ om. w   ἐν ἄλλῳ scil. γένει
16 τοῦτο i.e. τὸ πεπερασμένον ἐπίπεδον   17 ἢ ἑξάπλευρον fortasse
glossa

τῷ ποσῷ. εἰ δ᾽ ὅτι τὸ τρίγωνον λέγομεν ποιὸν καὶ τὸ
τετράγωνον, ἐν ποιῷ θησόμεθα, οὐδὲν κωλύει ἐν πλείοσι
20 κατηγορίαις θέσθαι τὸ αὐτό· καθὸ μὲν μέγεθος καὶ τοσόνδε
μέγεθος, ἐν τῷ ποσῷ, καθὸ δὲ τοιάνδε μορφὴν παρέχεται,
ἐν ποιῷ. ἢ καθ᾽ αὐτὸ τοιάδε μορφὴ τὸ τρίγωνον. τί οὖν
κωλύει καὶ τὴν σφαῖραν ποιὸν λέγειν; εἰ οὖν τις ὁμόσε
χωροῖ, τὴν γεωμετρίαν τοίνυν οὐ περὶ μεγέθη, ἀλλὰ περὶ
25 ποιότητα καταγίνεσθαι. ἀλλ᾽ οὐ δοκεῖ τοῦτο, ἀλλ᾽ ἡ
πραγματεία αὕτη περὶ μεγέθη. αἱ δὲ διαφοραὶ τῶν μεγεθῶν
οὐκ ἀναιροῦσι τὸ μεγέθη αὐτὰ εἶναι, ὥσπερ οὐδ᾽ αἱ τῶν
οὐσιῶν οὐκ οὐσίας τὰς οὐσίας εἶναι. ἔτι πᾶν ἐπίπεδον
πεπερασμένον, οὐ γὰρ οἷόν τε ἄπειρον εἶναί τι ἐπίπεδον.
30 ἔτι ὥσπερ, ὅταν περὶ οὐσίαν ποιότητα λαμβάνω, οὐσιώδη
ποιότητα λέγω, οὕτω καὶ πολὺ μᾶλλον, ὅταν τὰ σχήματα
λαμβάνω, ποσότητος διαφορὰς λαμβάνω. ἔπειτα, εἰ μὴ
ταύτας διαφορὰς μεγεθῶν ληψόμεθα, τίνων θησόμεθα; εἰ
δὲ μεγεθῶν εἰσι διαφοραί, τὰ γενόμενα ἐκ τῶν διαφορῶν
35 μεγέθη διάφορα ἐν εἴδεσιν αὐτῶν τακτέον.

15. Ἀλλὰ πῶς ἴδιον τοῦ ποσοῦ τὸ ἴσον καὶ ἄνι-
σον; ὅμοια γὰρ τρίγωνα λέγεται. ἢ καὶ ὅμοια λέγεται μεγέ-
θη, καὶ ἡ ὁμοιότης λεγομένη οὐκ ἀναιρεῖ τὸ ὅμοιον καὶ τὸ
ἀνόμοιον εἶναι ἐν τῷ ποιῷ· ἴσως γὰρ ἐνταῦθα ἐν τοῖς μεγέ-
5 θεσι τὸ ὅμοιον ἄλλως καὶ οὐχ ὡς ἐν τῷ ποιῷ. ἔπειτα οὐκ,
εἰ ἴδιον εἶπε τὸ ἴσον καὶ ἄνισον, ἀνεῖλε καὶ τὸ ὅμοιον
κατηγορεῖν τινων· ἀλλ᾽ εἰ εἶπε τὸ ὅμοιον καὶ ἀνόμοιον

---

14. 18-22 cf. Aristot. *Categ.* 8. 10ᵃ14-16   28-9 cf. Aristot. *De caelo*
A 5. 272ᵇ18-19   15. 1-2 et 6 = Aristot. *Categ.* 6. 6ᵃ26, cf. VI. 1. 5. 23
7-8 = Aristot. *Categ.* 8. 11ᵃ18-19

14. 20 τοσόνδε Igal: τοιόνδε *Enn.*   22 ἢ wx: ᾗ BUC   καθ᾽
αὐτὸ Igal: καὶ αὐτὸ *Enn.*   28 εἶναι scil. ποιοῦσιν   35 αὐτῶν scil.
τῶν μεγεθῶν   15. 2-3 ἢ—μεγέθη sane similes quoque dicuntur magnitudines
4 ποιῷ *Enn.*: ποσῷ Fᶻᵐᵍ (= Ficinus) H-S¹   6 ἄνισον BxC: τὸ ἄνισον
wU   7 τινων scil. μεγεθῶν

τοῦ ποιοῦ, ἄλλως λεκτέον, ὡς ἔφαμεν, τὸ ἐπὶ τοῦ ποσοῦ.
εἰ δὲ ταὐτὸν τὸ ὅμοιον καὶ ἐπὶ τούτων, ἐπισκέψασθαι δεῖ
ἰδιότητας ἄλλας ἑκατέρου τοῦ γένους, τοῦ τε ποσοῦ καὶ 10
τοῦ ποιοῦ. ἢ λεκτέον, τὸ ὅμοιον καὶ ἐπὶ τοῦ ποσοῦ
λέγεσθαι, καθόσον αἱ διαφοραὶ ἐν αὐτῷ, καθόλου δέ, ὅτι
συντάττειν δεῖ τὰς συμπληρούσας διαφορὰς τῷ οὗ δια-
φοραί, καὶ μάλιστα, ὅταν μόνου ἐκείνου ᾖ διαφορὰ ἡ
διαφορά. εἰ δ᾽ ἐν ἄλλῳ μὲν συμπληροῖ τὴν οὐσίαν, ἐν ἄλλῳ 15
δὲ μή, οὐ μὲν συμπληροῖ, συντακτέον, οὗ δὲ μὴ συμπληροῖ,
μόνον ἐφ᾽ ἑαυτοῦ ληπτέον· συμπληροῦν δὲ λέγω τὴν οὐσίαν
οὐ τὴν ἁπλῶς, ἀλλὰ τὴν τοιάνδε, τοῦ "τοιάνδε" προσθήκην
οὐκ οὐσιώδη δεχομένου. κἀκεῖνο δὲ ἐπισημαντέον, ὅτι ἴσα
μὲν λέγομεν καὶ τρίγωνα καὶ τετράγωνα καὶ ἐπὶ πάντων 20
σχημάτων, ἐπιπέδων τε καὶ στερεῶν· ὥστε ἴσον τε καὶ
ἄνισον κείσθω ἐπὶ ποσοῦ ἴδιον. ὅμοιον δὲ καὶ ἀνόμοιον,
εἰ ἐπὶ ποιοῦ, ἐπισκεπτέον.

Περὶ δὲ τοῦ ποιοῦ ἐλέχθη, ὡς σὺν ἄλλοις μὲν ὕλῃ καὶ
ποσῷ συμμιχθὲν συμπλήρωσιν ἐργάζεται αἰσθητῆς οὐσίας, 25
καὶ ὅτι κινδυνεύει ἡ λεγομένη αὕτη οὐσία εἶναι τοῦτο τὸ ἐκ
πολλῶν, οὐ τὶ ἀλλὰ ποιὸν μᾶλλον· καὶ ὁ μὲν λόγος εἶναι οἷον
πυρὸς τὸ "τί" σημαίνων μᾶλλον, ἣν δὲ μορφὴν ἐργάζεται,
ποιὸν μᾶλλον· καὶ ὁ λόγος ὁ τοῦ ἀνθρώπου τὸ "τί" εἶναι, τὸ
δ᾽ ἀποτελεσθὲν ἐν σώματος φύσει εἴδωλον ὂν τοῦ λόγου 30
ποιόν τι μᾶλλον εἶναι. οἷον εἰ ἀνθρώπου ὄντος τοῦ Σωκρά-

---

15. 8 ἔφαμεν cf. VI. 3. 15. 5   15-19 cf. II. 6. 1. 15-29 et 2. 1-5;
VI. 1. 10. 20-7; VI. 2. 14. 14-23; VI. 3. 17. 8-10   24 ἐλέχθη cf. VI. 3.
9. 19-30   31-3 cf. VI. 2. 1. 24-5

---

15. 9 καὶ ἐπὶ τούτων i.e. καὶ ἐπὶ μεγεθῶν scil. ὥσπερ ἐπὶ τοῦ ποιοῦ
13 τῷ Fᵖᶜ = Ficinus: τοῦ Enn.   15 et 17 οὐσίαν scil. τὴν τοῦ ποσοῦ
18 τὴν τοιάνδε i.e. τὸ μέγεθος τὸ τοιάνδε μορφὴν παρεχόμενον e.g. τὸ τρίγωνον,
cf. VI. 3. 14. 21-2   23 σκεπτέον x   25 ποσῷ BxUC: ποιῷ w
26 αὕτη Rᵃᵐᵍ (illam Ficinus): αὐτὴ Enn.   27 et 29 et 31 ad εἶναι (ter)
subintellegendum κινδυνεύει

τους τοῦ ὁρωμένου ἡ εἰκὼν αὐτοῦ ἡ ἐν γραφῇ χρώματα
καὶ φάρμακα ὄντα Σωκράτης λέγοιτο· οὕτως οὖν καὶ λό-
γου ὄντος, καθ' ὃν Σωκράτης, τὸν αἰσθητὸν Σωκράτη
35 ⟨ὀρθῶς λεκτέον οὐ Σωκράτη⟩, ἀλλὰ χρώματα καὶ
σχήματα ἐκείνων τῶν ἐν τῷ λόγῳ μιμήματα εἶναι· καὶ
τὸν λόγον δὲ τοῦτον πρὸς τὸν ἀληθέστατον ἤδη λόγον τὸν
ἀνθρώπου τὸ αὐτὸ πεπονθότα εἶναι. ταῦτα μὲν οὖν οὕτως.

16. Ἕκαστον δὲ λαμβανόμενον χωρὶς τῶν ἄλλων τῶν
περὶ τὴν λεγομένην οὐσίαν ποιότητα τὴν ἐν τούτοις εἶναι,
οὐ τὸ "τί" οὐδὲ τὸ "ποσὸν" οὐδὲ "κίνησιν" σημαίνοντα,
χαρακτῆρα δὲ καὶ τὸ "τοιόνδε" [καὶ τὸ οἷον] καὶ τὸ "ὁποῖον"
5 δηλοῦντα, ⟨οἷον⟩ καλὸν αἰσχρὸν τὸ ἐπὶ σώματι· ὁμώνυμον
γὰρ τὸ καλὸν τὸ τῇδε κἀκεῖ, ὥστε καὶ τὸ ποιόν· ἐπεὶ καὶ
τὸ μέλαν καὶ τὸ λευκὸν ἄλλο. ἀλλὰ τὸ ἐν τῷ σπέρματι καὶ
τῷ τοιούτῳ λόγῳ πότερα τὸ αὐτὸ ἢ ὁμώνυμον τῷ φαινο-
μένῳ; καὶ τοῖς ἐκεῖ προσνεμητέον ἢ τοῖς τῇδε; καὶ τὸ
10 αἰσχρὸν τὸ περὶ τὴν ψυχήν; τὸ μὲν γὰρ καλὸν ὅτι ἄλλο,
ἤδη δῆλον. ἀλλ' εἰ ἐν τούτῳ τῷ ποιῷ καὶ ἡ ἀρετή, εἰ ἐν
τοῖς τῇδε ποιοῖς. ἢ τὰς μὲν ἐν τοῖς τῇδε ποιοῖς, τὰς δὲ ἐν
τοῖς ἐκεῖ. ἐπεὶ καὶ τὰς τέχνας λόγους οὔσας ἀπορήσειεν ἄν
τις εἰ ἐν τοῖς τῇδε· καὶ γὰρ εἰ ἐν ὕλῃ λόγοι, ἀλλὰ ὕλη αὐτοῖς ἡ
15 ψυχή. ἀλλ' ὅταν καὶ μετὰ ὕλης, πῶς ἐνταῦθα; οἷον κιθαρῳ-

---

15. 35-6 = Plat. *Soph.* 251 a 9   16. 13 cf. Aristot. *Metaph.* Z 7.
1032ᵃ32-ᵇ14 et Λ 3. 1070ᵃ29 et *De part. an.* A 1. 640ᵃ31

---

15. 33 καὶ² *etiam*   35 ⟨ὀρθῶς λεκτέον οὐ Σωκράτη⟩ Igal   16. 1-2 ἕκα-
στον subiectum, ποιότητα εἶναι (scil. λεκτέον) praedicatum   1 τῶν
ἄλλων (scil. τι, ποσόν, κίνησις) regitur a χωρίς   2 τούτοις nempe τοῖς
αἰσθητοῖς   4 καὶ τὸ οἷον del. Müller   5 ⟨οἷον⟩ Müller   7 ἄλλο
scil. ἐστὶν ἐκεῖ καὶ τῇδε   τὸᵃ: τῷ w   8 τὸ αὐτὸ BxU: ταὐτὸν w: τῷ
αὐτῷ C   9 καὶ¹ scil. πότερα   10 ἄλλο (scil. ἐστὶν ἐκεῖ καὶ τῇδε)
BxUC: ἄλλα w   11 εἰ¹ si   τούτῳ τῷ ποιῷ i.e. nuper descripto lin.
4-6   εἰ² (*num*) AᵉᶜEBJU: ἡ AᵃᶜRC   12 ποιοῖς¹ scil. ζητητέον
15 ὅταν—ἐνταῦθα *tametsi* ars *cum materia coniuncta est*, manet quaestio, *quomodo
ea hic sit   πῶς Enn.*: πὼς (*quodammodo*) Ficinus

δία· καὶ γὰρ περὶ χορδὰς καὶ μέρος πως τῆς τέχνης ἡ ᾠδή,
φωνὴ αἰσθητή, εἰ μὴ ἄρα ἐνεργείας ταύτας τις, ἀλλ' οὐ
μέρη, θεῖτο. ἀλλ' οὖν ἐνέργειαι αἰσθηταί· ἐπεὶ καὶ τὸ καλὸν
τὸ ἐν σώματι ἀσώματον· ἀλλ' ἀπέδομεν αὐτὸ αἰσθητὸν
ὂν τοῖς περὶ σῶμα καὶ σώματος. γεωμετρίαν δὲ καὶ ἀριθμη- 20
τικὴν διττὴν θεμένους τὰς μὲν ὡδὶ ἐν τῷδε τῷ ποιῷ
τακτέον, τὰς δὲ αὐτῆς τῆς ψυχῆς πραγματείας πρὸς τὸ
νοητὸν ἐκεῖ τακτέον. καὶ δὴ καὶ μουσικήν φησιν ὁ Πλάτων
καὶ ἀστρονομίαν ὡσαύτως. τὰς τοίνυν τέχνας περὶ σώματα
ἐχούσας καὶ ὀργάνοις αἰσθητοῖς καὶ αἰσθήσει χρωμένας, εἰ 25
καὶ ψυχῆς εἰσι διαθέσεις, ἐπειδὴ κάτω νευούσης εἰσίν, ἐν
τῷδε τῷ ποιῷ τακτέον. καὶ δὴ καὶ τὰς πρακτικὰς ἀρετὰς
οὐδὲν κωλύει ἐνταῦθα τὰς οὕτω πραττούσας ὡς πολιτικῶς
τὸ πράττειν ἔχειν, ὅσαι μὴ χωρίζουσι τὴν ψυχὴν πρὸς τὰ
ἐκεῖ ἄγουσαι, ἀλλ' ἐνταῦθα τὸ καλῶς ἐνεργοῦσι προηγού- 30
μενον τοῦτο, ἀλλ' οὐχ ὡς ἀναγκαῖον τιθέμεναι. καὶ τὸ ἐν
τῷ σπέρματι τοίνυν καλὸν καὶ πολὺ μᾶλλον τὸ μέλαν καὶ τὸ
λευκὸν ἐν τούτοις. τί οὖν; καὶ τὴν ψυχὴν τὴν τοιαύτην,
ἐν ᾗ οὗτοι οἱ λόγοι, ἐν οὐσίᾳ τῇ τῇδε τάξομεν; ἢ οὐδὲ
ταῦτα σώματα εἴπομεν, ἀλλ' ἐπεὶ περὶ σῶμα καὶ σωμάτων 35
ποιήσεις οἱ λόγοι, ἐν ποιότητι ἐθέμεθα τῇ τῇδε· οὐσίαν δὲ
αἰσθητὴν τὸ ἐκ πάντων τῶν εἰρημένων θέμενοι οὐδαμῶς
ἀσώματον οὐσίαν ἐν αὐτῇ τάξομεν. ποιότητας δὲ ἀσω-
μάτους ἁπάσας λέγοντες ἐν αὐτῇ πάθη ὄντα νενευκότα
τῇδε ἐνηριθμήσαμεν καὶ λόγους ψυχῆς τινος· τὸ γὰρ πάθος 40

16. 19 ἀπέδομεν cf. VI. 3. 16. 4-10   20-4 cf. Plat. Phileb. 56 a-57 d
et Resp. 525 a-530 b   30-1 προηγούμενον cf. Stoic. Vet. Fr. iii, n. 280
31 cf. Aristot. Polit. H 14. 1333ᵃ36-ᵇ3   35-6 εἴπομεν et ἐθέμεθα
cf. VI. 3. 16. 18-33   37 θέμενοι cf. VI. 3. 8. 19-20   38-9 cf.
Albin. Didasc. 11, p. 166. 14-15; Nemesius 2, p. 71 = Patrologia Graeca
40. 540B; II. 7. 2. 28-9   40 ἐνηριθμήσαμεν cf. VI. 3. 8. 19-30

16. 16 πως BUC: πῶς wx   29 τά: τὰς x   38-9 αὐτῇ (bis) scil.
τῇ αἰσθητῇ οὐσίᾳ   39 ὄντα pro οὔσας   40 λόγους scil. οὔσας

μεμερισμένον εἰς δύο, εἴς τε τὸ περὶ ὅ ἐστι καὶ ἐν ᾧ ἐστι,
τῇ ψυχῇ, ἐδίδομεν ποιότητι οὐ σωματικῇ οὔσῃ, περὶ σῶμα
δὲ οὔσῃ· οὐκέτι δὲ τὴν ψυχὴν τῇδε τῇ οὐσίᾳ, ὅτι τὸ πρὸς
σῶμα αὐτῆς πάθος ἤδη δεδωκότες ἦμεν ποιῷ· ἄνευ δὲ τοῦ
45 πάθους καὶ τοῦ λόγου νοουμένην τῷ ὅθεν ἐστὶν ἀποδεδώ-
καμεν οὐδεμίαν οὐσίαν ὁπωσοῦν νοητὴν ἐνταῦθα κατα-
λιπόντες.

17. Εἰ μὲν οὖν οὕτω δοκεῖ, διαιρετέον τὰς μὲν ψυχικάς,
τὰς δὲ σωματικάς, ὡς σώματος οὔσας ποιότητας. εἰ δὲ
τὰς ψυχὰς ἁπάσας ἐκεῖ τις βούλεται, ταῖς αἰσθήσεσι τὰς
τῇδε ποιότητας ἔστι διαιρεῖν, τὰς μὲν δι᾽ ὀμμάτων, τὰς
5 δὲ δι᾽ ὤτων, τὰς δὲ δι᾽ ἁφῆς, γεύσεως, ὀσφρήσεως· καὶ
τούτων εἴ τινες διαφοραί, ὄψεσι μὲν χρώματα, ἀκοαῖς δὲ
φωνάς, καὶ ταῖς ἄλλαις αἰσθήσεσι· φωνὰς δέ, ἢ ποιαί,
ἡδύ, τραχύ, λεῖον. ἐπεὶ δὲ τὰς διαφορὰς τὰς περὶ τὴν
οὐσίαν ποιότησι διαιρούμεθα καὶ τὰς ἐνεργείας καὶ τὰς
10 πράξεις καλὰς ἢ αἰσχρὰς καὶ ὅλως τοιάσδε—τὸ γὰρ ποσὸν
ἢ ὀλιγάκις εἰς τὰς διαφορὰς τὰς εἴδη ποιούσας ἢ οὐδαμοῦ—
καὶ τὸ ποσὸν δὲ ποιότησι ταῖς αὐτῶν οἰκείαις, πῶς ἄν
τις καὶ τὸ ποιὸν διέλοι κατ᾽ εἴδη, ἀπορήσειεν ἄν τις, ποίαις
χρώμενος διαφοραῖς καὶ ἐκ ποίου γένους. ἄτοπον γὰρ
15 ἑαυτῷ καὶ ὅμοιον, ὥσπερ ἂν εἴ τις διαφορὰς οὐσίας οὐσίας
πάλιν αὖ λέγοι. τίνι οὖν τὸ λευκὸν καὶ τὸ μέλαν; τίνι δὲ
τὰ χρώματα ὅλως; ἀπὸ χυμῶν καὶ τῶν ἁπτικῶν ποιοτήτων;

16. 42 ἐδίδομεν cf. III. 6. 19. 14   44 δεδωκότες ἦμεν cf. VI. 3. 16.
33-6   17. 1-5 cf. VI. 1. 12. 2-5   7-8 cf. Aristot. De an. B 11.
422b29-31   8-10 uide ad VI. 3. 15. 15-19   15 cf. VI. 3. 18.
4-6   16-21 cf. Plat. Tim. 67e5-6; Aristot. Metaph. I 7. 1057b8-9 et
Top. H 3. 153a38-b1

16. 41 ὅ nempe τὸ σῶμα   41-2 ἐν ᾧ ἐστι τῇ ψυχῇ in quo est nempe in
anima   17. 3 ψυχὰς (cf. VI. 3. 16. 43): ψυχικὰς Theiler   4 ἔστι
om. x   10 ἢ: καὶ x   12 αὐτῶν scil. τῶν ποσῶν   12-13 πῶς—
εἴδη regitur ab ἀπορήσειεν

εἰ δὲ τοῖς διαφόροις αἰσθητηρίοις ταῦτα, οὐκ ἐν τοῖς
ὑποκειμένοις ἡ διαφορά. ἀλλὰ τὰ κατὰ τὴν αὐτὴν αἴσθησιν
πῶς; εἰ δ' ὅτι τὸ μὲν συγκριτικόν, τὸ δὲ διακριτικὸν 20
ὀμμάτων, τὸ δὲ διακριτικὸν γλώττης καὶ συγκριτικόν,
πρῶτον μὲν ἀμφισβητεῖται καὶ περὶ αὐτῶν τῶν παθῶν, εἰ
διακρίσεις τινὲς καὶ συγκρίσεις ταῦτα· ἔπειτα οὐκ αὐτὰ
οἷς διαφέρει εἴρηκεν. εἰ δέ τις λέγοι οἷς δύνανται—καὶ οὐκ
ἄλογον δὲ οἷς δύνανται—ἐκεῖνο ἴσως λεκτέον, ὡς οἷς 25
δύνανται διαιρετέον τὰ μὴ ὁρώμενα, οἷον τὰς ἐπιστήμας·
αἰσθητὰ δὲ ταῦτα ὄντα διὰ τί ἐξ ὧν ποιεῖ; καὶ ἐν ταῖς
ἐπιστήμαις δὲ διαιροῦντες οἷς δύνανται, καὶ ὅλως ταῖς τῆς
ψυχῆς δυνάμεσι διαστησάμενοι ὡς ἔτεραι ἐξ ὧν ποιοῦσιν,
ἔχομεν λόγῳ διαφορὰς αὐτῶν λαμβάνειν, οὐ μόνον περὶ ἅ, 30
ἀλλὰ καὶ λόγους αὐτῶν ὁρῶντες. ἢ τὰς μὲν τέχνας
ἕξομεν τοῖς λόγοις αὐτῶν καὶ τοῖς θεωρήμασι, τὰς δὲ ἐπὶ
σώμασι ποιότητας πῶς; ἢ κἀκεῖ ἐπὶ τῶν λόγων τῶν
διαφόρων πῶς ἕτεροι, ζητήσειεν ἄν τις. καὶ γὰρ φαίνεται
τὸ λευκὸν τοῦ μέλανος διαφέρειν· ἀλλὰ τίνι, ζητοῦμεν. 35

18. Ἀλλὰ γὰρ ταῦτα ἅπαντα τὰ ἀπορηθέντα δεικνύει
ὡς τῶν ἄλλων δεῖ διαφορὰς ζητεῖν, αἷς χωριοῦμεν ἀπ'
ἀλλήλων ἕκαστα, τῶν δὲ διαφορῶν διαφορὰς καὶ ἀδύνατον
καὶ ἄλογον· οὔτε γὰρ οὐσίας οὐσιῶν οὔτε ποσοῦ ποσότητας
οὔτε ποιότητας ποιοτήτων οὔτε διαφορὰς διαφορῶν οἷόν 5
τε. ἀλλ' ἀνάγκη, οὗ ἐγχωρεῖ, τοῖς ἔξωθεν ἢ τοῖς ποιητικοῖς
ἢ τοῖς τοιούτοις· οὗ δὲ μηδὲ ταῦτα, οἷον πράσιον ὠχροῦ,

17. 24 τις scil. Aristot. *Categ.* 8. 9ᵃ14-16   18. 4-6 cf. VI. 2. 19. 3-5
et VI. 3. 17. 15   7-8 cf. Aristot. *De sensu* 4. 442ᵃ24-5; *Categ.* 10. 12ᵃ18;
Top. H 3. 153ᵃ38

17. 19 τὰ BxC Simplicius *In Categ.* 8, p. 276. 2: om. wU   22 παθῶν:
παθητικῶν x   24 εἴρηκεν scil. ὁ Ἀριστοτέλης   18. 5-6 οἷόν τε scil.
ζητεῖν   7 ταῦτα scil. τὰ ἔξωθεν ἐγχωρεῖ   πράσινον w

97

ἐπειδὴ λευκοῦ καὶ μέλανος λέγουσι, τί ἄν τις εἴποι; ἀλλὰ
γάρ, ὅτι ἕτερα, ἡ αἴσθησις ἢ ὁ νοῦς ἐρεῖ, καὶ οὐ δώσουσι
10 λόγον, ἡ μὲν αἴσθησις, ὅτι μηδ' αὐτῆς ὁ λόγος, ἀλλὰ μόνον
μηνύσεις διαφόρους ποιήσασθαι, ὁ δὲ νοῦς ἐν ταῖς αὑτοῦ
ἐπιβολαῖς ἁπλαῖς καὶ οὐ λόγοις χρῆται πανταχοῦ, ὡς
λέγειν ἕκαστον τόδε τόδε, τόδε τόδε· καὶ ἔστιν ἑτερότης
ἐν ταῖς κινήσεσιν αὐτοῦ διαιροῦσα θάτερον ἀπὸ θατέρου
15 οὐχ ἑτερότητος αὐτὴ δεομένη. αἱ τοίνυν ποιότητες πότερα
διαφοραὶ πᾶσαι γένοιντο ἂν ἢ οὔ; λευκότης μὲν γὰρ καὶ
ὅλως αἱ χρόαι καὶ ⟨αἱ⟩ περὶ ἀφὴν καὶ χυμοὺς γένοιντο ἂν
διαφοραὶ ἑτέρων καὶ εἴδη ὄντα, γραμματικὴ δὲ καὶ μουσικὴ
πῶς; ἢ τῷ τὴν μὲν γραμματικὴν ψυχήν, τὴν δὲ μουσικήν,
20 καὶ μάλιστα, εἰ φύσει εἶεν, ὥστε καὶ εἰδοποιοὺς διαφορὰς
γίνεσθαι. καὶ εἰ εἴη τις οὖν διαφορά, ἐκ τούτου τοῦ γένους
ἢ καὶ ἐξ ἄλλου· καὶ εἰ ἐκ ταὐτοῦ γένους, τῶν ἐκ τοῦ
αὐτοῦ γένους, οἷον ποιοτήτων ποιότητας. ἀρετὴ γὰρ καὶ
κακία ἡ μὲν γὰρ ἕξις τοιάδε, ἡ δὲ τοιάδε· ὥστε ποιοτήτων
25 οὐσῶν τῶν ἕξεων αἱ διαφοραὶ ποιότητες· εἰ μή τις φαίη
τὴν μὲν ἕξιν ἄνευ τῆς διαφορᾶς μὴ ποιότητα εἶναι, τὴν δὲ
διαφορὰν τὴν ποιότητα ποιεῖν. ἀλλ' εἰ τὸ γλυκὺ ὠφέλιμον,

18. 18 cf. Aristot. *Categ.* 8. 11ᵃ27-8   20 cf. Aristot. *Top.* Z 6.
143ᵇ8   23-4 cf. Aristot. *Phys.* H 3. 246ᵃ11-12   24-5 cf. Aristot.
Categ. 8. 8ᵇ27   27-8 cf. VI. 1. 12. 10-11

18. 8 ἐπειδὴ Vitringa: ἐπεὶ δὲ Enn.   λευκοῦ καὶ μέλανος genetiui
possessoris   λέγουσι (scil. Περιπατητικοί) obiectum πράσιον καὶ ὠχρόν
12 ἁπλαῖς (scil. ἐστιν) Enn., cf. VI. 7. 39. 1 et Philoponus *In Anal. priora*,
prooem. p. 1. 23: ἁπλοῦς Kirchhoff   12-13 ὡς—τόδε⁴ *ut de quoque*
dicat hoc esse *hoc, illud illud*   13 τόδε τόδε τόδε τόδε BUC: τόδε τόδε
wx   16 γίνοιντο w   17 ⟨αἱ⟩ (scil. ποιότητες) Müller   18 καὶ
εἴδη ὄντα *quamuis species sint*   19 τὴν μὲν (scil. ψυχὴν) et τὴν δὲ subiecta,
γραμματικὴν ψυχήν et μουσικήν (scil. ψυχήν) praedicata   21-2 καὶ
εἰ—ἄλλου ac si igitur qualitas *differentia quaedam est*, differentia uel *ex eodem*
genere unde qualitas *uel etiam ex alio* est   21 οὖν om. w   22 ταὐτοῦ:
τούτου τοῦ w   22-3 τῶν ἐκ τοῦ αὐτοῦ γένους scil. λεκτέον τὴν διαφοράν

βλαβερὸν δὲ τὸ πικρόν, σχέσει, οὐ ποιότητι, διαιρεῖ. τί
δ' εἰ τὸ γλυκὺ παχύ, τὸ δὲ αὐστηρὸν λεπτόν; οὐ τί ἦν
γλυκὺ ἴσως λέγει παχύ, ἀλλ' ᾧ ἡ γλυκύτης· καὶ ἐπὶ τοῦ 30
αὐστηροῦ ὁ αὐτὸς λόγος. ὥστε εἰ πανταχοῦ μὴ ποιότητος
ποιότης διαφορὰ σκεπτέον, ὥσπερ οὐδὲ οὐσίας οὐσία, οὐδὲ
ποσοῦ ποσότης. ἢ τὰ πέντε τῶν τριῶν διαφέρει δυσίν.
ἢ ὑπερέχει δυσί, "διαφέρει" δ' οὐ λέγεται· πῶς γὰρ ἂν καὶ
διαφέροι δυσὶν ἐν τοῖς τρισίν; ἀλλ' οὐδὲ κίνησις κινήσεως 35
κινήσει διαφέροι ἄν, οὐδ' ἐπὶ τῶν ἄλλων ἄν τις εὕροι.
ἐπὶ δὲ τῆς ἀρετῆς καὶ κακίας τὸ ὅλον πρὸς τὸ ὅλον
ληπτέον, καὶ οὕτως αὐτοῖς διοίσει. τὸ δὲ ἐκ ταὐτοῦ
γένους, τοῦ ποιοῦ, καὶ μὴ ἐξ ἄλλου, εἴ τις διαιροῖ τῷ τὴν
μὲν περὶ ἡδονάς, τὴν δὲ περὶ ὀργάς, καὶ τὴν μὲν περὶ 40
καρποῦ κομιδήν, καὶ οὕτω παραδέξαιτο καλῶς ὡρίσθαι,
δῆλον ὅτι ἔστι διαφορὰς εἶναι καὶ μὴ ποιότητας.

19. Τῇ δὲ ποιότητι συντακτέον, ὥσπερ ἐδόκει, καὶ τοὺς
κατ' αὐτὰς ποιούς, καθόσον ποιότης περὶ αὐτούς, οὐ
προσποιουμένους αὐτούς, ἵνα μὴ κατηγορίαι δύο, ἀλλ' εἰς
τοῦτο ἀνιόντας ἀπ' αὐτῶν, ἀφ' οὗ λέγονται. τὸ δὲ οὐ
λευκόν, εἰ μὲν σημαίνει ἄλλο χρῶμα, ποιότης· εἰ δὲ ἀπό- 5
φασις μόνον εἴη, [πραγμάτων ἢ ἐξαρίθμησις] οὐδὲν ἂν εἴη,
εἰ μὴ φωνὴ ἢ ὄνομα ἢ λόγος γινομένου κατ' αὐτοῦ πράγμα-

---

18. 31-3 cf. VI. 3. 18. 4-6   35-6 cf. VI. 2. 19. 11   41 cf. Aristot.
Polit. H 16. 1335ᵃ21-2   **19.** 1 ἐδόκει cf. VI. 1. 10. 1 et Aristot. *Categ.*
8. 8ᵇ25, sed aliter VI. 1. 12. 13-14   4-5 οὐ λευκόν cf. Aristot. *Metaph.*
Λ 1. 1069ᵃ23-4   5-6 ἀπόφασις cf. VI. 1. 9. 36

---

18. 28 διαιρεῖ subiectum 25 τις   29 οὐ ⟨τὸ⟩ Volkmann   30 παχύ
subiectum   31-3 ποιότητος regitur a διαφορά et ad οὐσίας et ad ποσοῦ
bis subintellegendum διαφορά   38 αὐτοῖς scil. τοῖς ὅλοις   διοίσει
scil. ἡ ἀρετὴ καὶ κακία   39-40 τὴν μὲν scil. ἀρετὴν ἢ κακίαν
42 διαφορὰς—ποιότητας *differentias esse etiam quae non sint qualitates* Ficinus
recte   **19.** 2 αὐτὰς: αὐτὰ x   6 πραγμάτων ἢ ἐξαρίθμησις del. Theiler
ut e lin. 9-10 petitum   7 κατ' αὐτοῦ (scil. κατὰ τοῦ οὐ λευκοῦ *respectu
albedinis absentis*) coniecimus: καὶ αὐτοῦ Enn.

τος· καὶ εἰ μὲν φωνή, κίνησίς τις, εἰ δ' ὄνομα ἢ λόγος,
πρός τι, καθὸ σημαντικά. εἰ δὲ μὴ μόνον πραγμάτων ἡ
10 ἐξαρίθμησις κατὰ γένος, ἀλλὰ δεῖ καὶ τὰ λεγόμενα καὶ τὰ
σημαίνοντα, τίνος ἕκαστον γένους σημαντικόν, ἐροῦμεν τὰ
μὲν τίθεσθαι αὐτὰ μόνον δηλοῦντα, τὰ δὲ ἀναιρεῖν αὐτά.
καίτοι βέλτιον ἴσως τὰς ἀποφάσεις αὐτῶν μὴ συναριθμεῖν
τάς γε καταφάσεις διὰ τὸ σύνθετον μὴ συναριθμοῦντας. τὰς
15 δὲ στερήσεις πῶς; [τὰς δὲ στερήσεις] εἰ ὧν αἱ στερήσεις
ποιότητες, καὶ αὐταὶ ποιότητες, οἷον νωδὸς ἢ τυφλός. ὁ δὲ
γυμνὸς καὶ ἠμφιεσμένος οὐδέτερος ποιός, ἀλλὰ μᾶλλόν πως
ἔχων· ἐν σχέσει οὖν τῇ πρὸς ἄλλο. πάθος δὲ τὸ μὲν ἐν τῷ
πάσχειν ἔτι οὐ ποιότης, ἀλλά τις κίνησις· τὸ δὲ ἐν τῷ
20 πεπονθέναι καὶ ἔχειν μένον ἤδη τὸ πάθος ποιότης· εἰ δὲ
μὴ ἔχοι ἔτι τὸ πάθος, λέγοιτο δὲ πεπονθέναι, κεκινῆσθαι·
τοῦτο δὲ ταὐτὸν τῷ "ἦν ἐν κινήσει". δεῖ δὲ μόνον κίνη-
σιν νοεῖν ἀφαιροῦντα τὸν χρόνον· οὐδὲ γὰρ οὐδὲ τὸ "νῦν"
προσλαμβάνειν προσήκει. τὸ δὲ "καλῶς" καὶ τὰ τοιαῦτα εἰς
25 μίαν νόησιν τὴν τοῦ γένους ἀνακτέον. εἰ δὲ τὸ μὲν ἐρυθριᾶν
εἰς τὸ ποιὸν ἀνακτέον, τὸν δὲ ἐρυθρὸν μηκέτι, ἐπι-
σκεπτέον. τὸ μὲν γὰρ ἐρυθαίνεσθαι ὀρθῶς οὐκ ἀνακτέον·
πάσχει γὰρ ἢ ὅλως κινεῖται· εἰ δὲ μηκέτι ἐρυθαίνεται, ἀλλ'
ἤδη ἔστι, διὰ τί οὐ ποιός; οὐ γὰρ χρόνῳ ὁ ποιός—ἢ
30 τίνι ὁριστέον;—ἀλλὰ τῷ τοιῷδε, καὶ ἐρυθρὸν λέγοντες
ποιὸν λέγομεν· ἢ οὕτως τὰς ἕξεις μόνας ποιότητας

---

19. 8-9 cf. VI. 1. 5. 2-12 et VI. 3. 12. 26-7   14 cf. Aristot. Categ.
4. 2ᵃ6-7   15-16 cf. ibid. 10. 12ᵃ26-32   18-19 cf. ibid. 8. 9ᵇ32-3
19-20 cf. ibid. 8. 9ᵇ19-21   25-31 cf. ibid. 8. 9ᵇ30-3   29-32 cf.
VI. 1. 11. 2-6   31 ἕξεις cf. Aristot. Categ. 8. 9ᵃ3

19. 12 τίθεσθαι medium   14 γε Theiler: τε Enn.   15 τὰς δὲ
στερήσεις del. Creuzer   17 πως Creuzer: πῶς Enn.   20-1 ποιότης
et κεκινῆσθαι praedicata   25 τὸ μὲν ἐρυθριᾶν: τὸν μὲν ἐρυθρίαν Bréhier
H-S¹   29 ἔστι scil. ἐρυθρός

ἐροῦμεν, τὰς δὲ διαθέσεις οὐκέτι. καὶ θερμὸς τοίνυν οὐχ
ὁ θερμαινόμενος, καὶ νοσῶν οὐχ ὁ ἀγόμενος εἰς νόσον.
20. Ὁρᾶν δὲ δεῖ, εἰ μὴ πάσῃ ποιότητί ἐστί τις ἄλλη
ἐναντία· ἐπεὶ καὶ τὸ μέσον τοῖς ἄκροις δοκεῖ ἐπ' ἀρετῆς
καὶ κακίας ἐναντίον εἶναι. ἀλλ' ἐπὶ τῶν χρωμάτων τὰ
μεταξὺ οὐχ οὕτως. εἰ μὲν οὖν, ὅτι μίξεις τῶν ἄκρων τὰ
μεταξύ, ἔδει μὴ ἀντιδιαιρεῖν, ἀλλὰ λευκῷ καὶ μέλανι, τὰ δ'   5
ἄλλα συνθέσεις. ἢ τῷ μίαν τινὰ ἄλλην ἐπὶ τῶν μεταξύ, κἂν
ἐκ συνθέσεως ᾖ, θεωρεῖσθαι ἀντιτίθεμεν. ἢ ὅτι δὲ τὰ ἐναν-
τία οὐ μόνον διαφέρει, ἀλλὰ καὶ πλεῖστον. ἀλλὰ κινδυνεύει
τὸ πλεῖστον διαφέρειν λαμβάνεσθαι ἐν τῷ θέσθαι ἤδη ταῦτα
τὰ μεταξύ· ἐπεί, εἴ τις ταύτην τὴν διάταξιν ἀφέλοι, τίνι τὸ   10
πλεῖστον ὁριεῖ; ἢ ὅτι τὸ φαιὸν ἐγγυτέρω τοῦ λευκοῦ μᾶλλον
ἢ τὸ μέλαν· καὶ τοῦτο παρὰ τῆς ὄψεως μηνύεται, καὶ ἐπὶ
τῶν χυμῶν ὡσαύτως ⟨καὶ τῶν ἁπτῶν πικρὸν γλυκύ⟩,
θερμὸν ψυχρόν, τὸ μηδέτερον μεταξύ· ἀλλ' ὅτι μὲν οὕτως
ὑπολαμβάνειν εἰθίσμεθα, δῆλον, τάχα δ' ἄν τις ἡμῖν οὐ συγ-   15
χωροῖ ταῦτα· τὸ δὲ λευκὸν καὶ τὸ ξανθὸν καὶ ὁτιοῦν πρὸς ὁτι-
οῦν ὁμοίως πάντῃ ἕτερα ἀλλήλων εἶναι καὶ ἕτερα ὄντα ποιὰ

---

19. 32 διαθέσεις cf. Aristot. *Categ.* 8. 8ᵇ35   **20.** 1–4 cf. ibid. 8.
10ᵇ15–17   2–3 cf. Aristot. *Eth. Nic. B* 5. 1106ᵇ24–8   5–6 τὰ δ'
ἄλλα συνθέσεις cf. Aristot. *De sensu* 4. 442ᵃ25   7–8 cf. Aristot.
Categ. 6. 6ᵃ17–18   11–12 cf. Plat. *Tim.* 68 b–c et Aristot. *Categ.* 10.
12ᵃ17–18   13–14 cf. Aristot. *Categ.* 10. 12ᵇ34–5; *De an. B* 10–11.
422ᵇ10–12 et 25–6; *De sensu* 4. 441ᵇ28–30; 442ᵃ13

---

20. 4 οὐχ οὕτως scil. λέγει ὁ Ἀριστοτέλης   εἰ μὲν οὖν scil. τοῦτο λέγει
ὁ Ἀριστοτέλης   ὅτι quia   5 ἀντιδιαιρεῖν scil. τοῖς μεταξύ
5–6 τὰ δ' ἄλλα nempe τὰ μεταξύ   6 συνθέσεις scil. εἶναι λεκτέον
6 τῷ cum 7 θεωρεῖσθαι coniungendum   ἄλλην scil. ποιότητα εἶναι
quod testatur Simplicius *In Categ.* 8, p. 281. 20   7–8 ἢ ὅτι (quia) —
πλεῖστον alterum Aristotelis argumentum ad lin. 3–4   7 δὲ recipit 4 μὲν
13 ⟨καὶ—γλυκύ⟩ coniecimus, cf. Aristot. *De an. B* 10–11. 422ᵇ10–12 et 25–6;
De sensu 4. 442ᵃ13   15 οὐ om. w   16 ταῦτα spectat ad
lin. 11–14   16–18 τὸ¹—εἶναι¹ Plotini sententia

ἐναντία εἶναι. οὐδὲ γὰρ τῷ εἶναι μεταξὺ αὐτῶν, ἀλλὰ τούτῳ
ἡ ἐναντιότης. ὑγιείᾳ γοῦν καὶ νόσῳ οὐδὲν παρεμπέπτωκε
20 μεταξύ, καὶ ἐναντία· ἢ ὅτι τὰ γινόμενα ἐξ ἑκατέρου πλείστην
παραλλαγὴν ἔχει. καὶ πῶς πλείστην ἔστιν εἰπεῖν μὴ οὐσῶν
ἐν τοῖς μέσοις ἐλαττόνων; οὐκ ἔστιν οὖν ἐπὶ ὑγιείας καὶ
νόσου πλεῖστον εἰπεῖν. ἄλλῳ τοίνυν τὸ ἐναντίον, οὐ τῷ
πλεῖστον, ὁριστέον. εἰ δὲ τῷ πολλῷ, εἰ μὲν τὸ πολὺ ἀντὶ τοῦ
25 πλέον πρὸς ἔλαττον, πάλιν τὰ ἄμεσα ἐκφεύξεται· εἰ δ' ἁπλῶς
πολύ, ἑκάστῃ φύσει πολὺ ἀφεστάναι συγχωρηθέντος, μὴ τῷ
πλείονι μετρεῖν τὴν ἀπόστασιν. ἀλλ' ἐπισκεπτέον, πῶς τὸ
ἐναντίον. ἆρ' οὖν τὰ μὲν ἔχοντά τινα ὁμοιότητα—λέγω δὲ οὐ
κατὰ τὸ γένος οὐδὲ πάντως τῷ μεμίχθαι ἄλλαις οἷον μορ-
30 φαῖς αὐτῶν—ἢ πλείονα ἢ ἐλάττονα οὐκ ἐναντία, ἀλλ' οἷς
μηδὲν ταὐτὸν κατὰ τὸ εἶδος, ἐναντία; καὶ προσθετέον δέ·
ἐν γένει τῷ ποιῷ. ἐντεῦθεν γὰρ καὶ τὰ μὲν ἄμεσα τῶν ἐναν-
τίων, οἷς μηδὲν εἰς ὁμοίωσιν, οὐκ ὄντων ἄλλων τῶν οἷον ἐπ-
αμφοτεριζόντων καὶ ὁμοιότητα πρὸς ἄλληλα ἐχόντων, τῶν
35 δέ τινων μόνων μὴ ἐχόντων. εἰ τοῦτο, οἷς μέν ἐστι κοινότης
ἐν τοῖς χρώμασιν, οὐκ ἂν εἴη ἐναντία. ἀλλ' οὐδὲν κωλύσει
μὴ πᾶν μὲν παντί, ἄλλο δὲ ἄλλῳ οὕτως εἶναι ἐναντίον,
καὶ ἐπὶ χυμῶν ὡσαύτως. ταῦτα μὲν οὕτω διηπορήσθω.
περὶ δὲ τοῦ μᾶλλον ἐν μὲν τοῖς μετέχουσιν ὅτι ἐστίν,
40 ἐδόκει, ὑγίεια δὲ αὐτὴ καὶ δικαιοσύνη ἠπορεῖτο. εἰ δὴ

20. 19-20 cf. Aristot. Categ. 10. 12ᵇ30-1   39-40 cf. ibid. 8.
10ᵇ26-35

20. 18 ἀλλά: ἄλλα Kirchhoff   τούτῳ (nempe τῷ ἕτερα εἶναι) BxUC:
τούτων w   20 ἐναντία scil. ὑγίεια καὶ νόσος εἰσίν   26 ἕκαστον
Perna   27 μετρεῖν infinitiuus pro imperatiuo   30 πλείονα et
ἐλάττονα feminina   31-2 καὶ—ποιῷ et addendum: in genere nempe quali
32 τῷ BJ Simplicius In Categ. 8, p. 282. 11: τὸ wRUC   34-5 τῶν δέ scil.
ἀμέσων genetiuus partitiuus   35 ἐχόντων scil. ὁμοιότητα   εἰ: εἰς x
40 ἠπορεῖτο A: ἠπορεῖτον EBxC: om. U

πλάτος ἔχει τούτων ἑκάστη αὐτῶν, καὶ τὰς ἕξεις αὐτὰς
δοτέον· ἐκεῖ δ' ἕκαστον τὸ ὅλον καὶ οὐκ ἔχει τὸ μᾶλλον.

21. Περὶ δὲ κινήσεως, εἰ δεῖ γένος θέσθαι, ὧδ' ἄν τις
θεωρήσειε· πρῶτον μέν, εἰ μὴ εἰς ἄλλο γένος ἀνάγειν προσ-
ῆκεν, ἔπειτα, εἰ μηδὲν ἄνωθεν αὐτῆς ἐν τῷ τί ἐστι κατηγο-
ροῖτο, εἶτα, εἰ πολλὰς διαφορὰς λαβοῦσα εἴδη ποιήσει.
εἰς ποῖόν τις γένος αὐτὴν ἀνάξει; οὔτε γὰρ οὐσία οὔτε 5
ποιότης τῶν ἐχόντων αὐτήν· οὐ μὴν οὐδ' εἰς τὸ ποιεῖν—καὶ
γὰρ ἐν τῷ πάσχειν πολλαὶ κινήσεις—οὐδ' αὖ εἰς τὸ πάσχειν,
ὅτι πολλαὶ κινήσεις ποιήσεις· ποιήσεις δὲ καὶ πείσεις εἰς
ταύτην. οὐδ' αὖ εἰς τὸ πρός τι ὀρθῶς, ὅτι τινὸς ἡ κίνησις
καὶ οὐκ ἐφ' αὑτῆς· οὕτω γὰρ ἂν καὶ τὸ ποιὸν ἐν τῷ πρός 10
τι· τινὸς γὰρ ἡ ποιότης καὶ ἔν τινι· καὶ τὸ ποσὸν ὡσαύτως.
εἰ δ' ὅτι ὄντα ἐκεῖνά τινα, κἂν τινος ᾖ καθό ἐστι, τὸ μὲν
ποιότης, τὸ δὲ ποσότης εἴρηται, τὸν αὐτὸν τρόπον, ἐπειδή,
κἂν τινος ἡ κίνησις ᾖ, ἔστι τι πρὸ τοῦ τινος εἶναι, ὅ ἐστιν
ἐφ' αὑτοῦ ληπτέον ἂν εἴη. ὅλως γὰρ πρός τι δεῖ τίθεσθαι 15
οὐχ ὅ ἐστιν, εἶτ' ἄλλου ἐστίν, ἀλλ' ὃ ἡ σχέσις ἀπογεννᾷ
οὐδενὸς ὄντος ἄλλου παρὰ τὴν σχέσιν καθὸ λέγεται, οἷον
τὸ διπλάσιον καθὸ λέγεται διπλάσιον ἐν τῇ πρὸς τὸ
πηχυαῖον παραβολῇ τὴν γένεσιν λαβὸν καὶ τὴν ὑπόστασιν
οὐδὲν νοούμενον πρὸ τούτου ἐν τῷ πρὸς ἕτερον παραβε- 20
βλῆσθαι ἔσχε τοῦτο λέγεσθαί τε καὶ εἶναι. τί οὖν ἐστι
τοῦτο, ὃ ἑτέρου ὄν ἐστί τι, ἵνα καὶ ἑτέρου ᾖ, ὡς τὸ ποιὸν
καὶ τὸ ποσὸν καὶ ἡ οὐσία; ἢ πρότερον, ὅτι μηδὲν πρὸ

21. 1 cf. VI. 1. 15. 16   2 πρῶτον cf. VI. 3. 21. 5–23   3 ἔπειτα
cf. VI. 3. 21. 23—23. 20   4 εἶτα cf. VI. 3. 23. 20—26. 14
6–9 cf. VI. 1. 17. 15–19 et 22. 5–11   9 cf. VI. 1. 17. 1–3 et VI. 3. 3. 31–2
15–17 cf. VI. 1. 17. 5–6   15–21 cf. VI. 1. 7. 28–38

20. 42 δοτέον scil. τὸ μᾶλλον ἔχειν, cf. Simplicius In Categ. 8, p. 284. 23
21. 7 εἰς τὸ A³ᵐᵍ (= Ficinus) Simplicius ibid. 4, p. 66. 21: ἐν τῷ A¹ᵐᵍBx:
om. wUC   14 ὅ ἐστιν subiectum ad ληπτέον ἂν εἴη   20 πρὸ RᵉᶜJU:
πρὸς wBRᵃᶜC

αὐτοῦ ὡς γένος κατηγορεῖται, ληπτέον. ἀλλ' εἰ τὴν μετα-
25 βολήν τις λέγοι πρὸ κινήσεως εἶναι, πρῶτον μὲν ἢ ταὐτὸν
λέγει ἢ γένος λέγων ἐκεῖνο ποιήσει ἕτερον παρὰ τὰ πρόσθεν
εἰρημένα· εἶτα δῆλον, ὅτι ἐν εἴδει τὴν κίνησιν θήσεται καί
τι ἕτερον ἀντιθήσει τῇ κινήσει, τὴν γένεσιν ἴσως, μετα-
βολήν τινα κἀκείνην λέγων, κίνησιν δὲ οὔ. διὰ τί οὖν οὐ
30 κίνησις ἡ γένεσις; εἰ μὲν γάρ, ὅτι μήπω ἐστὶ τὸ γινόμενον,
κίνησις δὲ οὐ περὶ τὸ μὴ ὄν, οὐδ' ἂν μεταβολὴ δηλονότι ἂν
εἴη ἡ γένεσις. εἰ δ' ὅτι ἡ γένεσίς ἐστιν οὐδὲν ἄλλο ἢ
ἀλλοίωσίς τις καὶ αὔξη τῷ ἀλλοιουμένων τινῶν καὶ αὐξο-
μένων τὴν γένεσιν εἶναι, τὰ πρὸ τῆς γενέσεως λαμβάνει.
35 δεῖ δὲ τὴν γένεσιν ἐν τούτοις ἕτερόν τι εἶδος λαβεῖν. οὐ
γὰρ ἐν τῷ ἀλλοιοῦσθαι παθητικῶς τὸ γίνεσθαι καὶ ἡ γένε-
σις, οἷον θερμαίνεσθαι ἢ λευκαίνεσθαι—ἔστι γὰρ τούτων
γενομένων μήπω τὴν ἁπλῶς γένεσιν γεγενῆσθαι, ἀλλά τι
γίνεσθαι, αὐτὸ τοῦτο τὸ ἠλλοιῶσθαι—ἀλλ' ὅταν ⟨εἶδός τι
40 λαμβάνῃ⟩ ζῷον ἢ φυτόν [ὅταν εἶδός τι λαμβάνῃ]. εἴποι δ'
ἄν τις τὴν μεταβολὴν μᾶλλον ἁρμόττειν ἐν εἴδει τίθεσθαι ἢ
τὴν κίνησιν, ὅτι τὸ μὲν τῆς μεταβολῆς ἄλλο ἀνθ' ἑτέρου ἐθέ-
λει σημαίνειν, τὸ δὲ τῆς κινήσεως ἔχει καὶ τὴν οὐκ ἐκ τοῦ οἰ-
κείου μετάστασιν, ὥσπερ ἡ τοπικὴ κίνησις. εἰ δὲ μὴ τοῦτο
45 βούλεταί τις, ἀλλ' ἡ μάθησις καὶ ἡ κιθάρισις, ἢ ὅλως ἡ ἀφ'
ἕξεως κίνησις. ὥστε εἶδός τι ἂν εἴη κινήσεως μᾶλλον ἡ
ἀλλοίωσις ἐκστατική τις οὖσα κίνησις.

21. 24-5 cf. Aristot. *Phys. E* 1. 225ᵃ34   28-9 cf. ibid. *E* 1. 225ᵃ12-14
et *E* 5. 229ᵇ12-14   29-31 cf. ibid. *E* 1. 225ᵃ25-7   32-3 apud
Aristot. *Categ.* 14. 15ᵃ13-14 et *De gen. et corr. A* 4. 319ᵇ32-320ᵃ1 αὔξη
ἀλλοίωσις γένεσις distinguuntur   36-7 cf. Aristot. *Phys. E* 1. 225ᵃ12-17
et *Categ.* 8. 9ᵇ9-11   47 cf. Aristot. *Phys. Δ* 13. 222ᵇ16

21. 34 λαμβάνει subiectum 25 τις   38 ἐγγεγενῆσθαι x   38-9 ἀλλά
—ἠλλοιῶσθαι sed hoc idem nempe *mutatum esse* significat *aliquid fieri*   τι
γίνεσθαι (cf. Aristot. *Phys. E* 1. 225ᵃ16-17) scripsimus: τί γίνεσθαι (*quid fieri*)
Ficinus: τῷ γίνεσθαι Kirchhoff: del. Theiler   39-40 ⟨εἶδός τι λαμβάνῃ⟩
transp. et ὅταν² del. Theiler   43 οὐκ om. w   46 ἡ: ἢ w

22. Ἀλλ' ἔστω ταὐτὸν νοούμενον τὸ τῆς ἀλλοιώσεως κατὰ
τὸ παρακολουθεῖν τῇ κινήσει τὸ ἄλλο. τί οὖν δεῖ λέγειν
τὴν κίνησιν; ἔστω δὴ ἡ κίνησις, ὡς τύπῳ εἰπεῖν, ἡ ἐκ δυ-
νάμεως ὁδὸς εἰς ἐκεῖνο, ὃ λέγεται δύνασθαι. ὄντος γὰρ τοῦ
⟨μὲν⟩ δυνάμει [τοῦ μέν], ὅτι ἥκοι ἂν εἰς εἶδός τι, οἷον δυνά-   5
μει ἀνδριάς, τοῦ δέ, ὅτι ἥκοι ἂν εἰς ἐνέργειαν, οἷον τὸ βαδι-
στικόν, ὅταν τὸ μὲν προΐῃ εἰς ἀνδριάντα, ἡ πρόοδος κίνη-
σις, τὸ δ' ἐν τῷ βαδίζειν ᾖ, τὸ βαδίζειν αὐτὸ κίνησις· καὶ
ὄρχησις ἐπὶ τοῦ δυναμένου ὀρχεῖσθαι, ὅταν ὀρχῆται. καὶ
ἐπὶ μέν τινι κινήσει τῇ εἰς ἀνδριάντα εἶδος ἄλλο ἐπιγίγνεται,   10
ὃ εἰργάσατο ἡ κίνησις, τὸ δὲ ὡς ἁπλοῦν εἶδος ὂν τῆς δυνά-
μεως, ἡ ὄρχησις, οὐδὲν ἔχει μετ' αὐτὴν παυσαμένης τῆς
κινήσεως. ὥστε, εἴ τις λέγοι τὴν κίνησιν εἶδος ἐγρηγορὸς
ἀντίθετον τοῖς ἄλλοις εἴδεσι τοῖς ἑστηκόσιν, ᾗ τὰ μὲν μένει,
τὸ δὲ οὔ, καὶ αἴτιον τοῖς ἄλλοις εἴδεσιν, ὅταν μετ' αὐτήν τι   15
γίνηται, οὐκ ἂν ἄτοπος εἴη. εἰ δὲ καὶ ζωήν τις λέγοι σω-
μάτων ταύτην, περὶ ἧς ὁ λόγος νῦν, τήν γε κίνησιν ταύτην
ὁμώνυμον δεῖ λέγειν ταῖς νοῦ καὶ ψυχῆς κινήσεσιν. ὅτι δὲ
γένος ἐστίν, οὐχ ἧττον ἄν τις καὶ ἐκ τοῦ μὴ ῥάδιον εἶναι
ὁρισμῷ ἢ καὶ ἀδύνατον εἶναι λαβεῖν πιστώσαιτο. ἀλλὰ πῶς   20
εἶδός τι, ὅταν πρὸς τὸ χεῖρον ἡ κίνησις ἢ ὅλως παθητικὴ ἡ
κίνησις; ἢ ὅμοιον, ὥσπερ ἂν ἡ θέρμανσις τὰ μὲν αὔξῃ ἡ
παρὰ τοῦ ἡλίου, τὰ δ' εἰς τοὐναντίον ἄγῃ, καὶ ᾗ κοινόν τι
ἡ κίνησις καὶ ἡ αὐτὴ ἐπ' ἀμφοῖν, τοῖς δὲ ὑποκειμένοις τὴν

22. 1-2 cf. Aristot. *Phys. E* 2. 226ᵃ26   3-4 cf. ibid. Γ 1. 201ᵃ10-11 et
Metaph. K 9. 1065ᵇ16   5-6 cf. Aristot. *Phys.* Γ 1. 201ᵃ30   8-9 cf.
VI. 1. 16. 10-13   16-18 cf. VI. 2. 7. 1-11   19-20 cf. Aristot.
Phys. Γ 2. 201ᵇ17   21 cf. VI. 1. 21. 21   23-5 cf. VI. 1. 22.
5-11

22. 5 ⟨μὲν⟩ et [τοῦ μέν] H-S²   7 προΐῃ (*procedit*) Ficinus: προσίῃ *Enn.*
8 δ' ⟨ὅταν⟩ Kirchhoff, sed subaudiendum   ᾖ: ἡ w   12 αὐτὴν scil.
τὴν ὄρχησιν   14 ᾗ BUC: ἢ wx   15 τὸ Harder: τὰ *Enn.*
16 γένηται x   17 ταύτην περὶ ἧς ὁ λόγος νῦν scil. τὴν ἐν αἰσθητοῖς
κίνησιν   γε H-S¹: γὰρ *Enn.*   22 ἂν = ἐὰν   23 ᾖ: ἢ w

25 διαφορὰν τὴν δοκοῦσαν ἔχῃ. ὑγίανσις οὖν καὶ νόσανσις
ταὐτόν; ἢ καθόσον μὲν κίνησις ταὐτόν· τίνι δὲ διοίσει;
πότερα τοῖς ὑποκειμένοις ἢ καὶ ἄλλῳ; ἀλλὰ τοῦτο
ὕστερον, ὅταν περὶ ἀλλοιώσεως ἐπισκοπῶμεν. νῦν δὲ τί
ταὐτὸν ἐν πάσῃ κινήσει σκεπτέον· οὕτω γὰρ ἂν καὶ γένος
30 εἴη. ἢ πολλαχῶς ἂν λέγοιτο καὶ οὕτως ἔσται, ὥσπερ ἂν
εἰ τὸ ὄν. πρὸς δὲ τὴν ἀπορίαν, ὅτι ἴσως δεῖ, ὅσαι μὲν εἰς
τὸ κατὰ φύσιν ἄγουσιν ἢ ἐνεργοῦσιν ἐν τοῖς κατὰ φύσιν,
ταύτας μὲν οἷον εἴδη εἶναι, ὡς εἴρηται, τὰς δὲ εἰς τὰ
παρὰ φύσιν ἀγωγὰς ἀνάλογον τίθεσθαι τοῖς ἐφ' ἃ ἄγουσιν.
35 ἀλλὰ τί τὸ κοινὸν ἐπί τε ἀλλοιώσεως καὶ αὐξήσεως καὶ
γενέσεως καὶ τῶν ἐναντίων τούτοις ἐπί τε τῆς κατὰ τόπον
μεταβολῆς, καθὸ κινήσεις αὗται πᾶσαι; ἢ τὸ μὴ ἐν τῷ
αὐτῷ ἕκαστον, ἐν ᾧ πρότερον ἦν, εἶναι μηδ' ἠρεμεῖν μηδ'
ἐν ἡσυχίᾳ παντελεῖ, ἀλλά, καθόσον κίνησις πάρεστιν, ἀεὶ
40 πρὸς ἄλλο τὴν ἀγωγὴν ἔχειν, καὶ τὸ ἕτερον οὐκ ἐν τῷ
αὐτῷ μένειν· ἀπόλλυσθαι γὰρ τὴν κίνησιν, ὅταν μὴ ἄλλο·
διὸ καὶ ἑτερότης οὐκ ἐν τῷ γεγονέναι καὶ μεῖναι ἐν τῷ
ἑτέρῳ, ἀλλ' ἀεὶ ἑτερότης. ὅθεν καὶ ὁ χρόνος ἕτερον ἀεί,
διότι κίνησις αὐτὸν ποιεῖ· μεμετρημένη γὰρ κίνησις οὐ
45 μένουσα· συνθεῖ οὖν αὐτῇ ὡς ἐπὶ φερομένης ὀχούμενος.
κοινὸν δὲ πᾶσι τὸ ἐκ δυνάμεως καὶ τοῦ δυνατοῦ εἰς ἐνέρ-
γειαν πρόοδον καὶ ἀγωγὴν εἶναι· πᾶν γὰρ τὸ κινούμενον
καθ' ὁποιανοῦν κίνησιν, προϋπάρχον δυνάμενον τοῦτο ποιεῖν
ἢ πάσχειν, ἐν τῷ κινεῖσθαι γίγνεται.

23. Καὶ ἔστιν ἡ κίνησις ἡ περὶ τὰ αἰσθητὰ παρ' ἄλλου

---

22. 25-6 cf. Aristot. Phys. Γ 1. 201ᵇ1-2   28 ὕστερον cf. VI. 3. 25.
24-40 et 26. 13-14   33 εἴρηται cf. VI. 3. 22. 13   35-7 cf. Aristot.
Categ. 14. 15ᵃ13-14   42 cf. Aristot. Phys. Γ 2. 201ᵇ20-1   44 με-
μετρημένη κίνησις cf. III. 7. 9. 25   46-7 cf. VI. 3. 22. 4-7

---

22. 31 ἀπορίαν scil. λέγομεν   36 ἐπί Igal: ἔτι Enn.   40-1 τὸ ἕτερον
subiectum, οὐκ ἐν τῷ αὐτῷ μένειν praedicatum   42 ἑτερότης
praedicatum, κίνησις subiectum

ἐνιεμένη σείουσα καὶ ἐλαύνουσα καὶ ἐγείρουσα καὶ ὠθοῦσα
τὰ μεταλαβόντα αὐτῆς, ὥστε μὴ εὕδειν μηδ' ἐν ταὐτότητι
εἶναι, ἵνα δὴ τῇ μὴ ἡσυχίᾳ καὶ οἷον πολυπραγμονήσει
ταύτῃ εἰδώλῳ συνέχηται ζωῆς. δεῖ δὲ οὐ τὰ κινούμενα τὴν   5
κίνησιν εἶναι νομίζειν· οὐ γὰρ οἱ πόδες ἡ βάδισις, ἀλλ' ἡ
περὶ τοὺς πόδας ἐνέργεια ἐκ δυνάμεως. ἀοράτου δὲ τῆς
δυνάμεως ὑπαρχούσης τοὺς ἐνεργοῦντας πόδας ὁρᾶν μόνον
ἀνάγκη, οὐ πόδας ἁπλῶς, ὥσπερ ἂν εἰ ἡσύχαζον, ἀλλ' ἤδη
μετ' ἄλλου, ἀοράτου μὲν τούτου, ὅτι δὲ μετ' ἄλλου, κατὰ   10
συμβεβηκὸς ὁρωμένου τῷ τοὺς πόδας ὁρᾶν ἄλλον τόπον
ἔχοντας καὶ ἄλλον καὶ μὴ ἠρεμεῖν· τὸ δ' ἀλλοιοῦσθαι παρὰ
τοῦ ἀλλοιουμένου, ὅτι μὴ ἡ αὐτὴ ποιότης. ἐν τίνι οὖν ἡ
κίνησις, ὅταν ἄλλο κινῇ, καὶ ὅταν δὲ ἐκ τῆς ἐνούσης
δυνάμεως εἰς ἐνέργειαν ἴῃ; ἆρα ἐν τῷ κινοῦντι; καὶ πῶς   15
τὸ κινούμενον καὶ πάσχον μεταλήψεται; ἀλλ' ἐν τῷ
κινουμένῳ; διὰ τί οὖν ἐλθοῦσα οὐ μένει; ἢ δεῖ μήτε τοῦ
ποιοῦντος ἀπηλλάχθαι μήτε ἐν αὐτῷ εἶναι, ἀλλ' ἐξ αὐτοῦ
μὲν καὶ εἰς ἐκεῖνο, οὐκ ἐν ἐκείνῳ δὲ ἀποτετμημένην εἶναι,
ἀλλ' ἀπ' ἐκείνου εἰς ἐκεῖνο, οἷον πνοὴν εἰς ἄλλο. ὅταν   20
μὲν οὖν ἡ δύναμις τοῦ κινεῖν βαδιστικὴ ᾖ, οἷον ὦσε καὶ
πεποίηκεν ἄλλον ἀλλάττειν ἀεὶ τόπον, ὅταν δὲ θερμαντική,
ἐθέρμανε· καὶ ὅταν ἡ δύναμις ὕλην λαβοῦσα εἰς φύσιν
οἰκοδομῇ, αὔξησις, ὅταν δ' ἄλλη δύναμις ἀφαιρῇ, μείωσις
τοῦ δυναμένου ἀφαίρεσιν παθεῖν μειουμένου· καὶ ὅταν ἡ   25
γεννῶσα φύσις ἐνεργῇ, γένεσις, ὅταν δὲ αὕτη ἀδυνατῇ, ἡ
δὲ φθείρειν δυναμένη ἐπικρατῇ, φθορά, οὐχ ἡ ἐν τῷ ἤδη
γεγονότι, ἀλλ' ἡ ἐν τῷ πορευομένῳ· καὶ ὑγίανσις δὲ κατὰ

---

23. 5-6 contra Aristot. *Phys.* Γ 3. 202ᵃ13-14   13-17 cf. ibid.
202ᵃ16-17 et 25-30   22-7 cf. VI. 3. 22. 35-7   28-31 cf. Aristot.
Phys. E 5. 229ᵃ32-ᵇ2

23. 7 ἀοράτου A¹ʸᵖᵐᵍBᵐᵍCᵐᵍ: ὁρατοῦ *Enn.*   10 ἄλλου¹ nempe δυνάμεως,
ἄλλου² nempe ποδῶν   12 ἀλλοιοῦσθαι Theiler: ἀλλοιούμενον *Enn.*
14 ἄλλο ⟨ἄλλο⟩ Igal

τὰ αὐτά, τῆς ποιεῖν δυναμένης ὑγίειαν ἐνεργούσης καὶ
30 κρατούσης [ὑγίανσις], τῆς δ' ἐναντίας δυνάμεως τἀναντία
ποιούσης. ὥστε συμβαίνειν μὴ παρὰ τὰ ἐν οἷς μόνον, ἀλλὰ
καὶ παρὰ τὰ ἐξ ὧν καὶ δι' ὧν [καὶ τὴν τῆς κινήσεως ἰδιό-
τητα] ποιὰν τὴν κίνησιν καὶ ⟨τὴν τῆς κινήσεως ἰδιότητα⟩
τοιάνδε εἶναι ἐν τοῖς τοιούτοις.

24. Περὶ δὲ τῆς κατὰ τόπον κινήσεως, εἰ τὸ ἄνω
φέρεσθαι τῷ κάτω ἐναντίον, καὶ τὸ κύκλῳ τοῦ ἐπ' εὐθείας
διοίσει, πῶς ἡ διαφορά, οἷον τὸ ὑπὲρ κεφαλῆς καὶ ὑπὸ
πόδας ῥίπτειν; καὶ γὰρ ἡ δύναμις ἡ ὠστικὴ μία· εἰ μή τις
5 ἄλλην τὴν ἄνω ὠθοῦσαν, καὶ ἄλλην λέγοι καὶ ἄλλως τὴν
κάτω πρὸς τὴν ἄνω φοράν, καὶ μάλιστα εἰ φυσικῶς κινοῖτο,
εἰ ἡ μὲν κουφότης εἴη, ἡ δὲ βαρύτης. ἀλλὰ κοινὸν καὶ τὸ
αὐτὸ τὸ εἰς τὸν οἰκεῖον τόπον φέρεσθαι, ὥστε ἐνταῦθα κινδυ-
νεύειν παρὰ τὰ ἔξω τὴν διαφορὰν γίνεσθαι. ἐπὶ δὲ τῆς
10 κύκλῳ καὶ ἐπ' εὐθείας, εἰ οἷόν περ ἐπ' εὐθείας καὶ κύκλῳ
περιθρέξαιεν, πῶς ἄλλη; ἢ παρὰ τὸ τῆς πορείας σχῆμα, εἰ
μή τις μικτὴν λέγοι τὴν κύκλῳ, ὡς οὐ παντελῶς οὖσαν
κίνησιν οὐδὲ πάντη ἐξισταμένην. ἀλλ' ἔοικεν ὅλως μία
τις εἶναι ἡ τοπικὴ τοῖς ἔξωθεν τὰς διαφορὰς λαμβάνουσα.

25. Σύγκρισις δὲ καὶ διάκρισις ἐπισκεπτέα πῶς. ἆρ'
ἕτεραι κινήσεις τῶν εἰρημένων, γενέσεως καὶ φθορᾶς,
αὔξης καὶ φθίσεως, τοπικῆς μεταβολῆς, ἀλλοιώσεως, ἢ εἰς
ταύτας αὐτὰς ἀνακτέον, ἢ τούτων τινὰς συγκρίσεις καὶ

24. 1-3 cf. Aristot. *De caelo* A 4. 271[a]2-5   12 μικτὴν scil. ἐκ κινήσεως
καὶ στάσεως, cf. VI. 2. 18. 10-11 et II. 2. 3. 21-2   25. 1-5 cf. Aëtius apud
Stob. *Anth.* i. 20. 1 d, p. 170. 14-17 = *Doxogr. Gr.* p. 320. 20-5: Ἐμπεδοκλῆς
Ἀναξαγόρας Δημόκριτος Ἐπίκουρος . . συγκρίσεις μὲν καὶ διακρίσεις εἰσάγουσι,
γενέσεις δὲ καὶ φθορὰς οὐ κυρίως, et Plat. *Leg.* 894 b 10-c 1; Aristot. *Phys. H*
2. 243[b]10-11   2-3 cf. Aristot. *Categ.* 14. 15[a]13-14 et VI. 3. 22. 35-7
et 23. 22-7

23. 30 ὑγίανσις del. H-S[1]   32-3 [καὶ τὴν—ἰδιότητα] et ⟨τὴν—ἰδιότητα⟩
Igal   33 τὴν κίνησιν scil. εἶναι   24. 5 post ἄλλην[2] add. τὴν κάτω
A[3mg] = Ficinus   14 τοῖς: τῆς xU

διακρίσεις θετέον; εἰ μὲν οὖν τοῦτ᾽ ἔχει ἡ σύγκρισις, 5
πρόσοδον ἑτέρου πρὸς ἕτερον καὶ τὸ πελάζειν, καὶ αὖ ἀπο-
χώρησιν εἰς τοὐπίσω, τοπικὰς ἄν τις κινήσεις λέγοι δύο
κινούμενα λέγων πρὸς ἕν τι, ἢ ἀποχωροῦντα ἀπ᾽ ἀλλήλων.
εἰ δὲ σύγκρισίν τινα καὶ μίξιν σημαίνουσι καὶ κρᾶσιν
καὶ εἰς ἓν ἐξ ἑνὸς σύστασιν τὴν κατὰ τὸ συνίστασθαι 10
γινομένην, οὐ κατὰ τὸ συνεστάναι ἤδη, εἰς τίνα ἄν τις
ἀνάγοι τῶν εἰρημένων ταύτας; ἄρξει μὲν γὰρ ἡ τοπικὴ
κίνησις, ἕτερον δὲ ἐπ᾽ αὐτῇ τὸ γινόμενον ἂν εἴη, ὥσπερ
καὶ τῆς αὔξης ἄν τις εὕροι ἄρχουσαν μὲν τὴν τοπικήν,
ἐπιγινομένην δὲ τὴν κατὰ ⟨τὸ⟩ ποσὸν κίνησιν· οὕτω δὴ καὶ 15
ἐνταῦθα ἡγεῖται μὲν τὸ κατὰ τόπον κινηθῆναι, ἕπεται δὲ
οὐκ ἐξ ἀνάγκης συγκριθῆναι οὐδ᾽ αὖ διακριθῆναι, ἀλλὰ
γενομένης μὲν συμπλοκῆς τοῖς ἀπαντήσασι συνεκρίθη,
σχισθέντων δὲ τῇ συντεύξει διεκρίθη. πολλαχοῦ δ᾽ ἂν καὶ
διακρινομένων ἐφέποιτο ἂν ἡ τοῦ τόπου ἢ ἅμα συμβαίνοι 20
τοῦ πάθους ἄλλου περὶ τὰ διακρινόμενα, οὐ κατὰ τὸ
κινεῖσθαι τοπικῶς, νοουμένου, ἕν τε τῇ συγκρίσει ἄλλου
πάθους καὶ συστάσεως, ἐπακολουθοῦντος ἑτέρου τῆς
τοπικῆς κινήσεως. ἆρ᾽ οὖν ταύτας μὲν ἐφ᾽ ἑαυτῶν, τὴν δὲ
ἀλλοίωσιν εἰς ταύτας ἀνακτέον; πυκνὸν γὰρ γενόμενον 25

---

25. 7 cf. Aristot. *Phys.* Θ 9. 265ᵇ19-20   9 cf. Aristot. *De gen. et corr.*
A 6. 322ᵇ8   14-15 cf. ibid. A 5. 320ᵃ24 et *Metaph.* Λ 2. 1069ᵇ11-12
25-7 cf. Aristot. *Phys.* Θ 9. 265ᵇ30-2; *Metaph.* Α 3. 984ᵃ8-11, cf. Empedocles
Fr. B 75

---

25. 6 post αὖ add. ἡ διάκρισις Aᵃᵐᵍ = Ficinus, sed subaudiendum
7 δύο: διὸ x   8 κινούμενα Kirchhoff: κινουμένας Enn.   9 σύγκρισίν
(obiectum) Sleeman Igal: σύγκρασίν Enn.   9-10 τινα καὶ μίξιν . . καὶ
κρᾶσιν καὶ . . σύστασιν praedicata   9 σημαίνουσι: λαμβάνουσι w
15 ⟨τὸ⟩ Creuzer et Aristot. *Metaph.* Λ 2. 1069ᵇ11   20 ἡ τοῦ τόπου scil.
κίνησις   ἢ U: ἦ wBC: εἴ x   συμβαίνοι BUC: συμβαίνει w: σημαίνοι
x   21 ἄλλου Aᵃᵐᵍ = Ficinus: ἀλλ᾽ οὐ Enn.   22-3 ἄλλου πάθους scil.
νοουμένου   23 ἐπακολουθοῦντος ἑτέρου (scil. πάθους) genetiuus absolutus

ἠλλοίωται· τοῦτο δὲ ταὐτὸν τῷ "συγκέκριται"· μανὸν δὲ αὖ
ἠλλοίωται· τοῦτο δὲ ταὐτὸν τῷ "διακέκριται". καὶ οἴνου καὶ
ὕδατος μιγνυμένων ἄλλο ἢ πρότερον ἦν ἑκάτερον ἐγένετο·
τοῦτο δὲ σύγκρισις, ἢ πεποίηκε τὴν ἀλλοίωσιν. ἢ φατέον
30 καὶ ἐνταῦθα ἡγεῖσθαι τὰς συγκρίσεις καὶ διακρίσεις τινῶν
ἀλλοιώσεων, ἑτέρας δὲ αὐτὰς εἶναι συγκρίσεων ἢ διακρί-
σεων· οὔτε γὰρ τὰς ἄλλας ἀλλοιώσεις εἶναι τοιαύτας, οὔτε
τὴν ἀραίωσιν καὶ πύκνωσιν σύγκρισιν καὶ διάκρισιν ἢ
ἐκ τούτων ὅλως εἶναι· οὕτω γὰρ ἄν τις καὶ κενὸν παρα-
35 δέχοιτο. ἐπὶ δὲ μελανίας ἢ λευκότητος πῶς; εἰ δὲ ἐν
τούτοις ἀμφισβητεῖ, πρῶτον μὲν τὰς χρόας καὶ τάχα τὰς
ποιότητας ἀναιρεῖ ἢ τάς γε πλείστας, μᾶλλον δὲ πάσας·
εἰ γὰρ πᾶσαν ἀλλοίωσιν, ἣν λέγομεν κατὰ ποιότητα
μεταβολήν, σύγκρισιν καὶ διάκρισιν λέγοι, τὸ γινόμενον
40 οὐδέν ἐστιν ἡ ποιότης, ἀλλὰ ἐγγὺς κείμενα καὶ διεστῶτα.
ἔπειτα τὸ μανθάνειν καὶ τὸ διδάσκεσθαι πῶς συγκρίσεις;

26. Ἐπισκεπτέον δὴ περὶ τούτων καὶ ἤδη ζητητέον
πάλιν αὖ τῶν κατ' εἴδη λεγομένων κινήσεων οἷον ἐπὶ
τοπικῆς, εἰ μὴ τῷ ἄνω καὶ κάτω καὶ εὐθείᾳ καὶ κύκλῳ, ὡς
ἠπόρηται, ἢ ἐμψύχων καὶ ἀψύχων κινήσει—οὐ γὰρ ὁμοία
5 ἡ κίνησις τούτων—καὶ πάλιν ταύτας τῇ πεζῇ καὶ τῷ νεῖν
καὶ πτήσει. ἢ καὶ τῷ φύσει γε καὶ παρὰ φύσιν τάχ' ἄν τις
διέλοι καθ' ἕκαστον εἶδος· τοῦτο δὲ οὐκ ἔξωθεν διαφορὰς

---

25. 34 cf. Aristot. *Phys. Δ* 9. 216ᵇ22-3; *Metaph. A* 4. 985ᵇ4-7 = Leucippus
Fr. A 6   35 cf. Aristot. *Metaph. I* 7. 1057ᵇ8-11   38-9 = Aristot. *Categ.*
14. 15ᵇ12, cf. VI. 1. 20. 3   26. 4 ἠπόρηται cf. VI. 3. 24. 1-11
5-6 cf. Aristot. *De motu an.* 1. 698ᵃ5-6 et ᵇ17-18   6-7 cf. Aristot. *Phys.*
E 6. 230ᵃ19-20   7-8 cf. VI. 3. 24. 14-15

---

25. 36 ἀμφισβητεῖ scil. τις   39-40 τὸ—ποιότης *quod ibi fit nullo modo*
qualitas est Ficinus *recte*   40 ἡ Aᵃᵐᵍ = Ficinus: ἢ *Enn.*   26. 1 ἤδη
AxU: εἴδη EBC   2 τῶν . . κινήσεων *genetiuus partitiuus*   3 εἰ
(scil. διαιρετέον) *num*   τῷ: τὸ x   4 ἢ: εἰ Aᵃᵐᵍ   5 ταύτας scil.
τὰς ἐμψύχων κινήσεις   7 διαφορὰς (scil. εἶναι) Ficinus (*differentias*):
διαφορᾶς *Enn.*

κινήσεων· ἢ ποιητικαὶ τούτων αὗται, καὶ οὐκ ἂν ἄνευ
τούτων· καὶ ἡ φύσις δὲ ἀρχὴ δοκεῖ τούτων. ἢ τὰς μὲν
φύσει, τὰς δὲ τέχνῃ, τὰς δὲ προαιρέσει· φύσει μὲν αὐξήσεις, 10
φθίσεις, τέχνῃ δὲ οἰκοδομεῖν, ναυπηγεῖν, προαιρέσει δὲ
σκοπεῖσθαι, μανθάνειν, πολιτεύεσθαι, ὅλως λέγειν, πράτ-
τειν. περὶ αὐξήσεως αὖ καὶ ἀλλοιώσεως καὶ γενέσεως
κατὰ φύσιν παρὰ φύσιν ἢ ὅλως τοῖς ὑποκειμένοις.

27. Περὶ δὲ στάσεως, ὃ ἀντιτέτακται κινήσει, ἢ ἠρεμίας
τί ποτε χρὴ λέγειν; πότερα καὶ αὐτὸ ἕν τι γένος θετέον
ἢ εἴς τι γένος τῶν εἰρημένων ἀνακτέον; βέλτιον δ᾽ ἴσως
στάσιν τοῖς ἐκεῖ ἀποδόντα ἠρεμίαν ἐνταῦθα ζητεῖν. τὴν
οὖν ἠρεμίαν ταύτην ζητητέον πρῶτον τί ποτ᾽ ἐστί. καὶ εἰ 5
μὲν ταὐτὸν φανείη τῇ στάσει, οὐδ᾽ ὀρθῶς ἂν ἐνταῦθα
ταύτην ζητοῖ οὐδενὸς ἑστηκότος, ἀλλὰ τοῦ φαινομένου
ἑστάναι σχολαιτέρᾳ τῇ κινήσει χρωμένου. εἰ δ᾽ ἕτερον
ἠρεμίαν στάσεως λέγοιμεν τῷ τὴν μὲν στάσιν περὶ τὸ
ἀκίνητον παντελῶς εἶναι, τὴν δὲ ἠρεμίαν περὶ τὸ ἑστώς, 10
πεφυκὸς δὲ κινεῖσθαι, ὅταν μὴ κινῆται, εἰ μὲν τὸ ἠρεμί-
ζεσθαι λέγοι τὸ ἠρεμεῖν, κίνησιν οὔπω παυσαμένην, ἀλλ᾽
ἐνεστῶσαν· εἰ δὲ τὴν οὐκέτι περὶ τὸ κινούμενον οὖσαν,
πρῶτον μὲν ζητητέον, εἴ τί ἐστι μὴ κινούμενον ἐνταῦθα.
εἰ δὲ μὴ πάσας οἷόν τέ τι τὰς κινήσεις κινεῖσθαι, ἀλλὰ 15
δεῖ κινήσεις τινὰς μὴ κινεῖσθαι, ἵνα καὶ ἐξῇ λέγειν τόδε τὸ
κινούμενον εἶναι, τί ἄλλο χρὴ λέγειν τὸ μὴ κινούμενον κατὰ
τόπον, ἀλλ᾽ ἠρεμοῦν ταύτην τὴν κίνησιν, ἢ ὅτι μὴ κινεῖται;

27. 1 cf. Aristot. *Categ.* 14. 15ᵇ1   10-11 cf. Aristot. *Phys.* E 2.
226ᵇ12-15   11-13 cf. ibid. E 6. 230ᵃ4-5

26. 8 τούτων nempe τῶν διαφορῶν   αὗται nempe αἱ κινήσεις
8-9 οὐκ ἂν ἄνευ τούτων scil. τῶν κινήσεων εἶεν αἱ διαφοραί   9 τούτων²
nempe τῶν κινήσεων   12 μανθάνειν: λανθάνειν x   13 περὶ—γενέσεως
scil. διαιρετέον   27. 5-7 ζητητέον—ταύτην om. x   11-13 εἰ—ἠρεμεῖν
protasis, κίνησιν—ἐνεστῶσαν apodosis   11-12 ἠρεμίζεσθαι obiectum,
ἠρεμεῖν subiectum

ἀπόφασις ἄρα ἔσται ἡ ἠρεμία τοῦ κινεῖσθαι· τοῦτο δὲ
20 οὐκ ἐν γένει. ἠρεμεῖ δὲ οὐκ ἄλλο τι ἢ ταύτην τὴν κίνη-
σιν, οἷον τὴν τοπικήν· τὴν οὖν ἀφαίρεσιν τούτου λέγει.
εἰ δέ τις λέγοι· διὰ τί δ' οὐ τὴν κίνησιν ἀπόφασιν τῆς
στάσεως φήσομεν; ὅτι, φήσομεν, ἥκει τι φέρουσα ἡ
κίνησις καὶ ἔστιν ἄλλο τι ἐνεργοῦν καὶ οἷον ὠθοῦν τὸ ὑπο-
25 κείμενον καὶ μυρία ἐργαζόμενον αὐτὸ καὶ φθεῖρον, ἡ δὲ
ἠρεμία ἑκάστου οὐδέν ἐστι παρ' αὐτό, ἀλλὰ σημαίνει
μόνον, ὅτι κίνησιν οὐκ ἔχει. τί οὖν οὐ καὶ ἐπὶ τῶν νοητῶν
στάσιν εἴπομεν ἀπόφασιν κινήσεως; ἢ ὅτι οὐδ' ἔστιν
εἰπεῖν ἀναίρεσιν τῆς κινήσεως τὴν στάσιν, ὅτι οὐ παυσα-
30 μένης τῆς κινήσεώς ἐστιν, ἀλλ' οὔσης ἐκείνης καὶ αὐτὴ
ἐστί. καὶ οὐ πεφυκὸς κινεῖσθαι, καθόσον μὴ κινεῖται, ἡ
στάσις ἐκεῖ, ἀλλά, καθὸ στάσις κατείληφεν, ἔστηκε, καθὸ
δέ ἐστι κινούμενον, ἀεὶ κινήσεται· διὸ καὶ στάσει ἔστηκε
καὶ κινήσει κινεῖται. ἐνταῦθα δὲ κινήσει μὲν κινεῖται,
35 ἀπούσης δὲ ἠρεμεῖ ἐστερημένον τῆς ὀφειλομένης κινήσεως.
ἔπειτα δὲ ὁρᾶν δεῖ, τί ἐστιν ἡ στάσις αὕτη, καὶ οὕτως·
ὅταν ἐκ νόσου εἰς ὑγίειαν ἴῃ, ὑγιάζεται· τί οὖν τῇ ὑγιάνσει
ταύτῃ ἠρεμίας εἶδος ἀντιτάξομεν; εἰ μὲν γὰρ τὸ ἐξ οὗ,
νόσος, ἀλλ' οὐ στάσις· εἰ δὲ τὸ εἰς ὅ, ὑγίεια· ὃ οὐ ταὐτὸν
40 τῇ στάσει. εἰ δέ τις λέγοι τὴν ὑγίειαν ἢ τὴν νόσον τινὰ
στάσιν εἶναι, εἴδη στάσεως τὴν ὑγίειαν καὶ τὴν νόσον
εἶναι φήσει· ὅπερ ἄτοπον. εἰ δὲ συμβεβηκέναι τῇ ὑγιείᾳ
τὴν στάσιν, πρὸ τῆς στάσεως ἡ ὑγίεια οὐχ ὑγίεια ἔσται;
ἀλλὰ περὶ μὲν τούτων, ὅπῃ δοκεῖ ἑκάστῳ.

---

27. 19-20 cf. Aristot. *Phys.* E 6. 229[b]25 et Boëthus apud Simpl. *In Categ.*
14, p. 433. 30-1 et VI. 1. 9. 32-3   37 cf. Aristot. *Phys.* E 6. 230[a]1-4

---

27. 27 οὐ καὶ wBC: οὐκ xU   31-2 ἡ στάσις subiectum, οὐ (scil. ἔστι)
πεφυκὸς κτλ. praedicatum   35 ἀπούσης (scil. κινήσεως) A[pc]BxUC:
ἀπουσίᾳ A[ac](σης A[1s])E   36 αὕτη (*haec* sensibilis) Theiler: αὐτή Enn.
37 ἴῃ scil. τις

28. Εἴρηται δ᾿ ὅτι τὸ ποιεῖν καὶ τὸ πάσχειν κινήσεις λεκτέον, καὶ ἔστι τὰς μὲν τῶν κινήσεων ἀπολύτους, τὰς δὲ ποιήσεις, τὰς δὲ πείσεις λέγειν. καὶ περὶ τῶν ἄλλων γενῶν λεγομένων, ὅτι εἰς ταῦτα. καὶ περὶ τοῦ πρός τι, ὅτι ἄλλου πρὸς ἄλλο σχέσις, καὶ ὅτι σύνεισιν ἄμφω καὶ ἅμα· καὶ τὸ 5 πρός τι δέ, ὅταν σχέσις οὐσίας ποιῇ αὐτό, οὐχ ᾖ οὐσία ἔσται πρός τι, ἀλλὰ ᾖ καθὸ μέρος τινός—οἷον χεὶρ ᾖ κεφαλή—ᾖ αἴτιον ᾖ ἀρχὴ ᾖ στοιχεῖον. ἔστι δὲ καὶ τὰ πρός τι διαιρεῖν, ὥσπερ διήρηται τοῖς ἀρχαίοις, τὰ μὲν ὡς ποιητικά, τὰ δὲ ὡς μέτρα, τὰ δ᾿ ἐν ὑπεροχῇ καὶ ἐλλεί- 10 ψει, τὰ δ᾿ ὅλως χωρίζοντα ὁμοιότησι καὶ διαφοραῖς. καὶ περὶ μὲν τούτων τῶν γενῶν ταῦτα.

28. 1 εἴρηται cf. VI. 3. 21. 8-9   2-3 cf. VI. 1. 18. 5-6 et 22. 2-3
3-4 cf. VI. 1. 13-14 et 23-4; VI. 3. 11. 7-8 et 13   4-5 cf. Aristot. Categ.
7. 6ᵇ2 et VI. 1. 9. 26   5 ἅμα cf. Aristot. Categ. 7. 7ᵇ15 et VI. 1. 7. 38
7-8 χεὶρ ᾖ κεφαλή cf. Aristot. Categ. 7. 8ᵃ26-8 et Boëthus apud Simpl. In
Categ. 7, p. 188. 3-6   8 αἴτιον cf. VI. 3. 3. 20   9 τοῖς
ἀρχαίοις cf. Aristot. Metaph. Δ 15. 1020ᵇ26-31   10-11 cf. VI. 1. 6. 7-17

28. 5 σύνεισιν singularis, subiectum ἄμφω neutrum   5-7 καὶ τὸ—τινός
et relatiuum, quando habitudo substantiae efficit illud, non qua substantia erit relatiuum,
sed qua pars alicuius   7 ᾖ¹: ᾖ x

ΠΕΡΙ ΤΟΥ ΤΟ ΟΝ ΕΝ ΚΑΙ ΤΑΥΤΟΝ ΟΝ
ΑΜΑ ΠΑΝΤΑΧΟΥ ΕΙΝΑΙ ΟΛΟΝ ΠΡΩΤΟΝ

1. Ἆρά γε ἡ ψυχὴ πανταχοῦ τῷ παντὶ πάρεστιν, ὅτι
σῶμά ἐστι τοῦ παντὸς τοσόνδε, περὶ τὰ σώματα φύσιν
ἔχουσα μερίζεσθαι; ἢ καὶ παρ' αὐτῆς πανταχοῦ ἐστιν,
οὐχ οὗπερ ἂν ὑπὸ σώματος προαχθῇ, ἀλλὰ σώματος εὑρί-
5 σκοντος αὐτὴν πρὸ αὐτοῦ πανταχοῦ οὖσαν, ὥστε, ὅπου ἂν
τεθῇ, ἐκεῖ εὑρίσκειν ψυχὴν οὖσαν πρὶν αὐτὸ τεθῆναι ἐν
μέρει τοῦ παντός, καὶ τὸ ὅλον τοῦ παντὸς σῶμα τεθῆναι ἐν
ψυχῇ οὔσῃ; ἀλλ' εἰ ἔστιν εἰς τοσοῦτον πρὶν τὸ τοσόνδε
σῶμα ἐλθεῖν πληροῦσα τὸ διάστημα πᾶν, πῶς οὐ μέγεθος
10 ἕξει; ἢ τίς τρόπος ἂν εἴη τοῦ εἶναι ἐν τῷ παντὶ πρὶν τὸ
πᾶν γενέσθαι τοῦ παντὸς οὐκ ὄντος; τό τε ἀμερῆ λεγο-
μένην καὶ ἀμεγέθη εἶναι πανταχοῦ εἶναι μέγεθος οὐκ
ἔχουσαν πῶς ἄν τις παραδέξαιτο; καὶ εἰ τῷ σώματι λέγοιτο
συνεκτείνεσθαι μὴ σῶμα οὖσα, οὐδ' ὡς ἐκφεύγειν ποιεῖ
15 τὴν ἀπορίαν τῷ κατὰ συμβεβηκὸς τὸ μέγεθος αὐτῇ διδόναι.
ὁμοίως γὰρ ἄν τις καὶ ἐνταῦθα ζητήσειεν εὐλόγως, ὅπως
κατὰ συμβεβηκὸς μεγεθύνεται. οὐ γὰρ δή, ὥσπερ ἡ
ποιότης, οἷον γλυκύτης ἢ χρόα, κατὰ πᾶν τὸ σῶμα, οὕτω

Enn. = w(= AE) B x(= RJ) U C z(= QL)

Tit. cf. Plat. *Parm.* 131 b 1-2 et 144 c 8-d 1   1. 2-3 cf. Plat. *Tim.*
35 ᵃ 2-3   14 συνεκτείνεσθαι cf. Ps.-Plut. *De plac. philos.* iv. 21, p. 903 b
= *Doxogr. Gr.* p. 410. 31-2 = *Stoic. Vet. Fr.* ii, n. 836   17-19 cf. IV. 2.
1. 47-8

1. 1 τῷ παντὶ om. z   5 ὥστε regit et 6 εὑρίσκειν et 7 τεθῆναι
7 τοῦ¹ om. w

καὶ ἡ ψυχή. τὰ μὲν γὰρ πάθη τῶν σωμάτων, ὥστε πᾶν
τὸ πεπονθὸς ἔχειν τὸ πάθος, καὶ μηδὲν εἶναι ἐφ' ἑαυτοῦ 20
σώματος ὄν τι καὶ γινωσκόμενον τότε· διὸ καὶ ἐξ ἀνάγκης
τοσοῦτον, τό τε ἄλλου μέρους λευκὸν οὐχ ὁμοπαθὲς τῷ
ἄλλου. καὶ ἐπὶ τοῦ λευκοῦ τὸ αὐτὸ μὲν εἴδει τὸ ἐπ' ἄλλου
πρὸς τὸ ἐπ' ἄλλου μέρους, οὐ μὴν ταὐτὸν ἀριθμῷ, ἐπὶ δὲ
τῆς ψυχῆς τὸ αὐτὸ ἀριθμῷ τὸ ἐν τῷ ποδὶ καὶ τῇ χειρὶ 25
ὑπάρχει, ὡς δηλοῦσιν αἱ ἀντιλήψεις. καὶ ὅλως ἐν μὲν ταῖς
ποιότησι τὸ αὐτὸ μεμερισμένον θεωρεῖται, ἐπὶ δὲ τῆς ψυχῆς
τὸ αὐτὸ οὐ μεμερισμένον, οὕτω δὲ μεμερίσθαι λεγόμενον,
ὅτι πανταχοῦ. λέγωμεν οὖν ἐξ ἀρχῆς περὶ τούτων, εἴ τι
ἡμῖν σαφὲς καὶ εὐπαράδεκτον γένοιτο, πῶς ἀσώματος καὶ 30
ἀμεγέθης οὖσα δύναται εἰς πλεῖστον ἰέναι εἴτε πρὸ τῶν
σωμάτων εἴτ' ἐν τοῖς σώμασι. τάχα δέ, εἰ φανείη καὶ πρὸ
τῶν σωμάτων τοῦτο δύνασθαι, ῥᾴδιον ἂν καὶ ἐπὶ τῶν
σωμάτων παραδέξασθαι τὸ τοιοῦτο γένοιτο.

2. Ἔστι δὴ τὸ μὲν ἀληθινὸν πᾶν, τὸ δὲ τοῦ παντὸς
μίμημα, ἡ τοῦδε τοῦ ὁρατοῦ φύσις. τὸ μὲν οὖν ὄντως πᾶν
ἐν οὐδενί ἐστιν· οὐδὲν γάρ ἐστι πρὸ αὐτοῦ. ὃ δ' ἂν μετὰ
τοῦτο ᾖ, τοῦτο ἤδη ἀνάγκη ἐν τῷ παντὶ εἶναι, εἴπερ
ἔσται, καὶ μάλιστα ἐξ ἐκείνου ἠρτημένον καὶ οὐ δυνάμενον 5
ἄνευ ἐκείνου οὔτε μένειν οὔτε κινεῖσθαι. καὶ γὰρ εἰ μὴ ὡς
ἐν τόπῳ τις τιθεῖτο τὸ τοιοῦτον, τὸν τόπον νοῶν ἢ πέρας
σώματος τοῦ περιέχοντος καθὸ περιέχει, ἢ διάστημά
τι ὃ πρότερον ἦν τῆς φύσεως τοῦ κενοῦ καὶ ἔτι ἐστίν, ἀλλὰ
τῷ γε οἷον ἐρείδεσθαι ἐπ' αὐτοῦ καὶ ἀναπαύεσθαι παν- 10

---

1. 23-4 cf. Aristot. *Metaph.* Δ 6. 1016ᵇ31-2   2. 2 cf. Plat. *Tim.*
48 e 6-49 a 1   7-8 πέρας τοῦ περιέχοντος = Aristot. *Phys.* Δ 4. 212ᵃ6
8 διάστημα = ibid. Δ 2. 209ᵇ6, cf. ibid. Δ 4. 212ᵃ11   9 κενοῦ cf. ibid.
Δ 6. 213ᵃ12 sqq.

1. 19 τὰ μὲν subiectum   20 μηδὲν scil. πάθος   21 σώματος
regitur a τι   24 μέρους BxUC: μέρος wz   26 ὅλως Sleeman: ὅμως
Enn.   27 τῆς om. w   2. 1 δή: δὲ z   3 οὐδὲν: οὐδὲ z

ταχοῦ ὄντος ἐκείνου καὶ συνέχοντος, τὴν τοῦ ὀνόματος
ἀφεὶς κατηγορίαν τῇ διανοίᾳ τὸ λεγόμενον λαμβανέτω.
τοῦτο δὲ ἄλλου χάριν εἴρηται, ὅτι τὸ πᾶν ἐκεῖνο καὶ
πρῶτον καὶ ὂν οὐ ζητεῖ τόπον, οὐδ' ὅλως ἔν τινι. πᾶν δὴ
15 τὸ πᾶν οὐκ ἔστιν ὅπως ἀπολείπεται ἑαυτοῦ, ἀλλ' ἔστι τε
πεπληρωκὸς ἑαυτὸ καὶ ὂν ἴσον ἑαυτῷ· καὶ οὗ τὸ πᾶν, ἐκεῖ
αὐτό· τὸ γὰρ πᾶν αὐτό ἐστιν. ὅλως τε, εἴ τι ἐν τῷ παντὶ
ἱδρύθη ἄλλο ὂν παρ' ἐκεῖνο, μεταλαμβάνει αὐτοῦ καὶ συν-
τυγχάνει αὐτῷ καὶ ἰσχύει παρ' αὐτοῦ οὐ μερίζον ἐκεῖνο,
20 ἀλλ' εὑρίσκον αὐτὸ ἐν ἑαυτῷ αὐτὸ προσελθὸν ἐκείνῳ
ἐκείνου οὐκ ἔξω ἑαυτοῦ γενομένου· οὐ γὰρ οἷόν τε ἐν τῷ
μὴ ὄντι τὸ ὂν εἶναι, ἀλλ' εἴπερ, τὸ μὴ ὂν ἐν τῷ ὄντι. ὅλῳ
οὖν ἐντυγχάνει τῷ ὄντι· οὐ γὰρ ἦν ἀποσπᾶσθαι αὐτὸ ἀφ'
ἑαυτοῦ, καὶ τὸ πανταχοῦ δὲ λέγεσθαι εἶναι αὐτὸ δῆλον, ὅτι
25 ἐν τῷ ὄντι· ὥστε ἐν ἑαυτῷ. καὶ οὐδὲν θαυμαστόν, εἰ τὸ
πανταχοῦ ἐν τῷ ὄντι καὶ ἐν ἑαυτῷ· ἤδη γὰρ γίνεται τὸ
πανταχοῦ ἐν ἑνί. ἡμεῖς δὲ τὸ ὂν ἐν αἰσθητῷ θέμενοι καὶ τὸ
πανταχοῦ ἐκεῖ τιθέμεθα, καὶ μέγα νομίζοντες τὸ αἰσθητὸν
ἀπορούμεν, πῶς ἐν μεγάλῳ καὶ τοσούτῳ ἐκείνη ἡ φύσις
30 ἐκτείνεται. τὸ δέ ἐστι τοῦτο τὸ λεγόμενον μέγα μικρόν·
ὃ δὲ νομίζεται μικρόν, ἐκεῖνο μέγα, εἴ γε ὅλον ἐπὶ πᾶν
τούτου μέρος φθάνει, μᾶλλον δὲ τοῦτο πανταχόθεν τοῖς
αὐτοῦ μέρεσιν ἐπ' ἐκεῖνο ἰὸν εὑρίσκει αὐτὸ πανταχοῦ πᾶν
καὶ μεῖζον ἑαυτοῦ. ὅθεν ὡς οὐκ ἐν τῇ ἐκτάσει πλέον τι
35 ληψόμενον—ἔξω γὰρ ἂν καὶ τοῦ παντὸς ἐγίνετο—περιθεῖν
αὐτῷ ἐβουλήθη, οὔτε δὲ περιλαβεῖν δεδυνημένον οὐδ' αὖ
ἐντὸς γενέσθαι ἠγάπησε τόπον ἔχειν καὶ τάξιν οὗ σῴζοιτο

---

2. 13-14 τὸ spectat ad πᾶν, πρῶτον, ὂν   14-15 πᾶν δὴ τὸ πᾶν omne
uniuersum   15 ἀπολείπεσθαι x   16 καὶ ὂν ἴσον ἑαυτῷ
om. x   20 αὐτὸ[1] accusatiuus, αὐτὸ[2] nominatiuus   22 εἴπερ: ὑπὲρ x
24 δῆλον Enn.: δηλοῖ Vitringa   28 ἐκεῖ i.e. in mundo sensibili
29 ἐκείνη ἡ φύσις scil. ἡ νοητή   30 τὸ δέ—μικρόν sed reuera hoc quod magnum
dicitur paruum est Ficinus recte   32 τούτου Kirchhoff: τὸ τοῦ Enn.
32 μέρος BJUC: μέρους wRz

γειτονοῦν αὐτῷ παρόντι καὶ οὐ παρόντι αὖ· ἔστι γὰρ
ἐφ' ἑαυτοῦ ἐκεῖνο, κἄν τι αὐτῷ ἐθέλῃ παρεῖναι. ὅπου δὴ
συνίοι τὸ σῶμα τοῦ παντός, εὑρίσκει τὸ πᾶν, ὥστε μηδὲν 40
ἔτι δεῖσθαι τοῦ πόρρω, ἀλλὰ στρέφεσθαι ἐν τῷ αὐτῷ, ὡς
παντὸς ὄντος τούτου, οὗ κατὰ πᾶν μέρος αὐτοῦ ἀπολαύει
ὅλου ἐκείνου. εἰ μὲν γὰρ ἐν τόπῳ ἦν ἐκεῖνο αὐτό, προσ-
χωρεῖν τε ἔδει ἐκεῖ καὶ εὐθυπορεῖν καὶ ἐν ἄλλῳ μέρει
αὐτοῦ ἄλλῳ μέρει ἐφάπτεσθαι ἐκείνου καὶ εἶναι τὸ πόρρω 45
καὶ ἐγγύθεν· εἰ δὲ μήτε τὸ πόρρω μήτε τὸ ἐγγύθεν, ἀνάγκη
ὅλον παρεῖναι, εἴπερ πάρεστι. καὶ ὅλως ἐστὶν ἐκείνων
ἑκάστῳ, οἷς μήτε πόρρωθέν ἐστι μήτε ἐγγύθεν, δυνατοῖς
δὲ δέξασθαί ἐστιν.

3. Ἆρ' οὖν αὐτὸ φήσομεν παρεῖναι, ἢ αὐτὸ μὲν ἐφ'
ἑαυτοῦ εἶναι, δυνάμεις δὲ ἀπ' αὐτοῦ ἰέναι ἐπὶ πάντα, καὶ
οὕτως αὐτὸ πανταχοῦ λέγεσθαι εἶναι; οὕτω γὰρ τὰς
ψυχὰς οἷον βολὰς εἶναι λέγουσιν, ὥστε αὐτὸ μὲν ἱδρῦσθαι
ἐν αὐτῷ, τὰς δ' ἐκπεμφθείσας κατ' ἄλλο καὶ κατ' ἄλλο 5
ζῷον γίγνεσθαι. ἢ ἐφ' ὧν μὲν τὸ ἕν, τῷ μὴ πᾶσαν τὴν φύσιν
ἀποσῴζειν τὴν οὖσαν ἐν αὐτῷ ἐκείνῳ, ἐνταῦθα δύναμιν
αὐτοῦ ᾧ πάρεστι παρεῖναι· οὐ μὴν οὐδ' ὡς ἐκεῖνο μὴ ὅλως
παρεῖναι, ἐπεὶ καὶ τότε οὐκ ἀποτέτμηται ἐκεῖνο τῆς δυνά-
μεως αὐτοῦ, ἣν ἔδωκεν ἐκείνῳ· ἀλλ' ὁ λαβὼν τοσοῦτον 10

2. 41 cf. Plat. *Tim.* 34 a 3-4   3. 4 βολὰς cf. ἀκτῖνι Plut. *De facie* 28,
p. 943 d; ἀκτῖνες *Nag Hammadi Library*, cod. i. 4, p. 45. 31; Nemesius 2,
p. 111 = Patrologia Graeca 40. 577ᴮ   5-6 cf. Plat. *Phaed.* 113 a 4-5

2. 40 συνίοι Igal: συνιὸν Enn.   τὸ¹: καὶ τὸ z   41-2 ὡς—οὐ *cum
totum sit hoc* (i.e. sensibile aliquid), *in quo*   43-4 προσχωρεῖν subiectum
mundus sensibilis   44-5 ἐν ἄλλῳ μέρει αὐτοῦ ἄλλῳ μέρει *in alia eius parte
per aliam suam partem*   47 ἐστὶν: πάρεστιν Kirchhoff   47-9 ἐστὶ(ν)
ter iden subiectum nempe 43 ἐκεῖνο αὐτό seu mundus intelligibilis
47-8 ἐκείνων ἑκάστῳ *illorum* (i.e. sensibilium) *cuique*   3. 6 τὸ ἕν unum
aliquid illius Ficinus recte   τῷ: τὸ x   8-9 ἐκεῖνο (bis) intelligibile
10 ἐκείνῳ sensibili

ἐδυνήθη λαβεῖν παντὸς παρόντος. οὗ δὲ πᾶσαι αἱ δυνά-
μεις, αὐτὸ σαφῶς πάρεστι χωριστὸν ὅμως ὄν· γενόμενον
μὲν γὰρ τοῦδε εἶδος ἀπέστη ἂν τοῦ τε πᾶν εἶναι τοῦ τε
εἶναι ἐν αὐτῷ πανταχοῦ, κατὰ συμβεβηκὸς δὲ καὶ ἄλλου.
15 μηδενὸς δὲ ὂν τοῦ θέλοντος αὐτοῦ εἶναι, †ὃ ἂν αὐτῷ ἐθέλῃ,
ὡς δύναται† πελάζει οὐ γενόμενον ἐκείνου, ἀλλ᾽ ἐκείνου
ἐφιεμένου αὐτοῦ, οὐδ᾽ αὖ ἄλλου. θαυμαστὸν οὖν οὐδὲν
οὕτως ἐν πᾶσιν εἶναι, ὅτι αὖ ἐν οὐδενί ἐστιν αὐτῶν οὕτως
ὡς ἐκείνων εἶναι. διὸ καὶ τὸ κατὰ συμβεβηκὸς οὕτω λέγειν
20 συμπαραθεῖν τῷ σώματι καὶ τὴν ψυχὴν οὐκ ἄτοπον ἴσως, εἰ
αὐτὴ μὲν ἐφ᾽ ἑαυτῆς λέγοιτο εἶναι οὐχ ὕλης γενομένη οὐδὲ
σώματος, τὸ δὲ σῶμα πᾶν κατὰ πᾶν ἑαυτοῦ οἰονεὶ ἐλλάμ-
ποιτο. θαυμάζειν δὲ οὐ δεῖ, εἰ αὐτὸ μὴ ὂν ἐν τόπῳ παντὶ
τῷ ἐν τόπῳ ὄντι πάρεστιν· ἦν γὰρ ἂν τοὐναντίον θαυμαστὸν
25 καὶ ἀδύνατον πρὸς τῷ θαυμαστῷ, εἰ τόπον καὶ αὐτὸ ἔχον
οἰκεῖον παρῆν ἄλλῳ τῷ ἐν τόπῳ, ἢ ὅλως παρῆν, καὶ παρῆν
οὕτως, ὡς τοι ἡμεῖς φαμεν. νῦν δέ φησιν ὁ λόγος, ὡς
ἀνάγκη αὐτῷ τόπον οὐκ εἰληχότι ᾧ πάρεστι τούτῳ ὅλον
παρεῖναι, παντὶ δὲ παρὸν ὡς καὶ ἑκάστῳ ὅλον παρεῖναι.
30 ἢ ἔσται αὐτοῦ τὸ μὲν ὡδί, τὸ δὲ ἄλλοθι· ὥστε μεριστὸν
ἔσται καὶ σῶμα ἔσται. πῶς γὰρ δὴ καὶ μεριεῖς; ἆρά γε τὴν
ζωὴν μεριεῖς; ἀλλ᾽ εἰ τὸ πᾶν ἦν ζωή, τὸ μέρος ζωὴ οὐκ
ἔσται. ἀλλὰ τὸν νοῦν, ἵν᾽ ὁ μὲν ᾖ ἐν ἄλλῳ, ὁ δὲ ἐν ἄλλῳ;
ἀλλ᾽ οὐδέτερος αὐτῶν νοῦς ἔσται. ἀλλὰ τὸ ὂν αὐτοῦ;
35 ἀλλὰ τὸ μέρος οὐκ ὂν ἔσται, εἰ τὸ ὅλον τὸ ὂν ὑπῆρχε. τί
οὖν, εἴ τις λέγοι καὶ τὸ σῶμα μεριζόμενον καὶ τὰ μέρη
ἔχειν σώματα ὄντα; ἢ ὁ μερισμὸς ἦν οὐ σώματος, ἀλλὰ
τοσοῦδε σώματος, καὶ σῶμα ἕκαστον ἐλέγετο τῷ εἴδει

---

3. 14 ἄλλου scil. ἦν ἄν   15 ὃ BxUCz: ᾧ w   15-16 ὃ—
δύναται locus nondum sanatus   15 αὐτῷ Enn.: αὐτὸ Fᵖᶜ = Ficinus
20 συμπαραθεῖν BxUCz: συμπαθεῖν w   26 ἄλλο z   τῷ: τῳ J Creuzer
29 ὡς = ὥστε   34 αὐτῶν: αὐτῷ z   36 καὶ τὰ del. Theiler
37 ἔχειν Kirchhoff: ἔχει wBUCz: ἔχοι x

καθὸ σῶμα· τοῦτο δὲ οὐκ εἶχε τὸ "τοσόνδε τι", ἀλλὰ οὐδ᾽
ὁπωσοῦν τοσόνδε.   40

4. Πῶς οὖν τὸ ὂν καὶ τὰ ὄντα καὶ νοῦς πολλοὺς καὶ
ψυχὰς πολλάς, εἰ τὸ ὂν πανταχοῦ ἓν καὶ μὴ ὡς ὁμοειδές,
καὶ νοῦς εἷς καὶ ψυχὴ μία; καίτοι ἄλλην μὲν τοῦ παντός,
τὰς δὲ ἄλλας. ταῦτά τε γὰρ ἀντιμαρτυρεῖν δοκεῖ καὶ τὰ
εἰρημένα, εἴ τινα ἀνάγκην, ἀλλ᾽ οὐ πειθώ γε ἔχει ἀπίθανον 5
νομιζούσης τῆς ψυχῆς τὸ ἓν οὕτω πανταχοῦ ταὐτὸν εἶναι.
βέλτιον γὰρ ἴσως μερίσαντα τὸ ὅλον ὡς μηδὲν ἐλαττοῦσθαι
ἀφ᾽ οὗ ὁ μερισμὸς γεγένηται, ἢ καὶ γεννήσαντα ἀπ᾽ αὐτοῦ,
ἵνα δὴ βελτίοσι χρώμεθα ὀνόμασιν, οὕτω τὸ μὲν ἐᾶσαι ἐξ
αὐτοῦ εἶναι, τὰ δ᾽ οἷον μέρη γενόμενα, ψυχάς, συμπληροῦν 10
ἤδη τὰ πάντα. ἀλλ᾽ εἰ ἐκεῖνο μένει τὸ ὂν ἐφ᾽ ἑαυτοῦ, ὅτι
παράδοξον εἶναι δοκεῖ τὸ ἅμα ὅλον τι πανταχοῦ παρεῖναι,
ὁ αὐτὸς λόγος καὶ ἐπὶ τῶν ψυχῶν ἔσται. ἐν οἷς γὰρ
λέγονται σώμασιν ὅλαι ἐν ὅλοις εἶναι, οὐκ ἔσονται, ἀλλ᾽ ἢ
μερισθήσονται ἢ μένουσαι ὅλαι που τοῦ σώματος δύναμιν 15
αὐτῶν δώσουσιν. ἐφ᾽ ὧν καὶ τῶν δυνάμεων ἡ αὐτὴ ἀπορία
ἔσται ἡ ὅλου πανταχοῦ. καὶ ἔτι τὸ μέν τι ψυχὴν ἔξει τοῦ
σώματος, τὸ δὲ δύναμιν μόνον. ἀλλὰ πῶς ψυχαὶ πολλαὶ
καὶ νοῖ πολλοὶ καὶ τὸ ὂν καὶ τὰ ὄντα; καὶ δὴ καὶ προϊόντα
ἐκ τῶν προτέρων ἀριθμοὶ ὄντα, ἀλλ᾽ οὐ μεγέθη, ὁμοίως 20
ἀπορίαν παρέξουσι πῶς πληροῦσι τὸ πᾶν. οὐδὲν οὖν ἡμῖν
παρὰ τοῦ πλήθους οὕτω προϊόντος ἐξεύρηται εἰς εὐπορίαν·
ἐπεὶ καὶ τὸ ὂν πολλὰ συγχωροῦμεν εἶναι ἑτερότητι, οὐ

4. 3-4 cf. Plat. *Tim.* 41 d 5-8   5 εἰρημένα cf. VI. 4. 1-3

---

3. 39 τοῦτο i.e. τὸ εἶδος   4. 1 πῶς οὖν scil. λέγει ὁ Πλάτων
4 ταῦτα quae modo dicta sunt lin. 3-4   τε: γε x   5 ἔχειν x
9 τὸ μὲν scil. animam uniuersi et toto (ἐξ αὐτοῦ) ortam   10 δ᾽ οἷον: δύο
x   ψυχάς (appositio ad τὰ δ᾽) del. Kirchhoff   11 τὸ ὄν: τὸ
ἓν x: del. Beutler   16 ἐφ᾽ regit τῶν δυνάμεων, ὧν scil. ψυχῶν
16-17 ἀπορία . . ἡ ὅλου πανταχοῦ quaestio totius ubique i.e. quaestio an totum
ubique

τόπῳ. ὁμοῦ γὰρ πᾶν τὸ ὄν, κἂν πολὺ οὕτως ᾖ· ἐὸν γὰρ
25 ἐόντι πελάζει, καὶ πᾶν ὁμοῦ, καὶ νοῦς πολὺς ἑτερό-
τητι, οὐ τόπῳ, ὁμοῦ δὲ πᾶς. ἆρ' οὖν καὶ ψυχαί; ἢ καὶ
ψυχαί· ἐπεὶ καὶ τὸ περὶ τὰ σώματα μεριστὸν λέγεται
ἀμερὲς εἶναι τὴν φύσιν, τὰ δὲ σώματα μέγεθος ἔχοντα
ταύτης τῆς ψυχῆς φύσεως αὐτοῖς παρούσης, μᾶλλον δὲ τῶν
30 σωμάτων ἐκεῖ γενομένων, ὅσον ἐστὶ μεμερισμένα, κατὰ πᾶν
μέρος ἐκείνης ἐμφανταζομένης τῆς φύσεως, περὶ τὰ σώ-
ματα οὕτως ἐνομίσθη εἶναι μεριστή. ἐπεί, ὅτι οὐ συνδιεί-
ληπται τοῖς μέρεσιν, ἀλλ' ὅλη πανταχοῦ, φανερὸν ποιεῖ τὸ
ἓν καὶ τὸ ἀμέριστον ὄντως τῆς φύσεως. οὔτ' οὖν τὸ μίαν
35 εἶναι τὰς πολλὰς ἀναιρεῖ, ὥσπερ οὐδὲ τὸ ὂν τὰ ὄντα, οὔτε
μάχεται τὸ πλῆθος ἐκεῖ τῷ ἑνί, οὔτε τῷ πλήθει συμπληροῦν
δεῖ ζωῆς τὰ σώματα, οὔτε διὰ τὸ μέγεθος τοῦ σώματος
δεῖ νομίζειν τὸ πλῆθος τῶν ψυχῶν γίνεσθαι, ἀλλὰ πρὸ
τῶν σωμάτων εἶναι καὶ πολλὰς καὶ μίαν. ἐν γὰρ τῷ ὅλῳ
40 αἱ πολλαὶ ἤδη οὐ δυνάμει, ἀλλ' ἐνεργείᾳ ἑκάστη· οὔτε
γὰρ ἡ μία καὶ ὅλη κωλύει τὰς πολλὰς ἐν αὐτῇ εἶναι, οὔτε αἱ
πολλαὶ τὴν μίαν. διέστησαν γὰρ οὐ διεστῶσαι καὶ πάρεισιν
ἀλλήλαις οὐκ ἀλλοτριωθεῖσαι· οὐ γὰρ πέρασίν εἰσι διωρισ-
μέναι, ὥσπερ οὐδὲ ἐπιστῆμαι αἱ πολλαὶ ἐν ψυχῇ μιᾷ, καὶ
45 ἔστιν ἡ μία τοιαύτη, ὥστε ἔχειν ἐν ἑαυτῇ πάσας. οὕτως
ἐστὶν ἄπειρος ἡ τοιαύτη φύσις.

5. Καὶ τὸ μέγα αὐτῆς οὕτω ληπτέον, οὐκ ἐν ὄγκῳ·
τοῦτο γὰρ μικρόν ἐστιν εἰς τὸ μηδὲν ἰόν, εἴ τις ἀφαιροῖ.
ἐκεῖ δὲ οὐδὲ ἀφελεῖν ἔστιν, οὐδ' εἰ ἀφαιρεῖς ἐπιλείψει. εἰ
δὴ "οὐκ ἐπιλείψει", τί δεῖ δεδιέναι, μή τινος ἀποστατῇ;

4. 24-5 = Parm. *Fr.* B 8. 25 et 8. 5   27 = Plat. *Tim.* 35 a 2-3

---

4. 25 πελάζειν x   27 ψυχαί: ψυχή z   27-8 ἐπεὶ regit et λέγεται
et τὰ δὲ σώματα (scil. λέγεται) μέγεθος ἔχοντα   31 περὶ incipit apodosis
34 τῆς om. w   41 καὶ Porphyrius *Sententiae*   37, p. 31. 19M = 42. 15L:
ἡ *Enn.*: om. Stob. *Anth.* i. 49. 23, p. 345. 16   5. 4 δὴ: δὲ Creuzer

πῶς γὰρ ἀποστατεῖ οὐκ ἐπιλείπουσα, ἀλλ' ἀένναος 5
οὖσα φύσις οὐ ῥέουσα; ῥέουσα μὲν γὰρ ἐπὶ τοσοῦτον ἔρχε-
ται, ἐφ' ὅσον ῥεῖν δύναται, μὴ ῥέουσα δέ—οὐδὲ γὰρ ἄν, οὐδ'
ὅπου ῥεύσειεν ἔχει· τὸ γὰρ πᾶν κατείληφε, μᾶλλον δὲ αὐτή
ἐστι τὸ πᾶν—καὶ μεῖζόν τι οὖσα ἢ κατὰ σώματος φύσιν ὀλί-
γον γ' ἂν εἰκότως νομίζοιτο τῷ παντὶ διδόναι, ὅσον δύναται 10
τοῦτο αὐτοῦ φέρειν. δεῖ δὲ ἐκεῖνο μήτε ἔλαττον λέγειν,
μηδὲ τιθέμενον ἔλαττον τῷ ὄγκῳ ἀπιστεῖν ἤδη, ὡς οὐ
δυνατὸν ἐπὶ τὸ μεῖζον αὐτοῦ ἰέναι τὸ ἔλαττον. οὔτε γὰρ τὸ
ἔλαττον κατηγορητέον, οὐδὲ παραθετέον ὄγκον πρὸς ἄογκον
ἐν μετρήσει—ὅμοιον γὰρ ὡς εἴ τις ἰατρικὴν λέγοι ἐλάττω 15
εἶναι τοῦ σώματος τοῦ ἰατροῦ—οὐδ' αὖ οὕτως μεῖζον νομι-
στέον τῇ ποσοῦ μετρήσει, ἐπεὶ οὐδ' ἐπὶ τῆς ψυχῆς· οὕτω
τὸ μέγα καὶ τὸ μεῖζον τοῦ σώματος. μαρτυρεῖ δὲ τῷ
μεγάλῳ τῆς ψυχῆς καὶ τὸ μείζονος τοῦ ὄγκου γινομένου
φθάνειν ἐπὶ πᾶν αὐτοῦ τὴν αὐτὴν ψυχήν, ἢ ἐπ' ἐλάττονος 20
ὄγκου ἦν. γελοῖον γὰρ πολλαχῇ, εἴ τις προσθείη καὶ τῇ
ψυχῇ ὄγκον.

6. Τί οὖν οὐ καὶ ἐπ' ἄλλο σῶμα ἔρχεται; ἢ ὅτι ἐκεῖνο
δεῖ, εἰ δύναται, προσελθεῖν, τὸ δὲ προσεληλυθὸς καὶ δεξά-
μενον ἔχει. τί οὖν; τὸ ἄλλο σῶμα τὴν αὐτὴν ψυχὴν ἔχει
ἔχον καὶ αὐτὸ ἣν ἔχει ψυχήν; τί γὰρ διαφέρει; ἢ καὶ
ταῖς προσθήκαις. εἶτα πῶς ἐν ποδὶ καὶ χειρὶ τὴν αὐτήν, 5
τὴν δὲ ἐν τῷδε τῷ μέρει τοῦ παντὸς οὐ τὴν αὐτὴν τῇ ἐν

5. 5 = Plat. *Parm.* 144 b 3-4   5-6 ἀένναος φύσις cf. uersus Pythagoricus
apud Diels, *Vorsokratiker* i. p. 455. 10 = *Doxogr. Gr.* p. 282. 10

5. 7 ἄν scil. ῥεύσειεν   8 αὐτή Kirchhoff (*ipsa* Ficinus): αὐτη *Enn.*
10 γ' ἄν Beutler: γὰρ *Enn.*   14 ἄογκον: ὄγκον w   17 οὐδ' ἐπὶ τῆς
ψυχῆς non modo in medicina, sed *ne in anima quidem*   17-18 οὕτω—
σώματος *tale* (nempe τῇ ποσοῦ μετρήσει) *magnum et maius* sunt solius *corporis*
6. 1 οὐ καὶ BUz: οὐκ wxC   ἐκεῖνο scil. τὸ ἄλλο σῶμα   3 ἔχει²: ἔχειν x
4 ἦν: τὴν ἦν w   4-5 ἢ προσθήκαις *sane* ipsis *additamentis* nempe
corporibus

τῷδε; εἰ δὲ αἱ αἰσθήσεις διάφοροι, καὶ τὰ πάθη τὰ συμ-
πίπτοντα διάφορα λεκτέον εἶναι. ἄλλα οὖν ἐστι τὰ κρινό-
μενα, οὐ τὸ κρῖνον· ὁ δὲ κρίνων ὁ αὐτὸς δικαστὴς ἐν ἄλλοις
10 καὶ ἄλλοις πάθεσι γινόμενος· καίτοι οὐχ ὁ πάσχων αὐτός,
ἀλλ' ἡ σώματος τοιοῦδε φύσις· καὶ ἔστιν οἷον εἰ αὐτὸς
ἡμῶν καὶ ἡδονὴν κρίνει τὴν περὶ τὸν δάκτυλον καὶ ἀλγη-
δόνα τὴν περὶ τὴν κεφαλήν. διὰ τί οὖν οὐ συναισθάνεται
ἡ ἑτέρα τὸ τῆς ἑτέρας κρίμα; ἢ ὅτι κρίσις ἐστίν, ἀλλ' οὐ
15 πάθος. εἶτα οὐδ' αὐτὴ ἡ κρίνασα "κέκρικα" λέγει, ἀλλ'
ἔκρινε μόνον· ἐπεὶ οὐδὲ παρ' ἡμῖν ἡ ὄψις τῇ ἀκοῇ λέγει,
καίτοι ἔκριναν ἄμφω, ἀλλὰ ὁ λογισμὸς ἐπ' ἀμφοῖν· τοῦτο δὲ
ἕτερον ἀμφοῖν. πολλαχῇ δὲ καὶ ὁ λογισμὸς εἶδε τὸ ἐν ἑτέρῳ
κρίμα καὶ σύνεσιν ἔσχεν ἑτέρου πάθους. εἴρηται δὲ περὶ
20 τούτου καὶ ἐν ἄλλοις.

7. Ἀλλὰ πάλιν λέγωμεν πῶς ἐπὶ πάντα ἐστὶ τὸ αὐτό·
τοῦτο δὲ ταὐτόν ἐστι πῶς ἕκαστον τῶν πολλῶν τῶν
αἰσθητῶν οὐκ ἄμοιρον τοῦ αὐτοῦ πολλαχῇ κείμενον. οὐ
γὰρ ἐκεῖνο ὀρθῶς ἔχει ἐκ τῶν εἰρημένων μερίζειν εἰς τὰ
5 πολλά, ἀλλὰ τὰ πολλὰ μεμερισμένα εἰς τὸ ἕν μᾶλλον
ἀνάγειν, κἀκεῖνο οὐκ ἐληλυθέναι πρὸς ταῦτα, ἀλλὰ ταῦτα
ὅτι διέρριπται παρεσχηκέναι δόξαν ἡμῖν κατὰ ταῦτα
κἀκεῖνο διειλῆφθαι, οἷον εἴ τις τὸ κρατοῦν καὶ συνέχον εἰς
ἴσα τῷ κρατουμένῳ διαιροῖ. καίτοι κρατοῖ ἂν καὶ χεὶρ
10 σῶμα ὅλον καὶ ξύλον πολύπηχυ καὶ ἄλλο τι, καὶ ἐπὶ πᾶν
μὲν τὸ κρατοῦν, οὐ διείληπται δὲ ὅμως εἰς ἴσα τῷ κρατου-

6. 20 ἐν ἄλλοις fortasse IV. 7. 6-7 uel IV. 9. 2-3   7. 2-3 cf. Plat.
Soph. 253 d 5-9   8 συνέχον cf. Aristot. De an. A 5. 411ᵇ8

6. 10 καὶ: καὶ ἐν z   γενόμενος x   11 σώματος τοιοῦδε: τοῦ τοιοῦδε
σώματος wz   καὶ: καὶ εἰ wz   αὐτὸς (idem atque 9 ὁ κρίνων): ⟨ὁ⟩
αὐτὸς Kirchhoff   12 ἡμῶν regitur ab ἡδονὴν et ἀλγηδόνα   δάκτυλον
scil. pedis   16 μόνον: μὲν μόνον x   17-18 τοῦτο—ἀμφοῖν om. x
18 καὶ om. x   7. 1 λέγομεν wz   2 post ἐστι add. τῷ Kirchhoff,
sed cf. VI. 2. 21. 2   7 περιεσχηκέναι w

μένῳ ἐν τῇ χειρί, καθόσον ἐφάπτεται εἰς τοσοῦτον περι-
γραφομένης, ὡς δοκεῖ, τῆς δυνάμεως, ἀλλ᾽ ὅμως τῆς
χειρὸς ὁριζομένης τῷ αὑτῆς ποσῷ, οὐ τῷ τοῦ αἰωρουμένου
καὶ κρατουμένου σώματος. καὶ εἰ προσθείης δὲ τῷ κρα- 15
τουμένῳ σώματι μῆκος ἄλλο καὶ δύναιτο ἡ χεὶρ φέρειν, ἡ
δύναμις κἀκεῖνο κρατεῖ οὐ διαληφθεῖσα εἰς τοσαῦτα μέρη,
ὅσα τὸ σῶμα ἔχει. τί οὖν, εἴ τις τὸν ὄγκον τὸν σωμα-
τικὸν τῆς χειρὸς ὑποθεῖτο ἀφῃρῆσθαι, καταλείποι δὲ τὴν
δύναμιν τὴν αὐτὴν τὴν ἀνέχουσαν καὶ πρότερον αὐτό, τὴν 20
πρόσθεν ἐν τῇ χειρὶ οὖσαν; ἆρ᾽ οὐκ ἂν ἡ αὐτὴ ἀμέριστος
οὖσα ἐν παντὶ ὡσαύτως κατὰ πᾶν μέρος εἴη; εἰ δὲ δὴ
φωτεινὸν μικρὸν ὄγκον οἷον κέντρον ποιησάμενος μεῖζόν
τι περιθείης σφαιρικὸν σῶμα διαφανές, ὥστε τὸ φῶς τοῦ
ἔνδον ἐν παντὶ τῷ περιέχοντι φαίνειν, οὐκ οὔσης ἄλλοθεν 25
αὐγῆς τῷ ἔξωθεν ὄγκῳ, ἆρ᾽ οὐκ ἐκεῖνο τὸ ἔνδον φήσομεν
αὐτὸ μηδὲν παθόν, ἀλλὰ μένον ἐπὶ πάντα τὸν ἔξωθεν
ὄγκον ἐληλυθέναι, καὶ τὸ ἐκεῖ ἐνορώμενον ἐν τῷ μικρῷ
ὄγκῳ φῶς κατειληφέναι τὸ ἔξω; ἐπειδὴ τοίνυν οὐ παρὰ
τοῦ ὄγκου τοῦ σωματικοῦ τοῦ μικροῦ ἐκείνου ἦν τὸ φῶς 30
—οὐ γὰρ ᾗ σῶμα ἦν εἶχε τὸ φῶς, ἀλλ᾽ ᾗ φωτεινὸν σῶμα,
ἑτέρᾳ δυνάμει, οὐ σωματικῇ οὔσῃ—φέρε, εἴ τις τὸν ὄγκον
τοῦ σώματος ὑφέλοι, τηροῖ δὲ τὴν τοῦ φωτὸς δύναμιν,
ἆρ᾽ ἂν ἔτι εἴποις που εἶναι τὸ φῶς, ἢ ἐπίσης ἂν εἴη
καθ᾽ ὅλην τε τὴν ἔξω σφαῖραν; οὐκέτι δὲ οὐδ᾽ ἀπερείσῃ 35
τῇ διανοίᾳ ὅπου πρότερον ἦν κείμενον, καὶ οὔτε ἔτι ἐρεῖς
ὅθεν οὔτε ὅπη, ἀλλὰ περὶ μὲν τούτου ἄπορος ἔσῃ ἐν θαύ-
ματι ποιούμενος, ἅμα δὲ ὡδὶ τοῦ σφαιρικοῦ σώματος ἀτε-
νίσας εἴσῃ τὸ φῶς καὶ ὡδὶ αὐτός. ἐπεὶ καὶ ἐπὶ τοῦ ἡλίου

---

7. 15 καί¹ om. z   20 τήν² om. wz   πρότερον i.e. πρὶν τὸν
ὄγκον ἀφῃρῆσθαι   αὐτό (neutrum ut 16 σῶμα et μῆκος et 17 κἀκεῖνο
i.e. pondus) Enn.: αὐτόν Müller   24 τοῦ: τὸ Kirchhoff   26 αὐγῆς:
γῆς w   27 παθεῖν Perna   34 που x: ποῦ BUCz: τοῦ w
36 οὔτε ἔτι: οὐκ x   38-9 ἅμα—αὐτός simul huc globosi corporis spectans et
illuc cognosces lumen ipse

40 ἔχεις μὲν εἰπεῖν ὅθεν τὸ φῶς ἐπιλάμπει κατὰ πάντα τὸν
ἀέρα εἰς τὸ σῶμα τοῦ ἡλίου βλέπων, τὸ δὲ αὐτὸ ὅμως ὁρᾷς
φῶς πανταχοῦ οὐδὲ τοῦτο μεμερισμένον. δηλοῦσι δὲ αἱ
ἀποτομαὶ ἐπὶ θάτερα ἢ ὅθεν ἐλήλυθεν οὐ διδοῦσαι εἶναι οὐδὲ
μερίζουσαι. καὶ δὴ τοίνυν εἰ δύναμις μόνον ὁ ἥλιος ἦν
45 σώματος χωρὶς οὖσα καὶ φῶς παρεῖχεν, οὐκ ἂν ἐντεῦθεν
ἤρξατο οὐδ' ἂν εἶπες ὅθεν, ἀλλ' ἦν ἂν τὸ φῶς πανταχοῦ
ἓν καὶ ταὐτὸν ὂν οὐκ ἀρξάμενον οὐδ' ἀρχήν ποθεν ἔχον.

8. Τὸ μὲν οὖν φῶς, ἐπειδὴ σώματός ἐστιν, ὅθεν ἐλή-
λυθεν εἰπεῖν ἔχεις ἔχων εἰπεῖν τὸ σῶμα ὅπου ἐστίν, ἄυλον
δὲ εἴ τί ἐστι καὶ δεῖται οὐδὲν σώματος πρότερον ὂν τῇ
φύσει παντὸς σώματος, ἱδρυμένον αὐτὸ ἐν ἑαυτῷ, μᾶλλον
5 δὲ οὐδὲ ἱδρύσεως δεόμενον οὐδὲν τῆς τοιαύτης, τοῦτο δὴ
τὸ τοιαύτην ἔχον φύσιν οὐκ ἔχον ἀρχὴν ὅθεν ὁρμηθείη
οὔτε ἔκ τινος τόπου οὔτε τινὸς ὂν σώματος, πῶς αὐτοῦ τὸ
μὲν ὡδὶ φήσεις, τὸ δὲ ὡδί; ἤδη γὰρ ἂν καὶ τὸ ὅθεν
ὡρμήθη ἔχοι καὶ τό τινος εἶναι. λείπεται τοίνυν εἰπεῖν
10 ὡς, εἴ τι αὐτοῦ μεταλαμβάνει, τῇ τοῦ ὅλου δυνάμει μετα-
λαμβάνειν αὐτοῦ πάσχοντος μηδὲν μήτ' οὖν ἄλλο τι μήτε
μεμερισμένου. τῷ μὲν γὰρ σῶμα ἔχοντι τὸ πάσχειν κἂν
κατὰ συμβεβηκὸς ἂν γένοιτο, καὶ ταύτῃ παθητὸν ἂν λέ-
γοιτο καὶ μεριστόν, ἐπειδὴ σώματός ἐστί τι οἷον πάθος ἢ
15 εἶδος· ὃ δέ ἐστι μηδενὸς σώματος, ἀλλὰ τὸ σῶμα ἐθέλει
αὐτοῦ εἶναι, ἀνάγκη τοῦτο τά τε ἄλλα πάθη τοῦ σώματος
μηδαμῶς αὐτὸ πάσχειν μερίζεσθαί τε οὐχ οἷόν τε· σώμα-
τος γὰρ καὶ τοῦτο καὶ πρώτως πάθος καὶ ᾗ σῶμα. εἰ δὴ
ᾗ σῶμα τὸ μεριστόν, ᾗ μὴ σῶμα τὸ ἀμέριστον. πῶς γὰρ
20 καὶ μερίσεις οὐκ ἔχον μέγεθος; εἰ οὖν οὐκ ἔχοντος μέγεθος
τὸ ἔχον τὸ μέγεθος ἀμηγέπη μεταλαμβάνει, οὐ μεριζομένου

---

7. 41 ὁρᾷς: ὅρα εἰς x   43 εἶναι: ἰέναι Harder   44 εἰ: οὐ x
8. 7 ἐκ: ἐκτός w   11 πάσχοντος (cf. 12 πάσχειν, 13 παθητὸν, 17 πάσχειν)
Gollwitzer: παντὸς Enn.   12 μεμερισμένον wz   18 τοῦτο i.e. τὸ
μερίζεσθαι

αὐτοῦ ἂν μεταλαμβάνοι· ἢ μέγεθος αὖ ἕξει πάλιν. ὅταν
οὖν ἐν πολλοῖς λέγῃς, οὐκ αὐτὸ πολλὰ γενόμενον λέγεις,
ἀλλὰ τῶν πολλῶν τὸ πάθος περιάπτεις τῷ ἑνὶ ἐκείνῳ ἐν
πολλοῖς αὐτὸ ἅμα ὁρῶν. τὸ δὲ "ἐν αὐτοῖς" οὕτω ληπτέον 25
ὡς οὐκ αὐτῶν γενόμενον ἑκάστου οὐδ' αὖ τοῦ παντός, ἀλλ'
ἐκεῖνο μὲν αὐτοῦ εἶναι καὶ αὐτὸ εἶναι, αὐτὸ δὲ ὂν οὐκ
ἀπολείπεσθαι ἑαυτοῦ. οὐδ' αὖ τοσοῦτον, ὅσον τὸ πᾶν
αἰσθητόν, οὐδ' εἴ τι μέρος τοῦ παντός· ὅλως γὰρ οὐδὲ
ποσόν· πῶς ἂν οὖν τοσοῦτον; σώματι μὲν γὰρ "τοσοῦτον", 30
τῷ δὲ μὴ σώματι, ἀλλ' ἑτέρας ὄντι φύσεως, οὐδαμῇ
δεῖ προσάπτειν "τοσοῦτον", ὅπου μηδὲ τὸ τοιοῦτον·
οὐ τοίνυν οὐδὲ τὸ ποῦ· οὐ τοίνυν οὐδὲ τὸ ἐνταῦθα καὶ
ἐνταῦθα· ἤδη γὰρ ἂν πολλάκις "ποῦ" εἴη. εἰ τοίνυν ὁ
μερισμὸς τοῖς τόποις, ὅταν τὸ μέν τι αὐτοῦ ὡδί, τὸ δὲ ὡδί, 35
ὅτῳ τὸ ὡδὶ μὴ ὑπάρχει, πῶς ἂν τὸ μερίζεσθαι ἔχοι;
ἀμέριστον ἄρα δεῖ αὐτὸ σὺν αὐτῷ εἶναι, κἂν τὰ πολλὰ
αὐτοῦ ἐφιέμενα τυγχάνῃ. εἰ οὖν τὰ πολλὰ ἐφίεται αὐτοῦ,
δῆλον ὅτι ὅλου ἐφίεται αὐτοῦ· ὥστε εἰ καὶ δύναται μετα-
λαβεῖν, ὅλου ἂν αὐτοῦ καθόσον δύναται μεταλαμβάνοι. 40
δεῖ οὖν τὰ μεταλαμβάνοντα αὐτοῦ οὕτως ἔχειν αὐτοῦ, ὡς
οὐ μετέλαβε, μὴ ἰδίου αὐτῶν ὄντος· οὕτως γὰρ ἂν μένοι
αὐτὸ ἐφ' ἑαυτοῦ ὅλον καὶ ἐν οἷς ὁρᾶται ὅλον. εἰ γὰρ μὴ
ὅλον, οὐκ αὐτό, οὐδ' αὖ οὗ ἐφίενται ἡ μετάληψις ἔσται,
ἀλλὰ ἄλλου, οὗ ἡ ἔφεσις οὐκ ἦν. 45

9. Καὶ γὰρ εἰ τὸ μέρος τὸ γενόμενον ἐν ἑκάστῳ ὅλον
ἦν καὶ αὐτὸ ἕκαστον οἷον τὸ πρῶτον—ἀποτετμημένον ἀεὶ

9. 1 sqq. cf. Plat. Parm. 142 d-e

---

8. 23 ἐν: ἐν ἐν F^pc = Ficinus, sed obiectum 19 τὸ ἀμέριστον   24 τὸ
om. x   25 ἐν xQ^ec: ἐν wBUCQ^acL   26 αὐτὸν x   27 ἐκείνου w
32 μηδὲ Creuzer Ficinum secutus: δὴ δὲ wBUCL: δεῖ δὲ x: δὲ δὴ Q^ac: δὲ δεῖ
Q^pc: δὲ μὴ Kirchhoff   τοιοῦτον: τοσοῦτον Kirchhoff   44 ἐφίενται
(subiectum speciale, e.g. homines, pro generali lineae 41 ut VI. 4. 11. 22)
Enn.: ἐφίεται Perna

ἕκαστον—πολλὰ τὰ πρῶτα καὶ ἕκαστον πρῶτον. εἶτα ταῦτα
τὰ πολλὰ πρῶτα τί ἂν εἴη τὸ διεῖργον, ὥστε μὴ ἓν ὁμοῦ
5 πάντα εἶναι; οὐ γὰρ δὴ τὰ σώματα αὐτῶν· οὐ γὰρ τῶν
σωμάτων οἷόν τε ἦν εἴδη αὐτὰ εἶναι, εἴπερ ὅμοια καὶ
ταῦτα ἐκείνῳ τῷ πρώτῳ ἀφ' οὗ. εἰ δὲ δυνάμεις αὐτοῦ τὰ
λεγόμενα μέρη τὰ ἐν τοῖς πολλοῖς, πρῶτον μὲν οὐκέτι
ὅλον ἕκαστον· ἔπειτα πῶς ἦλθον ἀποτμηθεῖσαι καὶ κατα-
10 λείπουσαι; εἰ γὰρ δὴ καὶ κατέλιπον, δηλονότι κατέλιπόν
που ἰοῦσαι. εἶτα πότερα ἔτι εἰσὶν ἐν αὐτῷ αἱ δυνάμεις αἱ
ἐνταῦθα ἐν τῷ αἰσθητῷ γεγενημέναι ἢ οὔ; εἰ μὲν γὰρ μή
εἰσιν, ἄτοπον ἐλαττωθῆναι ἐκεῖνο καὶ ἀδύναμον γεγονέναι
ἐστερημένον ὧν πρότερον εἶχε δυνάμεων, χωρίς τε τὰς
15 δυνάμεις εἶναι τῶν οὐσιῶν ἑαυτῶν πῶς ἂν οἷόν τε ἢ
ἀποτετμημένας; εἰ δ' ἐν ἐκείνῳ τέ εἰσι καὶ ἄλλοθι, ἢ ὅλαι
ἢ μέρη αὐτῶν ἐνταῦθα ἔσονται. ἀλλ' εἰ μέρη, κἀκεῖ τὰ
λοιπὰ μέρη. εἰ δὲ ὅλαι, ἤτοι ἅπερ ἐκεῖ καὶ ἐνταῦθα οὐ
μεμερισμέναι, καὶ πάλιν αὖ ἔσται τὸ αὐτὸ πανταχοῦ οὐ
20 μεμερισμένον· ἢ πολλὰ γενόμενον ὅλον ἕκαστον αἱ δυνάμεις
καὶ ὅμοιαι ἀλλήλαις, ὥστε καὶ μετὰ τῆς οὐσίας ἑκάστης ἡ
δύναμις· ἢ μία μόνον ἔσται ἡ συνοῦσα τῇ οὐσίᾳ, αἱ δ' ἄλλαι
δυνάμεις μόνον· καίτοι οὐχ οἷόν τε, ὥσπερ οὐσίαν ἄνευ
δυνάμεως, οὕτως οὐδὲ δύναμιν ἄνευ οὐσίας. ἡ γὰρ δύναμις
25 ἐκεῖ ὑπόστασις καὶ οὐσία ἢ μεῖζον οὐσίας. εἰ δ' ἕτεραι ὡς
ἐλάττους καὶ ἀμυδραὶ δυνάμεις αἱ ἐξ ἐκείνου, οἱονεὶ φῶς
ἐκ φωτὸς ἀμυδρὸν ἐκ φανοτέρου, καὶ δὴ καὶ οὐσίαι συνοῦσαι
ταῖς δυνάμεσι ταύταις, ἵνα μὴ γίνηται ἄνευ οὐσίας δύναμις,
πρῶτον μὲν καὶ ἐπὶ τῶν τοιούτων δυνάμεων ἀναγκαῖον
30 ὁμοειδῶν πάντως πρὸς ἀλλήλας γινομένων ἢ τὴν αὐτὴν

9. 3 πολλὰ (incipit apodosis) praedicatum, τὰ πρῶτα subiectum   7 δὲ:
δὲ δὴ z   9-10 καταλιπούσαι J Kirchhoff   15 ἢ (= ἄλλως ἢ) scripsimus:
ἢ Enn.   17-18 ἀλλ'—ὅλαι om. x   17 κἀκεῖνα w   19 αὖ: οὖν
w   22 ἢ Theiler: ἡ Enn.   23 καίτοι om. x   25 μείζων x
28 γένηται w   29 μὲν praeparat 37 δέ   30 αὐτοῦ x

126

πανταχοῦ συγχωρεῖν εἶναι, ἢ καί, εἰ μὴ πανταχοῦ, ἀλλ'
οὖν πανταχῇ ἅμα τὴν αὐτὴν ὅλην, οὐ μεμερισμένην, οἷον
ἐν ἑνὶ καὶ τῷ αὐτῷ σώματι· εἰ δὲ τοῦτο, διὰ τί οὐκ ἐν
παντὶ τῷ ὅλῳ; εἰ δέ, μεμερίσθαι ἑκάστην εἰς ἄπειρον, καὶ
οὐκέτι οὐδ' αὐτῇ ὅλῃ, ἀλλὰ τῷ μερισμῷ ἔσται ἀδυναμία. 35
ἔπειτα ἄλλη κατ' ἄλλο οὖσα οὐ καταλείψει συναίσθησιν.
ἔπειτα δέ, [εἰ] καθάπερ τὸ ἴνδαλμά τινος, οἷον καὶ τὸ
ἀσθενέστερον φῶς, ἀποτεμνόμενον τοῦ παρ' οὗ ἐστιν
οὐκέτ' ἂν εἴη, καὶ ὅλως πᾶν τὸ παρ' ἄλλου τὴν ὑπόστασιν
ἔχον ἴνδαλμα ὂν ἐκείνου οὐχ οἷόν τε ἀποτέμνοντα ἐν 40
ὑποστάσει ποιεῖν εἶναι, οὐδ' ἂν αἱ δυνάμεις αὗται αἱ ἀπ'
ἐκείνου ἐλθοῦσαι ἀποτετμημέναι ἂν ἐκείνου εἶεν. εἰ δὲ
τοῦτο, οὗ εἰσιν αὗται, κἀκεῖνο ἀφ' οὗ ἐγένοντο ἐκεῖ ἅμα
ἔσται, ὥστε πανταχοῦ ἅμα πάλιν αὐτὸ οὐ μεμερισμένον
ὅλον ἔσται. 45

10. Εἰ δέ τις λέγοι, ὡς οὐκ ἀνάγκη τὸ εἴδωλόν του
συνηρτῆσθαι τῷ ἀρχετύπῳ—ἔστι γὰρ καὶ εἰκόνα εἶναι
ἀπόντος τοῦ ἀρχετύπου, ἀφ' οὗ ἡ εἰκών, καὶ τοῦ πυρὸς
ἀπελθόντος, τὴν θερμότητα εἶναι ἐν τῷ θερμανθέντι—
πρῶτον μὲν ἐπὶ τοῦ ἀρχετύπου καὶ τῆς εἰκόνος, εἰ τὴν 5
παρὰ τοῦ ζωγράφου εἰκόνα λέγοι τις, οὐ τὸ ἀρχέτυπον
φήσομεν τὴν εἰκόνα πεποιηκέναι, ἀλλὰ τὸν ζωγράφον, οὐκ
οὖσαν αὐτοῦ εἰκόνα οὐδ' εἰ αὐτόν τις γράφει· τὸ γὰρ γράφον
ἦν οὐ τὸ σῶμα τοῦ ζωγράφου οὐδὲ τὸ εἶδος τὸ μεμιμημένον·
καὶ οὐ τὸν ζωγράφον, ἀλλὰ τὴν θέσιν τὴν οὑτωσὶ τῶν 10
χρωμάτων λεκτέον ποιεῖν τὴν τοιαύτην εἰκόνα. οὐδὲ κυρίως
ἡ τῆς εἰκόνος καὶ τοῦ ἰνδάλματος ποίησις οἷον ἐν ὕδασι
καὶ κατόπτροις ἢ ἐν σκιαῖς—ἐνταῦθα ὑφίσταταί τε

---

10. 12-13 cf. Plat. *Soph.* 239 d 6-7 et *Resp.* 510 e 2-3

---

9. 34 εἰ δέ scil. μεμερισμένη   μεμερίσθαι scil. ἀνάγκη   35 ὅλῃ scil.
ἔσται ἑκάστη δύναμις   37 εἰ del. Kirchhoff   42 ἀποτετμημένου x
10. 5 μὲν praeparat 17 δ'   8 γὰρ om. z

παρὰ τοῦ προτέρου κυρίως καὶ γίνεται ἀπ' αὐτοῦ καὶ οὐκ
15 ἔστιν ἀφ' ἑαυτοῦ ἀποτετμημένα τὰ γενόμενα εἶναι. τοῦτον
δὲ τὸν τρόπον καὶ τὰς ἀσθενεστέρας δυνάμεις παρὰ τῶν
προτέρων ἀξιώσουσι γίνεσθαι. τὸ δ' ἐπὶ τοῦ πυρὸς λεγό-
μενον οὐκ εἰκόνα τὴν θερμότητα τοῦ πυρὸς λεκτέον εἶναι,
εἰ μή τις λέγοι καὶ πῦρ ἐν τῇ θερμότητι εἶναι· εἰ γὰρ τοῦτο,
20 χωρὶς πυρὸς ποιήσει τὴν θερμότητα. εἶτα κἂν εἰ μὴ αὐτίκα,
ἀλλ' οὖν παύεται καὶ ψύχεται τὸ σῶμα τὸ θερμανθὲν
ἀποστάντος τοῦ πυρός. εἰ δὲ καὶ οὗτοι ταύτας τὰς δυνά-
μεις σβεννύοιεν, πρῶτον μὲν ἓν μόνον ἄφθαρτον φήσουσι,
τὰς δὲ ψυχὰς καὶ τὸν νοῦν φθαρτὰ ποιήσουσιν. εἶτα καὶ
25 οὐκ ἐκ ῥεούσης οὐσίας ῥέοντα τὰ ἐξ αὐτῆς ποιήσουσι.
καίτοι, εἰ μένοι ἱδρυθεὶς ἥλιος ὁπουοῦν, τὸ αὐτὸ φῶς ἂν
παρέχοι τοῖς αὐτοῖς τόποις· εἰ δὲ λέγοι τις μὴ τὸ αὐτό,
τούτῳ ἂν πιστῶτο τὸ τὸ σῶμα ῥεῖν τοῦ ἡλίου. ἀλλ' ὅτι μὲν
μὴ φθαρτὰ τὰ παρ' ἐκείνου, ἀθάνατοι δὲ καὶ αἱ ψυχαὶ καὶ
30 νοῦς πᾶς, καὶ ἐν ἄλλοις διὰ πλειόνων εἴρηται.

11. Ἀλλὰ διὰ τί, εἴπερ ὅλον πανταχοῦ, οὐχ ὅλου
πάντα μεταλαμβάνει τοῦ νοητοῦ; πῶς δὲ τὸ μὲν πρῶτον
ἐκεῖ, τὸ δὲ ἔτι δεύτερον καὶ μετ' ἐκεῖνο ἄλλα; ἢ τὸ
παρὸν ἐπιτηδειότητι τοῦ δεξομένου ⟨παρ⟩εῖναι νομιστέον,
5 καὶ εἶναι μὲν πανταχοῦ τοῦ ὄντος τὸ ὂν οὐκ ἀπολειπό-
μενον ἑαυτοῦ, παρεῖναι δὲ αὐτῷ τὸ δυνάμενον παρεῖναι, καὶ
καθόσον δύναται κατὰ τοσοῦτον αὐτῷ οὐ τόπῳ παρεῖναι,

---

10. 30 ἐν ἄλλοις cf. IV. 7

10. 15 ἔστιν = ἔξεστιν   ἀφ' ἑαυτοῦ (ipsius principii respectu dicta):
ἀπ' αὐτοῦ Kirchhoff (ab illo Ficinus)   γεγενημένα w   19-20 εἰ
γὰρ—θερμότητα nam si id uerum, produceret aliquis calorem sine praecedente igne,
nam eadem essent ignis et calor   20 εἶτα refellit lin. 3-4   25 οὐκ
ἐκ ῥεούσης οὐσίας idem atque ἐξ οὗ ῥεούσης οὐσίας   26 μένοι Vitringa:
μὲν ὁ Enn.   28 τοῦτο xz   τὸ¹ Az: τῷ EBxUC   11. 2 τὸ μὲν
πρῶτον scil. τὸ νοητόν   3 ἐκεῖνο: ἐκείνου x   3-4 τὸ παρὸν id quo
participatur, 6-7 παρεῖναι dicitur de participante   4 δεξαμένου z
4 παρεῖναι Vitringa: εἶναι Enn.

οἷον τῷ φωτὶ τὸ διαφανές, τῷ δὲ τεθολωμένῳ ἡ μετάληψις
ἄλλως. καὶ δὴ τὰ πρῶτα καὶ δεύτερα καὶ τρίτα τάξει καὶ
δυνάμει καὶ διαφοραῖς, οὐ τόποις. οὐδὲν γὰρ κωλύει ὁμοῦ 10
εἶναι τὰ διάφορα, οἷον ψυχὴν καὶ νοῦν καὶ πάσας ἐπιστήμας
μείζους τε καὶ ὑφιεμένας. ἐπεὶ καὶ ἀπὸ τοῦ αὐτοῦ ὁ μὲν
ὀφθαλμὸς εἶδε τὸ χρῶμα, ἡ δὲ ὄσφρησις τὸ εὐῶδες, ἄλλη
δὲ αἴσθησις ἄλλο, ὁμοῦ πάντων, ἀλλ᾽ οὐ χωρὶς ὄντων.
οὐκοῦν ἐκεῖνο ποικίλον καὶ πολύ; ἢ τὸ ποικίλον ἁπλοῦν 15
αὖ, καὶ τὰ πολλὰ ἕν. λόγος γὰρ εἷς καὶ πολύς, καὶ πᾶν τὸ
ὂν ἕν. καὶ γὰρ τὸ ἕτερον ἑαυτῷ καὶ ἡ ἑτερότης αὐτοῦ·
οὐ γὰρ δὴ τοῦ μὴ ὄντος. καὶ τὸ ὂν δὲ τοῦ ἑνὸς οὐ κεχωρισ-
μένου, καὶ ὅπου ἂν ᾖ τὸ ὄν, πάρεστιν αὐτῷ καὶ τὸ αὐτοῦ
ἕν, καὶ τὸ ἓν ὂν αὖ ἐφ᾽ ἑαυτοῦ. ἔστι γὰρ καὶ παρεῖναι 20
χωρὶς ὄν. ἄλλως δὲ τὰ αἰσθητὰ τοῖς νοητοῖς πάρεστιν,
ὅσα πάρεστιν αὐτῶν καὶ οἷς πάρεισιν, ἄλλως τὰ νοητὰ
αὐτοῖς· ἐπεὶ καὶ ἄλλως ψυχῇ σῶμα, ἄλλως ἐπιστήμη ψυχῇ
καὶ ἐπιστήμη ἐπιστήμῃ ἐν τῷ αὐτῷ ἑκατέρα οὖσα· σῶμα δὲ
σώματι παρὰ ταῦτα ἑτέρως.   25

12. Ὥσπερ δὲ φωνῆς οὔσης κατὰ τὸν ἀέρα πολλάκις
καὶ λόγου ἐν τῇ φωνῇ οὖς μὲν παρὸν ἐδέξατο καὶ ᾔσθετο,
καὶ εἰ ἕτερον θείης μεταξὺ τῆς ἐρημίας, ἦλθε καὶ πρὸς
αὐτὸ ὁ λόγος καὶ ἡ φωνή, μᾶλλον δὲ τὸ οὖς ἦλθε πρὸς τὸν
λόγον, καὶ ὀφθαλμοὶ πολλοὶ πρὸς τὸ αὐτὸ εἶδον καὶ πάντες 5
ἐπλήσθησαν τῆς θέας καίτοι ἐναφωρισμένου τοῦ θεάματος
κειμένου, ὅτι ὁ μὲν ὀφθαλμός, ὁ δὲ οὖς ἦν, οὕτω τοι καὶ

---

11. 9 cf. Plat. *Epist.* ii. 312 e   15 cf. Alex. Aphrod. *De an.*, Suppl.
Aristot. ii. 1, p. 85. 23   18-19 cf. Plat. *Parm.* 144 e 1-2

---

11. 12 ὑφιεμένας BRUC: ὑφιεμένους w: ὑφειμένας Jz   ἀπὸ τοῦ αὐτοῦ
i.e. *ab eodem* centro   16 καὶ³ om. x   17 ἑαυτῷ (*sibi ipsi* i.e. τῷ ὄντι)
Enn.: ἐν αὐτῷ Kirchhoff   20 ὂν praedicatum   22 αὐτῷ x
22 πάρεισιν *Enn.*: πάρεστιν Kirchhoff, sed subiectum speciale, e.g. homines,
post subiectum generale ut VI. 4. 8. 41-4   **12.** 7 ὅ² (uix corruptum):
τὸ Kirchhoff

τὸ δυνάμενον ψυχὴν ἔχειν ἕξει καὶ ἄλλο αὖ καὶ ἕτερον ἀπὸ
τοῦ αὐτοῦ. ἦν δὲ ἡ φωνὴ πανταχοῦ τοῦ ἀέρος οὐ μία
10 μεμερισμένη, ἀλλὰ μία πανταχοῦ ὅλη· καὶ τὸ τῆς ὄψεως δέ,
εἰ παθὼν ὁ ἀὴρ τὴν μορφὴν ἔχει, ἔχει οὐ μεμερισμένην· οὐ
γὰρ ἂν ὄψις τεθῇ, ἔχει ἐκεῖ τὴν μορφήν. ἀλλὰ τοῦτο μὲν
οὐ πᾶσα δόξα συγχωρεῖ, εἰρήσθω δ' οὖν δι' ἐκεῖνο, ὅτι ἀπὸ
τοῦ αὐτοῦ ἑνὸς ἡ μετάληψις. τὸ δὲ ἐπὶ τῆς φωνῆς ἐναρ-
15 γέστερον, ὡς ἐν παντὶ τῷ ἀέρι ὅλον τὸ εἶδός ἐστιν· οὐ γὰρ
ἂν ἤκουσε πᾶς τὸ αὐτὸ μὴ ἑκασταχοῦ ὅλου ὄντος τοῦ
φωνηθέντος λόγου καὶ ἑκάστης ἀκοῆς τὸ πᾶν ὁμοίως
δεδεγμένης. εἰ δὲ μηδ' ἐνταῦθα ἡ ὅλη φωνὴ καθ' ὅλον τὸν
ἀέρα παρατέταται, ὡς τόδε μὲν τὸ μέρος αὐτῆς τῷδε
20 τῷ μέρει συνεζεῦχθαι, τόδε δὲ τῷδε συμμεμερίσθαι, τί δεῖ
ἀπιστεῖν, εἰ ψυχὴ μὴ μία τέταται συμμεριζομένη, ἀλλὰ
πανταχοῦ οὗ ἂν παρῇ πάρεστι καὶ ἔστι πανταχοῦ τοῦ
παντὸς οὐ μεμερισμένη; καὶ γενομένη μὲν ἐν σώμασιν, ὡς
ἂν γένοιτο, ἀνάλογον ἕξει τῇ ἤδη ἐν τῷ ἀέρι φωνηθείσῃ
25 φωνῇ, πρὸ δὲ τῶν σωμάτων τῷ φωνοῦντι καὶ φωνήσοντι·
καίτοι καὶ γενομένη ἐν σώματι οὐδ' ὡς ἀπέστη τοῦ κατὰ
τὸν φωνοῦντα εἶναι, ὅστις φωνῶν καὶ ἔχει τὴν φωνὴν καὶ
δίδωσι. τὰ μὲν οὖν τῆς φωνῆς ταυτότητα μὲν οὐκ ἔχει
τοῖς πρὸς ἃ εἴληπται, ἔχει δ' οὖν ὁμοιότητα κατά τι· τὰ
30 δὲ τῆς ψυχῆς ἅτε καὶ φύσεως ὄντα τῆς ἑτέρας δεῖ λαμβά-
νειν ὡς οὐκ ὄντος αὐτῆς τοῦ μὲν ἐν σώμασι, τοῦ δὲ ἐφ'
ἑαυτοῦ, ἀλλὰ ὅλου ἐν αὐτῷ καὶ ἐν πολλοῖς αὖ φανταζομένου.
καὶ αὖ ἦλθεν ἄλλο εἰς τὸ λαβεῖν ψυχὴν καὶ ἐξ ἀφανοῦς
αὖ καὶ τοῦτο ἔχει, ὅπερ ἦν καὶ ἐν τοῖς ἄλλοις. οὐδὲ γὰρ
35 οὕτω προητοίμαστο, ὥστε μέρος αὐτῆς ὡδὶ κείμενον εἰς

---

12. 13 οὐ—συγχωρεῖ hanc opinionem refellit Plotinus IV. 5. 3. 26-7

---

12. 8 ἕξει scil. ψυχήν　　　ἄλλον w　　21 μία (cf. lin. 9-10) τέταται:
παρατέταται Kirchhoff　　23 ὡς (quomodocumque Ficinus): οἷς Vitringa
30 καὶ om. wU

τοῦτο ἐλθεῖν, ἀλλὰ τὸ λεγόμενον ἥκειν ἦν ἐν παντὶ ἐν
ἑαυτῷ καὶ ἔστιν ἐν ἑαυτῷ, καίτοι δοκοῦν ἐνταῦθα ἐλθεῖν.
πῶς γὰρ καὶ ἦλθεν; εἰ οὖν μὴ ἦλθεν, ὤφθη δὲ νῦν παροῦσα
καὶ παροῦσα οὐ τῷ ἀναμεῖναι τὸ μεταληψόμενον, δηλονότι
οὖσα ἐφ᾽ ἑαυτῆς πάρεστι καὶ τούτῳ. εἰ δ᾽ οὖσα ἐφ᾽ ἑαυτῆς 40
τούτῳ πάρεστι, τοῦτο ἦλθε πρὸς αὐτήν. εἰ δὲ τοῦτο ἔξω
ὂν τοῦ οὕτως ὄντος ἦλθε πρὸς τὸ οὕτως ὂν καὶ ἐγένετο ἐν
τῷ τῆς ζωῆς κόσμῳ, ἦν δὲ ὁ κόσμος ὁ τῆς ζωῆς ἐφ᾽
ἑαυτοῦ, καὶ πᾶς δὴ ἦν ἐφ᾽ ἑαυτοῦ οὐ διειλημμένος εἰς τὸν
ἑαυτοῦ ὄγκον—οὐδὲ γὰρ ὄγκος ἦν—καὶ τὸ ἐληλυθὸς δὲ οὐκ 45
εἰς ὄγκον ἦλθε· μετέλαβεν ἄρα αὐτοῦ οὐ μέρους [ὅλου]· ἀλλὰ
κἂν ἄλλο ἥκῃ εἰς τὸν τοιοῦτον κόσμον, ὅλου αὐτοῦ μετα-
λήψεται. ὁμοίως ἄρα, εἰ λέγοιτο ἐκεῖνος ἐν τούτοις ὅλος,
ἐν παντὶ ἑκάστῳ ἔσται. καὶ πανταχοῦ ἄρα ὁ αὐτὸς εἷς
ἀριθμῷ οὐ μεμερισμένος, ἀλλ᾽ ὅλος ἔσται. 50

13. Πόθεν οὖν ἡ ἔκτασις ἡ ἐπὶ πάντα τὸν οὐρανὸν καὶ
τὰ ζῷα; ἢ οὐκ ἐξετάθη. ἡ μὲν γὰρ αἴσθησις, ᾗ προσέχον-
τες ἀπιστοῦμεν τοῖς λεγομένοις, λέγει ὅτι ὧδε καὶ ὧδε,
ὁ δὲ λόγος τὸ ὧδε καὶ ὧδέ φησιν οὐκ ἐκταθεῖσαν ὧδε καὶ
ὧδε γεγονέναι, ἀλλὰ τὸ ἐκταθὲν πᾶν αὐτοῦ μετειληφέναι 5
ὄντος ἀδιαστάτου αὐτοῦ. εἰ οὖν τι μεταλήψεταί τινος,
δῆλον ὅτι οὐχ αὐτοῦ μεταλήψεται· ἢ οὐ μετειληφὸς ἔσται,
ἀλλ᾽ αὐτὸ ἔσται. δεῖ οὖν σῶμα μεταλαμβάνον τινὸς οὐ σώ-
ματος μεταλαμβάνειν· ἔχει γὰρ ἤδη. σῶμα δὴ οὐ σώματος

---

12. 36 cf. Plat. *Phaedr.* 248 e 6

12. 39 τῷ: τὸ x   42 οὕτως[1] A^{pc}Bxz: ὄντως A(οὐ A^{18})EUC
43 ὅ[1] om. x   44 δὴ: δὲ x   45 δὲ (nec τὸ ὂν nec, *ex altera parte*, τὸ
ἐληλυθὸς ad molem accedit) *Enn.*: δὴ Kirchhoff   46 ὅλου ut glossam
ad οὐ μέρους del. H–S[1]   48 τούτοις i.e. et 41 τοῦτο et 47 ἄλλο
13. 1 ἔκτασις E   4–5 ὁ—γεγονέναι *ratio uero dictat hoc ipsum quod
dicitur hic et ibi non significare naturam illam* (nempe τὴν ζωήν VI. 4. 12. 43)
esse hic ibique extensam Ficinus recte   9–10 σῶμα—μεταλήψεται[1] *corpus
igitur cuiusdam quod non est corporis particeps erit*

10 μεταλήψεται. οὐδὲ μέγεθος τοίνυν μεγέθους μεταλήψεται·
ἔχει γὰρ ἤδη. οὐδὲ γὰρ εἰ προσθήκην λάβοι, τὸ μέγεθος
ἐκεῖνο, ὃ πρότερον ἦν, μεγέθους μεταλήψεται· οὐ γὰρ τὸ
δίπηχυ τρίπηχυ γίνεται, ἀλλὰ τὸ ὑποκείμενον ἄλλο ποσὸν
ἔχον ἄλλο ἔσχεν· ἐπεὶ οὕτω γε αὐτὰ τὰ δύο τρία ἔσται. εἰ
15 οὖν τὸ διειλημμένον καὶ τὸ ἐκτεταμένον εἰς τόσον ἄλλου
γένους μεταλήψεται ἢ ὅλως ἄλλου, δεῖ τὸ οὗ μεταλαμβά-
νει μήτε διειλημμένον εἶναι μήτε ἐκτεταμένον μήτε ὅλως
ποσόν τι εἶναι. ὅλον ἄρα δεῖ τὸ παρεσόμενον αὐτῷ παντα-
χοῦ ἀμερὲς ὂν παρεῖναι, οὐχ οὕτω δὲ ἀμερές, ὡς μικρόν·
20 οὕτω γὰρ οὐδὲν ἧττον καὶ μεριστὸν ἔσται καὶ οὐ παντὶ
αὐτῷ ἐφαρμόσει οὐδ' αὖ αὐξομένῳ τὸ αὐτὸ συνέσται.
ἀλλ' οὐδ' οὕτως, ὡς σημεῖον· οὐ γὰρ ἓν σημεῖον ὁ ὄγκος,
ἀλλ' ἄπειρα ἐν αὐτῷ· ὥστε καὶ τοῦτο ἄπειρα σημεῖα ἔσται,
εἴπερ ἔσται, καὶ οὐ συνεχές· ὥστε οὐδ' ὡς ἐφαρμόσει. εἰ
25 οὖν ὁ ὄγκος ὁ πᾶς ἕξει αὐτὸ ὅλον, ἕξει αὐτὸ κατὰ πᾶν
ἑαυτοῦ.

14. Ἀλλ' εἰ ἡ αὐτὴ ἑκασταχοῦ ψυχή, πῶς ἰδίᾳ ἑκάστου;
καὶ πῶς ἡ μὲν ἀγαθή, ἡ δὲ κακή; ἢ ἐξαρκεῖ καὶ ἑκάστῳ
καὶ πάσας ψυχὰς ἔχει καὶ πάντας νοῦς. καὶ γὰρ ἕν ἐστι
καὶ ἄπειρον αὖ καὶ πάντα ὁμοῦ καὶ ἕκαστον ἔχει δια-
5 κεκριμένον καὶ αὖ οὐ διακριθὲν χωρίς. πῶς γὰρ ἂν καὶ ἄπει-
ρον ἢ οὕτω λέγοιτο, ὅτι ὁμοῦ πάντα ἔχει, πᾶσαν ζωὴν
καὶ πᾶσαν ψυχὴν καὶ νοῦν ἅπαντα; ἕκαστον δὲ αὐτῶν οὐ
πέρασιν ἀφώρισται· διὰ τοῦτο αὖ καὶ ἕν. οὐ γὰρ δὴ μίαν
ζωὴν ἔδει αὐτὸ ἔχειν, ἀλλ' ἄπειρον, καὶ αὖ μίαν καὶ τὴν
10 μίαν οὕτω μίαν, ὅτι πάσας ὁμοῦ οὐ συμφορηθείσας εἰς
ἕν, ἀλλ' ἀφ' ἑνὸς ἀρξαμένας καὶ μενούσας ὅθεν ἤρξαντο,

---

14. 4 et 6 = Anaxagoras *Fr.* B 1

---

13. 16 ⟨ἄλλο⟩ ἄλλου Vitringa   16–17 μεταλαμβάνειν x   18 αὐτὸ
wz   23 τοῦτο scil. τὸ οὗ μεταλαμβάνει   14. 2–3 ἐξαρκεῖ et ἔχει
subiectum 13. 25 αὐτὸ et 14. 9 αὐτὸ

μᾶλλον δὲ οὐδὲ ἤρξαντο, ἀλλ' οὕτως εἶχεν ἀεί· οὐδὲν γὰρ
γινόμενον ἐκεῖ· οὐδὲ μεριζόμενον τοίνυν, ἀλλὰ δοκεῖ
μερίζεσθαι τῷ λαβόντι. τὸ δὲ ἐκεῖ τὸ ἔκπαλαι καὶ ἐξαρ-
χῆς· τὸ δὲ γινόμενον πελάζει καὶ συνάπτεσθαι δοκεῖ καὶ 15
ἐξήρτηται ἐκείνου. ἡμεῖς δέ—τίνες δὲ ἡμεῖς; ἆρα ἐκεῖνο
ἢ τὸ πελάζον καὶ τὸ γινόμενον ἐν χρόνῳ; ἢ καὶ πρὸ τοῦ ταύ-
την τὴν γένεσιν γενέσθαι ἦμεν ἐκεῖ ἄνθρωποι ἄλλοι ὄντες
καί τινες καὶ θεοί, ψυχαὶ καθαραὶ καὶ νοῦς συνημμένος
τῇ ἁπάσῃ οὐσίᾳ, μέρη ὄντες τοῦ νοητοῦ οὐκ ἀφωρισμένα 20
οὐδ' ἀποτετμημένα, ἀλλ' ὄντες τοῦ ὅλου· οὐδὲ γὰρ οὐδὲ
νῦν ἀποτετμήμεθα. ἀλλὰ γὰρ νῦν ἐκείνῳ τῷ ἀνθρώπῳ
προσελήλυθεν ἄνθρωπος ἄλλος εἶναι θέλων· καὶ εὑρὼν ἡμᾶς
—ἦμεν γὰρ τοῦ παντὸς οὐκ ἔξω—περιέθηκεν ἑαυτὸν ἡμῖν καὶ
προσέθηκεν ἑαυτὸν ἐκείνῳ τῷ ἀνθρώπῳ τῷ ὃς ἦν ἕκαστος 25
ἡμῶν τότε· οἷον εἰ φωνῆς οὔσης μιᾶς καὶ λόγου ἑνὸς ἄλλος
ἄλλοθεν παραθεὶς τὸ οὖς ἀκούσειε καὶ δέξαιτο, καὶ γένοιτο
κατ' ἐνέργειαν ἀκοή τις ἔχουσα τὸ ἐνεργοῦν εἰς αὐτὴν παρόν·
καὶ γεγενήμεθα τὸ συνάμφω καὶ οὐ θάτερον, ὃ πρότερον
ἦμεν, καὶ θάτερόν ποτε, ὃ ὕστερον προσεθέμεθα ἀργήσαντος 30
τοῦ προτέρου ἐκείνου καὶ ἄλλον τρόπον οὐ παρόντος.

15. Ἀλλὰ πῶς προσελήλυθε τὸ προσεληλυθός; ἢ ἐπειδὴ
ἐπιτηδειότης αὐτῷ παρῆν, ἔσχε πρὸς ὃ ἦν ἐπιτήδειον· ἦν
δὲ γενόμενον οὕτως, ὡς δέξασθαι ψυχήν. τὸ δὲ γίνεται
ὡς μὴ δέξασθαι πᾶσαν καίτοι παροῦσαν πᾶσαν, ἀλλ' οὐχ
αὐτῷ, οἷον καὶ ζῷα τὰ ἄλλα καὶ τὰ φυτὰ τοσοῦτον ἔχει, 5
ὅσον δύναται λαβεῖν· οἷον φωνῆς λόγον σημαινούσης τὰ
μὲν καὶ τοῦ λόγου μετέσχε μετὰ τῆς κατὰ φωνὴν ἠχῆς,
τὰ δὲ τῆς φωνῆς καὶ τῆς πληγῆς μόνον. γενομένου δὴ
ζῴου, ὃ ἔχει μὲν παροῦσαν αὐτῷ ἐκ τοῦ ὄντος ψυχήν, καθ'
ἣν δὴ ἀνήρτηται εἰς πᾶν τὸ ὄν, παρόντος δὲ καὶ σώματος 10

14. 12 μᾶλλον—ἤρξαντο A¹ᵐᵍBJUC: om. wRz   οὕτως εἶχεν res
ita se habebat   18 ἄλλοι diuersi ab his   15. 3 τὸ δὲ (illud autem quod
aptum non est): ὃ δὲ Vitringa

οὐ κενοῦ οὐδὲ ψυχῆς ἀμοίρου, ὃ ἔκειτο μὲν οὐδὲ πρότερον
ἐν τῷ ἀψύχῳ, ἔτι δὲ μᾶλλον οἷον ἐγγὺς γενόμενον τῇ
ἐπιτηδειότητι, καὶ γενομένου οὐκέτι σώματος μόνου, ἀλλὰ
καὶ ζῶντος σώματος, καὶ τῇ οἷον γειτονείᾳ καρπωσαμένου
15 τι ἴχνος ψυχῆς, οὐκ ἐκείνης μέρους, ἀλλ' οἷον θερμασίας
τινὸς ἢ ἐλλάμψεως ἐλθούσης, γένεσις ἐπιθυμιῶν καὶ
ἡδονῶν καὶ ἀλγηδόνων ἐν αὐτῷ ἐξέφυ· ἦν δὲ οὐκ ἀλλό-
τριον τὸ σῶμα τοῦ ζῴου τοῦ γεγενημένου. ἡ μὲν δὴ ἐκ
τοῦ θείου ψυχὴ ἥσυχος ἦν κατὰ τὸ ἦθος τὸ ἑαυτῆς ἐφ'
20 ἑαυτῆς βεβῶσα, τὸ δὲ ὑπ' ἀσθενείας τὸ σῶμα θορυβού-
μενον καὶ ῥέον τε αὐτὸ καὶ πληγαῖς κρουόμενον ταῖς ἔξω,
πρῶτον αὐτὸ εἰς τὸ κοινὸν τοῦ ζῴου ἐφθέγγετο, καὶ τὴν
αὐτοῦ ταραχὴν ἐδίδου τῷ ὅλῳ. οἷον ἐκκλησίᾳ δημογε-
ρόντων καθημένων ἐφ' ἡσύχῳ συννοίᾳ δῆμος ἄτακτος,
25 τροφῆς δεόμενος καὶ ἄλλα ἃ δὴ πάσχει αἰτιώμενος,
τὴν πᾶσαν ἐκκλησίαν εἰς θόρυβον ἀσχήμονα ἐμβάλλοι.
ὅταν μὲν οὖν ἡσυχίαν ἀγόντων τῶν τοιούτων ἀπὸ τοῦ
φρονοῦντος ἥκῃ εἰς αὐτοὺς λόγος, κατέστη εἰς τάξιν με-
τρίαν τὸ πλῆθος, καὶ οὐ κεκράτηκε τὸ χεῖρον· εἰ δὲ μή,
30 κρατεῖ τὸ χεῖρον ἡσυχίαν ἄγοντος τοῦ βελτίονος, ὅτι μὴ
ἠδυνήθη τὸ θορυβοῦν. δέξασθαι τὸν ἄνωθεν λόγον, καὶ
τοῦτό ἐστι πόλεως καὶ ἐκκλησίας κακία. τοῦτο δὲ καὶ
ἀνθρώπου κακία αὖ ἔχοντος δῆμον ἐν αὐτῷ ἡδονῶν καὶ
ἐπιθυμιῶν καὶ φόβων κρατησάντων συνδόντος ἑαυτὸν τοῦ
35 τοιούτου ἀνθρώπου δήμῳ τῷ τοιούτῳ· ὃς δ' ἂν τοῦτον τὸν
ὄχλον δουλώσηται καὶ ἀναδράμῃ εἰς ἐκεῖνον, ὃς ποτε ἦν,
κατ' ἐκεῖνόν τε ζῇ καὶ ἔστιν ἐκεῖνος διδοὺς τῷ σώματι,

---

15. 20-3 cf. Plat. *Tim.* 43 b 6-c 5　　23-9 idem fons ac Verg. *Aen.* I.
148-53　　23-4 δημογερόντων cf. Hom. *Γ* 149　　33 cf. Plat. *Leg.*
689 b 1　　36 cf. Plat. *Phaedr.* 256 b 2

---

15. 18 τοῦ[1]‑γεγενημένου regitur ab ἀλλότριον　　20 τὸ σῶμα del.
Kirchhoff　　23 τὸ ὅλον x　　ἐκκλησίᾳ locatiuus: ἐν ἐκκλησίᾳ
Kirchhoff　　28 λόγους z

ὅσα δίδωσιν ὡς ἑτέρῳ ὄντι ἑαυτοῦ· ἄλλος δέ τις ὁτὲ μὲν
οὕτως, ὁτὲ δὲ ἄλλως ζῇ, μικτός τις ἐξ ἀγαθοῦ ἑαυτοῦ καὶ
κακοῦ ἑτέρου γεγενημένος.   40

16. Ἀλλ᾽ εἰ ἐκείνη ἡ φύσις οὐκ ἂν γένοιτο κακὴ καὶ
οὗτος τρόπος ψυχῆς εἰς σῶμα ἰούσης καὶ παρούσης, τίς
ἡ κάθοδος ἢ ἐν περιόδοις καὶ ἄνοδος αὖ καὶ αἱ δίκαι καὶ αἱ
εἰς ἄλλων ζῴων σώματα εἰσκρίσεις; ταῦτα γὰρ παρὰ τῶν
πάλαι περὶ ψυχῆς ἄριστα πεφιλοσοφηκότων παρειλήφα- 5
μεν, οἷς πειρᾶσθαι προσήκει σύμφωνον ἢ μὴ διάφωνόν γε
ἐπιδεῖξαι τὸν νῦν προκείμενον λόγον. ἐπειδὴ τοίνυν τὸ
μεταλαμβάνειν ἐκείνης τῆς φύσεως ἦν οὐ τὸ ἐλθεῖν ἐκείνην
εἰς τὰ τῇδε ἀποστᾶσαν ἑαυτῆς, ἀλλὰ τὸ τήνδε ἐν ἐκείνῃ
γίνεσθαι καὶ μεταλαβεῖν, δῆλον ὅτι ὃ λέγουσιν ἐκεῖνοι 10
"ἥκειν" λεκτέον εἶναι τὴν σώματος φύσιν ἐκεῖ γενέσθαι
καὶ μεταλαβεῖν ζωῆς καὶ ψυχῆς, καὶ ὅλως οὐ τοπικῶς τὸ
ἥκειν, ἀλλ᾽ ὅστις τρόπος τῆς τοιαύτης κοινωνίας. ὥστε
τὸ μὲν κατελθεῖν τὸ ἐν σώματι γενέσθαι, ὡς φαμεν ψυ-
χὴν ἐν σώματι γενέσθαι, τὸ τούτῳ δοῦναί τι παρ᾽ αὐτῆς, 15
οὐκ ἐκείνου γενέσθαι, τὸ δ᾽ ἀπελθεῖν τὸ μηδαμῇ τὸ σῶμα
ἐπικοινωνεῖν αὐτῆς· τάξιν δὲ εἶναι τῆς τοιαύτης κοινωνίας
τοῖς τοῦδε τοῦ παντὸς μέρεσι, τὴν δὲ οἷον ἐν ἐσχάτῳ τῷ
νοητῷ τόπῳ πλεονάκις διδόναι ἑαυτῆς ἄτε πλησίον τῇ
δυνάμει οὖσαν καὶ ἐν βραχυτέροις διαστήμασι φύσεως τῆς 20
τοιαύτης νόμῳ· κακὸν δὲ εἶναι τὴν τοιαύτην κοινωνίαν καὶ
ἀγαθὸν τὴν ἀπαλλαγήν. διὰ τί; ὅτι, κἂν μὴ τοῦδε ᾖ, ἀλλ᾽
οὖν ψυχὴ τοῦδε λεγομένη ὁπωσοῦν μερική πως ἐκ τοῦ
παντὸς γίνεται· ἡ γὰρ ἐνέργεια αὐτῆς οὐκέτι πρὸς τὸ ὅλον
καίπερ τοῦ ὅλου οὔσης, ὥσπερ ἂν εἰ ἐπιστήμης ὅλης οὔσης 25

---

16. 3-4 cf. Plat. *Phaedr.* 248 c-249 b   10-11 cf. ibid. 248 e 6   19 =
Plat. *Resp.* 508 c 1 et 517 b 5

16. 14-15 τὸ μὲν κατελθεῖν subiectum, τὸ . . γενέσθαι praedicatum, τὸ τούτῳ
δοῦναι appositio ad praedicatum   ὡς—γενέσθαι om. x   18 ἐν om. z
20 οὖσα x   22 ᾖ U Kirchhoff: ἦν wBxCz

κατά τι θεώρημα ὁ ἐπιστήμων ἐνεργεῖ· τὸ δ' ἀγαθὸν αὐτῷ
ἦν τῷ ἐπιστήμονι οὐ κατά τι τῆς ἐπιστήμης, ἀλλὰ κατὰ τὴν
πᾶσαν ἣν ἔχει. καὶ τοίνυν αὕτη τοῦ παντὸς οὖσα κόσμου
νοητοῦ καὶ ἐν τῷ ὅλῳ τὸ μέρος ἀποκρύπτουσα οἷον ἐξέθορεν
30 ἐκ τοῦ παντὸς εἰς μέρος, εἰς ὃ ἐνεργεῖ ἑαυτὴν μέρος ὄν, οἷον
εἰ πῦρ πᾶν καίειν δυνάμενον μικρόν τι καίειν ἀναγκάζοιτο
καίτοι πᾶσαν ἔχον τὴν δύναμιν. ἔστι γὰρ ἡ ψυχὴ χωρὶς
πάντη οὖσα ἑκάστη οὐχ ἑκάστη, ὅταν δὲ διακριθῇ οὐ τόπῳ,
ἀλλ' ἐνεργείᾳ γένηται τὸ καθέκαστον, μοῖρά τίς ἐστιν, οὐ
35 πᾶσα, καίτοι καὶ ὡς πᾶσα τρόπον ἄλλον· οὐδενὶ δὲ ἐπιστα-
τοῦσα πάντη πᾶσα, οἷον δυνάμει τότε τὸ μέρος οὖσα. τὸ δὲ
εἰς Ἅιδου γίνεσθαι, εἰ μὲν ἐν τῷ ἀιδεῖ, τὸ χωρὶς λέγεται·
εἰ δέ τινα χείρω τόπον, τί θαυμαστόν; ἐπεὶ καὶ νῦν, οὗ τὸ
σῶμα ἡμῶν καὶ ἐν ᾧ τόπῳ, κἀκείνη λέγεται ἐκεῖ. ἀλλ' οὐκ
40 ὄντος ἔτι τοῦ σώματος; ἢ τὸ εἴδωλον εἰ μὴ ἀποσπασ-
θείη, πῶς οὐκ ἐκεῖ, οὗ τὸ εἴδωλον; εἰ δὲ παντελῶς λύσειε
φιλοσοφία, καὶ ἀπέλθοι τὸ εἴδωλον εἰς τὸν χείρω τόπον
μόνον, αὐτὴ δὲ καθαρῶς ἐν τῷ νοητῷ οὐδενὸς ἐξῃρημένου
αὐτῆς. τὸ μὲν οὖν ἐκ τοῦ τοιοῦδε εἴδωλον γενόμενον
45 οὕτως· ὅταν δ' αὐτὴ οἷον ἐλλάμψῃ πρὸς αὐτήν, τῇ νεύσει
τῇ ἐπὶ θάτερα πρὸς τὸ ὅλον συνέσταλται καὶ οὐκ ἔστιν
ἐνεργείᾳ οὐδ' αὖ ἀπόλωλεν. ἀλλὰ περὶ μὲν τούτων ταῦτα·
πάλιν δὲ ἀναλαβόντες τὸν ἐξαρχῆς λόγον λέγωμεν.

16. 29 ἐξέθορεν cf. Hesiodus Theog. 281   37 cf. Plat. Phaed. 81 c 11
et Crat. 403 a 5-6   40-3 cf. Hom. λ 602   48 cf. VI. 4. 1-3

16. 27 τῷ ἐπιστήμονι del. Kirchhoff   30 ἑαυτῆς Sleeman   36 τὸ[1]
(i.e. pars iam commemorata, cf. 34 μοῖρα) del. Kirchhoff   40 ἔτι F[38] =
Ficinus: ἐστὶ Enn.   42 καὶ (etiam, incipit apodosis, ἀπέλθοι concessiuus):
κἂν Kirchhoff

ΠΕΡΙ ΤΟΥ ΤΟ ΟΝ ΕΝ ΚΑΙ ΤΑΥΤΟΝ ΟΝ
ΑΜΑ ΠΑΝΤΑΧΟΥ ΕΙΝΑΙ ΟΛΟΝ ΔΕΥΤΕΡΟΝ

1. Τὸ ἓν καὶ ταὐτὸν ἀριθμῷ πανταχοῦ ἅμα ὅλον εἶναι
κοινὴ μέν τις ἔννοιά φησιν εἶναι, ὅταν πάντες κινούμενοι
αὐτοφυῶς λέγωσι τὸν ἐν ἑκάστῳ ἡμῶν θεὸν ὡς ἕνα καὶ τὸν
αὐτόν. καὶ εἴ τις αὐτοὺς τὸν τρόπον μὴ ἀπαιτοῖ μηδὲ
λόγῳ ἐξετάζειν τὴν δόξαν αὐτῶν ἐθέλοι, οὕτως ἂν καὶ 5
θεῖντο καὶ ἐνεργοῦντες τοῦτο τῇ διανοίᾳ οὕτως ἀναπαύ-
οιντο εἰς ἕν πως συνερείδοντες καὶ ταὐτόν, καὶ οὐδ' ἂν ἐθέ-
λοιεν ταύτης τῆς ἑνότητος ἀποσχίζεσθαι. καὶ ἔστι πάντων
βεβαιοτάτη ἀρχή, ἣν ὥσπερ αἱ ψυχαὶ ἡμῶν φθέγγονται,
μὴ ἐκ τῶν καθέκαστα συγκεφαλαιωθεῖσα, ἀλλὰ πρὸ τῶν 10
καθέκαστα πάντων προελθοῦσα καὶ πρὸ ἐκείνης τῆς τοῦ
ἀγαθοῦ πάντα ὀρέγεσθαι τιθεμένης τε καὶ λεγούσης. οὕτω
γὰρ ἂν αὕτη ἀληθὲς εἴη, εἰ τὰ πάντα εἰς ἓν σπεύδοι καὶ
ἓν εἴη, καὶ τούτου ἡ ὄρεξις εἴη. τὸ γὰρ ἓν τοῦτο προϊὸν
μὲν ἐπὶ θάτερα, ἐφ' ὅσον προελθεῖν αὐτῷ οἷόν τε, πολλὰ ἂν 15

Enn. = w(= AE) *E* B x(= RJ) U C z(= QL)

---

1. 2 κοινὴ ἔννοια cf. *Stoic. Vet. Fr.* ii, n. 473 (p. 154. 29) et 1009
3 cf. Eur. *Fr.* 1018 Nauck² 9 = Aristot. *Metaph.* Γ 3. 1005ᵇ11–12 et
18

De siglo *E* cf. praefationem p. v Tit. et 1. 1–14 τὸ—εἴη² om. z
1–2 τὸ—εἶναι¹ subiectum, εἶναι² praedicatum, sed εἶναι² del. Vitringa fortasse
recte 6 τοῦτο τῇ διανοίᾳ: τῇ διανοίᾳ τοῦτο w 10 μὴ Taylor: ἡ
wEBUC: ἢ x: om. z 13 ἀληθὴς JC 14 ἓν εἴη subiectum τὰ
πάντα, cf. lin. 26 τὸ—προϊὸν: τὸ ἓν προϊὸν z τὸ ἓν proprium
cuique, similiter lin. 17 et 20

φανείη τε καί πως καὶ εἴη, ἡ δ' ἀρχαία φύσις καὶ ἡ ὄρεξις
τοῦ ἀγαθοῦ, ὅπερ ἐστὶν αὐτοῦ, εἰς ἓν ὄντως ἄγει, καὶ ἐπὶ
τοῦτο σπεύδει πᾶσα φύσις, ἐφ' ἑαυτήν. τοῦτο γάρ ἐστι τὸ
ἀγαθὸν τῇ μιᾷ ταύτῃ φύσει τὸ εἶναι αὐτῆς καὶ εἶναι αὐτήν·
20 τοῦτο δ' ἐστὶ τὸ εἶναι μίαν. οὕτω δὲ καὶ τὸ ἀγαθὸν ὀρθῶς
εἶναι λέγεται οἰκεῖον· διὸ οὐδὲ ἔξω ζητεῖν αὐτὸ δεῖ. ποῦ
γὰρ ἂν εἴη ἔξω τοῦ ὄντος περιπεπτωκός; ἢ πῶς ἄν τις ἐν
τῷ μὴ ὄντι ἐξεύροι αὐτό; ἀλλὰ δηλονότι ἐν τῷ ὄντι οὐκ
ὂν αὐτὸ μὴ ὄν. εἰ δὲ ὂν καὶ ἐν τῷ ὄντι ἐκεῖνο, ἐν ἑαυτῷ
25 ἂν εἴη ἑκάστῳ. οὐκ ἀπέστημεν ἄρα τοῦ ὄντος, ἀλλ' ἐσμὲν
ἐν αὐτῷ, οὐδ' αὖ ἐκεῖνο ἡμῶν· ἓν ἄρα πάντα τὰ ὄντα.

2. Λόγος δὲ ἐπιχειρήσας ἐξέτασιν ποιεῖσθαι τοῦ λεγο-
μένου οὐχ ἕν τι ὤν, ἀλλά τι μεμερισμένον, παραλαμβάνων
τε εἰς τὴν ζήτησιν τὴν τῶν σωμάτων φύσιν καὶ ἐντεῦθεν
τὰς ἀρχὰς λαμβάνων ἐμέρισέ τε τὴν οὐσίαν τοιαύτην εἶναι
5 νομίσας, καὶ τῇ ἑνότητι ἠπίστησεν αὐτῆς ἅτε μὴ ἐξ ἀρχῶν
τῶν οἰκείων τὴν ὁρμὴν τῆς ζητήσεως πεποιημένος. ἡμῖν
δὲ ληπτέον εἰς τὸν ὑπὲρ τοῦ ἑνὸς καὶ πάντη ὄντος λόγον
οἰκείας εἰς πίστιν ἀρχάς· τοῦτο δ' ἐστὶ νοητὰς νοητῶν
καὶ τῆς ἀληθινῆς οὐσίας ἐχομένας. ἐπεὶ γὰρ τὸ μέν ἐστι
10 πεφορημένον καὶ παντοίας δεχόμενον μεταβολὰς καὶ εἰς
πάντα τόπον ⟨ἀεὶ⟩ διειλημμένον, ὃ δὴ γένεσιν ἂν προσήκοι
ὀνομάζειν, ἀλλ' οὐκ οὐσίαν, τὸ δὲ ὂν ἀεὶ [διειλημμένον]
ὡσαύτως κατὰ ταὐτὰ ἔχον, οὔτε γινόμενον οὔτε
ἀπολλύμενον οὐδέ τινα χώραν οὐδὲ τόπον οὐδέ τινα ἕδραν

1. 16 cf. Plat. *Tim.* 90 d 5; *Resp.* 611 d 2; *Symp.* 192 e 9; VI. 9. 8. 14–15
20–1 cf. Plat. *Symp.* 205 e 6; *Stoic. Vet. Fr.* iii, n. 86   26 cf. Heraclit. *Fr.*
B 50; Plat. *Parm.* 160 b 2   2. 5–6 ἀρχῶν τῶν οἰκείων cf. Aristot. *Anal. post.*
A 2. 71ᵇ23 et 72ᵃ6   9–16 cf. Plat. *Tim.* 27 d 6–28 a 4 et 52 a 1–b 1
11–13 = Plat. *Soph.* 248 a 10–12   12–14 cf. Plat. *Symp.* 211 a 1

1. 16–17 ὄρεξις—αὐτοῦ appetitio boni, quod est appetitio sui   18 τοῦτο[1]:
τούτῳ wx   2. 4 εἶναι om. z   11 ⟨ἀεὶ⟩ Igal   12 τὸ δὲ
subiectum, ὂν praedicatum   διειλημμένον del. Harder

ἔχον οὐδ᾽ ἐξιόν ποθεν οὐδ᾽ αὖ εἰσιὸν εἰς ὁτιοῦν, ἀλλ᾽ ἐν 15
αὐτῷ μένον, περὶ μὲν ἐκείνων λέγων ἄν τις ἐξ ἐκείνης τῆς
φύσεως καὶ τῶν ὑπὲρ αὐτῆς ἀξιουμένων συλλογίζοιτο ἂν
εἰκότως δι᾽ εἰκότων εἰκότας καὶ τοὺς συλλογισμοὺς ποιού-
μενος. ὅταν δ᾽ αὖ τοὺς περὶ τῶν νοητῶν λόγους τις ποιῆ-
ται, λαμβάνων τὴν τῆς οὐσίας φύσιν περὶ ἧς πραγμα- 20
τεύεται τὰς ἀρχὰς τῶν λόγων δικαίως ἂν ποιοῖτο μὴ
παρεκβαίνων ὥσπερ ἐπιλελησμένος ἐπ᾽ ἄλλην φύσιν, ἀλλ᾽
ὑπ᾽ αὐτῆς ἐκείνης περὶ αὐτῆς τὴν κατανόησιν ποιούμενος,
ἐπειδὴ πανταχοῦ τὸ τί ἐστιν ἀρχή, καὶ τοῖς καλῶς ὁρισα-
μένοις λέγεται καὶ τῶν συμβεβηκότων τὰ πολλὰ γινώ- 25
σκεσθαι· οἷς δὲ καὶ πάντα ἐν τῷ τί ἐστιν ὑπάρχει, πολλῷ
μᾶλλον ἐν τούτοις ἔχεσθαι δεῖ τούτου, καὶ εἰς τοῦτο
βλεπτέον καὶ πρὸς τοῦτο πάντα ἀνενεκτέον.

3. Εἰ δὴ τὸ ὂν ὄντως τοῦτο καὶ ὡσαύτως ἔχει καὶ οὐκ
ἐξίσταται αὐτὸ ἑαυτοῦ καὶ γένεσις περὶ αὐτὸ οὐδεμία οὐδ᾽
ἐν τόπῳ ἐλέγετο εἶναι, ἀνάγκη αὐτὸ οὕτως ἔχον ἀεί τε σὺν
αὐτῷ εἶναι, καὶ μὴ διεστάναι ἀφ᾽ αὑτοῦ μηδὲ αὑτοῦ τὸ μὲν
ὡδί, τὸ δὲ ὡδὶ εἶναι, μηδὲ προϊέναι τι ἀπ᾽ αὐτοῦ· ἤδη γὰρ 5
ἂν ἐν ἄλλῳ καὶ ἄλλῳ εἴη, καὶ ὅλως ἔν τινι εἴη, καὶ
οὐκ ἐφ᾽ ἑαυτοῦ οὐδ᾽ ἀπαθές· πάθοι γὰρ ἄν, εἰ ἐν ἄλλῳ· εἰ
δ᾽ ἐν ἀπαθεῖ ἔσται, οὐκ ἐν ἄλλῳ. εἰ οὖν μὴ ἀποστὰν
ἑαυτοῦ μηδὲ μερισθὲν μηδὲ μεταβάλλον αὐτὸ μηδεμίαν
μεταβολὴν ἐν πολλοῖς ἅμα εἴη ἓν ὅλον ἅμα ἑαυτῷ ὄν, τὸ 10
αὐτὸ ὂν πανταχοῦ ἑαυτῷ τὸ ἐν πολλοῖς εἶναι ἂν ἔχοι·
τοῦτο δέ ἐστιν ἐφ᾽ ἑαυτοῦ ὂν μὴ αὖ ἐφ᾽ ἑαυτοῦ εἶναι.
λείπεται τοίνυν λέγειν αὐτὸ μὲν ἐν οὐδενὶ εἶναι, τὰ δ᾽ ἄλλα
ἐκείνου μεταλαμβάνειν, ὅσα δύναται αὐτῷ παρεῖναι, καὶ

---

2. 16–19 cf. Plat. *Tim.* 29 b –c 2   24 cf. Aristot. *Metaph. M* 4. 1078ᵇ24–5

2. 16 ἐκείνων i.e. sensibilia prius memorata   23 ὑπ᾽ (*sub ductu*): ἀπ᾽.
Kirchhoff   26 δὲ : δὲ πανταχοῦ w   3. 4 διεστάναι J: διιστάναι
wEBRUCz   6 καί³ om. w   10 ἑαυτὸ w   11 ἂν ἔχοι irrealis

15 καθόσον ἐστὶ δυνατὰ αὐτῷ παρεῖναι. ἀνάγκη τοίνυν ἢ
τὰς ὑποθέσεις καὶ τὰς ἀρχὰς ἐκείνας ἀναιρεῖν μηδεμίαν
εἶναι τοιαύτην φύσιν λέγοντας ἤ, εἰ τοῦτό ἐστιν ἀδύνατον
καὶ ἔστιν ἐξανάγκης τοιαύτη φύσις καὶ οὐσία, παραδέ-
χεσθαι τὸ ἐξαρχῆς, τὸ ἓν καὶ ταὐτὸν ἀριθμῷ μὴ μεμερισ-
20 μένον, ἀλλὰ ὅλον ὄν, τῶν ἄλλων τῶν παρ' αὐτὸ μηδενὸς
ἀποστατεῖν, οὐδὲν τοῦ χεῖσθαι δεηθὲν οὐδὲ τῷ μοίρας τινὰς
ἀπ' αὐτοῦ ἐλθεῖν μηδ' αὖ τῷ αὐτὸ μὲν μεῖναι ἐν αὑτῷ ὅλον,
ἄλλο δέ τι ἀπ' αὐτοῦ γεγονὸς καταλελοιπὸς αὐτὸ ἥκειν εἰς
τὰ ἄλλα πολλαχῇ. ἔσται τε γὰρ οὕτως τὸ μὲν ἄλλοθι, τὸ
25 δ' ἀπ' αὐτοῦ ἄλλοθι, καὶ τόπον ἕξει διεστηκὸς ἀπὸ τῶν
ἀπ' αὐτοῦ. καὶ ἐπ' ἐκείνων αὖ, εἰ ἕκαστον ὅλον ἢ μέρος—
καὶ εἰ μὲν μέρος, οὐ τὴν τοῦ ὅλου ἀποσώσει φύσιν, ὅπερ
δὴ εἴρηται· εἰ δὲ ὅλον ἕκαστον, ἢ ἕκαστον μεριοῦμεν ἴσα
μέρη τῷ ἐν ᾧ ἐστιν ἢ ταὐτὸν ὅλον πανταχοῦ συγχωρήσομεν
30 δύνασθαι εἶναι. οὗτος δὴ ὁ λόγος ἐξ αὐτοῦ τοῦ πράγματος
καὶ τῆς οὐσίας ἀλλότριον οὐδὲν οὐδ' ἐκ τῆς ἑτέρας φύσεως
ἑλκύσας.

4. Ἰδὲ δέ, εἰ βούλει, καὶ τόνδε· τὸν θεὸν οὐ πῇ μὲν
εἶναι, πῇ δ' οὐκ εἶναί φαμεν. ἔστι γὰρ ἀξιούμενόν τε
παρὰ πᾶσι τοῖς ἔννοιαν ἔχουσι θεῶν οὐ μόνον περὶ ἐκείνου,
ἀλλὰ καὶ περὶ πάντων λέγειν θεῶν, ὡς πανταχοῦ πάρεισι,
5 καὶ ὁ λόγος δέ φησι δεῖν οὕτω τίθεσθαι. εἰ οὖν πανταχοῦ,
οὐχ οἷόν τε μεμερισμένον· οὐ γὰρ ἂν ἔτι πανταχοῦ αὐτὸς
εἴη, ἀλλ' ἕκαστον αὐτοῦ μέρος τὸ μὲν ὡδί, τὸ δὲ ὡδὶ ἔσται,
αὐτός τε οὐχ εἷς ἔτι ἔσται, ὥσπερ εἰ τμηθείη τι μέγεθος

---

3. 16 cf. Aristot. *Metaph. M* 9. 1086ᵃ15   19 τὸ ἐξαρχῆς cf. VI. 4.
1-3   20-1 cf. Plat. *Parm.* 144 b 2   26 cf. ibid. 131 a 4
28 εἴρηται cf. VI. 4. 9. 16-18   4. 2-4 cf. Aristot. *Metaph. Λ* 8. 1074ᵇ1-3

---

3. 22 αὐτοῦ: αὐτῆς w   24 πολλαχοῦ x   26 ἐκείνων i.e. τῶν
ἀπ' αὐτοῦ   εἰ (num): ἢ Harder   29 τῷ: τὸ w   31 ἐκ τῆς:
ἐκτὸς z   4. 8 μέγεθος: μέρος z

εἰς πολλά, ἀπολλύμενόν τε ἔσται καὶ τὰ μέρη πάντα οὐκέτι
τὸ ὅλον ἐκεῖνο ἔσται· πρὸς τούτοις δὲ καὶ σῶμα ἔσται. εἰ 10
δὴ ταῦτα ἀδύνατα, πάλιν αὖ ἀνεφάνη τὸ ἀπιστούμενον ἐν
πάσῃ φύσει ἀνθρώπου ὁμοῦ τῷ θεὸν νομίζειν καὶ πανταχοῦ
τὸ αὐτὸ ἅμα ὅλον εἶναι. πάλιν δέ, εἰ ἄπειρον λέγομεν
ἐκείνην τὴν φύσιν—οὐ γὰρ δὴ πεπερασμένην—τί ἂν ἄλλο
εἴη, ἢ ὅτι οὐκ ἐπιλείψει; εἰ δὲ μὴ ἐπιλείψει, ὅτι πάρεστιν 15
ἑκάστῳ; εἰ γὰρ μὴ δύναιτο παρεῖναι, ἐπιλείψει τε καὶ
ἔσται ὅπου οὔ. καὶ γὰρ εἰ λέγοιμεν ἄλλο μετ᾽ αὐτὸ τὸ ἕν,
ὁμοῦ αὖ αὐτῷ καὶ τὸ μετ᾽ αὐτὸ περὶ ἐκεῖνο καὶ εἰς ἐκεῖνο
καὶ αὐτοῦ οἷον γέννημα συναφὲς ἐκείνῳ, ὥστε τὸ μετέχον
τοῦ μετ᾽ αὐτὸ κἀκείνου μετειληφέναι. πολλῶν γὰρ ὄντων 20
τῶν ἐν τῷ νοητῷ, πρώτων τε καὶ δευτέρων καὶ τρίτων, καὶ
οἷον σφαίρας μιᾶς εἰς ἓν κέντρον ἀνημμένων, οὐ διαστήμασι
διειλημμένων, ἀλλ᾽ ὄντων ὁμοῦ αὐτοῖς ἁπάντων, ὅπου ἂν
παρῇ τὰ τρίτα, καὶ τὰ δεύτερα καὶ τὰ πρῶτα πάρεστι.

5. Καὶ σαφηνείας μὲν ἕνεκα ὁ λόγος πολλάκις οἷον ἐκ
κέντρου ἑνὸς πολλὰς γραμμὰς ποιήσας εἰς ἔννοιαν τοῦ πλή-
θους τοῦ γενομένου ἐθέλει ἄγειν. δεῖ δὲ τηροῦντας ὁμοῦ
πάντα τὰ λεγόμενα πολλὰ γεγονέναι λέγειν, ὡς κἀκεῖ
ἐπὶ τοῦ κύκλου οὐκ οὔσας γραμμὰς ἀφωρισμένας ἔστι 5
λαμβάνειν· ἐπίπεδον γὰρ ἕν. οὗ δὲ οὐδὲ κατ᾽ ἐπίπεδον ἓν
διάστημά τι, ἀλλ᾽ ἀδιάστατοι δυνάμεις καὶ οὐσίαι, πάντα
ἂν εἰκότως κατὰ κέντρα λέγοιτο ἐν ἑνὶ ὁμοῦ κέντρῳ
ἡνωμένα, οἷον ἀφέντα τὰς γραμμὰς τὰ πέρατα αὐτῶν τὰ

4. 21 et 24 cf. Plat. *Epist.* ii. 312 e et VI. 4. 11. 9   5. 1 σαφηνείας
.. ἕνεκα cf. Plat. *Polit.* 262 c 6-7   1-2 cf. IV. 1. 16-17; IV. 2. 1. 24-5;
V. 1. 11. 10-12   3-4 = Anaxagoras *Fr.* B 1

4. 12-13 ὁμοῦ—εἶναι simul qua opinantur deum esse opinantur quoque idem
ubique simul esse totum   15 ante ὅτι² subaudiendum τί ἂν ἄλλο εἴη ἢ
16 μὴ om. x   δύναται w   23 εἰλημμένων x   ὁμοῦ αὐτοῖς
transp. x   5. 1-23 καί—παρεῖναι om. z   5 οὐκ coniungendum cum
ἔστι   6-7 ἓν διάστημά τι: ἐν διαστήματι x

10 πρὸς τῷ κέντρῳ κείμενα, ὅτε δὴ καὶ ἕν ἐστι πάντα.
πάλιν δέ, εἰ προσθείης τὰς γραμμάς, αἱ μὲν ἐξάψονται
τῶν κέντρων αὐτῶν ἃ κατέλιπον ἑκάστη, ἔσται γε μὴν
οὐδὲν ἧττον κέντρον ἕκαστον οὐκ ἀποτετμημένον τοῦ ἑνὸς
πρώτου κέντρου, ἀλλ᾽ ὁμοῦ ὄντα ἐκείνῳ ἕκαστον αὖ εἶναι,
15 καὶ τοσαῦτα ὅσαι αἱ γραμμαὶ αἷς ἔδοσαν αὐτὰ πέρατα εἶναι
ἐκείνων, ὥστε ὅσων μὲν ἐφάπτεται γραμμῶν τοσαῦτα
φανῆναι, ἓν δὲ ὁμοῦ πάντα ἐκεῖνα εἶναι. εἰ δ᾽ οὖν κέντροις
πολλοῖς ἀπεικάσαμεν πάντα τὰ νοητὰ [εἶναι] εἰς ἓν κέν-
τρον ἀναφερομένοις καὶ ἑνουμένοις, πολλὰ δὲ φανεῖσι διὰ
20 τὰς γραμμὰς οὐ τῶν γραμμῶν γεννησασῶν αὐτά, ἀλλὰ
δειξασῶν, αἱ γραμμαὶ παρεχέτωσαν ἡμῖν χρείαν ἐν τῷ παρ-
όντι ἀνάλογον εἶναι ὧν ἐφαπτομένη ἡ νοητὴ φύσις πολλὰ
καὶ πολλαχῇ φαίνεται παρεῖναι.

6. Πολλὰ γὰρ ὄντα τὰ νοητὰ ἕν ἐστι, καὶ ἓν ὄντα τῇ
ἀπείρῳ φύσει πολλά ἐστι, καὶ πολλὰ ἐν ἑνὶ καὶ ἓν ἐπὶ πολ-
λοῖς καὶ ὁμοῦ πάντα, καὶ ἐνεργεῖ πρὸς τὸ ὅλον μετὰ τοῦ
ὅλου, καὶ ἐνεργεῖ πρὸς τὸ μέρος αὖ μετὰ τοῦ ὅλου. δέχε-
5 ται δὲ τὸ μέρος εἰς αὑτὸ τὸ ὡς μέρους πρῶτον ἐνέργημα,
ἀκολουθεῖ δὲ τὸ ὅλον· οἷον εἰ ὁ ἄνθρωπος ἐλθὼν εἰς τόν
τινα ἄνθρωπον τὶς ἄνθρωπος γίνοιτο ὢν αὖ ἄνθρωπος. ὁ
μὲν οὖν ἄνθρωπος ὁ ἐν τῇ ὕλῃ ἀφ᾽ ἑνὸς τοῦ ἀνθρώπου τοῦ
κατὰ τὴν ἰδέαν πολλοὺς ἐποίησε τοὺς αὐτοὺς ἀνθρώπους,
10 καὶ ἔστιν ἓν τὸ αὐτὸ ἐν πολλοῖς οὕτως, ὅτι ἐστὶν ἕν τι

---

6. 2-3 ἓν ἐπὶ πολλοῖς cf. Plat. *Parm.* 131 b 9   3 = Anaxagoras
Fr. B 1

---

5. 11 τὰς om. x   12 ἔσται = ἐξέσται   13 ἧττον om. x   14 εἶναι:
ἔσται Vitringa, sed 13-14 κέντρον—εἶναι regitur ab 12 ἔσται   18 εἶναι
del. Kirchhoff   20 γραμμὰς: γραφὰς x   γεννησασῶν αὐτά:
γενησομένων αὐτῷ x   23 πολλαχοῦ w   6. 2 ἐπὶ: ἐν z   4 ὅλου[1]:
μέρους Theiler   9 κατὰ: μετὰ w   10-11 καὶ—αὐτό[1] et sic unum
idemque est in multis, quia id (= ἓν τὸ αὐτό) est unum aliquid tamquam impressum
ipsum in multis

οἷον ἐνσφραγιζόμενον ἐν πολλοῖς αὐτό. αὐτὸ δὲ ἄνθρω-
πος καὶ αὐτοέκαστον καὶ ὅλον τὸ πᾶν οὐχ οὕτως ἐν πολλοῖς,
ἀλλὰ τὰ πολλὰ ἐν αὐτῷ, μᾶλλον δὲ περὶ αὐτό. ἄλλον γὰρ
τρόπον τὸ λευκὸν πανταχοῦ καὶ ἡ ψυχὴ ἑκάστου ἐν παντὶ
μέρει τοῦ σώματος ἡ αὐτή· οὕτω γὰρ καὶ τὸ ὂν πανταχοῦ.   15

7. Ἀνάγεται γὰρ καὶ τὸ ἡμέτερον καὶ ἡμεῖς εἰς τὸ ὄν,
καὶ ἀναβαίνομέν τε εἰς ἐκεῖνο καὶ τὸ πρῶτον ἀπ' ἐκείνου,
καὶ νοοῦμεν ἐκεῖνα οὐκ εἴδωλα αὐτῶν οὐδὲ τύπους ἔχοντες.
εἰ δὲ μὴ τοῦτο, ὄντες ἐκεῖνα. εἰ οὖν ἀληθινῆς ἐπιστήμης
μετέχομεν, ἐκεῖνά ἐσμεν οὐκ ἀπολαβόντες αὐτὰ ἐν ἡμῖν,   5
ἀλλ' ἡμεῖς ἐν ἐκείνοις ὄντες. ὄντων δὲ καὶ τῶν ἄλλων, οὐ
μόνον ἡμῶν, ἐκεῖνα, πάντες ἐσμὲν ἐκεῖνα. ὁμοῦ ἄρα
ὄντες μετὰ πάντων ἐσμὲν ἐκεῖνα· πάντα ἄρα ἐσμὲν ἕν.
ἔξω μὲν οὖν ὁρῶντες ἢ ὅθεν ἐξήμμεθα ἀγνοοῦμεν ἓν ὄντες,
οἷον πρόσωπα [πολλὰ] εἰς τὸ ἔξω πολλά, κορυφὴν ἔχοντα   10
εἰς τὸ εἴσω μίαν. εἰ δέ τις ἐπιστραφῆναι δύναιτο ἢ παρ'
αὐτοῦ ἢ τῆς Ἀθηνᾶς αὐτῆς εὐτυχήσας τῆς ἕλξεως, θεόν
τε καὶ αὑτὸν καὶ τὸ πᾶν ὄψεται· ὄψεται δὲ τὰ μὲν πρῶτα
οὐχ ὡς τὸ πᾶν, εἶτ' οὐκ ἔχων ὅπη αὑτὸν στήσας ὁριεῖ καὶ
μέχρι τίνος αὐτός ἐστιν, ἀφεὶς περιγράφειν ἀπὸ τοῦ ὄντος   15
ἅπαντος αὑτὸν εἰς ἅπαν τὸ πᾶν ἥξει προελθὼν οὐδαμοῦ,
ἀλλ' αὐτοῦ μείνας, οὗ ἵδρυται τὸ πᾶν.

8. Οἶμαι δὲ ἔγωγε καὶ εἴ τις ἐπισκέψαιτο τὴν τῆς ὕλης
τῶν εἰδῶν μετάληψιν, μᾶλλον ἂν εἰς πίστιν ἐλθεῖν τοῦ λε-
γομένου καὶ μὴ ἂν ἔτι ὡς ἀδυνάτῳ ἀπιστεῖν ἢ αὖ ἀπορεῖν.
εὔλογον γὰρ καὶ ἀναγκαῖον, οἶμαι, μὴ κειμένων τῶν εἰδῶν
χωρὶς καὶ αὖ τῆς ὕλης πόρρωθεν ἄνωθέν ποθεν τὴν   5

---

6. 11 ἐνσφραγιζόμενον cf. Plat. *Phaed.* 75 d 2   7. 11–12 cf. Hom. *A*
194–200   8. 4–5 cf. Plat. *Parm.* 130 b 2   5 = Plat. *Soph.* 246 b 7

---

6. 11–12 αὐτὸ δὲ ἄνθρωπος = αὐτοάνθρωπος δὲ   15 οὕτω scil. ὥσπερ ἡ
ψυχή   7. 5 ἀπολαύοντες x   10 πολλὰ[1] del. Igal, *Emerita* 43, 1975,
181   πολλά[a] del. Kirchhoff   12–13 ⟨ὡς⟩ θεόν τε [καὶ] Theiler, sed
τε καὶ. . καὶ et. . et. . et MacKenna recte   14 ὁριεῖ καὶ: ὁριεῖται Vitringa

ἔλλαμψιν εἰς αὐτὴν γεγονέναι· μὴ γὰρ ᾖ κενὸν τοῦτο
λεγόμενον· τί γὰρ ἂν εἴη τὸ "πόρρω" ἐν τούτοις καὶ τὸ
"χωρίς"; καὶ οὐκ αὖ τὸ δύσφραστον καὶ τὸ ἀπορώτατον
ἦν τὸ τῆς μεταλήψεως λεγόμενον, ἀλλ᾽ εἴρητο ἂν προχειρό-
10 τατα γνώριμον ὂν τοῖς παραδείγμασιν. ἀλλὰ κἂν ἔλλαμψιν
λέγωμέν ποτε, οὐχ οὕτως ἐροῦμεν, ὡς ἐπὶ τῶν αἰσθητῶν
λέγομεν εἰς αἰσθητὸν τὰς ἐλλάμψεις· ἀλλ᾽ ἐπεὶ εἴδωλα τὰ
ἐν τῇ ὕλῃ, ἀρχετύπων δὲ τάξιν ἔχει τὰ εἴδη, τὸ δὲ τῆς
ἐλλάμψεως τοιοῦτον οἷον χωρὶς ἔχειν τὸ ἐλλαμπόμενον,
15 οὕτω λέγομεν. δεῖ δὲ νῦν ἀκριβέστερον λέγοντας μὴ οὕτω
τίθεσθαι ὡς χωρὶς ὄντος τόπῳ τοῦ εἴδους εἶθ᾽ ὥσπερ ἐν
ὕδατι ἐνορᾶσθαι τῇ ὕλῃ τὴν ἰδέαν, ἀλλὰ τὴν ὕλην [εἶναι]
πανταχόθεν οἷον ἐφαπτομένην καὶ αὖ οὐκ ἐφαπτομένην
τῆς ἰδέας κατὰ πᾶν ἑαυτῆς ἴσχειν παρὰ τοῦ εἴδους τῷ
20 πλησιασμῷ ὅσον δύναται λαβεῖν οὐδενὸς μεταξὺ ὄντος, οὐ
τῆς ἰδέας διὰ πάσης διεξελθούσης καὶ ἐπιδραμούσης, ἀλλ᾽
ἐν αὐτῇ μενούσης· εἰ γὰρ μὴ ἐν τῇ ὕλῃ ἐστὶν οἷον πυρὸς
ἡ ἰδέα—τὴν γὰρ τοῖς στοιχείοις ὕλην ὑποβεβλημένην ὁ λό-
γος λαμβανέτω—αὐτὸ δὴ πῦρ τῇ ὕλῃ οὐκ ἐγγενόμενον αὐτὸ
25 [τῇ ὕλῃ] μορφὴν πυρὸς κατὰ πᾶσαν τὴν πυρωθεῖσαν ὕλην
παρέξεται. ὄγκος δὲ πολὺς πῦρ τὸ πρῶτον ἔνυλον ὑποκεί-
σθω γενόμενον· ὁ γὰρ αὐτὸς λόγος καὶ ἐπὶ τῶν ἄλλων τῶν
λεγομένων στοιχείων ἁρμόσει. εἰ οὖν τὸ ἓν ἐκεῖνο πῦρ ᾖ
ἰδέα ἐν πᾶσι θεωρεῖται παρέχον εἰκόνα ἑαυτοῦ †καὶ τόπῳ

---

8. 8-9 cf. Plat. *Tim.* 50 c 6 et 51 a 7-b   25 πυρωθεῖσαν cf. ibid.
51 b 4

---

8. 8-9 καί¹—λεγόμενον et rursus non existeret ulla difficultas ambiguitasque quae
de participatione dicitur   8 αὖ τὸ H-S¹: αὐτὸ *Enn.*: ἂν τὸ Kirchhoff
15 οὕτω (nempe ἔλλαμψιν) λέγομεν apodosis   17 εἶναι del. Vitringa
20 οὐ A¹ˢ*E*BxUC: om. wz   23 γὰρ: δὲ w   24 τῇ ὕλῃ H-S¹: τὴν
ὕλην *Enn.*   ἐγγινόμενον w   25 τῇ ὕλῃ ut correctionem ad lin. 24
falso insertam del. H-S¹   27 γὰρ: δὲ Kirchhoff   28 ἓν ἐκεῖνο
*E*BxUC: ἐν ἐκείνῳ wz   ᾖ Igal: ἡ *Enn.*   29-33 καί—αὐτοῦ locus
nondum sanatus

χωρὶς ὂν οὐ παρέξει ὡς ἡ ἔλλαμψις ἡ ὁρωμένη· ἤδη γὰρ εἴη 30
που πᾶν τοῦτο τὸ πῦρ τὸ ἐν αἰσθήσει, εἰ πᾶν αὐτὸ πολλὰ
ᾖ ἑαυτοῦ τῆς ἰδέας αὐτῆς μενούσης ἐν ἀτόπῳ αὐτὸ τόπους
γεννῆσαν ἐξ αὐτοῦ† ἐπείπερ ἔδει τὸ αὐτὸ πολὺ γενόμενον
φυγεῖν ἀφ' ἑαυτοῦ ἵν' ᾖ πολὺ οὕτως καὶ πολλάκις μεταλάβῃ
τοῦ αὐτοῦ. καὶ οὐκ ἔδωκε μὲν ἑαυτῆς οὐδὲν τῇ ὕλῃ ἡ ἰδέα 35
ἀσκέδαστος οὖσα, οὐ μὴν ἀδύνατος γέγονεν ἓν οὖσα τὸ μὴ
ἓν τῷ ἑνὶ αὐτῆς μορφῶσαι καὶ παντὶ αὐτοῦ οὕτω τοι παρ-
εῖναι, ὡς ⟨μὴ⟩ ἄλλῳ μὲν μέρει αὐτῆς τόδε, ἄλλῳ δὲ
ἄλλο μορφῶσαι, ἀλλὰ παντὶ ἕκαστον καὶ πᾶν. γελοῖον γὰρ
τὸ πολλὰς ἰδέας πυρὸς ἐπεισφέρειν, ἵν' ἕκαστον πῦρ ὑφ' 40
ἑκάστης ἄλλης, τὸ δὲ ἄλλης, μορφοῖτο· ἄπειροι γὰρ οὕτως
ἔσονται αἱ ἰδέαι. εἶτα πῶς καὶ μεριεῖς τὰ γινόμενα
συνεχοῦς ἑνὸς πυρὸς ὄντος; καὶ εἰ προσθείημεν τῇ ὕλῃ
ταύτῃ ἄλλο πῦρ μεῖζον ποιήσαντες αὐτό, καὶ κατ' ἐκεῖνο
αὖ τὸ μέρος τῆς ὕλης φατέον τὴν αὐτὴν ἰδέαν τὰ αὐτὰ 45
εἰργάσθαι· οὐ γὰρ δὴ ἄλλην.

9. Καὶ τοίνυν εἰ πάντα γενόμενα ἤδη τὰ στοιχεῖα τῷ
λόγῳ τις εἰς ἓν σφαιρικὸν σχῆμα ἄγοι, οὐ πολλοὺς φατέον
τὴν σφαῖραν ποιεῖν κατὰ μέρη ἄλλον ἄλλη ἀποτεμνόμενον
αὐτῷ εἰς τὸ ποιεῖν μέρος, ἀλλ' ἓν εἶναι τὸ αἴτιον τῆς
ποιήσεως ὅλῳ ἑαυτῷ ποιοῦν οὐ μέρους αὐτοῦ ἄλλου ἄλλο 5
ποιοῦντος· οὕτω γὰρ ἂν πάλιν πολλοὶ εἶεν, εἰ μὴ εἰς ἓν

8. 35-6 ἡ ἰδέα—ἓν οὖσα cf. Plat. *Parm.* 131 a 8-9   38-9 cf. ibid.
131 a 4-5   41-2 cf. ibid. 132 b 2

8. 30 οὐ παρέξει wEBCz: ὑπερέξει x: ὑπάρξει U   32 ᾖ wEBUCz: ἦ x:
εἴη Kirchhoff: ᾖ H-S¹: μὴ Igal: del. Theiler   ἐν ἀτόπῳ *in illocali* ut VI.
8. 11. 28   35 ἔδωκε μὲν: ἔδωκεν x   36 ἐν om. x   τὸ: τῷ x
37 ἐν Vitringa: ἐν *Enn.*   αὐτοῦ scil. τοῦ μὴ ἑνός   38 ⟨μὴ⟩ Kirchhoff
39 ἕκαστον et πᾶν obiecta   40 τὸ om. w   42 ⟨εἰς⟩ τὰ Sleeman
43 ἑνὸς πυρὸς ὄντος EBxUCᵖᶜ: πυρὸς ἑνὸς ὄντος wCᵃᶜz   9. 3 ἀποτεμνόμενον

ἀμερὲς ἀναφέροις τὴν ποίησιν, μᾶλλον δ' εἰ ἓν ἀμερὲς
τὸ ποιοῦν τὴν σφαῖραν εἴη οὐκ αὐτοῦ χυθέντος εἰς τὴν
σφαῖραν τοῦ ποιοῦντος, ἀλλὰ τῆς σφαίρας ὅλης εἰς τὸ
10 ποιοῦν ἀνηρτημένης. καὶ ζωὴ τοίνυν μία τὴν σφαῖραν
ἔχει ἡ αὐτή, τῆς σφαίρας αὐτῆς τεθείσης ἐν ζωῇ μιᾷ· καὶ
τὰ ἐν τῇ σφαίρᾳ τοίνυν πάντα εἰς μίαν ζωήν· καὶ πᾶσαι αἱ
ψυχαὶ τοίνυν μία, οὕτω δὲ μία, ὡς ἄπειρος αὖ. διὸ καὶ οἱ
μὲν ἀριθμὸν ἔλεγον, οἱ δὲ ⟨λόγον⟩ αὐτὸν αὔξοντα τὴν
15 φύσιν αὐτῆς, φαντασθέντες ταύτῃ ἴσως, ὡς οὐδενὶ ἐπιλεί-
πει, ἀλλ' ἐπὶ πάντα εἰσιν ὅ ἐστι μένουσα, καὶ εἰ πλείων ὁ
κόσμος ἦν, οὐκ ἂν ἐπέλιπεν ἡ δύναμις μὴ οὐκ ἐπὶ πάντα
αὖ ἐλθεῖν, μᾶλλον δὲ τοῦτον ἐν πάσῃ αὐτῇ εἶναι. δεῖ δῆτα
λαβεῖν τὸ "αὖξων" οὐχ ὡς τῷ ῥήματι λέγεται, ἀλλ' ὅτι
20 οὐκ ἐπιλείπει εἰς τὸ πανταχοῦ ἓν οὖσα· τοιοῦτον γὰρ αὐτῆς
τὸ ἓν ὡς μὴ τοιοῦτον εἶναι οἷον μεμετρῆσθαι ὅσον· τοῦτο
γὰρ φύσεως ἄλλης τῆς τὸ ἓν ψευδομένης καὶ μεταλήψει
ἓν φανταζομένης. τὸ δ' ἀληθείας ἐχόμενον ἓν οἷον μήτε
συγκεῖσθαι ἐκ πολλῶν ἕν, ἵν' ἀφαιρεθέντος τινὸς ἀπ'
25 αὐτοῦ ἀπολωλὸς ᾖ ἐκεῖνο τὸ ὅλον ἕν, μήτε διειλῆφθαι
πέρασιν, ἵνα μὴ ἐναρμοζομένων αὐτῷ τῶν ἄλλων ἢ ἐλατ-
τοῖτο αὐτῶν μειζόνων ὄντων ἢ διασπῶτο βουλόμενον ἐπὶ
πάντα ἰέναι, παρῇ τε οὐχ ὅλον πᾶσιν, ἀλλὰ μέρεσιν αὐτοῦ
μέρεσιν ἐκείνων· καὶ τὸ λεγόμενον δὴ τοῦτο ἀγνοεῖ ὅπου
30 ἐστὶ γῆς εἰς μίαν τινὰ συντέλειαν οὐ δυνάμενον ἰέναι ἅτε

---

9. 14 ἀριθμὸν cf. Pythagoras apud Stob. *Anth.* i. 49. 1 a, p. 318. 21
(= *Doxogr. Gr.* p. 386ᵇ8) et Xenocrates *Fr.* 60   λόγον αὐτὸν αὔξοντα =
Heraclitus *Fr.* B 115 apud Stob. *Anth.* iii. 1. 180, p. 130. 5   29-30 cf.
Plat. *Resp.* 403 e 5-6

9. 7 post εἰ add. μὴ A³ᵐᵍ(= Ficinus), sed correctio μᾶλλον δ' non
perstringit οὕτω . . πάλιν πολλοί, sed praepositionem εἰς tantum   14 οἱ
δὲ ⟨λόγον⟩ Roussos: οἱ δὲ ⟨λόγον, οἱ μὲν αὐτὸν κινοῦντα, οἱ δὲ⟩ Igal
16 εἶσιν (cf. lin. 18 et 28) Page: ἐστὶν Enn.   18 ἐλθεῖν: ἐστι x
19 αὖξων (cf. lin. 14) Roussos: αὖξον Enn.   22 τῆς om. w   26 μὴ
del. Theiler   26-7 ἐλαττοῖ x

διεσπασμένον ἑαυτοῦ. εἴπερ οὖν ἀληθεύσει τὸ ἓν τοῦτο,
καθ᾽ οὗ δὴ καὶ κατηγορεῖν ἐστιν ὡς οὐσίας τὸ ἕν, δεῖ αὐτὸ
φανῆναι τρόπον τινὰ τὴν ἐναντίαν αὐτῷ φύσιν ἔχον τὴν
τοῦ πλήθους ἐν τῇ δυνάμει, τῷ δὲ μὴ ἔξωθεν αὖ τὸ πλῆθος
τοῦτο ἔχειν, ἀλλὰ παρ᾽ αὐτοῦ καὶ ἐξ αὐτοῦ, τούτῳ ἓν 35
ὄντως εἶναι, καὶ ἐν τῷ ἑνὶ ἔχειν τὸ εἶναι ἄπειρόν τε καὶ
πλῆθος, τοιοῦτον δὲ ὂν πανταχοῦ ὅλον φαίνεσθαι ἕνα λόγον
ὄντα ἑαυτὸν περιέχοντα, καὶ τὸν περιέχοντα αὐτὸν εἶναι
[καὶ τὸν περιέχοντα αὐτὸν] οὐδαμοῦ αὐτοῦ ἀποστατοῦντα,
ἀλλ᾽ ἐν αὐτῷ πανταχοῦ ὄντα. οὐ δή ἐστιν αὐτὸ οὕτω ἄλλου 40
τόπῳ διειλημμένον· πρὸ γὰρ τῶν ἐν τόπῳ ἁπάντων ἦν καὶ
οὐδὲν ἐδεῖτο αὐτὸ τούτων, ἀλλὰ ταῦτα ἐκείνου, ἵνα ἱδρυθῇ.
ἱδρυθέντα δὲ οὐκ ἀπέστησεν ἐκεῖνο τῆς αὐτοῦ ἐν αὐτῷ
ἕδρας· κινηθείσης γὰρ ἐκείνης ἀπώλετο ἂν αὐτὰ ἀπολομέ-
νης αὐτῶν τῆς βάσεως καὶ τοῦ στηρίζοντος αὐτά, οὐδ᾽ αὖ 45
ἐκεῖνο οὕτως ἀνόητον ἦν, ὥστε ἀπαλλαγὲν αὐτὸ ἑαυτοῦ
διασπασθῆναι καὶ σῳζόμενον ἐν ἑαυτῷ ἀπίστῳ δοῦναι
ἑαυτὸ τόπῳ τῷ αὐτοῦ πρὸς τὸ σῴζεσθαι δεομένῳ.

10. Μένει οὖν ἐν ἑαυτῷ σωφρονοῦν καὶ οὐκ ἂν ἐν ἄλλῳ
γένοιτο· ἐκεῖνα δὲ τὰ ἄλλα ἀνήρτηται εἰς αὐτὸ ὥσπερ οὗ
ἐστι πόθῳ ἐξευρόντα. καὶ οὗτός ἐστιν ὁ θυραυλῶν Ἔρως
παρὼν ἔξωθεν ἀεὶ καὶ ἐφιέμενος τοῦ καλοῦ καὶ ἀγαπῶν εἰ
οὕτως [ὡς] δύναιτο μετασχεῖν· ἐπεὶ καὶ ὁ ἐνταῦθα ἐραστὴς 5
οὐ δεχόμενος τὸ κάλλος, ἀλλὰ παρακείμενος οὕτως ἔχει.
τὸ δὲ ἐφ᾽ ἑαυτοῦ μένει, καὶ οἱ ἑνὸς ἐρασταὶ πολλοὶ ὅλου

---

9. 36–7 cf. Plat. Parm. 144 e 4–5   39 cf. ibid. 144 b 2   10. 3–4 cf.
Plat. Symp. 203 c 3–d 2

9. 32 οὐσίαν Kirchhoff   34 τῷ: τὸ wx   αὖ τὸ Kirchhoff: αὐτὸ
Enn.   36 τὸ εἶναι om. z   38 ὄντα (congruit cum λόγον)
A¹ᴮEEBxUCz: ἔχοντα A: ἔχον Kirchhoff   αὐτὸν ipsum   39 καὶ—
αὐτὸν del. Kirchhoff   40–1 οὐ. . ἄλλου τόπῳ διειλημμένον a nullo
est limitibus loci disiunctum Ficinus recte   41 διειλημμένου w
10. 2–33 ὥσπερ—ἑαυτοῦ om. z   4 εἰ Theiler: ἀεὶ Enn.   5 ὡς del.
Theiler   7 ⟨τοῦ⟩ ἑνὸς Kirchhoff

ἐρῶντες ὅλον ἔχουσιν οὕτως, ὅταν ἔχωσι· τὸ γὰρ ὅλον
ἦν τὸ ἐρώμενον. πῶς ἂν οὖν ἐκεῖνο οὐκ ἂν πᾶσιν ἀρκοῖ
10 μένον; ἐπεὶ καὶ διὰ τοῦτο ἀρκεῖ, ὅτι μένει, καὶ καλόν,
ὅτι πᾶσιν ὅλον. καὶ γὰρ καὶ τὸ φρονεῖν πᾶσιν ὅλον· διὸ
καὶ ξυνὸν τὸ φρονεῖν, οὐ τὸ μὲν ὧδε, τὸ δὲ ὡδὶ ὄν· γε-
λοῖον γάρ, καὶ τόπου δεόμενον τὸ φρονεῖν ἔσται. καὶ οὐχ
οὕτω τὸ φρονεῖν, ὡς τὸ λευκόν· οὐ γὰρ σώματος τὸ
15 φρονεῖν· ἀλλ᾽ εἴπερ ὄντως μετέχομεν τοῦ φρονεῖν, ἓν δεῖ
εἶναι τὸ αὐτὸ πᾶν ἑαυτῷ συνόν. καὶ οὕτως ἐκεῖθεν, οὐ
μοίρας αὐτοῦ λαβόντες, οὐδὲ ὅλον ἐγώ, ὅλον δὲ καὶ σύ,
ἀποσπασθὲν ἑκάτερον ἑκατέρου. μιμοῦνται δὲ καὶ ἐκκλη-
σίαι καὶ πᾶσα σύνοδος ὡς εἰς ἓν τὸ φρονεῖν ἰόντων· καὶ
20 χωρὶς ἕκαστος εἰς τὸ φρονεῖν ἀσθενής, συμβάλλων δὲ εἰς
ἓν πᾶς ἐν τῇ συνόδῳ καὶ τῇ ὡς ἀληθῶς συνέσει τὸ φρονεῖν
ἐγέννησε καὶ εὗρε· τί γὰρ δὴ καὶ διείρξει, ὡς μὴ ἐν τῷ
αὐτῷ εἶναι νοῦν ἀπ᾽ ἄλλου; ἀλλ᾽ ὁμοῦ ὄντες ἡμῖν
οὐχ ὁμοῦ δοκοῦσιν εἶναι· οἷον εἴ τις πολλοῖς τοῖς δακ-
25 τύλοις ἐφαπτόμενος τοῦ αὐτοῦ ἄλλου καὶ ἄλλου ἐφάπ-
τεσθαι νομίζοι, ἢ τὴν αὐτὴν χορδὴν μὴ ὁρῶν κρούοι.
καίτοι καὶ ταῖς ψυχαῖς ὡς ἐφαπτόμεθα τοῦ ἀγαθοῦ ἐχρῆν
ἐνθυμεῖσθαι. οὐ γὰρ ἄλλου μὲν ἐγώ, ἄλλου δὲ σὺ ἐφάπτῃ,
ἀλλὰ τοῦ αὐτοῦ, οὐδὲ τοῦ αὐτοῦ μέν, προσελθόντος δέ μοι
30 ῥεύματος ἐκεῖθεν ἄλλου, σοὶ δὲ ἄλλου, ὥστε τὸ μὲν εἶναί
που ἄνω, τὰ δὲ παρ᾽ αὐτοῦ ἐνταῦθα. καὶ ⟨δίδωσι⟩ τὸ διδὸν
τοῖς λαμβάνουσιν, ἵνα ὄντως λαμβάνωσι, [καὶ δίδωσι
τὸ διδὸν] οὐ τοῖς ἀλλοτρίοις, ἀλλὰ τοῖς ἑαυτοῦ. ἐπεὶ οὐ
πόμπιος ἡ νοερὰ δόσις. ἐπεὶ καὶ ἐν τοῖς διεστηκόσιν ἀπ᾽

---

10. 12 = Heraclitus *Fr.* B 113   21 cf. Hom. κ 515

---

10. 12-13 γελοῖον γάρ scil. ἔσται   13 γάρ, ⟨εἰ⟩ Kirchhoff   15 δεῖ:
δὴ x   16 εἶναι H-S¹: εἰς wEBxUC: εἶναι καὶ A³ᵐᵍ(= Ficinus): om. z
16 οὕτως ἐκεῖθεν scil. τοῦ ὄντος μετέχομεν   19 τὸ: τῷ Volkmann
23 post ἄλλου add. καὶ ἄλλου A³ᵐᵍ(= Ficinus)   30 σοὶ: σὺ x
31 ⟨δίδωσι⟩ Kleist   32-3 καὶ—διδὸν del. Kleist

ἀλλήλων τοῖς τόποις σώμασιν ἡ δόσις ἄλλου ἄλλου 35
συγγενής, καὶ εἰς αὐτὸ ἡ δόσις καὶ ἡ ποίησις, καὶ τό
γε σωματικὸν τοῦ παντὸς δρᾷ καὶ πάσχει ἐν αὐτῷ, καὶ
οὐδὲν ἔξωθεν εἰς αὐτό. εἰ δὴ ἐπὶ σώματος οὐδὲν ἔξωθεν
τοῦ ἐκ φύσεως οἷον φεύγοντος ἑαυτό, ἐπὶ πράγματος
ἀδιαστάτου πῶς τὸ ἔξωθεν; ἐν τῷ αὐτῷ ἄρα ὄντες καὶ 40
ὁρῶμεν τἀγαθὸν καὶ ἐφαπτόμεθα αὐτοῦ ὁμοῦ ὄντες τοῖς
ἡμετέροις νοητοῖς. καὶ κόσμος εἷς πολὺ μᾶλλον ἐκεῖ· ἢ
δύο κόσμοι αἰσθητοὶ ἔσονται ὅμοια μεμερισμένοι, καὶ ἡ
σφαῖρα ἡ νοητή, εἰ οὕτως ἕν, ὡς αὕτη· ὥστε διοίσει ἢ γε-
λοιοτέρα ἔσται, εἴπερ τῇ μὲν ἐξανάγκης ὄγκος καὶ εὔλογος, 45
ἡ δὲ μηδὲν δεομένη ἐκτενεῖ ἑαυτὴν καὶ ἑαυτῆς ἐκστήσεται.
τί δὲ καὶ ἐμπόδιον τοῦ εἰς ἕν; οὐ γὰρ δὴ τὸ ἕτερον
ἀπωθεῖ θάτερον τόπον οὐ παρέχον—ὥσπερ οὐχ ὁρῶντες
πᾶν μάθημα καὶ θεώρημα καὶ ὅλως ἐπιστήμας πάσας ἐπὶ
ψυχῆς οὐ στενοχωρουμένας. ἀλλ' ἐπὶ οὐσιῶν φήσει τις οὐ 50
δυνατόν. ἀλλ' οὐ δυνατὸν ἦν ἄν, εἴπερ ὄγκοι ἦσαν αἱ
ἀληθιναὶ οὐσίαι.

11. Ἀλλὰ πῶς τὸ ἀδιάστατον παρήκει παρὰ πᾶν σῶμα
μέγεθος τοσοῦτον ἔχον; καὶ πῶς οὐ διασπᾶται ἓν ὂν καὶ
ταὐτό; ὃ πολλάκις ἠπόρηται, παύειν τοῦ λόγου τὸ ἄπο-
ρον τῆς διανοίας περιττῇ προθυμίᾳ βουλομένου. ἀπο-
δέδεικται μὲν οὖν ἤδη πολλαχῇ, ὅτι οὕτως· δεῖ δέ 5
τινων καὶ παραμυθίων, καίτοι οὐκ ἐλάχιστον, ἀλλὰ μέγι-
στον εἰς πειθὼ ἦν ἐκείνη ἡ φύσις οἷα ἐστὶ διδαχθεῖσα, ὅτι

---

10. 38 cf. Plat. *Tim.* 33 c 8–d 1

10. 35 ἄλλου² om. z   36 εἰς αὐτό (*in id*) spectat ad ἄλλου²: εἰς ⟨τὸ⟩
αὐτὸ Kirchhoff (*in idem* Ficinus)   39 ἑαυτῷ x   43–4 καὶ—αὕτη *et
intellegibilis sphaera, si hoc modo unum, talis* esse *qualis haec* (= sensibilis
sphaera)   44 εἰ: ἡ x   ὥστε διοίσει *ideoque differet* sphaera
intellegibilis   45 καὶ (coniungit ἐξανάγκης et εὔλογος) om. w
48 ὥσπερ οὐχ ὁρῶντες *tamquam non uidentes* scil. aduersarii   11. 4 περιττῇ
Seidel: περὶ (παρὰ Q) τῇ Enn.

οὐκ ἔστιν οἷα λίθος, οἷον κύβος τις μέγας κείμενος οὗ
κεῖται τοσοῦτον ἐπέχων, ὅσος ἐστίν, ἐκβαίνειν οὐκ ἔχων
10 τοὺς αὐτοῦ ὅρους μετρηθεὶς ἐπὶ τοσοῦτον καὶ τῷ ὄγκῳ καὶ
τῇ συμπεριγραφείσῃ ἐν αὐτῷ τῇ τοῦ λίθου δυνάμει. ἀλλὰ
οὖσα πρώτη φύσις καὶ οὐ μετρηθεῖσα οὐδὲ ὁρισθεῖσα ὁπό-
σον δεῖ εἶναι—ταύτῃ γὰρ αὖ ἑτέρᾳ μετρηθήσεται—πᾶσά
ἐστι δύναμις οὐδαμοῦ τοσήδε. διὸ οὐδ' ἐν χρόνῳ, ἀλλὰ
15 παντὸς χρόνου ἔξω, τοῦ μὲν χρόνου σκιδναμένου ἀεὶ πρὸς
διάστασιν, τοῦ δ' αἰῶνος ἐν τῷ αὐτῷ μένοντος καὶ κρα-
τοῦντος καὶ πλείονος ὄντος δυνάμει ἀιδίῳ τοῦ ἐπὶ πολλὰ
δοκοῦντος ἰέναι χρόνου, οἷον εἰ γραμμῆς εἰς ἄπειρον ἰέναι
δοκούσης εἰς σημεῖον ἀνηρτημένης καὶ περὶ αὐτὸ θεούσης
20 πανταχῇ οὗ ἂν δράμῃ τοῦ σημείου αὐτῇ ἐμφανταζομένου
αὐτοῦ οὐ θέοντος, ἀλλὰ περὶ αὐτὸ ἐκείνης κυκλουμένης.
εἰ τοίνυν χρόνος πρὸς τὸ ἐν τῷ αὐτῷ μένον ἐν οὐσίᾳ ἔχει
τὴν ἀναλογίαν, ἔστι δὲ ἐκείνη ἡ φύσις οὐ μόνον τῷ ἀεὶ
ἄπειρος, ἀλλὰ καὶ τῇ δυνάμει, χρὴ καὶ πρὸς ταύτην τὴν
25 ἀπειρίαν τῆς δυνάμεως ἀντιπαραθέουσαν ἀποδοῦναι φύσιν
ἀνταιωρουμένην καὶ ἐξηρτημένην ἐκείνης· ταύτης τὰ ἴσα
πως τῷ χρόνῳ θεούσης πρὸς μένουσαν δύναμιν πλείω οὖ-
σαν τῷ ποιεῖν, ἐκείνη ἐστὶν ὅσον παρετάθη ἡτισοῦν αὐτὴ
ἐστὶν ἡ μεταλαμβάνουσα ταύτης τῆς φύσεως καθόσον
30 οἷόν τε αὐτῇ μεταλαβεῖν, πάσης μὲν παρούσης, οὐ παντὶ δὲ
πάσης ἐνορωμένης ἀδυναμίᾳ τοῦ ὑποκειμένου. πάρεστι δὲ
⟨ἀριθμῷ⟩ ταὐτὸν πάντῃ, οὐχ ὡς τὸ ἔνυλον τρίγωνον ἐν

---

11. 16 cf. Plat. *Tim.* 37 d 6

11. 10 αὐτοῦ BUC: αὐτοῦ x: αὐτοὺς A(οὐ A¹ᴮ)Ez: αὐτῆς E   13 ταύτῃ
sic   ἑτέρᾳ Perna Igal, *Emerita* 43, 1975, 182: ἑτέρα Kirchhoff
13 μετρηθήσεται irrealis   18–21 οἷον—κυκλουμένης om. z   22 τῷ
om. z   μένων w   27–8 οὖσα w   28 τῷ: τὸ x
28–9 ἐκείνη—αὕτη ἐστὶν *prope illam* naturam (cf. 23 ἐκείνη) *aliquantum
extenditur quaequae est haec* natura (cf. 26 ταύτης)   28 ἡτισοῦν Theiler:
τίς οὖν Enn.   32 ⟨ἀριθμῷ⟩ Theiler

πολλοῖς πλείω ὂν [ἀριθμῷ ταὐτόν], ἀλλ' ὡς τὸ ἄυλον αὐτό,
ἀφ' οὗ καὶ τὰ ἐν ὕλῃ. διὰ τί οὖν οὐ πανταχοῦ τρίγωνον
ἔνυλον, εἴπερ πανταχοῦ τὸ ἄυλον; ὅτι οὐ πᾶσα μετέσχεν 35
ὕλη, ἀλλὰ ἄλλο τι ἔχει, καὶ οὐ πᾶσα πρὸς πᾶν. ἐπεὶ
οὐδὲ ἡ πρώτη πᾶσα πρὸς πᾶν, ἀλλὰ πρὸς τὰ πρῶτα τῶν
γενῶν, εἶτ' ἐπὶ τούτοις ἄλλα. παρῆν μέν τι παντί.

12. Πάρεστιν οὖν πῶς; ὡς ζωὴ μία· οὐ γὰρ μέχρι τινὸς
ἐν ζῴῳ ἡ ζωή, εἶτ' οὐ δύναται εἰς ἅπαν φθάσαι, ἀλλὰ
πανταχοῦ. εἰ δέ τις ζητεῖ πάλιν πῶς, ἀναμνησθήτω τῆς
δυνάμεως, ὅτι μὴ ποσή, ἀλλ' εἰς ἄπειρον διαιρῶν τῇ
διανοίᾳ ἀεὶ ἔχει δύναμιν τὴν αὐτὴν βυσσόθεν ἄπειρον· οὐ 5
γὰρ †ἐνει ὕλην, ἵνα τῷ μεγέθει τοῦ ὄγκου συνεπιλείπῃ
εἰς μικρὸν ἐλθοῦσα. ἐὰν οὖν λάβῃς ἀένναον ἐν αὐτῇ
ἀπειρίαν, φύσιν ἀκάματον καὶ ἄτρυτον καὶ οὐδαμῇ ἐλλεί-
πουσαν ἐν αὐτῇ, οἷον ὑπερζέουσαν ζωῇ, ἤ που ἐπιβαλὼν
ἢ πρός τι ἀτενίσας οὐχ εὑρήσεις ἐκεῖ, τοὐναντίον δ' ἄν σοι 10
γένοιτο. οὐ γὰρ σύ γε ὑπερβήσῃ παρελθὼν οὐδὲ αὖ στήσῃ
εἰς μικρὸν ὡς οὐκέτι ἐχούσης διδόναι ἐν τῷ κατὰ μικρὸν
ἐπιλιπεῖν· ἀλλ' ἢ συνθεῖν δυνηθείς, μᾶλλον δὲ ἐν τῷ παντὶ
γενόμενος οὐδὲν ἔτι ζητήσεις, ἢ ἀπειπὼν παρεκβήσῃ εἰς
ἄλλο καὶ πεσῇ παρὸν οὐκ ἰδὼν τῷ εἰς ἄλλον βλέπειν. ἀλλ' 15
εἰ "οὐδὲν ἔτι ζητήσεις", πῶς ποτε τοῦτο πείσει; ἢ ὅτι
παντὶ προσῆλθες καὶ οὐκ ἔμεινας ἐν μέρει αὐτοῦ οὐδ'
εἶπας οὐδὲ σύ "τοσοῦτός εἰμι", ἀφεὶς δὲ τὸ "τοσοῦτος"

11. 37 πρώτη cf. Aristot. *Metaph.* Δ 4. 1015ᵃ7   12. 9 cf. Aristot. *De an.* A 2. 405ᵇ28

---

11. 33 ἀριθμῷ ταὐτόν del. Theiler   34 οὖν: γοῦν x   36 οὐ om. z
37 πρώτη scil. φύσις i.e. τὸ ὄν   38 παρῆν—παντί aderat quidem natura
superior *quodam modo cuique*   12. 6 ἔνει ὕλην C: ενει ὕλην B: ἐνεῖ ὕλυν U:
ἐνὶ ὕλην E: ἐν + lacuna + ὕλην w: ἔχει ὕλην R: ἐν ὕλῃ J: ἐν ὄγκῳ ὕλην z: ἐκεῖ ὕλην
(scil. ἔχει, idem subiectum ac 5 ἔχει) Igal, *Emerita* 43, 1975, 185: locus
nondum sanatus   12 οὐκέτι: οὐκ ἔστιν x   14-16 ἢ—ζητήσεις om. z
15 ἄλλον: ἄλλο Kirchhoff   16 πείσει *patieris*   18 τὸ τοσοῦτος
Porphyrius *Sententiae* 40, p. 36. 14M = 48. 18L: τοσοῦτον *Enn.*

γέγονας πᾶς, καίτοι καὶ πρότερον ἦσθα πᾶς· ἀλλ' ὅτι καὶ
20 ἄλλο τι προσῆν σοι μετὰ τὸ "πᾶς", ἐλάττων ἐγίνου τῇ
προσθήκῃ· οὐ γὰρ ἐκ τοῦ ὄντος ἦν ἡ προσθήκη—οὐδὲν γὰρ
ἐκείνῳ προσθήσεις—ἀλλὰ τοῦ μὴ ὄντος. γενόμενος δέ τις
καὶ ἐκ τοῦ μὴ ὄντος ἐστὶν οὐ πᾶς, ἀλλ' ὅταν τὸ μὴ ὂν ἀφῇ.
αὔξεις τοίνυν σεαυτὸν ἀφεὶς τὰ ἄλλα καὶ πάρεστί σοι τὸ
25 πᾶν ἀφέντι· εἰ δὲ πάρεστι μὲν ἀφέντι, μετὰ δὲ ἄλλων ὄντι
οὐ φαίνεται, οὐκ ἦλθεν, ἵνα παρῇ, ἀλλὰ σὺ ἀπῆλθες, ὅτε
οὐ πάρεστιν. εἰ δ' ἀπῆλθες, οὐκ ἀπ' αὐτοῦ—αὐτὸ γὰρ
πάρεστιν—οὐδὲ τότε ἀπῆλθες, ἀλλὰ παρὼν ἐπὶ τὰ ἐναντία
ἐστράφης. οὕτω γὰρ καὶ οἱ ἄλλοι θεοὶ πολλῶν παρόντων
30 ἑνὶ φαίνονται πολλάκις, ὅτι ὁ εἷς ἐκεῖνος μόνος δύναται
βλέπειν. ἀλλ' οὗτοι μὲν οἱ θεοί, ὅτι παντοῖοι τελέ-
θοντες ἐπιστρωφῶσι τὰς πόλεις, εἰς ἐκεῖνον δὲ
αἱ πόλεις ἐπιστρέφονται καὶ πᾶσα γῆ καὶ πᾶς οὐρανός,
πανταχοῦ ἐπ' αὐτοῦ καὶ ἐν αὐτῷ μένοντα καὶ ἔχοντα ἐξ
35 αὐτοῦ τὸ ὂν καὶ τὰ ἀληθῶς ὄντα μέχρι ψυχῆς καὶ ζωῆς
ἐξηρτημένα καὶ εἰς ἓν ἄπειρον ἰόντα ἀμεγέθει τῷ ἀπείρῳ.

---

12. 31–2 = Hom. ρ 486 et Plat. *Resp.* 381 d 4

---

12. 20 τὸ *Enn.*: τοῦ Porphyrius *Sententiae* 40, p. 36. 15M = 49. 1L
20 πᾶς Porph. ibid.: πᾶν *Enn.*   21 ὄντος Porph. ibid. p. 36. 16M = 49. 2L:
παντὸς *Enn.* H–S¹   22 ἐκείνῳ scil. τῷ "πᾶς"   ὄντος Kirchhoff:
παντός *Enn.*: om. Porph. ibid. p. 36. 17M = 49. 3L   25 εἰ—ἀφέντι
om. w   ὄντι om. x   28 τότε: τοῦτο w   34 ἐπ' αὐτοῦ (*apud se*):
ἐπ' αὐτῷ x   ἐν αὐτῷ *in se*   34–6 μένοντα et ἔχοντα masculina, ἰόντα
neutrum, ἐξ αὐτοῦ *a se*   36 ἀνηρτημένα w   ἄπειρον om. wz
36 ἰόντα ἀμεγέθει: ἰὸν παρὰ μεγέθει w

VI 6 (34)

ΠΕΡΙ ΑΡΙΘΜΩΝ

1. Ἆρ' ἐστὶ τὸ πλῆθος ἀπόστασις τοῦ ἑνὸς καὶ ἡ ἀπειρία ἀπόστασις παντελὴς τῷ πλῆθος ἀνάριθμον εἶναι, καὶ διὰ τὸ τὸ κακὸν εἶναι, ᾗ ἀπειρία, καὶ ἡμεῖς κακοί, ὅταν πλῆθος; καὶ γὰρ πολὺ ἕκαστον, ὅταν ἀδυνατοῦν εἰς αὐτὸ νεύειν χέηται καὶ ἐκτείνηται σκιδνάμενον· καὶ πάντῃ μὲν στερι- 5 σκόμενον ἐν τῇ χύσει τοῦ ἑνὸς πλῆθος γίνεσθαι, οὐκ ὄντος τοῦ ἄλλο πρὸς ἄλλο μέρος αὐτοῦ ἑνοῦντος· εἰ δέ τι γένοιτο ἀεὶ χεόμενον μένον, μέγεθος γίνεται. ἀλλὰ τί δεινὸν τῷ μεγέθει; ἢ εἰ ᾐσθάνετο, ἦν ἄν· ἀφ' ἑαυτοῦ γὰρ γινόμενον καὶ ἀφιστάμενον εἰς τὸ πόρρω ᾐσθάνετο. ἕκαστον γὰρ οὐκ 10 ἄλλο, ἀλλ' αὐτὸ ζητεῖ, ἡ δ' ἔξω πορεία μάταιος ἢ ἀναγ- καία. μᾶλλον δέ ἐστιν ἕκαστον, οὐχ ὅταν γένηται πολὺ ἢ μέγα, ἀλλ' ὅταν ἑαυτοῦ ᾖ· ἑαυτοῦ δ' ἐστὶ πρὸς αὐτὸ νενευ- κός. ἡ δὲ ἔφεσις ἡ πρὸς τὸ οὕτως μέγα ἀγνοοῦντός ἐστι τὸ ὄντως μέγα καὶ σπεύδοντος οὐχ οὗ δεῖ, ἀλλὰ πρὸς 15 τὸ ἔξω· τὸ δὲ πρὸς αὐτὸ τὸ ἔνδον ἦν. μαρτύριον δὲ τὸ γενόμενον μεγέθει, εἰ μὲν ἀπηρτημένον, ὡς ἕκαστον τῶν μερῶν αὐτοῦ εἶναι, ἐκεῖνα εἶναι ἕκαστα, ἀλλ' οὐκ αὐτὸ τὸ ἐξ ἀρχῆς· εἰ δ' ἔσται αὐτό, δεῖ τὰ πάντα μέρη πρὸς ἕν· ὥστε εἶναι αὐτό, ὅταν ἀμηγέπῃ ἕν, μὴ μέγα, ᾖ. 20

Enn. = w^r (= AE) B x(= RJ) U C Q

1. 3 τὸ τὸ Igal: τοῦτο Enn.   ᾗ Igal: ἡ Enn.   καὶ ἡμεῖς nos quoque   4 πολὺ praedicatum, ἕκαστον subiectum   αὐτὸ: αὐτὸν x 4 νεύειν Theiler: μένειν Enn.   6 γίνεσθαι infinitiuus affirmationis 7 ἄλλο[1]: ἄλλου x   7–8 εἰ—γίνεται sin autem aliquid, dum semper diffunditur, fit permanens, ea fit magnitudo   7 δέ τι xC: δ' ἔτι wBUQ   8 ἀεὶ: αὐτῷ x 9 γενόμενον Q   13 αὐτό: αὐτὸν RQ

γίνεται τοίνυν διὰ μὲν τὸ μέγεθος, καὶ ὅσον ἐπὶ τῷ
μεγέθει ἀπολλύμενον αὐτοῦ· ὅ τι δὲ ἔχει ἕν, ἔχει ἑαυτό.
καὶ μὴν τὸ πᾶν μέγα καὶ καλόν. ἢ ὅτι οὐκ ἀφείθη φυγεῖν
εἰς τὴν ἀπειρίαν, ἀλλὰ περιελήφθη ἑνί· καὶ καλὸν οὐ τῷ
25 μέγα, ἀλλὰ τῷ καλῷ· καὶ ἐδεήθη τοῦ καλοῦ, ὅτι ἐγένετο
μέγα. ἐπεὶ ἔρημον ὂν τοῦτο, ὅσῳ μέγα, τόσῳ ἂν κατεφάνη
αἰσχρόν· καὶ οὕτω τὸ μέγα ὕλη τοῦ καλοῦ, ὅτι πολὺ τὸ
δεόμενον κόσμου. μᾶλλον οὖν ἄκοσμον τὸ μέγα καὶ μᾶλλον
αἰσχρόν.

2. Τί οὖν ἐπὶ τοῦ λεγομένου ἀριθμοῦ τῆς ἀπειρίας;
ἀλλὰ πρῶτον πῶς ἀριθμός, εἰ ἄπειρος; οὔτε γὰρ τὰ
αἰσθητὰ ἄπειρα, ὥστε οὐδὲ ὁ ἐπ' αὐτοῖς ἀριθμός,
οὔτε ὁ ἀριθμῶν τὴν ἀπειρίαν ἀριθμεῖ· ἀλλὰ κἂν διπλά-
5 σια ἢ πολλαπλάσια ποιῇ, ὁρίζει ταῦτα, κἂν πρὸς τὸ
μέλλον ἢ τὸ παρεληλυθὸς λαμβάνῃ ἢ καὶ ὁμοῦ, ὁρίζει
ταῦτα. ἆρ' οὖν οὐχ ἁπλῶς ἄπειρος, οὕτω δέ, ὥστε ἀεὶ
ἐξεῖναι λαμβάνειν; ἢ οὐκ ἐπὶ τῷ ἀριθμοῦντι τὸ γεννᾶν,
ἀλλ' ἤδη ὥρισται καὶ ἔστηκεν. ἢ ἐν μὲν τῷ νοητῷ ὥσπερ
10 τὰ ὄντα οὕτω καὶ ὁ ἀριθμὸς ὡρισμένος ὅσος τὰ ὄντα. ἡμεῖς
δὲ ὡς τὸν ἄνθρωπον πολλὰ ποιοῦμεν ἐφαρμόζοντες πολλά-
κις καὶ τὸ καλὸν καὶ τὰ ἄλλα, οὕτω μετὰ τοῦ εἰδώλου
ἑκάστου καὶ εἴδωλον ἀριθμοῦ συναπογεννῶμεν, καὶ ὡς τὸ
ἄστυ πολλαπλασιοῦμεν οὐχ ὑφεστὸς οὕτως, τὸν αὐτὸν
15 τρόπον καὶ τοὺς ἀριθμοὺς πολυπλασίους ποιοῦμεν· καὶ εἰ
τοὺς χρόνους δὲ ἀριθμοῖμεν, ἀφ' ὧν ἔχομεν ἀριθμῶν
ἐπάγομεν ἐπὶ τοὺς χρόνους μενόντων ἐν ἡμῖν ἐκείνων.

2. 1 cf. Plat. *Parm.* 144 a 6; Aristot. *Phys.* Γ 4. 203ᵇ24; *Metaph.* M 8.
1083ᵇ36-7   7-8 cf. Aristot. *Phys.* Γ 6. 206ᵇ16-18   14 πολλαπλασιοῦμεν
cf. ibid. Γ 8. 208ᵃ17

1. 21-2 γίνεται—αὐτοῦ fit igitur ob magnitudinem, et quantum eius consistit in
magnitudine, est interiens   22 ὅ τι H–S¹: ὅτι omnes editores   26 τοῦτο
(nempe τὸ πᾶν lin. 23) Enn.: τούτου (nempe τοῦ καλοῦ, sed facile subauditur)
Creuzer   τόσῳ: τοσούτῳ w   2. 5 πρὸς aduerbium   12-13 μετὰ—
ἑκάστου cum simulacro cuiusque

3. Ἀλλὰ τὸ ἄπειρον δὴ τοῦτο πῶς ὑφέστηκεν ὂν ἄπει-
ρον; ὃ γὰρ ὑφέστηκε καὶ ἔστιν, ἀριθμῷ κατείληπται ἤδη.
ἀλλὰ πρότερον, εἰ ἐν τοῖς οὖσιν ὄντως πλῆθος, πῶς
κακὸν τὸ πλῆθος; ἢ ὅτι ἤνωται τὸ πλῆθος καὶ κεκώλυται
πάντῃ πλῆθος εἶναι ἓν ὂν πλῆθος. καὶ διὰ τοῦτο δὲ 5
ἐλαττοῦται τοῦ ἑνός, ὅτι πλῆθος ἔχει, καὶ ὅσον πρὸς τὸ ἓν
χεῖρον· καὶ οὐκ ἔχον δὲ τὴν φύσιν ἐκείνου, ἀλλὰ ἐκβε-
βηκός, ἠλάττωται, τῷ δ' ἑνὶ παρ' ἐκείνῳ τὸ σεμνὸν ἔχει,
καὶ ἀνέστρεψε δὲ τὸ πλῆθος εἰς ἓν καὶ ἔμεινεν. ἀλλ' ἡ
ἀπειρία πῶς; ἡ γὰρ οὖσα ἐν τοῖς οὖσιν ἤδη ὥρισται, ἢ εἰ 10
μὴ ὥρισται, οὐκ ἐν τοῖς οὖσιν, ἀλλ' ἐν τοῖς γινομένοις
ἴσως, ὡς κἂν τῷ χρόνῳ. ἢ κἂν ὁρισθῇ, τούτῳ γε ἄπειρος·
οὐ γὰρ τὸ πέρας, ἀλλὰ τὸ ἄπειρον ὁρίζεται· οὐ γὰρ δὴ ἄλλο
τι μεταξὺ πέρατος καὶ ἀπείρου, ὃ τὴν τοῦ ὅρου δέχεται
φύσιν. τοῦτο δὴ τὸ ἄπειρον φεύγει μὲν αὐτὸ τὴν τοῦ πέρα- 15
τος ἰδέαν, ἁλίσκεται δὲ περιληφθὲν ἔξωθεν. φεύγει δὲ
οὐκ εἰς τόπον ἄλλον ἐξ ἑτέρου· οὐ γὰρ οὐδ' ἔχει τόπον·
ἀλλ' ὅταν ἁλῷ, ὑπέστη τόπος. διὸ οὐδὲ τὴν λεγομένην
κίνησιν αὐτῆς τοπικὴν θετέον οὐδέ τινα ἄλλην τῶν λεγο-
μένων αὐτῇ παρ' αὐτῆς ὑπάρχειν· ὥστε οὐδ' ἂν κινοῖτο. 20
ἀλλ' οὐδ' ἔστηκεν αὖ· ποῦ γὰρ τοῦ ποῦ ὕστερον γενομένου;
ἀλλ' ἔοικεν ἡ κίνησις αὐτῆς τῆς ἀπειρίας οὕτω λέγεσθαι,
ὅτι μὴ μένει. ἆρ' οὖν οὕτως ἔχει, ὡς μετέωρος εἶναι ἐν
τῷ αὐτῷ, ἢ αἰωρεῖσθαι ἐκεῖσε καὶ δεῦρο; οὐδαμῶς· ἄμφω

---

3. 5 cf. Plat. *Parm.* 143 a 2   8 cf. Plat. *Soph.* 249 a 1 et VI. 7. 37.
6-7   11-12 cf. Aristot. *Phys.* Γ 7. 207ᵇ14-15   19-20 cf. e.g.
ibid. *E* 1. 225ᵇ7-9   22-3 cf. ibid. Γ 7. 207ᵇ14

3. 5 ἓν ὂν πλῆθος cum unita sit multitudo   6-9 subiectum τὰ ὄντα (cf.
lin. 3) uel ὁ νοῦς   6-7 καὶ—χεῖρον et, quantum ad unum, est deterius
8 τῷ δ' ἑνὶ παρ' ἐκείνῳ sed per unum prope illud   ἐκείνῳ: ἐκεῖνο Q; ἐκεί-
νου Kirchhoff   9 ἀνέστρεψε transitiuum   12 κἂν Igal: καὶ Enn.
18-19 τὴν—τοπικὴν obiectum ad θετέον   19 αὐτῆς scil. τῆς ἀπειρίας
19 ἄλλην scil. κίνησιν   21 γενομένου EᵖᶜxU: γινομένου AEᵃᶜBCQ
22 τῆς ἀπειρίας del. Kirchhoff   24 οὐδαμῶς negatur utrumque

25 γὰρ πρὸς τὸν αὐτὸν τόπον κρίνεται, τό τε μετέωρον οὐ
παρεγκλῖνον [πρὸς τὸν αὐτὸν τόπον] καὶ τὸ παρεγκλῖνον. τί
ἂν οὖν τις ἐπινοήσειεν αὐτήν; ἢ χωρίσας τὸ εἶδος τῇ δια-
νοίᾳ. τί οὖν νοήσει; ἢ τὰ ἐναντία ἅμα καὶ οὐ τὰ ἐναντία·
καὶ γὰρ μέγα καὶ σμικρὸν νοήσει—γίνεται γὰρ ἄμφω—καὶ
30 ἑστὼς καὶ κινούμενον—καὶ γὰρ ταῦτα γίνεται. ἀλλὰ πρὸ
τοῦ γίνεσθαι δῆλον, ὅτι οὐδέτερον ὡρισμένως· εἰ δὲ μή,
ὥρισας. εἰ οὖν ἄπειρος καὶ ταῦτα ἀπείρως καὶ ἀορίστως,
φαντασθείη γ᾽ ἂν ἑκάτερα. καὶ προσελθὼν ἐγγὺς μὴ ἐπι-
βάλλων τι πέρας ὥσπερ δίκτυον ὑπεκφεύγουσαν ἕξεις καὶ
35 οὐδὲ ἓν εὑρήσεις· ἤδη γὰρ ὥρισας. ἀλλ᾽ εἴ τῳ προσέλ-
θοις ὡς ἑνί, πολλὰ φανεῖται· κἂν πολλὰ εἴπῃς, πάλιν
αὖ ψεύσῃ· οὐκ ὄντος γὰρ ἑκάστου ἑνὸς οὐδὲ πολλὰ τὰ
πάντα. καὶ αὕτη ἡ φύσις αὐτῆς καθ᾽ ἕτερον τῶν φαντασ-
μάτων κίνησις, καί, καθὸ προσῆλθεν ἡ φαντασία, στάσις.
40 καὶ τὸ μὴ δύνασθαι δι᾽ αὐτῆς αὐτὴν ἰδεῖν, κίνησις ἀπὸ
νοῦ καὶ ἀπολίσθησις· τὸ δὲ μὴ ἀποδρᾶναι ἔχειν, εἴργεσθαι
δὲ ἔξωθεν καὶ κύκλῳ καὶ μὴ ἐξεῖναι προχωρεῖν, στάσις ἂν
εἴη· ὥστε μὴ μόνον ἐξεῖναι κινεῖσθαι λέγειν.

4. Περὶ δὲ τῶν ἀριθμῶν ὅπως ἔχουσιν ἐν τῷ νοητῷ
σκεπτέον, πότερα ὡς ἐπιγινομένων τοῖς ἄλλοις εἴδεσιν ἢ
καὶ παρακολουθούντων ἀεί· οἷον ἐπειδὴ τὸ ὂν τοιοῦτον
οἷον πρῶτον αὐτὸ εἶναι, ἐνοήσαμεν μονάδα, εἶτ᾽ ἐπεὶ
5 κίνησις ἐξ αὐτοῦ καὶ στάσις, τρία ἤδη, καὶ ἐφ᾽ ἑκάστου
τῶν ἄλλων ἕκαστον. ἢ οὐχ οὕτως, ἀλλὰ συνεγεννήθη
ἑκάστῳ μονὰς μία, ἢ ἐπὶ μὲν τοῦ πρώτου ὄντος μονάς,

3. 25-6 cf. e.g. Anaximander *Fr.* A 11, p. 84. 6-7 et A 26, p. 88. 6
26 τὸ παρεγκλῖνον cf. Epicurus *Fr.* 280 Usener   29 cf. Plat. apud
Aristot. *Phys.* Γ 4. 203ᵃ15-16 et *Metaph.* A 6. 987ᵇ26   **4.** 2-3 cf. VI.
6. 5. 1-4   3-5 cf. Plat. *Soph.* 250 b 7-8 et 254 d 4-5   6-9 cf. VI. 6. 5.
41-51

3. 26 πρὸς—τόπον del. Kirchhoff   33 γ᾽ ἂν wBUQ: γὰρ xC
35 οὐδὲ: οὐδὲν U Creuzer   42 προσχωρεῖν w   **4.** 5 ἤδη EᵃᶜU: εἴδη
AEᵖᶜBxCQ   6 τῶν ἄλλων (ὅλων x) scil. ἀριθμῶν

ἐπὶ δὲ τοῦ μετ' ἐκεῖνο, εἰ τάξις ἐστί, δυὰς ἢ καὶ ὅσον τὸ
πλῆθος ἑκάστου, οἷον εἰ δέκα, δεκάς. ἢ οὐχ οὕτως, ἀλλ'
αὐτὸς ἐφ' ἑαυτοῦ ὁ ἀριθμὸς ἐνοήθη· καὶ εἰ οὕτως, πότερα 10
πρότερος τῶν ἄλλων, ἢ ὕστερος. ὁ μὲν οὖν Πλάτων εἰς
ἔννοιαν ἀριθμοῦ τοὺς ἀνθρώπους ἐληλυθέναι εἰπὼν ἡμερῶν
πρὸς νύκτας τῇ παραλλαγῇ, τῇ τῶν πραγμάτων ἑτερότητι
διδοὺς τὴν νόησιν, τάχ' ἂν τὰ ἀριθμητὰ πρότερον δι' ἑτε-
ρότητος ποιεῖν ἀριθμὸν λέγοι, καὶ εἶναι αὐτὸν συνιστά- 15
μενον ἐν μεταβάσει ψυχῆς ἐπεξιούσης ἄλλο μετ' ἄλλο
πρᾶγμα καὶ τότε γίνεσθαι, ὅταν ἀριθμῇ ψυχή· τοῦτο δ'
ἐστίν, ὅταν αὐτὰ διεξίῃ καὶ λέγῃ παρ' αὑτῇ ἄλλο, τὸ δὲ
ἄλλο, ὡς, ἕως γε ταὐτόν τι καὶ μὴ ἕτερον μετ' αὐτὸ νοεῖ,
ἓν λεγούσης. ἀλλὰ μὴν ὅταν λέγῃ "ἐν τῷ ἀληθινῷ 20
ἀριθμῷ" καὶ τὸν ἀριθμὸν ἐν οὐσίᾳ, πάλιν αὖ ὑπόστασίν
τινα ἂν ἀφ' ἑαυτοῦ τοῦ ἀριθμοῦ λέγοι καὶ οὐκ ἐν τῇ ἀριθ-
μούσῃ ὑφίστασθαι ψυχῇ, ἀλλὰ ἀνακινεῖσθαι ἐν ἑαυτῇ ἐκ
τῆς περὶ τὰ αἰσθητὰ παραλλαγῆς τὴν ἔννοιαν τοῦ ἀριθμοῦ.

5. Τίς οὖν ἡ φύσις αὐτοῦ; ἆρα παρακολούθημα καὶ
οἷον ἐπιθεωρούμενον ἑκάστῃ οὐσίᾳ, οἷον ἄνθρωπος καὶ εἷς
ἄνθρωπος, καὶ ὂν καὶ ἓν ὄν, καὶ τὰ πάντα ἕκαστα τὰ νοητὰ
καὶ πᾶς ὁ ἀριθμός; ἀλλὰ πῶς δυὰς καὶ τριὰς καὶ πῶς τὰ
πάντα καθ' ἓν καὶ ὁ τοιοῦτος ἀριθμὸς εἰς ἓν ἂν συνάγοιτο; 5

4. 9-11 cf. VI. 6. 5. 29-40   11-15 cf. Plat. Tim. 39 b 6-c 1 et
47 a 4-6   20-1 = Plat. Resp. 529 d 2-3   23-4 cf. ibid. 524 e 5
5. 1-4 cf. VI. 6. 4. 2-3   2 ἐπιθεωρούμενον cf. Sext. Emp. Pyrrh. hyp. 3. 153
2-3 cf. Aristot. Metaph. Γ 2. 1003ᵇ26-7

4. 8 ἐκεῖνον x   εἰ wBCQ; ἡ x: εἰς U   19 γε Kirchhoff: τε
Enn.   21 post ἀριθμῷ add. οὐσίαν F³ᵐᵍ (= Ficinus)   καὶ—οὐσίᾳ
intellegendum: uerbis "ἐν τῷ ἀληθινῷ ἀριθμῷ" Plato docet numerum in
essentia esse   ἐν οὐσίᾳ scil. λέγῃ   22 ἀφ' ἑαυτοῦ (a seipso) Enn.: ἐφ'
ἑαυτοῦ (in seipso) Ficinus   23 ἀνακινεῖσθαι (-καινεῖσθαι x) medium
(subiectum τὴν ψυχήν)   5. 2-4 ἄνθρωπος¹ et ὄν¹ et τὰ πάντα—νοητὰ
subiecta, εἷς ἄνθρωπος et ἓν ὄν et πᾶς ὁ ἀριθμός praedicata   2 καὶ et 3
καὶ² et 4 καὶ¹ etiam   4-5 τὰ πάντα καθ' ἓν omnia singillatim

οὕτω γὰρ ἔσται πλῆθος μὲν ἑνάδων, εἰς ἓν δὲ οὐδεὶς παρὰ
τὸ ἁπλοῦν ἕν· εἰ μή τις λέγοι, ὡς δυὰς μέν ἐστιν ἐκεῖνο τὸ
πρᾶγμα, μᾶλλον δὲ τὸ ἐπὶ τῷ πράγματι θεωρούμενον, ὃ
δύο ἔχει δυνάμεις συνειλημμένας οἷον σύνθετον εἰς ἕν.
10 ἢ οἵους ἔλεγον οἱ Πυθαγόρειοι, οἳ ἐδόκουν λέγειν ἀριθ-
μοὺς ἐκ τοῦ ἀνάλογον, οἷον δικαιοσύνην τετράδα καὶ ἄλλον
ἄλλως· ἐκείνως δὲ μᾶλλον τῷ πλήθει τοῦ πράγματος ἑνὸς
ὄντος ὅμως καὶ τὸν ἀριθμὸν συζυγῇ, τοσοῦτον ἕν, οἷον δε-
κάδα. καίτοι ἡμεῖς οὐχ οὕτω τὰ δέκα, ἀλλὰ συνάγοντες καὶ
15 τὰ διεστῶτα δέκα λέγομεν. ἢ οὕτω μὲν δέκα λέγομεν, ὅταν
δὲ ἐκ πολλῶν γίνηται ἕν, δεκάδα, ὡς κἀκεῖ οὕτως. ἀλλ' εἰ
οὕτως, ἆρ' ἔτι ὑπόστασις ἀριθμοῦ ἔσται ἐπὶ τοῖς πράγμασιν
αὐτοῦ θεωρουμένου; ἀλλὰ τί κωλύει, φαίη ἄν τις, καὶ τοῦ
λευκοῦ ἐπὶ τοῖς πράγμασι θεωρουμένου ὑπόστασιν τοῦ λευ-
20 κοῦ ἐν τοῖς πράγμασιν εἶναι; ἐπεὶ καὶ κινήσεως ἐπὶ τῷ
ὄντι θεωρουμένης ὑπόστασις ἦν κινήσεως ἐν τῷ ὄντι οὔσης.
[ὁ δ' ἀριθμὸς οὐχ ὡς ἡ κίνησις] ἀλλ' ὅτι ἡ κίνησίς τι,
οὕτως ἓν ἐπ' αὐτῆς ἐθεωρήθη· ⟨ὁ δ' ἀριθμὸς οὐχ ὡς ἡ κίνη-
σις⟩ λέγεται. εἶτα καὶ ἡ τοιαύτη ὑπόστασις ἀφίστησι τὸν
25 ἀριθμὸν τοῦ οὐσίαν εἶναι, συμβεβηκὸς δὲ μᾶλλον ποιεῖ. καί-
τοι οὐδὲ συμβεβηκὸς ὅλως· τὸ γὰρ συμβεβηκὸς δεῖ τι εἶναι
πρὸ τοῦ συμβεβηκέναι, κἂν ἀχώριστον ᾖ, ὅμως εἶναί τι ἐφ'
ἑαυτοῦ φύσιν τινά, ὡς τὸ λευκόν, καὶ κατηγορεῖσθαι κατ'
ἄλλου ἤδη ὂν ὃ κατηγορηθήσεται. ὥστε, εἰ περὶ ἕκαστον
30 τὸ ἓν καὶ οὐ ταὐτὸν τῷ ἀνθρώπῳ τὸ "εἷς ἄνθρωπος",

5. 10–12 cf. Aristot. *Metaph. A* 5. 985ᵇ29   24 λέγεται cf. ibid. *B* 5.
1001ᵇ26–31   29–40 cf. VI. 6. 4. 9–11

5. 6 οὐδεὶς scil. ἀριθμός   7 τὸ ἁπλοῦν ἕν non prima hypostasis
10 οἳ wRCᵍ: ἢ BJUCQ   12 ἐκείνως spectat ad lin. 7–9   13 ὅμως
cum sequentibus coniungendum   συζυγῇ (scil. λέγει, subiectum 7 τις):
συζυγεῖ w   τοσοῦτον ἕν scil. ὅσος ὁ ἀριθμός   16 κἀκεῖ spectat ad
12 ἐκείνως   22 ὁ: οὐ x   ὁ—κίνησις post 23 ἐθεωρήθη transp. Igal

ἀλλ' ἕτερον τὸ ἓν τοῦ ἀνθρώπου καὶ κοινὸν τὸ ἓν καὶ ἐφ'
ἑκάστου τῶν ἄλλων, πρότερον ἂν εἴη τὸ ἓν τοῦ ἀνθρώπου
καὶ ἑκάστου τῶν ἄλλων, ἵνα καὶ ὁ ἄνθρωπος καὶ ἕκαστον
τῶν ἄλλων τύχῃ ἕκαστον τοῦ ἓν εἶναι. καὶ πρὸ κινήσεως
τοίνυν, εἴπερ καὶ ἡ κίνησις ἕν, καὶ πρὸ τοῦ ὄντος, ἵνα   35
καὶ αὐτὸ τοῦ ἓν εἶναι τύχῃ· λέγω δὲ οὐ τὸ ἓν ἐκεῖνο, ὃ δὴ
ἐπέκεινα τοῦ ὄντος φαμέν, ἀλλὰ καὶ τοῦτο τὸ ἓν ὃ
κατηγορεῖται τῶν εἰδῶν ἑκάστου. καὶ δεκὰς τοίνυν πρὸ τοῦ
καθ' οὗ κατηγορεῖται δεκάς· καὶ τοῦτο ἔσται αὐτοδεκάς· οὐ
γὰρ δὴ ᾧ πράγματι ἐπιθεωρεῖται δεκὰς αὐτοδεκὰς ἔσται.   40
ἀλλ' ἆρα συνεγένετο καὶ συνέστη τοῖς οὖσιν; ἀλλ' εἰ συν-
εγεννήθη ὡς μὲν συμβεβηκός, οἷον τῷ ἀνθρώπῳ ὑγίεια—
δεῖ καὶ καθ' αὐτὸ ὑγίειαν εἶναι. καὶ εἰ ὡς στοιχεῖον δὲ συν-
θέτου τὸ ἕν, δεῖ πρότερον εἶναι ἓν αὐτὸ τὸ ἕν, ἵνα σὺν ἄλλῳ·
εἶτα [εἰ πρότερον εἶναι] συμμιχθὲν ἄλλῳ τῷ γενομένῳ δι'   45
αὐτὸ ἓν ἐκεῖνο ποιήσει ψευδῶς ἕν, δύο ποιοῦν αὐτό. ἐπὶ
δὲ τῆς δεκάδος πῶς; τί γὰρ δεῖ ἐκείνῳ τῆς δεκάδος, ὃ ἔσται
διὰ τὴν τοσαύτην δύναμιν δεκάς; ἀλλ' εἰ εἰδοποιήσει αὐτὸ
ὥσπερ ὕλην καὶ ἔσται παρουσίᾳ δεκάδος δέκα καὶ δεκάς,
δεῖ πρότερον ἐφ' ἑαυτῆς τὴν δεκάδα οὐκ ἄλλο τι οὖσαν ἢ   50
δεκάδα μόνον εἶναι.

6. Ἀλλ' εἰ ἄνευ τῶν πραγμάτων τὸ ἓν αὐτὸ καὶ ἡ δεκὰς
αὐτή, εἶτα τὰ πράγματα τὰ νοητὰ μετὰ τὸ εἶναι ὅπερ
ἐστὶ τὰ μὲν ἑνάδες ἔσονται, τὰ δὲ καὶ δυάδες καὶ τριάδες,
τίς ἂν εἴη ἡ φύσις αὐτῶν καὶ πῶς συστᾶσα; λόγῳ δὲ δεῖ

---

5. 37 = Plat. *Resp.* 509 b 9   41-51 cf. VI. 6. 4. 6-9   43-4 cf.
Plat. *Parm.* 145 e 3-5

---

5. 32 ἄλλων: ὅλων x   33 καί³ wBUCQˢ: om. xQ   37 καί del.
Kirchhoff, sed hoc quoque ἕν ante ὄν   41 συνεγένετο subiectum τοῦτο
τὸ ἕν   43 ὑγίειαν del. Kirchhoff   44 ἓν αὐτὸ praedicatum, τὸ ἕν²
subiectum   45 εἰ πρότερον εἶναι del. Kirchhoff   6. 1 ἓν αὐτὸ
wBUCQ: ἓν αὐτῇ x   2 εἶτα: εἰ x   4 et 5 αὐτῶν (bis) i.e. τῶν νοητῶν

5 νομίζειν τὴν γένεσιν αὐτῶν ποιεῖσθαι. πρῶτον τοίνυν δεῖ
λαβεῖν τὴν οὐσίαν καθόλου τῶν εἰδῶν, ὅτι ἐστὶν οὐχὶ νοή-
σαντος ἕκαστον τοῦ νενοηκότος, εἶτ᾽ αὐτῇ τῇ νοήσει τὴν
ὑπόστασιν αὐτῶν παρασχομένου. οὐ γάρ, ὅτι ἐνόησε τί
ποτ᾽ ἐστὶ δικαιοσύνη, δικαιοσύνη ἐγένετο, οὐδ᾽ ὅτι ἐνόησε
10 τί ποτ᾽ ἐστὶ κίνησις, κίνησις ὑπέστη. οὕτω γὰρ ἔμελλε
τοῦτο τὸ νόημα καὶ ὕστερον εἶναι τοῦ πράγματος αὐτοῦ τοῦ
νοηθέντος—δικαιοσύνης αὐτῆς ἡ νόησις αὐτῆς—καὶ πάλιν
αὖ ἡ νόησις προτέρα τοῦ ἐκ τῆς νοήσεως ὑποστάντος, εἰ
τῷ νενοηκέναι ὑπέστη. εἰ δὲ τῇ νοήσει τῇ τοιαύτῃ ταὐτὸν
15 ἡ δικαιοσύνη, πρῶτον μὲν ἄτοπον μηδὲν εἶναι δικαιο-
σύνην ἢ τὸν οἷον ὁρισμὸν αὐτῆς· τί γάρ ἐστι τὸ νενοηκέναι
δικαιοσύνην ἢ κίνησιν ἢ τὸ τί ἐστιν αὐτῶν λαβόντα; τοῦτο
δὲ ταὐτὸν τῷ μὴ ὑφεστῶτος πράγματος λόγον λαβεῖν,
ὅπερ ἀδύνατον. εἰ δέ τις λέγοι, ὡς ἐπὶ τῶν ἄνευ ὕλης τὸ
20 αὐτό ἐστιν ἡ ἐπιστήμη τῷ πράγματι, ἐκείνως χρὴ
νοεῖν τὸ λεγόμενον, ὡς οὐ τὴν ἐπιστήμην τὸ πρᾶγμα λέγει
εἶναι οὐδὲ τὸν λόγον τὸν θεωροῦντα τὸ πρᾶγμα αὐτὸ τὸ
πρᾶγμα, ἀλλὰ ἀνάπαλιν τὸ πρᾶγμα αὐτὸ ἄνευ ὕλης ὂν νοητόν
τε καὶ νόησιν εἶναι, οὐχ οἵαν λόγον εἶναι τοῦ πράγματος
25 οὐδ᾽ ἐπιβολὴν πρὸς αὐτό, ἀλλ᾽ αὐτὸ τὸ πρᾶγμα ἐν τῷ νοητῷ
ὂν τί ἄλλο ἢ νοῦν καὶ ἐπιστήμην εἶναι; οὐ γὰρ ἡ ἐπιστήμη
πρὸς αὐτήν, ἀλλὰ τὸ πρᾶγμα ἐκεῖ τὴν ἐπιστήμην οὐ μένου-
σαν, οἷα ἐστὶν ἡ τοῦ ἐν ὕλῃ πράγματος, ἑτέραν ἐποίησεν
εἶναι· τοῦτο δ᾽ ἐστὶν ἀληθινὴν ἐπιστήμην· τοῦτο δ᾽ ἐστὶν
30 οὐκ εἰκόνα τοῦ πράγματος, ἀλλὰ τὸ πρᾶγμα αὐτό. ἡ νόησις
τοίνυν τῆς κινήσεως οὐ πεποίηκεν αὐτοκίνησιν, ἀλλ᾽ ἡ
αὐτοκίνησις πεποίηκε τὴν νόησιν, ὥστε αὐτὴ ἑαυτὴν

6. 19-20 = Aristot. *De an.* Γ 5. 430ᵃ3 et Γ 7. 431ᵃ1-2

---

6. 12 δικαιοσύνης –αὐτῆς² scil. ὑστέρα ἔμελλε εἶναι   16-17 τί . . ῇ² *quid
aliud . . atque*   17 λαβόντα (scil. νενοηκέναι) *Enn.:* λαβεῖν Volkmann
20 ἐστιν ἡ: φησιν x   26 ὂν τί: οὔτι Igal, sed cf. 23 ὂν   32 ἑαυτῇ x

κίνησιν καὶ νόησιν· ἡ γὰρ κίνησις ἡ ἐκεῖ κἀκείνου νόησις,
καὶ αὐτὸ δὲ κίνησις, ὅτι πρώτη—οὐ γὰρ ἄλλη πρὸ αὐτῆς—
καὶ ἡ ὄντως, ὅτι μὴ συμβέβηκεν ἄλλῳ, ἀλλὰ τοῦ κινουμέ- 35
νου ἐνέργεια ὄντος ἐνεργείᾳ. ὥστε αὖ καὶ οὐσία· ἐπίνοια δὲ
τοῦ ὄντος ἑτέρα. καὶ δικαιοσύνη δὲ οὐ νόησις δικαιοσύνης,
ἀλλὰ νοῦ οἷον διάθεσις, μᾶλλον δὲ ἐνέργεια τοιάδε, ἧς ὡς
ἀληθῶς καλὸν τὸ πρόσωπον καὶ οὔτε ἕσπερος ⟨οὔτε
ἑῷος οὕτω καλὰ⟩ οὐδ᾽ ὅλως τι τῶν αἰσθητῶν, ἀλλ᾽ οἷον 40
ἄγαλμά τι νοερόν, οἷον ἐξ αὐτοῦ ἑστηκὸς καὶ προφανὲν
ἐν αὐτῷ, μᾶλλον δὲ ὂν ἐν αὐτῷ.

7. Ὅλως γὰρ δεῖ νοῆσαι τὰ πράγματα ἐν μιᾷ ⟨φύσει⟩ καὶ
μίαν φύσιν πάντα ἔχουσαν καὶ οἷον περιλαβοῦσαν, οὐχ ὡς
ἐν τοῖς αἰσθητοῖς ἕκαστον χωρίς, ἀλλαχοῦ ἥλιος καὶ ἄλλο
ἄλλοθι, ἀλλ᾽ ὁμοῦ ἐν ἑνὶ πάντα· αὕτη γὰρ νοῦ φύσις· ἐπεὶ
καὶ ψυχὴ οὕτω μιμεῖται καὶ ἡ λεγομένη φύσις, καθ᾽ ἣν καὶ 5
ὑφ᾽ ἧς ἕκαστα γεννᾶται ἄλλο ἄλλοθι, αὐτῆς ὁμοῦ ἑαυτῇ
οὔσης. ὁμοῦ δὲ πάντων ὄντων ἕκαστον αὖ χωρίς ἐστιν·
ἐνορᾷ δὲ αὐτὰ τὰ ἐν τῷ νῷ καὶ τῇ οὐσίᾳ ὁ [ἔχων] νοῦς οὐκ
ἐπιβλέπων, ἀλλ᾽ ἔχων, οὐδὲ χωρίζων ἕκαστον· κεχώρισται
γὰρ ἤδη ἐν αὐτῷ ἀεί. πιστούμεθα δὲ πρὸς τοὺς τεθαυμα- 10
κότας ἐκ τῶν μετειληφότων· τὸ δὲ μέγεθος αὐτοῦ καὶ τὸ
κάλλος ψυχῆς ἔρωτι πρὸς αὐτὸν καὶ τῶν ἄλλων [τὸν] εἰς
ψυχὴν ἔρωτι διὰ τὴν τοιαύτην φύσιν καὶ τῷ ἔχειν ᾗ κατά

6. 39-40 = Eur. Melanippe Fr. 486 Nauck² et Aristot. Eth. Nic. E 3.
1129ᵇ28-9, cf. I. 6. 4. 11-12   7. 4 = Anaxagoras Fr. B 1   8 cf.
Plat. Tim. 39 e 7-9   8-9 cf. Aristot. Metaph. Λ 7. 1072ᵇ22-3

6. 33 κἀκείνου i.e. καὶ τοῦ πράγματος αὐτοῦ   34 ἄλλη scil. κίνησις
39-40 ⟨οὔτε²— καλὰ⟩ Kirchhoff ex I. 6. 4. 11-12   42 ἐν¹ om. x
7. 1 ⟨φύσει⟩ Müller   2 πάντα: πανταχοῦ w   8 ἔχων del. Theiler,
defendit Igal   9 κεχώρισται subiectum πάντα   11-12 τὸ κάλλος
scil. αὐτοῦ, ψυχῆς cum ἔρωτι coniungendum   12 αὐτὸν Kirchhoff: αὐτὸ
Enn.   τὸν (deleuimus ut correctionem ad αὐτὸ falso hic insertam)
EBxUQ: τῶν AC   13 ἔρωτι Sleeman: ἔρωτα Enn.   φύσιν scil. τοῦ
νοῦ   13-14 τῷ—ὡμοίωται eo quod alia habent qua assimulata sunt
quadamtenus   13 ᾗ BRU: ᾗ wJCQ

τι ὡμοίωται. καὶ γὰρ δὴ καὶ ἄτοπον εἶναί τι ζῷον καλὸν
15 αὐτοζῴου μὴ θαυμαστοῦ τὸ κάλλος καὶ ἀφαύστου ὄντος. τὸ
δὴ παντελὲς ζῷον ἐκ πάντων ζῴων ὄν, μᾶλλον δὲ ἐν
αὐτῷ τὰ πάντα ζῷα περιέχον καὶ ἓν ὂν τοσοῦτον,
ὅσα τὰ πάντα, ὥσπερ καὶ τόδε τὸ πᾶν ἓν ὂν καὶ πᾶν τὸ
ὁρατὸν περιέχον πάντα τὰ ἐν τῷ ὁρατῷ.

8. Ἐπειδὴ τοίνυν καὶ ζῷον πρώτως ἐστὶ καὶ διὰ τοῦτο
αὐτοζῷον καὶ νοῦς ἐστι καὶ οὐσία ἡ ὄντως καί φαμεν ἔχειν
καὶ ζῷα τὰ πάντα καὶ ἀριθμὸν τὸν σύμπαντα καὶ δίκαιον
αὐτὸ καὶ καλὸν καὶ ὅσα ἄλλα τοιαῦτα—ἄλλως γὰρ αὐτο-
5 άνθρωπόν φαμεν καὶ ἀριθμὸν αὐτὸ καὶ δίκαιον αὐτό—
σκεπτέον πῶς τούτων ἕκαστον καὶ τί ὄν, εἰς ὅσον οἷόν τέ τι
εὑρεῖν περὶ τούτων. πρῶτον τοίνυν ἀφετέον πᾶσαν αἴσθησιν
καὶ νοῦν νῷ θεωρητέον καὶ ἐνθυμητέον, ὡς καὶ ἐν ἡμῖν
ζωὴ καὶ νοῦς οὐκ ἐν ὄγκῳ, ἀλλ' ἐν δυνάμει ἀόγκῳ, καὶ τὴν
10 ἀληθινὴν οὐσίαν ἐκδεδυκέναι ταῦτα καὶ δύναμιν εἶναι ἐφ'
ἑαυτῆς βεβῶσαν, οὐκ ἀμενηνόν τι χρῆμα, ἀλλὰ πάντων
ζωτικωτάτην καὶ νοερωτάτην, ἧς οὔτε ζωτικώτερον οὔτε
νοερώτερον οὔτε οὐσιωδέστερον, οὗ τὸ ἐφαψάμενον ἔχει
ταῦτα κατὰ λόγον τῆς ἐπαφῆς, τὸ μὲν ἐγγὺς ἐγγυτέρω,
15 τὸ δὲ πόρρω πορρωτέρω. εἴπερ οὖν ἐφετὸν τὸ εἶναι, τὸ
μάλιστα ὂν μᾶλλον ὅ τε μάλιστα νοῦς, εἴπερ τὸ νοεῖν ὅλως·
καὶ τὸ τῆς ζωῆς ὡσαύτως. εἰ δὴ τὸ ὂν πρῶτον δεῖ λαβεῖν
πρῶτον ὄν, εἶτα νοῦν, εἶτα τὸ ζῷον—τοῦτο γὰρ ἤδη πάντα
δοκεῖ περιέχειν—ὁ δὲ νοῦς δεύτερον—ἐνέργεια γὰρ τῆς
20 οὐσίας—οὔτ' ἂν κατὰ τὸ ζῷον ὁ ἀριθμὸς εἴη—ἤδη γὰρ καὶ

7. 16-17 = Plat. Tim. 31 b 1 et 30 c 7-8 et 31 a 4   8. 2 cf. Plat. Soph.
248 a 11   11 ἀμενηνόν cf. Hom. κ 521   18 cf. Plat. Tim.
39 e 7-8   18-19 = ibid. 31 a 4

7. 15 ἀφαύστου inexplanabilis   8. 4-5 ἄλλως γὰρ αὐτοάνθρωπον
intellegendum: aliter αὐτοάνθρωπος atque ἄνθρωπος   5 αὐτὸ[1] cf. αὐτὸ
δὲ ἄνθρωπος VI. 5. 6. 11   12 οὔτε[1] ⟨τι⟩ Kirchhoff

πρὸ αὐτοῦ καὶ ἓν καὶ δύο ἦν—οὔτε κατὰ τὸν νοῦν—πρὸ γὰρ
αὐτοῦ ἡ οὐσία ἓν οὖσα καὶ πολλὰ ἦν.

9. Λείπεται τοίνυν θεωρεῖν, πότερα ἡ οὐσία τὸν ἀριθ-
μὸν ἐγέννησε τῷ αὐτῆς μερισμῷ, ἢ ὁ ἀριθμὸς ἐμέρισε
τὴν οὐσίαν· καὶ δὴ καὶ ἡ οὐσία καὶ κίνησις καὶ στάσις
καὶ ταὐτὸν καὶ ἕτερον αὐτὰ τὸν ἀριθμὸν ἢ ὁ ἀριθμὸς ταῦ-
τα. ἀρχὴ δὲ τῆς σκέψεως· ἆρ' οἷόν τε ἀριθμὸν εἶναι 5
ἐφ' ἑαυτοῦ ἢ δεῖ καὶ τὰ δύο ἐπὶ δυσὶ πράγμασι θεω-
ρεῖσθαι καὶ τρία ὡσαύτως; καὶ δὴ καὶ τὸ ἓν τὸ ἐν τοῖς
ἀριθμοῖς; εἰ γὰρ ἐφ' ἑαυτοῦ ἄνευ τῶν ἀριθμητῶν δύναιτο
εἶναι, πρὸ τῶν ὄντων δύναιτο ἂν εἶναι. ἆρ' οὖν καὶ πρὸ
τοῦ ὄντος; ἢ τοῦτο ἐατέον καὶ πρὸ ἀριθμοῦ ἐν τῷ παρόντι 10
καὶ δοτέον ἀριθμὸν ἐξ ὄντος γίνεσθαι. ἀλλ' εἰ τὸ ὂν ἓν ὄν
ἐστι καὶ τὰ δύο ὄντα δύο ὄντα ἐστί, προηγήσεται τοῦ
τε ὄντος τὸ ἓν καὶ ὁ ἀριθμὸς τῶν ὄντων. ἆρ' οὖν τῇ ἐπι-
νοίᾳ καὶ τῇ ἐπιβολῇ ἢ καὶ τῇ ὑποστάσει; σκεπτέον δὲ ὧδε·
ὅταν τις ἄνθρωπον ἕνα νοῇ καὶ καλὸν ἕν, ὕστερον 15
δήπου τὸ ἓν νοεῖ ἐφ' ἑκατέρῳ· καὶ δὴ καὶ ὅταν ἵππον καὶ
κύνα, καὶ δὴ σαφῶς τὰ δύο ἐνταῦθα ὕστερον. ἀλλ' εἰ γεν-
νώῃ ἄνθρωπον καὶ γεννώῃ ἵππον καὶ κύνα ἢ ἐν αὐτῷ ὄντας
προφέροι καὶ μὴ κατὰ τὸ ἐπελθὸν μήτε γεννώῃ μήτε προ-
φέροι, ἆρ' οὐκ ἐρεῖ· "εἰς ἓν ἰτέον καὶ μετιτέον εἰς ἄλλο 20
ἓν καὶ δύο ποιητέον καὶ μετ' ἐμοῦ καὶ ἄλλο ποιητέον";
καὶ μὴν οὐδὲ τὰ ὄντα, ὅτε ἐγένετο, ἠριθμήθη· ἀλλ' ὅσα ἔδει
γενέσθαι δῆλον ἦν [ὅσα ἔδει]. πᾶς ἄρα ὁ ἀριθμὸς ἦν πρὸ
αὐτῶν τῶν ὄντων. ἀλλ' εἰ πρὸ τῶν ὄντων, οὐκ ἦν ὄντα. ἢ
ἦν ἐν τῷ ὄντι, οὐκ ἀριθμὸς ὢν τοῦ ὄντος—ἓν γὰρ ἦν ἔτι τὸ 25
ὄν—ἀλλ' ἡ τοῦ ἀριθμοῦ δύναμις ὑποστᾶσα ἐμέρισε τὸ ὂν καὶ

---

9. 3-4 cf. Plat. *Soph.* 254 d-255 a   15 = Plat. *Phileb.* 15 a 4-5

9. 10 τοῦτο scil. τὸ ὄν Igal recte   11-12 εἰ—ἐστί si, quod est, est, quia
unum, et, quae duo sunt, sunt, quia duo   15 ἕνα Plat. *Phileb.* 15 a 4: ὄντα
Enn.   21 μετ' ἐμοῦ meis uiribus   22 ἔδει Harder: δεῖ Enn.
23 ὅσα ἔδει ut correctionem ad 22 ὅσα δεῖ del. Harder   24 ἢ immo

οἷον ὠδίνειν ἐποίησεν αὐτὸν τὸ πλῆθος. ἢ γὰρ ἡ οὐσία αὐτοῦ
ἢ ἡ ἐνέργεια ὁ ἀριθμὸς ἔσται, καὶ τὸ ζῷον αὐτὸ καὶ ὁ νοῦς
ἀριθμός. ἆρ' οὖν τὸ μὲν ὂν·ἀριθμὸς ἡνωμένος, τὰ δὲ ὄντα
30 ἐξεληλιγμένος ἀριθμός, νοῦς δὲ ἀριθμὸς ἐν ἑαυτῷ κινού-
μενος, τὸ δὲ ζῷον ἀριθμὸς περιέχων; ἐπεὶ καὶ ἀπὸ τοῦ
ἑνὸς γενόμενον τὸ ὄν, ὡς ἦν ἓν ἐκεῖνο, δεῖ αὐτὸ οὕτως
ἀριθμὸν εἶναι· διὸ καὶ τὰ εἴδη ἔλεγον καὶ ἑνάδας καὶ ἀριθ-
μούς. καὶ οὗτός ἐστιν ὁ οὐσιώδης ἀριθμός· ἄλλος δὲ ὁ
35 μοναδικὸς λεγόμενος εἴδωλον τούτου. ὁ δὲ οὐσιώδης ὁ μὲν
ἐπιθεωρούμενος τοῖς εἴδεσι καὶ συγγεννῶν αὐτά, πρώτως
δὲ ὁ ἐν τῷ ὄντι καὶ μετὰ τοῦ ὄντος καὶ πρὸ τῶν ὄντων.
βάσιν δὲ ἔχει τὰ ὄντα ἐν αὐτῷ καὶ πηγὴν καὶ ῥίζαν καὶ
ἀρχήν. καὶ γὰρ τῷ ὄντι τὸ ἓν ἀρχὴ καὶ ἐπὶ τούτου ἐστὶν
40 ὄν· σκεδασθείη γὰρ ἄν· ἀλλ' οὐκ ἐπὶ τῷ ὄντι τὸ ἕν· ἤδη γὰρ
ἂν εἴη ἐν πρὶν τυχεῖν τοῦ ἕν, καὶ ἤδη τὸ τυγχάνον τῆς
δεκάδος δεκὰς πρὶν τυχεῖν τῆς δεκάδος.

10. Ἑστὼς οὖν τὸ ὂν ἐν πλήθει ἀριθμός, ὅτε πολὺ μὲν
ἠγείρετο, παρασκευὴ δὲ οἷον ἦν πρὸς τὰ ὄντα καὶ προ-
τύπωσις καὶ οἷον ἑνάδες τόπον ἔχουσαι τοῖς ἐπ' αὐτὰς
ἱδρυθησομένοις. καὶ γὰρ καὶ νῦν "τοσοῦτον βούλομαι"
5 φησι "πλῆθος χρυσοῦ ἢ οἰκιῶν". καὶ ἓν μὲν ὁ χρυσός,
βούλεται δὲ οὐ τὸν ἀριθμὸν χρυσὸν ποιῆσαι, ἀλλὰ τὸν

9. 33-4 cf. Plat. Phileb. 15 a 6 et Aristot. Metaph. M 9. 1086ª12
34-5 οὐσιώδης cf. εἰδητικός Aristot. Metaph. N 2. 1088ᵇ34; μοναδικὸς cf. ibid.
M 8. 1083ᵇ16-17   38-9 cf. Plat. Phaedr. 245 c 9 et Tim. Locr. § 31,
97 e et uersus Pythagoricus apud Diels Vorsokratiker i, p. 455. 10 = Doxogr.
Gr. p. 282. 10

9. 27 αὐτὸν (i.e. τὸ ὂν idem atque τὸν νοῦν): αὐτὸ Kirchhoff   28 ὁ
ἀριθμὸς praedicatum   31-2 τοῦ ἑνὸς unius quod prius quam ὄν, non
tamen prima hypostasis, cf. VI. 6. 5. 36-8   32 ἐν praedicatum, ἐκεῖνο
i.e. τὸ ἓν subiectum   ἐν ἐκεῖνο UCᴾᶜQ: ἐν ἐκεῖνο EB: ἐν ἐκείνῳ
AxCᵃᶜ   αὐτὸν x   41 ἐν¹ praedicatum, τὸ ὂν subiectum   ἐν²:
ἑνός Q   10. 1 ἐν πλήθει cum ἑστὼς coniungendum   3 τόπον: τύπον x
5 φησί ⟨τις⟩ Page

χρυσὸν ἀριθμόν, καὶ τὸν ἀριθμὸν ἤδη ἔχων ἐπιθεῖναι ζητεῖ
τοῦτον τῷ χρυσῷ, ὥστε συμβῆναι τῷ χρυσῷ τοσούτῳ
γενέσθαι. εἰ δὲ τὰ ὄντα μὲν ἐγίνετο πρὸ ἀριθμοῦ, ὁ δ᾽
ἀριθμὸς ἐπ᾽ αὐτοῖς ἐπεθεωρεῖτο τοσαῦτα κινηθείσης τῆς   10
ἀριθμούσης φύσεως, ὅσα τὰ ἀριθμητά, κατὰ συντυχίαν ἦν
ἂν τοσαῦτα καὶ οὐ κατὰ πρόθεσιν τοσαῦτα, ὅσα ἐστίν. εἰ
οὖν μὴ εἰκῇ τοσαῦτα, ὁ ἀριθμὸς αἴτιος προὼν τοῦ τοσαῦτα·
τοῦτο δέ ἐστιν, ἤδη ὄντος ἀριθμοῦ μετέσχε τὰ γενόμενα
τοῦ τοσαῦτα, καὶ ἕκαστον μὲν τοῦ ἓν μετέσχεν, ἵνα ἓν ᾖ.   15
ἔστι δὲ ὂν παρὰ τοῦ ὄντος, ἐπεὶ καὶ τὸ ὂν παρ᾽ αὐτοῦ ὄν,
ἓν δὲ παρὰ τοῦ ἕν. ἕκαστόν τε ἕν, εἰ ὁμοῦ πολλὰ ἦν τὸ
ἓν τὸ ἐπ᾽ αὐτοῖς, ὡς τριὰς ἕν, καὶ τὰ πάντα ὄντα οὕτως ἕν,
οὐχ ὡς τὸ ἓν τὸ κατὰ τὴν μονάδα, ἀλλ᾽ ὡς ἓν ἡ μυριὰς ἢ
ἄλλος τις ἀριθμός. ἐπεὶ καὶ ὁ λέγων ἤδη πράγματα μύρια   20
γενόμενα, εἰ εἶπε μύρια ὁ ἀριθμῶν, οὐ παρ᾽ αὐτῶν φησι τὰ
μύρια προσφωνεῖσθαι δεικνύντων ὥσπερ τὰ χρώματα αὐ-
τῶν, ἀλλὰ τῆς διανοίας λεγούσης τοσαῦτα· εἰ γὰρ μὴ λέγοι,
οὐκ ἂν εἰδείη, ὅσον τὸ πλῆθος. πῶς οὖν ἐρεῖ; ἢ ἐπιστά-
μενος ἀριθμεῖν· τοῦτο δέ, εἰ ἀριθμὸν εἰδείη· εἰδείη δ᾽ ἄν,   25
εἰ εἴη ἀριθμός. ἀγνοεῖν δὲ τὴν φύσιν ἐκείνην, ὅσα ἐστὶ
τὸ πλῆθος, ἄτοπον, μᾶλλον δὲ ἀδύνατον. ὥσπερ τοίνυν εἰ
λέγοι τις ἀγαθά, ἢ τὰ παρ᾽ αὐτῶν τοιαῦτα λέγει, ἢ κατηγο-
ρεῖ τὸ ἀγαθὸν ὡς συμβεβηκὸς αὐτῶν. καὶ εἰ τὰ πρῶτα
λέγει, ὑπόστασιν λέγει τὴν πρώτην· εἰ δὲ οἷς συμβέβηκε τὸ   30
ἀγαθόν, δεῖ εἶναι φύσιν ἀγαθοῦ, ἵνα καὶ ἄλλοις συμβεβήκῃ,
ἢ τὸ αἴτιον τὸ πεποιηκὸς καὶ ἐν ἄλλῳ δεῖ εἶναι ἢ αὐτο-
αγαθὸν ἢ γεγεννηκὸς τὸ ἀγαθὸν ἐν φύσει οἰκείᾳ. οὕτως καὶ
ἐπὶ τῶν ὄντων ὁ λέγων ἀριθμόν, οἷον δεκάδα, ἢ αὐτὴν

10. 16-17 et ad ἔστι δὲ ὂν et ad ἓν δὲ subiectum ἕκαστον   17 παρὰ
τοῦ Theiler: παρ᾽ αὐτοῦ (uel αὐτοῦ) Enn.   22 προσφωνεῖσθαι (passiuum)
A: προφωνεῖσθαι EBxUCQ   δεικνύντων scil. τὰ μύρια   26 εἰ εἴη
ἀριθμός si exstat numerus   τὴν φύσιν ἐκείνην (obiectum) scil. numerum
32 ἢ Igal: ἢ Enn.   δεῖ del. Kirchhoff H–S¹   33 γεγεννηκὸς—οἰκείᾳ
quod bonum in propria natura genuit i.e. ὁ νοῦς

35 ὑφεστῶσαν δεκάδα ἂν λέγοι, ἢ οἷς συμβέβηκε δεκὰς λέγων
αὐτὴν δεκάδα ἀναγκάζοιτο ἂν τίθεσθαι ἐφ' αὑτῆς οὐκ ἄλλο
τι ἢ δεκάδα οὖσαν. ἀνάγκη τοίνυν, εἰ τὰ ὄντα δεκάδα
λέγοι, ἢ αὐτὰ δεκάδα εἶναι ἢ πρὸ αὐτῶν ἄλλην δεκάδα εἶναι
οὐκ ἄλλο τι ἢ αὐτὸ τοῦτο δεκάδα οὖσαν. καθόλου τοίνυν
40 δεκτέον, ὅτι πᾶν, ὅτιπερ ἂν κατ' ἄλλου κατηγορῆται, παρ'
ἄλλου ἐλήλυθεν εἰς ἐκεῖνο ἢ ἐνέργειά ἐστιν ἐκείνου. καὶ εἰ
τοιοῦτον, οἷον μὴ ποτὲ μὲν παρεῖναι, ποτὲ δὲ μὴ παρεῖναι,
ἀλλ' ἀεὶ μετ' ἐκείνου εἶναι, εἰ οὐσία ἐκεῖνο, οὐσία καὶ αὐτό,
καὶ οὐ μᾶλλον ἐκεῖνο ἢ αὐτὸ οὐσία· εἰ δὲ μὴ οὐσίαν διδοίη,
45 ἀλλ' οὖν τῶν ὄντων καὶ ὄν. καὶ εἰ μὲν δύναιτο τὸ πρᾶγμα
ἐκεῖνο νοεῖσθαι ἄνευ τῆς ἐνεργείας αὐτοῦ, ἅμα μὲν εἶναι
οὐδὲν ἧττον ἐκείνῳ, ὕστερον δὲ τῇ ἐπινοίᾳ τάττεσθαι παρ'
ἡμῶν. εἰ δὲ μὴ παρεπινοεῖσθαι οἷόν τε ἄνευ ἐκείνου, οἷον
ἄνθρωπον ἄνευ τοῦ ἕν, ἢ οὐχ ὕστερον αὐτοῦ, ἀλλὰ συνυπάρ-
50 χον, ἢ πρότερον αὐτοῦ, ἵνα αὐτὸ δι' ἐκεῖνο ὑπάρχῃ· ἡμεῖς
δή φαμεν πρότερον τὸ ἕν καὶ τὸν ἀριθμόν.

11. Ἀλλ' εἰ τὴν δεκάδα μηδὲν εἶναί τις λέγοι ἢ ἐνάδας
τοσαύτας, εἰ μὲν τὴν ἐνάδα συγχωροῖ εἶναι, διὰ τί μίαν
μὲν συγχωρήσει ἐνάδα εἶναι, τὰς δὲ δέκα οὐκέτι; ὡς γὰρ
ἡ μία τὴν ὑπόστασιν ἔχει, διὰ τί οὐ καὶ αἱ ἄλλαι; οὐ γὰρ
5 δὴ συνεζεῦχθαι δεῖ ἑνί τινι τῶν ὄντων τὴν μίαν ἐνάδα·
οὕτω γὰρ οὐκέτι ἕκαστον τῶν ἄλλων ἕν εἴη. ἀλλ' εἰ δεῖ
καὶ ἕκαστον τῶν ἄλλων ἕν εἶναι, κοινὸν τὸ ἕν· τοῦτο δὲ
φύσις μία κατὰ πολλῶν κατηγορουμένη, ἣν ἐλέγομεν καὶ
πρὸ τοῦ ἐν πολλοῖς θεωρεῖσθαι δεῖν καθ' αὑτὴν ὑπάρχειν.
10 οὔσης δὲ ἐνάδος ἐν τούτῳ καὶ πάλιν ἐν ἄλλῳ θεωρουμέ-

---

11. 8 ἐλέγομεν cf. VI. 6. 5. 32-6 et 10. 51

10. 36 ἂν τίθεσθαι J: ἀντιθέσθαι wBRUCQ   39 οὖσαν Kirchhoff: εἶναι
Enn. H-S¹   40 δεκτέον Sleeman: δεικτέον Enn.   42 ποτὲ δὲ Ax:
μὴ ποτὲ δὲ EBUCQ   44 διδοίη scil. τις   46 εἶναι subiectum
ἐνέργειαν   48 ἐκείνου i.e. ἐνέργεια   50 ἐκεῖνο i.e. ἐνέργεια
11. 7 καὶ om. x

νης, εἰ μὲν κἀκείνη ὑπάρχει, οὐ μία μόνον ἑνὸς τὴν ὑπό-
στασιν ἕξει καὶ οὕτως πλῆθος ἔσται ἑνάδων· εἰ δ' ἐκείνην
μόνην τὴν πρώτην, ἤτοι τῷ μάλιστα ὄντι συνοῦσαν ἢ τῷ μά-
λιστα ἑνὶ πάντῃ. ἀλλ' εἰ μὲν τῷ μάλιστα ὄντι, ὁμωνύμως
ἂν αἱ ἄλλαι ἑνάδες καὶ οὐ συνταχθήσονται τῇ πρώτῃ, ἢ ὁ 15
ἀριθμὸς ἐξ ἀνομοίων μονάδων καὶ διαφοραὶ τῶν μονάδων
καὶ καθόσον μονάδες· εἰ δὲ τῷ μάλιστα ἑνί, τί ἂν δέοιτο
τὸ μάλιστα ἕν, ἵνα ἓν ᾖ, τῆς μονάδος ταύτης; εἰ δὴ ταῦτα
ἀδύνατα, ἀνάγκη ἓν εἶναι οὐκ ἄλλο τι ὂν ἢ ἓν ψιλόν,
ἀπηρημωμένον τῇ οὐσίᾳ αὐτοῦ πρὸ τοῦ ἕκαστον ἓν λεχθῆ- 20
ναι καὶ νοηθῆναι. εἰ οὖν τὸ ἓν ἄνευ τοῦ πράγματος τοῦ
λεγομένου ἓν κἀκεῖ ἔσται, διὰ τί οὐ καὶ ἄλλο ἓν ὑποστήσε-
ται; καὶ χωρὶς μὲν ἕκαστον πολλαὶ μονάδες, ἃ καὶ πολλὰ
ἕν. εἰ δ' ἐφεξῆς οἷον γεννώῃ ἡ φύσις, μᾶλλον δὲ γεννήσασα
ἢ οὐ στᾶσα καθ' ἓν ὧν ἐγέννα, οἷον συνεχῆ ἕνα ποιοῦσα, 25
περιγράψασα μὲν καὶ στᾶσα θᾶττον ἐν τῇ προόδῳ τοὺς
ἐλάττους ἀριθμοὺς ἀπογεννῆσαι, εἰς πλέον δὲ κινηθεῖσα,
οὐκ ἐπ' ἄλλοις, ἀλλ' ἐν αὐταῖς ταῖς κινήσεσι, τοὺς μείζους
ἀριθμοὺς ὑποστῆσαι· καὶ οὕτω δὴ ἑκάστοις ἀριθμοῖς
ἐφαρμόσαι τὰ πλήθη ἕκαστα καὶ ἕκαστον τῶν ὄντων 30
εἰδυῖαν, ὡς, εἰ μὴ ἐφαρμοσθείη ἕκαστον ἀριθμῷ ἑκάστῳ, ἢ
οὐδ' ἂν εἴη ἢ ἄλλο τι ἂν παρεκβὰν εἴη ἀνάριθμον καὶ ἄλο-
γον γεγενημένον.

12. Ἀλλ' εἰ καὶ τὸ ἓν καὶ τὴν μονάδα μὴ ὑπόστασιν
λέγοι ἔχειν—οὐδὲν γὰρ ἕν, ὃ μὴ τὶ ἕν—πάθημα δέ τι τῆς
ψυχῆς πρὸς ἕκαστον τῶν ὄντων, πρῶτον μὲν τί κωλύει, καὶ

---

11. 23-4 cf. Plat. *Parm.* 144 e 5

---

11. 13 μόνην wBJC: μόνον RQ: om. U   17 καὶ etiam   25 ἢ: εἴη
Kirchhoff   27 ἀπογεννῆσαι et 29 ὑποστῆσαι Vitringa: ἀπογεννῆσαι et
ὑποστῆσαι *Enn.*   30 ἐφαρμόσαι infinitiuus, subiectum τὴν φύσιν
31 εἰδυῖα Müller   32 ἢ: κἂν x   12. 2-3 πάθημα τῆς ψυχῆς idem
fere ac νόημα τῆς ψυχῆς (lin. 8) et ἐννόημα (lin. 14)   3 πρῶτον incipit
apodosis

ὅταν λέγῃ ὄν, πάθημα λέγειν εἶναι τῆς ψυχῆς καὶ μηδὲν
5 εἶναι ὄν; εἰ δ' ὅτι νύττει τοῦτο καὶ πλήττει καὶ φαντασίαν
περὶ ὄντος ποιεῖ, νυττομένην καὶ φαντασίαν λαμβάνουσαν
τὴν ψυχὴν καὶ περὶ τὸ ἓν ὁρῶμεν. ἔπειτα πότερα καὶ τὸ πά-
θημα καὶ τὸ νόημα τῆς ψυχῆς ἓν ἢ πλῆθος ὁρῶμεν; ἀλλ'
ὅταν λέγωμεν "μὴ ἕν", ἐκ μὲν τοῦ πράγματος αὐτοῦ οὐκ
10 ἔχομεν τὸ ἕν—φαμὲν γὰρ οὐκ εἶναι ἐν αὐτῷ τὸ ἕν—ἔχομεν
ἄρα ἕν, καὶ ἔστιν ἐν ψυχῇ ἄνευ τοῦ "τὶ ἕν". ἀλλ' ἔχομεν τὸ
ἓν ἐκ τῶν ἔξωθεν λαβόντες τινὰ νόησιν καί τινα τύπον, οἷον
ἐννόημα ἐκ τοῦ πράγματος. οἱ μὲν γὰρ τῶν λεγομένων παρ'
αὐτοῖς ἐννοημάτων ἓν εἶδος τὸ τῶν ἀριθμῶν καὶ τοῦ ἑνὸς
15 τιθέντες ὑποστάσεις ἂν τοιαύτας τιθεῖεν, εἴπερ τι τῶν τοιού-
των ἐν ὑποστάσει, πρὸς οὓς περὶ αὐτῶν καιρίως ἂν λέγοιτο.
ἀλλ' οὖν εἰ τοιοῦτον οἷον ὕστερον ἀπὸ τῶν πραγμάτων λέ-
γοιεν γεγονέναι ἐν ἡμῖν πάθημα ἢ νόημα, οἷον καὶ τὸ τοῦτο
καὶ τὸ τὶ καὶ δὴ καὶ ὄχλον καὶ ἑορτὴν καὶ στρατὸν καὶ
20 πλῆθος—καὶ γὰρ ὥσπερ τὸ πλῆθος παρὰ τὰ πράγματα τὰ
πολλὰ λεγόμενα οὐδέν ἐστιν οὐδ' ἡ ἑορτὴ παρὰ τοὺς συν-
αχθέντας καὶ εὐθυμουμένους ἐπὶ ἱεροῖς, οὕτως οὐδὲ τὸ ἓν
μόνον τι καὶ ἀπηρημωμένον τῶν ἄλλων νοοῦντες, ὅταν λέ-
γωμεν ἕν· πολλὰ δὲ καὶ ἄλλα τοιαῦτα εἶναι, οἷον καὶ δεξιὸν
25 καὶ τὸ ἄνω καὶ τὰ ἀντικείμενα τούτοις· τί γὰρ ἂν εἴη πρὸς
ὑπόστασιν ἐπὶ δεξιοῦ ἢ ὅτι ὁ μὲν ὡδί, ὁ δ' ὡδὶ ἔστηκεν
ἢ κάθηται; καὶ δὴ καὶ ἐπὶ τοῦ ἄνω ὡσαύτως, τὸ μὲν τοι-

---

12. 5-6 cf. Stoic. Vet. Fr. ii, n. 864 et 866 et Sext. Emp. Pyrrh. hyp. 3.
51   8 cf. Stoic. Vet. Fr. ii, n. 164   9-11 cf. ibid. ii, n. 329 et
333   14 ἐννοημάτων cf. ibid. i, n. 65 et iii, n. 25, p. 214. 26 (= Diog.
Laërt. 7. 61)   23 cf. Plat. Soph. 237 d 3

---

12. 5 εἰ δ' scil. λέγοι τις   τοῦτο i.e. τὸ ὄν   8 ὁρῶμεν
del. Kirchhoff   ἀλλ' nouum argumentum incipit   11 ἀλλ' ἔχομεν
aduersarii obloquuntur   13 οἱ: εἱ x   17 εἰ incipit protasis, apodosis
autem lin. 29 anacoluthica   23 νοοῦντες scil. ἐσμὲν inquiunt aduersarii
25-6 τί.. ἢ quid.. nisi Ficinus recte   26 ὅτι ὁ JU: ὅτι wBRCQ
H S¹

αὐτὴν θέσιν ⟨ἔχειν⟩ καὶ ἐν τούτῳ τοῦ παντὸς μᾶλλον,
ὃ λέγομεν ἄνω, τὸ δὲ εἰς τὸ λεγόμενον κάτω—πρὸς δὴ τὰ
τοιαῦτα πρῶτον μὲν ἐκεῖνο λεκτέον, ὡς ὑπόστασίς τις τῶν 30
εἰρημένων ἐν ἑκάστῳ τούτων, οὐ μέντοι ἡ αὐτὴ ἐπὶ πάντων
οὔτε αὐτῶν πρὸς ἄλληλα οὔτε πρὸς τὸ ἓν ἁπάντων. χωρὶς
μέντοι πρὸς ἕκαστον τῶν λεχθέντων ἐπιστατέον.

13. Τὸ δὴ ἀπὸ τοῦ ὑποκειμένου γενέσθαι τὴν νόησιν τοῦ
ἑνός, τοῦ ὑποκειμένου [καὶ] τοῦ ἐν αἰσθήσει ἀνθρώπου ὄντος
ἢ ἄλλου ὁτουοῦν ζῴου ἢ καὶ λίθου, πῶς ἂν εἴη εὔλογον, ἄλ-
λου μὲν ὄντος τοῦ φανέντος—τοῦ ἀνθρώπου—ἄλλου δὲ καὶ
οὐ ταὐτοῦ ὄντος τοῦ ἕν; οὐ γὰρ ἂν καὶ ἐπὶ τοῦ μὴ ἀνθρώπου 5
τὸ ἓν ἡ διάνοια κατηγοροῖ. ἔπειτα, ὥσπερ ἐπὶ τοῦ δεξιοῦ
καὶ τῶν τοιούτων οὐ μάτην κινουμένη, ἀλλ᾽ ὁρῶσα θέσιν
διάφορον ἔλεγε τὸ ὡδί, οὑτωσί τι ἐνταῦθα ὁρῶσα λέγει ἕν·
οὐ γὰρ δὴ κενὸν πάθημα καὶ ἐπὶ μηδενὶ τὸ ἓν λέγει. οὐ γὰρ
δὴ ὅτι μόνον καὶ οὐκ ἄλλο· καὶ γὰρ ἐν τῷ "καὶ οὐκ ἄλλο" 10
ἄλλο ἓν λέγει. ἔπειτα τὸ ἄλλο καὶ τὸ ἕτερον ὕστερον· μὴ
γὰρ ἐρείσασα πρὸς ἓν οὔτε ἄλλο ἐρεῖ ἡ διάνοια οὔτε ἕτερον,
τό τε "μόνον" ὅταν λέγῃ, ἓν μόνον λέγει· ὥστε τὸ ἓν
λέγει πρὸ τοῦ "μόνον". ἔπειτα τὸ λέγον, πρὶν εἰπεῖν περὶ
ἄλλου "ἕν", ἐστὶν ἕν, καὶ περὶ οὗ λέγει, πρὶν εἰπεῖν ἢ νοῆ- 15
σαί τινα περὶ αὐτοῦ, ἐστὶν ἕν· ἢ γὰρ ἓν ἢ πλείω ἑνὸς
καὶ πολλά· καὶ εἰ πολλά, ἀνάγκη προϋπάρχειν ἕν. ἐπεὶ
καὶ ὅταν πλῆθος λέγῃ πλείω ἑνὸς λέγει· καὶ στρατὸν

13. 18-26 στρατός, οἰκία = συνεχές, μὴ μεριστόν cf. VI. 6. 16. 36-7;
VI. 9. 1. 4-9 et 32-4

12. 28 ⟨ἔχειν⟩ Theiler　　31 ἐπὶ πάντων pro 32 ἁπάντων transp. Theiler
H-S¹　　13. 2-3 τοῦ ὑποκειμένου subiectum, τοῦ ἐν—λίθου praedicatum
2 καὶ del. Beutler　　4 τοῦ φανέντος neutrum　　τοῦ ἀνθρώπου del.
Kirchhoff, sed glossa ipsius Plotini　　6 κατηγοροῖ xU: κατηγορεῖ wBCQ:
κατηγόρει Kirchhoff　　8 ad ἔλεγε et λέγει et ad 9 λέγει et 11 λέγει
subiectum ἡ διάνοια　　10 δὴ ὅτι: διότι w　　16-17 ἕν² et πλείω et
πολλά¹ praedicata, subiectum 15 περὶ οὗ λέγει　　18-20 ad λέγῃ et λέγει
et νοεῖ et ἐᾷ subiectum τὸ λέγον　　18 καὶ² ⟨ὅταν⟩ Kirchhoff, sed 19 νοεῖ
regit duplicem accusatiuum

πολλοὺς ὡπλισμένους καὶ εἰς ἓν συντεταγμένους νοεῖ, καὶ
20 πλῆθος ὂν οὐκ ἐᾷ πλῆθος εἶναι· ἡ διάνοια δῆλόν που καὶ
ἐνταῦθα ποιεῖ ἡ διδοῦσα τὸ ἕν, ὃ μὴ ἔχει τὸ πλῆθος, ἢ
ὀξέως τὸ ἓν τὸ ἐκ τῆς τάξεως ἰδοῦσα τὴν τοῦ πολλοῦ
φύσιν συνήγαγεν εἰς ἕν· οὐδὲ γὰρ οὐδ' ἐνταῦθα τὸ ἓν ψεύδε-
ται, ὥσπερ καὶ ἐπὶ οἰκίας τὸ ἐκ πολλῶν λίθων ἕν· μᾶλλον
25 μέντοι τὸ ἓν ἐπ' οἰκίας. εἰ οὖν μᾶλλον ἐπὶ τοῦ συνεχοῦς
καὶ μᾶλλον ἐπὶ τοῦ μὴ μεριστοῦ, δῆλον ὅτι ὄντος τινὸς
φύσεως τοῦ ἑνὸς καὶ ὑφεστώσης. οὐ γὰρ οἷόν τε ἐν τοῖς
μὴ οὖσι τὸ μᾶλλον εἶναι, ἀλλ' ὥσπερ τὴν οὐσίαν κατηγο-
ροῦντες καθ' ἑκάστου τῶν αἰσθητῶν, κατηγοροῦντες δὲ καὶ
30 κατὰ τῶν νοητῶν κυριώτερον κατὰ τῶν νοητῶν τὴν κατη-
γορίαν ποιούμεθα ἐν τοῖς οὖσι τὸ μᾶλλον καὶ κυριώτερον
τιθέντες, καὶ τὸ ὂν μᾶλλον ἐν οὐσίᾳ καὶ αἰσθητῇ ἢ ἐν τοῖς
ἄλλοις γένεσιν, οὕτω καὶ τὸ ἓν μᾶλλον καὶ κυριώτερον ἕν τε
τοῖς αἰσθητοῖς αὐτοῖς διάφορον κατὰ τὸ μᾶλλον καὶ ἐν
35 τοῖς νοητοῖς ὁρῶντες εἶναι—κατὰ πάντας τοὺς τρόπους
εἰς ἀναφορὰν μέντοι ἑνὸς εἶναι φατέον. ὥσπερ δὲ ἡ οὐσία
καὶ τὸ εἶναι νοητὸν καὶ οὐκ αἰσθητόν ἐστι, κἂν μετέχῃ τὸ
αἰσθητὸν αὐτῶν, οὕτω καὶ τὸ ἓν περὶ αἰσθητὸν μὲν ἂν κατὰ
μετοχὴν θεωροῖτο, νοητὸν μέντοι καὶ νοητῶς ἡ διάνοια
40 αὐτὸ λαμβάνει· ὥστε ἀπ' ἄλλου ἄλλο νοεῖ, ὃ οὐχ ὁρᾷ·

13. 23-5 cf. V. 5. 4. 31 et VI. 2. 11. 16   32-3 cf. Aristot. *Categ.* 5. 2ᵃ11-12
et *Metaph. Z* 1. 1028ᵃ30-1, αἰσθητῇ cf. ibid. Λ 1. 1069ᵇ3   36 εἰς
ἀναφορὰν ἑνός cf. ibid. Γ 2. 1004ᵃ25-6

13. 19 καί²: κἂν Kirchhoff   20 πλῆθος ὂν scil. στρατόν   20-1 δῆλόν
. . ποιεῖ *manifestum reddit* id de quo agitur nempe multitudinem esse non
tantum multitudinem   21 et 23 ἐνταῦθα (bis) i.e. ἐπὶ στρατοῦ   21 ὃ
accusatiuus, τὸ πλῆθος nominatiuus   ἢ (*uel*) U Creuzer: ἡ wBCQ: εἰ x:
ἢ H-S¹   24 μᾶλλον scil. ἢ ἐπὶ στρατοῦ   32 καί² *etiam*
33-5 τὸ ἓν μᾶλλον καὶ κυριώτερον . . ὁρῶντες εἶναι sicut supra 31-2 τὸ μᾶλλον
καὶ κυριώτερον τιθέντες   33 κυριώτερον: κυριώτερον τιθέντες x
33-4 ἕν τε—μᾶλλον in ipsis sensibilibus differens secundum magis Ficinus recte
35 ὁρῶντας Kirchhoff   36 φατέον necessitatem reductionis ad ἓν fortius
affirmat quam φαῖμεν ἄν   40 ἀπ' ἄλλου scil. ὃ ὁρᾷ

προῄδει ἄρα· εἰ δὲ προῄδει ὂν τόδε τι, ταὐτὸν τῷ ὄν. καὶ
ὅταν τι, ἓν αὖ λέγει· ὥσπερ ὅταν τινέ, δύο· καὶ ὅταν
τινάς, πολλούς. εἰ τοίνυν μηδέ τι νοῆσαι ἔστιν ἄνευ
τοῦ ἓν ἢ τοῦ δύο ἢ τινος ἀριθμοῦ, πῶς οἷόν τε ἄνευ οὗ
οὐχ οἷόν τέ τι νοῆσαι ἢ εἰπεῖν μὴ εἶναι; οὗ γὰρ μὴ ὄντος 45
μηδ' ὁτιοῦν δύνασαι νοῆσαι ἢ εἰπεῖν, λέγειν μὴ εἶναι
ἀδύνατον. ἀλλ' οὗ χρεία πανταχοῦ πρὸς παντὸς νοήματος
ἢ λόγου γένεσιν, προϋπάρχειν δεῖ καὶ λόγου καὶ νοήσεως·
οὕτω γὰρ ἂν πρὸς τὴν τούτων γένεσιν παραλαμβάνοιτο.
εἰ δὲ καὶ εἰς οὐσίας ἑκάστης ὑπόστασιν—οὐδὲν γὰρ ὄν, ὃ 50
μὴ ἕν—καὶ πρὸ οὐσίας ἂν εἴη καὶ γεννῶν τὴν οὐσίαν. διὸ
καὶ ἓν ὄν, ἀλλ' οὐκ ὄν, εἶτα ἕν· ἐν μὲν γὰρ τῷ "ὄν" καὶ
ἓν πολλὰ ἂν εἴη, ἐν δὲ τῷ "ἕν" οὐκ ἔνι τὸ "ὄν", εἰ μὴ
καὶ ποιήσειεν αὐτὸ προσνεῦσαν αὐτοῦ τῇ γενέσει. καὶ τὸ
"τοῦτο" δὲ οὐ κενόν· ὑπόστασιν γὰρ δεικνυμένην λέγει 55
ἀντὶ τοῦ ὀνόματος αὐτοῦ καὶ παρουσίαν τινά, οὐσίαν ἢ ἄλλο
τι τῶν ὄντων· ὥστε τὸ "τοῦτο" σημαίνοι ἂν οὐ κενόν τι
οὐδ' ἔστι πάθημα τῆς διανοίας ἐπὶ μηδενὶ ὄντι, ἀλλ' ἔστι
πρᾶγμα ὑποκείμενον, ὥσπερ εἰ καὶ τὸ ἴδιον αὐτοῦ τινος
ὄνομα λέγοι. 60

14. Πρὸς δὲ τὰ κατὰ τὸ πρός τι λεχθέντα ἄν τις εὐλό-
γως λέγοι, ὡς οὐκ ἔστι τὸ ἓν τοιοῦτον οἷον ἄλλου παθόντος
αὐτὸ μηδὲν παθὸν ἀπολωλεκέναι τὴν αὑτοῦ φύσιν, ἀλλὰ
δεῖ, εἰ μέλλοι ἐκ τοῦ ἓν ἐκβῆναι, πεπονθέναι τὴν τοῦ ἑνὸς

---

13. 41 προῄδει cf. Plat. *Phaed.* 74 e 3   42–3 cf. Plat. *Soph.* 237 d 6–10
52 = Plat. *Parm.* 142 d 4   53 = ibid. 144 e 5   14. 1 λεχθέντα
cf. VI. 6. 12. 24–32

---

13. 41 εἰ—τι sin autem praesciit hoc (i.e. τὸ ἕν) aliquid esse   42 ὅταν (ter)
scil. λέγῃ ἡ διάνοια   τινέ: τινές w   43 μηδέ H–S¹: μήτε Enn.
45–6 εἰπεῖν—ἢ om. x   46 δύνασαι Igal: δύνασθαι wBUCQ: δύναται
Kirchhoff: δυνατὸν H–S¹: om. x   47 οὐ BJQ   πρὸς Aᵖᶜ, cf. lin. 49:
πρὸ A(ς A³⁸ = Ficinus)EBxUCQ   50 ὃ om. x   52 καὶ² etiam
54 αὐτὸ (accusatiuus) i.e. τὸ ὄν, προσνεῦσαν pertinet ad subiectum τὸ ἕν

5 στέρησιν εἰς δύο ἢ πλείω διαιρεθέν. εἰ οὖν ὁ αὐτὸς ὄγκος
διαιρεθεὶς δύο γίνεται οὐκ ἀπολόμενος ὡς ὄγκος, δῆλον
ὅτι παρὰ τὸ ὑποκείμενον ἦν ἐν αὐτῷ προσὸν τὸ ἕν, ὃ ἀπ-
έβαλε τῆς διαιρέσεως αὐτὸ φθειράσης. ὃ δὴ ὁτὲ μὲν τῷ
αὐτῷ πάρεστιν, ὁτὲ δὲ ἀπογίνεται, πῶς οὐκ ἐν τοῖς οὖσι
10 τάξομεν, ὅπου ἂν ᾖ; καὶ συμβεβηκέναι μὲν τούτοις, καθ'
αὐτὸ δὲ εἶναι, ἔν τε τοῖς αἰσθητοῖς ὅταν φαίνηται ἔν τε
τοῖς νοητοῖς, τοῖς μὲν ὑστέροις συμβεβηκός, ἐφ' αὑτοῦ δὲ
ἐν [τοῖς νοητοῖς] τῷ πρώτῳ, ὅταν ἕν, εἶτα ὄν. εἰ δέ τις
λέγοι, ὡς καὶ τὸ ἓν μηδὲν παθὸν προσελθόντος ἄλλου αὐτῷ
15 οὐκέτι ἕν, ἀλλὰ δύο ἔσται, οὐκ ὀρθῶς ἐρεῖ. οὐ γὰρ τὸ ἓν
ἐγένετο δύο, οὔτε ᾧ προσετέθη οὔτε τὸ προστεθέν, ἀλλ'
ἑκάτερον μένει ἕν, ὥσπερ ἦν· τὰ δὲ δύο κατηγορεῖται κατ'
ἀμφοῖν, χωρὶς δὲ τὸ ἓν καθ' ἑκατέρου μένοντος. οὔκουν
τὰ δύο φύσει ἐν σχέσει καὶ ἡ δυάς. ἀλλ' εἰ μὲν κατὰ τὴν
20 σύνοδον καὶ τὸ συνόδῳ εἶναι ταὐτὸν τῷ δύο ποιεῖν, τάχ' ἂν
ἦν ἡ τοιαύτη σχέσις τὰ δύο καὶ ἡ δυάς. νῦν δὲ καὶ ἐν τῷ
ἐναντίῳ πάθει θεωρεῖται πάλιν αὖ δυάς· σχισθέντος γὰρ
ἑνός τινος γίνεται δύο· οὐ τοίνυν οὔτε σύνοδος οὔτε σχίσις
τὰ δύο, ἵν' ἂν ἦν σχέσις. ὁ αὐτὸς δὲ λόγος καὶ ἐπὶ παντὸς
25 ἀριθμοῦ. ὅταν γὰρ σχέσις ᾖ ἡ γεννῶσά τι, ἀδύνατον τὴν
ἐναντίαν τὸ αὐτὸ γεννᾶν, ὡς τοῦτο εἶναι τὸ πρᾶγμα τὴν
σχέσιν. τί οὖν τὸ κύριον αἴτιον; ἓν μὲν εἶναι τοῦ ἓν
παρουσίᾳ, δύο δὲ δυάδος, ὥσπερ καὶ λευκὸν λευκοῦ καὶ
καλὸν καλοῦ καὶ δικαίου δίκαιον. ἢ οὐδὲ ταῦτα θετέον εἶναι,

14. 15-16 cf. Aristot. *Metaph. M* 7. 1081^b 14-15   15-24 cf. Plat. *Phaed.*
96 e 8-97 b 1   27-9 cf. ibid. 100 d 5-6

14. 7 ἕν om. x   ὃ: ὂν x   8 διαιρέσεως A^pc: αἱρέσεως (δι A^as =
Ficinus) *Enn.*   8-9 τῷ αὐτῷ BUCQ: τὸ αὐτὸ wx   10 συμβεβηκέναι
scil. αὐτὸ φήσομεν   τούτοις i.e. τοῖς ὑποκειμένοις   12 τοῖς ὑστέροις
i.e. τοῖς αἰσθητοῖς   13 τοῖς νοητοῖς deleuimus ut glossam ad τῷ
πρώτῳ   19 φύσει wR^pcJ^pc: φήσει BR^acJ^acUCQ   εἰ μὲν subiectum
τὰ δύο   20 τὸ . . εἶναι nominatiuus   22 αὖ wBCQ: αὖ ἡ xU
29 ταῦτα nempe λευκόν, καλόν, δίκαιον

ἀλλὰ σχέσεις καὶ ἐν τούτοις αἰτιατέον, ὡς δίκαιον μὲν διὰ 30
τὴν πρὸς τάδε τοιάνδε σχέσιν, καλὸν δέ, ὅτι οὕτω διατιθέ-
μεθα οὐδενὸς ὄντος ἐν αὐτῷ τῷ ὑποκειμένῳ οἷον διαθεῖναι
ἡμᾶς οὐδ' ἥκοντος ἐπακτοῦ τῷ καλῷ φαινομένῳ. ὅταν
τοίνυν ἴδῃς τι ἓν ὃ λέγεις, πάντως δήπου ἐστὶ καὶ μέγα
καὶ καλὸν καὶ μυρία ἂν εἴη εἰπεῖν περὶ αὐτοῦ. ὡς οὖν τὸ 35
μέγα καὶ μέγεθός ἐστιν ἐν αὐτῷ καὶ γλυκὺ καὶ πικρὸν καὶ
ἄλλαι ποιότητες, διὰ τί οὐχὶ καὶ τὸ ἕν; οὐ γὰρ δὴ ποιότης
μὲν ἔσται πᾶσα ἡτισοῦν, ποσότης δ' ἐν τοῖς οὖσιν οὐκ
ἔσται, οὐδὲ ποσότης μὲν τὸ συνεχές, τὸ δὲ διωρισμένον οὐκ
ἔσται, καίτοι μέτρῳ τὸ συνεχὲς χρῆται τῷ διωρισμένῳ. ὡς 40
οὖν μέγα μεγέθους παρουσίᾳ, οὕτω καὶ ἓν ἑνὸς καὶ δύο
δυάδος καὶ τὰ ἄλλα ὡσαύτως. τὸ δὲ ζητεῖν πῶς μεταλαμ-
βάνει κοινὸν πρὸς πάντων τῶν εἰδῶν τὴν ζητουμένην μετά-
ληψιν. φατέον δ' ἐν μὲν τοῖς διῃρημένοις ἄλλως θεωρεῖσθαι
τὴν [δεκάδα] ἐνοῦσαν δεκάδα, ἐν δὲ τοῖς συνεχέσιν ἄλλως, 45
ἐν δὲ ταῖς πολλαῖς εἰς ἓν τοσαύταις δυνάμεσιν ἄλλως· καὶ ἐν
τοῖς νοητοῖς ἤδη ἀναβεβηκέναι· ἔτι δὲ ἐκεῖ μηκέτι ἐν ἄλ-
λοις θεωρουμένους, ἀλλ' αὐτοὺς ἐφ' αὐτῶν ὄντας τοὺς ἀλη-
θεστάτους ἀριθμοὺς εἶναι, αὐτοδεκάδα, οὐ δεκάδα τινῶν
νοητῶν.   50

15. Πάλιν γὰρ ἐξ ἀρχῆς τούτων ἤδη λεχθέντων λέγωμεν
τὸ μὲν ξύμπαν ὂν τὸ ἀληθινὸν ἐκεῖνο καὶ ὂν εἶναι καὶ
νοῦν καὶ ζῷον τέλεον εἶναι, ὁμοῦ δὴ πάντα ζῷα εἶναι, οὗ
δὴ τὸ ἓν ἑνί, ὡς ἦν αὐτῷ δυνατόν, μεμίμηται καὶ τόδε τὸ
ζῷον τὸ πᾶν· ἔφυγε γὰρ ἡ τοῦ αἰσθητοῦ φύσις τὸ ἐκεῖ ἕν, 5
εἴπερ καὶ ἔμελλεν αἰσθητὸν εἶναι. ἀριθμὸν δὴ δεῖ αὐτὸν
εἶναι σύμπαντα· εἰ γὰρ μὴ τέλεος εἴη, ἐλλείποι ἂν ἀριθμῷ
τινι· καὶ εἰ μὴ πᾶς ἀριθμὸς ζῴων ἐν αὐτῷ εἴη, παντελὲς

15. 1 cf. VI. 6. 8. 1 sqq.   8-9 = Plat. *Tim.* 31 b 1

---

14. 34 ἴδῃς: ἤδη x   40 καίτοι: καὶ τῷ x   44 θεωρεῖσθαι om. x
45 δεκάδα¹ del. Igal, *Emerita* 43, 1975, 181   47 ἀναβεβηκέναι scil. δεῖ
ἡμᾶς 15. 6 αὐτὸν i.e. τὸ ζῷον, attractio subiecti ad praedicatum

173

ζῷον οὐκ ἂν εἴη. ἔστιν οὖν ὁ ἀριθμὸς πρὸ ζῴου παντὸς
10 καὶ τοῦ παντελοῦς ζῴου. ὁ μὲν δὴ ἄνθρωπος ἐν τῷ νοητῷ
καὶ τὰ ἄλλα ζῷα καθό ἐστι, καὶ ᾗ ζῷον παντελές ἐστιν
ἐκεῖνο. καὶ γὰρ καὶ ὁ ἐνταῦθα ἄνθρωπος, ᾗ ζῷον τὸ πᾶν,
μέρος αὐτοῦ· καὶ ἕκαστον, ᾗ ζῷον, ἐκεῖ ἐν ζῴῳ ἐστίν. ἐν
δὲ τῷ νῷ, καθόσον νοῦς, ὡς μὲν μέρη οἱ νοῖ πάντες καθ'
15 ἕκαστον· ἀριθμὸς δὲ καὶ τούτων. οὐ τοίνυν οὐδ' ἐν νῷ
ἀριθμὸς πρώτως· ὡς δὲ ἐν νῷ, ὅσα νοῦ ἐνέργειαι· καὶ ὡς
νοῦ, δικαιοσύνη καὶ σωφροσύνη καὶ αἱ ἄλλαι ἀρεταὶ καὶ
ἐπιστήμη καὶ ὅσα νοῦς ἔχων νοῦς ἐστιν ὄντως. πῶς οὖν
οὐκ ἐν ἄλλῳ ἡ ἐπιστήμη; ἢ ὅτι ἔστι ταὐτὸν καὶ ὁμοῦ ὁ
20 ἐπιστήμων, τὸ ἐπιστητόν, ἡ ἐπιστήμη, καὶ τὰ ἄλλα ὡσαύ-
τως· διὸ καὶ πρώτως ἕκαστον καὶ οὐ συμβεβηκὸς ἡ δικαιο-
σύνη, ψυχῇ δέ, καθόσον ψυχή, συμβεβηκός· δυνάμει γὰρ
μᾶλλον ταῦτα, ἐνεργείᾳ δέ, ὅταν πρὸς νοῦν καὶ σὺν νῷ.
μετὰ δὲ τοῦτο ἤδη τὸ ὄν, καὶ ἐν τούτῳ ὁ ἀριθμός, μεθ' οὗ
25 τὰ ὄντα γεννᾷ κινούμενον κατ' ἀριθμόν, προστησάμενον
τοὺς ἀριθμοὺς τῆς ὑποστάσεως αὐτῶν, ὥσπερ καὶ αὐτοῦ
τὸ ἓν συνάπτον αὐτὸ τὸ ὂν πρὸς τὸ πρῶτον, οἱ δ' ἀριθμοὶ
οὐκέτι τὰ ἄλλα πρὸς τὸ πρῶτον· ἀρκεῖ γὰρ τὸ ὂν συνημ-
μένον. τὸ δὲ ὂν γενόμενον ἀριθμὸς συνάπτει τὰ ὄντα πρὸς
30 αὐτό· σχίζεται γὰρ οὐ καθὸ ἕν, ἀλλὰ μένει τὸ ἓν αὐτοῦ·
σχιζόμενον δὲ κατὰ τὴν αὐτοῦ φύσιν εἰς ὅσα ἠθέλησεν,
εἶδεν εἰς ὅσα κατὰ τὸν ἀριθμὸν ἐγέννησεν ἐν αὐτῷ ἄρα ὄντα·

15. 17-18 cf. Plat. *Phaedr.* 247 d 6–7   19–20 cf. Aristot. *De an.* Γ 4.
430ª 4–5

---

15. 12 ἐκεῖνο scil. τὸ νοητὸν subiectum ad ζῷον παντελές ἐστιν   14 οἱ
Creuzer: ὡς *Enn.*   15 οὐδ' ἐν: οὐδὲ w   16 πρώτως x   ὡς δὲ—
ἐνέργειαι intellegendum: ὡς δὲ ἐν νῷ ἐστιν ἀριθμός, οὕτως ἐστὶν ὅσα νοῦ
ἐνέργειαι   16–17 καὶ—δικαιοσύνη intellegendum: καὶ ὡς νοῦ ἐστιν
ἀριθμός, δικαιοσύνη ἐστίν   19 ὁ om. x   23 σὺν νῷ Rᵃᵐᵍ: συνῇ
Enn.   24 τοῦτο i.e. τὸν νοῦν   26 αὐτοῦ scil. τοῦ ὄντος   32 κατὰ
coniecimus, nam secundum Plotinum τὸ ὂν non generat numerum, cf. lin.
24–5: καὶ *Enn.*   ὄντα masculinum

ταῖς γὰρ δυνάμεσι τοῦ ἀριθμοῦ ἐσχίσθη καὶ τοσαῦτα ἐγέν-
νησεν, ὅσα ἦν ὁ ἀριθμός. ἀρχὴ οὖν καὶ πηγὴ ὑποστάσεως
τοῖς οὖσιν ὁ ἀριθμὸς ὁ πρῶτος καὶ ἀληθής. διὸ καὶ ἐνταῦθα 35
μετὰ ἀριθμῶν ἡ γένεσις ἑκάστοις, κἂν ἄλλον ἀριθμὸν λάβῃ
τι, ἢ ἄλλο γεννᾷ ἢ γίνεται οὐδέν. καὶ οὗτοι μὲν πρῶτοι
ἀριθμοί, ὡς ἀριθμητοί· οἱ δ' ἐν τοῖς ἄλλοις ἤδη ἀμφότερα
ἔχουσιν· ᾗ μὲν παρὰ τούτων, ἀριθμητοί, ᾗ δὲ κατὰ τούτους
τὰ ἄλλα μετροῦσι, καὶ ἀριθμοῦντες τοὺς ἀριθμοὺς καὶ τὰ 40
ἀριθμητά· τίνι γὰρ δέκα ἂν λέγοιεν ἢ τοῖς παρ' αὐτοῖς
ἀριθμοῖς;

16. Τούτους δή, οὓς φαμεν πρώτους ἀριθμοὺς καὶ ἀλη-
θεῖς, ποῦ ἄν τις φαίη θείητε καὶ εἰς τί γένος τῶν ὄντων;
ἐν μὲν γὰρ τῷ ποσῷ δοκοῦσιν εἶναι παρὰ πᾶσι καὶ δὴ καὶ
ποσοῦ μνήμην ἐν τῷ πρόσθεν ἐποιεῖσθε ἀξιοῦντες ὁμοίως
[ἐν] τῷ συνεχεῖ καὶ τὸ διωρισμένον ἐν τοῖς οὖσι τιθέναι. 5
πάλιν τε αὖ λέγετε, ὡς πρώτων ὄντων οὗτοί εἰσιν οἱ ἀριθμοί,
ἄλλους τε αὖ ἀριθμοὺς παρ' ἐκείνους εἶναι λέγετε ἀριθμοῦν-
τας. πῶς οὖν ταῦτα διατάττεσθε, λέγετε ἡμῖν. ἔχει γὰρ
πολλὴν ἀπορίαν· ἐπεὶ καὶ τὸ ἓν τὸ ἐν τοῖς αἰσθητοῖς πότερα
ποσόν τι ἢ πολλάκις μὲν τὸ ἓν ποσόν, αὐτὸ δὲ μόνον ἀρχὴ 10
ποσοῦ καὶ οὐ ποσόν; καὶ πότερα ἀρχὴ οὖσα συγγενὲς ἢ
ἄλλο τι; ταῦτα ἡμῖν πάντα δίκαιοι διασαφεῖν ἐστε. λεκ-
τέον οὖν ἀρξαμένοις ἐντεῦθεν περὶ τούτων, ὡς ὅταν μέν—
πρῶτον δ' ἐπὶ τῶν αἰσθητῶν ποιητέον τὸν λόγον—ὅταν
τοίνυν ἄλλο μετ' ἄλλου λαβὼν εἴπῃς δύο, οἷον κύνα καὶ 15
ἄνθρωπον ἢ καὶ ἀνθρώπους δύο ἢ πλείους, δέκα εἰπὼν καὶ

---

15. 34 = Plat. *Phaedr.* 245 c 9   40–1 cf. Aristot. *Phys.* Δ 11. 219ᵇ6–7
16. 3–5 cf. Aristot. *Categ.* 6. 4ᵇ20–4   4 ἐν τῷ πρόσθεν cf. VI. 6. 14. 39
10 cf. Aristot. *Metaph.* N 1. 1088ᵃ7–8

---

15. 37 οὐδέν praedicatum, subiectum τι   40 καὶ ἀριθμοῦντες *insuper*
numerantes   41 λέγοιεν subiectum ἀριθμοί qua ἀριθμοῦντες τοὺς ἀριθμούς
16. 3 παρά: καὶ παρά x   5 ἐν¹ expunctum in A del. Kirchhoff   τῷ
διωρισμένῳ x   15 ἄλλο: ἄλλον w

ἀνθρώπων δεκάδα, ὁ ἀριθμὸς οὗτος οὐκ οὐσία οὐδ' ὡς ἐν
αἰσθητοῖς, ἀλλὰ καθαρῶς ποσόν. καὶ μερίζων καθ' ἕνα καὶ
τῆς δεκάδος ταύτης μέρη ποιῶν τὰ ἕνα ἀρχὴν ποιεῖς καὶ
20 τίθεσαι ποσοῦ· εἷς γὰρ τῶν δέκα οὐχ ἓν καθ' αὐτό. ὅταν δὲ
τὸν ἄνθρωπον αὐτὸν ἐφ' ἑαυτοῦ λέγῃς ἀριθμόν τινα, οἷον
δυάδα, ζῷον καὶ λογικόν, οὐχ εἷς ἔτι ὁ τρόπος ἐνταῦθα,
ἀλλ' ᾗ μὲν διεξοδεύεις καὶ ἀριθμεῖς, ποσόν τι ποιεῖς, ᾗ δὲ
τὰ ὑποκείμενά ἐστι δύο καὶ ἑκάτερον ἕν, εἰ τὸ ἓν ἑκάτερον
25 συμπληροῦν τὴν οὐσίαν καὶ ἡ ἑνότης ἐν ἑκατέρῳ, ἀριθμὸν
ἄλλον καὶ οὐσιώδη λέγεις. καὶ ἡ δυὰς αὕτη οὐχ ὕστερον
οὐδὲ ὅσον λέγει μόνον ἔξωθεν τοῦ πράγματος, ἀλλὰ τὸ ἐν
τῇ οὐσίᾳ καὶ συνέχον τὴν τοῦ πράγματος φύσιν. οὐ γὰρ
ποιεῖς ἀριθμὸν σὺ ἐνταῦθα ἐν διεξόδῳ ἐπιὼν πράγματα καθ'
30 αὐτὰ ὄντα οὐδὲ συνιστάμενα ἐν τῷ ἀριθμεῖσθαι· τί γὰρ ἂν
γένοιτο εἰς οὐσίαν ἄλλῳ ἀνθρώπῳ μετ' ἄλλου ἀριθμουμένῳ;
οὐδὲ γάρ τις ἑνάς, ὥσπερ ἐν χορῷ, ἀλλ' ἡ δεκὰς αὕτη τῶν
ἀνθρώπων ἐν σοὶ τῷ ἀριθμοῦντι τὴν ὑπόστασιν ἂν ἔχοι,
ἐν δὲ τοῖς δέκα οὓς ἀριθμεῖς μὴ συντεταγμένοις εἰς ἓν οὐδὲ
35 δεκὰς ἂν λέγοιτο, ἀλλὰ δέκα σὺ ποιεῖς ἀριθμῶν, καὶ ποσὸν
τοῦτο τὸ δέκα· ἐν δὲ τῷ χορῷ καὶ ἔστι τι ἔξω καὶ ἐν τῷ
στρατῷ. πῶς δ' ἐν σοί; ἢ ὁ μὲν πρὸ τοῦ ἀριθμεῖν ἐγκείμε-
νος ἄλλως· ὁ δ' ἐκ τοῦ φανῆναι ἔξωθεν πρὸς τὸν ἐν σοὶ
ἐνέργεια ἢ ἐκείνων ἢ κατ' ἐκείνους, ἀριθμοῦντος ἅμα καὶ
40 ἀριθμὸν γεννῶντος καὶ ἐν τῇ ἐνεργείᾳ ὑπόστασιν ποιοῦντος
ποσοῦ, ὥσπερ καὶ ἐν τῷ βαδίζειν ὑπόστασίν τινος κινή-

---

16. 36-7 cf. VI. 6. 13. 18-26

---

16. 18 μερίζων Creuzer: μερίζον Enn.
scil. ἔστιν   29 ἐπιὼν: καὶ ποιῶν x
37 πῶς δ' ἐν σοί scil. ἐστιν ὁ ἀριθμός
ἀριθμεῖν): ἄλλος x   38-9 ὁ—ἐκείνους numerus autem resultans ex eo quod
hic numerus apparet extrinsecus, ad illum qui est in te, actus est uel illorum
(scil. τῶν πρὸ τοῦ ἀριθμεῖν ἐγκειμένων) uel secundum illos Ficinus recte
39 ἀριθμοῦντος scil. σοῦ, cf. lin. 33

22 ἔτι: ἔστιν x   27 οὐδὲ
35 ἀριθμόν x   ποσῶν A
38 ἄλλως (scil. ἢ ἐν τῷ

σεως. πῶς οὖν ἄλλως ὁ ἐν ἡμῖν; ἢ ὁ τῆς οὐσίας ἡμῶν·
μετέχουσά φησιν ἀριθμοῦ καὶ ἁρμονίας καὶ ἀριθμὸς
αὖ καὶ ἁρμονία· οὔτε γὰρ σῶμά φησί τις οὔτε μέγεθος·
ἀριθμὸς ἄρα ἡ ψυχή, εἴπερ οὐσία. ὁ μὲν δὴ τοῦ σώματος 45
ἀριθμὸς οὐσία, ὡς σῶμα, ὁ δὲ τῆς ψυχῆς οὐσίαι, ὡς ψυχαί.
καὶ δὴ ὅλως ἐπὶ τῶν νοητῶν, εἰ ἔστι τὸ ἐκεῖ ζῷον αὐτὸ
πλείω, οἷον τριάς, αὕτη ἡ τριὰς οὐσιώδης ἡ ἐν τῷ ζῴῳ.
ἡ δὲ τριὰς ἡ μήπω ζῴου, ἀλλ' ὅλως τριὰς ἐν τῷ ὄντι,
ἀρχὴ οὐσίας. εἰ δ' ἀριθμεῖς ζῷον καὶ καλόν, ἑκάτερον μὲν 50
ἕν, σὺ δὲ γεννᾷς ἀριθμὸν ἐν σοὶ καὶ ἐνεργεῖς ποσὸν καὶ
δυάδα. εἰ μέντοι ἀρετὴν τέτταρα λέγοις—καὶ τετράς ἐστί
τις οἷον τὰ μέρη αὐτῆς εἰς ἕν—καὶ ἑνάδα τετράδα οἷον τὸ
ὑποκείμενον, καὶ σὺ τετράδα ἐφαρμόττεις τὴν ἐν σοί.

17. Ὁ δὲ λεγόμενος ἄπειρος ἀριθμὸς πῶς; πέρας γὰρ
οὗτοι αὐτῷ διδόασιν οἱ λόγοι. ἢ καὶ ὀρθῶς, εἴπερ ἔσται
ἀριθμός· τὸ γὰρ ἄπειρον μάχεται τῷ ἀριθμῷ. διὰ τί οὖν
λέγομεν "ἄπειρος ὁ ἀριθμός"; ἆρ' οὖν ὥσπερ ἄπειρον
λέγομεν γραμμήν—λέγομεν δὲ γραμμὴν ἄπειρον, οὐχ ὅτι 5
ἐστί τις τοιαύτη, ἀλλ' ὅτι ἔξεστιν ἐπὶ τῇ μεγίστῃ, οἷον
τοῦ παντός, ἐπινοῆσαι μείζω—οὕτω καὶ ἐπὶ τοῦ ἀριθμοῦ;
γνωσθέντος γὰρ ὅσος ἐστὶν ἔστιν αὐτὸν διπλασίονα
ποιῆσαι τῇ διανοίᾳ οὐκ ἐκείνῳ συνάψαντα. τὸ γὰρ ἐν σοὶ
μόνῳ νόημα καὶ φάντασμα πῶς ἂν τοῖς οὖσι προσάψαις; 10
ἢ φήσομεν ἄπειρον ἐν τοῖς νοητοῖς εἶναι γραμμήν; ποσὴ

16. 43 = Plat. *Tim.* 36e6-37a1   44 τις cf. Aristot. *De an.* B 1.
412ᵃ17 et A 3. 407ᵃ2-3   45 cf. Pythagoras apud Stob. *Anth.* i. 49. 1a,
p. 318. 21 = *Doxogr. Gr.* p. 386ᵇ8 et Xenocrates *Fr.* 60; cf. V. 1. 5. 9-10
17. 1-2 cf. VI. 6. 2. 1 sqq.   5-7 cf. Aristot. *Phys.* Γ 6. 207ᵃ7-8 et Γ
8. 208ᵃ16-17   11 cf. ibid. Γ 5. 204ᵃ35-ᵇ1

16. 42 ἄλλως om. x   48 ἡ² om. x   51 καί² om. x
52-3 τέτταρα et ἑνάδα τετράδα accusatiui praedicatiui   53 ἑνάδα
τετράδα *unitatem quaternariam* idem ac τέτταρα μέρη εἰς ἕν   τετράδα: καὶ
τετράδα x   17. 8 γὰρ: γάρ ἐστιν x   9 ἐκείνῳ scil. ἀριθμῷ
11-12 ad ποσὴ—εἴη subintellegendum εἰ μὴ ἄπειρος εἴη

γὰρ ἂν εἴη ἡ ἐκεῖ γραμμή· ἀλλ' εἰ μὴ ποσή τις ἐν ἀριθμῷ,
ἄπειρος ἂν εἴη. ἢ τὸ ἄπειρον ἄλλον τρόπον, οὐχ ὡς
ἀδιεξίτητον. ἀλλὰ πῶς ἄπειρος; ἢ ἐν τῷ λόγῳ τῆς αὐτο-
15 γραμμῆς οὐκ ἔνι προσνοούμενον πέρας. τί οὖν ἐκεῖ γραμμὴ
καὶ ποῦ; ὕστερον μὲν γὰρ ἀριθμοῦ· ἐνορᾶται γὰρ ἐν αὐτῇ
τὸ ἕν· καὶ γὰρ ἀφ' ἑνὸς καὶ πρὸς μίαν διάστασιν· ποσὸν δὲ
τὸ τῆς διαστάσεως μέτρον οὐκ ἔχει. ἀλλὰ ποῦ τοῦτο; ἆρα
μόνον ἐν ἐννοήσει οἷον ὁριστική; ἢ καὶ πρᾶγμα, νοερὸν
20 μέντοι. πάντα γὰρ οὕτως, ὡς καὶ νοερὰ καί πως τὸ πρᾶγμα.
καὶ δὴ καὶ περὶ ἐπιπέδου καὶ στερεοῦ καὶ πάντων τῶν
σχημάτων, ποῦ καὶ ὅπως· οὐ γὰρ δὴ ἡμεῖς τὰ σχήματα
ἐπινοοῦμεν. μαρτυρεῖ δὲ τό τε τοῦ παντὸς σχῆμα πρὸ
ἡμῶν καὶ τὰ ἄλλα, ὅσα φυσικὰ σχήματα ἐν τοῖς φύσει
25 οὖσιν, ἃ δὴ ἀνάγκη πρὸ τῶν σωμάτων εἶναι ἀσχημάτιστα
ἐκεῖ καὶ πρῶτα σχήματα. οὐ γὰρ μορφαὶ ἐν ἄλλοις, ἀλλ'
αὐτὰ αὐτῶν ὄντα οὐκ ἐδεῖτο ἐκταθῆναι· τὰ γὰρ ἐκταθέντα
ἄλλων. πάντοτε οὖν σχῆμα ἓν ἐν τῷ ὄντι, διεκρίθη δὲ ἤτοι
ἐν τῷ ζῴῳ ἢ πρὸ τοῦ ζῴου. λέγω δὲ "διεκρίθη" οὐχ ὅτι
30 ἐμεγεθύνθη, ἀλλ' ὅτι ἕκαστον ἐμερίσθη πρὸς ἕκαστον,
ὡς τὸ ζῷον, καὶ τοῖς σώμασιν ἐδόθη τοῖς ἐκεῖ, οἷον πυρί,
εἰ βούλει, τῷ ἐκεῖ ἡ ἐκεῖ πυραμίς. διὸ καὶ τοῦτο μιμεῖ-
σθαι θέλει μὴ δυνάμενον ὕλης αἰτίᾳ καὶ τὰ ἄλλα ἀνάλογον,
ὡς λέγεται περὶ τῶν τῇδε. ἀλλ' οὖν ἐν τῷ ζῴῳ καθ' ὃ
35 ζῷον; ἢ ἐν τῷ νῷ πρότερον· ἔστι μὲν γὰρ ἐν τῷ ζῴῳ·
εἰ μὲν οὖν τὸ ζῷον περιεκτικὸν ἦν τοῦ νοῦ, ἐν τῷ ζῴῳ

17. 13–14 cf. Aristot. *Phys.* Γ 7. 207ᵇ28–9   16 cf. Aristot. *Metaph.*
Z 2. 1028ᵇ25–6   25 cf. Plat. *Phaedr.* 247 c 6   31–2 cf. Plat. *Tim.*
56 b 4–5

17. 12 ποσή τις: ποσότης w   19 ἐν ἐννοήσει BRQ: ἐν νοήσει uel ἐννοήσει
wJUC   ἢ immo   22 ποῦ καὶ ὅπως scil. ἐρωτητέον   24 φυσικά:
φύσει καὶ x   28 σχῆμα subiectum, ἓν praedicatum   30 ἕκαστον (scil.
σχῆμα) . . πρὸς ἕκαστον (scil. νοητόν)   31 ὡς τὸ ζῷον scil. μερίζεται
32 τοῦτο i.e. τὸ ἐνταῦθα πῦρ   34 ἀλλ' οὖν scil. τὰ σχήματά ἐστιν

πρώτως, εἰ δὲ νοῦς κατὰ τὴν τάξιν πρότερος, ἐν νῷ. ἀλλ' εἰ
ἐν τῷ ζῴῳ τῷ παντελεῖ καὶ ψυχαί, πρότερος νοῦς. ἀλλὰ
νοῦς φησιν ὅσα ὁρᾷ ἐν τῷ παντελεῖ ζῴῳ· εἰ οὖν
ὁρᾷ, ὕστερος. ἢ δυνατὸν τὸ "ὁρᾷ" οὕτως εἰρῆσθαι, ὡς 40
ἐν τῇ ὁράσει τῆς ὑποστάσεως γινομένης· οὐ γὰρ ἄλλος,
ἀλλὰ πάντα ἕν, καὶ ἡ νόησις δὲ ψιλὸν ἔχει σφαῖραν, τὸ δὲ
ζῷον ζῴου σφαῖραν.

18. Ἀλλὰ γὰρ ὁ ἀριθμὸς ἐκεῖ ὥρισται· ἡμεῖς δ' ἐπινοή-
σομεν πλείονα τοῦ προτεθέντος, καὶ τὸ ἄπειρον οὕτως
ἀριθμούντων. ἐκεῖ δ' ἐπινοῆσαι πλέον οὐκ ἔστι τοῦ ἐπι-
νοηθέντος· ἤδη γάρ ἐστιν· οὐδ' ἐλείφθη τις οὐδὲ λειφθή-
σεται, ἵνα τις καὶ προστεθῇ αὐτῷ. εἴη δ' ἂν κἀκεῖ 5
ἄπειρος, ὅτι οὐκ ἔστι μεμετρημένος· ὑπὸ τίνος γάρ; ἀλλ'
ὅς ἐστι, πᾶς ἐστιν ἓν ὢν καὶ ὁμοῦ καὶ ὅλος δὴ καὶ οὐ
περιειλημμένος πέρατί τινι, ἀλλ' ἑαυτῷ ὢν ὅς ἐστι· τῶν
γὰρ ὄντων ὅλως οὐδὲν ἐν πέρατι, ἀλλ' ἔστι τὸ πεπερασ-
μένον καὶ μεμετρημένον τὸ εἰς ἀπειρίαν κωλυθὲν δραμεῖν 10
καὶ μέτρου δεόμενον· ἐκεῖνα δὲ πάντα μέτρα, ὅθεν καὶ
καλὰ πάντα. καὶ γάρ, ἧ ζῷον, καλόν, ἀρίστην τὴν ζωὴν
ἔχον, οὐδεμιᾷ ζωῇ ἐλλεῖπον, οὐδ' αὖ πρὸς θάνατον συμ-
μιγῆ ἔχον τὴν ζωήν· οὐδὲν γὰρ θνητὸν οὐδ' ἀποθνῆσκον·
οὐδ' αὖ ἀμενηνὴ ἡ ζωὴ τοῦ ζῴου αὐτοῦ, ἀλλ' ἡ πρώτη 15
καὶ ἐναργεστάτη καὶ τὸ τρανὸν ἔχουσα τοῦ ζῆν, ὥσπερ τὸ
πρῶτον φῶς, ἀφ' οὗ καὶ αἱ ψυχαὶ ζῶσί τε ἐκεῖ καὶ αἱ
δεῦρο ἰοῦσαι κομίζονται. οἶδε δὲ καὶ ὅτου χάριν ζῇ καὶ

17. 39 = Plat. *Tim.* 39 e 7-9 et 31 b 1   18. 7 cf. Parmenides *Fr.*
B 8. 5-6   15 ἀμενηνὴ cf. Hom. *E* 887

17. 37 et 38 πρότερον w   41 τῆς ὑποστάσεως om. x   42 ψιλὸν
(idem quod ψιλόν τι) *Enn.*: ψιλὴν cod. Vaticanus (*nudam* Ficinus)
43 σφαῖραν Steinhart (*sphaeram* Ficinus): σφαῖρα *Enn.*   18. 4-5 ἐλείφθη
et λειφθήσεται x (*relictus est* et *relinquetur* Ficinus): ἐλήφθη et ληφθήσεται
wBUCQ   5 αὐτῷ idem atque 4 τις (ἀριθμός)   6 γάρ: γοῦν x
18 κομίζονται medium

πρὸς ὃ ζῇ, ἀφ' οὗ καὶ ζῇ· ἐξ οὗ γάρ, καὶ εἰς ὃ ζῇ. ἡ δὲ
20 πάντων φρόνησις καὶ ὁ πᾶς νοῦς ἐπὼν καὶ συνὼν καὶ ὁμοῦ
ὢν ἀγαθώτερον αὐτὸ ἐπιχρώσας καὶ συγκερασάμενος φρό-
νησιν σεμνότερον αὐτοῦ τὸ κάλλος παρέχεται. ἐπεὶ καὶ ἐν-
ταῦθα φρόνιμος ζωὴ τὸ σεμνὸν καὶ τὸ καλὸν κατὰ ἀλήθειάν
ἐστι, καίτοι ἀμυδρῶς ὁρᾶται. ἐκεῖ δὲ καθαρῶς ὁρᾶται·
25 δίδωσι γὰρ τῷ ὁρῶντι ὅρασιν καὶ δύναμιν εἰς τὸ μᾶλλον
ζῆν καὶ μᾶλλον εὐτόνως ζῶντα ὁρᾶν καὶ γενέσθαι ὃ ὁρᾷ.
ἐνταῦθα μὲν γὰρ ἡ προσβολὴ καὶ πρὸς ἄψυχα ἡ πολλή,
καὶ ὅταν πρὸς ζῷα, τὸ μὴ ζῶν αὐτῶν προβέβληται, καὶ ἡ
ἔνδον ζωὴ μέμικται. ἐκεῖ δὲ ζῷα πάντα καὶ ὅλα ζῶντα
30 καὶ καθαρά· κἂν ὡς οὐ ζῷόν τι λάβῃς, ἐξέλαμψεν αὐτοῦ
εὐθέως καὶ αὐτὸ τὴν ζωήν. τὴν δὲ οὐσίαν ἐν αὐτοῖς
διαβᾶσαν, ἀκίνητον εἰς μεταβολὴν παρέχουσαν αὐτοῖς τὴν
ζωήν, καὶ τὴν φρόνησιν καὶ τὴν ἐν αὐτοῖς σοφίαν καὶ ἐπι-
στήμην θεασάμενος τὴν κάτω φύσιν ἅπασαν γελάσει τῆς
35 εἰς οὐσίαν προσποιήσεως. παρὰ γὰρ ταύτης μένει μὲν
ζωή, μένει νοῦς, ἔστηκε δὲ ἐν αἰῶνι τὰ ὄντα· ἐξίστησι
δὲ οὐδὲν οὐδέ τι τρέπει οὐδὲ παρακινεῖ αὐτό· οὐδὲ γὰρ
ἔστι τι ὂν μετ' αὐτό, ὃ ἐφάψεται αὐτοῦ· εἰ δέ τι ἦν, ὑπὸ
τούτου ἂν ἦν. καὶ εἰ ἐναντίον τι ἦν, ἀπαθὲς ἂν ἦν τοῦτο
40 ὑπ' αὐτοῦ τοῦ ἐναντίου· ὂν δὲ αὐτὸ οὐκ ἂν τοῦτο
ἐποίησεν ὄν, ἀλλ' ἕτερον πρὸ αὐτοῦ κοινόν, καὶ ἦν
ἐκεῖνο τὸ ὄν· ὥστε ταύτῃ Παρμενίδης ὀρθῶς ἓν εἰπὼν τὸ
ὄν· καὶ οὐ δι' ἐρημίαν ἄλλου ἀπαθές, ἀλλ' ὅτι ὄν· μόνῳ γὰρ

18. 41 ἕτερον . . κοινόν cf. Plat. Tim. 31 a 6–8 ἕτερον . . περιέχοντι   42 cf.
Parmenides Fr. B 8. 6 et Plat. Parm. 142 d 4

18. 19 ἐξ— ζῇ³ ex quo enim uiuit, id est etiam ad quod uiuit   27 γὰρ
om. x   30 ἐξέλαμψεν transitiuum   31–4 οὐσίαν et φρόνησιν et
σοφίαν et ἐπιστήμην obiecta ad θεασάμενος, ἀκίνητον cum τὴν ζωήν coniun-
gendum, ζωήν obiectum ad παρέχουσαν   34 γελάσαι x   35 ταύτης
scil. τῆς ἐκεῖ οὐσίας   40–1 ὂν δὲ αὐτὸ scil. τὸ ἐναντίον accusatiuus, τοῦτο
scil. τὸ ὄν et ἕτερον nominatiuus, πρὸ αὐτοῦ scil. τοῦ ὄντος   42 ἐκεῖνο
i.e. τὸ ἕτερον κοινόν

τούτῳ παρ' αὐτοῦ ἐστιν εἶναι. πῶς ἂν οὖν τις τὸ ὂν παρ'
αὐτοῦ ἀφέλοιτο ἢ ὁτιοῦν ἄλλο, ὅσα ὄντος ἐνεργείᾳ καὶ 45
ὅσα ἀπ' αὐτοῦ; ἕως γὰρ ἂν ᾖ, χορηγεῖ· ἔστι δ' ἀεί· ὥστε
κἀκεῖνα. οὕτω δ' ἐστὶν ἐν δυνάμει καὶ κάλλει μέγα, ὥστε
θέλγειν καὶ τὰ πάντα ἀνηρτῆσθαι αὐτοῦ καὶ ἴχνος αὐτοῦ
παρ' αὐτοῦ ἔχοντα ἀγαπᾶν καὶ μετὰ τοῦτο τἀγαθὸν
ζητεῖν· τὸ γὰρ εἶναι πρὸ ἐκείνου ὡς πρὸς ἡμᾶς. καὶ ὁ πᾶς 50
δὲ κόσμος οὗτος καὶ ζῆν καὶ φρονεῖν, ἵνα ᾖ, θέλει, καὶ
πᾶσα ψυχὴ καὶ πᾶς νοῦς ὅ ἐστιν εἶναι· τὸ δὲ εἶναι
αὔταρκες ἑαυτῷ.

18. 45 ὄντος UCQ: ὄντως wBx   47 κἀκεῖνα i.e. τὰ ἀπ' αὐτοῦ
ὄντα   47-50 ὥστε regit θέλγειν (absolute) et ἀνηρτῆσθαι (subiectum τὰ
πάντα) et ἀγαπᾶν (satis ducere) et ζητεῖν   49 μετὰ τοῦτο τἀγαθὸν
Kirchhoff, cf. lin. 50 et V. 9. 2. 24-5: μετὰ τοῦτο ἀγαθὸν Enn.: μετ'
αὐτοῦ τὸ ἀγαθὸν H–S[1]   50 πρὸ ἐκείνου i.e. citra illud bonum
51 θέλει regit et ζῆν et φρονεῖν et 52 εἶναι[1]

ΠΩΣ ΤΟ ΠΛΗΘΟΣ ΤΩΝ ΙΔΕΩΝ ΥΠΕΣΤΗ
ΚΑΙ ΠΕΡΙ ΤΑΓΑΘΟΥ

1. Εἰς γένεσιν πέμπων ὁ θεὸς ἢ θεός τις τὰς ψυχὰς
φωσφόρα περὶ τὸ πρόσωπον ἔθηκεν ὄμματα καὶ τὰ
ἄλλα ὄργανα ταῖς αἰσθήσεσιν ἑκάσταις ἔδωκε προορώμε-
νος, ὡς οὕτως ἂν σῴζοιτο, εἰ προορῷτο καὶ προακούοι καὶ
5 ἁψαμένη τὸ μὲν φεύγοι, τὸ δὲ διώκοι. πόθεν δὴ προϊδὼν
ταῦτα; οὐ γὰρ δὴ πρότερον γενομένων ἄλλων, εἶτα δι᾽
ἀπουσίαν αἰσθήσεων φθαρέντων, ἔδωκεν ὕστερον ἃ ἔχοντες
ἔμελλον ἄνθρωποι καὶ τὰ ἄλλα ζῷα τὸ παθεῖν φυλάξασθαι.
ἢ εἴποι ἄν τις, ᾔδει, ὅτι ἐν θερμοῖς καὶ ψυχροῖς ἔσοιτο
10 τὸ ζῷον καὶ τοῖς ἄλλοις σωμάτων πάθεσι· ταῦτα δὲ εἰδώς,
ὅπως μὴ φθείροιτο ῥᾳδίως τῶν ζῴων τὰ σώματα, τὸ αἰσθά-
νεσθαι ἔδωκε, καὶ δι᾽ ὧν ἐνεργήσουσιν αἱ αἰσθήσεις ὀργά-
νων. ἀλλ᾽ ἤτοι ἐχούσαις τὰς δυνάμεις ἔδωκε τὰ ὄργανα
ἢ ἄμφω. ἀλλ᾽ εἰ μὲν ἔδωκε καὶ τὰς αἰσθήσεις, οὐκ ἦσαν
15 αἰσθητικαὶ πρότερον ψυχαὶ οὖσαι· εἰ δ᾽ εἶχον, ὅτε ἐγέ-
νοντο ψυχαί, καὶ ἐγένοντο, ἵν᾽ εἰς γένεσιν ἴωσι, σύμφυτον
αὐταῖς τὸ εἰς γένεσιν ἰέναι. παρὰ φύσιν ἄρα τὸ ἀπὸ γενέ-
σεως καὶ ἐν τῷ νοητῷ εἶναι, καὶ πεποίηνται δή, ἵνα ἄλλου
ὦσι καὶ ἵνα ἐν κακῷ εἶεν· καὶ ἡ πρόνοια, ἵνα σῴζοιντο ἐν
20 τῷ κακῷ, καὶ ὁ λογισμὸς ὁ τοῦ θεοῦ οὗτος καὶ ὅλως λογι-
σμός. ἀρχαὶ δὲ λογισμῶν τίνες; καὶ γάρ, εἰ ἐξ ἄλλων

Enn. = w(= AE) B x(= RJ) U C Q

---

1. 1 cf. Plat. *Phaed.* 113 a 4-5 et *Tim.* 34 b–c et 41 d–e   2 = Plat.
Tim. 45 b 3   9 cf. ibid. 33 a 3   20 cf. ibid. 34 a 8

---

1. 3 ἄλλα: ὅλα x   9 ᾔδει ὅτι: ἢ διότι x   20 οὕτως w
21 τίνες: τίνες οὖν ἀρχαί x   εἰ om. x

λογισμῶν, δεῖ ἐπί τι πρὸ λογισμοῦ ἢ τινά γε πάντως ἰέναι.
τίνες οὖν ἀρχαί; ἢ γὰρ αἴσθησις ἢ νοῦς. ἀλλὰ αἴσθησις
μὲν οὔπω· νοῦς ἄρα. ἀλλ' εἰ νοῦς αἱ προτάσεις, τὸ συμ-
πέρασμα ἐπιστήμη· περὶ αἰσθητοῦ οὐδενὸς ἄρα. οὗ γὰρ 25
ἀρχὴ μὲν ἐκ τοῦ νοητοῦ, τελευτὴ δὲ εἰς νοητὸν ἀφικνεῖται,
πῶς ἔνι ταύτην τὴν ἕξιν πρὸς αἰσθητοῦ διανόησιν ἀφικ-
νεῖσθαι; οὔτ' οὖν ζῴου πρόνοια οὔθ' ὅλως τοῦδε τοῦ παντὸς
ἐκ λογισμοῦ ἐγένετο· ἐπεὶ οὐδὲ ὅλως λογισμὸς ἐκεῖ, ἀλλὰ
λέγεται λογισμὸς εἰς ἔνδειξιν τοῦ πάντα οὕτως, ὡς [ἄλλος 30
σοφὸς] ἐκ λογισμοῦ ἐν τοῖς ὕστερον, καὶ προόρασις, ὅτι
οὕτως, ὡς ἄν τις σοφὸς [ἐν τοῖς ὕστερον] προΐδοιτο. ἐν
γὰρ τοῖς μὴ γενομένοις πρὸ λογισμοῦ ὁ λογισμὸς χρήσιμον
ἀπορίᾳ δυνάμεως τῆς πρὸ λογισμοῦ, καὶ προόρασις, ὅτι μὴ
ἦν δύναμις τῷ προορῶντι, καθ' ἣν οὐκ ἐδεήθη προοράσεως. 35
καὶ γὰρ ἡ προόρασις, ἵνα μὴ τοῦτο, ἀλλὰ τοῦτο, καὶ οἷον
φοβεῖται τὸ μὴ τοιοῦτον. οὗ δὲ τοῦτο μόνον, οὐ προ-
όρασις. καὶ ὁ λογισμὸς τοῦτο ἀντὶ τούτου. μόνου δ' ὄν-
τος θατέρου τί καὶ λογίζεται; πῶς οὖν τὸ μόνον καὶ ἓν
καὶ ἁπλῶς ἔχει ἀναπτυττόμενον τὸ "τοῦτο, ἵνα μὴ τοῦτο" 40
καὶ "ἔμελλε γὰρ τοῦτο, εἰ μὴ τοῦτο" καὶ "χρήσιμον
τοῦτο ἀνεφάνη καὶ σωτήριον τοῦτο γενόμενον"; προείδε-
το ἄρα καὶ προελογίσατο ἄρα καὶ δὴ καί—τὸ νῦν ἐξαρχῆς
λεχθέν—τὰς αἰσθήσεις διὰ τοῦτο καὶ ἔδωκε [τὰς δυνάμεις],
εἰ καὶ ὅτι μάλιστα ἄπορος ἡ δόσις [καὶ πῶς]. οὐ μὴν 45
ἀλλ' εἰ δεῖ ἑκάστην ἐνέργειαν μὴ ἀτελῆ εἶναι, μηδὲ θε-
μιτὸν θεοῦ ὁτιοῦν ὂν ἄλλο τι νομίζειν ἢ ὅλον τε καὶ πᾶν,

---

1. 30 cf. Plat. *Tim.* 34 a 8   44 cf. VI. 7. 1. 11–12

---

1. 25 οὖ BUCQ: οὐ wx   26 νοητὸν: νοῦν x   27 πρὸς BUCQ: πρὸ
wx   28 τοῦ wBUCQ⁸: om. xQ   30–1 ἄλλος σοφὸς del. Harder
31 ὑστέροις w   32 ἐν τοῖς ὕστερον del. Theiler   39 τὸ: τοῦτο x
44 καὶ ἔδωκε: ἔδωκε καὶ A Kirchhoff   τὰς δυνάμεις ut glossam ex
VI. 7. 1. 13 arcessitam deleuimus   45 καὶ πῶς deleuimus
46–7 θεμιτὸν Enn.: θέμις τοῦ Philoponus *De aet. mundi* ii. 5, p. 39. 6

δεῖ ἐν ὁτῳοῦν τῶν αὐτοῦ πάντα ἐνυπάρχειν. δεῖ τοίνυν καὶ
τοῦ μέλλοντος ἤδη παρόντος εἶναι. οὐ δὴ ὕστερόν τι ἐν
50 ἐκείνῳ, ἀλλὰ τὸ ἤδη ἐκεῖ παρὸν ὕστερον ἐν ἄλλῳ γίνεται.
εἰ οὖν ἤδη πάρεστι τὸ μέλλον, ἀνάγκη οὕτω παρεῖναι, ὡς
προνενοημένον εἰς τὸ ὕστερον· τοῦτο δέ ἐστιν, ὡς μηδὲν
δεῖσθαι μηδενὸς τότε, τοῦτο δέ ἐστι μηδὲν ἐλλείψοντος.
πάντα ἄρα ἤδη ἦν καὶ ἀεὶ ἦν καὶ οὕτως ἦν, ὡς εἰπεῖν
55 ὕστερον τόδε μετὰ τόδε· ἐκτεινόμενον μὲν γὰρ καὶ οἷον
ἁπλούμενον ἔχει δεικνύναι τόδε μετὰ τόδε, ὁμοῦ δὲ ὂν
πᾶν τόδε· τοῦτο δέ ἐστιν ἔχον ἐν ἑαυτῷ καὶ τὴν αἰτίαν.

2. Διὸ καὶ ἐντεῦθεν ἄν τις οὐχ ἧττον καταμάθοι τὴν νοῦ
φύσιν, ἣν καὶ πλέον τῶν ἄλλων ὁρῶμεν· οὐδ' ὡς ὅσον ἐστὶ
τὸ νοῦ χρῆμα ὁρῶμεν. τὸ μὲν γὰρ "ὅτι" δίδομεν αὐτὸν ἔχειν,
τὸ δὲ "διότι" οὐκέτι, ἤ, εἰ δοίημεν, χωρίς. καὶ ὁρῶμεν ἄν-
5 θρωπον ἢ ὀφθαλμόν, εἰ τύχοι, ὥσπερ ἄγαλμα ἢ ἀγάλμα-
τος· τὸ δέ ἐστιν ἐκεῖ ἄνθρωπος καὶ διὰ τί ἄνθρωπος, εἴπερ
καὶ νοερὸν αὐτὸν δεῖ τὸν ἐκεῖ ἄνθρωπον εἶναι, καὶ ὀφθαλμὸς
καὶ διὰ τί· ἢ οὐκ ἂν ὅλως εἴη, εἰ μὴ διὰ τί. ἐνταῦθα δὲ
ὥσπερ ἕκαστον τῶν μερῶν χωρίς, οὕτω καὶ τὸ "διὰ τί".
10 ἐκεῖ δ' ἐν ἑνὶ πάντα, ὥστε ταὐτὸν τὸ πρᾶγμα καὶ τὸ "διὰ
τί" τοῦ πράγματος. πολλαχοῦ δὲ καὶ ἐνταῦθα τὸ πρᾶγμα
καὶ τὸ "διὰ τί" ταὐτόν, οἷον τί ἐστιν ἔκλειψις. τί οὖν κω-
λύει καὶ ἕκαστον διὰ τί εἶναι καὶ ἐπὶ τῶν ἄλλων, καὶ τοῦτο
εἶναι τὴν οὐσίαν ἑκάστου; μᾶλλον δὲ ἀνάγκη· καὶ πειρω-
15 μένοις οὕτως τὸ τί ἦν εἶναι λαμβάνειν ὀρθῶς συμβαίνει. ὃ

2. 12 = Aristot. *Metaph.* H 4. 1044^{b}14 et *Anal. post.* B 2. 90^{a}15

1. 48 post ἐνυπάρχειν add. δεῖ τοίνυν καὶ τοῦ ἀεὶ εἶναι Philoponus *De
aet. mundi* ii. 5, p. 39. 8 H-S¹   55 μετὰ (recte ob 55 γὰρ et 57 καὶ) *Enn.*:
διὰ Philoponus ibid. p. 49. 15 Kirchhoff   56 ἔχει δεικνύναι Philoponus
ibid. p. 39. 16 Kirchhoff: ἐκεῖ δείκνυται *Enn.*   2. 2 καὶ: κἂν Kirchhoff
2 τῶν ἄλλων neutrum Ficinus recte   5-6 ad ἀγάλματος subintellegen-
dum ὀφθαλμόν   6 τὸ δέ reapse   7 ὀφθαλμὸς Theiler: ὀφθαλμὸν *Enn.*
8 ὅλως: ἄλλως x   13 ἐπὶ τῶν ἄλλων in sensibilibus

γάρ ἐστιν ἕκαστον, διὰ τοῦτό ἐστι. λέγω δὲ οὐχ ὅτι τὸ εἶ-
δος ἑκάστῳ αἴτιον τοῦ εἶναι—τοῦτο μὲν γὰρ ἀληθές—ἀλλ'
ὅτι, εἰ καὶ αὐτὸ τὸ εἶδος ἕκαστον πρὸς αὐτὸ ἀναπτύττοις,
εὑρήσεις ἐν αὐτῷ τὸ "διὰ τί". ἀργὸν μὲν γὰρ ὂν καὶ ζωὴν
⟨μὴ⟩ ἔχον τὸ "διὰ τί" οὐ πάντως ἔχει, εἶδος δὲ ὂν καὶ   20
νοῦ ὂν πόθεν ἂν λάβοι τὸ "διὰ τί"; εἰ δὲ παρὰ νοῦ τις λέγοι,
οὐ χωρίς ἐστιν, εἴ γε καὶ αὐτό ἐστιν· εἰ οὖν δεῖ ἔχειν ταῦτα
μηδενὶ ἐλλείποντα, μηδὲ τῷ "διὰ τί" ἐλλείπειν. νοῦς δὲ
ἔχει τὸ διὰ τί οὕτως ἕκαστον τῶν ἐν αὐτῷ· τὰ δὲ ἐν αὐτῷ
αὐτὸς ἕκαστον ἂν εἴη [τῶν ἐν αὐτῷ], ὥστε μηδὲν προσ-   25
δεῖσθαι τοῦ διὰ τί γέγονεν, ἀλλ' ὁμοῦ γέγονε καὶ ἔχει ἐν
αὐτῷ τὴν τῆς ὑποστάσεως αἰτίαν. γεγονὸς δὲ οὐκ εἰκῇ οὐ-
δὲν ἂν παραλελειμμένον ἔχοι τοῦ "διὰ τί", ἀλλὰ πᾶν ἔχον
ἔχει καὶ τὸ καλῶς ὁμοῦ τῆς αἰτίας. καὶ τοῖς ἄρα μεταλαμ-
βάνουσιν οὕτω δίδωσιν, ὡς τὸ "διὰ τί" ἔχειν. καὶ μήν, ὥσ-   30
περ ἐν τῷδε τῷ παντὶ ἐκ πολλῶν συνεστηκότι συνείρεται
πρὸς ἄλληλα τὰ πάντα, καὶ ἐν τῷ πάντα εἶναι ἔστι καὶ τὸ
διότι ἕκαστον—ὥσπερ καὶ ἐφ' ἑκάστου τὸ μέρος πρὸς τὸ
ὅλον ἔχον ὁρᾶται—οὐ τούτου γενομένου, εἶτα τούτου μετὰ
τόδε, ἀλλὰ πρὸς ἄλληλα ὁμοῦ τὴν αἰτίαν καὶ τὸ αἰτιατὸν   35
συνιστάντων, οὕτω χρὴ πολὺ μᾶλλον ἐκεῖ τά τε πάντα πρὸς
τὸ ὅλον ἕκαστα καὶ ἕκαστον πρὸς αὐτό. εἰ οὖν ἡ συνυπό-
στασις ὁμοῦ πάντων καὶ οὐκ εἰκῇ πάντων καὶ δεῖ μὴ ἀπηρ-
τῆσθαι, ἐν αὐτοῖς ἂν ἔχοι τὰ αἰτιατὰ τὰς αἰτίας, καὶ τοι-
οῦτον ἕκαστον, οἷον ἀναιτίως τὴν αἰτίαν ἔχειν. εἰ οὖν μὴ   40
ἔχει αἰτίαν τοῦ εἶναι, αὐτάρκη δέ ἐστι καὶ μεμονωμένα
αἰτίας ἐστίν, εἴη ἂν ἐν αὐτοῖς ἔχοντα σὺν αὐτοῖς τὴν
αἰτίαν. καὶ γὰρ αὖ εἰ μηδέν ἐστι μάτην ἐκεῖ, πολλὰ δὲ ἐν

---

2. 18 εἰ om. x   20 ⟨μὴ⟩ Theiler
mens haec ipsa species est Ficinus recte
23 ἐλλείπειν subiectum τὸν νοῦν
αὐτὸς . . ἂν εἴη praedicatum
deleuimus   28 παραλελυμένον x

22 εἴ γε καὶ αὐτό ἐστιν si quidem
23 τῷ BUC[pc]Q: τὸ wxC[ac]
24–5 τὰ δὲ . . ἕκαστον subiectum,
25 τῶν ἐν αὐτῷ (iteratum e lin. 24)

ἑκάστῳ ἐστί, πάντα ὅσα ἔχει ἔχοις ἂν εἰπεῖν διότι ἕκα-
45 στον. προῆν ἄρα καὶ συνῆν τὸ διότι ἐκεῖ οὐκ ὂν διότι,
ἀλλ' ὅτι· μᾶλλον δὲ ἄμφω ἕν. τί γὰρ ἂν καὶ περιττὸν
εἶχε νοῦ, ὡς ἂν νοῦ νόημα μὴ τοιοῦτον ὄν, οἷον μὴ
τέλεον γέννημα; εἰ οὖν τέλεον, οὐκ ἔστιν εἰπεῖν ὅτῳ
ἐλλείπει, οὐδὲ διὰ τί τοῦτο οὐ πάρεστι. παρὸν ἄρα ἔχοις
50 ἂν εἰπεῖν διότι πάρεστιν· ἐν ἄρα τῇ ὑποστάσει τὸ διὰ τί·
ἐν ἑκάστῳ τοίνυν νοήματι καὶ ἐνεργήματι οἷον καὶ ἀνθρώ-
που πᾶς προεφάνη ὁ ἄνθρωπος συμφέρων ἑαυτὸν αὐτῷ,
καὶ πάντα ὅσα ἔχει ἐξαρχῆς ὁμοῦ ἔχων ἕτοιμός ἐστιν ὅλος.
εἶτα, εἰ μὴ πᾶς ἐστιν, ἀλλὰ δεῖ τι αὐτῷ προσθεῖναι,
55 γεννήματός ἐστιν. ἔστι δ' ἀεί· ὥστε πᾶς ἐστιν. ἀλλ' ὁ
γινόμενος ἄνθρωπος γενητός.

3. Τί οὖν κωλύει προβουλεύσασθαι περὶ αὐτοῦ; ἢ κατ'
ἐκεῖνόν ἐστιν, ὥστε οὔτε τι ἀφελεῖν δεῖ οὔτε προσθεῖναι,
ἀλλὰ τὸ βουλεύσασθαι καὶ λελογίσθαι διὰ τὴν ὑπόθεσιν·
ὑπέθετο γὰρ γινόμενα. καὶ οὕτω μὲν ἡ βούλευσις καὶ ὁ
5 λογισμός· τῷ δ' "ἀεὶ γινόμενα" ἐνδείξασθαι καὶ ὅτι
λογίζεται ἀνεῖλεν. οὐ γὰρ ἔνι λογίζεσθαι ἐν τῷ ἀεί· καὶ
γὰρ αὖ ἐπιλελησμένου ἦν, ὅπως καὶ πρότερον. εἶτα, εἰ
μὲν ἀμείνω ὕστερον, οὐκ ἂν καλὰ πρότερον· εἰ δ' ἦν καλά,
ἔχει τὸ ὡσαύτως. καλὰ δ' ἐστὶ μετὰ τῆς αἰτίας· ἐπεὶ
10 καὶ νῦν καλόν τι, ὅτι πάντα—τοῦτο γὰρ καὶ εἶδος τὸ
πάντα—καὶ ὅτι τὴν ὕλην κατέχει· κατέχει δέ, εἰ μηδὲν
αὐτῆς ἀμόρφωτον καταλείποι· καταλείπει δέ, εἴ τις μορφὴ
ἐλλείποι, οἷον ὀφθαλμὸς ἢ ἄλλο τι· ὥστε αἰτιολογῶν
πάντα λέγεις. διὰ τί οὖν ὀφθαλμοί; ἵνα πάντα. καὶ διὰ
15 τί ὀφρύες; ἵνα πάντα. καὶ γὰρ εἰ ἕνεκα σωτηρίας λέγοις,

3. 2 cf. Theognis 809-10   5 = Plat. *Tim.* 27 d 6-28 a 1

2. 47 εἶχε subiectum ἕκαστον   νόημα subiectum   51 ⟨νοῦ⟩
νοήματι Theiler   51-2 ἀνθρώπου (scil. νοήματι): ἄνθρωπον w
52 αὐτῷ scil. τῷ νοήματι   54 εἶτα: εἴ τι x   3. 4 ὑπέθετο scil. ὁ
Πλάτων   βούλευσις Rᶻᵐᵍ (*deliberatio* Ficinus): βούλησις Enn.

φυλακτικὸν τῆς οὐσίας λέγεις ἐν αὐτῇ ὑπάρχον· τοῦτο
δὲ εἶναι συμβαλλόμενον. οὕτως ἄρα οὐσία ἦν πρὶν καὶ
τοῦτο, καὶ τὸ αἴτιον ἄρα μέρος τῆς οὐσίας· καὶ ἄλλο
τοίνυν τοῦτο, ὃ δ᾽ ἐστί, τῆς οὐσίας. πάντα τοίνυν ἀλλήλοις
καὶ ἡ ὅλη καὶ τελεία καὶ πᾶσα καὶ τὸ καλῶς μετὰ τῆς   20
αἰτίας καὶ ἐν τῇ αἰτίᾳ, καὶ ἡ οὐσία καὶ τὸ τί ἦν εἶναι
καὶ τὸ διότι ἔν. εἰ τοίνυν ἔγκειται τὸ αἰσθητικὸν εἶναι
καὶ οὕτως αἰσθητικὸν ἐν τῷ εἴδει ὑπὸ ἀιδίου ἀνάγκης
καὶ τελειότητος νοῦ ἐν αὐτῷ ἔχοντος, εἴπερ τέλειος, τὰς
αἰτίας, ὥστε ἡμᾶς ὕστερον ἰδεῖν, ὡς ἄρα ὀρθῶς οὕτως ἔχει   25
—ἐκεῖ γὰρ ἓν καὶ συμπληρωτικὸν τὸ αἴτιον καὶ οὐχὶ ὁ
ἄνθρωπος ἐκεῖ μόνον νοῦς ἦν, προσετέθη δὲ τὸ αἰσθητικόν,
ὅτε εἰς γένεσιν ἐστέλλετο—πῶς οὐκ ἂν ἐκεῖνος ὁ νοῦς
πρὸς τὰ τῇδε ῥέποι; τί γὰρ ἂν εἴη αἰσθητικὸν ἢ ἀντιληπ-
τικὸν αἰσθητῶν; πῶς δ᾽ οὐκ ἄτοπον, ἐκεῖ μὲν αἰσθητικὸν   30
ἐξ ἀιδίου, ἐνταῦθα δὲ αἰσθάνεσθαι καὶ τῆς ἐκεῖ δυνάμεως
τὴν ἐνέργειαν πληροῦσθαι ἐνταῦθα, ὅτε χείρων ἡ ψυχὴ
γίγνεται;

4. Πάλιν οὖν πρὸς ταύτην τὴν ἀπορίαν ἄνωθεν ληπ-
τέον τὸν ἄνθρωπον ὅστις ἐκεῖνός ἐστιν. ἴσως δὲ πρότερον
χρὴ τὸν τῇδε ἄνθρωπον ὅστις ποτέ ἐστιν εἰπεῖν—μήποτε
οὐδὲ τοῦτον ἀκριβῶς εἰδότες ὡς ἔχοντες τοῦτον ἐκεῖνον
ζητοῦμεν. φανείη δ᾽ ἂν ἴσως τισὶν ὁ αὐτὸς οὗτός τε   5
κἀκεῖνος εἶναι. ἀρχὴ δὲ τῆς σκέψεως ἐντεῦθεν· ἆρα ὁ
ἄνθρωπος οὗτος λόγος ἐστὶ ψυχῆς ἕτερος τῆς τὸν ἄνθρω-
πον τοῦτον ποιούσης καὶ ζῆν αὐτὸν καὶ λογίζεσθαι παρ-
εχομένης; ἢ ἡ ψυχὴ ἡ τοιαύτη ὁ ἄνθρωπός ἐστιν; ἢ ἡ
τῷ σώματι τῷ τοιῷδε ψυχὴ προσχρωμένη; ἀλλ᾽ εἰ μὲν   10

3. 23-4 cf. Plat. *Tim.* 48 a 1   4. 10 cf. Plat. *Alcib.* 129 e-130 a et *Phaed.*
79 c 2-3

3. 18 τοῦτο i.e. τὸ "διὰ τί"   18-19 ἄλλο—οὐσίας aliud igitur hoc est
atque essentia, *quidquid autem* hoc *est, essentiae* est   23 ἐν A³ᵐᵍ(= Ficinus)
RC^{ac}: ἐν wBJUC^{pc}Q   26 ὁ om. x   27 ἐκεῖ: ἐκεῖνος x
30 αἰσθητικὸν neutrum   4. 9 ἤ² om. x

ζῷον λογικὸν ὁ ἄνθρωπος, ζῷον δὲ τὸ ἐκ ψυχῆς καὶ σώμα-
τος, οὐκ ἂν εἴη ὁ λόγος οὗτος τῇ ψυχῇ ὁ αὐτός. ἀλλ᾽ εἰ
τὸ ἐκ ψυχῆς λογικῆς καὶ σώματος ὁ λόγος τοῦ ἀνθρώ-
που, πῶς ἂν εἴη ὑπόστασις ἀίδιος, τούτου τοῦ λόγου τοῦ
15 τοιούτου ἀνθρώπου γινομένου, ὅταν σῶμα καὶ ψυχὴ συν-
έλθῃ; ἔσται γὰρ ὁ λόγος οὗτος δηλωτικὸς τοῦ ἐσομέ-
νου, οὐχ οἷος ὄν φαμεν αὐτοάνθρωπος, ἀλλὰ μᾶλλον ἐοικὼς
ὅρῳ, καὶ τοιούτῳ οἵῳ μηδὲ δηλωτικῷ τοῦ τί ἦν εἶναι.
οὐδὲ γὰρ εἴδους ἐστὶ τοῦ ἐνύλου, ἀλλὰ τὸ συναμφότερον
20 δηλῶν, ὅ ἐστιν ἤδη. εἰ δὲ τοῦτο, οὔπω εὕρηται ὁ ἄνθρω-
πος· ἦν γὰρ ὁ κατὰ τὸν λόγον. εἰ δέ τις λέγοι "τὸν λόγον
δεῖ τὸν τῶν τοιούτων εἶναι συναμφότερόν τι, τόδ᾽ ἐν
τῷδε", καθ᾽ ὅ ἐστιν ἕκαστον, οὐκ ἀξιοῖ λέγειν· χρὴ δέ,
καὶ εἰ ὅτι μάλιστα τῶν ἐνύλων εἰδῶν καὶ μετὰ ὕλης τοὺς
25 λόγους χρὴ λέγειν, ἀλλὰ τὸν λόγον αὐτὸν τὸν πεποιηκότα,
οἷον τὸν ἄνθρωπον, λαμβάνειν καὶ μάλιστα, ὅσοι τὸ τί ἦν
εἶναι ἀξιοῦσιν ἐφ᾽ ἑκάστου ὁρίζεσθαι, ὅταν κυρίως ὁρίζων-
ται. τί οὖν ἐστι τὸ εἶναι ἀνθρώπῳ; τοῦτο δ᾽ ἐστί, τί ἐστι
τὸ πεποιηκὸς τοῦτον τὸν ἄνθρωπον ἐνυπάρχον, οὐ χωρι-
30 στόν; ἆρ᾽ οὖν αὐτὸς ὁ λόγος ζῷόν ἐστι λογικόν, ἢ τὸ
συναμφότερον, αὐτὸς δέ τις ποιητικὸς ζῴου λογικοῦ;
τίς ὢν αὐτός; ἢ τὸ ζῷον ἀντὶ ζωῆς λογικῆς ἐν τῷ
λόγῳ. ζωὴ τοίνυν λογικὴ ὁ ἄνθρωπος. ἆρ᾽ οὖν ζωὴ ἄνευ
ψυχῆς; ἢ γὰρ ἡ ψυχὴ παρέξεται τὴν ζωὴν τὴν λογικὴν
35 καὶ ἔσται ὁ ἄνθρωπος ἐνέργεια ψυχῆς καὶ οὐκ οὐσία, ἢ ἡ
ψυχὴ ὁ ἄνθρωπος ἔσται. ἀλλ᾽ εἰ ἡ ψυχὴ ἡ λογικὴ ὁ
ἄνθρωπος ἔσται, ὅταν εἰς ἄλλο ζῷον ἴῃ ἡ ψυχή, πῶς οὐκ
ἄνθρωπος;

4. 11 cf. Aristot. *Fr.* 192 Rose³ = p. 132 Ross (= Iamblichus *Vita Pythag.*
6. 31)   22-3 cf. Aristot. *Metaph.* Z 5. 1030ᵇ18   26-7 = ibid. Z 4.
1029ᵇ14

4. 26 λαμβάνειν regitur a 23 χρὴ   τὸ Kirchhoff: τοῦ Enn.   31 ποιητικὸς:
πεποιηκὼς x   37 ἴῃ Creuzer (*transit* Ficinus, et testatur *Theologia*): ᾖ Enn.

5. Λόγον τοίνυν δεῖ τὸν ἄνθρωπον ἄλλον παρὰ τὴν ψυ-
χὴν εἶναι. τί κωλύει συναμφότερόν τι τὸν ἄνθρωπον
εἶναι, ψυχὴν ἐν τοιῷδε λόγῳ, ὄντος τοῦ λόγου οἷον
ἐνεργείας τοιᾶσδε, τῆς δὲ ἐνεργείας μὴ δυναμένης ἄνευ
τοῦ ἐνεργοῦντος εἶναι; οὕτω γὰρ καὶ οἱ ἐν τοῖς σπέρ- 5
μασι λόγοι· οὔτε γὰρ ἄνευ ψυχῆς οὔτε ψυχαὶ ἁπλῶς.
οἱ γὰρ λόγοι οἱ ποιοῦντες οὐκ ἄψυχοι, καὶ θαυμασ-
τὸν οὐδὲν τὰς τοιαύτας οὐσίας λόγους εἶναι. οἱ οὖν
δὴ ποιοῦντες ἄνθρωπον λόγοι ποίας ψυχῆς ἐνέργειαι;
ἆρα τῆς φυτικῆς; ἢ τῆς ζῷον ποιούσης, ἐναργεστέρας 10
τινὸς καὶ αὐτὸ τοῦτο ζωτικωτέρας. ἡ δὲ ψυχὴ ἡ τοιαύ-
τη ἡ ἐγγενομένη τῇ τοιαύτῃ ὕλῃ, ἄτε οὖσα τοῦτο, οἷον
οὕτω διακειμένη καὶ ἄνευ τοῦ σώματος, ἄνθρωπος, ἐν
σώματι δὲ μορφώσασα κατ' αὐτὴν καὶ ἄλλο εἴδωλον
ἀνθρώπου ὅσον ἐδέχετο τὸ σῶμα ποιήσασα, ὥσπερ καὶ 15
τούτου αὖ ποιήσει ὁ ζωγράφος ἔτι ἐλάττω ἄνθρωπόν τινα,
τὴν μορφὴν ἔχει καὶ τοὺς λόγους ἢ τὰ ἤθη, τὰς διαθέσεις,
τὰς δυνάμεις, ἀμυδρὰ πάντα, ὅτι μὴ οὗτος πρῶτος· καὶ
δὴ καὶ [εἴδη αἰσθήσεων ἄλλων] αἰσθήσεις ἄλλας ἐναργεῖς
δοκούσας εἶναι, ἀμυδροτέρας δὲ ὡς πρὸς τὰς πρὸ αὐτῶν 20
καὶ εἰκόνας. ὁ δὲ ἐπὶ τούτῳ ἄνθρωπος ψυχῆς ἤδη θειο-
τέρας, ἐχούσης βελτίω ἄνθρωπον καὶ αἰσθήσεις ἐναργεσ-
τέρας. καὶ εἴη ἂν ὁ Πλάτων τοῦτον ὁρισάμενος, προσ-
θεὶς δὲ τὸ χρωμένην σώματι, ὅτι ἐποχεῖται τῇ ἥτις
προσχρῆται πρώτως σώματι, ἡ δὲ δευτέρως ἡ θειοτέρα. 25
ἤδη γὰρ αἰσθητικοῦ ὄντος τοῦ γενομένου ἐπηκολούθησεν
αὐτη τρανοτέραν ζωὴν διδοῦσα· μᾶλλον δ' οὐδ' ἐπηκολού-
θησεν, ἀλλὰ οἷον προσέθηκεν αὐτήν· οὐ γὰρ ἐξίσταται τοῦ

5. 24 = Plat. *Alcib.* 129 e 11; cf. *Phaed.* 79 c 2-3

5. 9 δὴ Orth: μὴ *Enn.*   14 κατ' αὐτὴν *secundum seipsam*   18 ἀμυδρὰ x:
ἀμυδρὰς wBUCQ   18-19 καὶ δὴ καὶ scil. ἔχει ἡ τοιαύτη ψυχή
19 εἴδη—ἄλλων deleuimus ut glossam ad αἰσθήσεις ἄλλας   25 ἡ θειοτέρα
Enn., testatur *Theologia*: del. Kirchhoff

νοητοῦ, ἀλλὰ συναψαμένη οἷον ἐκκρεμαμένην ἔχει τὴν κάτω
30 συμμίξασα ἑαυτὴν λόγῳ πρὸς λόγον. ὅθεν καὶ ἀμυδρὸς
οὗτος ὢν ἐγένετο φανερὸς τῇ ἐλλάμψει.

6. Πῶς οὖν ἐν τῇ κρείττονι τὸ αἰσθητικόν; ἢ τὸ αἰσθη-
τικὸν τῶν ἐκεῖ ἂν αἰσθητῶν, καὶ ὡς ἐκεῖ τὰ αἰσθητά. διὸ
καὶ οὕτως αἰσθάνεται τὴν αἰσθητὴν ἁρμονίαν, τῇ δὲ αἰσθή-
σει παραδεξαμένου τοῦ αἰσθητικοῦ ἀνθρώπου καὶ συναρ-
5 μόσαντος εἰς ἔσχατον πρὸς τὴν ἐκεῖ ἁρμονίαν, καὶ πυρὸς
ἐναρμόσαντος πρὸς τὸ ἐκεῖ πῦρ, οὗ αἴσθησις ἦν ἐκείνη
τῇ ψυχῇ ἀνάλογον ⟨τῇ⟩ τοῦ πυρὸς τοῦ ἐκεῖ φύσει. εἰ γὰρ
ἦν ἐκεῖ σώματα ταῦτα, ἦσαν αὐτῶν τῇ ψυχῇ αἰσθή-
σεις καὶ ἀντιλήψεις· καὶ ὁ ἄνθρωπος ὁ ἐκεῖ, ἡ τοιαύτη
10 ψυχή, ἀντιληπτικὴ τούτων, ὅθεν καὶ ὁ ὕστερος ἄνθρω-
πος, τὸ μίμημα, εἶχε τοὺς λόγους ἐν μιμήσει· καὶ ὁ ἐν
νῷ ἄνθρωπος τὸν πρὸ πάντων τῶν ἀνθρώπων ἄνθρωπον.
ἐλλάμπει δ' οὗτος τῷ δευτέρῳ καὶ οὗτος τῷ τρίτῳ·
ἔχει δέ πως πάντας ὁ ἔσχατος, οὐ γινόμενος ἐκεῖνοι, ἀλλὰ
15 παρακείμενος ἐκείνοις. ἐνεργεῖ δὲ ὁ μὲν ἡμῶν κατὰ τὸν
ἔσχατον, τῷ δέ τι καὶ παρὰ τοῦ πρὸ αὐτοῦ, τῷ δὲ καὶ
παρὰ τοῦ τρίτου ἡ ἐνέργεια, καὶ ἔστιν ἕκαστος καθ' ὃν
ἐνεργεῖ, καίτοι πάντας ἕκαστος ἔχει καὶ αὖ οὐκ ἔχει. τοῦ
δὲ σώματος χωρισθείσης τῆς τρίτης ζωῆς καὶ τοῦ τρίτου
20 ἀνθρώπου, εἰ συνέποιτο τῇ δευτέρᾳ, συνέποιτο δὲ μὴ χωρισ-
θεῖσα τῶν ἄνω, οὗ ἐκείνη καὶ αὕτη λέγεται εἶναι. μετα-

5. 30 συμμίξας x   6. 2 τῶν ἐκεῖ ἂν αἰσθητῶν Schwyzer, testatur
Theologia: τῶν ἐκεῖ ἀναισθήτων A^ac(ἂν exp.)EBUCQ: τῷ ἐκεῖ ἀναισθήτῳ x
3 οὕτως sic i.e. intelligibiliter, subiectum ἡ κρείττων ψυχή   3-4 τῇ δὲ
αἰσθήσει uocabulo οὕτως opponitur   5 πυρός: πῦρ Kirchhoff, sed
συναρμόσαντος et ἐναρμόσαντος intransitiua   12 ἄνθρωπον scil. amplectitur
13 οὗτος[1] i.e. ὁ ἐν νῷ ἄνθρωπος   τῷ δευτέρῳ nempe τῷ ὑστέρῳ i.e.
λογικῷ   14 δέ πως: δ' ὅπως x   ἐκεῖνοι Geiger, testatur Theologia:
ἐκείνοις Enn.   17 τρίτου tertius ab imo idem ac summus   19 τρίτης
et τρίτου imus   20 τῇ δευτέρᾳ coniecimus: ἡ δευτέρα Enn.   21 οὗ:
οὐ καί x   ἐκείνη scil. ἡ δευτέρα, αὕτη scil. ἡ τρίτη   21-2 μεταλαβούσης
scil. τῆς ζωῆς

λαβούσης δὲ θήρειον σῶμα θαυμάζεται δέ, πῶς λόγος οὖσα
ἀνθρώπου. ἢ πάντα ἦν, ἄλλοτε δὲ ἐνεργεῖ κατ' ἄλλον.
καθαρὰ μὲν οὖν οὖσα καὶ πρὶν κακυνθῆναι ἄνθρωπον θέλει
καὶ ἄνθρωπός ἐστι· καὶ γὰρ κάλλιον τοῦτο, καὶ τὸ κάλ- 25
λιον ποιεῖ. ποιεῖ δὲ καὶ δαίμονας προτέρους, ὁμοειδεῖς τῇ
⟨ἢ⟩ ἄνθρωπον· καὶ ὁ πρὸ αὐτῆς δαιμονιώτερος, μᾶλλον
δὲ θεός, καὶ ἔστι μίμημα θεοῦ δαίμων εἰς θεὸν ἀνηρτη-
μένος, ὥσπερ ἄνθρωπος εἰς δαίμονα· οὐ γὰρ λέγεται
θεός, εἰς ὃν ὁ ἄνθρωπος· ἔχει γὰρ διαφοράν, ἣν ἔχουσι 30
ψυχαὶ πρὸς ἀλλήλας, κἂν ἐκ τοῦ αὐτοῦ ὦσι στοίχου·
λέγειν δὲ δεῖ δαίμονας εἶδος δαιμόνων, οὕς φησιν ὁ
Πλάτων δαίμονας. ὅταν δὲ συνέπηται τῇ θήρειον
φύσιν ἑλομένη ψυχῇ ἡ συνηρτημένη [τῇ] ὅτε ἄνθρωπος
ἦν, τὸν ἐν αὐτῇ λόγον ἐκείνου τοῦ ζῴου ἔδωκεν. ἔχει 35
γάρ, καὶ ἡ ἐνέργεια αὐτὴ χείρων.

7. Ἀλλ' εἰ κακυνθεῖσα καὶ χείρων γενομένη πλάττει
θήρειον φύσιν, οὐκ ἦν ὃ ἐξαρχῆς βοῦν ἐποίει ἢ ἵππον,
καὶ ὁ λόγος δὲ ἵππου καὶ ἵππος παρὰ φύσιν. ἢ ἔλαττον,
οὐ μὴν παρὰ φύσιν, ἀλλ' ἐκεῖνό πως καὶ ἐξαρχῆς ἵππος
ἢ κύων. καὶ εἰ μὲν ἕξει, ποιεῖ τὸ κάλλιον, εἰ δὲ μή, ὃ 5
δύναται, ἥ γε ποιεῖν προσταχθεῖσα· οἷα καὶ οἱ πολλὰ εἴδη
ποιεῖν εἰδότες δημιουργοί, εἶτα τοῦτο ποιοῦντες, ἢ ὃ προσ-
ετάχθησαν, ἢ ὃ ἡ ὕλη ἐθέλει τῇ ἐπιτηδειότητι. τί γὰρ

6. 33 cf. Plat. Symp. 202 d 13–e 1 et Tim. 90 a 2–4   33–4 = Plat. Tim.
42 c 3–4

6. 23 ἢ R (sed profecto Ficinus): ἢ wBUCQ; ἢ uel ἢ J   24 μὲν recipitur
ab 33 δὲ   κακωθῆναι x   26 ποιεῖ¹: τοῦτο x   26–7 τῇ (scil. ζωῇ
uel ψυχῇ) ⟨ἢ⟩ ἄνθρωπον (scil. ποιεῖ) H-S¹: τῇ ἄνθρωπον wBUCQ; τὸν
ἄνθρωπον x   27 αὐτῆς spectat ad 26 τῇ   29 δαίμονα Volkmann:
ἄνθρωπον Enn.   30 ἔχει γὰρ διαφοράν scil. ἄλλος ἄνθρωπος πρὸς ἄλλον
31 στοίχου (cf. V. 3. 14. 16) Volkmann: στίχου Enn.   32 δεῖ om. x
32 δαιμόνων: δαημόνων Harder H-S¹   33 τῇ Theiler: τὴν Enn.
34 ψυχῇ Fᵃᵐᵍ(= Ficinus): ψυχὴ Enn.   τῇ ut correctionem ad 33 τὴν
inepto loco insertam del. Kirchhoff   ὅτε: ὅτε ὁ w

κωλύει τὴν μὲν δύναμιν τῆς τοῦ παντὸς ψυχῆς προϋπο-
10 γράφειν, ἅτε λόγον πάντα οὖσαν, πρὶν καὶ παρ' αὐτῆς
ἥκειν τὰς ψυχικὰς δυνάμεις, καὶ τὴν προϋπογραφὴν οἷον
προδρόμους ἐλλάμψεις εἰς τὴν ὕλην εἶναι, ἤδη δὲ τοῖς
τοιούτοις ἴχνεσιν ἐπακολουθοῦσαν τὴν ἐξεργαζομένην
ψυχὴν κατὰ μέρη τὰ ἴχνη διαρθροῦσαν ποιῆσαι καὶ γενέ-
15 σθαι ἑκάστην τοῦτο, ᾧ προσῆλθε σχηματίσασα ἑαυτήν,
ὥσπερ τὸν ἐν ὀρχήσει πρὸς τὸ δοθὲν αὐτῷ δρᾶμα; ἀλλὰ
γὰρ ἐπισπόμενοι τῷ ἐφεξῆς εἰς τοῦτο ἥκομεν. ἦν δὲ
ἡμῖν ὁ λόγος, τὸ αἰσθητικὸν ὅπως τοῦ ἀνθρώπου καὶ πῶς
οὐκ ἐκεῖνα πρὸς γένεσιν βλέπει· καὶ ἡμῖν ἐφαίνετο καὶ ὁ
20 λόγος ἐδείκνυεν οὐκ ἐκεῖνα πρὸς τὰ τῇδε βλέπειν, ἀλλὰ
ταῦτα εἰς ἐκεῖνα ἀνηρτῆσθαι καὶ μιμεῖσθαι ἐκεῖνα, καὶ
τοῦτον τὸν ἄνθρωπον παρ' ἐκείνου ἔχοντα τὰς δυνάμεις
πρὸς ἐκεῖνα, καὶ συνεζεῦχθαι ταῦτα τὰ αἰσθητὰ τούτῳ,
ἐκεῖνα δ' ἐκείνῳ· ἐκεῖνα γὰρ τὰ αἰσθητά, ἃ οὕτως ὠνομά-
25 σαμεν, ὅτι ἀσώματα, ἄλλον δὲ τρόπον ἐν ἀντιλήψει· καὶ
τήνδε τὴν αἴσθησιν, ⟨ὅτι σωμάτων ἦν⟩, ἀμυδροτέραν οὖσαν
τῆς ἐκεῖ ἀντιλήψεως, ἣν ὠνομάζομεν [αἴσθησιν ὅτι σω-
μάτων ἦν] ἐναργεστέραν εἶναι. καὶ διὰ τοῦτο καὶ τοῦτον
αἰσθητικόν, ὅτι ἐλαττόνως καὶ ἐλαττόνων ἀντιληπτικὸς
30 εἰκόνων ἐκείνων· ὥστε εἶναι τὰς αἰσθήσεις ταύτας ἀμυδρὰς
νοήσεις, τὰς δὲ ἐκεῖ νοήσεις ἐναργεῖς αἰσθήσεις.

7. 17-24 cf. VI. 7. 6. 1-21   24-5 ὠνομάσαμεν cf. VI. 7. 6. 2
27-8 ὠνομάζομεν - ἐναργεστέραν cf. VI. 7. 5. 22

7. 12 εἶναι: ἰέναι Igal   15 σχηματίσασαν Kirchhoff   16 τὸν: τὸ x
17 ἐπισπόμενοι BUC: ἐπισπώμενοι wxQ   τῷ: τὸ x   23 ἐκεῖνα scil.
βλέπειν   25 δὲ opponitur uerbis ὅτι ἀσώματα   ἐν ἀντιλήψει
praedicatum sententiae ab ὅτι incipientis   26 ⟨ὅτι σωμάτων ἦν⟩ e
lin. 27 huc transp. Steinhart   οὖσαν: εἶναι Theiler   27-8 αἴσθησιν—ἦν
deleuimus   28 εἶναι: οὖσαν Theiler   29 αἰσθητικόν praedicatum
29-30 ὅτι—ἐκείνων quoniam deteriori modo deteriorraque apprehendit, scilicet illorum
dumtaxat imagines Ficinus recte   29 ἀντιληπτικὸς Creuzer: ἀντιληπτικὸν
wBxUQ: ἀντιληπτικῶν C

8. Ἀλλὰ τὸ μὲν αἰσθητικὸν οὕτως. τὸ δὲ "ἵππος" ὅμως
καὶ ἕκαστον τῶν ζῴων ἐκεῖ πῶς οὐ πρὸς τὰ ἐνταῦθα
ἐθέλει βλέπειν; ἀλλ' εἰ μέν, ἵνα ἐνταῦθα ἵππος γένοιτο ἢ
ἄλλο τι ζῷον, ἐξεῦρε νόησιν ἵππου; καίτοι πῶς οἷόν τε ἦν
βουλόμενον ἵππον ποιῆσαι νοῆσαι ἵππον; ἤδη γὰρ δῆλον   5
ὅτι ὑπῆρχεν ἵππου νόησις, εἴπερ ἠβουλήθη ἵππον ποιῆσαι·
ὥστε οὐκ ἔστιν, ἵνα ποιήσῃ, νοῆσαι, ἀλλὰ πρότερον εἶναι
τὸν μὴ γενόμενον ἵππον πρὸ τοῦ μετὰ ταῦτα ἐσομένου.
εἰ οὖν πρὸ τῆς γενέσεως ἦν καὶ οὐχ, ἵνα γένηται, ἐνοήθη,
οὐ πρὸς τὰ τῇδε βλέπων εἶχε παρ' ἑαυτῷ ὃς εἶχε τὸν   10
ἐκεῖ ἵππον, οὐδ' ἵνα τὰ τῇδε ποιήσῃ, εἶχε τοῦτόν τε καὶ
τὰ ἄλλα, ἀλλὰ ἦν μὲν ἐκεῖνα, ταῦτα δὲ ἐπηκολούθει ἐξ
ἀνάγκης ἐκείνοις· οὐ γὰρ ἦν στῆναι μέχρι τῶν ἐκεῖ. τίς
γὰρ ἂν ἔστησε δύναμιν μένειν τε καὶ προϊέναι δυναμένην;
ἀλλὰ διὰ τί ἐκεῖ ζῷα ταῦτα; τί γὰρ ἐν θεῷ ταῦτα; τὰ   15
μὲν γὰρ λογικὰ ἔστω· ἀλόγων δὲ τοσοῦτον πλῆθος τί τὸ
σεμνὸν ἔχει; τί δὲ οὐ τοὐναντίον; ὅτι μὲν οὖν πολλὰ
δεῖ τοῦτο τὸ ἓν εἶναι ὂν μετὰ τὸ πάντη ἕν, δῆλον· ἢ οὐκ ἂν
ἦν μετ' ἐκεῖνο, ἀλλ' ἐκεῖνο. μετ' ἐκεῖνο δὲ ὂν ὑπὲρ μὲν
ἐκεῖνο πρὸς τὸ μᾶλλον ἓν γενέσθαι οὐκ ἦν, ἐλλεῖπον δ'   20
ἐκείνου· τοῦ δ' ἀρίστου ὄντος ἑνὸς ἔδει πλέον ἢ ἓν εἶναι·
τὸ γὰρ πλῆθος ἐν ἐλλείψει. τί οὖν κωλύει δυάδα εἶναι;
ἢ ἑκάτερον τῶν ἐν τῇ δυάδι οὐχ οἷόν τε ἦν ἓν παντελῶς
εἶναι, ἀλλὰ πάλιν αὖ δύο τοὐλάχιστον εἶναι, καὶ ἐκείνων αὖ
ὡσαύτως· εἶτα καὶ κίνησις ἦν ἐν τῇ δυάδι τῇ πρώτῃ καὶ   25
στάσις, ἦν δὲ καὶ νοῦς, καὶ ζωὴ ἦν ἐν αὐτῇ· καὶ τέλεος
νοῦς καὶ ζωὴ τελεία. ἦν τοίνυν οὐχ ὡς νοῦς εἷς, ἀλλὰ
πᾶς καὶ πάντας τοὺς καθ' ἕκαστα νοῦς ἔχων καὶ τοσοῦτος

---

8. 17–18 cf. Plat. *Parm.* 145 a 2   23–5 cf. ibid. 142 e 3–143 a 1
25–7 cf. Plat. *Soph.* 249 a–c

---

8. 1 ὅμως Igal: ὅλως EBxUCQ: ὅλος A   18 τὸ[1] om. x   24 αὖ[2]:
εἶναι x   26 αὐτῇ (scil. τῇ δυάδι) Harder, testatur *Theologia*: αὐτῷ *Enn.*

ὅσοι πάντες, καὶ πλείων· καὶ ἔζη οὐχ ὡς ψυχὴ μία, ἀλλ᾽
30 ὡς πᾶσαι, καὶ πλείω δύναμιν εἰς τὸ ποιεῖν ψυχὰς ἑκάστας
ἔχων, καὶ ζῷον παντελὲς ἦν, οὐκ ἄνθρωπον ἐν αὑτῷ
μόνον ἔχων· μόνον γὰρ ἄνθρωπος ἐνταῦθα ἦν.

9. Ἀλλ᾽ ἔστω, φήσει τις, τὰ τίμια τῶν ζώων· πῶς
αὖ τὰ εὐτελῆ καὶ τὰ ἄλογα ἦν; τὸ εὐτελὲς δηλονότι τῷ
ἀλόγῳ ἔχοντα, εἰ τῷ λογικῷ τὸ τίμιον· καὶ εἰ τῷ νοερῷ
τὸ τίμιον, τῷ ἀνοήτῳ τὸ ἐναντίον. καίτοι πῶς ἀνόητον ἢ
5 ἄλογον ἐκείνου ὄντος ἐν ᾧ ἕκαστα ἢ ἐξ οὗ; πρὸ δὴ τῶν
περὶ ταῦτα καὶ πρὸς ταῦτα λεχθησομένων λάβωμεν, ὡς ὁ
ἄνθρωπος ὁ ἐνταῦθα οὐ τοιοῦτός ἐστιν, οἷος ἐκεῖνος, ὥστε
καὶ τὰ ἄλλα ζῷα οὐχ οἷα τὰ ἐνταῦθα κἀκεῖ, ἀλλὰ μειζόνως
δεῖ ἐκεῖνα λαμβάνειν· εἶτα οὔτε τὸ λογικὸν ἐκεῖ· ὧδε γὰρ
10 ἴσως λογικός, ἐκεῖ δὲ ὁ πρὸ τοῦ λογίζεσθαι. διὰ τί οὖν
ἐνταῦθα λογίζεται οὗτος, τὰ δ᾽ ἄλλα οὔ; ἢ διαφόρου ὄντος
ἐκεῖ τοῦ νοεῖν ἔν τε ἀνθρώπῳ καὶ τοῖς ἄλλοις ζῴοις, διάφο-
ρον καὶ τὸ λογίζεσθαι· ἔνι γάρ πως καὶ τοῖς ἄλλοις ζῴοις
πολλὰ διανοίας ἔργα. διὰ τί οὖν οὐκ ἐπίσης λογικά; διὰ
15 τί δὲ ἄνθρωποι πρὸς ἀλλήλους οὐκ ἐπίσης; δεῖ δὲ ἐνθυ-
μεῖσθαι, ὡς τὰς πολλὰς ζωὰς οἷον κινήσεις οὔσας καὶ τὰς
πολλὰς νοήσεις οὐκ ἐχρῆν τὰς αὐτὰς εἶναι, ἀλλὰ καὶ ζωὰς
διαφόρους καὶ νοήσεις ὡσαύτως· τὰς δὲ διαφοράς πως φω-
τεινοτέρας καὶ ἐναργεστέρας, κατὰ τὸ ἐγγὺς δὲ τῶν πρώ-
20 των πρώτας καὶ δευτέρας καὶ τρίτας. διόπερ τῶν νοήσεων
αἱ μὲν θεοί, αἱ δὲ δεύτερόν τι γένος, ἐν ᾧ τὸ λογικὸν ἐπί-
κλην ἐνταῦθα, ἑξῆς δ᾽ ἀπὸ τούτων τὸ ἄλογον κληθέν. ἐκεῖ
δὲ καὶ τὸ ἄλογον λεγόμενον λόγος ἦν, καὶ τὸ ἄνουν νοῦς ἦν,
ἐπεὶ καὶ ὁ νοῶν ἵππον νοῦς ἐστι, καὶ ἡ νόησις ἵππου νοῦς

---

8. 31 = Plat. *Tim.* 31 b 1

8. 30 πλείω AJᵉᶜ: πλείων EBRUQ H-S¹: om. C   9. 2 τὸ εὐτελὲς
obiectum ad ἔχοντα   9 οὔτε (recipit 7 οὐ): οὐδὲ Kirchhoff
11 οὗτος i.e. ὁ ἄνθρωπος, τὰ δ᾽ ἄλλα scil. ζῷα   16 ὡς: πρὸς x
19 κατὰ H-S¹: καὶ *Enn.*

ἦν. ἀλλ' εἰ μὲν νόησις μόνον, ἄτοπον οὐδὲν τὴν νόησιν αὐ- 25
τὴν νόησιν οὖσαν ἀνοήτου εἶναι· νῦν δ' εἰ ταὐτὸν ἡ νόησις
τῷ πράγματι, πῶς ἡ μὲν νόησις, ἀνόητον δὲ τὸ πρᾶγμα;
οὕτω γὰρ ἂν νοῦς ἀνόητον ἑαυτὸν ποιοῖ. ἢ οὐκ ἀνό-
ητον, ἀλλὰ νοῦς τοιόσδε· ζωὴ γὰρ τοιάδε. ὡς γὰρ ἡτισ-
οῦν ζωὴ οὐκ ἀπήλλακται τοῦ εἶναι ζωή, οὕτως οὐδὲ νοῦς 30
τοιόσδε ἀπήλλακται τοῦ εἶναι νοῦς· ἐπεὶ οὐδὲ ὁ νοῦς ὁ κατὰ
ὁτιοῦν ζῷον ἀπήλλακται αὖ τοῦ νοῦς εἶναι πάντων, οἷον
καὶ ἀνθρώπου, εἴπερ ἕκαστον μέρος, ὅ τι ἂν λάβῃς, πάντα
ἀλλ' ἴσως ἄλλως. ἐνεργείᾳ μὲν γὰρ ἐκεῖνο, δύναται δὲ
πάντα· λαμβάνομεν δὲ καθ' ἕκαστον τὸ ἐνεργείᾳ· τὸ δ' 35
ἐνεργείᾳ ἔσχατον, ὥστε τοῦδε τοῦ νοῦ τὸ ἔσχατον ἵππον
εἶναι, καὶ ᾗ ἔληξε προϊὼν ἀεὶ εἰς ἐλάττω ζωήν, ἵππον εἶναι,
ἄλλον δὲ κατωτέρω λῆξαι. ἐξελιττόμεναι γὰρ αἱ δυνάμεις
καταλείπουσιν ἀεὶ εἰς τὸ ἄνω· προΐασι δέ τι ἀφιεῖσαι καὶ
ἐν τῷ ἀφεῖναι δὲ ἄλλα ἄλλαι διὰ τὸ ἐνδεὲς τοῦ ζῴου 40
τοῦ φανέντος ἐκ τοῦ ἐλλείποντος ἕτερον ἐξευροῦσαι προσ-
θεῖναι· οἷον ἐπεὶ οὐκ ἔστιν ἔτι τὸ ἱκανὸν εἰς ζωήν, ἀν-
εφάνη ὄνυξ καὶ τὸ γαμψώνυχον ἢ τὸ καρχαρόδον ἢ κέρα-
τος φύσις· ὥστε, ᾗ κατῆλθεν ὁ νοῦς, ταύτῃ πάλιν αὖ τῷ
αὐτάρκει τῆς φύσεως ἀνακύψαι καὶ εὑρεῖν ἐν αὑτῷ τοῦ 45
ἐλλείποντος κειμένην ἴασιν.

10. Ἀλλὰ πῶς ἐκεῖ ἐνέλειπε; τί γὰρ κέρατα ἐκεῖ πρὸς
ἄμυναν; ἢ πρὸς τὸ αὔταρκες ὡς ζῴου καὶ τὸ τέλεον. ὡς
γὰρ ζῷον ἔδει τέλεον εἶναι, καὶ ὡς νοῦν δὲ τέλεον, καὶ
ὡς ζωὴν δὲ τέλεον· ὥστε, εἰ μὴ τοῦτο, ἀλλὰ τοῦτο. καὶ ἡ

9. 26-7 cf. Aristot. *Metaph.* Λ 9. 1075ᵃ1-5

---

9. 35-6 τὸ δ' ἐνεργείᾳ subiectum, ἔσχατον[1] praedicatum   38 ἄλλο
x   39 καταλείπουσιν scil. τι   καὶ coniungit ἀφιεῖσαι et 41 ἐξευροῦσαι
40 ἄλλα ἄλλαι H-S¹: ἄλλα· ἀλλὰ Epn.   41 λείποντος x   41-2 ἕτερον
. . προσθεῖναι regitur ab ἐξευροῦσαι   43 καρχαρόδον BUC: -ώδον E:
-όδουν AJQ: -ώδουν R

5 διαφορὰ τῷ ἄλλο ἀντὶ ἄλλου, ἵνα ἐκ πάντων μὲν τὸ τελειό-
τατον ζῷον καὶ ὁ τέλειος νοῦς καὶ ἡ τελειοτάτη ζωή,
ἕκαστον δὲ ὡς ἕκαστον τέλειον. καὶ μήν, εἰ ἐκ πολλῶν,
δεῖ εἶναι αὖ ἕν· ἢ οὐχ οἷόν τε ἐκ πολλῶν μὲν εἶναι, τῶν
αὐτῶν δὲ πάντων· ἢ αὔταρκες ἦν ἂν ἕν. δεῖ τοίνυν ἐξ ἑτέ-
10 ρων ἀεὶ κατ᾽ εἶδος, ὥσπερ καὶ πᾶν σύνθετον, καὶ σῳζομέ-
νων ἑκάστων, οἷαι καὶ αἱ μορφαὶ καὶ οἱ λόγοι. αἵ τε γὰρ
μορφαί, οἷον ἀνθρώπου, ἐξ ὅσων διαφορῶν, καίτοι τὸ ἐπὶ
πᾶσιν ἕν. καὶ βελτίω καὶ χείρω ἀλλήλων, ὀφθαλμὸς καὶ
δάκτυλος, ἀλλ᾽ ἑνός· καὶ οὐ χεῖρον τὸ πᾶν, ἀλλ᾽ ὅτι οὕτω,
15 βέλτιον· καὶ ὁ λόγος δὲ ζῷον καὶ ἄλλο τι, ὃ μὴ ταὐτὸν
τῷ "ζῷον". καὶ ἀρετὴ δὲ τὸ κοινὸν καὶ τὸ ἴδιον καὶ τὸ
ὅλον καλὸν ἀδιαφόρου τοῦ κοινοῦ ὄντος.

11. Λέγεται δὲ οὐδ᾽ ὁ οὐρανός—καὶ πολλὰ δὲ φαίνεται—
οὐκ ἀτιμάσαι τὴν τῶν ζῴων πάντων φύσιν, ἐπεὶ καὶ τόδε
τὸ πᾶν πάντα ἔχει. πόθεν οὖν ἔχει; πάντα οὖν ἔχει ὅσα
ἐνταῦθα τἀκεῖ; ἢ ὅσα λόγῳ πεποίηται καὶ κατ᾽ εἶδος.
5 ἀλλ᾽ ὅταν πῦρ ἔχῃ, καὶ ὕδωρ ἔχει, ἔχει δὲ πάντως καὶ
φυτά. πῶς οὖν τὰ φυτὰ ἐκεῖ; καὶ πῶς πῦρ ζῇ; καὶ πῶς
γῆ; ἢ γὰρ ζῇ ἢ οἷον νεκρὰ ἔσται ἐκεῖ, ὥστε μὴ πᾶν τὸ
ἐκεῖ ζῆν. καὶ τί ὅλως ἐστὶν ἐκεῖ καὶ ταῦτα; τὰ μὲν οὖν
φυτὰ δύναιτ᾽ ἂν τῷ λόγῳ συναρμόσαι· ἐπεὶ καὶ τὸ τῇδε
10 φυτὸν λόγος ἐστὶν ἐν ζωῇ κείμενος. εἰ δὴ ὁ ἔνυλος λόγος ὁ
τοῦ φυτοῦ, καθ᾽ ὃν τὸ φυτόν ἐστι, ζωή τίς ἐστι τοιάδε καὶ
ψυχή τις, καὶ ὁ λόγος ἕν τι, ἤτοι τὸ πρῶτον φυτόν ἐστιν
οὗτος ἢ οὔ, ἀλλὰ πρὸ αὐτοῦ φυτὸν τὸ πρῶτον, ἀφ᾽ οὗ καὶ

11. 2-3 cf. Plat. Tim. 30 d 3-31 a 1

10. 11-12 intellegendum: αἱ μορφαί εἰσιν ἐξ ὅσων διαφορῶν εἰσιν
13-14 καί¹—ἑνός et meliora quaedam et deteriora sunt inuicem, ut oculus atque digitus;
sunt tamen unius eiusdemque membra Ficinus recte   14 ἀλλ᾽ ὅτι οὕτω scil.
ἕκαστόν ἐστιν   11. 3 ad ἔχει² subiectum ὁ οὐρανός, ad ἔχει³ τἀκεῖ
4 κατ᾽: τὸ x   5 ὕδωρ ⟨καὶ γῆν⟩ Harder   ἔχει¹ AEᵃᶜR: ἔχῃ
EᵖᶜBJUCQ

τοῦτο. καὶ γὰρ ἐκεῖνο ἕν, ταῦτα δὲ πολλὰ καὶ ἀφ' ἑνὸς ἐξ
ἀνάγκης. εἰ δὴ τοῦτο, δεῖ πολὺ πρότερον ἐκεῖνο ζῆν καὶ 15
αὐτὸ τοῦτο φυτὸν εἶναι, ἀπ' ἐκείνου δὲ ταῦτα δευτέρως
καὶ τρίτως καὶ κατ' ἴχνος ἐκείνου ζῆν. γῆ δὲ πῶς; καὶ
τί τὸ γῆ εἶναι; καὶ τίς ἡ ἐκεῖ γῆ τὸ ζῆν ἔχουσα; ἢ πρό-
τερον τίς αὕτη; τοῦτο δ' ἐστὶ τί τὸ εἶναι ταύτῃ; δεῖ δὴ
μορφήν τινα εἶναι καὶ ἐνταῦθα καὶ λόγον. ἐκεῖ μὲν οὖν ἐπὶ 20
τοῦ φυτοῦ ἔζη καὶ ὁ τῇδε αὐτοῦ λόγος. ἆρ' οὖν καὶ ἐν
τῇδε τῇ γῇ; ἢ εἰ λάβοιμεν τὰ μάλιστα γήινα γεννώμενα
καὶ πλαττόμενα ἐν αὐτῇ, εὕροιμεν ἂν καὶ ἐνταῦθα τὴν γῆς
φύσιν. λίθων τοίνυν αὐξήσεις τε καὶ πλάσεις καὶ ὁρῶν
ἀναφυομένων ἔνδον μορφώσεις πάντως που λόγου ἐμψύχου 25
δημιουργοῦντος ἔνδοθεν καὶ εἰδοποιοῦντος χρὴ νομίζειν
γίνεσθαι· καὶ τοῦτο εἶναι τὸ εἶδος τῆς γῆς τὸ ποιοῦν, ὥσ-
περ ἐν τοῖς δένδροις τὴν λεγομένην φύσιν, τῷ δὲ ξύλῳ τοῦ
δένδρου ἀνάλογον τὴν λεγομένην εἶναι γῆν, καὶ ἀποτμη-
θέντα τὸν λίθον οὕτως ἔχειν, ὡς εἰ ἐκ τοῦ δένδρου τι κοπείη, 30
μὴ παθόντος δὲ τούτου, ἀλλ' ἔτι συνηρτημένου, ὡς τὸ μὴ
κοπὲν ἐκ τοῦ ζῶντος φυτοῦ. τὴν ⟨δὴ⟩ δημιουργοῦσαν ἐγ-
καθημένην τῇ γῇ φύσιν ζωὴν ἐν λόγῳ ἀνευρόντες πιστοί-
μεθα ἂν τὸ ἐντεῦθεν ῥᾳδίως τὴν ἐκεῖ γῆν πολὺ πρότερον
ζῶσαν εἶναι καὶ ζωὴν ἔλλογον γῆς, αὐτογῆν καὶ πρώτως 35
γῆν, ἀφ' ἧς καὶ ἡ ἐνταῦθα γῆ. εἰ δὲ καὶ τὸ πῦρ λόγος τις
ἐν ὕλῃ ἐστὶ καὶ τὰ ἄλλα τὰ τοιαῦτα καὶ οὐκ ἐκ τοῦ αὐτο-
μάτου πῦρ—πόθεν γάρ; οὐ γὰρ ἐκ παρατρίψεως, ὡς ἄν
τις οἰηθείη· ἤδη γὰρ ὄντος ἐν τῷ παντὶ πυρὸς ἡ παράτριψις
ἐχόντων τῶν παρατριβομένων σωμάτων· οὐδὲ γὰρ ἡ ὕλη 40
οὕτως δυνάμει, ὥστε παρ' αὐτῆς—εἰ δὴ κατὰ λόγον δεῖ

---

11. 38-9 cf. Aristot. apud Stob. *Anth.* i. 25. 4, p. 212. 17-18 (= *Doxogr.*
Gr. p. 451. 2) et Aristot. *De caelo* B 7. 289ᵃ20

---

11. 20 ἐκεῖ *supra* lin. 9-10   21 ἔζη: ἔστη x   31 ἀλλ' ἔτι: ἀλλὰ x
32 post τὴν add. δὴ R²ˢ (*nimirum* Ficinus) Kirchhoff

τὸ ποιοῦν εἶναι ὡς μορφοῦν, τί ἂν εἴη ἢ ψυχὴ ποιεῖν
πῦρ δυναμένη; τοῦτο δ' ἐστὶ ζωὴ καὶ λόγος, ἓν καὶ ταὐτὸ
ἄμφω. διὸ καὶ Πλάτων ἐν ἑκάστῳ τούτων ψυχήν φησιν
45 εἶναι οὐκ ἄλλως ἢ ὡς ποιοῦσαν τοῦτο δὴ τὸ αἰσθητὸν πῦρ.
ἔστιν οὖν καὶ τὸ ἐνταῦθα ποιοῦν πῦρ ζωή τις πυρίνη,
ἀληθέστερον πῦρ. τὸ ἄρα ἐπέκεινα πῦρ μᾶλλον ὂν πῦρ μᾶλ-
λον ἂν εἴη ἐν ζωῇ· ζῇ ἄρα καὶ αὐτὸ τὸ πῦρ. ὁ δ' αὐτὸς
λόγος καὶ ἐπὶ τῶν ἄλλων, ὕδατός τε καὶ ἀέρος. ἀλλὰ διὰ
50 τί οὐκ ἔμψυχα καὶ ταῦτα ὥσπερ ἡ γῆ; ὅτι μὲν οὖν καὶ
ταῦτα ἐν ζῴῳ τῷ παντί, δῆλόν που, καὶ ὅτι μέρη ζῴου· οὐ
φαίνεται δὲ ζωὴ ἐν αὐτοῖς, ὥσπερ οὐδ' ἐπὶ τῆς γῆς· συλ-
λογίζεσθαι δὲ ἦν κἀκεῖ καὶ ἐκ τῶν γινομένων ἐν αὐτῇ· ἀλλὰ
γίνεται καὶ ἐν πυρὶ ζῷα, καὶ ἐν ὕδατι δὲ φανερώτερον· καὶ
55 ἀέρινοι δὲ ζῴων συστάσεις. γινόμενον δὲ τὸ πῦρ ἕκαστον
καὶ ταχὺ σβεννύμενον τὴν ἐν τῷ ὅλῳ ψυχὴν παρέρχεται
εἴς τε ὄγκον οὐ γεγένηται μένον, ἵν' ἔδειξε τὴν ἐν αὐτῷ
ψυχήν· ἀήρ τε καὶ ὕδωρ ὡσαύτως· ἐπεί, εἰ παγείη πως
κατὰ φύσιν, δείξειεν ἄν· ἀλλ' ὅτι ἔδει εἶναι κεχυμένα, ἣν
60 ἔχει οὐ δείκνυσι. καὶ κινδυνεύει ὅμοιον εἶναι οἷον τὸ ἐπὶ
τῶν ὑγρῶν τῶν ἐν ἡμῖν, οἷον αἵματος· ἡ μὲν γὰρ σὰρξ
ἔχειν δοκεῖ καὶ ὅ τι ἂν σὰρξ γένηται ἐκ τοῦ αἵματος, τὸ
δ' αἷμα αἴσθησιν οὐ παρεχόμενον ἔχειν οὐ δοκεῖ—καίτοι
ἀνάγκη ἐνεῖναι καὶ ἐν αὐτῷ—ἐπεὶ καὶ οὐδέν ἐστι βίαιον
65 γινόμενον περὶ αὐτό. ἀλλ' ἕτοιμόν ἐστι διεστάναι τῆς ἐν-
υπαρχούσης ψυχῆς, οἷον καὶ ἐπὶ τῶν στοιχείων τῶν τριῶν
δεῖ νομίζειν εἶναι· ἐπεὶ καὶ ὅσα ἐξ ἀέρος συστάντος μᾶλ-
λον ζῷα, ἔχει τὸ μὴ αἰσθάνεσθαι εἰς τὸ παθεῖν. ὥσπερ

---

11. 44–5 hanc doctrinam Plotinus e Platonis *Epinomide* 981 b–c et 984 b–c
hausisse uidetur   53 ἦν cf. VI. 7. 11. 21–36

---

11. 42 ἢ Q: ἡ wBxUC   46 τὸ ⟨τὸ⟩ Harder   τὸ—πῦρ quod hic
ignem efficit Ficinus recte   53 κἀκεῖ i.e. καὶ ἐπὶ τῆς γῆς   54 φανερώτερα
x   62 ἔχειν scil. ψυχήν   64 βίαιον: βέβαιον x   66 τριῶν scil.
πυρὸς ἀέρος ὕδατος   67 ἐξ ἀέρος συστάντος *ex aëre concreto* Ficinus recte

δὲ ὁ ἀὴρ τὸ φῶς ἀτενὲς ὂν καὶ μένον, ἕως μένει, αὐτὸς
παρέρχεται, τοῦτον τὸν τρόπον πάρεισι καὶ τὴν ψυχὴν 70
αὐτοῦ κύκλῳ καὶ οὐ πάρεισι· καὶ τὰ ἄλλα ὡσαύτως.

12. Ἀλλὰ πάλιν ὧδε λέγωμεν· ἐπεὶ γάρ φαμεν πρὸς οἷον
παράδειγμα ἐκείνου τόδε τὸ πᾶν εἶναι, δεῖ κἀκεῖ πρότερον
τὸ πᾶν ζῷον εἶναι καί, εἰ παντελὲς τὸ εἶναι αὐτῷ,
πάντα εἶναι. καὶ οὐρανὸν δὴ ἐκεῖ ζῷον εἶναι, καὶ οὐκ ἔρη-
μον τοίνυν ἄστρων τῶν ἐνταῦθα τοῦτο λεγομένων οὐρανόν, 5
καὶ τὸ οὐρανῷ εἶναι τοῦτο. ἔστι δ' ἐκεῖ δηλονότι καὶ γῆ οὐκ
ἔρημος, ἀλλὰ πολὺ μᾶλλον ἐζωωμένη, καὶ ἔστιν ἐν αὐτῇ
ζῷα ξύμπαντα, ὅσα πεζὰ καὶ χερσαῖα λέγεται ἐνταῦθα,
καὶ φυτὰ δηλονότι ἐν τῷ ζῆν ἱδρυμένα· καὶ θάλασσα
δέ ἐστιν ἐκεῖ, καὶ πᾶν ὕδωρ ἐν ῥοῇ καὶ ζωῇ μενούσῃ, 10
καὶ τὰ ἐν ὕδατι ζῷα πάντα, ἀέρος τε φύσις τοῦ ἐκεῖ
παντὸς μοῖρα, καὶ ζῷα ἀέρια ἐν αὐτῷ ἀνάλογον αὐτῷ
τῷ ἀέρι. τὰ γὰρ ἐν ζῶντι πῶς ἂν οὐ ζῶντα, ὅπου δὴ καὶ
ἐνταῦθα; πῶς οὖν οὐ πᾶν ζῷον ἐξ ἀνάγκης ἐκεῖ; ὡς γὰρ
ἕκαστον τῶν μεγάλων μερῶν ἐστιν, ἐξ ἀνάγκης οὕτως 15
ἔχει καὶ ἡ τῶν ζῴων ἐν αὐτοῖς φύσις. ὅπως οὖν ἔχει καὶ
ἔστιν ἐκεῖ οὐρανός, οὕτω καὶ ἔχει καὶ ἔστιν ἐκεῖ τὰ ἐν
οὐρανῷ ζῷα πάντα, καὶ οὐκ ἔστι μὴ εἶναι· ἢ οὐδ' ἐκεῖνα
ἔσται. ὁ οὖν ζητῶν πόθεν ζῷα, ζητεῖ πόθεν οὐρανὸς ἐκεῖ·
τοῦτο δ' ἐστὶ ζητεῖν πόθεν ζῷον, τοῦτο δὲ ταὐτὸν πόθεν 20
ζωὴ καὶ ζωὴ πᾶσα καὶ ψυχὴ πᾶσα καὶ νοῦς ὁ ξύμπας,
μηδεμιᾶς ἐκεῖ πενίας μηδ' ἀπορίας οὔσης, ἀλλὰ πάντων
ζωῆς πεπληρωμένων καὶ οἷον ζεόντων. ἔστι δ' αὐτῶν ἡ
οἷον ῥοὴ ἐκ μιᾶς πηγῆς, οὐχ οἷον ἑνός τινος πνεύματος ἢ
θερμότητος μιᾶς, ἀλλὰ οἷον εἴ τις ἦν ποιότης μία πάσας ἐν 25

12. 3 = Plat. Tim. 31 b 1   23 cf. Aristot. De an. A 2. 405ᵇ28

11. 70 πάρεισι (subiectum ὁ ἀήρ) Kirchhoff: πάρεστι Enn.   12. 3 αὐτὸ
x   5 τούτων x   6 τὸ: τῷ w   18 ἐκεῖνα (i.e. intellegibilia) Enn.:
ἐκεῖνος Müller   20 post ταὐτὸν add. τῷ Kirchhoff, sed cf. VI. 2. 21. 2

αὐτῇ ἔχουσα καὶ σῴζουσα τὰς ποιότητας, γλυκύτητος μετὰ
εὐωδίας, καὶ ὁμοῦ οἰνώδης ποιότης καὶ χυλῶν ἁπάντων
δυνάμεις καὶ χρωμάτων ὄψεις καὶ ὅσα ἁφαὶ γινώσκουσιν·
ἔστωσαν δὲ καὶ ὅσα ἀκοαὶ ἀκούουσι, πάντα μέλη καὶ ῥυθ-
30 μὸς πᾶς.

13. Ἔστι γὰρ οὔτε νοῦς ἁπλοῦν, οὔτε ἡ ἐξ αὐτοῦ ψυχή,
ἀλλὰ ποικίλα πάντα ὅσῳ ἁπλᾶ, τοῦτο δὲ ὅσῳ μὴ σύνθετα
καὶ ὅσῳ ἀρχαὶ καὶ ὅσῳ ἐνέργειαι. τοῦ μὲν γὰρ ἐσχάτου ἡ
ἐνέργεια ὡς ἂν λήγουσα ἁπλῆ, τοῦ δὲ πρώτου πᾶσαι· νοῦς
5 τε κινούμενος κινεῖται μὲν ὡσαύτως καὶ κατὰ ταὐτὰ καὶ
ὅμοια ἀεί, οὐ μέντοι ταὐτὸν καὶ ἕν τι ἐν μέρει, ἀλλὰ πάντα·
ἐπεὶ καὶ τὸ ἐν μέρει αὖ οὐχ ἕν, ἀλλὰ καὶ τοῦτο ἄπειρον
διαιρούμενον. ἀπὸ τίνος δέ φαμεν ἂν καὶ πάντως ἐπὶ τί
ὡς ἔσχατον; τὸ δὲ μεταξὺ πᾶν ἆρα ὥσπερ γραμμή, ἢ ὥσπερ
10 ἕτερον σῶμα ὁμοιομερές τι καὶ ἀποίκιλον; ἀλλὰ τί τὸ
σεμνόν; εἰ γὰρ μηδεμίαν ἔχει ἐξαλλαγὴν μηδέ τις ἐξεγεί-
ρει αὐτὸ εἰς τὸ ζῆν ἑτερότης, οὐδ' ἂν ἐνέργεια εἴη· οὐδὲν
γὰρ ἂν ἡ τοιαύτη κατάστασις μὴ ἐνεργείας διαφέροι. κἂν
κίνησις δὲ ᾖ τοιαύτη, οὐ πανταχῶς, μοναχῶς δ' ἂν εἴη
15 ζωή· δεῖ δὲ πάντα ζῆν καὶ πανταχόθεν καὶ οὐδὲν μὴ
ζῆν. ἐπὶ πάντα οὖν κινεῖσθαι δεῖ, μᾶλλον δὲ κεκινῆσθαι.
ἁπλοῦν δὴ εἰ κινοῖτο, ἐκεῖνο μόνον ἔχει· καὶ ἢ αὐτὸ καὶ οὐ
προύβη εἰς οὐδέν, ἢ εἰ προύβη, ἄλλο μένον· ὥστε δύο· καὶ
εἰ ταὐτὸν τοῦτο ἐκείνῳ, μένει ἓν καὶ οὐ προελήλυθεν, εἰ δ'
20 ἕτερον, προῆλθε μετὰ ἑτερότητος καὶ ἐποίησεν ἐκ ταὐτοῦ
τινος καὶ ἑτέρου τρίτον ἕν. γενόμενον δὴ ἐκ ταὐτοῦ καὶ
ἑτέρου τὸ γενόμενον φύσιν ἔχει ταὐτὸν καὶ ἕτερον εἶναι·

13. 5 cf. Plat. Soph. 248 a 12   10-11 cf. Aristot. Metaph. Λ 9.
1074ᵇ17-18   20-1 cf. Plat. Tim. 35 a 3-5

12. 26 γλυκύτητος (scil. ποιότης) Enn.: γλυκύτης Kirchhoff   13. 8 φαμεν
(scil. κινεῖσθαι ἂν τὸν νοῦν): φαῖμεν Kirchhoff   17 αὐτὸ et 18 ἄλλο μένον
praedicata, νοῦς subiectum   19 ἕν: ἂν x

ἕτερον δὲ οὐ τί, ἀλλὰ πᾶν ἕτερον· καὶ γὰρ τὸ ταὐτὸν αὐτοῦ
πᾶν. πᾶν δὲ ταὐτὸν ὂν καὶ πᾶν ἕτερον οὐκ ἔστιν ὅ τι ἀπο-
λείπει τῶν ἑτέρων. φύσιν ἄρα ἔχει ἐπὶ πᾶν ἑτεροιοῦσθαι. 25
εἰ μὲν οὖν ἔστι πρὸ αὐτοῦ τὰ ἕτερα πάντα, ἤδη πάσχοι ἂν
ὑπ' αὐτῶν· εἰ δὲ μὴ ἔστιν, οὗτος τὰ πάντα ἐγέννα, μᾶλλον
δὲ τὰ πάντα ἦν. οὐκ ἔστιν ἄρα τὰ ὄντα εἶναι μὴ νοῦ ἐνερ-
γήσαντος, ἐνεργήσαντος δὲ ἀεὶ ἄλλο μετ' ἄλλο καὶ οἷον
πλανηθέντος πᾶσαν πλάνην καὶ ἐν αὐτῷ πλανηθέντος, οἷα 30
νοῦς ἐν αὐτῷ ὁ ἀληθινὸς πέφυκε πλανᾶσθαι· πέφυκε δ'
ἐν οὐσίαις πλανᾶσθαι συνθεουσῶν τῶν οὐσιῶν ταῖς αὐτοῦ
πλάναις. πανταχοῦ δ' αὐτός ἐστι· μένουσαν οὖν ἔχει τὴν
πλάνην. ἡ δὲ πλάνη αὐτῷ ἐν τῷ τῆς ἀ λ η θ ε ί α ς π ε δ ί ῳ,
οὗ οὐκ ἐκβαίνει. ἔχει δὲ καταλαβὼν πᾶν καὶ αὐτῷ ποιήσας 35
εἰς τὸ κινεῖσθαι οἷον τόπον, καὶ ὁ τόπος ὁ αὐτὸς τῷ οὗ
τόπος. ποικίλον δέ ἐστι τὸ πεδίον τοῦτο, ἵνα καὶ διεξίοι· εἰ
δὲ μὴ κατὰ πᾶν καὶ ἀεὶ ποικίλον, καθόσον μὴ ποικίλον,
ἕστηκεν. εἰ δ' ἕστηκεν, οὐ νοεῖ· ὥστε καί, εἰ ἔστη, οὐ
νενόηκεν· εἰ δὲ τοῦτο, οὐδ' ἔστιν. ἔστιν οὖν νόησις· ἡ δὲ 40
κίνησις πᾶσα πληροῦσα οὐσίαν πᾶσαν, καὶ ἡ πᾶσα οὐσία
νόησις πᾶσα ζωὴν περιλαβοῦσα πᾶσαν, καὶ μετ' ἄλλο ἀεὶ
ἄλλο, καὶ ὅ τι αὐτοῦ ταὐτόν, καὶ ἄλλο, καὶ διαιροῦντι ἀεὶ τὸ
ἄλλο ἀναφαίνεται. πᾶσα δὲ διὰ ζωῆς ἡ πορεία καὶ διὰ
ζῴων πᾶσα, ὥσπερ καὶ τῷ διὰ γῆς ἰόντι πάντα, ἃ διέξεισι, 45
γῆ, κἂν διαφορὰς ἔχῃ ἡ γῆ. καὶ ἐκεῖ ἡ μὲν ζωή, δι' ἧς, ἡ
αὐτή, ὅτι δὲ ἀεὶ ἄλλη, οὐχ ἡ αὐτή. ἀεὶ δ' ἔχων τὴν αὐτὴν
διὰ τῶν οὐκ αὐτῶν διέξοδον, ὅτι μὴ ἀμείβει, ἀλλὰ σύνεστι
τοῖς ἄλλοις τὸ ὡσαύτως καὶ κατὰ ταὐτά· ἐὰν γὰρ μὴ περὶ
τὰ ἄλλα τὸ ὡσαύτως καὶ κατὰ τὰ αὐτά, ἀργεῖ πάντῃ καὶ 50

---

13. 34 = Plat. *Phaedr.* 248 b 6   49-50 cf. Plat. *Soph.* 248 a 12

13. 23 τί quiddam Ficinus recte   40 νόησις praedicatum, νοῦς subiectum
40 ἡ δὲ scil. νόησις subiectum   42 καὶ: ἢ x   43 ὅ τι — ἄλλο² quidquid
in eo idem est, etiam aliud est   48 οὐκ αὐτῶν RᵖᶜJ Kirchhoff: οὐχ αὐτῶν
wBRᵃᶜUCQ   50 πάντα x

τὸ ἐνεργείᾳ καὶ ἡ ἐνέργεια οὐδαμοῦ. ἔστι δὲ καὶ τὰ ἄλλα
αὐτός, ὥστε πᾶς αὐτός. καὶ εἴπερ αὐτός, πᾶς, εἰ δὲ μή,
οὐκ αὐτός. εἰ δὲ πᾶς αὐτὸς καὶ πᾶς, ὅτι τὰ πάντα, καὶ
οὐδέν ἐστιν, ὅ τι μὴ συντελεῖ εἰς τὰ πάντα, οὐδέν ἐστιν
55 αὐτοῦ, ὅ τι μὴ ἄλλο, ἵνα ἄλλο ὂν καὶ τοῦτο συντελῇ. εἰ γὰρ
μὴ ἄλλο, ἀλλὰ ἄλλῳ ταὐτόν, ἐλαττώσει αὐτοῦ τὴν οὐσίαν
ἰδίαν οὐ παρεχόμενον εἰς συντέλειαν αὐτοῦ φύσιν.

14. Ἔστι δὲ καὶ παραδείγμασι νοεροῖς χρώμενον εἰδέ-
ναι οἷόν ἐστι νοῦς, ὡς οὐκ ἀνέχεται οἷον κατὰ μονάδα μὴ
ἄλλος εἶναι. τίνα γὰρ καὶ βούλει εἰς παράδειγμα λαβεῖν
λόγον εἴτε φυτοῦ εἴτε ζῴου; εἰ γὰρ ἕν τι καὶ μὴ ἓν
5 τοῦτο ποικίλον, οὔτ' ἂν λόγος εἴη, τό τε γενόμενον ὕλη
ἂν εἴη τοῦ λόγου μὴ πάντα γενομένου εἰς τὸ πανταχοῦ
τῆς ὕλης ἐμπεσόντα μηδὲν αὐτῆς ἐᾶσαι τὸ αὐτὸ εἶναι.
οἷον πρόσωπον οὐκ ὄγκος εἷς, ἀλλὰ καὶ ῥῖνες καὶ ὀφθαλ-
μοί· καὶ ἡ ῥὶς οὐχὶ οὖσα ἕν, ἀλλ' ἕτερον, τὸ δ' ἕτερον αὖ
10 πάλιν αὐτῆς, εἰ ἔμελλε ῥὶς εἶναι· ἓν γάρ τι ἁπλῶς οὖσα
ὄγκος ἂν ἦν μόνον. καὶ τὸ ἄπειρον οὕτως ἐν νῷ, ὅτι ἓν ὡς
ἓν πολλά, οὐχ ὡς ὄγκος εἷς, ἀλλ' ὡς λόγος πολὺς ἐν αὐτῷ,
ἐν ἑνὶ σχήματι νοῦ οἷον περιγραφῇ ἔχων περιγραφὰς ἐντὸς
καὶ σχηματισμοὺς αὖ ἐντὸς καὶ δυνάμεις καὶ νοήσεις καὶ
15 τὴν διαίρεσιν μὴ κατ' εὐθύ, ἀλλ' εἰς τὸ ἐντὸς ἀεί, οἷον
τοῦ παντὸς ζῴου ἐμπεριεχομένας ζῴων φύσεις, καὶ πάλιν
αὖ ἄλλας ἐπὶ τὰ μικρότερα τῶν ζῴων καὶ εἰς τὰς ἐλάττους
δυνάμεις, ὅπου στήσεται εἰς εἶδος ἄτομον. ἡ δὲ διαίρεσις

14. 12 = Plat. Parm. 144 e 5

13. 51 καὶ¹ om. x   56 ἄλλῳ (cum alio Creuzer recte) wBUCQ: ἄλλο
x: del. Kirchhoff   57 ἰδίαν cum φύσιν coniungendum   14. 6 εἰς τὸ
cum 7 ἐᾶσαι coniungendum   7 ἐμπεσόντα scil. τὸν λόγον   9 οὐχὶ:
οὐχ ἡ w   11 ἐν Porphyrius Sent. 36, p. 30.17M = 41.7L, testatur
Theologia, coni. Igal, Genethl. Isidor. 300: ἂν Enn.   12 ὄγκος Porphyrius
ibid. p. 30.18M = 41.8L, testatur Theologia: οἶκος Enn.   15 οἷον om. x

ἔγκειται οὐ συγκεχυμένων, καίτοι εἰς ἓν ὄντων, ἀλλ' ἔστιν
ἡ λεγομένη ἐν τῷ παντὶ φιλία τοῦτο, οὐχ ἡ ἐν τῷδε τῷ 20
παντί· μιμεῖται γὰρ αὕτη ἐκ διεστηκότων οὖσα φίλη· ἡ δὲ
ἀληθὴς πάντα ἓν εἶναι καὶ μήποτε διακριθῆναι. διακρίνε-
σθαι δέ φησι τὸ ἐν τῷδε τῷ οὐρανῷ.

15. Ταύτην οὖν τὴν ζωὴν τὴν πολλὴν καὶ πᾶσαν καὶ
πρώτην καὶ μίαν τίς ἰδὼν οὐκ ἐν ταύτῃ εἶναι ἀσπάζεται
τὴν ἄλλην πᾶσαν ἀτιμάσας; σκότος γὰρ αἱ ἄλλαι αἱ κάτω
καὶ σμικραὶ καὶ ἀμυδραὶ καὶ εὐτελεῖς καὶ οὐ καθαραὶ καὶ
τὰς καθαρὰς μολύνουσαι. κἂν εἰς αὐτὰς ἴδῃς, οὐκέτι τὰς 5
καθαρὰς οὔτε ὁρᾷς οὔτε ζῇς ἐκείνας τὰς πάσας ὁμοῦ, ἐν
αἷς οὐδέν ἐστιν ὅ τι μὴ ζῇ καὶ καθαρῶς ζῇ κακὸν οὐδέν·
ἔχον. τὰ γὰρ κακὰ ἐνταῦθα, ὅτι ἴχνος ζωῆς καὶ νοῦ
ἴχνος· ἐκεῖ δὲ τὸ ἀρχέτυπον τὸ ἀγαθοειδές φησιν, ὅτι
ἐν τοῖς εἴδεσι τὸ ἀγαθὸν ἔχει. τὸ μὲν γάρ ἐστιν ἀγα- 10
θόν, ὁ δὲ ἀγαθός ἐστιν ἐν τῷ θεωρεῖν τὸ ζῆν ἔχων·
θεωρεῖ δὲ ἀγαθοειδῆ ὄντα τὰ θεωρούμενα καὶ αὐτά, ἃ
ἐκτήσατο, ὅτε ἐθεώρει τὴν τοῦ ἀγαθοῦ φύσιν. ἦλθε δὲ
εἰς αὐτὸν οὐχ ὡς ἐκεῖ ἦν, ἀλλ' ὡς αὐτὸς ἔσχεν. ἀρχὴ γὰρ
ἐκεῖνος καὶ ἐξ ἐκείνου ἐν τούτῳ καὶ οὗτος ὁ ποιήσας 15
ταῦτα ἐξ ἐκείνου. οὐ γὰρ ἦν θέμις βλέποντα εἰς ἐκεῖνον
μηδὲν νοεῖν οὐδ' αὖ τὰ ἐν ἐκείνῳ· οὐ γὰρ ἂν αὐτὸς ἐγέννα.
δύναμιν οὖν εἰς τὸ γεννᾶν εἶχε παρ' ἐκείνου καὶ τῶν
αὐτοῦ πληροῦσθαι γεννημάτων διδόντος ἐκείνου ἃ μὴ
εἶχεν αὐτός. ἀλλ' ἐξ ἑνὸς αὐτοῦ πολλὰ τούτῳ· ἦν γὰρ 20
ἐκομίζετο δύναμιν ἀδυνατῶν ἔχειν συνέθραυε καὶ πολλὰ
ἐποίησε τὴν μίαν, ἵν' οὕτω δύναιτο κατὰ μέρος φέρειν.

---

14. 20 cf. Empedocles *Fr.* B 17. 7 et 26. 5   23 φησι cf. ibid. *Fr.* A 52
= Simpl. *In De caelo* i. 10, p. 293. 22-3; cf. Simpl. *In Phys.* i. 2, p. 31. 23
15. 9 = Plat. *Resp.* 509 a 3   13 cf. Plat. *Phileb.* 60 b 10

---

15. 4 εὐτελεῖς w: ἀτελεῖς BxUCQ H-S¹   13-14 ἦλθε et ἦν subiectum
τὰ θεωρούμενα   15-16 ἐκεῖνος = τὸ ἀγαθόν, οὗτος = ὁ νοῦς, ταῦτα = τὰ
θεωρούμενα   17 τὰ accusatiuus   20 τούτου x

ὅ τι οὖν ἐγέννα, ἀγαθοῦ ἐκ δυνάμεως ἦν καὶ ἀγαθοειδὲς
ἦν, καὶ αὐτὸς ἀγαθὸς ἐξ ἀγαθοειδῶν, ἀγαθὸν ποικίλον. διὸ
25 καὶ εἴ τις αὐτὸν ἀπεικάζει σφαίρᾳ ζώσῃ ποικίλῃ, εἴτε
παμπρόσωπόν τι χρῆμα λάμπον ζῶσι προσώποις εἴτε
ψυχὰς τὰς καθαρὰς πάσας εἰς τὸ αὐτὸ συνδραμούσας φαν-
τάζοιτο οὐκ ἐνδεεῖς, ἀλλὰ πάντα τὰ αὐτῶν ἐχούσας, καὶ
νοῦν τὸν πάντα ἐπ᾽ ἄκραις αὐταῖς ἱδρυμένον, ὡς φέγγει
30 νοερῷ καταλάμπεσθαι τὸν τόπον—φανταζόμενος μὲν
οὕτως ἔξω πως ἄλλος ὢν ὁρῴη ἄλλον· δεῖ δὲ αὐτὸν
ἐκεῖνο γενόμενον τὴν θέαν ἑαυτὸν ποιήσασθαι.

16. Χρὴ δὲ μηδ᾽ ἀεὶ ἐν τῷ πολλῷ τούτῳ καλῷ μένειν,
μεταβαίνειν δ᾽ ἔτι πρὸς τὸ ἄνω ἀίξαντα, ἀφέντα καὶ τοῦτο,
οὐκ ἐκ τούτου τοῦ οὐρανοῦ, ἀλλ᾽ ἐξ ἐκείνου, θαυμάσαντα
τίς ὁ γεννήσας καὶ ὅπως. ἕκαστον μὲν οὖν εἶδος, ἕκαστον
5 καὶ ἴδιος οἷον τύπος· ἀγαθοειδὲς δὲ ὂν κοινὸν τὸ ἐπιθέον
ἐπὶ πᾶσι πάντα ἔχει. ἔχει μὲν οὖν καὶ τὸ ὂν ἐπὶ πᾶσιν,
ἔχει δὲ καὶ τὸ ζῷον ἕκαστον ζωῆς κοινῆς ἐπὶ πᾶσιν ὑπαρ-
χούσης, τάχα δ᾽ ἂν καὶ ἄλλα. ἀλλὰ καθ᾽ ὅσον ἀγαθὰ καὶ δι᾽
ὅτι ἀγαθά, τί ἂν εἴη; πρὸς δὴ τὴν τοιαύτην σκέψιν τάχ᾽ ἂν
10 εἴη προὔργου ἄρξασθαι ἐντεῦθεν. ἆρα, ὅτε ἑώρα πρὸς τὸ
ἀγαθόν, ἐνόει ὡς πολλὰ τὸ ἓν ἐκεῖνο καὶ ἓν ὂν αὐτὸς
ἐνόει αὐτὸν πολλά, μερίζων αὐτὸν παρ᾽ αὐτῷ τῷ νοεῖν μὴ
ὅλον ὁμοῦ δύνασθαι; ἀλλ᾽ οὔπω νοῦς ἦν ἐκεῖνο βλέπων,
ἀλλ᾽ ἔβλεπεν ἀνοήτως. ἢ φατέον ὡς οὐδὲ ἑώρα πώποτε,
15 ἀλλ᾽ ἔζη μὲν πρὸς αὐτὸ καὶ ἀνήρτητο αὐτοῦ καὶ ἐπέ-
στραπτο πρὸς αὐτό, ἡ δὴ κίνησις αὕτη πληρωθεῖσα τῷ

15. 25 cf. Plat. Phaed. 110 b 7

15. 31 αὐτὸν Igal: ἑαυτὸν Επη.   32 τὴν—ποιήσασθαι seipsum facere pro
spectaculo   16. 4-5 ἕκαστον (bis) subiectum, εἶδος et τύπος praedicata
5-6 κοινὸν τὸ ἐπιθέον accusatiuus, πάντα (pro ἕκαστον) subiectum ad
ἔχει[1]   7 ἕκαστον nominatiuus   8-9 ἀλλὰ—εἴη; sed quid est illud,
secundum quod et propter quod bona sunt?   11 ἓν ὂν nominatiuus
12 αὐτὸν (bis) = τὸ ἕν

ἐκεῖ κινεῖσθαι καὶ περὶ ἐκεῖνο ἐπλήρωσεν αὐτὸ καὶ
οὐκέτι κίνησις ἦν μόνον, ἀλλὰ κίνησις διακορὴς καὶ
πλήρης· ἐξῆς δὲ πάντα ἐγένετο καὶ ἔγνω τοῦτο ἐν συν-
αισθήσει αὐτοῦ καὶ νοῦς ἤδη ἦν, πληρωθεὶς μέν, ἵν' ἔχῃ, 20
ὃ ὄψεται, βλέπων δὲ αὐτὰ μετὰ φωτὸς παρὰ τοῦ δόντος
ἐκεῖνα καὶ τοῦτο κομιζόμενος. διὰ τοῦτο οὐ μόνον
λέγεται τῆς οὐσίας, ἀλλὰ καὶ τοῦ ὁρᾶσθαι αὐτὴν αἴτιος
ἐκεῖνος εἶναι. ὥσπερ δὲ ὁ ἥλιος τοῦ ὁρᾶσθαι τοῖς
αἰσθητοῖς καὶ τοῦ γίνεσθαι αἴτιος ὢν αἴτιός πως καὶ 25
τῆς ὄψεώς ἐστιν—οὔκουν οὔτε ὄψις οὔτε τὰ γινόμενα
—οὕτως καὶ ἡ τοῦ ἀγαθοῦ φύσις αἰτία οὐσίας καὶ
νοῦ οὖσα καὶ φῶς κατὰ τὸ ἀνάλογον τοῖς ἐκεῖ ὁρατοῖς καὶ
τῷ ὁρῶντι οὔτε τὰ ὄντα οὔτε νοῦς ἐστιν, ἀλλὰ αἴτιος
τούτων καὶ ⟨νοεῖν καὶ⟩ νοεῖσθαι φωτὶ τῷ ἑαυτοῦ εἰς τὰ 30
ὄντα καὶ εἰς τὸν νοῦν παρέχων. πληρούμενος μὲν οὖν
ἐγίνετο, πληρωθεὶς δὲ ἦν, καὶ ὁμοῦ ἀπετελέσθη καὶ ἑώρα.
ἀρχὴ δὲ αὐτοῦ ἐκεῖνό τε ὃ πρὶν πληρωθῆναι ἦν, ἑτέρα
δὲ ἀρχὴ οἱονεὶ ἔξωθεν ἡ πληροῦσα ἦν, ἀφ' ἧς οἷον ἐτυ-
ποῦτο πληρούμενος. 35

17. Ἀλλὰ πῶς ταῦτα ἐν αὐτῷ καὶ αὐτός, οὐκ ὄντων
ἐκεῖ ἐν τῷ πληρώσαντι οὐδ' αὖ ἐν αὐτῷ τῷ πληρουμένῳ;
ὅτε γὰρ μήπω 'ἐπληροῦτο, οὐκ εἶχεν. ἢ οὐκ ἀνάγκη, ὅ
τις δίδωσι, τοῦτο ἔχειν, ἀλλὰ δεῖ ἐν τοῖς τοιούτοις τὸ μὲν
διδὸν μεῖζον νομίζειν, τὸ δὲ διδόμενον ἔλαττον τοῦ διδόν- 5
τος· τοιαύτη γὰρ ἡ γένεσις ἐν τοῖς οὖσι. πρῶτον γὰρ δεῖ

---

16. 22–5 cf. Plat. *Resp.* 509 b 2–8   26 οὔτε ὄψις cf. ibid. 508 b 9
27–8 cf. Plat. *Phileb.* 60 b 10; *Resp.* 508 e 2–5   17. 6–7 cf. Aristot. *Metaph.*
Θ 8. 1049ᵇ5

---

16. 17 αὐτὸ = τὸν νοῦν   19 ἐγένετο subiectum ὁ νοῦς   26 ὄψις
et τὰ γινόμενα praedicata, subiectum ὁ ἥλιος   28 κατὰ A³ᵐᵍ = Ficinus:
καὶ Enn.   ἀοράτοις x   30 ⟨νοεῖν καὶ⟩ Igal, *Genethl. Isidor.* 301
33 τε ὃ Igal: τὸ Enn.   34 δὲ recipit 33 τε   17. 1 καὶ αὐτός idem
ac καὶ πῶς αὐτός   ὄντων scil. τούτων

τὸ ἐνεργείᾳ εἶναι, τὰ δ' ὕστερα εἶναι δυνάμει τὰ πρὸ
αὐτῶν· καὶ τὸ πρῶτον δὲ ἐπέκεινα τῶν δευτέρων καὶ τοῦ
διδομένου τὸ διδὸν ἐπέκεινα ἦν· κρεῖττον γάρ. εἴ τι τοίνυν
10 ἐνεργείας πρότερον, ἐπέκεινα ἐνεργείας, ὥστε καὶ ἐπ-
έκεινα ζωῆς. εἰ οὖν ζωὴ ἐν τούτῳ, ὁ διδοὺς ἔδωκε μὲν
ζωήν, καλλίων δὲ καὶ τιμιώτερος ζωῆς. εἶχεν οὖν ζωὴν
καὶ οὐκ ἐδεῖτο ποικίλου τοῦ διδόντος, καὶ ἦν ἡ ζωὴ ἴχνος
τι ἐκείνου, οὐκ ἐκείνου ζωή. πρὸς ἐκεῖνο μὲν οὖν βλέ-
15 πουσα ἀόριστος ἦν, βλέψασα δ' ἐκεῖ ὡρίζετο ἐκείνου ὅρον
οὐκ ἔχοντος. εὐθὺς γὰρ πρὸς ἕν τι ἰδοῦσα ὁρίζεται τούτῳ
καὶ ἴσχει ἐν αὑτῇ ὅρον καὶ πέρας καὶ εἶδος· καὶ τὸ εἶδος
ἐν τῷ μορφωθέντι, τὸ δὲ μορφῶσαν ἄμορφον ἦν. ὁ δὲ ὅρος
οὐκ ἔξωθεν, οἷον μεγέθει περιτεθείς, ἀλλ' ἦν πάσης ἐκεί-
20 νης τῆς ζωῆς ὅρος πολλῆς καὶ ἀπείρου οὔσης, ὡς ἂν
παρὰ τοιαύτης φύσεως ἐκλαμψάσης. ζωή τε ἦν οὐ τοῦδε·
ὥριστο γὰρ ἂν ὡς ἀτόμου ἤδη· ἀλλ' ὥριστο μέντοι· ἦν ἄρα
ὁρισθεῖσα ὡς ἑνός τινος πολλοῦ—ὥριστο δὴ καὶ ἕκαστον
τῶν πολλῶν—διὰ μὲν τὸ πολὺ τῆς ζωῆς πολλὰ ὁρισθεῖσα,
25 διὰ δὲ αὖ τὸν ὅρον ἕν. τί οὖν τὸ "ἓν ὡρίσθη"; νοῦς· ὁρι-
σθεῖσα γὰρ ζωὴ νοῦς. τί δὲ τὸ "πολλά"; νόες πολλοί.
πάντα οὖν νόες, καὶ ὁ μὲν πᾶς νοῦς, οἱ δὲ ἕκαστοι νοῖ. ὁ
δὲ πᾶς νοῦς ἕκαστον περιέχων ἆρα ταὐτὸν ἕκαστον
περιέχει; ἀλλ' ἕνα ἂν περιεῖχεν. εἰ οὖν πολλοί, διαφορὰν
30 δεῖ εἶναι. πάλιν οὖν πῶς ἕκαστος διαφορὰν ἔσχεν; ἢ ἐν
τῷ καὶ εἷς ὅλως γενέσθαι εἶχε τὴν διαφοράν· οὐ γὰρ
ταὐτὸν ὁτουοῦν νοῦ τὸ πᾶν. ἦν οὖν ἡ μὲν ζωὴ δύναμις
πᾶσα, ἡ δὲ ὅρασις ἡ ἐκεῖθεν δύναμις πάντων, ὁ δὲ γενό-
μενος νοῦς αὐτὰ ἀνεφάνη τὰ πάντα. ὁ δὲ ἐπικάθηται

17. 23 et 26 cf. Plat. *Parm.* 145 a 2

17. 21 οὐ: ὁ x 28-9 ἆρα—περιέχει numquid uelut eundem continet
unumquemque Ficinus recte 31-2 οὐ—πᾶν non enim quod idem in quolibet
est *intellectu uniuersum* est 34 τὰ om. x ὁ δὲ scil. τὸ ἕν

αὐτοῖς, οὐχ ἵνα ἱδρυθῇ, ἀλλ' ἵνα ἱδρύσῃ εἶδος εἰδῶν τῶν 35
πρώτων ἀνείδεον αὐτό. καὶ νοῦς δὲ γίνεται πρὸς ψυχὴν
οὕτως φῶς εἰς αὐτήν, ὡς ἐκεῖνος εἰς νοῦν· καὶ ὅταν καὶ
οὗτος ὁρίσῃ τὴν ψυχήν, λογικὴν ποιεῖ δοὺς αὐτῇ ὧν ἔσχεν
ἴχνος. ἴχνος οὖν καὶ νοῦς ἐκείνου· ἐπεὶ δὲ ὁ νοῦς εἶδος
καὶ ἐν ἐκτάσει καὶ πλήθει, ἐκεῖνος ἄμορφος καὶ ἀνείδεος· 40
οὕτω γὰρ εἰδοποιεῖ. εἰ δ' ἦν ἐκεῖνος εἶδος, ὁ νοῦς ἦν ἂν
λόγος. ἔδει δὲ τὸ πρῶτον μὴ πολὺ μηδαμῶς εἶναι· ἀνήρ-
τητο γὰρ ἂν τὸ πολὺ αὐτοῦ εἰς ἕτερον αὖ πρὸ αὐτοῦ.

18. Ἀλλ' ἀγαθοειδῆ κατὰ τί τὰ ἐν τῷ νῷ; ἆρα ᾗ εἶδος
ἕκαστον ἢ ᾗ καλὰ ἢ τί; εἰ δὴ τὸ παρὰ τοῦ ἀγαθοῦ
ἧκον πᾶν ἴχνος καὶ τύπον ἔχει ἐκείνου ἢ ἀπ' ἐκείνου,
ὥσπερ τὸ ἀπὸ πυρὸς ἴχνος πυρὸς καὶ τὸ ἀπὸ γλυκέος
γλυκέος ἴχνος, ἥκει δὲ εἰς νοῦν καὶ ζωὴ ἀπ' ἐκείνου—ἐκ 5
γὰρ τῆς παρ' ἐκείνου ἐνεργείας ὑπέστη—καὶ νοῦς δὲ δι'
ἐκεῖνο καὶ τὸ τῶν εἰδῶν κάλλος ἐκεῖθεν, πάντα ἂν ἀγα-
θοειδῆ εἴη καὶ ζωὴ καὶ νοῦς καὶ ἰδέα. ἀλλὰ τί τὸ κοινόν;
οὐ γὰρ δὴ ἀρκεῖ τὸ ἀπ' ἐκείνου πρὸς τὸ ταὐτόν· ἐν αὐτοῖς
γὰρ δεῖ τὸ κοινὸν εἶναι· καὶ γὰρ ἂν γένοιτο ἀπὸ τοῦ αὐτοῦ 10
μὴ ταὐτὸν ἢ καὶ δοθὲν ὡσαύτως ἐν τοῖς δεξομένοις ἄλλο
γίνεσθαι· ἐπεὶ καὶ ἄλλο τὸ εἰς πρώτην ἐνέργειαν, ἄλλο δὲ
τὸ τῇ πρώτῃ ἐνεργείᾳ δοθέν, τὸ δ' ἐπὶ τούτοις ἄλλο ἤδη.
ἢ οὐδὲν κωλύει καθ' ἕκαστον μὲν ἀγαθοειδὲς εἶναι,
μᾶλλον μὴν κατ' ἄλλο. τί οὖν καθὸ μάλιστα; ἀλλὰ πρό- 15
τερον ἐκεῖνο ἀναγκαῖον ἰδεῖν· ἆρά γε ἀγαθὸν ἡ ζωὴ ᾗ αὐτὸ
τοῦτο ζωὴ [ἡ] ψιλὴ θεωρουμένη καὶ ἀπογεγυμνωμένη; ἢ

17. 35 = Aristot. *De an.* Γ 8. 432ᵃ2

17. 35 εἶδος accusatiuus   εἰδῶν xUQ; ἰδῶν wBC   36 αὐτό
(nominatiuus) scil. τὸ ἕν   40 ἐν om. w   ἐκτάσει Theiler: ἐκστάσει
Enn.   18. 2 ⟨ᾗ⟩ τί Kirchhoff   παρὰ: παράπαν x   11 μὴ ταὐτὸν
om. x   12–13 ἐπεὶ— δοθέν *quoniam aliud est quod in primum actum
constituendum manat, aliud quod primo actui* iam constituto *datur*   12 εἰς:
εἰς τὴν x   13 ἄλλο scil. εἴδη et similia   16 ᾗ Ficinus: ἡ BUCQ; ἢ
wx   17 [ἡ] Theiler: ᾗ H-S¹   ἢ *immo*

ᾗ ζωὴ ἡ ἀπ' αὐτοῦ. τὸ δ' "ἀπ' αὐτοῦ" ἄλλο τι ἢ τοι-
αύτη; πάλιν οὖν τί ἡ τοιαύτη ζωή; ἢ ἀγαθοῦ. ἀλλ' οὐκ
20 αὐτοῦ ἦν, ἀλλὰ ἐξ αὐτοῦ. ἀλλ' εἰ ἐν τῇ ζωῇ ἐκείνῃ
ἐνίοιτο ἐξ ἐκείνου καὶ ἔστιν ἡ ὄντως ζωή, καὶ οὐδὲν
ἄτιμον παρ' ἐκείνου [λεκτέον εἶναι], καὶ καθὸ ζωή, ἀγαθὸν
⟨λεκτέον⟩ εἶναι, καὶ ἐπὶ νοῦ δὴ τοῦ ἀληθινοῦ ἀνάγκη
λέγειν τοῦ πρώτου ἐκείνου, ὅτι ἀγαθόν. καὶ δῆλον ὅτι καὶ
25 εἶδος ἕκαστον ἀγαθὸν καὶ ἀγαθοειδές, ᾗ οὖν τι ἔχει ἀγαθόν,
εἴτε κοινόν, εἴτε μᾶλλον ἄλλο, εἴτε τὸ μὲν πρώτως, τὸ
δὲ τῷ ἐφεξῆς καὶ δευτέρως. ἐπεὶ γὰρ εἰλήφαμεν ἕκαστον
ὡς ἔχον ἤδη ἐν τῇ οὐσίᾳ αὐτοῦ ἀγαθόν τι καὶ διὰ τοῦτο
ἦν ἀγαθόν—καὶ γὰρ ἡ ζωὴ ἦν ἀγαθὸν οὐχ ἁπλῶς, ἀλλ' ὅτι
30 ἐλέγετο ἀληθινὴ καὶ ὅτι παρ' ἐκείνου, καὶ νοῦς ὁ ὄντως—
δεῖ τι τοῦ αὐτοῦ ἐν αὐτοῖς ὁρᾶσθαι. διαφόρων γὰρ ὄντων,
ὅταν τὸ αὐτὸ αὐτῶν κατηγορῆται, κωλύει μὲν οὐδὲν ἐν τῇ
οὐσίᾳ αὐτῶν τοῦτο ἐνυπάρχειν, ὅμως δ' ἔστι λαβεῖν αὐτὸ
χωρὶς τῷ λόγῳ, οἷον καὶ τὸ ζῷον ἐπ' ἀνθρώπου καὶ ἵππου,
35 καὶ τὸ θερμὸν ἐπὶ ὕδατος καὶ πυρός, τὸ μὲν ὡς γένος,
τὸ δ' ὡς τὸ μὲν πρώτως, τὸ δὲ δευτέρως· ἢ ὁμωνύμως ἂν
ἑκάτερον ἢ ἕκαστον λέγοιτο ἀγαθόν. ἆρ' οὖν ἐνυπάρχει τῇ
οὐσίᾳ αὐτῶν τὸ ἀγαθόν; ἢ ὅλον ἕκαστον ἀγαθόν ἐστιν,
οὐ καθ' ἓν τὸ ἀγαθόν. πῶς οὖν; ἢ ὡς μέρη; ἀλλὰ ἀμερὲς
40 τὸ ἀγαθόν. ἢ ἓν μὲν αὐτό, οὑτωσὶ δὲ τόδε, οὑτωσὶ δὲ
τόδε. καὶ γὰρ ἡ ἐνέργεια ἡ πρώτη ἀγαθὸν καὶ τὸ ἐπ' αὐτῇ
ὁρισθὲν ἀγαθὸν καὶ τὸ συνάμφω· καὶ τὸ μὲν ὅτι γενόμενον
ὑπ' αὐτοῦ, τὸ δ' ὅτι κόσμος ἀπ' αὐτοῦ, τὸ δ' ὅτι συνάμφω.

18. 18 ᾗ Harder: ἡ Enn.   ἢ Harder: ἡ Enn.   20 ἐν τῇ ζωῇ
ἐκείνῃ idem atque ἐν τῇ τοῦ νοῦ ζωῇ   21 ἐνίοιτο (infundatur, subiectum
ἡ ὄντως ζωή) wBJUC: ἐνίοι τὸ R: ἐνίοι Q: ἐνείη τὸ Ficinus: ἐνείη τι
Kirchhoff   22 [λεκτέον εἶναι] et 23 ⟨λεκτέον⟩ Igal   23 καὶ
incipit apodosis   25 ᾗ BUCQ: ἢ E: ἡ J: ᾗ AR   27 δὲ
τῷ: δ' x   35 τὸ μὲν scil. τὸ ζῷον   36 τὸ δ' scil. τὸ θερμόν
37 ἑκάτερον scil. ἢ ζῷον ἢ θερμὸν λέγοιτο   38 ἢ sane   40-1 οὑτωσὶ²
—τόδε EBRᵃᶜU: om. AJCQ: del. R   42 γεννώμενον x

ἀπ' αὐτοῦ οὖν, καὶ οὐδὲν ταὐτόν, οἷον εἰ ἀπὸ τοῦ αὐτοῦ
φωνὴ καὶ βάδισις καὶ ἄλλο τι, πάντα κατορθούμενα. ἢ 45
ἐνταῦθα, ὅτι τάξις καὶ ῥυθμός· ἐκεῖ δὲ τί; ἀλλ' εἴποι τις ἄν,
ὡς ἐνταῦθα ὅλον εἰς τὸ καλῶς ἔξωθεν διαφόρων ὄντων τῶν
περὶ ἃ ἡ τάξις, ἐκεῖ δὲ καὶ αὐτά. ἀλλὰ διὰ τί καὶ αὐτά; οὐ
γὰρ ὅτι ἀπ' ἐκείνου δεῖ πιστεύοντας ἀφεῖναι· δεῖ μὲν γὰρ
συγχωρεῖν ἀπ' ἐκείνου ὄντα εἶναι τίμια, ἀλλὰ ποθεῖ ὁ λόγος 50
λαβεῖν, κατὰ τί τὸ ἀγαθὸν αὐτῶν.

19. Ἆρ' οὖν τῇ ἐφέσει καὶ τῇ ψυχῇ ἐπιτρέψομεν τὴν
κρίσιν καὶ τῷ ταύτης πάθει πιστεύσαντες τὸ ταύτῃ ἐφετὸν
ἀγαθὸν φήσομεν, διότι δὲ ἐφίεται οὐ ζητήσομεν; καὶ τί
μὲν ἕκαστον, περὶ τούτου ἀποδείξεις κομιοῦμεν, τὸ δ'
ἀγαθὸν τῇ ἐφέσει δώσομεν; ἀλλὰ πολλὰ ἄτοπα ἡμῖν φαί- 5
νεται. πρῶτον μέν, ὅτι καὶ τὸ ἀγαθὸν ἕν τι τῶν περί.
ἔπειτα, ὅτι πολλὰ τὰ ἐφιέμενα καὶ ἄλλα ἄλλων· πῶς οὖν
κρινοῦμεν τῷ ἐφιεμένῳ, εἰ βέλτιον; ἀλλ' ἴσως οὐδὲ τὸ
βέλτιον γνωσόμεθα τὸ ἀγαθὸν ἀγνοοῦντες. ἀλλὰ ἆρα τὸ
ἀγαθὸν ὁριούμεθα κατὰ τὴν ἑκάστου ἀρετήν; ἀλλ' οὕτως 10
εἰς εἶδος καὶ λόγον ἀνάξομεν, ὀρθῶς μὲν πορευόμενοι.
ἀλλὰ ἐλθόντες ἐκεῖ τί ἐροῦμεν αὐτὰ ταῦτα ζητοῦντες πῶς
ἀγαθά; ἐν μὲν γὰρ τοῖς χείροσιν, ὡς ἔοικε, γιγνώσκοιμεν
ἂν τὴν φύσιν τὴν τοιαύτην καίτοι οὐκ ἔχουσαν εἰλικρινῶς,
ἐπειδὴ οὐ πρώτως, τῇ πρὸς τὰ χείρω παραθέσει, ὅπου δὲ 15
μηδέν ἐστι κακόν, αὐτὰ δ' ἐφ' ἑαυτῶν ἐστι τὰ ἀμείνω,
ἀπορήσομεν. ἆρ' οὖν, ἐπειδὴ ⟨ὁ⟩ λόγος τὸ διότι ζητεῖ, ταῦ-
τα δὲ ἀγαθὰ παρ' αὐτῶν, διὰ τοῦτο ἀπορεῖ τοῦ "διότι" τὸ
"ὅτι" ὄντος; ἐπεὶ κἂν ἄλλο φῶμεν αἴτιον, τὸν θεόν, λόγου

19. 10 κατὰ ἀρετήν cf. Aristot. Eth. Nic. A 6. 1098ᵃ15–16   19 cf. Plat.
Resp. 379 c

18. 47 ἐνταῦθα—ἔξωθεν hic (ἐπὶ τοῦ ἀνθρώπου) bonum totum ut bene sit
extrinsecus est   48 ἐκεῖ = ἐπὶ τοῦ νοῦ   19. 6 ἕν τι τῶν περὶ unum
aliquid erit eorum quae sunt circa aliud Ficinus recte   8 εἰ num
15 ἐπειδὴ Gollwitzer: ἐκεῖ δὲ Enn.   17 ⟨ὁ⟩ Kirchhoff   19 ὄντως w
19 τὸν θεόν del. Kirchhoff, sed agitur de deo Platonico causa bonorum

20 μὴ φθάνοντος ἐκεῖ ὁμοίως ἡ ἀπορία. οὐ μὴν ἀποστατέον,
εἴ πῃ κατ' ἄλλην ὁδὸν πορευομένοις τι φανείη.

20. Ἐπειδὴ τοίνυν ἀπιστοῦμεν ἐν τῷ παρόντι ταῖς
ὀρέξεσι πρὸς τὰς τοῦ τί ἐστιν ἢ ποῖόν ἐστι θέσεις, ἆρα χρὴ
πρὸς τὰς κρίσεις ἰέναι καὶ τὰς τῶν πραγμάτων ἐναντι-
ώσεις, οἷον τάξιν ἀταξίαν, σύμμετρον ἀσύμμετρον, ὑγείαν
5 νόσον, εἶδος ἀμορφίαν, οὐσίαν φθοράν, ὅλως συστασίαν
ἀφάνισιν; τούτων γὰρ τὰ πρῶτα καθ' ἑκάστην συζυγίαν τίς
ἂν ἀμφισβητήσειε μὴ οὐκ ἐν ἀγαθοῦ εἴδει εἶναι; εἰ δὲ τοῦ-
το, καὶ τὰ ποιητικὰ αὐτῶν ἀνάγκη ἐν ἀγαθοῦ μοίρᾳ
τίθεσθαι. καὶ ἀρετὴ δὴ καὶ νοῦς καὶ ζωὴ καὶ ψυχή, ἥ γε
10 ἔμφρων, ἐν ἀγαθοῦ εἴδει· καὶ ὧν ἐφίεται τοίνυν ἔμφρων
ζωή. τί οὖν οὐ στησόμεθα, φήσει τις, εἰς νοῦν καὶ τοῦτο
τὸ ἀγαθὸν θησόμεθα; καὶ γὰρ ψυχὴ καὶ ζωὴ νοῦ ἴχνη, καὶ
τούτου ἐφίεται ψυχή. καὶ κρίνει τοίνυν καὶ ἐφίεται νοῦ,
κρίνουσα μὲν δικαιοσύνην ἀντ' ἀδικίας ἄμεινον καὶ ἕκαστον
15 εἶδος ἀρετῆς πρὸ κακίας εἴδους, καὶ τῶν αὐτῶν ἡ προτί-
μησις, ὧν καὶ ἡ αἵρεσις. ἀλλ' εἰ μὲν νοῦ μόνον ἐφίεται,
τάχα ἂν πλείονος ἐδέησε λόγου δεικνύντων, ὡς οὐ τὸ ἔσχα-
τον ὁ νοῦς καὶ νοῦ μὲν οὐ πάντα, ἀγαθοῦ δὲ πάντα. καὶ
τῶν μὲν μὴ ἐχόντων νοῦν οὐ πάντα νοῦν κτήσασθαι ζητεῖ,
20 τὰ δ' ἔχοντα νοῦν οὐχ ἵσταται ἤδη, ἀλλὰ πάλιν τὸ ἀγα-
θὸν ζητεῖ, καὶ νοῦν μὲν ἐκ λογισμοῦ, τὸ δ' ἀγαθὸν καὶ πρὸ
τοῦ λόγου. εἰ δὲ καὶ ζωῆς ἐφίεται καὶ τοῦ ἀεὶ εἶναι καὶ
ἐνεργεῖν, οὐχ ᾗ νοῦς ἂν εἴη τὸ ἐφετόν, ἀλλ' ᾗ ἀγαθὸν
καὶ ἀπὸ ἀγαθοῦ καὶ εἰς ἀγαθόν· ἐπεὶ καὶ ἡ ζωὴ οὕτως.

20. 4 Pythagorei apud Stob. *Anth.* iv. 1. 49, p. 15. 20–1 = *Vorsokratiker* i,
p. 469. 36–7 = Aristoxenus *Fr.* 35 Wehrli　　8 = Plat. *Phileb.* 54 c 10; cf. 20
d 1 et 60 b 4　　10–11 ἔμφρων ζωή cf. Plat. *Resp.* 521 a 4　　18 cf. Plat.
Phileb. 20 d 8; Aristot. *Eth. Nic. A* 1. 1094ᵃ3　　22 cf. Plat. *Symp.* 206 a 12

20. 2 θέσεις Rᵖᶜ (*ad asseuerandum* Ficinus) Creuzer: θέσει *Enn.*　　8 ἐν
om. x　　12 θησόμεθα UCQ: στησόμεθα wBx　　15–16 προτίμησις
xUC: προστιμησις wBQ　　18 δὴ w

21. Τί οὖν ἓν ὂν ἐν πᾶσι τούτοις ποιεῖ ἀγαθὸν ἕκαστον;
ὧδε τοίνυν τετολμήσθω· εἶναι μὲν τὸν νοῦν καὶ τὴν ζωὴν
ἐκείνην ἀγαθοειδῆ, ἔφεσιν δὲ εἶναι καὶ τούτων, καθόσον
ἀγαθοειδῆ· ἀγαθοειδῆ δὲ λέγω τῷ τὴν μὲν τἀγαθοῦ εἶναι
ἐνέργειαν, μᾶλλον δὲ ἐκ τἀγαθοῦ ἐνέργειαν, τὸν δὲ ἤδη 5
ὁρισθεῖσαν ἐνέργειαν. εἶναι δ' αὐτὰ μεστὰ μὲν ἀγλαΐας καὶ
διώκεσθαι ὑπὸ ψυχῆς, ὡς ἐκεῖθεν καὶ πρὸς ἐκεῖνα αὖ·
ὡς τοίνυν οἰκεῖα, ἀλλ' οὐχὶ ἀγαθά· ἀγαθοειδῆ δὲ ὄντα οὐδὲ
ταύτῃ ἀπόβλητα εἶναι. τὸ γὰρ οἰκεῖον, εἰ μὴ ἀγαθὸν εἴη,
οἰκεῖον μέν ἐστι, φεύγει δέ τις αὐτό· ἐπεὶ καὶ ἄλλα πόρρω 10
ὄντα καὶ κάτω κινήσειεν ἄν. γίνεται δὲ πρὸς αὐτὰ ἔρως ὁ
σύντονος οὐχ ὅταν ᾖ ἅπερ ἐστίν, ἀλλ' ὅταν ἐκεῖθεν ἤδη ὄντα
ἅπερ ἐστὶν ἄλλο προσλάβῃ. οἷον γὰρ ἐπὶ τῶν σωμάτων
φωτὸς ἐμμεμιγμένου ὅμως δεῖ φωτὸς ἄλλου, ἵνα καὶ φανείη
τὸ ἐν αὐτοῖς χρῶμα τὸ φῶς, οὕτω τοι δεῖ καὶ ἐπὶ τῶν 15
ἐκεῖ καίπερ πολὺ φῶς ἐχόντων φωτὸς κρείττονος ἄλλου,
ἵνα κἀκεῖνα καὶ ὑπ' αὐτῶν καὶ ὑπ' ἄλλου ὀφθῇ.

22. Ὅταν οὖν τὸ φῶς τοῦτό τις ἴδῃ, τότε δὴ καὶ κινεῖ-
ται ἐπ' αὐτὰ καὶ τοῦ φωτὸς τοῦ ἐπιθέοντος ἐπ' αὐτοῖς γλι-
χόμενος εὐφραίνεται, ὥσπερ κἀπὶ τῶν ἐνταῦθα σωμάτων
οὐ τῶν ὑποκειμένων ἐστὶν ὁ ἔρως, ἀλλὰ τοῦ ἐμφανταζομένου
κάλλους ἐπ' αὐτοῖς. ἔστι γὰρ ἕκαστον ὅ ἐστιν ἐφ' αὐτοῦ· 5
ἐφετὸν δὲ γίνεται ἐπιχρώσαντος αὐτὸ τοῦ ἀγαθοῦ, ὥσπερ
χάριτας δόντος αὐτοῖς καὶ εἰς τὰ ἐφιέμενα ἔρωτας. καὶ
τοίνυν ψυχὴ λαβοῦσα εἰς αὐτὴν τὴν ἐκεῖθεν ἀπορροὴν
κινεῖται καὶ ἀναβακχεύεται καὶ οἴστρων πίμπλαται καὶ
ἔρως γίνεται. πρὸ τοῦδε οὐδὲ πρὸς τὸν νοῦν κινεῖται, καί- 10
περ καλὸν ὄντα· ἀργόν τε γὰρ τὸ κάλλος αὐτοῦ, πρὶν τοῦ

---

22. 8 = Plat. *Phaedr.* 251 b 2   9 οἴστρων cf. ibid. 251 d 6

---

21. 4 δὲ: δὲ εἶναι w   τῷ: τὸ x   6 μεστὰ wBUQ; μετὰ xC
12 ὄντα Fᵖᶜ(τα F³ˢ = Ficinus): ὂν Enn.   15 τὸ φῶς appositio ad
χρῶμα   **22.** 3 κἀπὶ Beutler: καὶ Enn.   6 δὲ γίνεται: δ' εἶναι
x   7 δόντος Ax: δόντας EBUCQ   10 τοῦδε wBQ: τοῦ δὲ xUC

ἀγαθοῦ φῶς λάβῃ, ὑπτία τε ἀναπέπτωκεν ἡ ψυχὴ παρ'
αὑτῆς καὶ πρὸς πᾶν ἀργῶς ἔχει καὶ παρόντος νοῦ ἐστι πρὸς
αὐτὸν νωθής. ἐπειδὰν δὲ ἥκῃ εἰς αὐτὴν ὥσπερ θερμασία
15 ἐκεῖθεν, ῥώννυταί τε καὶ ἐγείρεται καὶ ὄντως πτεροῦται καὶ
πρὸς τὸ παρακείμενον καὶ πλησίον καίπερ ἐπτοημένη ὅμως
πρὸς ἄλλο οἷον τῇ μνήμῃ μεῖζον κουφίζεται. καὶ ἕως τί
ἐστιν ἀνωτέρω τοῦ παρόντος, αἴρεται φύσει ἄνω αἰρομένη
ὑπὸ τοῦ δόντος τὸν ἔρωτα. καὶ νοῦ μὲν ὑπεραίρει, οὐ
20 δύναται δὲ ὑπὲρ τὸ ἀγαθὸν δραμεῖν, ὅτι μηδέν ἐστι τὸ
ὑπερκείμενον. ἐὰν δὲ μένῃ ἐν νῷ, καλὰ μὲν καὶ σεμνὰ
θεᾶται, οὔπω μὴν ὃ ζητεῖ πάντη ἔχει. οἷον γὰρ προσώπῳ
πελάζει καλῷ μέν, οὔπω δὲ ὄψιν κινεῖν δυναμένῳ, ᾧ μὴ
ἐμπρέπει χάρις ἐπιθέουσα τῷ κάλλει. διὸ καὶ ἐνταῦθα φα-
25 τέον μᾶλλον τὸ κάλλος τὸ ἐπὶ τῇ συμμετρίᾳ ἐπιλαμπόμενον
ἢ τὴν συμμετρίαν εἶναι καὶ τοῦτο εἶναι τὸ ἐράσμιον. διὰ
τί γὰρ ἐπὶ μὲν ζῶντος προσώπου μᾶλλον τὸ φέγγος τοῦ
καλοῦ, ἴχνος δ' ἐπὶ τεθνηκότος καὶ μήπω τοῦ προσώπου
ταῖς σαρξὶ καὶ ταῖς συμμετρίαις μεμαρασμένου; καὶ τῶν
30 ἀγαλμάτων δὲ τὰ ζωτικώτερα καλλίω, κἂν συμμετρό-
τερα τὰ ἕτερα ᾖ; καὶ αἰσχίων ζῶν καλλίων τοῦ ἐν ἀγάλ-
ματι καλοῦ; ἢ ὅτι τοδὶ ἐφετὸν μᾶλλον· τοῦτο δ' ὅτι ψυχὴν
ἔχει· τοῦτο δ' ὅτι ἀγαθοειδέστερον· τοῦτο δ' ὅτι ἀγαθοῦ
ἀμηγέπη φωτὶ κέχρωσται καὶ χρωσθεῖσα ἐγήγερται καὶ
35 ἀνακεκούφισται καὶ ἀνακουφίζει ὃ ἔχει, καὶ ὡς οἷόν τε αὐτῷ
ἀγαθοποιεῖ αὐτὸ καὶ ἐγείρει.

23. Ἐκεῖ δή, ὃ ψυχὴ διώκει, καὶ ὃ νῷ φῶς παρέχει
καὶ ἐμπεσὸν αὐτοῦ ἴχνος κινεῖ. οὔτοι δεῖ θαυμάζειν, εἰ
τοιαύτην δύναμιν ἔχει ἕλκον πρὸς αὐτὸ καὶ ἀνακαλούμενον

---

22. 12 = Plat. *Phaedr.* 254 b 8   14–15 θερμασία et πτεροῦται cf. ibid.
251 b 2–3   17 μνήμῃ cf. ibid. 251 d 6   κουφίζεται cf. ibid. 248 c 2

22. 14 εἰς: πρὸς x   19 νοῦ: νοῦν w   25 τῇ om. x   23. 1 ἐκεῖ:
ἐκεῖνο Kirchhoff: ἐπεὶ Beutler   νῷ φῶς transp. w   2 ἐμπεσὸν nomi-
natiuus, ἴχνος accusatiuus

ἐκ πάσης πλάνης, ἵνα πρὸς αὐτὸν ἀναπαύσαιτο. εἰ γὰρ ἐκ
του τὰ πάντα, οὐδέν ἐστι κρεῖττον αὐτοῦ, ἐλάττω δὲ 5
πάντα. τὸ δὴ ἄριστον τῶν ὄντων πῶς οὐ τὸ ἀγαθόν ἐστι;
καὶ μὴν εἰ δεῖ τὴν τοῦ ἀγαθοῦ φύσιν αὐταρκεστάτην τε
εἶναι αὐτῇ καὶ ἀνενδεᾶ ἄλλου ὁτουοῦν παντός, τίνα ἂν
ἄλλην ἢ ταύτην οὖσαν εὕροι τις, ἢ πρὸ τῶν ἄλλων ἦν
ὅπερ ἦν, ὅτε μηδὲ κακία πω ἦν; εἰ δὲ τὰ κακὰ ὕστερον ἐν 10
τοῖς μηδὲ καθ' ἓν τούτου μετειληφόσι καὶ ἐν τοῖς ἐσχάτοις
καὶ οὐδὲν ἐπέκεινα τῶν κακῶν πρὸς τὸ χεῖρον, ἐναντίως ἂν
ἔχοι τὰ κακὰ πρὸς αὐτὸ οὐδὲν ἔχοντα μέσον πρὸς ἐναν-
τίωσιν. τὸ ἄρα ἀγαθὸν τοῦτο ἂν εἴη· ἢ γὰρ οὐκ ἔστιν ὅλως
ἀγαθόν, ἤ, εἰ ἀνάγκη εἶναι, τοῦτο ἂν καὶ οὐκ ἄλλο εἴη. εἰ 15
δέ τις λέγοι μὴ εἶναι, οὐδὲ κακὸν ἂν εἴη· ἀδιάφορα ἄρα
πρὸς αἵρεσιν τῇ φύσει· τοῦτο δ' ἀδύνατον. ἃ δ' ἄλλα λέγου-
σιν ἀγαθά, εἰς τοῦτο, αὐτὸ δὲ εἰς οὐδέν. τί οὖν ποιεῖ τοι-
οῦτον ὄν; ἢ ἐποίησε νοῦν, ἐποίησε ζωήν, ψυχὰς ἐκ τούτου
καὶ τὰ ἄλλα, ὅσα λόγου ἢ νοῦ ἢ ζωῆς μετέχει. ὃ δὴ τού- 20
των πηγὴ καὶ ἀρχή, τίς ἂν εἴποι, ὅπως ἀγαθὸν καὶ
ὅσον; ἀλλὰ τί νῦν ποιεῖ; ἢ καὶ νῦν σῴζει ἐκεῖνα καὶ
νοεῖν ποιεῖ τὰ νοοῦντα καὶ ζῆν τὰ ζῶντα, ἐμπνέον νοῦν,
ἐμπνέον ζωήν, εἰ δέ τι μὴ δύναται ζῆν, εἶναι.

24. Ἡμᾶς δὲ τί ποιεῖ; ἢ πάλιν περὶ τοῦ φωτὸς λέγω-
μεν τί τὸ φῶς, ᾧ καταλάμπεται μὲν νοῦς, μεταλαμβάνει δὲ
αὐτοῦ ψυχή. ἢ τοῦτο νῦν εἰς ὕστερον ἀφέντες εἰκότως
ἐκεῖνα πρότερον ἀπορήσωμεν. ἆρά γε τὸ ἀγαθόν, ὅτι ἐστὶν
ἄλλῳ ἐφετόν, ἔστι καὶ λέγεται ἀγαθόν, καί τινι μὲν ὂν 5

---

23. 4 πλάνης cf. Plat. *Phaed.* 81 a 6   ἀναπαύσαιτο cf. Plat. *Resp.*
532 e 3   7–8 cf. Plat. *Phileb.* 20 e 6 et 60 b 10–c 4   16 ἀδιάφορα cf.
Stoic. Vet. Fr. iii, n. 117 = Diog. Laërt. 7. 102   21 = Plat. *Phaedr.* 245 c 9
24. 3 ὕστερον cf. VI. 7. 31 sqq.   4–7 cf. VI. 7. 25. 16–31

---

23. 4 πρὸς αὐτὸν *penes ipsum* i.e. unum   4–5 ἔκ του B: ἐκ τοῦ
wxU: ἐκ τούτου CQ   11 τούτων w   13 αὐτὸν w   24 μὴ om. x
24 εἶναι quoque a 23 ποιεῖ regitur   24. 1–2 λέγομεν xQ   5 ἄλλο x

ἐφετόν τινι ἀγαθόν, πᾶσι δὲ ὂν τοῦτο λέγομεν εἶναι τὸ
ἀγαθόν; ἢ μαρτύριον μὲν ἄν τις τοῦτο ποιήσαιτο τοῦ
εἶναι ἀγαθόν, δεῖ δέ γε φύσιν αὐτὸ τὸ ἐφετὸν ἔχειν
τοιαύτην, ὡς δικαίως ἂν τυχεῖν τῆς τοιαύτης προσηγορίας.
10 καὶ πότερα τῷ τι δέχεσθαι τὰ ἐφιέμενα ἐφίεται ἢ τῷ χαί-
ρειν αὐτῷ; καὶ εἰ μέν τι δέχεται, τί τοῦτο; εἰ δὲ τῷ χαί-
ρειν, διὰ τί τούτῳ, ἀλλὰ μὴ ἄλλῳ τινί; ἐν ᾧ δὴ καὶ πότερα
τῷ οἰκείῳ τὸ ἀγαθὸν ἢ ἄλλῳ τινί. καὶ δὴ καὶ πότερα τὸ
ἀγαθὸν ὅλως ἄλλου ἐστίν, ἢ καὶ αὐτῷ τὸ ἀγαθὸν ἀγαθόν
15 ἐστιν· ἢ ὃ ἂν ᾖ ἀγαθόν, αὐτῷ μὲν οὐκ ἔστιν, ἄλλου δὲ ἐξ
ἀνάγκης; καὶ τίνι φύσει ἀγαθόν ἐστιν; ἔστι δέ τις φύσις,
ᾗ μηδὲν ἀγαθόν ἐστι; κἀκεῖνο δὲ οὐκ ἀφετέον, ὃ τάχ᾽ ἄν
τις δυσχεραντικὸς ἀνὴρ εἴποι, ὡς "ὑμεῖς, ὦ οὗτοι, τί δὴ
ἀποσεμνύνετε τοῖς ὀνόμασιν ἄνω καὶ κάτω ζωὴν ἀγαθὸν
20 λέγοντες καὶ νοῦν ἀγαθὸν λέγοντες καί τι ἐπέκεινα τού-
των; τί γὰρ ἂν καὶ ὁ νοῦς ἀγαθὸν εἴη; ἢ τί ὁ νοῶν τὰ
εἴδη αὐτὰ ἀγαθὸν ἔχοι αὐτὸ ἕκαστον θεωρῶν; ἠπατημένος
μὲν γὰρ ἂν καὶ ἡδόμενος ἐπὶ τούτοις τάχα ἂν ἀγαθὸν λέγοι
καὶ τὴν ζωὴν ἡδεῖαν οὖσαν· στὰς δ᾽ ἐν τῷ ἀνήδονος εἶναι
25 διὰ τί ἂν φήσειεν ἀγαθά; ἢ τὸ αὐτὸν εἶναι; τί γὰρ ἂν ἐκ
τοῦ εἶναι καρπώσαιτο; ἢ τί ἂν διαφέροι ἐν τῷ εἶναι ἢ
ὅλως μὴ εἶναι, εἰ μή τις τὴν πρὸς αὐτὸν φιλίαν αἰτίαν
τούτων θεῖτο; ὥστε διὰ ταύτην τὴν ἀπάτην φυσικὴν
οὖσαν καὶ τὸν φόβον τῆς φθορᾶς τὴν τῶν ἀγαθῶν νομισθῆ-
30 ναι θέσιν."

24. 10–11 cf. VI. 7. 25. 28–32　　　11–12 cf. VI. 7. 26. 14–24
12–13 cf. VI. 7. 27. 3–19　　　13–15 cf. VI. 7. 27. 19–22　　　16–17 cf.
VI. 7. 28. 1–19　　　17–30 cf. VI. 7. 29. 10–31

24. 6 τινι ἀγαθόν scil. τοῦτο λέγομεν εἶναι　　　7 ἢ immo　　　τοῦτο i.e.
quod modo dictum est　　　14 αὐτῷ: ταὐτῷ w　　　19 ὀνόμασιν R²ᵐᵍ
(cf. VI. 7. 29. 15 et Proclus In Cratyl. cap. 81, p. 38. 3–4 τοῖς ὀνόμασιν
ἀποσεμνύνεσθαι): ὄμμασιν Enn.　　　20 καί τι (scil. ἀγαθὸν λέγοντες) BxUQ:
καίτοι wC　　　25 ἢ τὸ αὐτὸν εἶναι scil. διὰ τί ἂν φήσειεν ἀγαθόν;

25. Ὁ μὲν οὖν Πλάτων ἡδονὴν τῷ τέλει μιγνὺς καὶ τὸ
ἀγαθὸν οὐχ ἁπλοῦν οὐδὲ ἐν νῷ μόνῳ τιθέμενος, ὡς ἐν τῷ
Φιλήβῳ γέγραπται, τάχα ἂν αἰσθόμενος ταύτης τῆς ἀπο-
ρίας οὔτε παντάπασιν ἐπὶ τὸ ἡδὺ τίθεσθαι τὸ ἀγαθὸν ἐτρά-
πετο, ὀρθῶς ποιῶν, οὔτε τὸν νοῦν ἀνήδονον ὄντα ᾠήθη 5
δεῖν θέσθαι ἀγαθὸν τὸ κινοῦν ἐν αὐτῷ οὐχ ὁρῶν. τάχα δὲ
οὐ ταύτῃ, ἀλλ᾽ ὅτι ἠξίου τὸ ἀγαθὸν ἔχον φύσιν ἐν αὐτῷ τοι-
αύτην δεῖν ἐξ ἀνάγκης χαρτὸν εἶναι, τό τε ἐφετὸν τῷ τυγ-
χάνοντι καὶ τυχόντι πάντως ἔχειν τὸ χαίρειν, ὥστε, ᾧ μὴ
τὸ χαίρειν, ἀγαθὸν μηδὲ εἶναι, καὶ ὥστε, εἰ τὸ χαίρειν τῷ 10
ἐφιεμένῳ, τῷ πρώτῳ μὴ εἶναι· ὥστε μηδὲ τὸ ἀγαθόν. καὶ
οὐκ ἄτοπον τοῦτο· αὐτὸς γὰρ οὐ τὸ πρῶτον ἀγαθὸν ἐζήτει,
τὸ δὲ ἡμῶν, καὶ ὅλως ἑτέρου ὄντος ἔστιν αὐτῷ ἕτερον ὂν
αὐτοῦ, ἐλλειποῦς ὄντος αὐτοῦ καὶ ἴσως συνθέτου· ὅθεν καὶ
τὸ ἔρημον καὶ μόνον μηδὲν ἔχειν ἀγαθόν, ἀλλ᾽ εἶναι ἑτέ- 15
ρως καὶ μειζόνως. ἐφετὸν μὲν οὖν δεῖ τὸ ἀγαθὸν εἶναι, οὐ
μέντοι τῷ ἐφετὸν εἶναι ἀγαθὸν γίγνεσθαι, ἀλλὰ τῷ ἀγαθὸν
εἶναι ἐφετὸν γίγνεσθαι. ἆρ᾽ οὖν τῷ μὲν ἐσχάτῳ ἐν τοῖς οὖσι
τὸ πρὸ αὐτοῦ, καὶ ἀεὶ ἡ ἀνάβασις τὸ ὑπὲρ ἕκαστον διδοῦσα
ἀγαθὸν εἶναι τῷ ὑπ᾽ αὐτό, εἰ ἡ ἀνάβασις οὐκ ἐξίσταιτο 20
τοῦ ἀνάλογον, ἀλλὰ ἐπὶ μεῖζον ἀεὶ προχωροῖ; τότε δὲ
στήσεται ἐπ᾽ ἐσχάτῳ, μεθ᾽ ὃ οὐδέν ἐστιν εἰς τὸ ἄνω λαβεῖν,
καὶ τοῦτο τὸ πρῶτον καὶ τὸ ὄντως καὶ τὸ μάλιστα κυρίως
ἔσται, καὶ αἴτιον δὲ καὶ τοῖς ἄλλοις. τῇ μὲν γὰρ ὕλῃ τὸ
εἶδος—εἰ γὰρ αἴσθησιν λάβοι, ἀσπάσαιτ᾽ ἄν—τῷ δὲ σώματι 25

25. 1-6 cf. Plat. *Phileb.* 21 d 9-22 a 3; 61 b 5-6; 61 d 1-2   9 τὸ χαίρειν
cf. ibid. 11 b 4   15 = ibid. 63 b 7-8   16-32 cf. VI. 7. 24. 4-7
25-6 cf. Plat. *Crat.* 400 c 7 = Orphicorum *Fr.* 8

25. 9 τὸ: τῷ w   12 αὐτὸς scil. Plato   13-14 καὶ—αὐτοῦ[1] et cum
penitus diuersum sit nostrum bonum, *Platoni est aliquid quod diuersum est* (nempe
primum bonum) *ab eo* scil. nostro bono   15 εἶναι scil. ἀγαθόν
19 τὸ πρὸ αὐτοῦ scil. ἀγαθόν ἐστι   20 ἐξίσταιτο wBUC: ἐξίστατο
Q: ἐξήσθετο x   21 προχωρεῖν x   22 ἐσχάτων x

ψυχή—καὶ γὰρ οὐδ' ἂν εἴη οὐδ' ἂν σῴζοιτο—ψυχῇ δὲ ἀρετή.
ἤδη δὲ καὶ ἀνωτέρω νοῦς καὶ ἐπὶ τούτῳ ἦν δή φαμεν
πρώτην φύσιν. καὶ δὴ καὶ τούτων ἕκαστον ποιεῖν τι εἰς τὰ
ὢν ἀγαθά ἐστι, τὰ μὲν τάξιν καὶ κόσμον, τὰ δ' ἤδη ζωήν,
30 τὰ δὲ φρονεῖν καὶ ζῆν εὖ, τῷ δὲ νῷ τὸ ἀγαθόν, ὅ φαμεν καὶ
εἰς τοῦτο ἥκειν, καὶ ὅτι ἐνέργεια ἐξ αὐτοῦ, καὶ ὅτι καὶ νῦν
δίδωσί ⟨τι⟩ φῶς λεγόμενον· ὃ δὴ τί ποτ' ἐστίν, ὕστερον.

26. Καὶ δὴ τὸ πεφυκὸς αἰσθάνεσθαι παρ' αὐτόν, εἰ ἥκει
αὐτῷ τὸ ἀγαθόν, γινώσκειν καὶ λέγειν ἔχειν. τί οὖν, εἰ
ἠπάτηται; δεῖ ἄρα τινὰ εἶναι ὁμοίωσιν, καθ' ἣν ἠπά-
τηται. εἰ δὲ τοῦτο, ἐκεῖνο ἀγαθὸν ἂν αὐτῷ εἴη [ἀφ' οὗ
5 ἠπάτηται]· ἐπεὶ καί, ὅταν ἐκεῖνο ἥκῃ, ἀφίσταται ἀφ' οὗ
ἠπάτηται. καὶ ἡ ἔφεσις δ' αὐτοῦ ἑκάστου καὶ ἡ ὠδὶς
μαρτυρεῖ, ὅτι ἔστι τι ἀγαθὸν ἑκάστου. τοῖς μὲν γὰρ ἀψύ-
χοις παρ' ἄλλου τοῦ ἀγαθοῦ αὐτοῖς ἡ δόσις, τῷ δὲ ψυχὴν
ἔχοντι ἡ ἔφεσις τὴν δίωξιν ἐργάζεται, ὥσπερ καὶ τοῖς
10 νεκροῖς γεγενημένοις σώμασι παρὰ τῶν ζώντων ἡ ἐπι-
μέλεια καὶ ἡ κήδευσις, τοῖς δὲ ζῶσι παρ' αὐτῶν ἡ πρό-
νοια. ὅτι δ' ἔτυχε, πιστοῦται, ὅταν βέλτιόν τι γίνηται
καὶ ἀμετανόητον ᾖ καὶ πεπληρῶσθαι αὐτῷ γίγνηται καὶ
ἐπ' ἐκείνου μένῃ καὶ μὴ ἄλλο ζητῇ. διὸ καὶ ἡ ἡδονὴ οὐκ
15 αὔταρκες· οὐ γὰρ ἀγαπᾷ ταὐτόν· οὐ γάρ, ὅ τι ἡδονὴ πάλιν,

25. 28–32 cf. VI. 7. 24. 10–11.   32 ὕστερον cf. VI. 7. 32 sqq.
26. 14–24 cf. VI. 7. 24. 11–12

25. 30–1 τῷ—ἥκειν intellectui denique bonum ipsum largiri munus quod dicimus in
intellectum inde uenire Ficinus recte   32 ⟨τι⟩ Igal   26.1 παρ' αὐτόν ob
eum scil. τὸν νοῦν   εἰ num Igal recte   ἥκει wU: ἥκοι BxCQ   2 αὐτῷ
i.e. τῷ πεφυκότι αἰσθάνεσθαι   γινώσκειν—ἔχειν cognoscere et dicere potest
Igal recte   4 ἐκεῖνο scil. τὸ ἠπατηκός   4–5 ἀφ' οὗ ἠπάτηται del. Harder
5 ἐπεὶ om. x   ἐκεῖνο i.e. τὸ ἀγαθόν   6 αὐτοῦ genetiuus obiectiuus,
ἑκάστου subiectiuus   7 ἑκάστῳ x   8 τοῦ ἀγαθοῦ cum δόσις coniungen-
dum   13 γίγνηται RJᵖᶜ: γίνεται wBJᵃᶜUC: γίνεται Q   15–16 ad
ἀγαπᾷ et ἥδεται subiectum ἡδονή   15 ὅ τι scripsit Cilento recte   ἡδονὴ
Beutler: ἡδονὴν Enn.   πάλιν scil. ἀγαπᾷ

ταὐτόν· ἄλλο γὰρ ἀεὶ τὸ ἐφ' ᾧ ἥδεται. δεῖ δὴ τὸ ἀγαθόν,
ὃ αἱρεῖταί τις, εἶναι οὐ τὸ πάθος τὸ ἐπὶ τῷ τυχόντι· ὅθεν
καὶ κενὸς μένει ὁ τοῦτο ἀγαθὸν νομίζων, τὸ πάθος μόνον
ἔχων, ὃ ἔσχεν ἄν τις ἀπὸ τοῦ ἀγαθοῦ. διὸ οὐκ ἂν ἀνά-
σχοιτό τις τοῦ πάθους, ἐφ' ᾧ οὐκ ἔχων, οἷον ἐπὶ τῷ   20
παιδί, ὅτι πάρεστιν, ἥδεσθαι οὐ παρόντος· οὐδέ γε οἶμαι
οἷς ἐν τῷ πληροῦσθαι σωματικῶς τὸ ἀγαθὸν ἥδεσθαι ὡς
ἐσθίοντα μὴ ἐσθίοντα, ὡς ἀφροδισίοις χρώμενον μὴ
συνόντα ᾗ ἐβούλετο, ἢ ὅλως μὴ δρῶντα.

27. Ἀλλὰ τίνος γενομένου ἑκάστῳ τὸ αὑτῷ προσῆκον
ἔχει; ἢ εἴδους τινὸς φήσομεν· καὶ γὰρ τῇ ὕλῃ εἶδος,
καὶ ψυχῇ ἡ ἀρετὴ εἶδος. ἀλλὰ τὸ εἶδος τοῦτο ἆρά γε τῷ
οἰκεῖον εἶναι ἀγαθόν ἐστιν ἐκείνῳ, καὶ ἡ ἔφεσις πρὸς τὸ
οἰκεῖον; ἢ οὔ· καὶ γὰρ τὸ ὅμοιον οἰκεῖον, κἂν ἐθέλῃ αὐτὸ   5
καὶ χαίρῃ τῷ ὁμοίῳ, οὔπω τὸ ἀγαθὸν ἔχει. ἀλλ' οὐκ οἰκεῖον
φήσομεν ἀγαθὸν εἰπόντες εἶναι; ἢ φατέον τοῦ οἰκείου
τῷ κρείττονι κρίνειν δεῖ καὶ τῷ βελτίονι αὐτοῦ, πρὸς ὃ
δυνάμει ἐστίν. ὃν γὰρ δυνάμει πρὸς ὅ ἐστιν, ἐνδεές ἐστιν
αὐτοῦ, οὗ δὲ ἐνδεές ἐστι κρείττονος ὄντος, ἀγαθόν ἐστιν   10
αὐτῷ ἐκεῖνο. ἡ δὲ ὕλη πάντων ἐνδεέστατον καὶ τὸ
ἔσχατον εἶδος προσεχὲς αὐτῇ· μετ' αὐτὴν γὰρ πρὸς τὸ
ἄνω. εἰ δὲ δὴ καὶ αὐτὸ αὑτῷ ἀγαθόν ἐστι, πολὺ μᾶλλον ἂν
εἴη ἀγαθὸν αὑτῷ ἡ τελειότης αὐτοῦ καὶ τὸ εἶδος καὶ τὸ
κρεῖττον αὐτοῦ, καὶ τῇ ἑαυτοῦ φύσει ὂν τοιοῦτον καὶ   15
αὖ τῷ, ὅτι καὶ αὐτὸ ἀγαθὸν ποιεῖ. ἀλλὰ διὰ τί αὑτῷ ἀγα-
θὸν ἔσται; ἆρ' ὅτι οἰκειότατον αὑτῷ; ἢ οὔ· ἀλλ' ὅτι ἐστί

27. 3-19 cf. VI. 7. 24. 12-13   4-5 cf. Plat. Symp. 205 e 6; Stoic. Vet.
Fr. iii, n. 86

27. 2 ἔχει subiectum ἕκαστον   13 αὐτὸ idem ac 11 αὐτῷ et 1 ἑκάστῳ
16 αὖ τῷ, ὅτι rursus eo, quod   αὐτὸ (nominatiuus): αὐτῷ w   αὑτῷ:
αὐτὸ wR   17 ἔσται: ἐστιν x

τις ἀγαθοῦ μοῖρα. διὸ καὶ μᾶλλον οἰκείωσις πρὸς αὐτοὺς
τοῖς εἰλικρινέσι καὶ τοῖς μᾶλλον ἀγαθοῖς. ἄτοπον δὴ τὸ
20 ζητεῖν, διὰ τί ἀγαθὸν ὂν αὐτῷ ἀγαθόν ἐστιν, ὥσπερ δέον
πρὸς αὐτὸ ἐξίστασθαι τῆς αὐτοῦ φύσεως καὶ μὴ ἀγαπᾶν
ἑαυτὸ ὡς ἀγαθόν. ἀλλ' ἐπὶ τοῦ ἁπλοῦ τοῦτο σκεπτέον,
εἰ, ὅπου μηδαμῶς ἔνι ἄλλο, τὸ δὲ ἄλλο, ἔστιν ἡ οἰκείωσις
πρὸς αὐτό, ⟨καὶ εἰ αὐτὸ⟩ ἀγαθόν ἐστιν ἑαυτῷ. νῦν δέ, εἰ
25 ταῦτα ὀρθῶς λέγεται, καὶ ἡ ἐπανάβασις ἔχει τὸ ἀγαθὸν ἐν
φύσει τινὶ κείμενον, καὶ οὐχ ἡ ἔφεσις ποιεῖ τὸ ἀγαθόν,
ἀλλ' ἡ ἔφεσις, ὅτι ἀγαθόν, καὶ γίνεταί τι τοῖς κτωμένοις καὶ
τὸ ἐπὶ τῇ κτήσει ἡδύ. ἀλλὰ τὸ μὲν "εἰ μὴ ἔποιτο ἡδονή,
αἱρετέον τὸ ἀγαθόν", καὶ αὐτὸ ζητητέον.

28. Τὸ δ' ἐκ τοῦ λόγου συμβαῖνον νῦν ὀπτέον. εἰ γὰρ
πανταχοῦ τὸ παραγινόμενον ὡς ἀγαθὸν εἶδος, καὶ τῇ ὕλῃ
δὲ εἶδος ἓν τὸ ἀγαθόν, πότερον ἠθέλησεν ἂν ἡ ὕλη, εἴπερ
ἦν αὐτῇ τὸ θέλειν, εἶδος μόνον γενέσθαι; ἀλλ' εἰ τοῦτο,
5 ἀπολέσθαι θελήσει· τὸ δ' ἀγαθὸν αὐτῷ πᾶν ζητεῖ. ἀλλ'
ἴσως οὐχ ὕλη εἶναι ζητήσει, ἀλλὰ εἶναι, τοῦτο δ' ἔχουσα
ἀφεῖναι αὐτῆς θελήσει τὴν κάκην. ἀλλὰ τὸ κακὸν πῶς
ἔφεσιν ἕξει τοῦ ἀγαθοῦ; ἢ οὐδὲ τὴν ὕλην ἐν ἐφέσει
ἐτιθέμεθα, ἀλλ' ὑπόθεσιν ἐποιεῖτο ὁ λόγος αἴσθησιν δούς,
10 εἴπερ οἷόν τε ἦν δοῦναι ὕλην τηροῦσιν· ἀλλὰ τοῦ εἴδους
ἐπελθόντος, ὥσπερ ὀνείρατος ἀγαθοῦ, ἐν καλλίονι τάξει

27. 18 ἀγαθοῦ μοῖρα cf. Plat. *Phileb.* 20 d 1; 54 c 10; 60 b 4; οἰκείωσις cf.
Stoic. Vet. Fr. i, n. 197 et iii, n. 180 (= Alex. Aphrod. *De an.*, Suppl. Aristot.
ii. 1, p. 163. 15)   19–22 cf. VI. 7. 24. 13–15   28–9 cf. Aristot.
Eth. Nic. K 2. 1174ᵃ6–8   29 ζητητέον cf. VI. 7. 29   **28.** 1–19 cf.
VI. 7. 24. 16–17   4 cf. Aristot. *Phys.* A 9. 192ᵃ19–20   9 ἐτιθέμεθα
cf. VI. 7. 28. 3–4

27. 21 αὐτοῦ: ἑαυτοῦ w   23 ἄλλο¹: μᾶλλον x   24 ⟨καὶ εἰ αὐτὸ⟩
H–S¹   28 τὸ ἐπὶ τῇ κτήσει subiectum, ἡδύ praedicatum   τὸ μὲν
(scil. ζήτημα) regit εἰ—ἀγαθόν   ἔποιτο ἡδονή (cf. VI. 7. 29. 1) Steinhart:
ἐποιεῖτο ἡδονῇ Enn.   **28.** 1 λόγου: λογισμοῦ x   2 τὸ—ἀγαθὸν
subiectum, εἶδος praedicatum   3 ἐν (cum εἶδος coniungendum): ἔνι
Aᵃᵐᵍ = Ficinus   5 αὐτὸ w   7 τὴν: εἶναι τὴν x

γεγονέναι. εἰ μὲν οὖν τὸ κακὸν ἡ ὕλη, εἴρηται· εἰ δ' ἄλλο
τι, οἷον κακία, εἰ αἴσθησιν λάβοι τὸ εἶναι αὐτῆς, ἆρ' οὖν
ἔτι τὸ οἰκεῖον πρὸς τὸ κρεῖττον τὸ ἀγαθὸν ἔσται; ἢ οὐχ
ἡ κακία ἦν ἡ αἱρουμένη, ἀλλὰ τὸ κακούμενον. εἰ δὲ 15
ταὐτὸν τὸ εἶναι καὶ τὸ κακόν, πῶς τοῦτο τὸ ἀγαθὸν
αἱρήσεται; ἀλλ' ἆρά γε, εἰ αἴσθησιν αὐτοῦ λάβοι τὸ
κακόν, ἀγαπήσει αὐτό; καὶ πῶς ἀγαπητὸν τὸ μὴ ἀγαθὸν
ἔσται; οὐ γὰρ δὴ τῷ οἰκείῳ ἐθέμεθα τὸ ἀγαθόν. καὶ
ταῦτα μὲν ταύτῃ. ἀλλ' εἰ εἶδος τὸ ἀγαθὸν πανταχοῦ καὶ 20
μᾶλλον ἐπαναβαίνουσι μᾶλλον εἶδος—μᾶλλον γὰρ ψυχὴ
εἶδος ἢ σώματος εἶδος, καὶ ψυχῆς τὸ μὲν μᾶλλον, τὸ δ'
ἐπιμᾶλλον, καὶ νοῦς ψυχῆς—τὸ ἀγαθὸν ἂν προσχωροῖ
τῷ τῆς ὕλης ἐναντίῳ καὶ οἷον καθαιρομένῳ καὶ ἀποτι-
θεμένῳ κατὰ δύναμιν μὲν ἑκάστῳ, τὸ δὲ μάλιστα πᾶν ὅ τι 25
ὕλης ἀποτιθεμένῳ. καὶ δὴ καὶ ἡ τοῦ ἀγαθοῦ φύσις πᾶσαν
ὕλην φυγοῦσα, μᾶλλον δὲ οὐδαμῇ οὐδαμῶς πλησίον γενο-
μένη, ἀναπεφευγυῖα ἂν εἴη εἰς τὴν ἀνείδεον φύσιν, ἀφ'
ἧς τὸ πρῶτον εἶδος. ἀλλὰ περὶ τούτου ὕστερον.

29. Ἀλλ' εἰ μὴ ἔποιτο ἡδονὴ τῷ ἀγαθῷ, γίνοιτο δὲ πρὸ
τῆς ἡδονῆς τι, δι' ὃ καὶ ἡ ἡδονή, διὰ τί οὐκ ἀσπαστόν;
ἢ εἰπόντες ἀσπαστὸν ἡδονὴν ἤδη εἴπομεν. ἀλλ' εἰ
ὑπάρξει μέν, ὑπάρξαντος δὲ δυνατὸν μὴ ἀσπαστὸν εἶναι;
ἀλλ' εἰ τοῦτο, παρόντος τοῦ ἀγαθοῦ αἴσθησιν ἔχον τὸ 5
ἔχον οὐ γνώσεται, ὅτι. ἢ τί κωλύει καὶ γιγνώσκειν καὶ μὴ
κινεῖσθαι ἄλλως μετὰ τὸ αὐτὸ ἔχειν; ὃ μᾶλλον ἂν τῷ
σωφρονεστέρῳ ὑπάρχοι καὶ μᾶλλον τῷ μὴ ἐνδεεῖ. διὸ

28. 19 ἐθέμεθα cf. VI. 7. 27. 3–9   26 cf. Plat. Phileb. 60 b 10
29 ὕστερον cf. VI. 7. 32. 9–33. 38

28. 12 γεγονέναι scil. τὴν ὕλην ἐτιθέμεθα   14 τὸ ἀγαθὸν appositio
ad τὸ κρεῖττον   ἔσται: ἐστιν x   15 αἱρουμένη (quae eligebat Ficinus)
A^{pc}J: αἱρομένη A^{ac}(corr. A³)EBRUCQ   17 εἱρήσεται x   18 μὴ
ἀγαθὸν Igal, Genethl. Isidor. 302: μὴ ἀγαπητὸν Enn.   19 τὸ οἰκεῖον x
24 ὕλης A^{3mg} = Ficinus: ψυχῆς Enn.   27–8 γινομένη x   29. 6 μὴ
om. x   7 τὸ coniungendum cum ἔχειν   8 διό: διὸ δὲ x

οὐδὲ τῷ πρώτῳ, οὐ μόνον ὅτι ἁπλοῦν, ἀλλ' ὅτι ἡ κτῆσις
10 δεηθέντος ἡδεῖα. ἀλλὰ καὶ τουτὶ καταφανὲς ἔσται τὰ ἄλλα
ὅσα λοιπὰ προανακαθηραμένοις καὶ ἐκεῖνον τὸν ἀντίτυπον
λόγον ἀπωσαμένοις. ἔστι δὲ οὗτος ⟨τοῦ⟩ ὃς ἀπορεῖ,
τί ἂν καρπώσαιτο ὁ νοῦν ἔχων εἰς ἀγαθοῦ μοῖραν, οὐδὲν
πληττόμενος, ὅταν ταῦτα ἀκούῃ, τῷ μὴ σύνεσιν αὐτῶν
15 ἴσχειν, ἢ ὄνομα ἀκούων ἢ ἄλλο τι ἕκαστον αὐτῶν ὑπο-
λαμβάνων ἢ αἰσθητόν τι ζητῶν καὶ τὸ ἀγαθὸν ἐν χρήμασιν
ἢ τισι τοιούτοις τιθέμενος. πρὸς ὃν λεκτέον, ὡς, ὅταν
ταῦτα ἀτιμάζῃ, ὁμολογεῖ τίθεσθαί τι παρ' αὐτῷ ἀγαθόν,
ἀπορῶν δ' ὅπῃ, τῇ ἐννοίᾳ τῇ παρ' αὐτῷ ταῦτα ἐφαρμόττει.
20 οὐ γὰρ ἔστι λέγειν "μὴ τοῦτο" πάντῃ ἄπειρον καὶ ἀνεν-
νόητον ὄντα τούτου. τάχα δὲ καὶ τὸ ὑπὲρ νοῦν ἀπομαν-
τεύεται. ἔπειτα δέ, εἰ τῷ ἀγαθῷ ἢ τῷ ἐγγὺς τούτου
προσβάλλων ἀγνοεῖ, ἐκ τῶν ἀντικειμένων εἰς ἔννοιαν ἴτω.
ἢ οὐδὲ κακὸν τὴν ἄνοιαν θήσεται· καίτοι πᾶς αἱρεῖται
25 νοεῖν καὶ νοῶν σεμνύνεται. μαρτυροῦσι δὲ καὶ αἱ αἰσθή-
σεις εἰδήσεις εἶναι θέλουσαι. εἰ δὴ νοῦς τίμιον καὶ καλὸν
καὶ νοῦς ὁ πρῶτος μάλιστα, τί ἂν φαντασθείη τις, εἴ τις
δύναιτο, τὸν τούτου γεννητὴν καὶ πατέρα; τὸ δὲ εἶναι
καὶ τὸ ζῆν ἀτιμάζων ἀντιμαρτυρεῖ ἑαυτῷ καὶ τοῖς ἑαυτοῦ
30 πάθεσι πᾶσιν. εἰ δέ τις δυσχεραίνει τὸ ζῆν, ᾧ θάνατος
μέμικται, τὸ τοιοῦτο δυσχεραίνει, οὐ τὸ ἀληθῶς ζῆν.

30. Ἀλλὰ εἰ δεῖ τῷ ἀγαθῷ τὴν ἡδονὴν μεμίχθαι καὶ μὴ
τέλεόν ἐστι τὸ ζῆν, εἴ τις τὰ θεῖα θεῶτο καὶ μάλιστα
τὴν τούτων ἀρχήν, νῦν ἰδεῖν ἐφαπτομένους τοῦ ἀγαθοῦ

29. 10-31 cf. VI. 7. 24. 17-30   13 cf. Plat. *Phileb.* 20 d 1; 54 c 10;
60 b 4   21-2 ἀπομαντεύεται cf. Plat. *Resp.* 505 e 1   30. 1 cf. Plat.
Phileb. 11 b 4-5 et Aristot. *Eth. Nic.* H 14. 1153ᵇ12-15

29. 9 τῷ πρώτῳ scil. ὑπάρχει ἡδονή   11 προανακαθηραμένοις Harder:
προσανακαθηραμένοις Enn.   12 ⟨τοῦ⟩ Theiler   13-17 οὐδὲν
πληττόμενος---τιθέμενος cum 12 ὃς ἀπορεῖ coniungendum   14 τῷ: τὸ x
14-15 αὐτῶν (bis): αὐτὸν x

πάντως προσήκει. τὸ μὲν οὖν οἴεσθαι τὸ ἀγαθὸν ἔκ τε
τοῦ νοῦ ὡς ὑποκειμένου ἔκ τε τοῦ πάθους τῆς ψυχῆς 5
ὃ γίνεται ἐκ τοῦ φρονεῖν, οὐ τὸ τέλος οὐδ' αὐτὸ τὸ
ἀγαθὸν τὸ συναμφότερόν ἐστι τιθέντος, ἀλλὰ νοῦς ἂν εἴη
τὸ ἀγαθόν, ἡμεῖς δὲ χαίροντες τῷ τὸ ἀγαθὸν ἔχειν. καὶ
εἴη ἂν αὕτη τις δόξα περὶ ἀγαθοῦ. ἑτέρα δὲ εἴη ἂν παρὰ
ταύτην, ἢ μίξασα τῷ νῷ τὴν ἡδονὴν ὡς ἕν τι ἐξ ἀμφοῖν 10
ὑποκείμενον τοῦτο τίθεται εἶναι, ἵν' ἡμεῖς τὸν τοιοῦτον
νοῦν κτησάμενοι ἢ καὶ ἰδόντες τὸ ἀγαθὸν ἔχωμεν· τὸ γὰρ
ἔρημον καὶ μόνον οὔτε γενέσθαι οὔτε αἱρετὸν εἶναι δυ-
νατὸν ὡς ἀγαθόν. πῶς ἂν οὖν μιχθείη νοῦς ἡδονῇ εἰς μίαν
συντέλειαν φύσεως; ὅτι μὲν οὖν τὴν σώματος ἡδονὴν 15
οὐκ ἄν τις οἰηθείη νῷ δυνατὴν εἶναι μίγνυσθαι, παντὶ
δήπου δῆλον· ἀλλ' οὐδ' ὅσαι χαραὶ ψυχῆς ἂν ἄλογοι
γένοιντο. ἀλλ' ἐπειδὴ πάσῃ ἐνεργείᾳ καὶ διαθέσει δὲ καὶ
ζωῇ ἕπεσθαι δεῖ καὶ συνεῖναι οἷόν τι ἐπιθέον, καθὸ
τῇ μέν ἐστι κατὰ φύσιν ἰούσῃ τὸ ἐμποδίζον καί τι τοῦ 20
ἐναντίου παραμεμιγμένον, ὃ οὐκ ἐᾷ τὴν ζωὴν ἑαυτῆς
εἶναι, τῇ δὲ καθαρὸν καὶ εἰλικρινὲς τὸ ἐνέργημα καὶ
ἡ ζωὴ ἐν διαθέσει φαιδρᾷ, τὴν τοιαύτην τοῦ νοῦ κατά-
στασιν ἀσμενιστὴν καὶ αἱρετωτάτην εἶναι τιθέμενοι ἡδονῇ
μεμίχθαι λέγουσιν ἀπορίᾳ οἰκείας προσηγορίας, οἷα 25
ποιοῦσι καὶ τὰ ἄλλα ὀνόματα παρ' ἡμῖν ἀγαπώμενα
μεταφέροντες, τὸ "μεθυσθεὶς ἐπὶ τοῦ νέκταρος" καὶ
"ἐπὶ δαῖτα καὶ ἑστίασιν" καὶ τὸ "μείδησε δὲ πατήρ"
οἱ ποιηταὶ καὶ ἄλλα τοιαῦτα μυρία. ἔστι γὰρ καὶ τὸ
ἄσμενον ὄντως ἐκεῖ καὶ τὸ ἀγαπητότατον καὶ τὸ ποθεινό- 30

30. 4-6 cf. Plat. *Phileb.* 22 a 3   10 cf. ibid. 61 d 1-2 et Aristot. *Eth. Nic.*
K 7. 1177[a]20-5   13 = Plat. *Phileb.* 63 b 7-8   15-18 cf. ibid.
63 d-64 a   22 = ibid. 52 d 6-7   27 = Plat. *Symp.* 203 b 5
28 = Plat. *Phaedr.* 247 a 8 et Hom. E 426 et O 47

30. 15 τὴν: τὴν τοῦ w   16 νῷ: νῦν x   19 τι Sleeman: τὸ *Enn.*
20 καί τι: καίτοι w

τατον, οὐ γινόμενον οὐδ' ἐν κινήσει, αἴτιον δὲ τὸ ἐπιχρῶ-
σαν αὐτὰ καὶ ἐπιλάμψαν καὶ φαιδρῦναν. διὸ καὶ ἀλήθειαν
τῷ μίγματι προστίθησι καὶ τὸ μετρῆσον πρὸ αὐτοῦ ποιεῖ
καὶ ἡ συμμετρία καὶ τὸ κάλλος ἐπὶ τῷ μίγματι ἐκεῖθέν
35 φησιν εἰς τὸ καλὸν ἐλήλυθεν. ὥστε κατὰ τοῦτο ἂν
ἡμεῖς καὶ ἐν τούτῳ μοίρας· τὸ δὲ ὄντως ὀρεκτὸν ἡμῖν
ἄλλως μὲν ἡμεῖς αὐτοῖς εἰς τὸ βέλτιστον ἑαυτῶν ἀν-
άγοντες ἑαυτούς, τοῦτο δὴ τὸ σύμμετρον καὶ καλὸν καὶ
εἶδος ἀσύνθετον καὶ ζωὴν ἐναργῆ καὶ νοερὰν καὶ καλήν.

31. Ἀλλ' ἐπεὶ ἐκαλλύνθη τὰ πάντα ἐκείνῳ τῷ πρὸ
τούτων καὶ φῶς ἔσχε, νοῦς μὲν τὸ τῆς ἐνεργείας τῆς
νοερᾶς φέγγος, ᾧ τὴν φύσιν ἐξέλαμψε, ψυχὴ δὲ δύναμιν
ἔσχεν εἰς τὸ ζῆν ζωῆς πλείονος εἰς αὐτὴν ἐλθούσης.
5 ἤρθη μὲν οὖν ἐκεῖ καὶ ἔμεινεν ἀγαπήσας τὸ περὶ ἐκεῖνον
εἶναι· ἐπιστραφεῖσα δὲ καὶ ψυχὴ ἡ δυνηθεῖσα, ὡς ἔγνω καὶ
εἶδεν, ἥσθη τε τῇ θέᾳ καὶ ὅσον οἷά τε ἦν ἰδεῖν ἐξεπλάγη.
εἶδε δὲ οἷον πληγεῖσα καὶ ἐν αὐτῇ ἔχουσά τι αὐτοῦ
συνήσθετο καὶ διατεθεῖσα ἐγένετο ἐν πόθῳ, ὥσπερ οἱ
10 ἐν τῷ εἰδώλῳ τοῦ ἐρασμίου κινούμενοι εἰς τὸ αὐτὸ ἰδεῖν
ἐθέλειν τὸ ἐρώμενον. ὥσπερ δὲ ἐνταῦθα σχηματίζονται εἰς
ὁμοιότητα τῷ ἐραστῷ οἳ ἂν ἐρῶσι, καὶ τὰ σώματα εὐπρε-
πέστερα καὶ τὰς ψυχὰς ἄγοντες εἰς ὁμοιότητα, ὡς μὴ
λείπεσθαι κατὰ δύναμιν θέλειν τῇ τοῦ ἐρωμένου σωφρο-
15 σύνῃ τε καὶ ἀρετῇ τῇ ἄλλῃ—ἢ ἀπόβλητοι ἂν εἶεν τοῖς
ἐρωμένοις τοῖς τοιούτοις—καὶ οὗτοί εἰσιν οἱ συνεῖναι δυνά-

---

30. 32-5 cf. Plat. *Phileb.* 64 b 2 et 64 e 5-65 a 5   31. 7 ἐξεπλάγη cf.
Plat. *Phaedr.* 250 a 6

---

30. 36 ἐν τούτῳ μοίρας scil. ἀγαθοῦ εἶμεν, cf. Thuc. 7. 33. 6 ἐν τούτῳ
τύχης   36-7 τὸ ὀρεκτὸν subiectum, ἡμεῖς praedicatum   38-9 τοῦτο
—καλήν appositio ad τὸ βέλτιστον   39 ἀσύνθετον H-S¹, cf. III. 9.
8. 4; Plat. *Phaed.* 78 c 3-7; *Theaet.* 205 c 7: σύνθετον *Enn.*, defendit Igal, *Genethl.
Isidor.* 303   31. 5 ἤρθη subiectum ὁ νοῦς   ἐκεῖ om. w
10 ἐν del. Kirchhoff   10-11 τὸ coniungendum cum ἐθέλειν, αὐτὸ cum
τὸ ἐρώμενον   14 τῇ: καὶ x   15 ἢ: οἱ x

μενοι, τοῦτον τὸν τρόπον καὶ ψυχὴ ἐρᾷ μὲν ἐκείνου ὑπ'
αὐτοῦ ἐξ ἀρχῆς εἰς τὸ ἐρᾶν κινηθεῖσα. καὶ ἡ πρόχειρον
ἔχουσα τὸν ἔρωτα ὑπόμνησιν οὐ περιμένει ἐκ τῶν καλῶν
τῶν τῇδε, ἔχουσα δὲ τὸν ἔρωτα, καὶ ἂν ἀγνοῇ ὅτι ἔχει, 20
ζητεῖ ἀεὶ καὶ πρὸς ἐκεῖνο φέρεσθαι θέλουσα ὑπεροψίαν τῶν
τῇδε ἔχει, καὶ ἰδοῦσα τὰ ἐν τῷδε τῷ παντὶ καλὰ ὑποψίαν
ἔχει πρὸς αὐτά, ὅτι ἐν σαρκὶ καὶ σώμασιν ὁρᾷ αὐτὰ ὄντα
καὶ μιαινόμενα τῇ παρούσῃ οἰκήσει καὶ τοῖς μεγέθεσι διει-
λημμένα καὶ οὐκ αὐτὰ τὰ καλὰ ὄντα· μὴ γὰρ ἂν τολμῆσαι 25
ἐκεῖνα οἷά ἐστιν εἰς βόρβορον σωμάτων ἐμβῆναι καὶ ῥυπᾶ-
ναι ἑαυτὰ καὶ ἀφανίσαι. ὅταν δὲ καὶ παραρρέοντα ἴδῃ,
ἤδη παντελῶς γιγνώσκει, ὅτι ἄλλοθεν ἔχει, ὃ ἦν αὐτοῖς
ἐπιθέον. εἶτ' ἐκεῖ φέρεται δεινὴ ἀνευρεῖν οὗπερ ἐρᾷ οὖσα,
καὶ οὐκ ἂν πρὶν ἑλεῖν ἀποστᾶσα, εἰ μή πού τις αὐτῆς καὶ 30
τὸν ἔρωτα ἐξέλοι. ἔνθα δὴ εἶδε μὲν καλὰ πάντα καὶ ἀληθῆ
ὄντα, καὶ ἐπερρώσθη πλέον τῆς τοῦ ὄντος ζωῆς πληρω-
θεῖσα, καὶ ὄντως ὂν καὶ αὐτὴ γενομένη καὶ σύνεσιν ὄντως
λαβοῦσα ἐγγὺς οὖσα αἰσθάνεται οὗ πάλαι ζητεῖ.

32. Ποῦ οὖν ὁ ποιήσας τὸ τοσοῦτον κάλλος καὶ τὴν
τοσαύτην ζωὴν καὶ γεννήσας οὐσίαν; ὁρᾷς τὸ ἐπ' αὐτοῖς
ἅπασι ποικίλοις οὖσιν εἴδεσι κάλλος. καλὸν μὲν ὡδὶ
μένειν· ἀλλ' ἐν καλῷ ὄντα δεῖ βλέπειν, ὅθεν ταῦτα καὶ
ὅθεν καλά. δεῖ δ' αὐτὸ εἶναι τούτων μηδὲ ἕν· τὶ γὰρ 5
αὐτῶν ἔσται μέρος τε ἔσται. οὐ τοίνυν οὐδὲ τοιαύτη μορ-
φὴ οὐδέ τις δύναμις οὐδ' αὖ πᾶσαι αἱ γεγενημέναι καὶ
οὖσαι ἐνταῦθα, ἀλλὰ δεῖ ὑπὲρ πάσας εἶναι δυνάμεις καὶ
ὑπὲρ πάσας μορφάς. ἀρχὴ δὲ τὸ ἀνείδεον, οὐ τὸ μορφῆς
δεόμενον, ἀλλ' ἀφ' οὗ πᾶσα μορφὴ νοερά. τὸ γὰρ γενό- 10
μενον, εἴπερ ἐγίνετο, ἔδει γενέσθαι τι καὶ μορφὴν ἰδίαν

---

31. 23 σαρκί cf. Plat. *Symp.* 211 e 2   26 βόρβορον cf. Plat. *Phaed.*
69 c 6   **32** ἐπερρώσθη cf. Plat. *Symp.* 210 d 6

31. 25 οὐκ: οὐ κατ' x   33 σύνεσιν JC: σύνεστιν wBRUQ
32. 5 αὐτὸ: αὐτὸν AE^{pc}: αὐτῶν E^{ac}

ἔσχεν· ὃ δὲ μηδεὶς ἐποίησε, ⟨τί⟩ τις ἂν ποιήσειεν; οὐδὲν
οὖν τοῦτο τῶν ὄντων καὶ πάντα· οὐδὲν μέν, ὅτι ὕστερα τὰ
ὄντα, πάντα δέ, ὅτι ἐξ αὐτοῦ. πάντα δὲ ποιεῖν δυνάμενον
15 τί ἂν μέγεθος ἔχοι; ἢ ἄπειρος ἂν εἴη, ἀλλ' εἰ ἄπειρος,
μέγεθος ἂν ἔχοι οὐδέν. καὶ γὰρ μέγεθος ἐν τοῖς ὑστάτοις·
καὶ δεῖ, εἰ καὶ τοῦτο ποιήσει, αὐτὸν μὴ ἔχειν. τό τε τῆς
οὐσίας μέγα οὐ ποσόν· ἔχοι δ' ἂν καὶ ἄλλο τι μετ' αὐτὸν
τὸ μέγεθος. τὸ δὲ μέγα αὐτοῦ τὸ μηδὲν αὐτοῦ εἶναι δυνα-
20 τώτερον παρισοῦσθαί τε μηδὲν δύνασθαι· τίνι γὰρ τῶν
αὐτοῦ εἰς ἴσον ἄν τι ἔλθοι μηδὲν ταὐτὸν ἔχον; τό τε εἰς
ἀεὶ καὶ εἰς πάντα οὐ μέτρον αὐτῷ δίδωσιν οὐδ' αὖ ἀμε-
τρίαν· πῶς γὰρ ἂν τὰ ἄλλα μετρήσειεν; οὐ τοίνυν αὖ
οὐδὲ σχῆμα. καὶ μήν, ὅτου ἂν ποθεινοῦ ὄντος μήτε
25 σχῆμα μήτε μορφὴν ἔχοις λαβεῖν, ποθεινότατον καὶ ἐρασ-
μιώτατον ἂν εἴη, καὶ ὁ ἔρως ἂν ἄμετρος εἴη. οὐ γὰρ
ὥρισται ἐνταῦθα ὁ ἔρως, ὅτι μηδὲ τὸ ἐρώμενον, ἀλλ'
ἄπειρος ἂν εἴη ὁ τούτου ἔρως, ὥστε καὶ τὸ κάλλος αὐτοῦ
ἄλλον τρόπον καὶ κάλλος ὑπὲρ κάλλος. οὐδὲν γὰρ ὂν τί
30 κάλλος; ἐράσμιον δὲ ὂν τὸ γεννῶν ἂν εἴη τὸ κάλλος.
δύναμις οὖν παντὸς καλοῦ ἄνθος ἐστί, κάλλος καλλο-
ποιόν. καὶ γὰρ γεννᾷ αὐτὸ καὶ κάλλιον ποιεῖ τῇ παρ'
αὐτοῦ περιουσίᾳ τοῦ κάλλους, ὥστε ἀρχὴ κάλλους καὶ
πέρας κάλλους. οὖσα δὲ κάλλους ἀρχὴ ἐκεῖνο, μὲν καλὸν
35 ποιεῖ οὗ ἀρχή, καὶ καλὸν ποιεῖ οὐκ ἐν μορφῇ· ἀλλὰ καὶ
αὐτὸ τὸ γενόμενον ἀμορφεῖν, ἄλλον δὲ τρόπον ἐν μορφῇ.
ἡ γὰρ λεγομένη αὐτὸ τοῦτο μόνον μορφὴ ἐν ἄλλῳ, ἐφ'

32. 15 ἄπειρος cf. Plat. *Parm.* 137 d 7   24 οὐδὲ σχῆμα cf. ibid. 137 d 8
25-6 ἐρασμιώτατον cf. Plat. *Phaedr.* 250 e 1   29 cf. Plat. *Resp.* 509 a 7

32. 12 ⟨τί⟩ τις coniecimus: τίς *Enn.*   18 καὶ etiam, nam magnitudinem
quandam οὐσία quoque habet   19 αὐτοῦ² om. x   20 τε om. w
30 τὸ γεννῶν praedicatiuum, τὸ κάλλος accusatiuus   31 δύναμις subiectum,
ἄνθος praedicatum, κάλλος appositio ad ἄνθος   κάλλος: κάλλους A(ος
A¹ˢ)E   36 ἀμορφεῖν (*esse informe*) *Enn.*: ἄμορφον A³ = Ficinus

ἑαυτῆς δὲ οὖσα ἄμορφον. τὸ οὖν μετέχον κάλλους μεμόρ-
φωται, οὐ τὸ κάλλος.

33. Διὸ καὶ ὅταν κάλλος λέγηται, φευκτέον μᾶλλον ἀπὸ
μορφῆς τοιαύτης, ἀλλ' οὐ πρὸ ὀμμάτων ποιητέον, ἵνα μὴ
ἐκπέσῃς τοῦ καλοῦ εἰς τὸ ἀμυδρᾷ μετοχῇ καλὸν λεγόμενον.
τὸ δὲ ἄμορφον εἶδος καλόν, εἴπερ εἶδός ἐστι, καὶ ὅσῳ ἂν
ἀποσυλήσας εἴης πᾶσαν μορφήν, οἷον καὶ τὴν ἐν λόγῳ, ᾗ 5
διαφέρειν ἄλλο ἄλλου λέγομεν, ὡς δικαιοσύνην καὶ σωφρο-
σύνην ἀλλήλων ἕτερα, καίτοι καλὰ ὄντα. ἐπειδὴ ὁ νοῦς
ἴδιόν τι νοεῖ, ἠλάττωται, κἂν ὁμοῦ πάντα λάβῃ ὅσα ἐν
τῷ νοητῷ· κἂν ἕκαστον, μίαν μορφὴν νοητὴν ἔχει· ὁμοῦ δὲ
πάντα οἷον ποικίλην τινά, ἔτι ἐν δεήσει, οἷον δεῖ θεάσασθαι 10
ὃν ὑπὲρ ἐκεῖνο τὸ πάγκαλον καὶ ποικίλον καὶ οὐ ποικίλον, οὗ
ὀρέγεται μὲν ψυχὴ οὐ λέγουσα διὰ τί τοιοῦτον ποθεῖ, ὁ δὲ
λόγος λέγει, ὅτι τοῦτο τὸ ὄντως, εἴπερ ἐν τῷ πάντη ἀνει-
δέῳ ἡ τοῦ ἀρίστου φύσις καὶ ἡ τοῦ ἐρασμιωτάτου. διὸ ὅ τι
ἂν εἰς εἶδος ἀνάγων τῇ ψυχῇ δεικνύῃς, ἐπὶ τούτῳ ἄλλο τὸ 15
μορφῶσαν ζητεῖ. λέγει δὴ ὁ λόγος, ὅτι τὸ μορφὴν ἔχον καὶ
ἡ μορφὴ καὶ τὸ εἶδος μεμετρημένον πᾶν, τοῦτο δὲ οὐ πᾶν
οὐδὲ αὔταρκες οὐδὲ παρ' αὑτοῦ καλόν, ἀλλὰ καὶ τοῦτο
μέμικται. δεῖ τοίνυν ταῦτα μὲν καλά, τὸ δὲ ὄντως ἢ τὸ
ὑπέρκαλον μὴ μεμετρῆσθαι· εἰ δὲ τοῦτο, μὴ μεμορφῶσθαι 20
μηδὲ εἶδος εἶναι. ἀνείδεον ἄρα τὸ πρώτως καὶ πρῶτον καὶ
ἡ καλλονὴ ἐκεῖνο ἡ τοῦ ἀγαθοῦ φύσις. μαρτυρεῖ δὲ καὶ τὸ
τῶν ἐραστῶν πάθος, ὡς, ἕως ἐστὶν ἐν ἐκείνῳ τῷ τύπον

---

33. 8 = Anaxagoras *Fr*. B 1

33. 1-7 κάλλος—καλὰ ὄντα agitur de pulchro in intellectu sicut VI. 7. 32.
36-9   4 καλόν praedicatum, εἴπερ *quoniam*   5 εἴης Perna: ἴης
BUCQ: ἴης εἰς w: ἴῃ x   7 ἐπειδὴ: ἐπεὶ δὲ Kirchhoff   10 ἔτι—
θεάσασθαι *etiam nunc in egestate est* quaerens *quale sibi contemplandum sit*
11 ὄν: ὢν x   ὑπὲρ regit ἐκεῖνο—ποικίλον², οὗ recipit ὄν i.e. τὸ ἀγαθόν
20 μετρεῖσθαι w   22 ἡ καλλονὴ subiectum, ἐκεῖνο praedicatum, ἡ—
φύσις appositio ad ἐκεῖνο   ἐκεῖνο ἡ τοῦ J: ἐκεῖ νοητοῦ wBRUCQ
23 τύπον Sleeman: τὸν wBxUC: τὸ Q

αἰσθητὸν ἔχοντι, οὔπω ἐρᾷ· ὅταν δ' ἀπ' ἐκείνου αὐτὸς ἐν
25 αὑτῷ οὐκ αἰσθητὸν γεννήσῃ τύπον ἐν ἀμερεῖ ψυχῇ, τότε
ἔρως φύεται. βλέπειν δὲ ζητεῖ τὸ ἐρώμενον, ἵν' ἐκεῖνο
ἐπάρδοι μαραινόμενον. εἰ δὲ σύνεσιν λάβοι, ὡς δεῖ μετα-
βαίνειν ἐπὶ τὸ ἀμορφότερον, ἐκείνου ἂν ὀρέγοιτο· καὶ γὰρ
ὃ ἐξ ἀρχῆς ἔπαθεν, ἐκ σέλαος ἀμυδροῦ ἔρως φωτὸς μεγά-
30 λου. τὸ γὰρ ἴχνος τοῦ ἀμόρφου μορφή· τοῦτο γοῦν γεννᾷ
τὴν μορφήν, οὐχ ἡ μορφὴ τοῦτο, καὶ γεννᾷ, ὅταν ὕλη προσ-
έλθῃ. ἡ δὲ ὕλη πορρωτάτω ἐξ ἀνάγκης, ὅτι μηδὲ τῶν
ὑστάτων μορφῶν παρ' αὐτῆς τινα ἔχει. εἰ οὖν ἐράσμιον
μὲν οὐχ ἡ ὕλη, ἀλλὰ τὸ εἰδοποιηθὲν διὰ τὸ εἶδος, τὸ δ' ἐπὶ
35 τῇ ὕλῃ εἶδος παρὰ ψυχῆς, ψυχὴ δὲ μᾶλλον εἶδος καὶ μᾶλ-
λον ἐράσμιον καὶ νοῦς μᾶλλον ταύτης εἶδος καὶ ἔτι μᾶλλον
ἐρασμιώτερον, ἀνείδεον δεῖ τὴν καλοῦ τίθεσθαι φύσιν τὴν
πρώτην.

34. Καὶ οὐκέτι θαυμάσομεν τὸ τοὺς δεινοὺς πόθους
παρέχον εἰ πάντη ἀπήλλακται καὶ μορφῆς νοητῆς· ἐπεὶ
καὶ ψυχή, ὅταν αὐτοῦ ἔρωτα σύντονον λάβῃ, ἀποτίθεται
πᾶσαν ἣν ἔχει μορφήν, καὶ ἥτις ἂν καὶ νοητοῦ ᾖ ἐν αὐτῇ.
5 οὐ γάρ ἐστιν ἔχοντά τι ἄλλο καὶ ἐνεργοῦντα περὶ αὐτὸ
οὔτε ἰδεῖν οὔτε ἐναρμοσθῆναι. ἀλλὰ δεῖ μήτε κακὸν μήτ'
αὖ ἀγαθὸν μηδὲν ἄλλο πρόχειρον ἔχειν, ἵνα δέξηται μόνη
μόνον. ὅταν δὲ τούτου εὐτυχήσῃ ἡ ψυχὴ καὶ ἥκη πρὸς
αὑτήν, μᾶλλον δὲ παρὸν φανῇ, ὅταν ἐκείνη ἐκνεύσῃ τῶν παρ-
10 όντων καὶ παρασκευάσασα αὑτὴν ὡς ὅτι μάλιστα καλὴν
καὶ εἰς ὁμοιότητα ἐλθοῦσα (ἡ δὲ παρασκευὴ καὶ ἡ κόσμη-
σις δήλη που τοῖς παρασκευαζομένοις), ἰδοῦσα δὲ ἐν αὑτῇ
ἐξαίφνης φανέντα (μεταξὺ γὰρ οὐδὲν οὐδ' ἔτι δύο, ἀλλ' ἐν

33. 27 cf. Plat. Phaedr. 251 b 1-4   34. 1-2 cf. ibid. 250 d 4-5
13 ἐξαίφνης cf. Plat. Symp. 210 e 4

33. 26 ἐκεῖνο (accusatiuus) i.e. ὁ οὐκ αἰσθητὸς τύπος   37 τίθεσθαι post
38 πρώτην transp. w   34. 7 τἀγαθὸν w   8 ἥκη subiectum τοῦτο
10 καλὴ x

ἄμφω· οὐ γὰρ ἂν διακρίναις ἔτι, ἕως πάρεστι· μίμησις δὲ
τούτου καὶ οἱ ἐνταῦθα ἐρασταὶ καὶ ἐρώμενοι συγκρῖναι θέ- 15
λοντες), καὶ οὔτε σώματος ἔτι αἰσθάνεται, ὅτι ἐστὶν ἐν αὐτῷ,
οὔτε ἑαυτὴν ἄλλο τι λέγει, οὐκ ἄνθρωπον, οὐ ζῷον, οὐκ ὄν,
οὐδὲ πᾶν (ἀνώμαλος γὰρ ἡ τούτων πως θέα), καὶ οὐδὲ
σχολὴν ἄγει πρὸς αὐτὰ οὔτε θέλει, ἀλλὰ καὶ αὐτὸ ζητήσασα
ἐκείνῳ παρόντι ἀπαντᾷ κἀκεῖνο ἀντ' αὐτῆς βλέπει· τίς δὲ 20
οὖσα βλέπει, οὐδὲ τοῦτο σχολάζει ὁρᾶν. ἔνθα δὴ οὐδὲν
πάντων ἀντὶ τούτου ἀλλάξαιτο, οὐδ' εἴ τις αὐτῇ πάντα τὸν
οὐρανὸν ἐπιτρέποι, ὡς οὐκ ὄντος ἄλλου ἔτι ἀμείνονος οὐδὲ
μᾶλλον ἀγαθοῦ· οὔτε γὰρ ἀνωτέρω τρέχει τά τε ἄλλα πάντα
κατιούσης, κἂν ᾖ ἄνω. ὥστε τότε ἔχει καὶ τὸ κρίνειν καλῶς 25
καὶ γιγνώσκειν, ὅτι τοῦτό ἐστιν οὗ ἐφίετο, καὶ τίθεσθαι, ὅτι
μηδέν ἐστι κρεῖττον αὐτοῦ. οὐ γάρ ἐστιν ἀπάτη ἐκεῖ· ἢ
ποῦ ἂν τοῦ ἀληθοῦς ἀληθέστερον τύχοι; ὃ οὖν λέγει,
ἐκεῖνό ἐστι, καὶ ὕστερον λέγει, καὶ σιωπῶσα δὲ λέγει καὶ
εὐπαθοῦσα οὐ ψεύδεται, ὅτι εὐπαθεῖ· οὐδὲ γαργαλιζο- 30
μένου λέγει τοῦ σώματος, ἀλλὰ τοῦτο γενομένη, ὃ πάλαι,
ὅτε εὐτύχει. ἀλλὰ καὶ τὰ ἄλλα πάντα, οἷς πρὶν ἥδετο,
ἀρχαῖς ἢ δυνάμεσιν ἢ πλούτοις ἢ κάλλεσιν ἢ ἐπιστήμαις,
ταῦτα ὑπεριδοῦσα λέγει οὐκ ἂν εἰποῦσα μὴ κρείττοσι συν-
τυχοῦσα τούτων· οὐδὲ φοβεῖται, μή τι πάθῃ, μετ' ἐκείνου 35
οὖσα οὐδ' ὅλως ἰδοῦσα· εἰ δὲ καὶ τὰ ἄλλα τὰ περὶ αὐτὴν
φθείροιτο, εὖ μάλα καὶ βούλεται, ἵνα πρὸς τούτῳ ᾖ μόνον·
εἰς τόσον ἥκει εὐπαθείας.

35. Οὕτω δὲ διάκειται τότε, ὡς καὶ τοῦ νοεῖν καταφρο-
νεῖν, ὃ τὸν ἄλλον χρόνον ἠσπάζετο, ὅτι τὸ νοεῖν κίνησίς

---

34. 30-1 γαργαλιζομένου cf. Plat. *Phaedr.* 251 c 5

---

34. 15 τούτου A^{pc}Q: τοῦτο A(ου A³)EBxUC   16 καὶ del. Kirchhoff,
sed ad 16-17 καὶ οὔτε. . οὔτε respondet 18-19 καὶ οὐδὲ. . οὔτε   18 οὐδὲ²:
οὐδὲν x   20 ἀντ' αὐτῆς pro se ipsa   20-1 τίς—βλέπει om. w
28 ἀληθεστέρου Kirchhoff   36 οὐδ' ὅλως ἰδοῦσα *neque omnino uidens*
35. 1 τότε: τούτῳ x

τις ἦν, αὕτη δὲ οὐ κινεῖσθαι θέλει. καὶ γὰρ οὐδ' ἐκεῖνόν
φησιν, ὃν ὁρᾷ, καίτοι νοῦς γενόμενος αὕτη θεωρεῖ οἷον νοω-
5 θεῖσα καὶ ἐν τῷ τόπῳ τῷ νοητῷ γενομένη· ἀλλὰ γε-
νομένη μὲν ἐν αὑτῷ καὶ περὶ αὐτὸν ἔχουσα τὸ νοητὸν νοεῖ,
ἐπὴν δ' ἐκεῖνον ἴδῃ τὸν θεόν, πάντα ἤδη ἀφίησιν, οἷον εἴ τις
εἰσελθὼν εἰς οἶκον ποικίλον καὶ οὕτω καλὸν θεωροῖ ἔνδον
ἕκαστα τῶν ποικιλμάτων καὶ θαυμάζοι, πρὶν ἰδεῖν τὸν τοῦ
10 οἴκου δεσπότην, ἰδὼν δ' ἐκεῖνον καὶ ἀγασθεὶς οὐ κατὰ τὴν
τῶν ἀγαλμάτων φύσιν ὄντα, ἀλλ' ἄξιον τῆς ὄντως θέας,
ἀφεὶς ἐκεῖνα τοῦτον μόνον τοῦ λοιποῦ βλέποι, εἶτα βλέπων
καὶ μὴ ἀφαιρῶν τὸ ὄμμα μηκέτι ὅραμα βλέποι τῷ συνεχεῖ
τῆς θέας, ἀλλὰ τὴν ὄψιν αὐτοῦ συγκεράσαιτο τῷ θεάματι,
15 ὥστε ἐν αὐτῷ ἤδη τὸ ὁρατὸν πρότερον ὄψιν γεγονέναι,
τῶν δ' ἄλλων πάντων ἐπιλάθοιτο θεαμάτων. καὶ τάχα ἂν
σῴζοι τὸ ἀνάλογον ἡ εἰκών, εἰ μὴ ἄνθρωπος εἴη ὁ ἐπιστὰς
τῷ τὰ τοῦ οἴκου θεωμένῳ, ἀλλά τις θεός, καὶ οὗτος οὐ κατ'
ὄψιν φανείς, ἀλλὰ τὴν ψυχὴν ἐμπλήσας τοῦ θεωμένου. καὶ
20 τὸν νοῦν τοίνυν τὴν μὲν ἔχειν δύναμιν εἰς τὸ νοεῖν, ᾗ τὰ
ἐν αὑτῷ βλέπει, τὴν δέ, ᾗ τὰ ἐπέκεινα αὐτοῦ ἐπιβολῇ τινι
καὶ παραδοχῇ, καθ' ἣν καὶ πρότερον ἑώρα μόνον καὶ ὁρῶν
ὕστερον καὶ νοῦν ἔσχε καὶ ἕν ἐστι. καὶ ἔστιν ἐκείνη μὲν
ἡ θέα νοῦ ἔμφρονος, αὕτη δὲ νοῦς ἐρῶν, ὅταν ἄφρων
25 γένηται μεθυσθεὶς τοῦ νέκταρος· τότε ἐρῶν γίνεται
ἁπλωθεὶς εἰς εὐπάθειαν τῷ κόρῳ· καὶ ἔστιν αὐτῷ μεθύειν
βέλτιον ἢ σεμνοτέρῳ εἶναι τοιαύτης μέθης. παρὰ μέρος δὲ ὁ
νοῦς ἐκεῖνος ἄλλα, τὰ δὲ ἄλλοτε ἄλλα ὁρᾷ; ἢ οὔ· ὁ δὲ λόγος
διδάσκων γινόμενα ποιεῖ, τὸ δὲ ἔχει τὸ νοεῖν ἀεί, ἔχει δὲ καὶ
30 τὸ μὴ νοεῖν, ἀλλὰ ἄλλως ἐκεῖνον βλέπειν. καὶ γὰρ ὁρῶν

---

35. 5 = Plat. *Resp.* 508 c 1 et 517 b 5   25 = Plat. *Symp.* 203 b 5

---

35. 3-4 οὐδ' ἐκεῖνόν φησιν scil. κινεῖσθαι   7 τὸν θεόν (i.e. τὸ ἕν) del.
Kirchhoff   15 τὸ ὁρατὸν πρότερον quod prius erat uisibile Ficinus recte
17 μὴ: μὴ ὁ x   26 ἁπλωθεὶς seipsam diffundens (cf. III. 5. 9. 2) Ficinus
recte: simplex factus H-S¹   29 τὸ δὲ i.e. ὁ νοῦς

ἐκεῖνον ἔσχε γεννήματα καὶ συνῄσθετο καὶ τούτων γενομέ-
νων καὶ ἐνόντων· καὶ ταῦτα μὲν ὁρῶν λέγεται νοεῖν, ἐκεῖνο
δὲ ᾗ δυνάμει ἔμελλε νοεῖν. ἡ δὲ ψυχὴ οἷον συγχέασα καὶ
ἀφανίσασα μένοντα τὸν ἐν αὐτῇ νοῦν, μᾶλλον δὲ ὁ νοῦς
αὐτῆς ὁρᾷ πρῶτος, ἔρχεται δὲ ἡ θέα καὶ εἰς αὐτὴν καὶ τὰ   35
δύο ἓν γίνεται. ἐκταθὲν δὲ τὸ ἀγαθὸν ἐπ' αὐτοῖς καὶ συν-
αρμοσθὲν τῇ ἀμφοτέρων συστάσει ἐπιδραμὸν καὶ ἐνῶσαν τὰ
δύο ἔπεστιν αὐτοῖς μακαρίαν διδοὺς αἴσθησιν καὶ θέαν,
τοσοῦτον ἄρας, ὥστε μήτε ἐν τόπῳ εἶναι, μήτε ἔν τῳ
ἄλλῳ, ἐν οἷς πέφυκεν ἄλλο ἐν ἄλλῳ εἶναι· οὐδὲ γὰρ αὐτός   40
που· ὁ δὲ νοητὸς τόπος ἐν αὐτῷ, αὐτὸς δὲ οὐκ ἐν ἄλλῳ.
διὸ οὐδὲ κινεῖται ἡ ψυχὴ τότε, ὅτι μηδὲ ἐκεῖνο. οὐδὲ ψυχὴ
τοίνυν, ὅτι μηδὲ ζῇ ἐκεῖνο, ἀλλὰ ὑπὲρ τὸ ζῆν. οὐδὲ νοῦς,
ὅτι μηδὲ νοεῖ· ὁμοιοῦσθαι γὰρ δεῖ. νοεῖ δὲ οὐδ' ἐκεῖνο, ὅτι
οὐδὲ νοεῖ.   45

36. Τὰ μὲν γὰρ ἄλλα δῆλα, εἴρηται δέ τι καὶ περὶ τού-
του. ἀλλ' ὅμως καὶ νῦν ἐπ' ὀλίγον λεκτέον ἀρχομένοις μὲν
ἐκεῖθεν, διὰ λογισμῶν δὲ προϊοῦσιν. ἔστι μὲν γὰρ ἡ τοῦ
ἀγαθοῦ εἴτε γνῶσις εἴτε ἐπαφὴ μέγιστον, καὶ μέγιστόν
φησι τοῦτ' εἶναι μάθημα, οὐ τὸ πρὸς αὐτὸ ἰδεῖν μάθημα   5
λέγων, ἀλλὰ περὶ αὐτοῦ μαθεῖν τι πρότερον. διδάσκουσι μὲν
οὖν ἀναλογίαι τέ καὶ ἀφαιρέσεις καὶ γνώσεις τῶν ἐξ αὐτοῦ
καὶ ἀναβασμοί τινες, πορεύουσι δὲ καθάρσεις πρὸς αὐτὸ

---

35. 38 = Plat. *Phaedr*. 250 b 6–7   41 = Plat. *Resp*. 508 c 1 et 517 b 5
36. 4–5 = ibid. 505 a 2   8 = Plat. *Symp*. 211 c 3

---

35. 32 ἐκεῖνο nempe τὸ ἕν scil. ὁρᾷ ὁ νοῦς   33 ἡ δὲ ψυχὴ scil.
ὁρᾷ   34 δὲ: δὲ αὐτῆς x   37–8 τὰ δύο: τάδε x   38 διδοὺς ad
masculinum transit Plotinus   39 ἔν τῳ C: ἐν τῷ wBUQ: ἐν x
40 ἐν οἷς nempe ἐν τόπῳ et ἔν τῳ ἄλλῳ   42 ἐκεῖνο: ἐν ἐκείνῳ x   οὐδὲ
ψυχὴ anima *ne anima quidem* est   43 οὐδὲ: ὁ δὲ xU   43 4 οὐδὲ νοῦς,
ὅτι μηδὲ νοεῖ anima *ne intellectus quidem* est, *quia* Illud *ne intellegit quidem*
44–5 νοεῖ δὲ—οὐδὲ νοεῖ anima *ne illud quidem cogitat se ne cogitare quidem*
44 οὐδ': οὐκ wC   36. 2 ἐπ' ὀλίγον: περὶ τούτου x   7 γνῶσις x

καὶ ἀρεταὶ καὶ κοσμήσεις καὶ τοῦ νοητοῦ ἐπιβάσεις καὶ
10 ἐπ' αὐτοῦ ἱδρύσεις καὶ τῶν ἐκεῖ ἑστιάσεις. ὅστις ⟨δὲ γε⟩γέ-
νηται ὁμοῦ θεατής τε καὶ θέαμα αὐτὸς αὑτοῦ καὶ τῶν
ἄλλων καὶ γενόμενος οὐσία καὶ νοῦς καὶ ζῷον παντελὲς
μηκέτι ἔξωθεν αὐτὸ βλέποι—τοῦτο δὲ γενόμενος ἐγγύς ἐστι,
καὶ τὸ ἐφεξῆς ἐκεῖνο, καὶ πλησίον αὐτὸ ἤδη ἐπὶ παντὶ τῷ
15 νοητῷ ἐπιστίλβον. ἔνθα δὴ ἐάσας τις πᾶν μάθημα, καὶ μέχρι
τοῦ παιδαγωγηθεὶς καὶ ἐν καλῷ ἱδρυθείς, ἐν ᾧ μέν ἐστι,
μέχρι τούτου νοεῖ, ἐξενεχθεὶς δὲ τῷ αὐτοῦ τοῦ νοῦ οἷον
κύματι καὶ ὑψοῦ ὑπ' αὐτοῦ οἷον οἰδήσαντος ἀρθεὶς εἰσεῖδεν
ἐξαίφνης οὐκ ἰδὼν ὅπως, ἀλλ' ἡ θέα πλήσασα φωτὸς τὰ
20 ὄμματα οὐ δι' αὐτοῦ πεποίηκεν ἄλλο ὁρᾶν, ἀλλ' αὐτὸ τὸ φῶς
τὸ ὅραμα ἦν. οὐ γὰρ ἦν ἐν ἐκείνῳ τὸ μὲν ὁρώμενον, τὸ δὲ
φῶς αὐτοῦ, οὐδὲ νοῦς καὶ νοούμενον, ἀλλ' αὐγὴ γεννῶσα
ταῦτα εἰς ὕστερον καὶ ἀφεῖσα εἶναι παρ' αὐτῷ· αὐτὸς δὲ
αὐγὴ μόνον γεννῶσα νοῦν, οὔτι σβέσασα αὑτῆς ἐν τῷ γεν-
25 νῆσαι, ἀλλὰ μείνασα μὲν αὐτή, γενομένου δ' ἐκείνου τῷ
τοῦτο εἶναι. εἰ γὰρ μὴ τοῦτο τοιοῦτον ἦν, οὐκ ἂν ὑπέστη
ἐκεῖνο.

37. Οἱ μὲν οὖν νόησιν αὐτῷ δόντες τῷ λόγῳ τῶν μὲν
ἐλαττόνων καὶ τῶν ἐξ αὐτοῦ οὐκ ἔδοσαν· καίτοι καὶ τοῦτο
ἄτοπον τὰ ἄλλα, φασί τινες, μὴ εἰδέναι· ἀλλ' οὖν ἐκεῖνοι ἄλλο
τιμιώτερον αὐτοῦ οὐχ εὑρόντες τὴν νόησιν αὐτῷ αὐτοῦ εἶναι
5 ἔδοσαν, ὥσπερ τῇ νοήσει σεμνοτέρου αὐτοῦ ἐσομένου καὶ
τοῦ νοεῖν κρείττονος ἢ κατ' αὐτὸν ὅ ἐστιν ὄντος, ἀλλ' οὐκ
αὐτοῦ σεμνύνοντος τὴν νόησιν. τίνι γὰρ τὸ τίμιον ἕξει, τῇ

36. 9 = Plat. Resp. 511 b 6   10 ἑστιάσεις cf. ibid. 612 a 3   12 = Plat.
Tim. 31 b 1   16–19 cf. Plat. Symp. 210 d 4–e 4   37. 1–10 cf. Aristot.
Metaph. Λ 9. 1074ᵇ17–35   6–7 cf. VI. 6. 3. 8

36. 9 ἀρεταί: ἀραιαί w   10–11 ⟨δὲ γε⟩γένηται coniecimus
13 αὐτοῦ x   βλέπει Q   τοῦτο δὲ γενόμενος recipit protasin
anacoluthice   16 του UQ: τοῦ wBC: τοῦδε R: τούτου J   ἐν ᾧ
praeparat 17 τούτου   17 αὐτοῦ Harder: αὐτῷ wBUCQ: αὐτὸ J: αὐτῷ
uel αὐτὸ R   18 ὑπ': ἐπ' wR   24 οὔτι: ὅτι w

νοήσει ἢ αὑτῷ; εἰ μὲν τῇ νοήσει, αὑτῷ οὐ τίμιον ἢ ἧττον,
εἰ δὲ αὑτῷ, πρὸ τῆς νοήσεώς ἐστι τέλειος καὶ οὐ τῇ νοήσει
τελειούμενος. εἰ δ' ὅτι ἐνέργειά ἐστιν, ἀλλ' οὐ δύναμις, δεῖ 10
νοεῖν, εἰ μὲν οὐσία ἐστὶν ἀεὶ νοοῦσα καὶ τούτῳ ἐνέργειαν
λέγουσι, δύο ὅμως λέγουσι, τὴν οὐσίαν καὶ τὴν νόησιν, καὶ
οὐχ ἁπλοῦν λέγουσιν, ἀλλά τι ἕτερον προστιθέασιν αὐτῷ,
ὥσπερ ὀφθαλμοῖς τὸ ὁρᾶν κατ' ἐνέργειαν, κἂν ἀεὶ βλέπωσιν.
εἰ δ' ἐνεργείᾳ λέγουσιν, ὅτι ἐνέργειά ἐστι καὶ νόησις, οὐκ 15
ἂν οὖσα νόησις νοοῖ, ὥσπερ οὐδὲ κίνησις κινοῖτο ἄν. τί
οὖν; οὐ καὶ αὐτοὶ λέγετε οὐσίαν καὶ ἐνέργειαν εἶναι ἐκεῖνα;
ἀλλὰ πολλὰ ταῦτα ὁμολογοῦμεν εἶναι καὶ ταῦτα ἕτερα, τὸ
δὲ πρῶτον ἁπλοῦν, καὶ τὸ ἐξ ἄλλου δίδομεν νοεῖν καὶ οἷον
ζητεῖν αὐτοῦ τὴν οὐσίαν καὶ αὐτὸ καὶ τὸ ποιῆσαν αὐτό, 20
καὶ ἐπιστραφὲν ἐν τῇ θέᾳ καὶ γνωρίσαν νοῦν ἤδη δικαίως
εἶναι· τὸ δὲ μήτε γενόμενον μήτ' ἔχον πρὸ αὐτοῦ, ἀλλ'
ἀεὶ ⟨ὂν⟩ ὅ ἐστι—τίς αἰτία τοῦ νοεῖν ἕξειν; διὸ ὑπὲρ
νοῦν φησιν ὁ Πλάτων εἶναι ὀρθῶς. νοῦς μὲν γὰρ μὴ νοῶν
ἀνόητος· ᾧ γὰρ ἡ φύσις ἔχει τὸ νοεῖν, εἰ μὴ τοῦτο πράττοι, 25
ἀνόητον· ᾧ δὲ μηδὲν ἔργον ἐστί, τί ἂν τούτῳ τις ἔργον
προσάγων κατὰ στέρησιν αὐτοῦ κατηγοροῖ τοῦτο, ὅτι μὴ
πράττει; οἷον εἰ ἀνίατρον αὐτόν τις λέγοι. μηδὲν δὲ
ἔργον εἶναι αὐτῷ, ὅτι μηδὲν ἐπιβάλλει αὐτῷ ποιεῖν· ἀρκεῖ
γὰρ αὐτὸς καὶ οὐδὲν δεῖ ζητεῖν παρ' αὐτὸν ὑπὲρ τὰ πάντα 30
ὄντα· ἀρκεῖ γὰρ αὐτῷ καὶ τοῖς ἄλλοις ὧν αὐτὸς ὅ ἐστιν.

38. Ἔστι δὲ οὐδὲ τὸ "ἔστιν"· οὐδὲν γὰρ οὐδὲ τούτου δεῖ-
ται· ἐπεὶ οὐδὲ τὸ "ἀγαθός ἐστι" κατὰ τούτου, ἀλλὰ καθ'

---

37. 10-16 cf. Aristot. *Metaph.* Λ 7. 1072ᵇ27-8   23-4 cf. Plat. *Resp.*
509 a 7 et b 9   38. 1 cf. Plat. *Parm.* 141 e 9-10

---

37. 11 τοῦτο x   12 ὅμως quamquam οὐσία νοοῦσα unum uidetur
19 τὸ: τῷ A³ = Ficinus   δίδομεν asseueramus   23 ⟨ὂν⟩ Kirchhoff
23 ἔξειν *capax fore* (et τοῦ coniungendum cum ἕξειν) Igal, *Genethl. Isidor.*
305: ἔξει Enn.   διὸ ὑπὲρ Rᵖᶜ: διόπερ A(+ ὑπὲρ A³ᵐᵍ)EBRᵃᶜJUCQ
25 τὸ: τοῦ x

οὗ τὸ "ἔστι"· τὸ δὲ "ἔστιν" οὐχ ὡς κατ' ἄλλου ἄλλο, ἀλλ'
ὡς σημαῖνον ὅ ἐστι. λέγομεν δὲ τἀγαθὸν περὶ αὐτοῦ λέγον-
5 τες οὐκ αὐτὸ οὐδὲ κατηγοροῦντες, ὅτι αὐτῷ ὑπάρχει, ἀλλ'
ὅτι αὐτό· εἶτα οὐδ' "ἔστιν ἀγαθὸν" λέγειν ἀξιοῦντες οὐδὲ
τὸ "τὸ" προτιθέναι αὐτοῦ, δηλοῦν δὲ οὐ δυνάμενοι, εἴ τις
αὐτὸ παντάπασιν ἀφέλοι, ἵνα μὴ ἄλλο, τὸ δὲ ἄλλο ποιῶμεν,
ὡς μὴ δεῖσθαι τοῦ "ἔστιν" ἔτι, οὕτω λέγομεν "τἀγαθόν".
10 ἀλλὰ τίς παραδέξεται φύσιν οὐκ οὖσαν ⟨ἐν⟩ αἰσθήσει καὶ
γνώσει αὐτῆς; τί οὖν γνώσεται; "ἐγώ εἰμι"; ἀλλ' οὐκ ἔστι.
διὰ τί οὖν οὐκ ἐρεῖ τὸ "ἀγαθόν εἰμι"; ἢ πάλιν τὸ "ἔστι"
κατηγορήσει αὐτοῦ. ἀλλὰ τὸ "ἀγαθὸν" μόνον ἐρεῖ τι προσ-
θείς· "ἀγαθὸν" μὲν γὰρ νοήσειεν ἄν τις ἄνευ τοῦ "ἔστιν",
15 εἰ μὴ κατ' ἄλλου κατηγοροῖ· ὁ δὲ αὑτὸν νοῶν ὅτι ἀγαθὸν
πάντως νοήσει τὸ "ἐγώ εἰμι τὸ ἀγαθόν"· εἰ δὲ μή, ἀγαθὸν
μὲν νοήσει, οὐ παρέσται δὲ αὐτῷ τὸ ὅτι αὐτός ἐστι τοῦτο
νοεῖν. δεῖ οὖν τὴν νόησιν εἶναι, ὅτι "ἀγαθόν εἰμι". καὶ εἰ
μὲν νόησις αὐτὴ τὸ ἀγαθόν, οὐκ αὐτοῦ ἔσται νόησις,
20 ἀλλ' ἀγαθοῦ, αὐτός τε οὐκ ἔσται τὸ ἀγαθόν, ἀλλ' ἡ νόησις.
εἰ δὲ ἑτέρα τοῦ ἀγαθοῦ ἡ νόησις τοῦ ἀγαθοῦ, ἔστιν ἤδη τὸ
ἀγαθὸν πρὸ τῆς νοήσεως αὐτοῦ. εἰ δ' ἔστι πρὸ τῆς νοήσεως
τὸ ἀγαθὸν αὔταρκες, αὔταρκες ὂν αὐτῷ εἰς ἀγαθὸν οὐδὲν
ἂν δέοιτο τῆς νοήσεως τῆς περὶ αὐτοῦ· ὥστε ᾗ ἀγαθὸν οὐ
25 νοεῖ ἑαυτό.

---

38. 4-6 λέγομεν. . οὐκ αὐτό. . ἀλλ' ὅτι αὐτό non *Illud designamus*. . *sed quod
Illud existit*   5 αὐτό: αὐτῷ w   ὅτι: ὅ τι Harder, sed τἀγαθὸν
subiectum ad ὑπάρχει   7 τὸ²: τὸν w   δυνάμενον xU   8 αὐτὸ
i.e. articulus "τὸ"   ἵνα—ποιῶμεν (*ne faciamus articulum "τὸ" differentem
a uocabulo "ἀγαθόν"*) regitur ab ἀφέλοι   9 ὡς—ἔτι (*consecutio*) regitur a
λέγομεν   "τἀγαθόν" in crasi pro "τὸ ἀγαθόν"   10 ⟨ἐν⟩ A³ˢ =
Ficinus   13-14 ἀλλὰ—προσθείς *sed "bonum" dicet tantum cum aliquid
adiecerit*   προστιθείς x   15 αὐτὸν Kirchhoff: αὑτὸ Enn.   17 τὸ
coniungendum cum 18 νοεῖν   18 εἰ BUCQ: ἢ wx   19 μὲν ⟨ἢ⟩
Kirchhoff   19-20 οὐκ—ἀλλ' ἡ νόησις *non sui ipsius intellectio existet, sed
Boni, et ipse non erit Bonum, sed erit intellectio*   20 ἡ νόησις: ᾗ νοήσει
Theiler   23 αὔταρκες¹ del. Kirchhoff

39. Ἀλλὰ ᾗ τί; ἢ οὐδὲν ἄλλο πάρεστιν αὐτῷ, ἀλλ' ἁπλῆ
τις ἐπιβολὴ αὐτῷ πρὸς αὐτὸν ἔσται. ἀλλὰ οὐκ ὄντος οἷον
διαστήματός τινος οὐδὲ διαφορᾶς πρὸς αὐτὸ τὸ ἐπιβάλλειν
ἑαυτῷ τί ἂν εἴη ἢ αὐτό; διὸ καὶ ὀρθῶς ἑτερότητα λαμβάνει,
ὅπου νοῦς καὶ οὐσία. δεῖ γὰρ τὸν νοῦν ἀεὶ ἑτερότητα καὶ   5
ταὐτότητα λαμβάνειν, εἴπερ νοήσει. ἑαυτόν τε γὰρ οὐ
διακρινεῖ ἀπὸ τοῦ νοητοῦ τῇ πρὸς αὐτὸ ἑτέρου σχέσει τά τε
πάντα οὐ θεωρήσει, μηδεμιᾶς ἑτερότητος γενομένης εἰς τὸ
πάντα εἶναι· οὐδὲ γὰρ ἂν οὐδὲ δύο. ἔπειτα, εἰ νοήσει, οὐ δή-
που ἑαυτὸν μόνον νοήσει, εἴπερ ὅλως νοήσει· διὰ τί γὰρ οὐχ   10
ἅπαντα; ἢ ἀδυνατήσει; ὅλως δὲ οὐχ ἁπλοῦς γίνεται νοῶν
ἑαυτόν, ἀλλὰ δεῖ τὴν νόησιν τὴν περὶ αὐτοῦ ἑτέρου εἶναι, εἴ
τι ὅλως δύναιτο νοεῖν αὐτό. ἐλέγομεν δέ, ὅτι οὐ νόησις
τούτου, οὐδ' εἰ ἄλλον αὐτὸν ἐθέλοι ἰδεῖν. νοήσας δὲ αὐτὸς
πολὺς γίνεται, νοητός, νοῶν, κινούμενος καὶ ὅσα ἄλλα   15
προσήκει νῷ. πρὸς δὲ τούτοις κἀκεῖνο ὁρᾶν προσ-
ήκει, ὅπερ εἴρηται ἤδη ἐν ἄλλοις, ὡς ἑκάστη νόησις,
εἴπερ νόησις ἔσται, ποικίλον τι δεῖ εἶναι, τὸ δὲ ἁπλοῦν
καὶ τὸ αὐτὸ πᾶν οἷον κίνημα, εἰ τοιοῦτον εἴη οἷον ἐπαφή,
οὐδὲν νοερὸν ἔχει. τί οὖν; οὔτε τὰ ἄλλα οὔτε αὐτὸν   20
εἰδήσει· [ἀλλὰ σεμνὸν ἐστήξεται] τὰ μὲν οὖν ἄλλα
ὕστερα αὐτοῦ, καὶ ἦν πρὸ αὐτῶν ὃ ἦν, καὶ ἐπίκτητος
αὐτῶν ἡ νόησις καὶ οὐχ ἡ αὐτὴ ἀεὶ καὶ οὐχ ἑστηκότων;

39. 4-6 cf. Plat. Soph. 254 e 5-255 a 1 et Parm. 146 a-d   13 ἐλέγομεν
cf. VI. 7. 38. 21-4   15-16 cf. Aristot. Metaph. Λ 7. 1072ᵇ20-1   17 ἐν
ἄλλοις cf. VI. 9. 2. 40-4   18 ποικίλον cf. Alex. Aphrod. De an., Suppl.
Aristot. ii. 1, p. 85. 23

39. 3 πρὸς αὐτό ad seipsum   ἐπιβάλλον Kirchhoff   4 ᾗ:
καί x   λαμβάνει (scil. Plato): λαμβάνειν x   6-8 οὐ διακρινεῖ
et οὐ θεωρήσει irrealis et μηδεμιᾶς—γενομένης condicio ad utrumque
9-10 νοήσει (ter) subiectum τὸ ἀγαθόν   11 ἁπλῶς xU   12 αὐτοῦ
sui ipsius   14 τούτου (cf. VI. 7. 38. 22 et 39. 26) Igal: τοῦτο Enn.: τούτῳ
Theiler   21 ἀλλὰ—ἐστήξεται ut e lin. 28-9 iteratum deleuimus
22 αὐτῶν: αὐτοῦ x   23 αὐτῶν genetiuus obiectiuus

κἂν τὰ ἑστῶτα δὲ νοῇ, πολύς ἐστιν. οὐ γὰρ δὴ τὰ μὲν
25 ὕστερα μετὰ τῆς νοήσεως καὶ τὴν οὐσίαν ἕξει, αἱ δὲ
τούτου νοήσεις θεωρίαι κεναὶ μόνον ἔσονται. ἡ δὲ
πρόνοια ἀρκεῖ ἐν τῷ αὐτὸν εἶναι, παρ' οὗ τὰ πάντα.
τὸ δὲ πρὸς αὐτὸν πῶς, εἰ μὴ αὐτόν; ἀλλὰ σεμνὸν
ἑστήξεται. ἔλεγε μὲν οὖν ὁ Πλάτων περὶ τῆς οὐσίας
30 λέγων, ὅτι νοήσει, ἀλλ' οὐ σεμνὸν ἑστήξοιτο ὡς τῆς
οὐσίας μὲν νοούσης, τοῦ δὲ μὴ νοοῦντος σεμνοῦ ἑστηξο-
μένου, τὸ μὲν "ἑστήξοιτο" τῷ μὴ ἄλλως ἂν δεδυνῆσθαι
ἑρμηνεῦσαι, σεμνότερον δὲ καὶ ὄντως σεμνὸν νομίζων
εἶναι τὸ ὑπερβεβηκὸς τὸ νοεῖν.

40. Καὶ ὅτι μὲν μὴ δεῖ νόησιν περὶ αὐτὸν εἶναι,
εἰδεῖεν ἂν οἱ προσαψάμενοι τοῦ τοιούτου· δεῖ γε μὴν
παραμύθια ἄττα πρὸς τοῖς εἰρημένοις κομίζειν, εἴ πῃ
οἷόν τε τῷ λόγῳ σημῆναι. δεῖ δὲ τὴν πειθὼ μεμιγμένην
5 ἔχειν τὴν ἀνάγκην. δεῖ τοίνυν γιγνώσκειν ἐπιστήσαντα, ὡς
νόησις πᾶσα ἔκ τινός ἐστι καὶ τινός. καὶ ἡ μὲν συνοῦσα
τῷ ἐξ οὗ ἐστιν ὑποκείμενον μὲν ἔχει τὸ οὗ ἐστι νόησις,
οἷον δὲ ἐπικείμενον αὐτὴ γίνεται ἐνέργεια αὐτοῦ οὖσα
καὶ πληροῦσα τὸ δυνάμει ἐκεῖνο οὐδὲν αὐτὴ γεννῶσα·
10 ἐκείνου γάρ ἐστιν, οὗ ἐστι, μόνον, οἷον τελείωσις. ἡ δὲ
οὖσα νόησις μετ' οὐσίας καὶ ὑποστήσασα τὴν οὐσίαν οὐκ
ἂν δύναιτο ἐν ἐκείνῳ εἶναι, ἀφ' οὗ ἐγένετο· οὐ γὰρ ἂν
ἐγέννησέ τι ἐν ἐκείνῳ οὖσα. ἀλλ' οὖσα δύναμις τοῦ
γεννᾶν ἐφ' ἑαυτῆς ἐγέννα, καὶ ἡ ἐνέργεια αὐτῆς ἐστιν
15 οὐσία, καὶ σύνεστι καὶ ἐν τῇ οὐσίᾳ, καὶ ἔστιν οὐχ ἕτερον
ἡ νόησις καὶ ἡ οὐσία αὕτη καὶ αὖ ᾗ ἑαυτὴν νοεῖ ἡ φύσις,
οὐχ ἕτερον, ἀλλ' ἢ λόγῳ, τὸ νοούμενον καὶ τὸ νοοῦν,

---

39. 28-32 cf. Plat. *Soph.* 249 a 1-2

---

39. 24 νοῇ subiectum τὸ ἀγαθόν   25 ὕστερα BUCQ: ὕστερον w: ἕτερα x
26 τούτου scil. τοῦ ἀγαθοῦ   28 αὐτόν² scil. νοεῖ   30 ἑστήξοιτο H-S¹,
cf. lin. 32: ἑστήξεται *Enn.*   **40.** 3 πῃ: ποι x   10 μόνον cum ἐστιν
coniungendum   16 αὖ ᾗ Theiler: αὐτὴ *Enn.*

πλῆθος ὄν, ὡς δέδεικται πολλαχῇ. καὶ ἔστιν αὕτη πρώτη
ἐνέργεια ὑπόστασιν γεννήσασα εἰς οὐσίαν, καὶ ἴνδαλμα
ὂν ἄλλου οὕτως ἐστὶ μεγάλου τινός, ὥστε ἐγένετο οὐσία. 20
εἰ δ' ἦν ἐκείνου καὶ μὴ ἀπ' ἐκείνου, οὐδ' ἂν ἄλλο τι ἢ
ἐκείνου ἦν, καὶ οὐκ ἂν ἐφ' ἑαυτῆς ὑπόστασις ἦν. πρώτη
δὴ οὖσα αὕτη ἐνέργεια καὶ πρώτη νόησις οὐκ ἂν ἔχοι
οὔτε ἐνέργειαν πρὸ αὐτῆς οὔτε νόησιν. μεταβαίνων
τοίνυν τις ἀπὸ ταύτης τῆς οὐσίας καὶ νοήσεως οὔτε ἐπὶ 25
οὐσίαν ἥξει οὔτ' ἐπὶ νόησιν, ἀλλ' ἐπέκεινα ἥξει οὐσίας
καὶ νοήσεως ἐπί τι θαυμαστόν, ὃ μήτε ἔχει ἐν αὑτῷ
οὐσίαν μήτε νόησιν, ἀλλ' ἔστιν ἔρημον αὐτὸ ἐφ' ἑαυτοῦ
τῶν ἐξ αὐτοῦ οὐδὲν δεόμενον. οὐ γὰρ ἐνεργήσας πρό-
τερον ἐγέννησεν ἐνέργειαν· ἤδη γὰρ ἂν ἦν, πρὶν γενέσθαι· 30
οὐδὲ νοήσας ἐγέννησε νόησιν· ἤδη γὰρ ἂν νενοήκει, πρὶν
γενέσθαι νόησιν. ὅλως γὰρ ἡ νόησις, εἰ μὲν ἀγαθοῦ,
χεῖρον αὐτοῦ· ὥστε οὐ τοῦ ἀγαθοῦ ἂν εἴη· λέγω δὲ οὐ
τοῦ ἀγαθοῦ, οὐχ ὅτι μὴ ἔστι νοῆσαι τὸ ἀγαθόν—τοῦτο γὰρ
ἔστω—ἀλλ' ὅτι ἐν αὐτῷ τῷ ἀγαθῷ οὐκ ἂν εἴη νόησις· ἢ ἐν 35
ἔσται ὁμοῦ τὸ ἀγαθὸν καὶ τὸ ἔλαττον αὐτοῦ, ἡ νόησις αὐτοῦ.
εἰ δὲ χεῖρον ἔσται, ὁμοῦ ἡ νόησις ἔσται καὶ ἡ οὐσία. εἰ δὲ
κρεῖττον ἡ νόησις, τὸ νοητὸν χεῖρον ἔσται. οὐ δὴ ἐν τῷ
ἀγαθῷ ἡ νόησις, ἀλλὰ χεῖρον οὖσα καὶ διὰ τοῦτο τὸ ἀγαθὸν
ἀξιωθεῖσα ἑτέρωθι ἂν εἴη αὐτοῦ, καθαρὸν ἐκεῖνο ὥσπερ 40
τῶν ἄλλων καὶ αὑτῆς ἀφεῖσα. καθαρὸν δὲ ὂν νοήσεως
εἰλικρινῶς ἐστιν ὅ ἐστιν, οὐ παραποδιζόμενον τῇ νοήσει
παρούσῃ, ὡς μὴ εἰλικρινὲς καὶ ἓν εἶναι. εἰ δέ τις καὶ
τοῦτο ἅμα νοοῦν καὶ νοούμενον ποιεῖ καὶ οὐσίαν καὶ

40. 18 πολλαχῇ cf. III. 8. 9. 3–4; VI. 7. 17. 39–40; VI. 9. 5. 16
26 = Plat. Resp. 509 b 9   28 = Plat. Phileb. 63 b 8

40. 30 ἦν subiectum ἐνέργεια   35 ⟨ἡ⟩ νόησις ⟨αὐτοῦ⟩ Theiler e lin. 36
36 ἔσται et 38 ἔσται irrealis, nec tamen 37 ἔσται (bis)   36 ἡ νόησις
αὐτοῦ del. Kirchhoff, fortasse post 37 ἔσται¹ transponendum   37 ἔσται¹
subiectum ἡ νόησις   38 οὐ δὴ Kirchhoff: οὐδὲ Enn.

45 νόησιν συνοῦσαν τῇ οὐσίᾳ καὶ οὕτως αὐτὸ νοοῦν θέλει
ποιεῖν, ἄλλου δεήσεται καὶ τούτου πρὸ αὐτοῦ, ἐπείπερ ἡ
ἐνέργεια καὶ ἡ νόησις ἢ ἄλλου ὑποκειμένου τελείωσις ἢ
συνυπόστασις οὖσα πρὸ αὐτῆς καὶ αὐτὴ ἄλλην ἔχει
φύσιν, ᾗ καὶ τὸ νοεῖν εἰκότως. καὶ γὰρ ἔχει ὃ νοήσει,
50 ὅτι ἄλλο πρὸ αὐτῆς· καὶ ὅταν αὐτὴ αὐτήν, οἷον κατα-
μανθάνει ἃ ἔσχεν ἐκ τῆς ἄλλου θέας ἐν αὐτῇ. ᾧ δὲ
μήτε τι ἄλλο πρὸ αὐτοῦ μήτε τι σύνεστιν αὐτῷ ἐξ ἄλλου,
τί καὶ νοήσει ἢ πῶς ἑαυτόν; τί γὰρ ἐζήτει ἢ τί
ἐπόθει; ἢ τὴν δύναμιν αὐτοῦ ὅση, ὡς ἐκτὸς οὔσης
55 αὐτοῦ, καθὸ ἐνόει; λέγω δέ, εἰ ἄλλη μὲν ἡ δύναμις αὐτοῦ,
ἣν ἐμάνθανεν, ἄλλη δέ, ᾗ ἐμάνθανεν· εἰ δὲ μία, τί ζητεῖ;

41. Κινδυνεύει γὰρ βοήθεια τὸ νοεῖν δεδόσθαι ταῖς
φύσεσι ταῖς θειοτέραις μέν, ἐλάττοσι δὲ οὔσαις, καὶ οἷον
αὐταῖς τυφλαῖς οὔσαις ὄμμα. ὁ δ' ὀφθαλμὸς τί ἂν δέοιτο
τὸ ὂν ὁρᾶν φῶς αὐτὸς ὤν; ὃ δ' ἂν δέηται, δι' ὀφθαλμοῦ
5 σκότον ἔχων παρ' αὑτῷ φῶς ζητεῖ. εἰ οὖν φῶς τὸ νοεῖν,
τὸ δὲ φῶς φῶς οὐ ζητεῖ, οὐκ ἂν ἐκείνη ἡ αὐγὴ φῶς μὴ
ζητοῦσα ζητήσειε νοεῖν, οὐδὲ προσθήσει αὐτῇ τὸ νοεῖν·
τί γὰρ καὶ ποιήσει; ἢ τί προσθήσει δεόμενος καὶ αὐτὸς
ὁ νοῦς, ἵνα νοῇ; οὐκ αἰσθάνεται οὖν ἑαυτοῦ—οὐ γὰρ
10 δεῖται—οὐδ' ἔστι δύο, μᾶλλον δὲ ⟨οὐδὲ⟩ πλείω, αὐτός, ἡ
νόησις—οὐ γὰρ δὴ ἡ νόησις αὐτός—δεῖ δὲ τρίτον καὶ τὸ
νοούμενον εἶναι. εἰ δὲ ταὐτὸν νοῦς, νόησις, νοητόν, πάντη
ἓν γενόμενα ἀφανιεῖ αὐτὰ ἐν αὑτοῖς· διακριθέντα δὲ τῷ
"ἄλλο" πάλιν αὖ οὐκ ἐκεῖνο ἔσται. ἐατέον οὖν τὰ ἄλλα
15 πάντη ἐπὶ φύσεως ἀρίστης οὐδεμιᾶς ἐπικουρίας δεομένης·

40. 51 ἄλλης x   ᾧ: ὃ x   53 ἑαυτό Creuzer   **41.** 5 σκότος x
5 ἔχων *Enn.* recte, nam 4 ὃ idem est atque homo   τὸ νοεῖν: νοεῖ x
6 αὐγὴ Kirchhoff: αὐτὴ *Enn.*   8 ποιήσει subiectum ἡ αὐγὴ scil. ὡς
νοοῦσα   8–9 ἤ–νοῇ; *an quid adiciet illi intellectus, cum ipse quoque indigeat,
ut intellegat?*   9 αἰσθάνεται subiectum τὸ ἀγαθόν   10 ⟨οὐδὲ⟩
coniecimus   αὐτός scil. ὁ νοῦς   11 ἡ om. x   13 γενόμενον x
13 τῷ Kirchhoff: τὸ *Enn.*

ὃ γὰρ ἂν προσθῇς, ἠλάττωσας τῇ προσθήκῃ τὴν οὐδενὸς
δεομένην. ἡμῖν μὲν γὰρ ἡ νόησις καλόν, ὅτι ψυχὴ
δεῖται νοῦν ἔχειν, καὶ νῷ, ὅτι τὸ εἶναι αὐτῷ ταὐτόν, καὶ
ἡ νόησις πεποίηκεν αὐτόν· συνεῖναι οὖν δεῖ τῇ νοήσει
τοῦτον καὶ σύνεσιν αὐτοῦ λαμβάνειν ἀεί, ὅτι τοῦτο τοῦτο, 20
ὅτι τὰ δύο ἕν· εἰ δ᾽ ἓν ἦν μόνον, ἤρκεσεν ἂν αὐτῷ καὶ οὐκ
ἂν ἐδεήθη λαβεῖν. ἐπεὶ καὶ τὸ "γνῶθι σαυτὸν" λέγεται
τούτοις, οἳ διὰ τὸ πλῆθος ἑαυτῶν ἔργον ἔχουσι διαριθμεῖν
ἑαυτοὺς καὶ μαθεῖν, ὅσα καὶ ποῖα ὄντες οὐ πάντα ἴσασιν
ἢ οὐδέν, οὐδ᾽ ὅ τι ἄρχει οὐδὲ κατὰ τί αὐτοί. εἰ δέ τί 25
ἐστιν αὐτό, μειζόνως ἐστὶν ἢ κατὰ γνῶσιν καὶ νόησιν καὶ
συναίσθησιν αὐτοῦ· ἐπεὶ οὐδὲ ἑαυτῷ οὐδέν ἐστιν· οὐδὲν
γὰρ εἰσάγει εἰς αὐτόν, ἀλλὰ ἀρκεῖ αὐτό. οὐ τοίνυν οὐδ᾽
ἀγαθὸν αὐτῷ, ἀλλὰ τοῖς ἄλλοις· ταῦτα γὰρ καὶ δεῖται
αὐτοῦ, αὐτὸ δὲ οὐκ ἂν δέοιτο ἑαυτοῦ· γελοῖον γάρ· οὕτω 30
γὰρ ἂν καὶ ἐνδεὲς ἦν αὐτοῦ. οὐδὲ βλέπει δὴ ἑαυτό· δεῖ
γάρ τι εἶναι καὶ γίνεσθαι αὐτῷ ἐκ τοῦ βλέπειν. τούτων
γὰρ ἁπάντων παρακεχώρηκε τοῖς μετ᾽ αὐτό, καὶ κινδυνεύει
μηδὲν τῶν προσόντων τοῖς ἄλλοις ἐκείνῳ παρεῖναι, ὥσπερ
οὐδὲ οὐσία· οὐ τοίνυν οὐδὲ τὸ νοεῖν, εἴπερ ἐνταῦθα ἡ 35
οὐσία καὶ ὁμοῦ ἄμφω ἡ νόησις ἡ πρώτη καὶ κυρίως καὶ
τὸ εἶναι. διὸ ο ὔ τ ε   λ ό γ ο ς   ο ὔ τ ε   α ἴ σ θ η σ ι ς   ο ὔ τ ε
ἐ π ι σ τ ή μ η, ὅτι μηδὲν ἔστι κατηγορεῖν αὐτοῦ ὡς παρόν.

42. Ἀλλ᾽ ὅταν ἀπορῇς ἐν τῷ τοιούτῳ καὶ ζητῇς, ὅπου
δεῖ ταῦτα θέσθαι, λογισμῷ ἐπ᾽ αὐτὰ στελλόμενος, ἀπόθου
ταῦτα, ἃ νομίζεις σεμνὰ εἶναι, ἐν τοῖς δευτέροις, καὶ
μήτε τὰ δεύτερα προστίθει τῷ πρώτῳ μήτε τὰ τρίτα
τοῖς δευτέροις, ἀλλὰ τὰ δεύτερα περὶ τὸ πρῶτον τίθει 5

41. 18 cf. Parmenides *Fr.* B 3   35 οὐδὲ οὐσία cf. Plat. *Parm.* 141 e 9
37-8 = ibid. 142 a 3-4   42. 3-6 cf. Plat. *Epist.* ii. 312 e 3-4

41. 20-1 καὶ—ἕν[1] *et scientiam sui ipsius semper adipisci, quia hoc* (= ὁ νοῦς)
illud (= ἡ νόησις) est, *quia utrumque unum*   23 οἳ: ἢ x   24 ποῖ x
26 αὐτό wBUCQ: αὐτῷ x

καὶ τὰ τρίτα περὶ τὸ δεύτερον. οὕτω γὰρ αὐτὰ ἕκαστα
ἐάσεις, ὡς ἔχει, καὶ τὰ ὕστερα ἐξαρτήσεις ἐκείνων ὡς ἐκεῖνα
περιθέοντα ἐφ' ἑαυτῶν ὄντα. διὸ καὶ ὀρθῶς καὶ ταύτῃ
λέγεται περὶ τὸν πάντων βασιλέα πάντα ἐστὶ
10 κἀκείνου ἕνεκα πάντα, τὰ πάντα ὄντα λέγοντος αὐτοῦ
καὶ τὸ ἐκείνου ἕνεκα, ἐπειδὴ καὶ τοῦ εἶναι αἴτιος αὐτοῖς καὶ
οἷον ὀρέγεται ἐκείνου ἑτέρου ὄντος τῶν πάντων καὶ οὐδὲν
ἔχοντος, ὃ ἐκείνοις πάρεστιν· ἢ οὐκ ἂν εἴη ἔτι τὰ πάντα,
εἴ τι ἐκείνῳ τῶν ἄλλων τῶν μετ' αὐτὸν παρείη. εἰ οὖν
15 καὶ νοῦς τῶν πάντων, οὐδὲ νοῦς ἐκείνῳ. αἴτιον δὲ λέγων
πάντων καλῶν τὸ καλὸν ἐν τοῖς εἴδεσι φαίνεται τιθέ-
μενος, αὐτὸ δὲ ὑπὲρ τὸ καλὸν πᾶν τοῦτο. ταῦτα δὴ δεύ-
τερα τιθεὶς εἰς ⟨αὐτὰ⟩ τὰ τρίτα φησὶν ἀνηρτῆσθαι τὰ μετὰ
ταῦτα γενόμενα, καὶ περὶ τὰ τρίτα δὲ τιθεὶς εἶναι, δῆλον ὅτι
20 τὰ γενόμενα ἐκ τῶν τρίτων, κόσμον τόνδε, εἰς ψυχήν.
ἀνηρτημένης δὲ ψυχῆς εἰς νοῦν καὶ νοῦ εἰς τἀγαθόν,
οὕτω πάντα εἰς ἐκεῖνον διὰ μέσων, τῶν μὲν πλησίον, τῶν
δὲ τοῖς πλησίον γειτονούντων, ἐσχάτην δ' ἀπόστασιν τῶν
αἰσθητῶν ἐχόντων εἰς ψυχὴν ἀνηρτημένων.

42. 9-10 = Plat. *Epist.* ii 312 e 1-2   15-16 = ibid. 312 e 2-3
17-20 cf. ibid. 312 e 3-4

42. 8 περιθέοντα spectat ad ὕστερα, ὄντα ad obiectum ἐκεῖνα   10 αὐτοῦ
scil. τοῦ Πλάτωνος   12 ὀρέγεται subiectum αὐτά   13 εἴη subiectum
τὰ ὄντα   15 οὐδὲ νοῦς ἐκείνῳ: οὐδενὸς ἐκείνου x   17 πᾶν om. x
18 ⟨αὐτὰ⟩ H-S¹   20 κόσμον τόνδε appositio ad τὰ γενόμενα   εἰς
ψυχήν scil. φησιν ἀνηρτῆσθαι

VI 8 (39)

ΠΕΡΙ ΤΟΥ ΕΚΟΥΣΙΟΥ ΚΑΙ
ΘΕΛΗΜΑΤΟΣ ΤΟΥ ΕΝΟΣ

1. Ἆρ' ἔστι καὶ ἐπὶ θεῶν εἴ τί ἐστιν ἐπ' αὐτοῖς
ζητεῖν, ἢ ἐν ἀνθρώπων ἀδυναμίαις τε καὶ ἀμφισβητη-
σίμοις δυνάμεσι τὸ τοιοῦτον ἂν πρέποι ζητεῖν, θεοῖς δὲ
τὸ πάντα δύνασθαι ἐπιτρεπτέον καὶ ἐπ' αὐτοῖς οὐ
μόνον τι, ἀλλὰ καὶ πάντα εἶναι; ἢ τὴν δύναμιν δὴ   5
πᾶσαν καὶ τὸ ἐπ' αὐτῷ δὴ πάντα ἑνὶ ἐπιτρεπτέον, τοῖς
δ' ἄλλοις τὰ μὲν οὕτως, τὰ δ' ἐκείνως ἔχειν, καί τισιν
ἑκατέρως; ἢ καὶ ταῦτα μὲν ζητητέον, τολμητέον δὲ
καὶ ἐπὶ τῶν πρώτων καὶ τοῦ ἄνω ὑπὲρ πάντα ζητεῖν τὸ
τοιοῦτον, πῶς τὸ ἐπ' αὐτῷ, κἂν πάντα συγχωρῶμεν   10
δύνασθαι. καίτοι καὶ τὸ δύνασθαι τοῦτο σκεπτέον πῶς
ποτε λέγεται, μήποτε οὕτως τὸ μὲν δύναμιν, τὸ δ'
ἐνέργειαν φήσομεν, καὶ ἐνέργειαν μέλλουσαν. ἀλλὰ
ταῦτα μὲν ἐν τῷ παρόντι ἀναβλητέον, πρότερον δὲ ἐφ'
ἡμῶν αὐτῶν, ἐφ' ὧν καὶ ζητεῖν ἔθος, εἴ τι ἐφ' ἡμῖν ὂν   15
τυγχάνει. πρῶτον ζητητέον τί ποτε δεῖ τὸ ἐφ'
ἡμῖν εἶναί τι λέγειν· τοῦτο δ' ἐστὶ τίς ἔννοια τοῦ τοιού-
του· οὕτω γὰρ ἂν πως γνωσθείη, εἰ καὶ ἐπὶ θεοὺς καὶ
ἔτι μᾶλλον ἐπὶ θεὸν ἁρμόζει μεταφέρειν ἢ οὐ μετενεκτέον·
ἢ μετενεκτέον μέν, ζητητέον δέ, πῶς τὸ ἐπ' αὐτοῖς τοῖς   20
τε ἄλλοις καὶ ἐπὶ τῶν πρώτων. τί τοίνυν νοοῦντες τὸ
ἐφ' ἡμῖν λέγομεν καὶ διὰ τί ζητοῦντες; ἐγὼ μὲν οἶμαι,

Enn. = w(= AE) B x(= RJ) U C Q

---

1. 4 τὸ H-S¹: τε Enn.   7 οὕτως i.e. τὸ ἐπ' αὐτῷ πάντα   ἐκείνως
i.e. τὴν δύναμιν πᾶσαν

239

ἐν ταῖς ἐναντίαις κινούμενοι τύχαις τε καὶ ἀνάγκαις
καὶ παθῶν ἰσχυραῖς προσβολαῖς τὴν ψυχὴν κατεχούσαις,
25 ἅπαντα ταῦτα κύρια νομίσαντες εἶναι καὶ δουλεύοντες
αὐτοῖς καὶ φερόμενοι ᾗ ἐκεῖνα ἄγοι, μή ποτε οὐδέν
ἐσμεν οὐδέ τί ἐστιν ἐφ' ἡμῖν ἠπορήσαμεν, ὡς τούτου
ἐσομένου ἂν ἐφ' ἡμῖν, ὃ μὴ τύχαις δουλεύοντες μηδὲ
ἀνάγκαις μηδὲ πάθεσιν ἰσχυροῖς πράξαιμεν ἂν βου-
30 ληθέντες οὐδενὸς ἐναντιουμένου ταῖς βουλήσεσιν. εἰ δὲ
τοῦτο, εἴη ἂν ἡ ἔννοια τοῦ ἐφ' ἡμῖν, ὃ τῇ βουλήσει
δουλεύει καὶ παρὰ τοσοῦτον ἂν γένοιτο ἢ μή, παρ' ὅσον
βουληθείημεν ἄν. ἑκούσιον μὲν γὰρ πᾶν, ὃ μὴ βίᾳ μετὰ
τοῦ εἰδέναι, ἐφ' ἡμῖν δέ, ὃ καὶ κύριοι πρᾶξαι. καὶ συνθέοι
35 μὲν ἂν πολλαχοῦ ἄμφω καὶ τοῦ λόγου αὐτῶν ἑτέρου ὄντος,
ἔστι δ' οὗ καὶ διαφωνήσειεν ἄν· οἷον εἰ κύριος ἦν τοῦ
ἀποκτεῖναι, ἦν ἂν οὐχ ἑκούσιον αὐτῷ πεπραχότι, εἰ τὸν
πατέρα ἠγνόει τοῦτον εἶναι. τάχα δ' ἂν κἀκείνῳ διαφωνοῖ
ἔχοντι τὸ ἐφ' ἑαυτῷ· δεῖ δὴ καὶ τὴν εἴδησιν ἐν τῷ
40 ἑκουσίῳ οὐκ ἐν τοῖς καθέκαστα μόνον εἶναι, ἀλλὰ καὶ
ὅλως. διὰ τί γάρ, εἰ μὲν ἀγνοεῖ, ὅτι φίλιος, ἀκούσιον, εἰ
δὲ ἀγνοεῖ, ὅτι μὴ δεῖ, οὐκ ἀκούσιον; εἰ δ' ὅτι ἔδει μαν-
θάνειν; οὐχ ἑκούσιον τὸ μὴ εἰδέναι, ὅτι ἔδει μανθάνειν,
ἢ τὸ ἀπάγον ἀπὸ τοῦ μανθάνειν.

2. Ἀλλ' ἐκεῖνο ζητητέον· τοῦτο δὴ τὸ ἀναφερόμενον εἰς
ἡμᾶς ὡς ἐφ' ἡμῖν ὑπάρχον τίνι δεῖ διδόναι; ἢ γὰρ τῇ ὁρμῇ

---

1. 33-4 cf. Aristot. *Eth. Nic.* Γ 1. 1110ᵃ1 et Γ 3. 1111ᵃ22-4; Alex. Aphrod.
De fato 14, Suppl. Aristot. ii. 2, p. 183. 27-30 et 15, p. 185. 13
37-8 cf. Aristot. *Eth. Nic.* E 10. 1135ᵃ28-30   39-42 contra Aristot.
Eth. Nic. Γ 2. 1110ᵇ30-3

---

1. 24 προσβολαῖς BᵃᶜR: προβολαῖς wBᵖᶜJUCQ   32 τοσοῦτον
Kirchhoff: τοῦτον wBRQ: τοῦτο JU: τούτων C   34-5 συνθέοι μὲν
Kirchhoff: συνθοί μὲν UCᵖᶜ: συνθεῖ μὲν wBxC(οἱ Cˢ): συνθεῖμεν Q H-S¹
38 κἀκείνῳ (= καὶ τῷ κυρίῳ τοῦ ἀποκτεῖναι) BxUCQ: κἀκεῖνο w H-S¹
38 διαφωνοῖ subiectum τὸ ἑκούσιον   42 εἰ δ' scil. ἀγνοεῖ   43-4 τὸ
μὴ εἰδέναι et τὸ ἀπάγον subiecta ad οὐχ ἑκούσιον   43 ὅτι *quod*, non *quia*

καὶ ἡτινιοῦν ὀρέξει, οἷον ὃ θυμῷ πράττεται ⟨ἢ μὴ πράττε-
ται⟩, ἢ ἐπιθυμίᾳ ἢ λογισμῷ τοῦ συμφέροντος μετ' ὀρέ-
ξεως [ἢ μὴ πράττεται]. ἀλλ' εἰ μὲν θυμῷ καὶ ἐπιθυμίᾳ, 5
καὶ παισὶ καὶ θηρίοις τὸ ἐπ' αὐτοῖς τι εἶναι δώσομεν
καὶ μαινομένοις καὶ ἐξεστηκόσι καὶ φαρμάκοις ἁλοῦσι
καὶ ταῖς προσπιπτούσαις φαντασίαις, ὧν οὐ κύριοι· εἰ δὲ
λογισμῷ μετ' ὀρέξεως, ἆρ' εἰ καὶ πεπλανημένῳ τῷ
λογισμῷ; ἢ τῷ ὀρθῷ λογισμῷ καὶ τῇ ὀρθῇ ὀρέξει. καίτοι 10
καὶ ἐνταῦθα ζητήσειεν ἄν τις, πότερα ὁ λογισμὸς τὴν
ὄρεξιν ἐκίνησεν, ἢ τοῦτον ἡ ὄρεξις. καὶ γὰρ εἰ κατὰ
φύσιν αἱ ὀρέξεις, εἰ μὲν ὡς ζῴου καὶ τοῦ συνθέτου,
ἠκολούθησεν ἡ ψυχὴ τῇ τῆς φύσεως ἀνάγκῃ· εἰ δὲ ὡς
ψυχῆς μόνης, πολλὰ τῶν νῦν ἐφ' ἡμῖν λεγομένων ἔξω 15
ἂν τούτου γίνοιτο. εἶτα καὶ τίς λογισμὸς ψιλὸς πρόεισι
τῶν παθημάτων; ἥ τε φαντασία ἀναγκάζουσα ἥ τε ὄρεξις
ἐφ' ὅ τι ἂν ἄγῃ ἕλκουσα πῶς ἐν τούτοις κυρίους ποιεῖ;
πῶς δ' ὅλως κύριοι, οὗ ἀγόμεθα; τὸ γὰρ ἐνδεὲς ἐξ
ἀνάγκης πληρώσεως ὀρεγόμενον οὐκ ἔστι κύριον τοῦ ἐφ' 20
ὃ παντελῶς ἄγεται. πῶς δ' ὅλως αὐτό τι παρ' αὑτοῦ, ὃ
παρ' ἄλλου καὶ ἀρχὴν εἰς ἄλλο ἔχει κἀκεῖθεν γεγένηται
οἷόν ἐστι; κατ' ἐκεῖνο γὰρ ζῇ καὶ ὡς πέπλασται· ἢ
οὕτω γε καὶ τὰ ἄψυχα ἕξει τὸ ἐπ' αὐτοῖς τι εἰληφέναι·
ποιεῖ γὰρ ὡς γεγένηται καὶ τὸ πῦρ. εἰ δ' ὅτι γιγνώσκει 25

---

2. 3–9 cf. Aristot. *Eth. Nic.* Γ 3. 1111ᵃ25–34; Alex. Aphrod. *Quaest. mor.*
29, Suppl. Aristot. ii. 2, p. 159. 27–32, sed uterque de ἑκουσίῳ   6 cf.
Aristot. *Eth. Nic.* Γ 4. 1111ᵇ8–9   6–9 cf. Alex. Aphrod. *De fato* 14,
Suppl. Aristot. ii. 2, p. 183. 30–184. 9   7 cf. Aristot. *Eth. Nic.* H 7.
1149ᵇ35–1150ᵃ1   8 cf. ibid. Γ 7. 1114ᵃ32   11–12 cf. Aristot. *De
an.* Γ 10. 433ᵃ18–20   21–5 cf. Alex. Aphrod. *De fato* 14, Suppl. Aristot.
ii. 2, p. 184. 15–19

---

2. 3–4 ἢ μὴ πράττεται e lin. 5 huc transp. Igal, cf. lin. 5–9   9 ἆρ' εἰ
(*num* scil. δίδομεν): ἆρα Kirchhoff   10 ἢ *immo*   16 γένοιτο wQ
17 παθημάτων cum ψιλὸς coniungendum   18 ἄγῃ: ἀνάγκη w
19 οὗ = τούτου ᾧ   21 πῶς . . αὐτό τι παρ' αὑτοῦ *quomodo aliquid* exstat
ipsum a seipso

τὸ ζῷον καὶ ἡ ψυχὴ ὃ ποιεῖ, εἰ μὲν αἰσθήσει, τίς ἡ
προσθήκη πρὸς τὸ ἐπ᾽ αὐτοῖς εἶναι; οὐ γὰρ ἡ αἴσθησις
πεποίηκε τοῦ ἔργου κύριον ἰδοῦσα μόνον. εἰ δὲ γνώσει,
εἰ μὲν γνώσει τοῦ ποιουμένου, καὶ ἐνταῦθα οἶδε μόνον,
30 ἄλλο δὲ ἐπὶ τὴν πρᾶξιν ἄγει· εἰ δὲ καὶ παρὰ τὴν ὄρεξιν
ὁ λόγος ποιεῖ ἢ ἡ γνῶσις καὶ κρατεῖ, εἰς τί ἀναφέρει
ζητητέον, καὶ ὅλως ποῦ τοῦτο συμβαίνει. καὶ εἰ μὲν
αὐτὸς ἄλλην ὄρεξιν ποιεῖ, πῶς ληπτέον· εἰ δὲ τὴν ὄρεξιν
παύσας ἔστη καὶ ἐνταῦθα τὸ ἐφ᾽ ἡμῖν, οὐκ ἐν πράξει
35 τοῦτο ἔσται, ἀλλ᾽ ἐν νῷ στήσεται τοῦτο· ἐπεὶ καὶ τὸ ἐν
πράξει πᾶν, κἂν κρατῇ ὁ λόγος, μικτὸν καὶ οὐ καθαρὸν
δύναται τὸ ἐφ᾽ ἡμῖν ἔχειν.

3. Διὸ σκεπτέον περὶ τούτων· ἤδη γὰρ αὖ καὶ ἐγγὺς
γινόμεθα τοῦ λόγου τοῦ περὶ θεῶν. ἀναγαγόντες τοίνυν
τὸ ἐφ᾽ ἡμῖν εἰς βούλησιν, εἶτα ταύτην ἐν λόγῳ θέμενοι,
εἶτα ἐν λόγῳ ὀρθῷ—ἴσως δὲ δεῖ προσθεῖναι τῷ ὀρθῷ τὸ
5 τῆς ἐπιστήμης· οὐ γάρ, εἴ τις ἐδόξασεν ὀρθῶς καὶ
ἔπραξεν, ἔχοι ἂν ἴσως ἀναμφισβήτητον τὸ αὐτεξούσιον,
εἰ μὴ εἰδὼς διότι ὀρθῶς, ἀλλὰ τύχῃ ἢ φαντασίᾳ τινὶ
πρὸς τὸ δέον ἀχθείς· ἐπεὶ καὶ τὴν φαντασίαν οὐκ ἐφ᾽
ἡμῖν εἶναι λέγοντες τοὺς κατ᾽ αὐτὴν δρῶντας πῶς ἂν εἰς
10 τὸ αὐτεξούσιον τάξαιμεν; ἀλλὰ γὰρ ἡμεῖς τὴν μὲν φαν-
τασίαν, ἣν ἄν τις καὶ φαντασίαν κυρίως εἴποι, τὴν ἐκ
τοῦ σώματος τῶν παθημάτων ἐγειρομένην (καὶ γὰρ
κενώσεις σίτων καὶ ποτῶν φαντασίας οἷον ἀναπλάττουσι
καὶ πληρώσεις αὖ καὶ μεστός τις σπέρματος ἄλλα φαν-
15 τάζεται καὶ καθ᾽ ἑκάστας ποιότητας ὑγρῶν τῶν ἐν
σώματι) τοὺς κατὰ τὰς τοιαύτας φαντασίας ἐνερ-
γοῦντας εἰς ἀρχὴν αὐτεξούσιον οὐ τάξομεν· διὸ καὶ τοῖς

---

3. 1 αὖ cf. VI. 8. 1. 18   4 ἐν λόγῳ ὀρθῷ cf. VI. 8. 2. 10
4–5 cf. Plat. *Phaed.* 73 a 9-10   6 αὐτεξούσιον cf. *Stoic. Vet. Fr.* ii, n. 975

2. 35 νῷ: ῷ x   37 δύναιτο x   3. 1 αὖ H–S¹: ἂν *Enn.*   2 γινό-
μεθα wUC: γινοίμεθα J: γινώμεθα Q: γενώμεθα R: γινόμενα B   4 τὸ: τῷ x

φαύλοις κατὰ ταύτας πράττουσι τὰ πολλὰ οὔτε τὸ ἐπ'
αὐτοῖς οὔτε τὸ ἑκούσιον δώσομεν, τῷ δὲ διὰ νοῦ τῶν
ἐνεργειῶν ἐλευθέρῳ τῶν παθημάτων τοῦ σώματος τὸ 20
αὐτεξούσιον δώσομεν—εἰς ἀρχὴν τὸ ἐφ' ἡμῖν καλλίστην
ἀνάγοντες τὴν τοῦ νοῦ ἐνέργειαν καὶ τὰς ἐντεῦθεν προτά-
σεις ἐλευθέρας ὄντως ⟨εἶναι⟩ δώσομεν, καὶ τὰς ὀρέξεις τὰς
ἐκ τοῦ νοεῖν ἐγειρομένας οὐκ ἀκουσίους [εἶναι δώσομεν],
καὶ τοῖς θεοῖς τοῦτον ζῶσι τὸν τρόπον [ὅσοι νῷ καὶ 25
ὀρέξει τῇ κατὰ νοῦν ζῶσι] φήσομεν παρεῖναι.

4. Καίτοι ζητήσειεν ἄν τις, πῶς ποτε τὸ κατ' ὄρεξιν
γιγνόμενον αὐτεξούσιον ἔσται τῆς ὀρέξεως ἐπὶ τὸ ἔξω
ἀγούσης καὶ τὸ ἐνδεὲς ἐχούσης· ἄγεται γὰρ τὸ ὀρεγόμενον,
κἂν εἰ πρὸς τὸ ἀγαθὸν ἄγοιτο. καὶ δὴ καὶ περὶ τοῦ νοῦ
αὐτοῦ ἀπορητέον, εἰ ὅπερ πέφυκε καὶ ὡς πέφυκεν ἐνεργῶν 5
λέγοιτο ἂν τὸ ἐλεύθερον ἔχειν καὶ τὸ ἐπ' αὐτῷ, οὐκ
ἔχων ἐπ' αὐτῷ τὸ μὴ ποιεῖν. ἔπειτα, εἰ ὅλως κυρίως
λέγοιτο ἐπ' ἐκείνων τὸ ἐπ' αὐτοῖς, οἷς πρᾶξις οὐ
πάρεστιν. ἀλλὰ καὶ οἷς πρᾶξις, ἡ ἀνάγκη ἔξωθεν· οὐ
γὰρ μάτην πράξουσιν. ἀλλ' οὖν πῶς τὸ ἐλεύθερον δου- 10
λευόντων καὶ τούτων τῇ αὐτῶν φύσει; ἤ, εἰ μὴ ἑτέρῳ
ἕπεσθαι ἠνάγκασται, πῶς ἂν τὸ δουλεύειν λέγοιτο; πῶς
δὲ πρὸς τὸ ἀγαθόν τι φερόμενον ἠναγκασμένον ἂν εἴη
ἑκουσίου τῆς ἐφέσεως οὔσης, εἰ εἰδὼς ὅτι ἀγαθὸν ὡς
ἐπ' ἀγαθὸν ἴοι; τὸ γὰρ ἀκούσιον ἀπαγωγὴ ἀπὸ τοῦ 15
ἀγαθοῦ καὶ πρὸς τὸ ἠναγκασμένον, εἰ πρὸς τοῦτο φέροιτο,
ὃ μὴ ἀγαθὸν αὐτῷ· καὶ δουλεύει τοῦτο, ὃ μὴ κύριόν ἐστιν
ἐπὶ τὸ ἀγαθὸν ἐλθεῖν, ἀλλ' ἑτέρου κρείττονος ἐφεστηκότος
ἀπάγεται τῶν αὐτοῦ ἀγαθῶν δουλεῦον ἐκείνῳ. διὰ τοῦτο

---

4. 9 ἔξωθεν cf. Aristot. *Eth. Nic. Γ* 1. 1110ᵃ2

3. 19 τῷ: τὸ x   22 ἀνάγοντες recipit 2 ἀναγαγόντες   ἐνέργειαν
appositum ad ἀρχὴν   22–3 καὶ . . καὶ *et*. . *et*   23–4 ⟨εἶναι⟩ ex [εἶναι
δώσομεν] transposuimus   25–6 ὅσοι—ζῶσι ut glossam del. H–S¹
4. 14 εἶδος Theiler, sed 13 τι = ἄνθρωπος

20 γὰρ καὶ δουλεία ψέγεται οὐχ οὗ τις οὐκ ἔχει ἐξουσίαν
ἐπὶ τὸ κακὸν ἐλθεῖν, ἀλλ' οὗ ἐπὶ τὸ ἀγαθὸν τὸ ἑαυτοῦ
ἀγόμενος πρὸς τὸ ἀγαθὸν τὸ ἄλλου. τὸ δὲ καὶ δουλεύειν
λέγειν τῇ αὑτοῦ φύσει δύο ποιοῦντός ἐστι τό τε
δουλεῦον καὶ τὸ ᾧ. φύσις δὲ ἁπλῆ καὶ ἐνέργεια μία καὶ
25 οὐδὲ τὸ δυνάμει ἔχουσα ἄλλο, ἄλλο δὲ τὸ ἐνεργείᾳ, πῶς
οὐκ ἐλευθέρα; οὐδὲ γὰρ ὡς πέφυκε λέγοιτο ἂν ἐνεργεῖν
ἄλλης οὔσης τῆς οὐσίας, τῆς δὲ ἐνεργείας ἄλλης, εἴπερ
τὸ αὐτὸ τὸ εἶναι ἐκεῖ καὶ τὸ ἐνεργεῖν. εἰ οὖν οὔτε δι'
ἕτερον οὔτε ἐφ' ἑτέρῳ, πῶς οὐκ ἐλευθέρα; καὶ εἰ μὴ τὸ
30 ἐπ' αὐτῷ ἁρμόσει, ἀλλὰ μεῖζον ἐνταῦθα τοῦ ἐπ' αὐτῷ,
καὶ οὕτως ἐπ' αὐτῷ, ὅτι μὴ ἐφ' ἑτέρῳ μηδ' ἄλλο τῆς
ἐνεργείας κύριον· οὐδὲ γὰρ τῆς οὐσίας, εἴπερ ἀρχή. καὶ
εἰ ἄλλην δὲ ὁ νοῦς ἀρχὴν ἔχει, ἀλλ' οὐκ ἔξω αὐτοῦ, ἀλλ'
ἐν τῷ ἀγαθῷ. καὶ εἰ κατ' ἐκεῖνο τὸ ἀγαθόν, πολὺ μᾶλλον
35 ⟨τὸ⟩ ἐπ' αὐτῷ καὶ τὸ ἐλεύθερον· ἐπεὶ καὶ τὸ ἐλεύθερον
καὶ τὸ ἐπ' αὐτῷ τις ζητεῖ τοῦ ἀγαθοῦ χάριν. εἰ οὖν κατὰ
τὸ ἀγαθὸν ἐνεργεῖ, μᾶλλον ἂν τὸ ἐπ' αὐτῷ· ἤδη γὰρ ἔχει
τὸ πρὸς αὐτὸ ἐξ αὐτοῦ ὁρμώμενον καὶ ἐν αὐτῷ [εἴπερ
πρὸς αὐτό], ὃ ἄμεινον ἂν εἴη αὐτῷ ἐν αὐτῷ ἂν εἶναι, εἴπερ
40 πρὸς αὐτό.

5. Ἆρ' οὖν ἐν νῷ μόνῳ νοοῦντι τὸ αὐτεξούσιον καὶ τὸ
ἐπ' αὐτῷ καὶ ἐν νῷ τῷ καθαρῷ ἢ καὶ ἐν ψυχῇ κατὰ νοῦν
ἐνεργούσῃ καὶ κατὰ ἀρετὴν πραττούσῃ; τὸ μὲν οὖν
πραττούσῃ εἴπερ δώσομεν, πρῶτον μὲν οὐ πρὸς τὴν
5 τεῦξιν ἴσως χρὴ διδόναι· οὐ γὰρ ἡμεῖς τοῦ τυχεῖν κύριοι.

---

5. 2 cf. Anaxagoras *Fr.* B 12   3 cf. Aristot. *Eth. Nic.* K 8. 1178[b]6

---

4. 21 οὗ scil. οὐκ ἔχει ἐξουσίαν ἐλθεῖν   27 ante ἄλλης[1] add. καὶ εἰ μὴ
τὸ ἐπ' αὐτῷ (αὐτὸ E) ἁρμόσει ἂν ἐνεργεῖν w   31 καὶ incipit apodosis
34 τὸ ἀγαθόν accusatiuus   35 ⟨τὸ⟩ Kirchhoff   38 αὐτοῦ scil.
τοῦ ἀγαθοῦ   ὁρμώμενον (accusatiuus, spectat ad τὸ) Kirchhoff: ὁρώμενον
Enn.   καὶ etiam   εἴπερ AB[ac]x: ἤπερ EB[pc]UCQ   38-9 εἴπερ
πρὸς αὐτό deleuimus   39-40 ἐν—αὐτό del. Kirchhoff

εἰ δὲ πρὸς τὸ καλῶς καὶ τὸ πάντα ποιῆσαι τὰ παρ'
αὐτοῦ, τάχα μὲν ἂν τοῦτο ὀρθῶς λέγοιτο. ἐκεῖνο δὲ πῶς
ἐφ' ἡμῖν; οἷον εἰ, διότι πόλεμος, ἀνδριζοίμεθα· λέγω
δὲ τὴν τότε ἐνέργειαν πῶς ἐφ' ἡμῖν, ὁπότε πολέμου μὴ
καταλαβόντος οὐκ ἦν τὴν ἐνέργειαν ταύτην ποιήσασθαι; 10
ὁμοίως δὲ καὶ ἐπὶ τῶν ἄλλων πράξεων τῶν κατὰ ἀρετὴν
ἁπασῶν πρὸς τὸ προσπῖπτον ἀεὶ ἀναγκαζομένης τῆς ἀρετῆς
τοδὶ ἢ τοδὶ ἐργάζεσθαι. καὶ γὰρ εἴ τις αἵρεσιν αὐτῇ δοίη
τῇ ἀρετῇ, πότερα βούλεται, ἵν' ἔχοι ἐνεργεῖν, εἶναι πολέ-
μους, ἵνα ἀνδρίζοιτο, καὶ εἶναι ἀδικίαν, ἵνα τὰ δίκαια 15
ὁρίζῃ καὶ κατακοσμῇ, καὶ πενίαν, ἵνα τὸ ἐλευθέριον
ἐνδεικνύοιτο, ἢ πάντων εὖ ἐχόντων ἡσυχίαν ἄγειν, ἕλοιτο
ἂν τὴν ἡσυχίαν τῶν πράξεων οὐδενὸς θεραπείας δεομένου
τῆς παρ' αὐτῆς, ὥσπερ ἂν εἴ τις ἰατρός, οἷον Ἱπποκρά-
της, μηδένα δεῖσθαι τῆς παρ' αὐτοῦ τέχνης. εἰ οὖν 20
ἐνεργοῦσα ἐν ταῖς πράξεσιν ἡ ἀρετὴ ἠνάγκασται βοηθεῖν,
πῶς ἂν καθαρῶς ἔχοι τὸ ἐπ' αὐτῇ; ἆρ' οὖν τὰς πράξεις
μὲν ἀναγκαίας, τὴν δὲ βούλησιν τὴν πρὸ τῶν πράξεων
καὶ τὸν λόγον οὐκ ἠναγκασμένον φήσομεν; ἀλλ' εἰ τοῦτο,
ἐν ψιλῷ τιθέμενοι τῷ πρὸ τοῦ πραττομένου, ἔξω τῆς 25
πράξεως τὸ αὐτεξούσιον καὶ τὸ ἐπ' αὐτῇ τῇ ἀρετῇ
θήσομεν. τί δὲ ἐπ' αὐτῆς τῆς ἀρετῆς τῆς κατὰ τὴν ἕξιν
καὶ τὴν διάθεσιν; ἆρ' οὐ κακῶς ψυχῆς ἐχούσης φήσομεν
αὐτὴν εἰς κατακόσμησιν ἐλθεῖν συμμετρουμένην τὰ πάθη
καὶ τὰς ὀρέξεις; τίνα οὖν τρόπον λέγομεν ἐφ' ἡμῖν τὸ 30
ἀγαθοῖς εἶναι καὶ τὸ ἀδέσποτον τὴν ἀρετήν; ἢ τοῖς
γε βουληθεῖσι καὶ ἑλομένοις· ἢ ὅτι ἐγγενομένη αὕτη κατα-
σκευάζει τὸ ἐλεύθερον καὶ τὸ ἐφ' ἡμῖν καὶ οὐκ ἐᾷ ἔτι

---

5. 31 = Plat. *Resp.* 617 e 3

5. 7 ἐκεῖνο nempe τὸ καλῶς καὶ τὸ πάντα ποιῆσαι   12 πίπτον wC
16 ἐλευθέριον BJUQ: ἐλεύθερον wRC   19 τῆς J(οὐ J⁸): τοῦ wBRUCQ
19 αὐτοῖς x   25 τῷ BUCQ: τὸ wx   26 τὸ ἐπ' αὐτῇ sicut 22 τὸ ἐπ'
αὐτῇ, τῇ ἀρετῇ datiuus commodi

δούλους εἶναι, ὧν πρότερον ἦμεν. εἰ οὖν οἷον νοῦς τις
35 ἄλλος ἐστὶν ἡ ἀρετὴ καὶ ἕξις οἷον νοωθῆναι τὴν ψυχὴν
ποιοῦσα, πάλιν αὖ ἥκει οὐκ ἐν πράξει τὸ ἐφ' ἡμῖν, ἀλλ'
ἐν νῷ ἡσύχῳ τῶν πράξεων.

6. Πῶς οὖν εἰς βούλησιν πρότερον ἀνήγομεν τοῦτο
λέγοντες "ὃ παρὰ τὸ βουληθῆναι γένοιτο ἄν"; ἢ κἀκεῖ
ἐλέγετο "ἢ μὴ γένοιτο". εἰ οὖν τά τε νῦν ὀρθῶς
λέγεται, ἐκεῖνά τε τούτοις συμφώνως ἕξει, φήσομεν τὴν
5 μὲν ἀρετὴν καὶ τὸν νοῦν κύρια εἶναι καὶ εἰς ταῦτα
χρῆναι ἀνάγειν τὸ ἐφ' ἡμῖν καὶ τὸ ἐλεύθερον· ἀδέσποτα
δὲ ὄντα ταῦτα τὸν μὲν ἐφ' αὑτοῦ εἶναι, τὴν δὲ ἀρετὴν
βούλεσθαι μὲν ἐφ' αὑτῆς εἶναι ἐφεστῶσαν τῇ ψυχῇ,
ὥστε εἶναι ἀγαθήν, καὶ μέχρι τούτου αὐτήν τε ἐλευθέραν
10 καὶ τὴν ψυχὴν ἐλευθέραν παρασχέσθαι· προσπιπτόντων
δὲ τῶν ἀναγκαίων παθημάτων τε καὶ πράξεων ἐφεστῶσαν
ταῦτα μὲν μὴ βεβουλῆσθαι γενέσθαι, ὅμως γε μὴν καὶ
ἐν τούτοις διασώσειν τὸ ἐφ' αὑτῇ εἰς αὑτὴν καὶ ἐνταῦθα
ἀναφέρουσαν· οὐ γὰρ τοῖς πράγμασιν ἐφέψεσθαι, οἷον
15 σῴζουσα τὸν κινδυνεύοντα, ἀλλ' εἰ δοκοῖ αὐτῇ, καὶ
προϊεμένην τοῦτον καὶ τὸ ζῆν κελεύουσαν προΐεσθαι καὶ
χρήματα καὶ τέκνα καὶ αὐτὴν πατρίδα, σκοπὸν τὸ
καλὸν αὐτῆς ἔχουσαν, ἀλλ' οὐ τὸ εἶναι τῶν ὑπ' αὐτήν·
ὥστε καὶ τὸ ἐν ταῖς πράξεσιν αὐτεξούσιον καὶ τὸ ἐφ'
20 ἡμῖν οὐκ εἰς τὸ πράττειν ἀνάγεσθαι οὐδ' εἰς τὴν ἔξω,
ἀλλ' εἰς τὴν ἐντὸς ἐνέργειαν καὶ νόησιν καὶ θεωρίαν
αὐτῆς τῆς ἀρετῆς. δεῖ δὲ τὴν ἀρετὴν ταύτην νοῦν τινα
λέγειν εἶναι οὐ συναριθμοῦντα τὰ πάθη τὰ δουλωθέντα ἢ
μετρηθέντα τῷ λόγῳ· ταῦτα γὰρ ἔοικέ, φησιν, ἐγγύς τι

6. 1-3 cf. VI. 8. 1. 32-3   5-6 cf. Aristot. *Eth. Nic.* Γ 7. 1113[b]6
20-1 cf. Plat. *Resp.* 443 c 10-d 1   24-5 = ibid. 518d 10-e 2

6. 1 τοῦτο i.e. τὸ ἐφ' ἡμῖν   11 ἐφεστῶσα x   12 βεβουλῆσθαι J
(*uoluisse* Ficinus): βεβουλεῦσθαι wBRUCQ H-S[1]   14 ἀναφέρουσαν
BUCQ: ἀναφέρουσα x: διαφέρουσαν w   18 ἔχουσα x

τείνειν τοῦ σώματος ἔθεσι καὶ ἀσκήσεσι κατορθω- 25
θέντα. ὥστε εἶναι σαφέστερον, ὡς τὸ αὖλόν ἐστι τὸ ἐλεύ-
θερον καὶ εἰς τοῦτο ἡ ἀναγωγὴ τοῦ ἐφ᾽ ἡμῖν καὶ αὕτη ἡ
βούλησις ἡ κυρία καὶ ἐφ᾽ ἑαυτῆς οὖσα, καὶ εἴ τι ἐπιτάξειε
πρὸς τὰ ἔξω ἐξ ἀνάγκης. ὅσα οὖν ἐκ ταύτης καὶ διὰ
ταύτην, ἐφ᾽ ἡμῖν, ἔξω τε καὶ ἐφ᾽ αὐτῆς· ὃ αὐτὴ βούλεται 30
καὶ ἐνεργεῖ ἀνεμποδίστως, τοῦτο καὶ πρῶτον ἐφ᾽ ἡμῖν.
ὁ δὲ θεωρητικὸς νοῦς καὶ πρῶτος οὕτω τὸ ἐφ᾽ αὑτῷ,
ὅτι τὸ ἔργον αὐτοῦ μηδαμῶς ἐπ᾽ ἄλλῳ, ἀλλὰ πᾶς
ἐπέστραπται πρὸς αὑτὸν καὶ τὸ ἔργον αὐτοῦ αὐτὸς καὶ
ἐν τῷ ἀγαθῷ κείμενος ἀνενδεὴς καὶ πλήρης ὑπάρχων καὶ 35
οἷον κατὰ βούλησιν ζῶν· ἡ δὲ βούλησις ἡ νόησις,
βούλησις δ᾽ ἐλέχθη, ὅτι κατὰ νοῦν· ἡ γὰρ λεγομένη
βούλησις τὸ κατὰ νοῦν μιμεῖται. ἡ γὰρ βούλησις θέλει
τὸ ἀγαθόν· τὸ δὲ νοεῖν ἀληθῶς ἐστιν ἐν τῷ ἀγαθῷ. ἔχει
οὖν ἐκεῖνος, ὅπερ ἡ βούλησις θέλει καὶ οὗ τυχοῦσα ἂν 40
ταύτῃ νόησις γίνεται. εἰ οὖν βουλήσει τοῦ ἀγαθοῦ
τίθεμεν τὸ ἐφ᾽ ἡμῖν, τὸ ἤδη ἐν ᾧ θέλει ἡ βούλησις
εἶναι ἱδρυμένον πῶς οὐ τὸ ἐφ᾽ αὑτῷ ἔχει; ἢ μεῖζον εἶναι
θετέον, εἰ μή τις ἐθέλει εἰς τοῦτο ἀναβαίνειν τὸ ἐφ᾽
αὑτῷ. 45

7. Γίνεται οὖν ψυχὴ μὲν ἐλευθέρα διὰ νοῦ πρὸς τὸ
ἀγαθὸν σπεύδουσα ἀνεμποδίστως, καὶ ὃ διὰ τοῦτο ποιεῖ,
ἐφ᾽ αὑτῇ· νοῦς δὲ δι᾽ αὑτόν· ἡ δὲ τοῦ ἀγαθοῦ φύσις
αὐτὸ τὸ ἐφετὸν καὶ δι᾽ ὃ τὰ ἄλλα ἔχει τὸ ἐφ᾽ αὑτοῖς,
ὅταν τὸ μὲν τυγχάνειν ἀνεμποδίστως δύνηται, τὸ δὲ 5

6. 32 cf. Aristot. *De an.* Γ 9. 432ᵇ26-7   7. 3 cf. Plat. *Phileb.*
60b10   3-4 cf. ibid. 20d8; Aristot. *Eth. Nic.* A 1. 1094ᵃ3

6. 25 τείνειν: τοίνυν w   28 ἐπιτάξειε: πράξεις x   32 πρῶτος
wRQ: πρώτως BJUC   37 ἡ Igal, *Emerita* 43, 1975, 178: καὶ Enn.
40 ἂν coniungendum cum τυχοῦσα   41 γίνοιτο x   42 τίθεμεν
Theiler: ἐτίθεμεν Enn.   42-3 τὸ—ἱδρυμένον i.e. ὁ νοῦς   44-5 εἰ—
αὑτῷ nisi quis uelit liberum arbitrium usque ad hoc (i.e. ὁ νοῦς) ascendere
44-5 τὸ ἐφ᾽ αὑτῷ subiectum ad ἀναβαίνειν

ἔχειν. πῶς δὴ αὐτὸ τὸ κύριον ἁπάντων τῶν μετ᾽ αὐτὸ
τιμίων καὶ ἐν πρώτῃ ἕδρᾳ ὄν, πρὸς ὃ τὰ ἄλλα ἀναβαίνειν
θέλει καὶ ἐξήρτηται αὐτοῦ καὶ τὰς δυνάμεις ἔχει παρ᾽
αὐτοῦ, ὥστε δύνασθαι τὸ ἐπ᾽ αὐτοῖς ἔχειν, πῶς ἄν τις
10 εἰς τὸ ἐπ᾽ ἐμοὶ ἢ ἐπὶ σοὶ ἄγοι; ὅπου καὶ νοῦς μόλις,
ὅμως δὲ βίᾳ εἵλκετο. εἰ μή τις τολμηρὸς λόγος ἑτέρωθεν
σταλεὶς λέγοι, ὡς τυχοῦσα οὕτως ἔχειν, ὡς ἔχει, καὶ
οὐκ οὖσα κυρία τοῦ ὅ ἐστιν, οὖσα τοῦτο ὅ ἐστιν οὐ παρ᾽
αὑτῆς οὔτε τὸ ἐλεύθερον ἂν ἔχοι οὔτε τὸ ἐπ᾽ αὐτῇ
15 ποιοῦσα ἢ μὴ ποιοῦσα, ὃ ἠνάγκασται ποιεῖν ἢ μὴ ποιεῖν.
ὃς δὴ λόγος ἀντίτυπός τε καὶ ἄπορος καὶ παντάπασι
τὴν τοῦ ἑκουσίου τε καὶ αὐτεξουσίου φύσιν καὶ τὴν
ἔννοιαν τοῦ ἐφ᾽ ἡμῖν εἴη ἂν ἀναιρῶν, ὡς μάτην εἶναι
ταῦτα λέγεσθαι καὶ φωνὰς πραγμάτων ἀνυποστάτων.
20 οὐ γὰρ μόνον μηδὲν ἐπὶ μηδενὶ εἶναι λέγειν, ἀλλ᾽ οὐδὲ
νοεῖν οὐδὲ συνιέναι ἀναγκαῖον αὐτῷ λέγειν ταύτην τὴν
φωνήν. εἰ δὲ ὁμολογοῖ συνιέναι, ἤδη ἂν ῥαδίως ἐλέγχοιτο
τῆς ἐννοίας τοῦ ἐφ᾽ ἡμῖν ἐφαρμοζομένης οἷς ἐφαρμόττειν
οὐκ ἔφη. ἡ γὰρ ἔννοια τὴν οὐσίαν οὐ πολυπραγμονεῖ οὐδὲ
25 ἐκείνην προσπαραλαμβάνει—ἀδύνατον γὰρ ἑαυτό τι ποιεῖν
καὶ εἰς ὑπόστασιν ἄγειν—ἀλλὰ ἐθέλει θεωρεῖν ἡ ἐπίνοια,
τί τῶν ὄντων δοῦλον ἑτέρων, καὶ τί ἔχει τὸ αὐτεξούσιον
καὶ τί μὴ ὑπ᾽ ἄλλῳ, ἀλλ᾽ αὐτὸ τῆς ἐνεργείας κύριον,
ὃ καθαρῶς ⟨καὶ⟩ τοῖς ἀιδίοις ὑπάρχει [καὶ τοῖς] καθὸ εἰσιν
30 ἀίδιοι καὶ τοῖς ἀκωλύτως τὸ ἀγαθὸν διώκουσιν ἢ ἔχουσιν.
ὑπὲρ δὴ ταῦτα τοῦ ἀγαθοῦ αὐτοῦ ὄντος οἷον ἄλλο παρ᾽
αὐτὸ ἀγαθὸν ζητεῖν ἄτοπον. ἐπεὶ καὶ τὸ κατὰ τύχην
λέγειν αὐτὸ εἶναι οὐκ ὀρθόν· ἐν γὰρ τοῖς ὕστερον καὶ ἐν

---

7. 7 cf. Plat. *Resp.* 519 d 1　　　33-4 cf. Aristot. *Phys.* B 6. 198ᵃ9-10

7. 6 δή: δεῖ x　　10 ἄγειν x　　13 ὅ¹: ᾧ x　　οὖσα²—ἐστιν² om. x
26 ἡ om. xU　　29 ⟨καὶ⟩ e [καὶ τοῖς] transposuimus　　29-30 τοῖς ἀιδίοις
. . καθὸ εἰσιν ἀίδιοι animae quae non deciderunt, τοῖς ἀκωλύτως— ἔχουσιν
sapientes　　30 ἀιδίοις Igal, *Genethl. Isidor.* 306　　33 αὐτὸ: καὶ τὸ x

πολλοῖς ἡ τύχη· τὸ δὲ πρῶτον οὔτε κατὰ τύχην ἂν
λέγοιμεν, οὔτε οὐ κύριον τῆς αὐτοῦ γενέσεως, ὅτι μηδὲ 35
γέγονε. τὸ δὲ ὅτι ὡς ἔχει ποιεῖ ἄτοπον, εἴ τις ἀξιοῖ τότε
εἶναι τὸ ἐλεύθερον, ὅταν παρὰ φύσιν ποιῇ ἢ ἐνεργῇ.
οὐδὲ δὴ τὸ τὸ μοναχὸν ἔχον ἀφήρηται τῆς ἐξουσίας, εἰ
τὸ μοναχὸν μὴ τῷ κωλύεσθαι παρ' ἄλλου ἔχοι, ἀλλὰ τῷ
τοῦτο αὐτὸ εἶναι καὶ οἷον ἀρέσκειν ἑαυτῷ, καὶ μὴ ἔχειν 40
ὅ τι κρεῖττον αὐτοῦ· ἢ οὕτω γε τὸ μάλιστα τυγχάνον
τοῦ ἀγαθοῦ ἀφαιρήσεταί τις τὸ αὐτεξούσιον. εἰ δὲ τοῦτο
ἄτοπον, ἀτοπώτερον ἂν γίνοιτο αὐτὸ τὸ ἀγαθὸν ἀποστε-
ρεῖν τοῦ αὐτεξουσίου, ὅτι ἀγαθὸν καὶ ὅτι ἐφ' αὐτοῦ
μένει οὐ δεόμενον κινεῖσθαι πρὸς ἄλλο τῶν ἄλλων κινου- 45
μένων πρὸς αὐτὸ καὶ οὐδὲν δεόμενον οὐδενός. ὅταν δὲ
δὴ ἡ οἷον ὑπόστασις αὐτοῦ ἡ οἷον ἐνέργεια ᾖ—οὐ γὰρ ἡ
μὲν ἕτερον, ἡ δ' ἕτερόν ἐστιν, εἴ γε μηδὲ ἐπὶ τοῦ νοῦ
τοῦτο, ὅτι μᾶλλον κατὰ τὸ εἶναι ἡ ἐνέργεια ἢ κατὰ τὴν
ἐνέργειαν τὸ εἶναι—ὥστε οὐκ ἔχει τὸ ὡς πέφυκεν ἐνεργεῖν, 50
οὐδὲ ἡ ἐνέργεια καὶ ἡ οἷον ζωὴ ἀνενεχθήσεται εἰς τὴν
οἷον οὐσίαν, ἀλλ' ἡ οἷον οὐσία συνοῦσα καὶ οἷον συγγε-
νομένη ἐξ ἀιδίου τῇ ἐνεργείᾳ ἐξ ἀμφοῖν αὐτὸ αὐτὸ ποιεῖ,
καὶ ἑαυτῷ καὶ οὐδενός.

8. Ἡμεῖς δὲ θεωροῦμεν οὐ συμβεβηκὸς τὸ αὐτεξ-
ούσιον ἐκείνῳ, ἀλλὰ ἀπὸ τῶν περὶ τὰ ἄλλα αὐτεξουσίων
ἀφαιρέσει τῶν ἐναντίων αὐτὸ ἐφ' ἑαυτό· πρὸς αὐτὸ
τὰ ἐλάττω ἀπὸ ἐλαττόνων μεταφέροντες ἀδυναμίᾳ τοῦ
τυχεῖν τῶν ἃ προσήκει λέγειν περὶ αὐτοῦ, ταῦτα ἂν περὶ 5
αὐτοῦ εἴποιμεν. καίτοι οὐδὲν ἂν εὕροιμεν εἰπεῖν οὐχ ὅτι
κατ' αὐτοῦ, ἀλλ' οὐδὲ περὶ αὐτοῦ κυρίως· πάντα γὰρ
ἐκείνου καὶ τὰ καλὰ καὶ τὰ σεμνὰ ὕστερα. τούτων γὰρ

7. 38 τὸ² Creuzer: τὸν *Enn.*   49 ὅτι: οὔτι Kirchhoff   50 ὥστε
οὐκ ἔχει (subiectum τὸ ἕν) pro apodosi   8. 3 αὐτὸ¹ scil. θεωροῦμεν
3 ἐφ' ἑαυτό *respectu sui ipsius*   4 ἀπὸ: ἀπὸ τῶν w   5-6 περὶ² –– ἂν
om. x

αὐτὸς ἀρχή· καίτοι ἄλλον τρόπον οὐκ ἀρχή. ἀποτιθε-
10 μένοις δὴ πάντα καὶ τὸ ἐπ' αὐτῷ ὡς ὕστερον καὶ τὸ
αὐτεξούσιον—ἤδη γὰρ εἰς ἄλλο ἐνέργειαν λέγει—καὶ ὅτι
ἀνεμποδίστως καὶ ὄντων ἄλλων τὸ εἰς αὐτὰ ἀκωλύτως. δεῖ
δὲ ὅλως πρὸς οὐδὲν αὐτὸν λέγειν· ἔστι γὰρ ὅπερ ἐστὶ καὶ
πρὸ αὐτῶν· ἐπεὶ καὶ τὸ "ἔστιν" ἀφαιροῦμεν, ὥστε καὶ τὸ
15 πρὸς τὰ ὄντα ὁπωσοῦν· οὐδὲ δὴ τὸ "ὡς πέφυκεν"· ὕστερον
γὰρ καὶ τοῦτο, καὶ εἰ λέγοιτο καὶ ἐπ' ἐκείνων, ἐπὶ τῶν ἐξ
ἄλλου ἂν λέγοιτο, ὥστε πρώτως ἐπὶ τῆς οὐσίας, ὅτι ἐξ
ἐκείνου ἔφυ· εἰ δ' ἐν τοῖς ἐν χρόνῳ ἡ φύσις, οὐδ' ἐπὶ
τῆς οὐσίας. οὐδὲ δὴ τὸ "οὐ παρ' αὑτῆς εἶναι" λεκτέον· τό
20 τε γὰρ "εἶναι" ἀφῃροῦμεν, τό τε "οὐ παρ' αὑτῆς" λέγοιτο
ἄν, ὅταν ὑπ' ἄλλου. οὕτως οὖν συνέβη; ἢ οὐδὲ τὸ
"συνέβη" ἀκτέον· οὔτε γὰρ αὐτῷ οὔτε πρὸς ἄλλο· ἐν γὰρ
πολλοῖς τὸ "συνέβη", ὅταν τὰ μὲν ᾖ, τὸ δὲ ἐπὶ τούτοις
συμβῇ. πῶς οὖν τὸ πρῶτον συνέβη; οὐδὲ γὰρ ἦλθεν,
25 ἵνα ζητῇς "πῶς οὖν ἦλθε; τύχη τίς ἤγαγεν ἢ ὑπέστησεν
αὐτό;" ἐπεὶ οὐδὲ τύχη πω ἦν οὐδὲ τὸ αὐτόματον δέ·
καὶ γὰρ τὸ αὐτόματον καὶ παρ' ἄλλου καὶ ἐν γινομένοις.

9. Ἀλλὰ πρὸς αὐτὸ εἴ τις λαμβάνοι τὸ "συνέβη", οὗτοι
δεῖ πρὸς τὸ ὄνομα ἵστασθαι, ἀλλὰ ὅπως νοεῖ ὁ λέγων συν-
ιέναι. τί οὖν νοεῖ; τοῦτο, ὅτι ταύτην ἔχον τὴν φύσιν
καὶ τὴν δύναμιν ἀρχή· καὶ γὰρ εἰ ἄλλην εἶχεν, ἦν ἂν
5 [ἀρχή] τοῦτο, ὅπερ ἦν, καὶ εἰ χεῖρον, ἐνήργησεν ἂν κατὰ τὴν
αὐτοῦ οὐσίαν. πρὸς δὴ τὸ τοιοῦτον λεκτέον, ὅτι μὴ οἷόν τε
ἦν ἀρχὴν οὖσαν πάντων τὸ τυχὸν εἶναι, μὴ ὅτι χεῖρον,

---

8. 14 cf. Plat. *Parm.* 141 e 9- 10   19 οὐ παρ' αὑτῆς cf. VI. 8. 7. 13-14
21-6 cf. Aristot. *Metaph.* K 8. 1065ᵃ28-ᵇ3   26 cf. ibid. A 3. 984ᵇ14; Z
7. 1032ᵃ29; *Phys.* B 4. 195ᵇ31

8. 9-10 ἀποτιθεμένοις scil. ἡμῖν   10-12 et τὸ ἐπ' αὐτῷ et τὸ αὐτεξούσιον
et ὅτι ἀνεμποδίστως et τὸ ἀκωλύτως subiecta, scil. ἀποθετέα   12 ὄντων
ἄλλων *cum alia sint*   τὸ: τῶν wB   14 τὸ² om. w   22 ἀκτέον:
λεκτέον Q   9. 3 ἔχων x   4 ἀρχή Kirchhoff: ἀρχήν Enn.   5 ἀρχή
(correctio ad 4 ἀρχήν inepto loco addita) del. Kirchhoff

ἀλλ' οὐδὲ ἀγαθὸν μέν, ἀγαθὸν δὲ ἄλλως, οἷον ἐνδεέστερον.
ἀλλὰ δεῖ κρείττονα εἶναι τὴν ἀρχὴν ἁπάντων τῶν μετ'
αὐτήν· ὥστε ὡρισμένον τι. λέγω δὲ ὡρισμένον, ὅτι μοναχῶς 10
καὶ οὐκ ἐξ ἀνάγκης· οὐδὲ γὰρ ἦν ἀνάγκη· ἐν γὰρ τοῖς ἑπομέ-
νοις τῇ ἀρχῇ ἡ ἀνάγκη καὶ οὐδὲ αὕτη ἔχουσα ἐν αὐτοῖς τὴν
βίαν· τὸ δὲ μοναχὸν τοῦτο παρ' αὐτοῦ. τοῦτο οὖν καὶ οὐκ
ἄλλο, ἀλλ' ὅπερ ἐχρῆν εἶναι· οὐ τοίνυν οὕτω συνέβη, ἀλλ'
ἔδει οὕτως· τὸ δὲ "ἔδει" τοῦτο ἀρχὴ τῶν ὅσα ἔδει. τοῦτο 15
τοίνυν οὐκ ἂν οὕτως εἴη, ὡς συνέβη· οὐ γὰρ ὅπερ ἔτυχέν
ἐστιν, ἀλλ' ὅπερ ἐχρῆν εἶναι· μᾶλλον δὲ οὐδὲ ὅπερ ἐχρῆν,
ἀλλὰ ἀναμένειν δεῖ τὰ ἄλλα, τί ποτε αὐτοῖς ὁ βασιλεὺς
φανείη, καὶ τοῦτο ⟨αὐτὸν θέσθαι⟩, ὅπερ ἐστὶν αὐτός [τοῦτο
αὐτὸν θέσθαι], οὐχ ὡς συνέβη φανέντα, ἀλλὰ ὄντως βασιλέα 20
καὶ ὄντως ἀρχὴν καὶ τὸ ἀγαθὸν ὄντως, οὐκ ἐνεργοῦντα κατὰ
τὸ ἀγαθόν—οὕτω γὰρ ἂν δόξειεν ἕπεσθαι ἄλλῳ—ἀλλ' ὄντα
ἕν, ὅπερ ἐστίν, ὥστε οὐ κατ' ἐκεῖνο, ἀλλ' ἐκεῖνο. εἰ τοίνυν
οὐδ' ἐπὶ τοῦ ὄντος τὸ "συνέβη"—τῷ γὰρ ὄντι, εἴ τι συμ-
βήσεται, τὸ "συνέβη", ἀλλ' οὐκ αὐτὸ τὸ ὂν συνέβη, οὐδὲ 25
συνέκυρσε τὸ ὂν οὕτως εἶναι, οὐδὲ παρ' ἄλλου τὸ οὕτως
εἶναι, ὂν ὡς ἔστιν, ἀλλ' αὕτη ὄντως φύσις ὂν εἶναι—πῶς
ἄν τις ἐπὶ τοῦ ἐπέκεινα ὄντος τοῦτο ἐνθυμοῖτο τὸ "οὕτω
συνέβη", ᾧ ὑπάρχει γεγεννηκέναι τὸ ὄν, ὃ οὐχ οὕτω συνέβη,
ἀλλ' ἔστιν ὡς ἔστιν ἡ οὐσία, οὖσα ὅπερ ἐστὶν οὐσία καὶ ὅπερ 30
ἐστὶ νοῦς; ἐπεὶ οὕτω τις κἂν τὸν νοῦν εἴποι "οὕτω συνέβη
νοῦν εἶναι", ὥσπερ ἄλλο τι ἂν τὸν νοῦν ἐσόμενον ἢ τοῦτο, ὃ
δὴ φύσις ἐστὶ νοῦ. τὸ δὴ οὐ παρεκβεβηκὸς ἑαυτό, ἀλλ' ἀκλι-
νὲς ὂν ἑαυτοῦ, αὐτὸ ἄν τις κυριώτατα λέγοι εἶναι ὅ ἐστι. τί
ἂν οὖν τις λέγοι ἐκεῖ εἰς τὸ ὑπὲρ τοῦτο ἀναβὰς καὶ εἰσιδών; 35

9. 18-23 cf. Plat. Epist. ii. 312 e   28 = Plat. Resp. 509 b 9

9. 11 οὐδὲ: οὐ w   19-20 ⟨αὐτὸν θέσθαι⟩ e [τοῦτο αὐτὸν θέσθαι] transp.
Igal   27 ὂν ὡς ἔστιν cum sit ut est   ὄντως BxUCᵃᶜQ: ὄντος
wCᵉᶜ   31 κἂν Theiler: καὶ Enn.   35 τοῦτο scil. τὸν νοῦν et
humiliora

ἀρά γε τὸ "οὕτως ⟨συνέβη⟩", ὡς εἶδεν αὐτὸν ἔχοντα; [τὸ
οὕτως συνέβη] ἢ οὔτε τὸ "οὕτω" οὔτε τὸ "ὁπωσοῦν συνέβη",
ἀλλ' οὐδὲ ὅλως τὸ "συνέβη". ἀλλὰ τὸ "οὕτω μόνον καὶ
οὐκ ἂν ἄλλως, ἀλλ' οὕτως"; ἀλλ' οὐδὲ τὸ "οὕτως"· οὕτω
40 γὰρ ἂν ὁρίσας εἴης καὶ τόδε τι· ἀλλ' ἔστι τῷ ἰδόντι οὐδὲ τὸ
"οὕτως" εἰπεῖν δύνασθαι οὐδ' αὖ τὸ "μὴ οὕτως"· τί γὰρ ἂν
εἴποις αὐτὸ τῶν ὄντων, ἐφ' ὧν τὸ "οὕτως". ἄλλο τοίνυν
παρ' ἅπαντα τὰ οὕτως. ἀλλ' ἀόριστον ἰδὼν πάντα μὲν ἕξεις
εἰπεῖν τὰ μετ' αὐτό, φήσεις δὲ οὐδὲν ἐκείνων εἶναι, ἀλλά,
45 εἴπερ, δύναμιν πᾶσαν αὐτῆς ὄντως κυρίαν, τοῦτο οὖσαν ὃ
θέλει, μᾶλλον δὲ ὃ θέλει ἀπορρίψασαν εἰς τὰ ὄντα, αὐτὴν
δὲ μείζονα παντὸς τοῦ θέλειν οὖσαν τὸ θέλειν μετ' αὐτὴν
θεμένην. οὔτ' οὖν αὐτὴ ἠθέλησε τὸ "οὕτως", ἵνα ἂν εἵπετο,
οὔτε ἄλλος πεποίηκεν οὕτως.

10. Καὶ τοίνυν καὶ ἐρωτῆσαι χρὴ τὸν λέγοντα τὸ "οὕτω
συνέβη"· πῶς ἂν ἀξιώσειε ψεῦδος εἶναι τὸ "συνέβη", εἰ τί εἴη;
καὶ πῶς ἄν τις ἀφέλοι τὸ "συνέβη"; καὶ εἰ τίς εἴη φύσις,
τότε φήσει οὐκ ἐφαρμόζειν τὸ "συνέβη"; εἰ γὰρ τὴν τῶν
5 ἄλλων ἀφαιροῦσαν τὸ "οὕτω συνέβη" ἀνατίθησι τύχῃ, ποῦ
ποτε τὸ μὴ ἐκ τύχης εἶναι γένοιτο; ἀφαιρεῖ δὲ τὸ "ὡς
ἔτυχεν" αὕτη ἡ ἀρχὴ τῶν ἄλλων εἶδος καὶ πέρας καὶ μορφὴν
διδοῦσα, καὶ οὐκ ἔστιν ἐν τοῖς οὕτω κατὰ λόγον γινομένοις
τύχῃ ἀναθεῖναι, ἀλλ' αὐτὸ τοῦτο λόγῳ τὴν αἰτίαν, ἐν δὲ
10 τοῖς μὴ προηγουμένως καὶ μὴ ἀκολούθως, ἀλλὰ συμπτώ-
μασιν, ἡ τύχη. τὴν δὴ ἀρχὴν παντὸς λόγου τε καὶ τάξεως
καὶ ὅρου πῶς ἄν τις τὴν τούτου ὑπόστασιν ἀναθείη τύχῃ;

---

9. 36-7 ⟨συνέβη⟩ e [τὸ οὕτως συνέβη] huc transp. Theiler   36 ὡς
. . ἔχοντα intransitiuum   αὐτὸν scil. τὸ ἕν   39 ἀλλ'² om. x
40 τόδε τι scil. εἴη   ἔστι: ἔτι x   42 ἄλλο: ἀλλὰ x   43 τὰ om. x
45 αὐτὴν x   48 εἵπετο scil. τῷ "οὕτως"   10. 2 πῶς—εἴη quomodo
iudicet illud "accidit" falsum esse ea condicione ut quid sit?   εἰ τί Igal: εἴ τι
Enn.   3 ἀφέλοι: ἀφέλοιτο w   εἰ τίς Igal: εἴ τις Enn.   4 τὴν
scil. φύσιν   9 ἀλλ'—αἰτίαν sed hoc ipsum uerum est, nempe rationi
causam attribuere   11 ἡ: ἢ xU

καὶ μὴν πολλῶν μὲν ἡ τύχη κυρία, νοῦ δὲ καὶ λόγου καὶ
τάξεως εἰς τὸ γεννᾶν ταῦτα οὐ κυρία· ὅπου καὶ ἐναντίον γε
δοκεῖ λόγῳ εἶναι τύχη, πῶς ἂν γεννήτειρα αὐτοῦ γένοιτο; 15
εἰ οὖν μὴ γεννᾷ νοῦν τύχη, οὐδὲ τὸ πρὸ νοῦ οὐδὲ τὸ κρεῖτ-
τον νοῦ· οὔτε γὰρ εἶχεν ὅθεν γεννήσει, οὔτε ἦν τὸ παράπαν
αὕτη οὐδ᾽ ὅλως ἐν τοῖς ἀιδίοις. εἰ οὖν μηδὲν πρὸ ἐκείνου,
αὐτὸς δὲ πρῶτος, στῆναι ἐνταῦθα δεῖ καὶ μηδὲν ἔτι περὶ
αὐτοῦ λέγειν, ἀλλὰ τὰ μετ᾽ αὐτὸ ζητεῖν πῶς ἐγένετο, αὐτὸ 20
δὲ μηκέτι ὅπως, ὅτι ὄντως τοῦτο μὴ ἐγένετο. τί οὖν, εἰ
μὴ ἐγένετο, ἔστι δὲ οἷός ἐστιν, οὐκ ὢν τῆς αὐτοῦ οὐσίας
κύριος; καὶ εἰ μὴ οὐσίας δέ, ἀλλ᾽ ὢν ὅς ἐστιν, οὐχ
ὑποστήσας ἑαυτόν, χρώμενος δὲ ἑαυτῷ οἷός ἐστιν, ἐξ-
ανάγκης τοῦτο ἂν εἴη, ὃ ἔστι, καὶ οὐκ ἂν ἄλλως. ἢ 25
οὐχ ὅτι οὐκ ἄλλως, οὕτως, ἀλλ᾽ ὅτι τὸ ἄριστον οὕτως.
πρὸς μὲν γὰρ τὸ βέλτιον ἐλθεῖν οὐ πᾶν αὐτεξούσιον, πρὸς
δὲ τὸ χεῖρον ἐλθεῖν οὐδὲν ὑπ᾽ ἄλλου κεκώλυται. ἀλλ᾽ ὅτι
μὴ ἦλθε, παρ᾽ αὐτοῦ οὐκ ἐλήλυθεν, οὐ τῷ κεκωλῦσθαι, ἀλλὰ
τῷ αὐτὸ εἶναι, ὃ μὴ ἐλήλυθε· καὶ τὸ ἀδύνατον ἐλθεῖν πρὸς 30
τὸ χεῖρον οὐκ ἀδυναμίαν σημαίνει τοῦ μὴ ἥκοντος, ἀλλὰ
παρ᾽ αὐτοῦ καὶ δι᾽ αὐτὸν τὸ μὴ ἥκειν. καὶ τὸ μὴ ἥκειν
πρὸς μηδὲν ἄλλο τὴν ὑπερβολὴν τῆς δυνάμεως ἐν αὐτῷ
ἔχει, οὐκ ἀνάγκῃ κατειλημμένου, ἀλλ᾽ αὐτοῦ ἀνάγκης τῶν
ἄλλων οὔσης καὶ νόμου. αὐτὴν οὖν ἡ ἀνάγκη ὑπέστησεν; 35
ἢ οὐδὲ ὑπέστη τῶν ἄλλων ὑποστάντων τῶν μετ᾽ αὐτὸ δι᾽
αὐτό. τὸ οὖν πρὸ ὑποστάσεως πῶς ἂν ἢ ὑπ᾽ ἄλλου ἢ ὑφ᾽
αὐτοῦ ὑπέστη;

11. Ἀλλὰ τὸ μὴ ὑποστὰν τοῦτο τί; ἢ σιωπήσαντας
δεῖ ἀπελθεῖν, καὶ ἐν ἀπόρῳ τῇ γνώμῃ θεμένους μηδὲν ἔτι
ζητεῖν. τί γὰρ ἄν τις καὶ ζητήσειεν εἰς οὐδὲν ἔτι ἔχων

10. 13 νοῦ ACᵖᶜQ: νοῦς EBxUCᵃᶜ   14 ταῦτα nempe νοῦν, λόγον,
τάξιν   15 τύχην w   19 πρώτως w   21 ὄντως: μὴ ὄντος x
23 ὢν ὅς: ὢν x   26 τὸ: ἔστι τὸ x   33 ἐν αὐτῷ: αὐτὸ x
34 ἀνάγκης om. x   11. 3 εἰς: εἰ x

253

προελθεῖν πάσης ζητήσεως εἰς ἀρχὴν ἰούσης καὶ ἐν τῷ
5 τοιούτῳ ἱσταμένης; πρὸς δὲ τούτοις ζήτησιν ἅπασαν χρὴ
νομίζειν ἢ τοῦ τί ἐστιν εἶναι ἢ τοῦ οἷον ἢ τοῦ διὰ τί ἢ τοῦ
εἶναι. τὸ μὲν οὖν εἶναι, ὡς λέγομεν ἐκεῖνο εἶναι, ἐκ τῶν
μετ᾽ αὐτό. τὸ δὲ διὰ τί ἀρχὴν ἄλλην ζητεῖ· ἀρχῆς δὲ τῆς
πάσης οὐκ ἔστιν ἀρχή. τὸ δὲ οἷόν ἐστι ζητεῖν τί συμβέβη-
10 κεν αὐτῷ, ᾧ συμβέβηκε μηδέν. τὸ δὲ τί ἐστι δηλοῖ μᾶλλον
τὸ μηδὲν δεῖν περὶ αὐτοῦ ζητεῖν, αὐτὸ μόνον εἰ δυνατὸν
αὐτοῖς λαβόντας ἐν νῷ μηδὲν αὐτῷ θεμιτὸν εἶναι προσ-
άπτειν μαθόντας. ὅλως δὲ ἐοίκαμεν ταύτην τὴν ἀπορίαν
ἐνθυμηθῆναι, περὶ ταύτης τῆς φύσεως οἵπερ ἐνεθυμήθημεν,
15 ἐκ τοῦ πρῶτον μὲν τίθεσθαι χώραν καὶ τόπον, ὥσπερ τι
χάος, εἶτα χώρας ἤδη οὔσης ἐπαγαγεῖν ταύτην τὴν φύσιν
εἰς τὸν ἐν τῇ φαντασίᾳ ἡμῶν γεγονότα ἢ ὄντα τόπον,
εἰσάγοντες δὲ αὐτὸν εἰς τὸν τοιοῦτον τόπον οὕτω τοι
ζητεῖν, οἷον πόθεν καὶ πῶς ἐλήλυθεν ἐνταῦθα, καὶ ὥσπερ
20 ἔπηλυν ὄντα ἐζητηκέναι αὐτοῦ τὴν παρουσίαν καὶ οἷον τὴν
οὐσίαν, καὶ δὴ καὶ ὥσπερ ἔκ τινος βάθους ἢ ἐξ ὕψους
τινὸς ἐνθάδε ἐρρῖφθαι. διόπερ δεῖ τὸ αἴτιον τῆς ἀπορίας
ἀνελόντα ἔξω ποιήσασθαι τῆς ἐπιβολῆς τῆς πρὸς αὐτὸ
πάντα τόπον καὶ μηδὲ ἐν ὁτῳοῦν τίθεσθαι αὐτό, μήτε ἀεὶ
25 κείμενον ἐν αὐτῷ καὶ ἱδρυμένον μήτε ἐληλυθότα, ἀλλ᾽ ὄντα
μόνον, ὡς ἔστι, λεγόμενον ὑπ᾽ ἀνάγκης τῶν λόγων εἶναι,
τὸν δὲ τόπον, ὥσπερ καὶ τὰ ἄλλα, ὕστερον καὶ ὕστερον

---

11. 6-7 cf. Aristot. *Anal. post.* B 1. 89ᵇ24-5   8-9 cf. Plat. *Phaedr.*
245 d 2-3   15-16 cf. Hesiod. *Theog.* 116; Aristot. *Phys.* Δ 1. 208ᵇ31-3

---

11. 9 οἷον scil. ζητεῖν   10 ᾧ: ᾧ μὴ x   12 αὐτοῖς *nobis*   νῷ
Kirchhoff: τῷ *Enn.* H-S¹   14 ταύτης: αὐτῆς x   οἵπερ: εἴπερ w
15-22 ἐκ τοῦ regit τίθεσθαι ἐπαγαγεῖν ζητεῖν ἐζητηκέναι ἐρρῖφθαι   16 φύσιν:
θέσιν x   18 εἰσάγοντες (congruit cum 13 ἐοίκαμεν) BxUCQ: εἰσαγαγόντες
w: εἰσάγοντας H-S¹   19-20 ὥσπερ ἔπηλυν ὄντα (accusatiuus absolutus)
defendit Igal, *Genethl. Isidor.* 306: ὡς περὶ ἔπηλυν ὄντα Beutler H-S¹
26 τὸν λόγον x

ἁπάντων. τὸ οὖν ἄτοπον τοῦτο νοοῦντες, ὡς νοοῦμεν,
οὐδὲν περὶ αὐτὸ ἔτι τιθέντες οἷον κύκλῳ οὐδὲ περιλαβεῖν
ἔχοντες ὅσος, οὐδὲ τὸ ὅσον αὐτῷ συμβεβηκέναι φήσομεν· οὐ 30
μὴν οὐδὲ τὸ ποιόν· οὐδὲ γὰρ μορφή τις περὶ αὐτὸν οὐδὲ
νοητὴ ἂν εἴη· οὐδὲ τὸ πρὸς ἄλλο· ἐφ' αὑτοῦ γὰρ καὶ
ὑφέστηκε, πρὶν ἄλλο. τί ἂν οὖν ἔτι εἴη τὸ "οὕτω συνέβη";
ἢ πῶς φθεγξόμεθα τοῦτο, ὅτι καὶ τὰ ἄλλα ἐν ἀφαιρέσει
πάντα τὰ περὶ τούτου λεγόμενα; ὥστε ἀληθὲς μᾶλλον οὐ 35
τὸ "οὕτω συνέβη", ἀλλὰ τὸ "οὐδὲ οὕτω συνέβη", ὅπου καὶ
τὸ "οὐδὲ συνέβη ὅλως".

12. Τί οὖν; οὐκ ἔστιν ὅ ἐστι; τοῦ δὲ εἶναι ὅ ἐστιν ἢ τοῦ
ἐπέκεινα εἶναι ἆρά γε κύριος αὐτός; πάλιν γὰρ ἡ ψυχὴ
οὐδέν τι πεισθεῖσα τοῖς εἰρημένοις ἄπορός ἐστι. λεκτέον
τοίνυν πρὸς ταῦτα ὧδε, ὡς ἕκαστος μὲν ἡμῶν κατὰ μὲν τὸ
σῶμα πόρρω ἂν εἴη οὐσίας, κατὰ δὲ τὴν ψυχὴν καὶ ὃ 5
μάλιστά ἐσμεν μετέχομεν οὐσίας καί ἐσμέν τις οὐσία,
τοῦτο δέ ἐστιν οἷον σύνθετόν τι ἐκ διαφορᾶς καὶ οὐσίας.
οὔκουν κυρίως οὐσία οὐδ' αὐτοουσία· διὸ οὐδὲ κύριοι τῆς
αὐτῶν οὐσίας. ἄλλο γάρ πως ἡ οὐσία καὶ ἡμεῖς ἄλλο, καὶ
κύριοι οὐχ ἡμεῖς τῆς αὐτῶν οὐσίας, ἀλλ' ἡ οὐσία αὐτὸ 10
ἡμῶν, εἴπερ αὕτη καὶ τὴν διαφορὰν προστίθησιν. ἀλλ'
ἐπειδὴ ὅπερ κύριον ἡμῶν ἡμεῖς πώς ἐσμεν, οὕτω τοι οὐδὲν
ἧττον καὶ ἐνταῦθα λεγοίμεθα ἂν αὐτῶν κύριοι. οὗ δέ γε παν-
τελῶς ἐστιν ὅ ἐστιν αὐτοουσία, καὶ οὐκ ἄλλο μὲν αὐτό, ἄλλο
δὲ ἡ οὐσία αὐτοῦ, ἐνταῦθα ὅπερ ἐστί, τούτου ἐστὶ καὶ κύριον 15
καὶ οὐκέτι εἰς ἄλλο, ᾗ ἔστι καὶ ᾗ ἔστιν οὐσία. καὶ γὰρ αὖ
ἀφείθη κύριον εἶναι αὐτοῦ, ᾗ ὃ πρῶτον εἰς οὐσίαν. τὸ δὴ
πεποιηκὸς ἐλεύθερον τὴν οὐσίαν, πεφυκὸς δηλονότι ποιεῖν

---

11. 28 ἄτοπον illocale ut VI. 5. 8. 32   34 ὅτι (quandoquidem Ficinus):
ὅτε Kirchhoff   36 οὐδὲ BCQ: οὐδὲν U: οὐδὲ τὸ wJ: om. R
12. 8 αὐτοουσία ApcU: αὐτὸς οὐσία AacEBxCQ   10 οὐσία αὐτὸ idem
atque αὐτοουσία   13 οὐ Theiler: ὃ Enn.   15 τούτου ἐστὶ Harder:
τοῦτό ἐστι wBUCQ: om. x   καὶ om. w   17 ᾗ – οὐσίαν qua est quod
primum ad essentiam refertur

ἐλεύθερον καὶ ἐλευθεροποιὸν ἂν λεχθέν, τίνι ἂν δοῦλον εἴη,
20 εἴπερ ὅλως καὶ θεμιτὸν φθέγγεσθαι τόδε; τῇ αὐτοῦ οὐσίᾳ;
ἀλλὰ καὶ αὕτη παρ' αὐτοῦ ἐλευθέρα καὶ ὑστέρα, καὶ αὐτὸ
οὐκ ἔχον οὐσίαν. εἰ μὲν οὖν ἐστί τις ἐνέργεια ἐν αὐτῷ καὶ ἐν
τῇ ἐνεργείᾳ αὐτὸν θησόμεθα, οὐδ' ἂν διὰ τοῦτο εἴη ἂν ἕτε-
ρον αὐτοῦ καὶ οὐκ αὐτὸς αὑτοῦ κύριος, ἀφ' οὗ ἡ ἐνέργεια,
25 ὅτι μὴ ἕτερον ἐνέργεια καὶ αὐτός. εἰ δ' ὅλως ἐνέργειαν οὐ
δώσομεν ἐν αὐτῷ εἶναι, ἀλλὰ τἆλλα περὶ αὐτὸν ἐνεργοῦντα
τὴν ὑπόστασιν ἴσχειν, ἔτι μᾶλλον οὔτε τὸ κύριον οὔτε τὸ
κυριευόμενον ἐκεῖ εἶναι δώσομεν. ἀλλ' οὐδὲ τὸ "αὐτοῦ
κύριος", οὐχ ὅτι ἄλλο αὐτοῦ κύριον, ἀλλ' ὅτι τὸ "αὐτοῦ
30 κύριον" τῇ οὐσίᾳ ἀπέδομεν, τὸ δὲ ἐν τιμιωτέρῳ ἢ κατὰ
τοῦτο ἐθέμεθα. τί οὖν τὸ ἐν τιμιωτέρῳ τοῦ ὅ ἐστιν αὐτοῦ
κύριον; ἢ ὅτι, ἐπειδὴ οὐσία καὶ ἐνέργεια ἐκεῖ δύο πως
ὄντα ἐκ τῆς ἐνεργείας τὴν ἔννοιαν ἐδίδου τοῦ κυρίου,
τοῦτο δὲ ἦν τῇ οὐσίᾳ ταὐτόν, διὰ τοῦτο καὶ χωρὶς ἐγένετο
35 τὸ κύριον εἶναι καὶ αὐτὸ αὑτοῦ ἐλέγετο κύριον. ὅπου δὲ
οὐ δύο ὡς ἕν, ἀλλὰ ἕν—ἢ γὰρ ἐνέργεια μόνον ἢ οὐδ' ὅλως
ἐνέργεια—οὐδὲ τὸ "κύριον αὐτοῦ" ὀρθῶς.

13. Ἀλλ' εἰ καὶ τὰ ὀνόματα ταῦτα ἐπάγειν δεῖ [οὐκ ὀρ-
θῶς] τοῦ ζητουμένου, πάλιν αὖ λεγέσθω, ὡς τὰ μὲν ⟨οὐκ⟩
ὀρθῶς εἴρηται, ὅτι οὐ ποιητέον οὐδ' ὡς εἰς ἐπίνοιαν δύο,
τὰ δὲ νῦν τῆς πειθοῦς χάριν καί τι παρανοητέον ἐν τοῖς
5 λόγοις. εἰ γὰρ δοίημεν ἐνεργείας αὐτῷ, τὰς δ' ἐνεργείας
αὐτοῦ οἷον βουλήσει αὐτοῦ—οὐ γὰρ ἀβουλῶν ἐνεργεῖ—αἱ δὲ
ἐνέργειαι ἡ οἷον οὐσία αὐτοῦ, ἡ βούλησις αὐτοῦ καὶ ἡ οὐσία
ταὐτὸν ἔσται. εἰ δὲ τοῦτο, ὡς ἄρα ἐβούλετο, οὕτω καὶ
ἔστιν. οὐ μᾶλλον ἄρα ὡς πέφυκε βούλεταί τε καὶ ἐνεργεῖ,

12. 30 ἀπέδομεν cf. VI. 8. 12. 13-17

12. 20 τόδε J: τὸ δὲ wBRUCQ   27 ἴσχει x   13. 1-2 οὐκ ὀρθῶς
del. Theiler   2 ⟨οὐκ⟩ Igal   3 ὅτι quia   εἰς om. w   4 τῆς:
εἰς x   καί τι (aliquantulum Ficinus) BJUQ: καίτοι wRC   9 τε: τι w

ἢ ὡς βούλεταί τε καὶ ἐνεργεῖ ἡ οὐσία ἐστὶν αὐτοῦ. κύριος 10
ἄρα πάντη ἑαυτοῦ ἐφ᾽ ἑαυτῷ ἔχων καὶ τὸ εἶναι. ἴδε δὴ καὶ
τόδε· τῶν ὄντων ἕκαστον ἐφιέμενον τοῦ ἀγαθοῦ βούλεται
ἐκεῖνο μᾶλλον ἢ ὅ ἐστιν εἶναι, καὶ τότε μάλιστα οἴεται
εἶναι, ὅταν τοῦ ἀγαθοῦ μεταλάβῃ, καὶ ἐν τῷ τοιούτῳ αἱρεῖ-
ται ἑαυτῷ ἕκαστον τὸ εἶναι καθόσον ἂν παρὰ τοῦ ἀγαθοῦ 15
ἴσχῃ, ὡς τῆς τοῦ ἀγαθοῦ φύσεως ἑαυτῷ δηλονότι πολὺ
πρότερον αἱρετῆς οὔσης, εἴπερ τὸ ὅση μοῖρα ἀγαθοῦ παρ᾽
ἄλλῳ αἱρετωτάτη, καὶ οὐσία ἑκούσιος καὶ παραγενομένη
θελήσει καὶ ἓν καὶ ταὐτὸν οὖσα θελήσει καὶ διὰ θελήσεως
ὑποστᾶσα. καὶ ἕως μὲν τὸ ἀγαθὸν μὴ εἶχεν ἕκαστον, 20
ἠθέλησεν ἄλλο, ᾗ δὲ ἔσχεν, ἑαυτό τε θέλει ἤδη καὶ ἔστιν
οὔτε κατὰ τύχην ἡ τοιαύτη παρουσία οὔτε ἔξω τῆς βου-
λήσεως αὐτοῦ ἡ οὐσία, καὶ τούτῳ καὶ ὁρίζεται καὶ
ἑαυτῆς ἐστι τούτῳ. εἰ οὖν τούτῳ αὐτό τι ἕκαστον ἑαυτὸ
ποιεῖ, δῆλον δήπου γίνεται ἤδη, ὡς ἐκεῖνο ἂν εἴη 25
ἑαυτῷ τοιοῦτον πρώτως, ᾧ καὶ τὰ ἄλλα ἑαυτοῖς ἐστιν
εἶναι, καὶ σύνεστιν αὐτοῦ τῇ οἷον οὐσίᾳ ἡ θέλησις τοῦ οἷον
τοιοῦτον εἶναι, καὶ οὐκ ἔστιν αὐτὸν λαβεῖν ἄνευ τοῦ θέλειν
ἑαυτῷ ὅπερ ἐστί, καὶ σύνδρομος αὐτὸς ἑαυτῷ θέλων αὐτὸς
εἶναι καὶ τοῦτο ὤν, ὅπερ θέλει, καὶ ἡ θέλησις καὶ αὐτὸς 30
ἕν, καὶ τούτῳ οὐχ ἧττον ἕν, ὅτι μὴ ἄλλο αὐτός, ὅπερ
ἔτυχεν, ἄλλο δὲ τὸ ὡς ἐβουλήθη ἄν. τί γὰρ ἂν καὶ ἠθέλη-
σεν ἢ τοῦτο, ὅ ἐστι; καὶ γὰρ εἰ ὑποθοίμεθα ἑλέσθαι αὐτῷ ὅ
τι θέλοι γενέσθαι, καὶ ἐξεῖναι αὐτῷ ἀλλάξασθαι τὴν αὑτοῦ
φύσιν εἰς ἄλλο, μήτ᾽ ἂν ἄλλο τι γενέσθαι βουληθῆναι, μήτ᾽ 35

---

13. 16-17 cf. Plat. *Phileb.* 20 d 1; 54 c 10; 60 b 4-10

13. 10 ἢ—ἐνεργεῖ om. x   κυρίως w   14 ἐν τῷ τοιούτῳ in tali
processu   15 καθόσον Kirchhoff: καὶ ὅσον Enn.   16 ἑαυτῷ Theiler:
ἑαυτῇ Enn.   17 εἴπερ τὸ *siquidem* uerum est *quod*   τὸ: τοι Igal: del.
Kirchhoff   17-18 ὅση—αἱρετωτάτη subiectum, οὐσία praedicatum
20 τὸ ἀγαθὸν obiectum, ἕκαστον subiectum   21 ἤδη: εἶναι x   23 ὁρίζεται
scil. ἡ ἑκάστου οὐσία   25 ἐκείνῳ x   33 αὑτῷ: αὑτὸ x
35 βουληθῆναι scil. λέγωμεν

ἂν ἑαυτῷ τι μέμψασθαι ὡς ὑπὸ ἀνάγκης τοῦτο ὄν, ὃ
ἐστι, τοῦτο τὸ "αὐτὸς εἶναι" ὅπερ αὐτὸς ἀεὶ ἠθέλησε
καὶ θέλει. ἔστι γὰρ ὄντως ἡ ἀγαθοῦ φύσις θέλησις αὐτοῦ
οὐ δεδεκασμένου οὐδὲ τῇ ἑαυτοῦ φύσει ἐπισπομένου, ἀλλ᾽
40 ἑαυτὸν ἑλομένου, ὅτι μηδὲ ἦν ἄλλο, ἵνα πρὸς ἐκεῖνο ἑλχθῇ.
καὶ μὴν κἀκεῖνο ἄν τις λέγοι, ὡς ἐν τῇ αὐτῶν ἔκαστον τὰ
ἄλλα οὐσίᾳ οὐ περιείληφε τὸν λόγον τὸν τοῦ ἀρέσκεσθαι
αὐτῷ· καὶ γὰρ ἂν καὶ δυσχεραίνοι τι αὐτό. ἐν δὲ τῇ τοῦ
ἀγαθοῦ ὑποστάσει ἀνάγκη τὴν αἵρεσιν καὶ τὴν αὐτοῦ
45 θέλησιν ἐμπεριειλημμένην εἶναι ἢ σχολῇ γ᾽ ἂν ἄλλῳ ὑπάρχοι
ἑαυτῷ ἀρεστῷ εἶναι, ἃ μετουσίᾳ ἢ ἀγαθοῦ φαντασίᾳ
ἀρέσκεται αὐτοῖς. δεῖ δὲ συγχωρεῖν τοῖς ὀνόμασιν, εἴ τις
περὶ ἐκείνου λέγων ἐξανάγκης ἐνδείξεως ἕνεκα αὐτοῖς χρῆ-
ται, ἃ ἀκριβείᾳ οὐκ ἐῶμεν λέγεσθαι· λαμβανέτω δὲ καὶ τὸ
50 "οἷον" ἐφ᾽ ἑκάστου. εἰ οὖν ὑφέστηκε τὸ ἀγαθὸν καὶ συνυφ-
ίστησιν αὐτὸ ἡ αἵρεσις καὶ ἡ βούλησις—ἄνευ γὰρ τούτων
οὐκ ἔσται—δεῖ δὲ τοῦτο μὴ πολλὰ εἶναι, συνακτέον εἰς ἓν
τὴν βούλησιν καὶ τὴν οὐσίαν [καὶ τὸ θέλειν]· τὸ δὲ θέλειν
⟨εἰ⟩ παρ᾽ αὐτοῦ, ἀνάγκη παρ᾽ αὐτοῦ καὶ τὸ εἶναι αὐτῷ
55 εἶναι, ὥστε αὐτὸν πεποιηκέναι αὐτὸν ὁ λόγος ἀνεῦρεν. εἰ
γὰρ ἡ βούλησις παρ᾽ αὐτοῦ καὶ οἷον ἔργον αὐτοῦ, αὕτη δὲ
ταὐτὸν τῇ ὑποστάσει αὐτοῦ, αὐτὸς ἂν οὕτως ὑποστήσας
ἂν εἴη αὐτόν· ὥστε οὐχ ὅπερ ἔτυχέν ἐστιν, ἀλλ᾽ ὅπερ
ἐβουλήθη αὐτός.

14. Ἔτι δὲ ὁρᾶν δεῖ καὶ ταύτῃ· ἔκαστον τῶν λεγομένων
εἶναι ἢ ταὐτόν ἐστι τῷ εἶναι αὐτοῦ, ἢ ἔτερον· οἷον ἄν-
θρωπος ὅδε ἔτερος, καὶ τὸ ἀνθρώπῳ εἶναι ἄλλο· μετέχει γε

---

13. 39 cf. Hom. ξ 262 ἐπισπόμενοι μένεῖ σφῷ   14. 2-3 cf. Aristot.
Metaph. H 3. 1043ᵇ2-3

---

13. 36 ὄν: ὦν w   39 ἐπισπομένου BJU: ἐπισπωμένου wRCQ H-S¹
40 μηδὲν x   49 λαμβανέτω subiectum τις   50 ἑκάστῳ x   52 εἰς
Kirchhoff: ὡς Enn.   53 καὶ τὸ θέλειν del. Vitringa   54 εἰ Aᵃᵐᵍ =
Ficinus   14. 2 τῷ: τὸ xU

μὴν ὁ ἄνθρωπος τοῦ ὅ ἐστιν ἀνθρώπῳ εἶναι. ψυχὴ δὲ
καὶ τὸ ψυχῇ εἶναι ταὐτόν, εἰ ἁπλοῦν ψυχὴ καὶ μὴ κατ᾽   5
ἄλλου, καὶ ἄνθρωπος αὐτὸ καὶ τὸ ἀνθρώπῳ εἶναι. καὶ τὸ μὲν
ἂν κατὰ τύχην γένοιτο ἄνθρωπος, ὅσῳ ἕτερον τοῦ ἀνθρώπῳ
εἶναι, τὸ δὲ ἀνθρώπῳ εἶναι οὐκ ἂν γένοιτο κατὰ τύχην· τοῦτο
δ᾽ ἐστὶ "παρ᾽ αὐτοῦ ἄνθρωπος αὐτό". εἰ δὴ τὸ ἀνθρώπῳ
εἶναι παρ᾽ αὐτοῦ καὶ οὐ κατὰ τύχην τοῦτο οὐδὲ συμβέβηκε,   10
πῶς ἂν τὸ ὑπὲρ τὸ ἄνθρωπος αὐτό, τὸ γεννητικὸν τοῦ
ἀνθρώπου αὐτό, καὶ οὗ τὰ ὄντα πάντα, κατὰ τύχην ἂν λέ-
γοιτο, φύσις ἁπλουστέρα τοῦ ἄνθρωπον εἶναι καὶ τοῦ ὅλως
τὸ ὂν εἶναι; ἔτι πρὸς τὸ ἁπλοῦν ἰόντι οὐκ ἔστι συναναφέ-
ρειν τὴν τύχην, ὥστε καὶ εἰς τὸ ἁπλούστατον ἀδύνατον ἀνα-   15
βαίνειν τὴν τύχην. ἔτι δὲ κἀκεῖνο ἀναμνησθῆναι προσήκει
ἤδη που εἰρημένον, ὡς ἕκαστον τῶν κατὰ ἀλήθειαν ὄντων
καὶ ὑπ᾽ ἐκείνης τῆς φύσεως ἐλθόντων εἰς ὑπόστασιν, καὶ εἴ
τι δὲ ἐν τοῖς αἰσθητοῖς [τοιοῦτον], τῷ ἀπ᾽ ἐκείνων τοιοῦτον·
λέγω δὲ τὸ τοιοῦτον τὸ σὺν αὐτῶν τῇ οὐσίᾳ ἔχειν καὶ   20
τῆς ὑποστάσεως τὴν αἰτίαν, ὥστε τὸν ὕστερον θεατὴν
ἑκάστου ἔχειν εἰπεῖν, διὸ ἕκαστον τῶν ἐνυπαρχόντων,
οἷον διὰ τί ὀφθαλμὸς καὶ διὰ τί πόδες τοῖσδε τοιοίδε, καὶ
τὴν αἰτίαν συναπογεννῶσαν ἕκαστον μέρος ἑκάστου εἶναι
καὶ δι᾽ ἄλληλα τὰ μέρη εἶναι. διὰ τί πόδες εἰς μῆκος; ὅτι   25
καὶ τόδε τοιόνδε καὶ ὅτι πρόσωπον τοιόνδε, καὶ πόδες
τοιοίδε. καὶ ὅλως ἡ πρὸς ἄλληλα πάντων συμφωνία ἀλλή-
λοις αἰτία· καὶ τὸ διὰ τί τόδε, ὅτι τοῦτ᾽ ἔστι τὸ ἀνθρώπῳ
εἶναι· ὥστε ἓν καὶ τὸ αὐτὸ τὸ εἶναι καὶ τὸ αἴτιον. ταῦτα

---

14. 4-5 = Arist. *Metaph. H* 3. 1043ᵇ2   17 που εἰρημένον cf. VI. 7. 1-2
29 cf. Aristot. *Anal. post. B* 2. 90ᵃ15

---

14. 7 ἄνθρωπος del. Kirchhoff, sed explicat subiectum τὸ μὲν et resu-
mit 4 ὁ ἄνθρωπος   ὅσῳ H-S¹: ὅτῳ *Enn.*   τοῦ BUCQ: τῷ ER: τὸ AJ
8-9 εἶναι—ἀνθρώπῳ om. x   14 ἔτι Harder: εἰ *Enn.*   19 τοιοῦτον¹
del. Igal, *Emerita* 43, 1975, 181   24 τὴν αἰτίαν συναπογεννῶσαν regitur
ab εἰπεῖν et regit utrumque εἶναι   27 ἥ: τῇ x   28 τὸ² AJU:
τῷ EBRCQ

30 δὲ ἐκ μιᾶς πηγῆς οὕτως ἦλθεν οὐ λελογισμένης, ἀλλὰ
παρεχούσης ὅλον ἀθρόον τὸ διὰ τί καὶ τὸ εἶναι. πηγὴ οὖν
τοῦ εἶναι καὶ τοῦ διὰ τί εἶναι ὁμοῦ ἄμφω διδοῦσα· ἀλλὰ
οἷα τὰ γινόμενα, πολὺ ἀρχετυπώτερον καὶ ἀληθέστερον καὶ
μᾶλλον ἢ κατ᾽ ἐκεῖνα πρὸς τὸ βέλτιον τὸ ἀφ᾽ οὗ ταῦτα.
35 εἰ οὖν μηδὲν εἰκῇ μηδὲ κατὰ τύχην μηδὲ τὸ "συνέβη γὰρ
οὕτως" τῶν ὅσα τὰς αἰτίας ἐν αὑτοῖς ἔχει, ἔχει δὲ τὰ ἐξ
αὑτοῦ ἅπαντα, λόγου ὢν καὶ αἰτίας καὶ οὐσίας αἰτιώδους
πατήρ, ἃ δὴ πάντα πόρρω ὑπάρχει τύχης, εἴη ἂν ἀρχὴ
καὶ οἷον παράδειγμα τῶν ὅσα μὴ κεκοινώνηκε τύχῃ, τὸ
40 ὄντως καὶ τὸ πρῶτον, ἀμιγὲς τύχαις καὶ αὐτομάτῳ καὶ
συμβάσει, αἴτιον ἑαυτοῦ καὶ παρ᾽ αὑτοῦ καὶ δι᾽ αὑτὸν
αὐτός· καὶ γὰρ πρώτως αὐτὸς καὶ ὑπερόντως αὐτός.

15. Καὶ ἐράσμιον καὶ ἔρως ὁ αὐτὸς καὶ αὑτοῦ ἔρως,
ἅτε οὐκ ἄλλως καλὸς ἢ παρ᾽ αὑτοῦ καὶ ἐν αὑτῷ. καὶ γὰρ
καὶ τὸ συνεῖναι ἑαυτῷ οὐκ ἂν ἄλλως ἔχοι, εἰ μὴ τὸ
συνὸν καὶ τὸ ᾧ σύνεστιν ἓν καὶ ταὐτὸν εἴη. εἰ δὲ τὸ
5 συνὸν τῷ ᾧ σύνεστιν ἓν καὶ τὸ οἷον ἐφιέμενον τῷ ἐφετῷ
ἕν, τὸ δὲ ἐφετὸν κατὰ τὴν ὑπόστασιν καὶ οἷον ὑποκεί-
μενον, πάλιν αὖ ἡμῖν ἀνεφάνη ταὐτὸν ἡ ἔφεσις καὶ ἡ
οὐσία. εἰ δὲ τοῦτο, πάλιν αὖ αὐτός ἐστιν οὗτος ὁ ποιῶν
ἑαυτὸν καὶ κύριος ἑαυτοῦ καὶ οὐχ ὥς τι ἕτερον ἠθέλησε
10 γενόμενος, ἀλλ᾽ ὡς θέλει αὐτός. καὶ μὴν καὶ λεγοντες
αὐτὸν οὔτε τι εἰς αὐτὸν δέχεσθαι οὔτε ἄλλο αὐτὸν καὶ ταύτῃ
ἂν εἴημεν ἔξω ποιοῦντες τοῦ τύχῃ εἶναι τοιοῦτον οὐ μόνον
τῷ μονοῦν αὐτὸν καὶ τῷ καθαρὸν ποιεῖν ἁπάντων, ἀλλ᾽ ὅτι,
εἴ ποτε καὶ αὐτοὶ ἐν αὑτοῖς ἐνίδοιμέν τινα φύσιν τοιαύτην

14. 37–8 = Plat. *Epist.* vi. 323 d 4   15. 1 cf. Plat. *Phaedr.* 250 e 1
7 πάλιν αὖ cf. VI. 8. 13. 27   8 πάλιν αὖ cf. VI. 8. 13. 55

14. 33 οἷα τὰ γινόμενα concise pro οἷα τὰ γινόμενα, τοιοῦτον, ἀλλὰ
37 λόγου ὢν incipit apodosis, subiectum 42 αὐτός[1] = τὸ ἕν   15. 1 ὁ del.
Theiler, sed cf. lin. 5–6   2 καλὸς BxCQ: καλῶς wU(ὁ U[s])   5 τῷ[1]:
τὸ w

οὐδὲν ἔχουσαν τῶν ἄλλων, ὅσα συνήρτηται ἡμῖν, καθὰ 15
πάσχειν ὅ τί περ ἂν συμβῇ [καὶ] κατὰ τύχην ὑπάρχει—
πάντα γὰρ τὰ ἄλλα, ὅσα ἡμῶν, δοῦλα κἀκκείμενα τύχαις
καὶ οἷον κατὰ τύχην προσελθόντα, τούτῳ δὲ μόνῳ τὸ κύριον
αὐτοῦ καὶ τὸ αὐτεξούσιον φωτὸς ἀ γ α θ ο ε ι δ ο ῦ ς καὶ ἀγαθοῦ
ἐνεργείᾳ καὶ μείζονος ἢ κατὰ νοῦν, οὐκ ἐπακτὸν τὸ ὑπὲρ 20
τὸ νοεῖν ἐχούσης· εἰς ὃ δὴ ἀναβάντες καὶ γενόμενοι τοῦτο
μόνον, τὰ δ' ἄλλα ἀφέντες, τί ἂν εἴποιμεν αὐτὸ ἢ ὅτι πλέον
ἢ ἐλεύθεροι, καὶ πλέον ἢ αὐτεξούσιοι; τίς δ' ἂν ἡμᾶς προσ-
άψειε τότε τύχαις ἢ τῷ εἰκῇ ἢ τῷ "συμβέβηκεν" αὐτὸ τὸ
ἀληθινὸν ζῆν γενομένους ἢ ἐν τούτῳ γενομένους, ὃ μηδὲν 25
ἔχει ἄλλο, ἀλλ' ἔστιν αὐτὸ μόνον; τὰ μὲν οὖν ἄλλα μονούμενα
οὐκ ἔστιν αὐτοῖς αὐτάρκη εἶναι εἰς τὸ εἶναι· τοῦτο δέ ἐστιν
ὅ ἐστι καὶ μονούμενον. ὑπόστασις δὲ πρώτη οὐκ ἐν ἀψύχῳ
οὐδ' ἐν ζωῇ ἀλόγῳ· ἀσθενὴς γὰρ εἰς τὸ εἶναι καὶ αὕτη
σκέδασις οὖσα λόγου καὶ ἀοριστία· ἀλλ' ὅσῳ πρόεισιν εἰς 30
λόγον, ἀπολείπει τύχην· τὸ γὰρ κατὰ λόγον οὐ τύχῃ. ἀνα-
βαίνουσι δὲ ἡμῖν ἐκεῖνο μὲν οὐ λόγος, κάλλιον δὲ ἢ λόγος·
τοσοῦτον ἀπέχει τοῦ τύχῃ συμβῆναι. ῥίζα γὰρ λόγου παρ'
αὐτῆς καὶ εἰς τοῦτο λήγει τὰ πάντα, ὥσπερ φυτοῦ μεγίστου
κατὰ λόγον ζῶντος ἀρχὴ καὶ βάσις, μένουσα γὰρ αὐτὴ ἐφ' 35
ἑαυτῆς, διδοῦσα δὲ κατὰ λόγον τῷ φυτῷ, ὃν ἔλαβεν, εἶναι.

16. Ἐπεὶ δέ φαμεν καὶ δοκεῖ πανταχοῦ τε εἶναι τοῦτο
καὶ αὖ εἶναι οὐδαμοῦ, τοῦτό τοι χρὴ ἐνθυμηθῆναι καὶ
νοῆσαι, οἷον δεῖ καὶ ἐντεῦθεν σκοπουμένοις θέσθαι περὶ
ὧν ζητοῦμεν. εἰ γὰρ μηδαμοῦ, οὐδαμοῦ συμβέβηκε, καὶ εἰ
πανταχοῦ, ὅσος ἐστὶν αὐτός, τοσοῦτος πανταχοῦ· ὥστε 5

---

15. 19 = Plat. *Resp.* 509 a 3

15. 16 καὶ del. H–S¹   17 κἀκκείμενα coniecimus: καὶ κείμενα *Enn.*
21 ἐχούσης scil. τῆς ἐνεργείας, genetiuus absolutus pro participio coniuncto
22 τί—αὐτὸ quidnam de hoc statu dicemus Ficinus recte   24 τῷ (bis): τὸ x
25 ζῆν om. x   29 αὕτη (i.e. ζωὴ ἄλογος) subiectum   31 τύχην:
τύχῃ x   35 γὰρ del. Kirchhoff   16. 2 τοι: τι x

τὸ πανταχοῦ καὶ τὸ πάντη αὐτός, οὐκ ἐν ἐκείνῳ ὢν τῷ
πανταχοῦ, ἀλλ' αὐτὸς ὢν τοῦτο καὶ δοὺς εἶναι τοῖς
ἄλλοις ἐν τῷ πανταχοῦ παρακεῖσθαι. ὁ δ' ὑπερτάτην ἔχων
τάξιν, μᾶλλον δὲ οὐκ ἔχων, ἀλλ' ὢν ὑπέρτατος αὐτός,
10 δοῦλα πάντα ἔχει, οὐ συμβὰς αὐτοῖς, αὐτῷ δὲ τῶν ἄλλων,
μᾶλλον δὲ περὶ αὐτὸν τῶν ἄλλων, οὐ πρὸς αὐτὰ βλέποντος
αὐτοῦ, ἀλλ' ἐκείνων πρὸς αὐτόν· ὁ δ' εἰς τὸ εἴσω οἷον
φέρεται αὐτοῦ οἷον ἑαυτὸν ἀγαπήσας, αὐγὴν καθαράν,
αὐτὸς ὢν τοῦτο, ὅπερ ἠγάπησε· τοῦτο δ' ἐστὶν ὑποστήσας
15 αὐτόν, εἴπερ ἐνέργεια μένουσα καὶ τὸ ἀγαπητότατον οἷον
νοῦς. νοῦς δὲ ἐνέργημα· ὥστε ἐνέργημα αὐτός. ἀλλὰ
ἄλλου μὲν οὐδενός· ἑαυτοῦ ἄρα ἐνέργημα αὐτός. οὐκ ἄρα
ὡς συμβέβηκέν ἐστιν, ἀλλ' ὡς ἐνεργεῖ αὐτός. ἔτι τοίνυν,
εἰ ἔστι μάλιστα, ὅτι πρὸς αὐτὸν οἷον στηρίζει καὶ οἷον
20 πρὸς αὐτὸν βλέπει καὶ τὸ οἷον εἶναι τοῦτο αὐτῷ τὸ πρὸς
αὐτὸν βλέπειν, οἷον ποιοῖ ἂν αὐτόν, οὐχ ὡς ἔτυχεν ἄρα
ἐστίν, ἀλλ' ὡς αὐτὸς θέλει, καὶ οὐδ' ἡ θέλησις εἰκῆ οὐδ'
οὕτω συνέβη· τοῦ γὰρ ἀρίστου ἡ θέλησις οὖσα οὐκ ἔστιν
εἰκῆ. ὅτι δ' ἡ τοιαύτη νεῦσις αὐτοῦ πρὸς αὐτὸν οἷον
25 ἐνέργεια οὖσα αὐτοῦ καὶ μονὴ ἐν αὐτῷ τὸ εἶναι ὅ ἐστι
ποιεῖ, μαρτυρεῖ ὑποτεθὲν τοὐναντίον· ὅτι, εἰ πρὸς τὸ
ἔξω νεύσειεν αὐτοῦ, ἀπολεῖ τὸ εἶναι ὅπερ ἐστί· τὸ ἄρα
εἶναι ὅπερ ἐστὶν ἡ ἐνέργεια ἡ πρὸς αὐτόν· τοῦτο δὲ ἓν
καὶ αὐτός. αὐτὸς ἄρα ὑπέστησεν αὐτὸν συνεξενεχ-
30 θείσης τῆς ἐνεργείας μετ' αὐτοῦ. εἰ οὖν μὴ γέγονεν, ἀλλ'
ἦν ἀεὶ ἡ ἐνέργεια αὐτοῦ καὶ οἷον ἐγρήγορσις οὐκ ἄλλου
ὄντος τοῦ ἐγρηγορότος, ἐγρήγορσις καὶ ὑπερνόησις ἀεὶ
οὖσα, ἔστιν οὕτως, ὡς ἐγρηγόρησεν. ἡ δὲ ἐγρήγορσίς

16. 13 = Plat. *Phaedr.* 250 c 4   31 ἐγρήγορσις cf. Aristot. *Metaph. Λ*
7. 1072ᵇ17

16. 6 τῷ: τὸ w   7 τούτῳ x   8 ὑπερτάτην: ὑπὲρ ταύτην w
10 τῶν ἄλλων scil. συμβάντων   12 εἴσω: ἴσον w

ἐστιν ἐπέκεινα οὐσίας καὶ νοῦ καὶ ζωῆς ἔμφρονος·
ταῦτα δὲ αὐτός ἐστιν. αὐτὸς ἄρα ἐστὶν ἐνέργεια ὑπὲρ νοῦν 35
καὶ φρόνησιν καὶ ζωήν· ἐξ αὐτοῦ δὲ ταῦτα καὶ οὐ παρ᾽
ἄλλου. παρ᾽ αὐτοῦ ἄρα αὐτῷ καὶ ἐξ αὐτοῦ τὸ εἶναι.
οὐκ ἄρα, ὡς συνέβη, οὕτως ἐστίν, ἀλλ᾽ ὡς ἠθέλησεν
αὐτός ἐστιν.

17. Ἔτι δὲ καὶ ὧδε· ἕκαστά φαμεν τὰ ἐν τῷ παντὶ καὶ
τόδε τὸ πᾶν οὕτως ἔχειν, ὡς ἂν ἔσχεν, ὡς ἡ τοῦ ποιοῦν-
τος προαίρεσις ἠθέλησε, καὶ οὕτως ἔχειν, ὡς ἂν προϊέμενος
καὶ προϊδὼν ἐν λογισμοῖς κατὰ πρόνοιαν οὗτος εἰργάσατο.
ἀεὶ δὲ οὕτως ἐχόντων καὶ ἀεὶ οὕτως γιγνομένων, οὕτω 5
τοι καὶ ἀεὶ ἐν τοῖς συνοῦσι κεῖσθαι τοὺς λόγους ἐν μείζο-
νι εὐθημοσύνῃ ἐστῶτας· ὥστε ἐπέκεινα προνοίας τἀκεῖ
εἶναι καὶ ἐπέκεινα προαιρέσεως καὶ πάντα ἀεὶ νοερῶς
ἑστηκότα εἶναι, ὅσα ἐν τῷ ὄντι. ὥστε τὴν οὕτω διάθεσιν
εἴ τις ὀνομάζει πρόνοιαν, οὕτω νοείτω, ὅτι ἐστὶ πρὸ 10
τοῦδε νοῦς τοῦ παντὸς ἑστώς, ἀφ᾽ οὗ καὶ καθ᾽ ὃν τὸ πᾶν
τόδε. εἰ μὲν οὖν νοῦς πρὸ πάντων καὶ ἀρχὴ ὁ τοιοῦτος
νοῦς, οὐκ ἂν εἴη ὡς ἔτυχε, πολὺς μὲν ὤν, συνῳδὸς
δὲ αὐτῷ καὶ οἷον εἰς ἓν συντεταγμένος. οὐδὲν γὰρ πολὺ
καὶ πλῆθος συντεταγμένον καὶ λόγοι πάντες καὶ περιληφ- 15
θέντες ἑνὶ διὰ παντὸς ὡς ἔτυχε καὶ ὡς συνέβη, ἀλλὰ

---

16. 34 = Plat. *Resp.* 509 b 9 et 521 a 4; ἐπέκεινα νοῦ cf. Aristot. *Fr.* 49
Rose³ = p. 57 Ross = Simpl. *In De caelo* ii. 12, p. 485. 22   17. 1–4 cf.
Plat. *Tim.* 30 b 6–c 1   7 εὐθημοσύνῃ cf. Hesiodus *Op.* 471

---

16. 35 ταῦτα i.e. ἐπέκεινα οὐσίας καὶ νοῦ καὶ ζωῆς   17. 2 ὡς²: εἰ
A³ᵐᵍ = Ficinus   3 ἔχει x   προϊέμενος *producens* scil. τὸ πᾶν
4 οὗτος Theiler: οὕτως Enn.   6 συνοῦσι i.e. νοητοῖς *quae simul existunt*
Ficinus recte   7 εὐθημοσύνῃ wQ   9 ὅσα: ὥστ᾽ x   10 νοοῖτο w
11 τοῦδε coniungendum cum τοῦ παντὸς   12 μὲν oppositum ad 18
δὲ   νοῦς scil. ἐστι   13 ὡς ἔτυχε *ut sorte contigit* Ficinus recte
14–16 οὐδὲν . . πολὺ et πλῆθος et λόγοι subiectum, ὡς¹—συνέβη praedicatum
15 συντεταγμένον et cum πολὺ et cum πλῆθος coniungendum   καὶ² del.
Müller

πόρρω φύσεως τῆς τοιαύτης καὶ ἐναντίον, ὅσον τύχη ἐν
ἀλογίᾳ κειμένη λόγῳ. εἰ δὲ τὸ πρὸ τοῦ τοιούτου ἀρχή,
δηλονότι προσεχὴς τούτῳ τῷ οὕτω λελογωμένῳ, καὶ τὸ
20 οὕτω λεγόμενον τοῦτο κατ᾽ ἐκεῖνο καὶ μετέχον ἐκείνου
καὶ οἷον θέλει ἐκεῖνο καὶ δύναμις ἐκείνου. ἀδιάστατος
τοίνυν ἐκεῖνος, εἷς ⟨εἰς⟩ πάντα λόγος, εἷς ἀριθμὸς καὶ εἷς
μείζων τοῦ γενομένου καὶ δυνατώτερος, καὶ οὐδὲν μεῖζον
αὐτοῦ οὐδὲ κρεῖττον. οὐδὲ ἄρα ἐξ ἄλλου ἔχει οὔτε τὸ
25 εἶναι οὔτε τὸ ὁποῖός ἐστιν εἶναι. αὐτὸς ἄρα αὐτῷ ὅ ἐστι
πρὸς αὐτὸν καὶ εἰς αὐτόν, ἵνα μηδὲ ταύτῃ πρὸς τὸ ἔξω ἢ
πρὸς ἄλλον, ἀλλὰ πρὸς αὐτὸν πᾶς.

18. Καὶ σὺ ζητῶν μηδὲν ἔξω ζήτει αὐτοῦ, ἀλλ᾽ εἴσω
πάντα τὰ μετ᾽ αὐτόν· αὐτὸν δὲ ἔα. τὸ γὰρ ἔξω αὐτός
ἐστι, περίληψις πάντων καὶ μέτρον. ἢ εἴσω ἐν βάθει,
τὸ δ᾽ ἔξω αὐτοῦ, οἷον κύκλῳ ἐφαπτόμενον αὐτοῦ καὶ
5 ἐξηρτημένον πᾶν ὃ λόγος καὶ νοῦς· μᾶλλον δ᾽ ἂν εἴη
νοῦς, καθὸ ἐφάπτεται καὶ ᾗ ἐξήρτηται αὐτοῦ [καὶ ᾗ
ἐξήρτηται], ἅτε παρ᾽ ἐκείνου ἔχων τὸ νοῦς εἶναι. ὥσπερ
ἂν οὖν κύκλος, ⟨ὃς⟩ ἐφάπτοιτο κέντρου κύκλῳ, ὁμολο-
γοῖτο ἂν τὴν δύναμιν παρὰ τοῦ κέντρου ἔχειν καὶ οἷον
10 κεντροειδής, ᾗ γραμμαὶ ἐν κύκλῳ πρὸς κέντρον ἓν συν-
ιοῦσαι τὸ πέρας αὐτῶν τὸ πρὸς τὸ κέντρον ποιοῦσι τοι-
οῦτον εἶναι οἷον τὸ πρὸς ὃ ἠνέχθησαν καὶ ἀφ᾽ οὗ οἷον
ἐξέφυσαν, μείζονος ὄντος ἢ κατὰ ταύτας τὰς γραμμὰς

18. 3 περίληψις cf. Plat. Tim. 30 c 8; μέτρον cf. Plat. Leg. 716 c 4

---

17. 17 ἐναντίον scil. ἐστὶ τὸ ὡς ἔτυχε καὶ ὡς συνέβη   18 λόγῳ scil.
ἐναντία ἐστίν   τὸ om. x   19 προσεχὴς nempe ἐκεῖνος i.e. τὸ ἕν
19 λελογωμένῳ: λεγομένῳ w   20 λεγόμενον: λελογωμένον Kirchhoff
22 ⟨εἰς⟩ Cilento   18. 4 τὸ δ᾽ subiectum, ἔξω praedicatum   5 ὃ
Harder: ὁ Enn.   6 ἐξήρτηται coniecimus: ἐφάπτεται Enn.   6-7 καὶ ᾗ
ἐξήρτηται ut correctionem ad καὶ ᾗ ἐφάπτεται deleuimus   8 ⟨ὃς⟩
Theiler   κύκλῳ del. Volkmann   8-9 ὁμολογοῖτο passiuum
10 κεντροειδεῖς w   ᾗ F³ᵐᵍ = Ficinus: ἢ Enn.   10-11 συνούσαι x

καὶ τὰ πέρατα αὐτῶν τὰ αὐτῶν σημεῖα τῶν γραμμῶν—
καὶ ἔστι μὲν οἷον ἐκεῖνο, ἀμυδρὰ δὲ καὶ ἴχνη ἐκείνου τοῦ 15
ὃ δύναται αὐτὰ καὶ τὰς γραμμὰς δυνάμενον, αἳ πανταχοῦ
ἔχουσιν αὐτό· καὶ ἐμφαίνεται διὰ τῶν γραμμῶν, οἷόν ἐστιν
ἐκεῖνο, οἷον ἐξελιχθὲν οὐκ ἐξεληλιγμένον—οὕτω τοι καὶ
τὸν νοῦν καὶ τὸ ὂν χρὴ λαμβάνειν, γενόμενον ἐξ ἐκείνου καὶ
οἷον ἐκχυθὲν καὶ ἐξελιχθὲν καὶ ἐξηρτημένον, ἐκ τῆς αὐτοῦ 20
νοερᾶς φύσεως μαρτυρεῖν τὸν οἷον ἐν ἑνὶ νοῦν οὐ νοῦν
ὄντα· ἓν γάρ. ὥσπερ οὐδ' ἐκεῖ γραμμὰς οὐδὲ κύκλον τὸ
κέντρον, κύκλου δὲ καὶ γραμμῶν πατέρα, ἴχνη αὐτοῦ
δόντα καὶ δυνάμει μενούσῃ γραμμὰς καὶ κύκλον οὐ
πάντη ἀπηρτημένα αὐτοῦ ῥώμῃ τινὶ γεγεννηκότα· οὕτω 25
τοι κἀκεῖνο, τῆς νοερᾶς περιθεούσης δυνάμεως, τὸ οἷον
ἰνδάλματος αὐτοῦ ἀρχέτυπον, ἐν ἑνὶ νοῦν, πολλοῖς καὶ εἰς
πολλὰ οἷον νενικημένου καὶ νοῦ διὰ ταῦτα γενομένου,
ἐκείνου πρὸ νοῦ μείναντος τῆς δυνάμεως αὐτοῦ νοῦς γεν-
νήσαντος—τίς ἂν συντυχία (ἢ τὸ αὐτόματον ἢ τὸ "ὡς 30
συνέβη εἶναι") τῆς τοιαύτης δυνάμεως τῆς νοοποιοῦ καὶ
ὄντως ποιητικῆς πλησίον ἧκοι; οἷον γὰρ τὸ ἐν νῷ,

---

18. 14 τὰ πέρατα termini interiores τὰ² — γραμμῶν (ipsarum puncta
linearum appositio ad τὰ πέρατα) del. Kirchhoff 15 καὶ ἔστι subiectum
τὰ πέρατα 15–16 ἴχνη—δυνάμενον uestigia illius quod efficit ea (= τὰ
πέρατα) quippe quod lineas quoque efficiat 17 οἷόν quale Ficinus
18 οἷον quasi Ficinus οὕτω recipit 7 ὥσπερ τοι om. w
19 τὸν νοῦν et τὸ ὂν subiecta ad 21 μαρτυρεῖν 20 ἐξελιχθὲν x
22–5 ad ὥσπερ et ad οὕτω subaudiendum χρὴ λαμβάνειν 26–7 κἀκεῖνο
(i.e. τὸ ἕν) subiectum, τὸ—ἀρχέτυπον (tamquam exemplar imaginis sui ipsius)
appositio, ἐν ἑνὶ νοῦν (scil. εἶναι) praedicatum 27 ἑνὶ νοῦν: ἐνὶ Kirchhoff:
del. Theiler, sed 'intellectus in uno' opponitur mero intellectui, cf. lin.
21 28 νενικημένου (coniungendum cum ἰνδάλματος) Enn.: κεκινημένου
A³ᵐᵍ = Ficinus 29–30 ἐκείνου— γεννήσαντος illo quod ante intellectum
manet eius uis generante intellectus sic fere interpretatur Igal ante τῆς
add. ἐκ A³ᵐᵍ (= Ficinus) H–S¹ νοῦς (pluralis) Enn.: νοῦν A³ᵐᵍ
(= Ficinus) H–S¹ 30 τίς pergit anacoluthice ἦ¹: καὶ x τὸ
(bis): τί Kirchhoff 30–1 τὸ αὐτόματον et τὸ "ὡς συνέβη εἶναι" duo
genera συντυχίας 30 ὡς om. x 32–3 οἷον—ἐκείνῳ quale enim id
quod in intellectu, multo autem maius quam tale id est quod in illo uno

πολλαχῇ μεῖζον ἢ τοιοῦτον τὸ ἐν ἑνὶ ἐκείνῳ, ὥσπερ φωτὸς
ἐπὶ πολὺ σκεδασθέντος ἐξ ἑνός τινος ἐν αὐτῷ ὄντος
35 διαφανοῦς· εἴδωλον μὲν τὸ σκεδασθέν, τὸ δ' ἀφ' οὗ τὸ
ἀληθές· οὐ μὴν ἀλλοειδὲς τὸ σκεδασθὲν εἴδωλον ὁ νοῦς,
ὃς οὐ τύχῃ, ἀλλὰ καθέκαστον αὐτοῦ λόγος καὶ αἰτία,
αἴτιον δὲ ἐκεῖνο τοῦ αἰτίου. μειζόνως ἄρα οἷον αἰτιώ-
τατον καὶ ἀληθέστερον αἰτία, ὁμοῦ πάσας ἔχον τὰς
40 μελλούσας ἀπ' αὐτοῦ ἔσεσθαι νοερὰς αἰτίας καὶ γεννη-
τικὸν τοῦ οὐχ ὡς ἔτυχεν, ἀλλ' ὡς ἠθέλησεν αὐτός. ἡ δὲ
θέλησις οὐκ ἄλογος ἦν οὐδὲ τοῦ εἰκῇ οὐδ' ὡς ἐπῆλθεν
αὐτῷ, ἀλλ' ὡς ἔδει, ὡς οὐδενὸς ὄντος ἐκεῖ εἰκῇ. ὅθεν
καὶ δέον καὶ καιρὸν ὁ Πλάτων ὡς οἷόν τε ἦν σημῆναι
45 ἐφιέμενος, ὅτι πόρρω τοῦ ὡς ἔτυχεν, ἀλλ' ὅπερ ἐστί, τοῦτο
δέον. εἰ δὲ τὸ δέον τοῦτο, οὐκ ἀλόγως τοῦτο, καὶ εἰ
καιρός, τὸ μάλιστα κυριώτατον ἐν τοῖς μετ' αὐτὸ καὶ
πρότερον αὐτῷ καὶ οὐχ οἷον ἔτυχε τοῦτό ἐστιν, ἀλλὰ
τοῦτό ἐστιν, ὅπερ οἷον ἐβουλήθη αὐτός, εἴπερ τὰ δέοντα
50 βούλεται καὶ ἓν τὸ δέον καὶ ἡ τοῦ δέοντος ἐνέργεια· καὶ
ἔστι δέον οὐχ ὡς ὑποκείμενον, ἀλλ' ὡς ἐνέργεια πρώτη
τοῦτο ἑαυτὴν ἐκφήνασα, ὅπερ ἔδει. οὕτω γὰρ δεῖ αὐτὸν
λέγειν ἀδυνατοῦντα λέγειν ὥς τις ἐθέλει.

19. Λαμβανέτω τις οὖν ἐκ τῶν εἰρημένων ἀνακινηθεὶς
πρὸς ἐκεῖνο ἐκεῖνο αὐτό, καὶ θεάσεται καὶ αὐτὸς οὐχ
ὅσον θέλει εἰπεῖν δυνάμενος. ἰδὼν δὲ ἐκεῖνο ἐν αὐτῷ
πάντα λόγον ἀφεὶς θήσεται παρ' αὐτοῦ ἐκεῖνο τοῦτο ὄν,
5 ὡς, εἴπερ εἶχεν οὐσίαν, δούλην ἂν αὐτοῦ τὴν οὐσίαν εἶναι
καὶ οἷον παρ' αὐτοῦ εἶναι. οὐδ' ἂν τολμήσειέ τις ἰδὼν ἔτι
τὸ "ὡς συνέβη" λέγειν, οὐδ' ἂν ὅλως φθέγξασθαι δύναται·
ἐκπλαγείη γὰρ ἂν τολμῶν, καὶ οὐδ' ἂν ἔχοι ἀΐξας

---

18. 41-3 cf. Plat. *Phileb.* 28 d 6-7   44 = Plat. *Polit.* 284 e 6-7

18. 39 ἔχων x   41-2 ἡ δὲ θέλησις: εἰ δὲ θελήσεις x   52 ἐμφήνασα
Bx   19. 4 ἀφεὶς om. x   7 ἂν cum φθέγξασθαι coniungendum

"ποῦ" εἰπεῖν περὶ αὐτοῦ πάντη αὐτῷ ἐκείνου οἷον πρὸ
ὀμμάτων τῆς ψυχῆς προφαινομένου καί, ὅποι ἂν ἀτενίσῃ, 10
ἐκεῖνον βλέποντος, εἰ μή που ἄλλῃ ἀφεὶς τὸν θεὸν ἀτε-
νίσῃ μηδὲν ἔτι περὶ αὐτοῦ διανοούμενος. χρὴ δὲ ἴσως
καὶ τὸ ἐπέκεινα οὐσίας καὶ ταύτῃ νοεῖσθαι τοῖς
παλαιοῖς λεγόμενον δι᾽ αἰνίξεως, οὐ μόνον ὅτι γεννᾷ
οὐσίαν, ἀλλ᾽ ὅτι οὐ δουλεύει οὐδὲ οὐσίᾳ οὐδὲ ἑαυτῷ, 15
οὐδέ ἐστιν αὐτῷ ἀρχὴ ἡ οὐσία αὐτοῦ, ἀλλ᾽ αὐτὸς ἀρχὴ
τῆς οὐσίας ὢν οὐχ αὑτῷ ἐποίησε τὴν οὐσίαν, ἀλλὰ
ποιήσας ταύτην ἔξω εἴασεν ἑαυτοῦ, ἅτε οὐδὲν τοῦ εἶναι
δεόμενος, ὃς ἐποίησεν αὐτό. οὐ τοίνυν οὐδὲ καθό ἐστι
ποιεῖ τὸ ἔστι.   20

20. Τί οὖν; οὐ συμβαίνει, εἴποι τις ἄν, πρὶν ἢ γε-
νέσθαι γεγονέναι; εἰ γὰρ ποιεῖ ἑαυτόν, τῷ μὲν "ἑαυτὸν"
οὔπω ἐστί, τῷ δ᾽ αὖ ποιεῖν ἔστιν ἤδη πρὸ ἑαυτοῦ τοῦ
ποιουμένου ὄντος αὐτοῦ. πρὸς ὃ δὴ λεκτέον, ὡς ὅλως οὐ
τακτέον κατὰ τὸν ποιούμενον, ἀλλὰ κατὰ τὸν ποιοῦντα, 5
ἀπόλυτον τὴν ποίησιν αὐτοῦ τιθεμένοις, καὶ οὐχ ἵνα ἄλλο
ἀποτελεσθῇ ἐξ αὐτοῦ τῆς ποιήσεως, ἄλλου τῆς ἐνεργείας
αὐτοῦ οὐκ ἀποτελεστικῆς, ἀλλ᾽ ὅλου τούτου ὄντος· οὐ
γὰρ δύο, ἀλλ᾽ ἕν. οὐδὲ γὰρ φοβητέον ἐνέργειαν τὴν
πρώτην τίθεσθαι ἄνευ οὐσίας, ἀλλ᾽ αὐτὸ τοῦτο τὴν οἷον 10
ὑπόστασιν θετέον. εἰ δὲ ὑπόστασιν ἄνευ ἐνεργείας τις
θεῖτο, ἐλλιπὴς ἡ ἀρχὴ καὶ ἀτελὴς ἡ τελειοτάτη πασῶν
ἔσται. καὶ εἰ προσθείη ἐνέργειαν, οὐχ ἓν τηρεῖ. εἰ οὖν
τελειότερον ἡ ἐνέργεια τῆς οὐσίας, τελειότατον δὲ τὸ
πρῶτον, πρῶτον ἂν ἐνέργεια εἴη. ἐνεργήσας οὖν ἤδη 15

19. 13 = Plat. *Resp.* 509 b 9

19. 10-11 ad προφαινομένου subiectum ἐκείνου, ad βλέποντος autem τινός
12 ἔτι A³ᵐᵍ = Ficinus: εἴ τι wBUCQ: ἤτοι x   20. 2 τῷ: τὸ xQ
3 τῷ: τὸ wx   7 αὐτῆς x   ἄλλου τῆς H-S¹: ἀλλ᾽ οὔσης *Enn.*
9 γὰρ² om. w   14 τελειοτέρα x   15 πρῶτον²: πρώτη Theiler
H-S¹

ἐστὶ τοῦτο, καὶ οὐκ ἔστιν ὡς πρὶν γενέσθαι ἦν· τότε γὰρ
οὐκ ἦν πρὶν γενέσθαι, ἀλλ' ἤδη πᾶς ἦν. ἐνέργεια δὴ οὐ
δουλεύσασα οὐσίᾳ καθαρῶς ἐστιν ἐλευθέρα, καὶ οὕτως
αὐτὸς παρ' αὑτοῦ αὑτός. καὶ γὰρ εἰ μὲν ἐσῴζετο εἰς τὸ
20 εἶναι ὑπ' ἄλλου, οὐ πρῶτος αὐτὸς ἐξ αὑτοῦ· εἰ δ' αὐτὸς
αὑτὸν ὀρθῶς λέγεται συνέχειν, αὐτός ἐστι καὶ ὁ παράγων
ἑαυτόν, εἴπερ, ὅπερ συνέχει κατὰ φύσιν, τοῦτο καὶ ἐξ
ἀρχῆς πεποίηκεν εἶναι. εἰ μὲν οὖν χρόνος ἦν, ὅθεν ἤρξατο
εἶναι, τὸ πεποιηκέναι κυριώτατον ἂν ἐλέχθη· νῦν δέ, εἰ καὶ
25 πρὶν αἰῶνα εἶναι ὅπερ ἐστὶν ἦν, τὸ πεποιηκέναι ἑαυ-
τὸν τοῦτο νοείτω τὸ σύνδρομον εἶναι τὸ πεποιηκέναι καὶ
αὐτό· ἓν γὰρ τῇ ποιήσει καὶ οἷον γεννήσει ἀιδίῳ τὸ εἶναι.
ὅθεν καὶ τὸ "ἄρχων ἑαυτοῦ"· καὶ εἰ μὲν δύο, κυρίως, εἰ
δὲ ἕν, τὸ "ἄρχων" μόνον· οὐ γὰρ ἔχει τὸ ἀρχόμενον. πῶς
30 οὖν ἄρχον οὐκ ὄντος πρὸς ὅ; ἢ τὸ ἄρχον ἐνταῦθα πρὸς τὸ
πρὸ αὐτοῦ, ὅτι μηδὲν ἦν. εἰ δὲ μηδὲν ἦν, πρῶτον· τοῦτο
δὲ οὐ τάξει, ἀλλὰ κυριότητι καὶ δυνάμει αὐτεξουσίῳ
καθαρῶς. εἰ δὲ καθαρῶς, οὐκ ἔστιν ἐκεῖ λαβεῖν τὸ μὴ
αὐτεξουσίως. ὅλον οὖν αὐτεξουσίως ἐν αὐτῷ. τί οὖν
35 αὐτοῦ, ὃ μὴ αὐτός; τί οὖν, ὃ μὴ ἐνεργεῖ; καὶ τί, ὃ μὴ
ἔργον αὐτοῦ; εἰ γάρ τι εἴη μὴ ἔργον αὐτοῦ ἐν αὐτῷ, οὐ
καθαρῶς ἂν εἴη οὔτε αὐτεξούσιος οὔτε πάντα δυνάμενος·
ἐκείνου τε γὰρ οὐ κύριος πάντα τε οὐ δυνάμενος. ἐκεῖνο
γοῦν οὐ δύναται, οὗ μὴ αὐτὸς κύριος εἰς τὸ ποιεῖν.

21. Ἐδύνατο οὖν ἄλλο τι ποιεῖν ἑαυτὸν ἢ ὃ ἐποίησεν;
ἢ οὔπω καὶ τὸ ἀγαθὸν ποιεῖν ἀναιρήσομεν, ὅτι μὴ ἂν

20. 28 cf. Plat. *Gorg.* 491 d 7

20. 16 τότε Theiler: ὅτε *Enn.*   18 οὕτως Nicephorus Gregoras *Hist.
Byz.* 23. 1, p. 1088. 20 = PG 148, col. 1369 Β: οὗτος *Enn.*   22 ὅπερ et
τοῦτο nominatiui   26 νοείτω scil. τις   29 ἄρχων BUCQ: ἄρχον
wx   30 ὅ: ὃν x   33 ἔστιν ἐκεῖ: ἔστι x   37 πάντα: πάντα μὴ x
21. 1 ἐποίησεν: ποιήσειεν x   2 οὔπω Theiler: οὕτω *Enn.*   2-3 ἀγαθὸν
et κακὸν masculina

κακὸν ποιοῖ. οὐ γὰρ οὕτω τὸ δύνασθαι ἐκεῖ, ὡς καὶ τὰ ἀντι-
κείμενα, ἀλλ' ὡς ἀστεμφεῖ καὶ ἀμετακινήτῳ δυνάμει, ἢ
μάλιστα δύναμίς ἐστιν, ὅταν μὴ ἐξίστηται τοῦ ἕν· καὶ γὰρ   5
τὸ τὰ ἀντικείμενα δύνασθαι ἀδυναμίας ἐστὶ τοῦ ἐπὶ τοῦ
ἀρίστου μένειν. δεῖ δὲ καὶ τὴν ποίησιν αὐτοῦ, ἣν
λέγομεν, καὶ ταύτην ἅπαξ εἶναι· καλὴ γάρ. καὶ τίς ἂν
παρατρέψειε βουλήσει γενομένην θεοῦ καὶ βούλησιν
οὖσαν; βουλήσει οὖν μήπω ὄντος; τί δὲ βούλησιν ἐκείνου   10
ἀβουλοῦντος τῇ ὑποστάσει; πόθεν οὖν αὐτῷ ἔσται ἡ
βούλησις ἀπὸ οὐσίας ἀνενεργήτου; ἢ ἦν βούλησις ἐν
τῇ οὐσίᾳ· οὐχ ἕτερον ἄρα τῆς οὐσίας οὐδέν. ἢ
τί ἦν, ὃ μὴ ἦν, οἷον ἡ βούλησις; πᾶν ἄρα βούλησις ἦν
καὶ οὐκ ἔνι τὸ μὴ βουλόμενον· οὐδὲ τὸ πρὸ βουλήσεως   15
ἄρα. πρῶτον ἄρα ἡ βούλησις αὐτός. καὶ τὸ ὡς ἐβού-
λετο ἄρα καὶ οἷον ἐβούλετο, καὶ τὸ τῇ βουλήσει ἑπό-
μενον, ὃ ἡ τοιαύτη βούλησις ἐγέννα—ἐγέννα δὲ οὐδὲν
ἔτι ἐν αὐτῷ—τοῦτο γὰρ ἤδη ἦν. τὸ δὲ συνέχειν ἑαυτὸν
οὕτω ληπτέον νοεῖν, εἴ τις ὀρθῶς αὐτὸ φθέγγοιτο, ὡς τὰ   20
μὲν ἄλλα πάντα ὅσα ἐστὶ παρὰ τούτου συνέχεται· μετουσίᾳ
γάρ τινι αὐτοῦ ἐστί, καὶ εἰς τοῦτο ἡ ἀναγωγὴ πάντων.
αὐτοῖς δὲ ἤδη παρ' αὐτοῦ οὔτε συνοχῆς οὔτε μετουσίας
δεόμενος, ἀλλὰ πάντα ἑαυτῷ, μᾶλλον δὲ οὐδὲν οὐδὲ τῶν
πάντων δεόμενος εἰς αὐτόν· ἀλλ' ὅταν αὐτὸν εἴπῃς ἢ   25
ἐννοηθῇς, τὰ ἄλλα πάντα ἄφες. ἀφελὼν πάντα,
καταλιπὼν δὲ μόνον αὐτόν, μὴ τί προσθῇς ζήτει, ἀλλὰ
μή τί πω οὐκ ἀφήρηκας ἀπ' αὐτοῦ ἐν γνώμῃ τῇ σῇ.
ἔστι γάρ τινος ἐφάψασθαι καὶ σέ, περὶ οὗ οὐκέτι ἄλλο

---

21. 19 συνέχειν cf. VI. 8. 20. 21

21. 3 κακὸν ποιοῖ Fᵖᶜ(κακὸν F³ᵐᵍ = Ficinus): κακοποιοῖ Enn.   5 τοῦ:
τὸ x   6 τὸ: τοῦ x   14 ἦν (ter) subiectum ἐκεῖνο   21 συνέχεται:
ἀνέχεται w   22 τοῦτον Müller   23 αὐτοῖς Enn.: αὐτὸς A³ᵐᵍ = Ficinus
23–4 αὐτοῖς—ἑαυτῷ pro iis (i.e. pro aliis omnibus) *a seipso nec conexione nec
congressu indiget, sed est omnia pro seipso*   27 προσθεὶς w

30 ἐνδέχεται οὔτε λέγειν οὔτε λαβεῖν· ἀλλ' ὑπεράνω κεί-
μενον μόνον τοῦτο ἀληθείᾳ ἐλεύθερον, ὅτι μηδὲ δουλεῦόν
ἐστιν ἑαυτῷ, ἀλλὰ μόνον αὐτὸ καὶ ὄντως αὐτό, εἴ γε τῶν
ἄλλων ἕκαστον αὐτὸ καὶ ἄλλο.

21. 31 μόνον cum κείμενον coniungendum   32 ἀλλά: ἀλλὰ καί x

ΠΕΡΙ ΤΑΓΑΘΟΥ Η ΤΟΥ ΕΝΟΣ

1. Πάντα τὰ ὄντα τῷ ἑνί ἐστιν ὄντα, ὅσα τε πρώτως
ἐστὶν ὄντα, καὶ ὅσα ὁπωσοῦν λέγεται ἐν τοῖς οὖσιν εἶναι.
τί γὰρ ἂν καὶ εἴη, εἰ μὴ ἓν εἴη; ἐπείπερ ἀφαιρεθέντα
τοῦ ἓν ὃ λέγεται οὐκ ἔστιν ἐκεῖνα. οὔτε γὰρ στρατὸς
ἔστιν, εἰ μὴ ἓν ἔσται, οὔτε χορὸς οὔτε ἀγέλη μὴ ἓν 5
ὄντα. ἀλλ᾽ οὐδὲ οἰκία ἢ ναῦς τὸ ἓν οὐκ ἔχοντα, ἐπείπερ
ἡ οἰκία ἓν καὶ ἡ ναῦς, ὃ εἰ ἀποβάλοι, οὔτ᾽ ἂν ἡ οἰκία ἔτι
οἰκία οὔτε ἡ ναῦς. τὰ τοίνυν συνεχῆ μεγέθη, εἰ μὴ τὸ ἓν
αὐτοῖς παρείη, οὐκ ἂν εἴη· τμηθέντα γοῦν, καθόσον τὸ
ἓν ἀπόλλυσιν, ἀλλάσσει τὸ εἶναι. καὶ δὴ καὶ τὰ τῶν 10
φυτῶν καὶ ζῴων σώματα ἓν ὄντα ἕκαστα εἰ φεύγοι τὸ ἓν
εἰς πλῆθος θρυπτόμενα, τὴν οὐσίαν αὐτῶν, ἣν εἶχεν,
ἀπώλεσεν οὐκέτι ὄντα ἃ ἦν, ἄλλα δὲ γενόμενα καὶ ἐκεῖνα,
ὅσα ἕν ἐστι. καὶ ἡ ὑγίεια δέ, ὅταν εἰς ἓν συνταχθῇ τὸ
σῶμα, καὶ κάλλος, ὅταν ἡ τοῦ ἑνὸς τὰ μόρια κατάσχῃ 15
φύσις· καὶ ἀρετὴ δὲ ψυχῆς, ὅταν εἰς ἓν καὶ εἰς μίαν
ὁμολογίαν ἑνωθῇ. ἆρ᾽ οὖν, ἐπειδὴ ψυχὴ τὰ πάντα εἰς
ἓν ἄγει δημιουργοῦσα καὶ πλάττουσα καὶ μορφοῦσα καὶ

Enn. = w(= AE) B x(= RJ) U C Q; inde ab 9. 35 Enn. = w(= AE)
B R JU C Q

---

1. 4–13 et 32–4 cf. Stoic. Vet. Fr. ii, n. 366–8 et 1013 (= Sext. Emp. Adu.
Math. 9. 78); Philo De aetern. mundi 79; Sext. Emp. Adu. math. 7. 102; Plot.
V. 5. 4. 31; VI. 2. 10. 3–4; 11. 8 et 16; VI. 6. 13. 18–25   18 δημιουργοῦσα
καὶ πλάττουσα cf. Plat. Epinomis 981 b 8 et 984 c 3–4

---

1. 3 τί—εἴη[1] quid enim iam existeret   3–4 ἀφαιρεθέντος τοῦ ἑνὸς x
4 ὃ (om. x) λέγεται cum τοῦ ἓν coniungendum   14 συναχθῇ wB

συντάττουσα, ἐπὶ ταύτην ἐλθόντας δεῖ λέγειν, ὡς αὕτη
20 τὸ ἕν χορηγεῖ καὶ αὕτη ἐστὶ τὸ ἕν; ἢ ὥσπερ τὰ ἄλλα
χορηγοῦσα τοῖς σώμασιν οὐκ ἔστιν αὐτὴ ὃ δίδωσιν, οἷον
μορφὴ καὶ εἶδος, ἀλλ᾽ ἕτερα αὐτῆς, οὕτω χρή, εἰ καὶ ἕν
δίδωσιν, ἕτερον ὂν αὐτῆς νομίζειν αὐτὴν διδόναι καὶ πρὸς τὸ
ἓν βλέπουσαν ἓν ἕκαστον ποιεῖν, ὥσπερ καὶ πρὸς ἄνθρωπον
25 ἄνθρωπον, συλλαμβάνουσαν μετὰ τοῦ ἀνθρώπου τὸ ἕν αὐτῷ
ἕν. τῶν γὰρ ἓν λεγομένων οὕτως ἕκαστόν ἐστιν ἕν, ὡς ἔχει
καὶ ὅ ἐστιν, ὥστε τὰ μὲν ἧττον ὄντα ἧττον ἔχειν τὸ ἕν, τὰ
δὲ μᾶλλον μᾶλλον. καὶ δὴ καὶ ψυχὴ ἕτερον οὖσα τοῦ ἑνὸς
⟨τὸ⟩ μᾶλλον ⟨ἓν⟩ ἔχει κατὰ λόγον τοῦ μᾶλλον καὶ ὄντως
30 εἶναι. [τὸ μᾶλλον ἕν] οὐ μὴν αὐτὸ τὸ ἕν· ψυχὴ γὰρ μία
καὶ συμβεβηκός πως τὸ ἕν, καὶ δύο ταῦτα ψυχὴ καὶ ἕν,
ὥσπερ σῶμα καὶ ἕν. καὶ τὸ μὲν διεστηκός, ὥσπερ χορός,
πορρωτάτω τοῦ ἕν, τὸ δὲ συνεχὲς ἐγγυτέρω· ψυχὴ δὲ ἔτι
μᾶλλον κοινωνοῦσα καὶ αὐτή. εἰ δ᾽ ὅτι ἄνευ τοῦ ἓν εἶναι
35 οὐδ᾽ ἂν ψυχὴ εἴη, ταύτῃ εἰς ταὐτόν τις ἄγει ψυχὴν καὶ
τὸ ἕν, πρῶτον μὲν καὶ τὰ ἄλλα ⟨ἃ⟩ ἐστιν ἕκαστα μετὰ
τοῦ ἓν εἶναί ἐστιν· ἀλλ᾽ ὅμως ἕτερον αὐτῶν τὸ ἕν—οὐ
γὰρ ταὐτὸν σῶμα καὶ ἕν, ἀλλὰ τὸ σῶμα μετέχει τοῦ
ἕν—ἔπειτα δὲ πολλὴ ἡ ψυχὴ καὶ ἡ μία κἂν εἰ μὴ ἐκ
40 μερῶν· πλεῖσται γὰρ δυνάμεις ἐν αὐτῇ, λογίζεσθαι,
ὀρέγεσθαι, ἀντιλαμβάνεσθαι, ἃ τῷ ἑνὶ ὥσπερ δεσμῷ
συνέχεται. ἐπάγει μὲν δὴ ψυχὴ τὸ ἓν ἓν οὖσα καὶ
αὐτὴ ἄλλῳ· πάσχει δὲ τοῦτο καὶ αὐτὴ ὑπ᾽ ἄλλου.

2. Ἆρ᾽ οὖν ἑκάστῳ μὲν τῶν κατὰ μέρος ἓν οὐ ταὐτὸν
ἡ οὐσία αὐτοῦ καὶ τὸ ἕν, ὅλῳ δὲ τῷ ὄντι καὶ τῇ οὐσίᾳ
ταὐτὸν ἡ οὐσία καὶ τὸ ὂν καὶ τὸ ἕν; ὥστε τὸν

---

1. 22 μορφὴν w　　⟨τὸ⟩ ἓν Vitringa　　24 βλέπουσα x　　πρὸς
ἄνθρωπον scil. βλέπουσαν　　25 ἄνθρωπον scil. ποιεῖν　　26-7 ὡς — ἐστιν
sicut et hoc ipsum quod est in se habet Ficinus recte　　30 τὸ μᾶλλον ἓν ut
correctionem ad 29 μᾶλλον[1] transposuimus　　36 ⟨ἃ⟩ H-S[1]　　ἕκαστον
x　　39 καὶ ἡ μία etiam quae una est　　κἂν om. x　　42 ἓν οὖσα
A[3] (= Ficinus): ἐνοῦσα BxUCQ; ἐνοῦσα w　　2. 2 τῇ: ἡ x

ἐξευρόντα τὸ ὂν ἐξευρηκέναι καὶ τὸ ἕν, καὶ αὐτὴν τὴν
οὐσίαν αὐτὸ εἶναι τὸ ἕν· οἷον, εἰ νοῦς ἡ οὐσία, νοῦν καὶ 5
τὸ ἓν εἶναι πρώτως ὄντα ὂν καὶ πρώτως ἕν, μεταδιδόντα
δὲ τοῖς ἄλλοις τοῦ εἶναι οὕτως καὶ κατὰ τοσοῦτον καὶ τοῦ
ἑνός. τί γὰρ ἄν τις καὶ παρ' αὐτὰ εἶναι αὐτὸ φήσαι;
ἢ γὰρ ταὐτὸν τῷ ὄντι—ἄνθρωπος γὰρ καὶ εἷς
ἄνθρωπος ταὐτόν—ἢ οἷον ἀριθμός τις ἑκάστου, ὥσπερ 10
εἰ δύο τινὰ ἔλεγες, οὕτως ἐπὶ μόνου τινὸς τὸ ἕν. εἰ μὲν
οὖν ὁ ἀριθμὸς τῶν ὄντων, δῆλον ὅτι καὶ τὸ ἕν· καὶ
ζητητέον τί ἐστιν. εἰ δὲ ψυχῆς ἐνέργημα τὸ ἀριθμεῖν
ἐπεξιούσης, οὐδὲν ἂν εἴη ἐν τοῖς πράγμασι τὸ ἕν. ἀλλ'
ἔλεγεν ὁ λόγος, εἰ ἀπολεῖ ἕκαστον τὸ ἕν, μηδ' ἔσεσθαι τὸ 15
παράπαν. ὁρᾶν οὖν δεῖ, εἰ ταὐτὸν τὸ ἓν ἕκαστον καὶ τὸ
ὄν, καὶ τὸ ὅλως ὂν καὶ τὸ ἕν. ἀλλ' εἰ τὸ ὂν τὸ ἑκάστου
πλῆθός ἐστι, τὸ δὲ ἓν ἀδύνατον πλῆθος εἶναι, ἕτερον ἂν
εἴη ἑκάτερον. ἄνθρωπος γοῦν καὶ ζῷον καὶ λογικὸν καὶ
πολλὰ μέρη καὶ συνδεῖται ἑνὶ τὰ πολλὰ ταῦτα· ἄλλο ἄρα 20
ἄνθρωπος καὶ ἕν, εἰ τὸ μὲν μεριστόν, τὸ δὲ ἀμερές. καὶ
δὴ καὶ τὸ ὅλον ὂν πάντα ἐν αὑτῷ ἔχον τὰ ὄντα πολλὰ
μᾶλλον ἂν εἴη καὶ ἕτερον τοῦ ἑνός, μεταλήψει δὲ ἔχον
καὶ μεθέξει τὸ ἕν. ἔχει δὲ καὶ ζωὴν [καὶ νοῦν] τὸ ὄν·
οὐ γὰρ δὴ νεκρόν· πολλὰ ἄρα τὸ ὄν. εἰ δὲ νοῦς τοῦτο 25
εἴη, καὶ οὕτω πολλὰ ἀνάγκη εἶναι. καὶ ἔτι μᾶλλον, εἰ τὰ
εἴδη περιέχοι· οὐδὲ γὰρ ἡ ἰδέα ἕν, ἀλλ' ἀριθμὸς μᾶλλον
καὶ ἑκάστη καὶ ἡ σύμπασα, καὶ οὕτως ἕν, ὥσπερ ἂν εἴη

---

2. 4 cf. Aristot. *Metaph. I* 2. 1054ᵃ13   5-6 cf. Origenes Platonicus
Fr. 7 = Proclus *In Plat. Theol.* ii. 4, p. 31. 16-17 S-W, sed incertum uter
prior, Plotinus an Origenes   9-10 = Aristot. *Metaph. Γ* 2. 1003ᵇ25-7
15 ἔλεγεν ὁ λόγος cf. VI. 9. 1. 3-14   25 cf. V. 4. 2. 43

---

2. 8 παρ' αὐτὰ *praeter ens intellectumque* Ficinus recte   9 ἢ A³ =
Ficinus: εἰ *Enn.*   12 ὁ om. x   13 τὸ *Enn.*: τῷ A³ (= Ficinus), sed τὸ
ἀριθμεῖν obiectum ad ἐπεξιούσης   15 μηδ' ἔσεσθαι Aᵖᶜ: μὴ δέεσθαι
AᵃᶜEBRUCQ: μηδ' εἶναι J   23 ἔτερα x   24 καὶ νοῦν del. Harder
28 εἴη scripsit Harder: εἰ ἢ wBCQ: εἰ ἦν U: εἰ καὶ x

ὁ κόσμος ἕν. ὅλως δὲ τὸ μὲν ἓν τὸ πρῶτον, ὁ δὲ νοῦς καὶ
30 τὰ εἴδη καὶ τὸ ὂν οὐ πρῶτα. εἶδός τε γὰρ ἕκαστον ἐκ
πολλῶν καὶ σύνθετον καὶ ὕστερον· ἐξ ὧν γὰρ ἕκαστόν ἐστι,
πρότερα ἐκεῖνα. ὅτι δὲ οὐχ οἷόν τε τὸν νοῦν τὸ πρῶτον
εἶναι καὶ ἐκ τῶνδε δῆλον ἔσται· τὸν νοῦν ἀνάγκη ἐν τῷ
νοεῖν εἶναι καὶ τόν γε ἄριστον καὶ τὸν οὐ πρὸς τὸ ἔξω
35 βλέποντα νοεῖν τὸ πρὸ αὑτοῦ· εἰς αὑτὸν γὰρ ἐπιστρέφων
εἰς ἀρχὴν ἐπιστρέφει. καὶ εἰ μὲν αὐτὸς τὸ νοοῦν καὶ τὸ
νοούμενον, διπλοῦς ἔσται καὶ οὐχ ἁπλοῦς οὐδὲ τὸ ἕν· εἰ
δὲ πρὸς ἕτερον βλέπει, πάντως πρὸς τὸ κρεῖττον καὶ
πρὸ αὑτοῦ. εἰ δὲ καὶ πρὸς αὑτὸν καὶ πρὸς τὸ κρεῖττον,
40 καὶ οὕτως δεύτερον. καὶ χρὴ τὸν νοῦν τοιοῦτον τίθεσθαι,
οἷον παρεῖναι μὲν τῷ ἀγαθῷ καὶ τῷ πρώτῳ καὶ βλέπειν
εἰς ἐκεῖνον, συνεῖναι δὲ καὶ ἑαυτῷ νοεῖν τε καὶ ἑαυτὸν
καὶ νοεῖν ἑαυτὸν ὄντα τὰ πάντα. πολλοῦ ἄρα δεῖ τὸ ἓν
εἶναι ποικίλον ὄντα. οὐ τοίνυν οὐδὲ τὸ ἓν τὰ πάντα
45 ἔσται, οὕτω γὰρ οὐκέτι ἓν εἴη· οὐδὲ νοῦς, καὶ γὰρ
ἂν οὕτως εἴη τὰ πάντα τοῦ νοῦ τὰ πάντα ὄντος· οὐδὲ
τὸ ὄν· τὸ γὰρ ὂν τὰ πάντα.

3. Τί ἂν οὖν εἴη τὸ ἓν καὶ τίνα φύσιν ἔχον; ἢ οὐδὲν θαυ-
μαστὸν μὴ ῥᾴδιον εἰπεῖν εἶναι, ὅπου μηδὲ τὸ ὂν ῥᾴδιον
μηδὲ τὸ εἶδος· ἀλλ' ἔστιν ἡμῖν γνῶσις εἴδεσιν ἐπερειδομένη.
ὅσῳ δ' ἂν εἰς ἀνείδεον ἡ ψυχὴ ἴῃ, ἐξαδυνατοῦσα περιλα-
5 βεῖν τῷ μὴ ὁρίζεσθαι καὶ οἷον τυποῦσθαι ὑπὸ ποικίλου τοῦ
τυποῦντος ἐξολισθάνει καὶ φοβεῖται, μὴ οὐδὲν ἔχῃ. διὸ
κάμνει ἐν τοῖς τοιούτοις καὶ ἀσμένη καταβαίνει πολλάκις
ἀποπίπτουσα ἀπὸ πάντων, μέχρις ἂν εἰς αἰσθητὸν ἥκῃ ἐν
στερεῷ ὥσπερ ἀναπαυομένη· οἷον καὶ ἡ ὄψις κάμνουσα ἐν
10 τοῖς μικροῖς τοῖς μεγάλοις ἀσμένως περιπίπτει. καθ' ἑαυ-

---

3. 9 στερεῷ cf. Plat. Phaedr. 246 c 3

2. 34 τὸ: τὰ w   36 τὸ νοοῦν: τὸν νοῦν x   39 πρὸ: τὸ πρὸ w
39 καὶ¹ om. w   41 τὸ πρῶτον x   42 ἐκεῖνον scil. τὸ ἕν   3. 5 τῷ:
τὸ x   6 ἔχῃ AR: ἔχει EBJUCQ

τὴν δὲ ἡ ψυχὴ ὅταν ἰδεῖν ἐθέλῃ, μόνον ὁρῶσα τῷ συνεῖναι
καὶ ἓν οὖσα τῷ ἓν εἶναι αὐτῷ οὐκ οἴεταί πω ἔχειν ὃ ζητεῖ,
ὅτι τοῦ νοουμένου μὴ ἕτερόν ἐστιν. ὅμως δὴ χρὴ οὕτως
ποιεῖν τὸν μέλλοντα περὶ τὸ ἓν φιλοσοφήσειν. ἐπεὶ τοίνυν
ἕν ἐστιν ὃ ζητοῦμεν, καὶ τὴν ἀρχὴν τῶν πάντων ἐπισκο-   15
ποῦμεν, τἀγαθὸν καὶ τὸ πρῶτον, οὔτε πόρρω δεῖ γενέσθαι
τῶν περὶ τὰ πρῶτα εἰς τὰ ἔσχατα τῶν πάντων πεσόντα,
ἀλλ' ἱέμενον εἰς τὰ πρῶτα ἐπαναγαγεῖν ἑαυτὸν ἀπὸ τῶν
αἰσθητῶν ἐσχάτων ὄντων, κακίας τε πάσης ἀπηλλαγμένον
εἶναι ἅτε πρὸς τὸ ἀγαθὸν σπεύδοντα γενέσθαι, ἐπί τε τὴν   20
ἐν ἑαυτῷ ἀρχὴν ἀναβεβηκέναι καὶ ἓν ἐκ πολλῶν γενέσθαι
ἀρχῆς καὶ ἑνὸς θεατὴν ἐσόμενον. νοῦν τοίνυν χρὴ γενόμε-
νον καὶ τὴν ψυχὴν τὴν αὑτοῦ νῷ πιστεύσαντα καὶ ὑφιδρύ-
σαντα, ἵν' ἃ ὁρᾷ ἐκεῖνος ἐγρηγορυῖα δέχοιτο, τούτῳ θεᾶσθαι
τὸ ἓν οὐ προστιθέντα αἴσθησιν οὐδεμίαν οὐδέ τι παρ' αὐτῆς   25
εἰς ἐκεῖνον δεχόμενον, ἀλλὰ καθαρῷ τῷ νῷ τὸ καθαρώτατον
θεᾶσθαι καὶ τοῦ νοῦ τῷ πρώτῳ. ὅταν τοίνυν ὁ ἐπὶ τὴν
θέαν τοῦ τοιούτου ἐσταλμένος ἢ μέγεθος ἢ σχῆμα ἢ ὄγκον
περὶ ταύτην τὴν φύσιν φαντασθῇ, οὐ νοῦς τούτῳ ἡγεμὼν
γίνεται τῆς θέας, ὅτι μὴ νοῦς τὰ τοιαῦτα πέφυκεν ὁρᾶν,   30
ἀλλ' ἔστιν αἰσθήσεως καὶ δόξης ἑπομένης αἰσθήσει ἡ
ἐνέργεια. ἀλλὰ δεῖ λαβεῖν παρὰ τοῦ νοῦ τὴν ἐπαγγελίαν
ὧν δύναται. δύναται δὲ ὁρᾶν ὁ νοῦς [ἢ τὰ πρὸ αὐτοῦ] ἢ

3. 26 cf. Anaxagoras Fr. B 12   29 νοῦς ἡγεμὼν cf. Plat. Leg. 963 a 8

3. 11 ἰδεῖν obiectum τὸ ἕν   μόνον Q^ac(o in η mut. Q¹) Kirchhoff:
μόνην wBxUCQᵖᶜ   12 ἓν οὖσα: ἐνοῦσα x   τῷ ἓν εἶναι αὐτῷ
coniungendum cum οὐκ οἴεται   ἓν εἶναι: ἐνεῖναι x   14 φιλοσοφῆ-
σαι x   15 τῶν πάντων om. x   16 οὔτε recipitur a 19 τε et 20 τε
18 ἱέμενον: εἰ ἔμενον x   20 ἅτε—γενέσθαι dum ad bonum affectat accedere
Ficinus recte   γενέσθαι del. Müller   22 ἀρχῆς A³(= Ficinus) J:
ἀρχὴν wBUCQ; ἀρχῆς uel ἀρχὴν R   24 ἵν' ἃ A³ = Ficinus: ἵνα Enn.
24 θεάσασθαι xU   26 ἐκεῖνον (scil. νοῦν) w: ἐκεῖνο BxUCQ   27 τὸ
πρῶτον x   29 τοῦτο xQ   33 ἢ τὰ πρὸ αὐτοῦ ut correctionem ad
34 del. Igal, Emerita 43, 1975, 181

τὰ αὐτοῦ ἢ τὰ πρὸ αὐτοῦ. καθαρὰ δὲ καὶ τὰ ἐν αὐτῷ,
35 ἔτι δὲ καθαρώτερα καὶ ἁπλούστερα τὰ πρὸ αὐτοῦ, μᾶλλον
δὲ τὸ πρὸ αὐτοῦ. οὐδὲ νοῦς τοίνυν, ἀλλὰ πρὸ νοῦ· τὶ γὰρ
τῶν ὄντων ἐστὶν ὁ νοῦς· ἐκεῖνο δὲ οὔ τι, ἀλλὰ πρὸ ἑκάσ-
του, οὐδὲ ὄν· καὶ γὰρ τὸ ὂν οἷον μορφὴν τὴν τοῦ ὄντος ἔχει,
ἄμορφον δὲ ἐκεῖνο καὶ μορφῆς νοητῆς. γεννητικὴ γὰρ
40 ἡ τοῦ ἑνὸς φύσις οὖσα τῶν πάντων οὐδέν ἐστιν αὐτῶν.
οὔτε οὖν τι οὔτε ποιὸν οὔτε ποσὸν οὔτε νοῦν οὔτε ψυχήν·
οὐδὲ κινούμενον οὐδ' αὖ ἑστώς, οὐκ ἐν τόπῳ, οὐκ ἐν χρόνῳ,
ἀλλ' αὐτὸ καθ' αὐτὸ μονοειδές, μᾶλλον δὲ ἀνεί-
δεον πρὸ εἴδους ὂν παντός, πρὸ κινήσεως, πρὸ στάσεως·
45 ταῦτα γὰρ περὶ τὸ ὄν, ἃ πολλὰ αὐτὸ ποιεῖ. διὰ τί οὖν, εἰ
μὴ κινούμενον, οὐχ ἑστώς; ὅτι περὶ μὲν τὸ ὂν τούτων
θάτερον ἢ ἀμφότερα ἀνάγκη, τό τε ἑστὼς στάσει ἑστὼς καὶ
οὐ ταὐτὸν τῇ στάσει· ὥστε συμβήσεται αὐτῷ καὶ οὐκέτι
ἁπλοῦν μενεῖ. ἐπεὶ καὶ τὸ αἴτιον λέγειν οὐ κατηγορεῖν
50 ἐστι συμβεβηκός τι αὐτῷ, ἀλλ' ἡμῖν, ὅτι ἔχομέν τι παρ'
αὐτοῦ ἐκείνου ὄντος ἐν αὐτῷ· δεῖ δὲ μηδὲ τὸ "ἐκείνου"
μηδὲ "ὄντος" λέγειν ἀκριβῶς λέγοντα, ἀλλ' ἡμᾶς οἷον
ἔξωθεν περιθέοντας τὰ αὐτῶν ἑρμηνεύειν ἐθέλειν πάθη ὁτὲ
μὲν ἐγγύς, ὁτὲ δὲ ἀποπίπτοντας ταῖς περὶ αὐτὸ ἀπορίαις.

4. Γίνεται δὲ ἡ ἀπορία μάλιστα, ὅτι μηδὲ κατ' ἐπιστή-
μην ἡ σύνεσις ἐκείνου μηδὲ κατὰ νόησιν, ὥσπερ τὰ ἄλλα
νοητά, ἀλλὰ κατὰ παρουσίαν ἐπιστήμης κρείττονα. πάσχει
δὲ ἡ ψυχὴ τοῦ ἓν εἶναι τὴν ἀπόστασιν καὶ οὐ πάντη ἐστὶν
5 ἕν, ὅταν ἐπιστήμην του λαμβάνῃ· λόγος γὰρ ἡ ἐπιστήμη,

---

3. 42 cf. Plat. *Parm.* 139 b 3; 138 b 5-6; 141 a 5   43 = Plat. *Symp.*
211 b 1; *Phaed.* 78 d 5-6   4. 1-2 cf. Plat. *Parm.* 142 a 2-3

---

3. 34 πρὸ Igal ibid.: παρ' *Enn.*   41 νοῦν (scil. λεκτέον) wBRJ^pcUCQ:
νοῦς J^ac(in ς scr. ν J¹) Kirchhoff   ψυχή Kirchhoff   43 ἀλλ' αὐτὸ Heintz
e Plat.: ἀλλὰ τὸ *Enn.*   49 μενεῖ scripsit Dodds: μένει *Enn.*   51 ἐκείνου²
Enn.: ἐκεῖνο A³ = Ficinus   52 "ὄντος" Page: ὄντως *Enn.*   λέγοντα:
λέγεται x

πολλὰ δὲ ὁ λόγος. παρέρχεται οὖν τὸ ἓν εἰς ἀριθμὸν καὶ
πλῆθος πεσοῦσα. ὑπὲρ ἐπιστήμην τοίνυν δεῖ δραμεῖν καὶ
μηδαμῇ ἐκβαίνειν τοῦ ἓν εἶναι, ἀλλ' ἀποστῆναι δεῖ καὶ
ἐπιστήμης καὶ ἐπιστητῶν καὶ παντὸς ἄλλου καὶ καλοῦ
θεάματος. πᾶν γὰρ καλὸν ὕστερον ἐκείνου καὶ παρ' ἐκεί- 10
νου, ὥσπερ πᾶν φῶς μεθημερινὸν παρ' ἡλίου. διὸ οὐδὲ
ῥητὸν οὐδὲ γραπτόν, φησιν, ἀλλὰ λέγομεν καὶ γράφομεν
πέμποντες εἰς αὐτὸ καὶ ἀνεγείροντες ἐκ τῶν λόγων ἐπὶ τὴν
θέαν ὥσπερ ὁδὸν δεικνύντες τῷ τι θεάσασθαι βουλομένῳ.
μέχρι γὰρ τῆς ὁδοῦ καὶ τῆς πορείας ἡ δίδαξις, ἡ δὲ 15
θέα αὐτοῦ ἔργον ἤδη τοῦ ἰδεῖν βεβουλημένου. εἰ δὲ μὴ
ἦλθέ τις ἐπὶ τὸ θέαμα, μηδὲ σύνεσιν ἔσχεν ἡ ψυχὴ τῆς
ἐκεῖ ἀγλαΐας μηδὲ ἔπαθε μηδὲ ἔσχεν ἐν ἑαυτῷ οἷον ἐρωτι-
κὸν πάθημα ἐκ τοῦ ἰδεῖν ἐραστοῦ ἐν ᾧ ἐρᾷ ἀναπαυσα-
μένου, δεξάμενος φῶς ἀληθινὸν καὶ πᾶσαν τὴν ψυχὴν περι- 20
φωτίσαν διὰ τὸ ἐγγυτέρω γεγονέναι, ἀναβεβηκέναι δὲ ἔτι
ὀπισθοβαρὴς ὑπάρχων, ἃ ἐμπόδια ἦν τῇ θέᾳ, καὶ οὐ μόνος
ἀναβεβηκώς, ἀλλ' ἔχων τὸ διεῖργον ἀπ' αὐτοῦ, ἢ μήπω εἰς
ἓν συναχθείς—οὐ γὰρ δὴ ἄπεστιν οὐδενὸς ἐκεῖνο καὶ
πάντων δέ, ὥστε παρὼν μὴ παρεῖναι ἀλλ' ἢ τοῖς δέχεσθαι 25
δυναμένοις καὶ παρεσκευασμένοις, ὥστε ἐναρμόσαι καὶ
οἷον ἐφάψασθαι καὶ θιγεῖν ὁμοιότητι καὶ τῇ ἐν αὐτῷ
δυνάμει συγγενεῖ τῷ ἀπ' αὐτοῦ· ὅταν οὕτως ἔχῃ, ὡς εἶχεν,
ὅτε ἦλθεν ἀπ' αὐτοῦ, ἤδη δύναται ἰδεῖν ὡς πέφυκεν ἐκεῖ-
νος θεατὸς εἶναι—εἰ οὖν μήπω ἐστὶν ἐκεῖ, ἀλλὰ διὰ ταῦτα 30

---

4. 11-12 = Plat. *Epist.* vii. 341 c 5   15 cf. Plat. *Resp.* 532 c 3
27-8 cf. ibid. 490 b 4

---

4. 19 ἐραστοῦ coniungendum cum πάθημα   19-20 ἀναπαυσαμένῳ x
20 δεξάμενος Kirchhoff: δεξάμενον *Enn.*   20-1 περιφωτίσαν suspic.
Harder: περιφωτίσας *Enn.*, sed scriba litteram ς qua 20 δεξάμενον corrigere
debuit, inepto loco collocauit   21 ἀναβεβηκέναι regitur ab ὀπισθοβαρὴς
26 ἐναρμόσαι *congruere* Ficinus recte   28 συγγενῇ w   τῷ ἀπ'
αὐτοῦ *quia ab Eo procedit* Igal recte   ἔχῃ subiectum τις, cf. lin. 17
29 ὅταν w

ἐστιν ἔξω, ἢ δι' ἔνδειαν τοῦ παιδαγωγοῦντος λόγου καὶ
πίστιν περὶ αὐτοῦ παρεχομένου, δι' ἐκεῖνα μὲν αὐτὸν ἐν
αἰτίᾳ τιθέσθω, καὶ πειράσθω ἀποστὰς πάντων μόνος
εἶναι, ἃ δὲ ἐν τοῖς λόγοις ἀπιστεῖ ἐλλείπων, ὧδε δια-
35 νοείσθω.

　　5. Ὅστις οἴεται τὰ ὄντα τύχῃ καὶ τῷ αὐτομάτῳ διοι-
κεῖσθαι καὶ σωματικαῖς συνέχεσθαι αἰτίαις, οὗτος πόρρω
ἀπελήλαται καὶ θεοῦ καὶ ἐννοίας ἑνός, καὶ ὁ λόγος οὐ πρὸς
τούτους, ἀλλὰ πρὸς τοὺς ἄλλην φύσιν παρὰ τὰ σώματα
5 τιθεμένους καὶ ἀνιόντας ἐπὶ ψυχήν. καὶ δὴ δεῖ τούτους
φύσιν ψυχῆς κατανενοηκέναι τά τε ἄλλα καὶ ὡς παρὰ νοῦ
ἐστι καὶ λόγου παρὰ τούτου κοινωνήσασα ἀρετὴν ἴσχει·
μετὰ δὲ ταῦτα νοῦν λαβεῖν ἕτερον τοῦ λογιζομένου καὶ λο-
γιστικοῦ καλουμένου, καὶ τοὺς λογισμοὺς ἤδη οἷον ἐν δια-
10 στάσει καὶ κινήσει, καὶ τὰς ἐπιστήμας λόγους ἐν ψυχῇ τὰς
τοιαύτας ἐν φανερῷ ἤδη γεγονυίας τῷ ἐν τῇ ψυχῇ γεγονέ-
ναι τὸν νοῦν τῶν ἐπιστημῶν αἴτιον. καὶ νοῦν ἰδόντα οἷον
αἰσθητὸν τῷ ἀντιληπτὸν εἶναι ἐπαναβεβηκότα τῇ ψυχῇ καὶ
πατέρα αὐτῆς ὄντα κόσμον νοητόν, νοῦν ἥσυχον καὶ ἀτρεμῆ
15 κίνησιν φατέον πάντα ἔχοντα ἐν αὐτῷ καὶ πάντα ὄντα,
πλῆθος ἀδιάκριτον καὶ αὖ διακεκριμένον. οὔτε γὰρ δια-
κέκριται ὡς οἱ λόγοι οἱ ἤδη καθ' ἓν νοούμενοι, οὔτε συγ-
κέχυται τὰ ἐν αὐτῷ· πρόεισι γὰρ ἕκαστον χωρίς· οἷον
καὶ ἐν ταῖς ἐπιστήμαις πάντων ἐν ἀμερεῖ ὄντων ὅμως ἐστὶν
20 ἕκαστον χωρὶς αὐτῶν. τοῦτο οὖν τὸ ὁμοῦ πλῆθος, ὁ κόσ-
μος ὁ νοητός, ἔστι μὲν ὃ πρὸς τῷ πρώτῳ, καί φησιν αὐτὸ
ὁ λόγος ἐξανάγκης εἶναι, εἴπερ τις καὶ ψυχὴν εἶναι, τοῦτο
δὲ κυριώτερον ψυχῆς· οὐ μέντοι πρῶτον, ὅτι ἐν μηδὲ

---

5. 1 cf. Aristot. *Phys. B* 4. 195ᵇ31; *Metaph. A* 3. 984ᵇ14 et *Z* 7. 1032ᵃ29

---

4. 34 ἐν τοῖς λόγοις cum ἐλλείπων coniungendum　　5. 11 τῷ: τῶν x
13 τῷ: τὸ x　　ψυχῇ: τύχῃ x　　14 ἥσυχον femininum　　21 δ: ὁ
w: del. Kirchhoff　　τὸ πρῶτον x　　22 εἶναι² scil. φησιν ἐξανάγκης

ἁπλοῦν· ἁπλοῦν δὲ τὸ ἓν καὶ ἡ πάντων ἀρχή. τὸ δὴ πρὸ
τοῦ ἐν τοῖς οὖσι τιμιωτάτου, εἴπερ δεῖ τι πρὸ νοῦ εἶναι 25
ἓν μὲν εἶναι βουλομένου, οὐκ ὄντος δὲ ἕν, ἑνοειδοῦς δέ,
ὅτι αὐτῷ μηδὲ ἐσκέδασται ὁ νοῦς, ἀλλὰ σύνεστιν ἑαυτῷ
ὄντως οὐ διαρτήσας ἑαυτὸν τῷ πλησίον μετὰ τὸ ἓν εἶναι,
ἀποστῆναι δέ πως τοῦ ἑνὸς τολμήσας—τὸ δὴ πρὸ τούτου
θαῦμα τοῦ ἕν, ὃ μὴ ὄν ἐστιν, ἵνα μὴ καὶ ἐνταῦθα κατ' ἄλλου 30
τὸ ἕν, ᾧ ὄνομα μὲν κατὰ ἀλήθειαν οὐδὲν προσῆκον, εἴπερ
δὲ δεῖ ὀνομάσαι, κοινῶς ἂν λεχθὲν προσηκόντως ἕν, οὐχ
ὡς ἄλλο, εἶτα ἕν, χαλεπὸν μὲν γνωσθῆναι διὰ τοῦτο, γιγνω-
σκόμενον δὲ μᾶλλον τῷ ἀπ' αὐτοῦ γεννήματι, τῇ οὐσίᾳ
—καὶ ἄγει εἰς οὐσίαν νοῦς—καὶ αὐτοῦ ἡ φύσις τοιαύτη, 35
ὡς πηγὴν τῶν ἀρίστων εἶναι καὶ δύναμιν γεννῶσαν τὰ
ὄντα μένουσαν ἐν ἑαυτῇ καὶ οὐκ ἐλαττουμένην οὐδὲ ἐν
τοῖς γινομένοις ὑπ' αὐτῆς οὖσαν. ὅ τι καὶ πρὸ τούτων,
ὀνομάζομεν ἓν ἐξανάγκης τῷ σημαίνειν ἀλλήλοις αὐτὴν τῷ
ὀνόματι εἰς ἔννοιαν ἀμέριστον ἄγοντες καὶ τὴν ψυχὴν 40
ἑνοῦν θέλοντες, οὐχ οὕτως ἓν λέγοντες καὶ ἀμερές, ὡς
σημεῖον ἢ μονάδα λέγομεν· τὸ γὰρ οὕτως ἓν ποσοῦ ἀρχαί,
ὃ οὐκ ἂν ὑπέστη μὴ προούσης οὐσίας καὶ τοῦ πρὸ οὐσίας·
οὔκουν δεῖ ἐνταῦθα βάλλειν τὴν διάνοιαν· ἀλλὰ ταῦτα
ὁμοίως αἰεὶ ἐκείνοις ἐν ἀναλογίαις τῷ ἁπλῷ καὶ τῇ φυγῇ 45
τοῦ πλήθους καὶ τοῦ μερισμοῦ.

6. Πῶς οὖν λέγομεν ἕν, καὶ πῶς τῇ νοήσει ἐφαρμοστέον;

5. 31 cf. Plat. *Parm.* 142 a 3

---

5. 26 ἕν² om. x   27 αὐτῷ scil. τῷ νῷ, datiuus commodi   29–30 τὸ δὴ
πρὸ τούτου (recipit 24–5 τὸ δὴ πρὸ τοῦ) subiectum, θαῦμα praedicatum
30 τοῦ: τὸ A³ = Ficinus, sed ἕν non declinatum ut VI. 9. 1. 4 et 33   ὃ
μὴ ὄν: ὅμοιόν x   33 εἶτα: ἢ τὰ x   35 καὶ¹—νοῦς *nempe in essentiam*
intellectus adducit Ficinus recte   αὐτοῦ scil. τοῦ ἑνός   38 γενομένοις
x   οὖσα x   ὅ τι *id quod*   τούτου x   39 αὐτὴν i.e. 35 ἡ
φύσις   41 ἑνοῦν U: ἓν οὐ AxCᵖᶜQ: ἐνου uel ενου EBCᵃᶜ   42 λέγομεν
Harder: λέγοντες *Enn.*   ἀρχαί *Enn.* recte, nam σημεῖον et μονάς duo
principia

ἢ πλεόνως τιθέμενον ἓν ἢ ὡς μονὰς καὶ σημεῖον ἑνίζεται.
ἐνταῦθα μὲν γὰρ μέγεθος ἡ ψυχὴ ἀφελοῦσα καὶ ἀριθμοῦ
πλῆθος καταλήγει εἰς τὸ σμικρότατον καὶ ἐπερείδεταί τινι
5 ἀμερεῖ μέν, ἀλλὰ ὃ ἦν ἐν μεριστῷ καὶ ὅ ἐστιν ἐν ἄλλῳ· τὸ
δὲ οὔτε ἐν ἄλλῳ οὔτε ἐν μεριστῷ οὔτε οὕτως ἀμερές,
ὡς τὸ μικρότατον· μέγιστον γὰρ ἁπάντων οὐ μεγέθει, ἀλλὰ
δυνάμει, ὥστε καὶ τὸ ἀμέγεθες δυνάμει· ἐπεὶ καὶ τὰ μετ᾽
αὐτὸ ὄντα ταῖς δυνάμεσιν ἀμέριστα καὶ ἀμερῆ, οὐ τοῖς
10 ὄγκοις. ληπτέον δὲ καὶ ἄπειρον αὐτὸν οὐ τῷ ἀδιεξιτήτῳ ἢ
τοῦ μεγέθους ἢ τοῦ ἀριθμοῦ, ἀλλὰ τῷ ἀπεριλήπτῳ τῆς δυ-
νάμεως. ὅταν γὰρ ἂν αὐτὸν νοήσῃς οἷον ἢ νοῦν ἢ θεόν, πλέ-
ον ἐστί· καὶ αὖ ὅταν αὐτὸν ἑνίσῃς τῇ διανοίᾳ, καὶ ἐνταῦθα
πλέον ἐστὶν ἢ ὅσον ἂν αὐτὸν ἐφαντάσθης εἰς τὸ ἑνικώτερον
15 τῆς σῆς νοήσεως εἶναι· ἐφ᾽ ἑαυτοῦ γάρ ἐστιν οὐδενὸς αὐτῷ
συμβεβηκότος. τῷ αὐτάρκει δ᾽ ἄν τις καὶ τὸ ἓν αὐτοῦ ἐνθυ-
μηθείη. δεῖ μὲν γὰρ ἱκανώτατον ⟨ὂν⟩ ἁπάντων καὶ αὐταρ-
κέστατον, καὶ ἀνενδεέστατον εἶναι· πᾶν δὲ πολὺ καὶ [μὴ ἓν]
ἐνδεὲς μὴ ἓν ἐκ πολλῶν γενόμενον. δεῖται οὖν αὐτοῦ ἡ
20 οὐσία ἓν εἶναι. τὸ δὲ οὐ δεῖται ἑαυτοῦ· αὐτὸ γάρ ἐστι. καὶ
μὴν πολλὰ ὂν τοσούτων δεῖται, ὅσα ἔστι, καὶ ἕκαστον τῶν
ἐν αὐτῷ μετὰ τῶν ἄλλων ὂν καὶ οὐκ ἐφ᾽ ἑαυτοῦ, ἐνδεὲς τῶν
ἄλλων ὑπάρχον, καὶ καθ᾽ ἓν καὶ κατὰ τὸ ὅλον τὸ τοιοῦτον ἐν-
δεὲς παρέχεται. εἴπερ οὖν δεῖ τι αὐταρκέστατον εἶναι, τὸ ἓν

---

6. 6 = Plat. *Parm.* 138 a 2–3   10 cf. ibid. 137 d 7; Aristot. *Phys.* Γ 7.
207ᵇ28–9   17–18 cf. Plat. *Phileb.* 20 d 3 et 60 c 4; Aristot. *Metaph.* N 4.
1091ᵇ16–17; *Eth. Nic.* A 5. 1097ᵇ7–8

---

6. 2 ἢ¹ *nempe*, ἢ² *quam* τιθέμενον medium masculinum, scil. ἐφαρμοστέον
8 δυνάμει (bis) *ui*, non *potentia*   12 ἂν om. JU   ἢ¹ om. w
14 ὅσον Gollwitzer: θεὸν *Enn.*   αὐτὸν AᵃᶜEx: αὐτὸ AᵖᶜBUCQ   εἰς
τὸ coniungendum cum εἶναι   16–17 ἐνθυμηθείη Gollwitzer: ἓν οὐ μὴ
θείη *Enn.*   17 ⟨ὂν⟩ Harder   18–19 πᾶν—γενόμενον *quidquid multum
est, indigens quoque est, donec unum ex multis factum non est*   18 μὴ ἓν del.
Puelma, *Mus. Helv.* 36, 1979, 94   19 αὐτοῦ cum οὐσία coniungendum
23–4 τὸ τοιοῦτον ἐνδεὲς obiectum

εἶναι δεῖ τοιοῦτον ὂν μόνον, οἷον μήτε πρὸς αὐτὸ μήτε 25
πρὸς ἄλλο ἐνδεὲς εἶναι. οὐ γάρ τι ζητεῖ, ἵνα ᾖ, οὐδ' ἵνα
εὖ ᾖ, οὐδὲ ἵνα ἐκεῖ ἱδρυθῇ. τοῖς μὲν γὰρ ἄλλοις αἴτιον ὂν
οὐ παρ' ἄλλων ἔχει ὅ ἐστι, τό τε εὖ τί ἂν εἴη αὐτῷ ἔξω
αὐτοῦ; ὥστε οὐ κατὰ συμβεβηκὸς αὐτῷ τὸ εὖ· αὐτὸ γάρ
ἐστι. τόπος τε οὐδεὶς αὐτῷ· οὐ γὰρ δεῖται ἱδρύσεως ὥσπερ 30
αὐτὸ φέρειν οὐ δυνάμενον, τό τε ἱδρυθησόμενον ἄψυχον καὶ
ὄγκος πίπτων, ἐὰν μήπω ἱδρυθῇ. ἵδρυται δὲ καὶ τὰ ἄλλα
διὰ τοῦτον, δι' ὃν ὑπέστη ἅμα καὶ ἔσχεν εἰς ὃν ἐτάχθη τόπον·
ἐνδεὲς δὲ καὶ τὸ τόπον ζητοῦν. ἀρχὴ δὲ οὐκ ἐνδεὲς τῶν
μετ' αὐτό· ἡ δ' ἁπάντων ἀρχὴ ἀνενδεὲς ἁπάντων. ὅ τι γὰρ 35
ἐνδεές, ἐφιέμενον ἀρχῆς ἐνδεές· εἰ δὲ τὸ ἓν ἐνδεές του,
ζητεῖ δηλονότι τὸ μὴ εἶναι ἕν· ὥστε ἐνδεὲς ἔσται τοῦ
φθεροῦντος· πᾶν δὲ ὃ ἂν λέγηται ἐνδεές, τοῦ εὖ καὶ τοῦ
σῴζοντός ἐστιν ἐνδεές. ὥστε τῷ ἑνὶ οὐδὲν ἀγαθόν ἐστιν·
οὐδὲ βούλησις τοίνυν οὐδενός· ἀλλ' ἔστιν ὑπεράγαθον καὶ 40
αὐτὸ οὐχ ἑαυτῷ, τοῖς δὲ ἄλλοις ἀγαθόν, εἴ τι αὐτοῦ δύνα-
ται μεταλαμβάνειν. οὐδὲ νόησις, ἵνα μὴ ἑτερότης· οὐδὲ
κίνησις· πρὸ γὰρ κινήσεως καὶ πρὸ νοήσεως. τί γὰρ καὶ
νοήσει; ἑαυτόν; πρὸ νοήσεως τοίνυν ἀγνοῶν ἔσται, καὶ
νοήσεως δεήσεται, ἵνα γνῷ ἑαυτὸν ὁ αὐτάρκης ἑαυτῷ. 45
οὐ τοίνυν, ὅτι μὴ γινώσκει μηδὲ νοεῖ ἑαυτόν, ἄγνοια περὶ
αὐτὸν ἔσται· ἡ γὰρ ἄγνοια ἑτέρου ὄντος γίγνεται, ὅταν
θάτερον ἀγνοῇ θάτερον· τὸ δὲ μόνον οὔτε γιγνώσκει, οὔτε
τι ἔχει ὃ ἀγνοεῖ, ἓν δὲ ὂν συνὸν αὐτῷ οὐ δεῖται νοήσεως
ἑαυτοῦ. ἐπεὶ οὐδὲ τὸ συνεῖναι δεῖ προσάπτειν, ἵνα τηρῇς 50
τὸ ἕν, ἀλλὰ καὶ τὸ νοεῖν καὶ τὸ συνεῖναι ἀφαιρεῖν καὶ

6. 50 cf. Plat. *Parm.* 138 a 3

---

6. 28 αὐτοῦ x   30 τε: δὲ w   33 τούτων x   36 του A¹ˢBCQ:
τοῦ ER: τῷ J: τοῦτο A: om. U   37 ζητεῖν x   43-4 τί—ἑαυτόν; *quid*
enim intelleget? an forte seipsum? Ficinus recte   46 μηδὲ: οὐδὲ w
51 συνεῖναι Preller: συνιέναι *Enn.*: an scribendum συνιέναι ⟨καὶ τὸ συνεῖναι⟩?

ἑαυτοῦ νόησιν καὶ τῶν ἄλλων· οὐ γὰρ κατὰ τὸν νοοῦντα δεῖ
τάττειν αὐτόν, ἀλλὰ μᾶλλον κατὰ τὴν νόησιν. νόησις δὲ οὐ
νοεῖ, ἀλλ' αἰτία τοῦ νοεῖν ἄλλῳ· τὸ δὲ αἴτιον οὐ ταὐτὸν τῷ
55 αἰτιατῷ. τὸ δὲ πάντων αἴτιον οὐδέν ἐστιν ἐκείνων. οὐ
τοίνυν οὐδὲ ἀγαθὸν λεκτέον τοῦτο, ὃ παρέχει, ἀλλὰ ἄλλως
τἀγαθὸν ὑπὲρ τὰ ἄλλα ἀγαθά.

7. Εἰ δ' ὅτι μηδὲν τούτων ἐστίν, ἀοριστεῖς τῇ γνώμῃ,
στῆσον σαυτὸν εἰς ταῦτα, καὶ ἀπὸ τούτων θεῶ· θεῶ δὲ
μὴ ἔξω ῥίπτων τὴν διάνοιαν. οὐ γὰρ κεῖταί που ἐρημώσαν
αὐτοῦ τὰ ἄλλα, ἀλλ' ἔστι τῷ δυναμένῳ θιγεῖν ἀεὶ
5 παρόν, τῷ δ' ἀδυνατοῦντι οὐ πάρεστιν. ὥσπερ δὲ ἐπὶ
τῶν ἄλλων οὐκ ἔστι τι νοεῖν ἄλλο νοοῦντα καὶ πρὸς ἄλλῳ
ὄντα, ἀλλὰ δεῖ μηδὲν προσάπτειν τῷ νοουμένῳ, ἵν' ᾖ
αὐτὸ τὸ νοούμενον, οὕτω δεῖ καὶ ἐνταῦθα εἰδέναι, ὡς
οὐκ ἔστιν ἄλλου ἔχοντα ἐν τῇ ψυχῇ τύπον ἐκεῖνο νοῆσαι
10 ἐνεργοῦντος τοῦ τύπου, οὐδ' αὖ ἄλλοις κατειλημμένην
τὴν ψυχὴν καὶ κατεχομένην τυπωθῆναι τῷ τοῦ ἐναντίου
τύπῳ, ἀλλ' ὥσπερ περὶ τῆς ὕλης λέγεται, ὡς ἄρα ἄποιον
εἶναι δεῖ πάντων, εἰ μέλλει δέχεσθαι τοὺς πάντων τύπους,
οὕτω καὶ πολὺ μᾶλλον ἀνείδεον τὴν ψυχὴν γίνεσθαι, εἰ μέλ-
15 λει μηδὲν ἐμπόδιον ἐγκαθήμενον ἔσεσθαι πρὸς πλήρωσιν
καὶ ἔλλαμψιν αὐτῇ τῆς φύσεως τῆς πρώτης. εἰ δὲ τοῦτο,
πάντων τῶν ἔξω ἀφεμένην δεῖ ἐπιστραφῆναι πρὸς τὸ
εἴσω πάντη, μὴ πρός τι τῶν ἔξω κεκλίσθαι, ἀλλὰ ἀγνοή-
σαντα τὰ πάντα καὶ πρὸ τοῦ μὲν τῇ αἰσθήσει, τότε δὲ
20 καὶ τοῖς εἴδεσιν, ἀγνοήσαντα δὲ καὶ αὐτὸν ἐν τῇ θέα

7. 12-13 cf. Plat. *Tim.* 50 d 7-e 5; *Stoic. Vet. Fr.* i, n. 85 (= Diog. Laërt.
7. 134)

6. 52 τὸν AJUC^{pc}: τὸ EBRC^{ac}(ν C^s)Q   νοοῦν Q   53 αὐτό
Kirchhoff   7. 4 ἀεὶ suspic. Harder, approbat Puelma, *Mus. Helv.* 36,
1979, 96: ἐκεῖ Enn., defendit van Winden, *Mus. Helv.* 37, 1980, 61-2
8 εἰδέναι: ἰέναι w   13 εἶναι δεῖ transp. w   17 ἀφεμένην (scil. τὴν
ψυχήν) wBUCQ: ἀφεμένη x: ἀφέμενον Kirchhoff   19 αἰσθήσει Page:
διαθέσει Enn.

ἐκείνου γενέσθαι, κἀκείνῳ συγγενόμενον καὶ ἱκανῶς οἷον
ὁμιλήσαντα ἥκειν ἀγγέλλοντα, εἰ δύναιτο, καὶ ἄλλῳ τὴν
ἐκεῖ συνουσίαν· οἵαν ἴσως καὶ Μίνως ποιούμενος
ὀαριστὴς τοῦ Διὸς ἐφημίσθη εἶναι, ἧς μεμνημένος
εἴδωλα αὐτῆς τοὺς νόμους ἐτίθει τῇ τοῦ θείου ἐπαφῇ εἰς 25
νόμων πληρούμενος θέσιν. ἢ καὶ τὰ πολιτικὰ οὐκ ἄξια
αὐτοῦ νομίσας ἀεὶ ἐθέλει μένειν ἄνω, ὅπερ καὶ τῷ
πολὺ ἰδόντι γένοιτο ἂν πάθημα. οὐδενός φησίν ἐστιν
ἔξω, ἀλλὰ πᾶσι σύνεστιν οὐκ εἰδόσι. φεύγουσι γὰρ
αὐτοὶ αὐτοῦ ἔξω, μᾶλλον δὲ αὐτῶν ἔξω. οὐ δύνανται οὖν 30
ἑλεῖν ὃν πεφεύγασιν, οὐδ᾽ αὐτοὺς ἀπολωλεκότες ἄλλον
ζητεῖν, οὐδέ γε παῖς αὐτοῦ ἔξω ἐν μανίᾳ γεγενημένος
εἰδήσει τὸν πατέρα· ὁ δὲ μαθὼν ἑαυτὸν εἰδήσει καὶ
ὁπόθεν.

8. Εἴ τις οὖν ψυχὴ οἶδεν ἑαυτὴν τὸν ἄλλον χρόνον,
καὶ οἶδεν ὅτι ἡ κίνησις αὐτῆς οὐκ εὐθεῖα, ἀλλ᾽ ἢ ὅταν
κλάσιν λάβῃ, ἡ δὲ κατὰ φύσιν κίνησις οἵα ἡ ἐν κύκλῳ
περί τι οὐκ ἔξω, ἀλλὰ περὶ κέντρον, τὸ δὲ κέντρον ἀφ᾽
οὗ ὁ κύκλος, κινήσεται περὶ τοῦτο, ἀφ᾽ οὗ ἐστι, καὶ 5
τούτου ἀναρτήσεται συμφέρουσα ἑαυτὴν πρὸς τὸ αὐτό,
πρὸς ὃ ἐχρῆν μὲν πάσας, φέρονται δὲ αἱ θεῶν
ἀεί· πρὸς ὃ φερόμεναι θεοί εἰσι. θεὸς γὰρ τὸ ἐκείνῳ
συνημμένον, τὸ δὲ πόρρω ἀφιστάμενον ἄνθρωπος ὁ πολὺς

---

7. 22 ὁμιλήσαντα cf. Plat. *Symp.* 209 c 2   23 συνουσίαν cf. Plat. *Leg.*
624 b 1; *Minos* 319 e 1   23-4 = Hom. τ 178-9 et Plat. *Minos* 319 b 5-6
et d 9   25 cf. Plat. *Leg.* 624 a 7-b 3; *Minos* 320 b 4   26-7 cf. Plat.
Resp. 519 d 4-6   27-8 cf. Plat. *Phaedr.* 248 d 2   28-9 = Plat. *Parm.*
138 e 4   **8.** 1-8 cf. Plat. *Phaedr.* 247 d-248 a   3 κλάσιν cf. Plat.
Tim. 43 e 1

---

7. 21 ἐκείνου (genetiuus possessoris) cum γενέσθαι coniungendum, cf. VI.
9. 10. 16   27 νομίσας ἀεὶ scripsit van Winden: νομίσασα εἰ *Enn.*
8. 1 τὸν ἄλλον χρόνον extra tempus summae contemplationis   4 τὸ
δὲ κέντρον scil. ἐστίν   5 κινήσεται incipit apodosis   τοῦτον x
6 τούτου Kirchhoff: τοῦτο *Enn.*

10 καὶ θηρίον. τὸ οὖν τῆς ψυχῆς οἷον κέντρον τοῦτό ἐστι
τὸ ζητούμενον; ἢ ἄλλο τι δεῖ νομίσαι, εἰς ὃ πάντα
οἷον κέντρα συμπίπτει; καὶ ὅτι ἀναλογίᾳ τὸ κέντρον
τοῦδε τοῦ κύκλου; οὐδὲ γὰρ οὕτω κύκλος ἡ ψυχὴ ὡς τὸ
σχῆμα, ἀλλ' ὅτι ἐν αὐτῇ καὶ περὶ αὐτὴν ἡ ἀρχαία
15 φύσις, καὶ ὅτι ἀπὸ τοιούτου, καὶ ἔτι μᾶλλον καὶ ὅτι
χωρισθεῖσαι ὅλαι. νῦν δέ, ἐπεὶ μέρος ἡμῶν κατέχεται
ὑπὸ τοῦ σώματος, οἷον εἴ τις τοὺς πόδας ἔχοι ἐν ὕδατι,
τῷ δ' ἄλλῳ σώματι ὑπερέχοι, τῷ δὴ μὴ βαπτισθέντι τῷ
σώματι ὑπεράραντες, τούτῳ συνάπτομεν κατὰ τὸ ἑαυτῶν
20 κέντρον τῷ οἷον πάντων κέντρῳ, καθάπερ τῶν μεγίστων
κύκλων τὰ κέντρα τῷ τῆς σφαίρας τῆς περιεχούσης
κέντρῳ, ἀναπαυόμενοι. εἰ μὲν οὖν σωματικοὶ ἦσαν, οὐ
ψυχικοὶ κύκλοι, τοπικῶς ἂν τῷ κέντρῳ συνῆπτον καί
που κειμένου τοῦ κέντρου περὶ αὐτὸ ἂν ἦσαν· ἐπεὶ δὲ
25 αὐταί τε αἱ ψυχαὶ νοηταί, ὑπὲρ νοῦν τε ἐκεῖνο, δυνά-
μεσιν ἄλλαις, ᾗ πέφυκε τὸ νοοῦν πρὸς τὸ κατανοούμενον
συνάπτειν, οἰητέον τὴν συναφὴν γίνεσθαι καὶ πλεόνως τὸ
νοοῦν παρεῖναι ὁμοιότητι καὶ ταυτότητι καὶ συνάπτειν
τῷ συγγενεῖ οὐδενὸς διείργοντος. σώμασι μὲν γὰρ
30 σώματα κωλύεται κοινωνεῖν ἀλλήλοις, τὰ δὲ ἀσώματα
σώμασιν οὐ διείργεται· οὐδ' ἀφέστηκε τοίνυν ἀλλήλων

---

8. 10 θηρίον cf. Plat. *Phaedr.* 249 b 3   14-15 cf. Plat. *Tim.* 90 d 5;
Resp. 611 d 2; *Symp.* 192 e 9; VI. 5. 1. 16   17-19 cf. Plat. *Phaed.*
109 d-e   26 cf. Plat. *Tim.* 90 d 4

---

8. 12 συμπίπτειν x   καὶ scil. δεῖ νομίσαι   12-13 ὅτι—κύκλου *per
analogiam huius* uisibilis *circuli* esse *centrum*   12 τὸ κέντρον (nomen centri)
BRUCQ: τοῦ κέντρου w: τῷ κέντρῳ J   14-16 ὅτι—ὅλαι analogia circuli
recte usurpatur *quia in ea et circum eam* est *antiqua natura* (i.e. uera animae
natura) *et quia a tali* (scil. ab uno) originem ducit *magisque etiam quia* animae
separatae a corpore *totae sunt*   18-19 τῷ²—σώματι *eo ipso quod corpore non
est submersum* Ficinus recte   19 συνάπτωμεν x   24 ἐπεὶ: ἐπειδὴ w
26 ᾗ wBCQ: ἢ xU   27 πλεόνως JQ: πλέον ὡς wBRUC   29 τῷ
συγγενεῖ i.e. τῷ ἑνί   30 ἀλλήλοις UQ: ἄλλοις wBxC

τόπῳ, ἑτερότητι δὲ καὶ διαφορᾷ· ὅταν οὖν ἡ ἑτερότης μὴ
παρῇ, ἀλλήλοις τὰ μὴ ἕτερα πάρεστιν. ἐκεῖνο μὲν οὖν
μὴ ἔχον ἑτερότητα ἀεὶ πάρεστιν, ἡμεῖς δ' ὅταν μὴ
ἔχωμεν· κἀκεῖνο μὲν ἡμῶν οὐκ ἐφίεται, ὥστε περὶ ἡμᾶς 35
εἶναι, ἡμεῖς δὲ ἐκείνου, ὥστε ἡμεῖς περὶ ἐκεῖνο. καὶ
ἀεὶ μὲν περὶ αὐτό, οὐκ ἀεὶ δὲ εἰς αὐτὸ βλέπομεν, ἀλλ'
οἷον χορὸς ἐξῆς ᾄδων καίπερ ἔχων περὶ τὸν κορυφαῖον
τραπείη ἂν εἰς τὸ ἔξω τῆς θέας, ὅταν δὲ ἐπιστρέψῃ,
ᾄδει τε καλῶς καὶ ὄντως περὶ αὐτὸν ἔχει, οὕτω καὶ 40
ἡμεῖς ἀεὶ μὲν περὶ αὐτόν—καὶ ὅταν μή, λύσις ἡμῖν
παντελὴς ἔσται καὶ οὐκέτι ἐσόμεθα—οὐκ ἀεὶ δὲ εἰς αὐτόν·
ἀλλ' ὅταν εἰς αὐτὸν ἴδωμεν, τότε ἡμῖν τέλος καὶ ἀνά-
παυλα καὶ τὸ μὴ ἀπᾴδειν χορεύουσιν ὄντως περὶ αὐτὸν
χορείαν ἔνθεον.   45

9. Ἐν δὲ ταύτῃ τῇ χορείᾳ καθορᾷ πηγὴν μὲν ζωῆς,
πηγὴν δὲ νοῦ, ἀρχὴν ὄντος, ἀγαθοῦ αἰτίαν, ῥίζαν ψυχῆς·
οὐκ ἐκχεομένων ἀπ' αὐτοῦ, εἶτ' ἐκεῖνον ἐλαττούντων· οὐ
γὰρ ὄγκος· ἢ φθαρτὰ ἂν ἦν τὰ γεννώμενα. νῦν δ' ἐστὶν
ἀίδια, ὅτι ἡ ἀρχὴ αὐτῶν ὡσαύτως μένει οὐ μεμερισμένη 5
εἰς αὐτά, ἀλλ' ὅλη μένουσα. διὸ κἀκεῖνα μένει· οἷον εἰ
μένοντος ἡλίου καὶ τὸ φῶς μένοι. οὐ γὰρ ἀποτετμήμεθα
οὐδὲ χωρίς ἐσμεν, εἰ καὶ παρεμπεσοῦσα ἡ σώματος φύσις
πρὸς αὑτὴν ἡμᾶς εἵλκυσεν, ἀλλ' ἐμπνέομεν καὶ σῳζόμεθα
οὐ δόντος, εἶτ' ἀποστάντος ἐκείνου, ἀλλ' ἀεὶ χορηγοῦντος 10
ἕως ἂν ᾖ ὅπερ ἐστί. μᾶλλον μέντοι ἐσμὲν νεύσαντες πρὸς
αὐτὸ καὶ τὸ εὖ ἐνταῦθα, τὸ ⟨δὲ⟩ πόρρω εἶναι μόνον καὶ

8. 43-4 = Plat. *Resp.* 532 e 3

---

8. 38 ἐξῆς (*deinceps*) ᾄδων Puelma, *Mus. Helv.* 37, 1980, 134: ἐξάδων
Enn.   39 τραπείη Perna: τραπῇ wBxUC: τραποίη Q   41 μή
Kirchhoff: ἡ *Enn.*   9. 2 ὄντος BUCQ: ὄντως wx   3 ἐκχεομένων
scil. τῶν γεννωμένων   ἐκεῖνον (scil. τὸ ἕν) BxU: ἐκείνων wCQ   οὐ: ὁ x
3-4 οὐ γὰρ ὄγκος subiectum τὸ ἕν   6 κἀκεῖνα x   9 ἐμπνέομεν
Kirchhoff: ἕν πνέομεν *Enn.*   12-13 τό²—ἧττον εἶναι *hinc procul abesse nihil
aliud est quam esse minus* Ficinus recte   12 ⟨δὲ⟩ Müller

ἧττον εἶναι. ἐνταῦθα καὶ ἀναπαύεται ψυχὴ καὶ κακῶν ἔξω
εἰς τὸν τῶν κακῶν καθαρὸν τόπον ἀναδραμοῦσα· καὶ νοεῖ
15 ἐνταῦθα, καὶ ἀπαθὴς ἐνταῦθα. καὶ τὸ ἀληθῶς ζῆν
ἐνταῦθα· τὸ γὰρ νῦν καὶ τὸ ἄνευ θεοῦ ἴχνος ζωῆς
ἐκείνην μιμούμενον, τὸ δὲ ἐκεῖ ζῆν ἐνέργεια μὲν νοῦ·
ἐνέργεια δὲ καὶ γεννᾷ θεοὺς ἐν ἡσύχῳ τῇ πρὸς ἐκεῖνο
ἐπαφῇ, γεννᾷ δὲ κάλλος, γεννᾷ δικαιοσύνην, ἀρετὴν γεννᾷ.
20 ταῦτα γὰρ κύει ψυχὴ πληρωθεῖσα θεοῦ, καὶ τοῦτο αὐτῇ
ἀρχὴ καὶ τέλος· ἀρχὴ μέν, ὅτι ἐκεῖθεν, τέλος δέ, ὅτι τὸ
ἀγαθὸν ἐκεῖ. καὶ ἐκεῖ γενομένη γίγνεται αὐτὴ καὶ ὅπερ ἦν·
τὸ γὰρ ἐνταῦθα καὶ ἐν τούτοις ἔκπτωσις καὶ φυγὴ καὶ
πτερορρύησις. δηλοῖ δὲ ὅτι τὸ ἀγαθὸν ἐκεῖ καὶ ὁ ἔρως
25 ὁ τῆς ψυχῆς ὁ σύμφυτος, καθὸ καὶ συνέζευκται Ἔρως
ταῖς Ψυχαῖς καὶ ἐν γραφαῖς καὶ ἐν μύθοις. ἐπεὶ γὰρ ἕτε-
ρον θεοῦ ἐκείνη, ἐξ ἐκείνου δέ, ἐρᾷ αὐτοῦ ἐξανάγκης.
καὶ οὖσα ἐκεῖ τὸν οὐράνιον Ἔρωτα ἔχει, ἐνταῦθα δὲ
πάνδημος γίγνεται· καὶ γάρ ἐστιν ἐκεῖ Ἀφροδίτη οὐρα-
30 νία, ἐνταῦθα δὲ γίγνεται πάνδημος οἷον ἑταιρισθεῖσα. καὶ
ἔστι πᾶσα ψυχὴ Ἀφροδίτη· καὶ τοῦτο αἰνίττεται καὶ τὰ τῆς
Ἀφροδίτης γενέθλια καὶ ὁ Ἔρως ὁ μετ' αὐτῆς γενόμενος.
ἐρᾷ οὖν κατὰ φύσιν ἔχουσα ψυχὴ θεοῦ ἑνωθῆναι θέλου-
σα, ὥσπερ παρθένος καλοῦ πατρὸς καλὸν ἔρωτα. ὅταν
35 δὲ εἰς γένεσιν ἐλθοῦσα οἷον μνηστείαις ἀπατηθῇ, ἄλλον

Inde ab οἷον 9. 35 Enn. = w(= AE) B R JU C Q

9. 17 cf. Aristot. Metaph. Λ 7. 1072ᵇ27   19-20 cf. Plat. Symp.
209 a-c   21 cf. Plat. Leg. 715 e 8   24 cf. Plat. Phaedr. 246 c 2 et
248 c 9   28-30 cf. Plat. Symp. 180 d 8-e 3   31-2 cf. ibid. 203 c 2-3

9. 13 κακῶν ἔξω scil. ἐστίν   14 νοεῖν x   15 ζῆν: ζῆν αὐτὸ x
17 μιμούμενον A³ (= Ficinus): μιμουμένου Enn.   18 ἡσύχῳ femininum
19 γεννᾷ²: γεννᾷ δὲ w   20 ταῦτα: ταύτην x   21 ὅτι¹ om. x
22 αὐτὴ καί: καὶ αὐτὴ x: αὐτὴ Volkmann   26 τῆς ψυχῆς x   27 ἐκείνη
Qᵖᶜ: ἐκείνου Enn. (ἡ Qᵇ)   28-9 ἐνταῦθα—γίγνεται del. Kirchhoff
29 πάνδημος scil. ὁ Ἔρως   34 καλοῦ: καλὴ Harder²   πατρὸς
Kirchhoff: πρὸς wBRCQ: om. JU   καλὸν ἔρωτα scil. ἐρᾷ

ἀλλαξαμένη θνητὸν ἔρωτα ἐρημίᾳ πατρὸς ὑβρίζεται· μισή-
σασα δὲ πάλιν τὰς ἐνταῦθα ὕβρεις ἁγνεύσασα τῶν τῇδε
πρὸς τὸν πατέρα αὖθις στελλομένη εὐπαθεῖ. καὶ οἷς
μὲν ἄγνωστόν ἐστι τὸ πάθημα τοῦτο, ἐντεῦθεν ἐνθυμείσθω
ἀπὸ τῶν ἐνταῦθα ἐρώτων, οἷόν ἐστι τυχεῖν ὧν τις   40
μάλιστα ἐρᾷ, καὶ ὅτι ταῦτα μὲν τὰ ἐρώμενα θνητὰ καὶ
βλαβερὰ καὶ εἰδώλων ἔρωτες καὶ μεταπίπτει, ὅτι οὐκ ἦν
τὸ ὄντως ἐρώμενον οὐδὲ τὸ ἀγαθὸν ἡμῶν οὐδ᾽ ὃ
ζητοῦμεν. ἐκεῖ δὲ τὸ ἀληθινὸν ἐρώμενον, ᾧ ἔστι καὶ
συνεῖναι μεταλαβόντα αὐτοῦ καὶ ὄντως ἔχοντα, οὐ   45
περιπτυσσόμενον σαρξὶν ἔξωθεν. ὅστις δὲ εἶδεν, οἶδεν
ὃ λέγω, ὡς ἡ ψυχὴ ζωὴν ἄλλην ἴσχει τότε καὶ προσιοῦσα
καὶ ἤδη προσελθοῦσα καὶ μετασχοῦσα αὐτοῦ, ὥστε
γνῶναι διατεθεῖσαν, ὅτι πάρεστιν ὁ χορηγὸς ἀληθινῆς
ζωῆς, καὶ δεῖ οὐδενὸς ἔτι. τοὐναντίον δὲ ἀποθέσθαι τὰ   50
ἄλλα δεῖ, καὶ ἐν μόνῳ στῆναι τούτῳ, καὶ τοῦτο γενέσθαι
μόνον περικόψαντα τὰ λοιπὰ ὅσα περικείμεθα· ὥστε
ἐξελθεῖν σπεύδειν ἐντεῦθεν καὶ ἀγανακτεῖν ἐπὶ θάτερα
δεδεμένους, ἵνα τῷ ὅλῳ αὐτῶν περιπτυξώμεθα καὶ μηδὲν
μέρος ἔχοιμεν, ᾧ μὴ ἐφαπτόμεθα θεοῦ. ὁρᾶν δὴ ἔστιν   55
ἐνταῦθα κἀκεῖνον καὶ ἑαυτὸν ὡς ὁρᾶν θέμις· ἑαυτὸν μὲν
ἠγλαϊσμένον, φωτὸς πλήρη νοητοῦ, μᾶλλον δὲ φῶς αὐτὸ
καθαρόν, ἀβαρῆ, κοῦφον, θεὸν γενόμενον, μᾶλλον δὲ ὄντα,
ἀναφθέντα μὲν τότε, εἰ δὲ πάλιν βαρύνοιτο, ὥσπερ
μαραινόμενον.   60

10. Πῶς οὖν οὐ μένει ἐκεῖ; ἢ ὅτι μήπω ἐξελήλυθεν
ὅλος. ἔσται δὲ ὅτε καὶ τὸ συνεχὲς ἔσται τῆς θέας
οὐκέτι ἐνοχλουμένῳ οὐδεμίαν ἐνόχλησιν τοῦ σώματος.
ἔστι δὲ τὸ ἑωρακὸς οὐ τὸ ἐνοχλούμενον, ἀλλὰ τὸ ἄλλο,

---

9. 38 = Plat. *Phaedr.* 247 d 4   42-4 cf. Plat. *Symp.* 212 a 4-5
46 σαρξὶν cf. ibid. 211 e 2   46-7 = Pausanias i. 37. 4 et Plot. I. 6. 7. 2

---

9. 46 εἶδεν: οἶδεν w   47 προσιοῦσα Kirchhoff: προϊοῦσα *Enn.*
10. 1 οὐ om. JU   2 ὅλος BᵖᶜUᵖᶜCQ: ὅλως wBᵃᶜRJUᵃᶜ

5 ὅτε τὸ ἑωρακὸς ἀργεῖ τὴν θέαν οὐκ ἀργοῦν τὴν ἐπιστήμην
τὴν ἐν ἀποδείξεσι καὶ πίστεσι καὶ τῷ τῆς ψυχῆς διαλο-
γισμῷ· τὸ δὲ ἰδεῖν καὶ τὸ ἑωρακός ἐστιν οὐκέτι λόγος,
ἀλλὰ μεῖζον λόγου καὶ πρὸ λόγου καὶ ἐπὶ τῷ λόγῳ, ὥσπερ
καὶ τὸ ὁρώμενον. ἑαυτὸν μὲν οὖν ἰδὼν τότε, ὅτε ὁρᾷ, τοι-
10 οῦτον ὄψεται, μᾶλλον δὲ αὐτῷ τοιούτῳ συνέσται καὶ τοιοῦ-
τον αἰσθήσεται ἁπλοῦν γενόμενον. τάχα δὲ οὐδὲ "ὄψε-
ται" λεκτέον, τὸ δὲ "ὀφθέν", εἴπερ δεῖ δύο ταῦτα λέγειν,
τό τε ὁρῶν καὶ ὁρώμενον, ἀλλὰ μὴ ἓν ἄμφω· τολμηρὸς
μὲν ὁ λόγος. τότε μὲν οὖν οὔτε ὁρᾷ οὐδὲ διακρίνει ὁ ὁρῶν
15 οὐδὲ φαντάζεται δύο, ἀλλ᾽ οἷον ἄλλος γενόμενος καὶ οὐκ
αὐτὸς οὐδ᾽ αὐτοῦ συντελεῖ ἐκεῖ, κἀκείνου γενόμενος ἕν
ἐστιν ὥσπερ κέντρῳ κέντρον συνάψας. καὶ γὰρ ἐνταῦθα
συνελθόντα ἕν ἐστι, τό τε δύο, ὅταν χωρίς. οὕτω
καὶ ἡμεῖς νῦν λέγομεν ἕτερον. διὸ καὶ δύσφραστον τὸ
20 θέαμα· πῶς γὰρ ἂν ἀπαγγείλειέ τις ὡς ἕτερον οὐκ ἰδὼν
ἐκεῖ ὅτε ἐθεᾶτο ἕτερον, ἀλλὰ ἓν πρὸς ἑαυτόν;

11. Τοῦτο δὴ ἐθέλον δηλοῦν τὸ τῶν μυστηρίων τῶνδε
ἐπίταγμα, τὸ μὴ ἐκφέρειν εἰς μὴ μεμυημένους, ὡς οὐκ
ἔκφορον ἐκεῖνο ὄν, ἀπεῖπε δηλοῦν πρὸς ἄλλον τὸ θεῖον,
ὅτῳ μὴ καὶ αὐτῷ ἰδεῖν εὐτύχηται. ἐπεὶ τοίνυν δύο οὐκ
5 ἦν, ἀλλ᾽ ἓν ἦν αὐτὸς ὁ ἰδὼν πρὸς τὸ ἑωραμένον, ὡς ἂν
μὴ ἑωραμένον, ἀλλ᾽ ἡνωμένον, ὃς ἐγένετο ὅτε ἐκείνῳ
ἐμίγνυτο εἰ μεμνῷτο, ἔχοι ἂν παρ᾽ ἑαυτῷ ἐκείνου εἰκόνα.
ἦν δὲ ἓν καὶ αὐτὸς διαφορὰν ἐν αὐτῷ οὐδεμίαν πρὸς
ἑαυτὸν ἔχων οὔτε κατὰ ἄλλα—οὐ γάρ τι ἐκινεῖτο παρ᾽

10. 11-12 τάχα—ὀφθέν uertendum: *fortasse ne dicendum quidem 'uidebit' hic,
illud autem 'uisum est'* 14 οὐδὲ E^{ac}BRJUCQ: οὔτε AE^{pc} 16 συντελεῖ
ἐκεῖ pertinet illuc 17-18 ὥσπερ—ἐστι om. JU 18 τό τε δύο scil.
ὑφίσταται 19 λέγομεν scil. τὸ ἕν 21 ἐκεῖ: ἐκεῖνο w ἕτερον
obiectum ad ἰδών 11. 1 τῶνδε *terrestrium* 2-3 ὡς—ὄν accusatiuus
absolutus 3 ἐκεῖνο i.e. τὸ ἕν 4 ὅτῳ: οὕτω JU 6 ὃς ἐγένετο
regitur ab μεμνῷτο 7 μεμνῷτο w: μεμόνωτο BJUCQ: μέμν//το R
9 οὔτε κατὰ ἄλλα continuatur ab 11 ἀλλ᾽ οὐδὲ λόγος κτλ.

αὐτῷ, οὐ θυμός, οὐκ ἐπιθυμία ἄλλου παρῆν αὐτῷ ἀνα- 10
βεβηκότι—ἀλλ' οὐδὲ λόγος οὐδέ τις νόησις οὐδ' ὅλως
αὐτός, εἰ δεῖ καὶ τοῦτο λέγειν. ἀλλ' ὥσπερ ἁρπασθεὶς ἢ
ἐνθουσιάσας ἡσυχῇ ἐν ἐρήμῳ καὶ καταστάσει γεγένηται
ἀτρεμεῖ, τῇ αὐτοῦ οὐσίᾳ οὐδαμῇ ἀποκλίνων οὐδὲ περὶ
αὐτὸν στρεφόμενος, ἑστὼς πάντη καὶ οἷον στάσις γενό- 15
μενος. οὐδὲ τῶν καλῶν, ἀλλὰ καὶ τὸ καλὸν ἤδη ὑπερθέων,
ὑπερβὰς ἤδη καὶ τὸν τῶν ἀρετῶν χορόν, ὥσπερ τις εἰς τὸ
εἴσω τοῦ ἀδύτου εἰσδὺς εἰς τοὐπίσω καταλιπὼν τὰ ἐν τῷ
νεῴ ἀγάλματα, ἃ ἐξελθόντι τοῦ ἀδύτου πάλιν γίνεται
πρῶτα μετὰ τὸ ἔνδον θέαμα καὶ τὴν ἐκεῖ συνουσίαν πρὸς 20
οὐκ ἄγαλμα οὐδὲ εἰκόνα, ἀλλὰ αὐτό· ἃ δὴ γίγνεται δεύτερα
θεάματα. τὸ δὲ ἴσως ἦν οὐ θέαμα, ἀλλὰ ἄλλος τρόπος
τοῦ ἰδεῖν, ἔκστασις καὶ ἅπλωσις καὶ ἐπίδοσις αὐτοῦ καὶ
ἔφεσις πρὸς ἁφὴν καὶ στάσις καὶ περινόησις πρὸς
ἐφαρμογήν, εἴπερ τις τὸ ἐν τῷ ἀδύτῳ θεάσεται. εἰ δ' 25
ἄλλως βλέποι, οὐδὲν αὐτῷ πάρεστι. ταῦτα μὲν οὖν
μιμήματα· καὶ τοῖς οὖν σοφοῖς τῶν προφητῶν αἰνίττεται,
ὅπως θεὸς ἐκεῖνος ὁρᾶται· σοφὸς δὲ ἱερεὺς τὸ αἴνιγμα
συνιεὶς ἀληθινὴν ἂν ποιοῖτο ἐκεῖ γενόμενος τοῦ ἀδύτου
τὴν θέαν. καὶ μὴ γενόμενος δὲ τὸ ἄδυτον τοῦτο ἀόρατόν 30
τι χρῆμα νομίσας καὶ πηγὴν καὶ ἀρχήν, εἰδήσει ὡς ἀρχῇ
ἀρχὴν ὁρᾷ καὶ συγγίνεται [καὶ] τῷ ὁμοίῳ τὸ ὅμοιον. ⟨καὶ⟩
οὐδὲν παραλιπὼν τῶν θείων ὅσα δύναται ψυχὴ ἔχειν καὶ

---

11. 22 Post θέαμα desinit E

---

11. 11 cf. Plat. *Parm.* 142 a 3   15 cf. Plat. *Soph.* 249 a 2   31 cf.
Plat. *Phaedr.* 245 c 9   32 cf. Philolaus *Fr.* A 29; Empedocles *Fr.* B 109;
Democritus *Fr.* B 164

---

11. 13 ἐνθουσιάσας ἡσυχῇ oxymoron   14 οὐδαμοῦ w   16 τῶν
καλῶν scil. 11 λόγος   19 ἐξελθόντα RJQ   23 ἅπλωσις *simplificatio*
27 ad αἰνίττεται (medium) subiectum ταῦτα   29 τοῦ ἀδύτου regitur ab
ἐκεῖ   31 ἀρχῇ BRJUC: ἀρχὴν A: ἀρχὴ Q   32 καί[2] transposuimus
32 τῷ ὁμοίῳ: τῶν ὁμοίων JU   33 οὐδὲν ⟨οὖν⟩ Dodds

πρὸ τῆς θέας, τὸ λοιπὸν ἐκ τῆς θέας ἀπαιτεῖ· τὸ δὲ λοιπὸν
35 τῷ ὑπερβάντι πάντα τὸ ὅ ἐστι πρὸ πάντων. οὐ γὰρ δὴ
εἰς τὸ πάντη μὴ ὂν ἥξει ἡ ψυχῆς φύσις, ἀλλὰ κάτω μὲν
βᾶσα εἰς κακὸν ἥξει, καὶ οὕτως εἰς μὴ ὄν, οὐκ εἰς τὸ
παντελὲς μὴ ὄν. τὴν ἐναντίαν δὲ δραμοῦσα ἥξει οὐκ εἰς
ἄλλο, ἀλλ' εἰς αὑτήν, καὶ οὕτως οὐκ ἐν ἄλλῳ οὖσα ⟨οὐκ⟩
40 ἐν οὐδενί ἐστιν, ἀλλ' ἐν αὑτῇ· τὸ δὲ ἐν αὑτῇ μόνῃ καὶ
οὐκ ἐν τῷ ὄντι ἐν ἐκείνῳ· γίνεται γὰρ καὶ αὐτός τις οὐκ
οὐσία, ἀλλ' ἐπέκεινα οὐσίας ταύτῃ, ᾗ προσομιλεῖ.
εἴ τις οὖν τοῦτο αὐτὸν γενόμενον ἴδοι, ἔχει ὁμοίωμα
ἐκείνου αὐτόν, καὶ εἰ ἀφ' αὑτοῦ μεταβαίνοι ὡς εἰκὼν πρὸς
45 ἀρχέτυπον, τέλος ἂν ἔχοι τῆς πορείας. ἐκπίπτων δὲ
τῆς θέας πάλιν ἐγείρας ἀρετὴν τὴν ἐν αὑτῷ καὶ κατανοή-
σας ἑαυτὸν ταύταις κεκοσμημένον πάλιν κουφισθήσεται δι'
ἀρετῆς ἐπὶ νοῦν ἰὼν καὶ σοφίαν καὶ διὰ σοφίας ἐπ' αὐτό.
καὶ οὗτος θεῶν καὶ ἀνθρώπων θείων καὶ εὐδαιμόνων βίος,
50 ἀπαλλαγὴ τῶν ἄλλων τῶν τῇδε, βίος ἀνήδονος τῶν τῇδε,
φυγὴ μόνου πρὸς μόνον.

---

11. 42 = Plat. *Resp.* 509 b 9   45 = ibid. 532 e 3   48–9 cf. Plat.
Phaedr. 248 a 1; *Theaet.* 176 a 1–2

---

11. 39 ⟨οὐκ⟩ Thedinga   40–1 τὸ—ὄντι subiectum, ἐν ἐκείνῳ
praedicatum   42 ταύτῃ ᾗ *ea qua*   47 ταύταις i.e. ἀρεταῖς cf. lin. 46

ADDENDA
AD TOMVM PRIMVM ET ALTERVM

FONTES ADDENDI

Vita

3. 26-7	cf. Plat. *Leg.* 642 a 2-3
16. 1-18	cf. *Nag Hammadi Library* (= *NHL*); García Bazán, *Plotino y la Gnosis* 317-29; Schwyzer, *Paulys Realenc. Suppl.* xv, 326-7
16. 3	Ἀκυλῖνος cf. Joh. Lyd. *De mens.* 4. 76
16. 6	Ζωροάστρης cf. Bidez-Cumont, *Les mages hellénisés* 2. 249-51 et *NHL*, cod. viii. 1, p. 132. 9; Ζωστριανός cf. Arnobius 1. 52 et *NHL*, cod. viii. 1; Νικόθεος cf. Schmidt, *Unbekanntes altgnostisches Werk*, p. 342. 2
16. 6-7	Ἀλλογενής cf. *NHL*, cod. xi. 3 et Epiphanius, *Panarion* 39. 5. 1 et 40. 7. 5 (= *Patrologia Graeca* 41. 669c et 688d)
16. 7	Μέσσος cf. *NHL*, cod. xi. 3, p. 50. 19 et 68. 28 et 69. 16
17. 40	ἠνάγκασμαι cf. Soph. *El.* 221
22. 45	σῆμα = Plat. *Crat.* 400 c 1 et *Gorg.* 493 a 3
26. 40	cf. Eur. *Andr.* 265

I. 1

1. 1	cf. Plat. *Leg.* 897 a
1. 3	cf. Plat. *Alcib.* 129 e
1. 12-13	cf. Plat. *Tim.* 61 c 8-d 2
2. 19	cf. Plat. *Phileb.* 59 c 4
4. 24-5	cf. Aristot. *De an.* B 1. 412ª27-b1
5. 12-13	cf. Stoic. *Vet. Fr.* iii, n. 459
8. 8	ὁμοῦ πάντα = Anaxagoras *Fr.* B 1
8. 9-10	cf. Numenius *Fr.* 11 Leemans = *Fr.* 2 des Places
8. 10	οὐσία τῇ ὄντως cf. Plat. *Soph.* 248 a 11
8. 19-20	cf. Plat. *Tim.* 69 c 7
9. 3-4	εἴρηται cf. I. 1. 7. 1-6; uide etiam I. 1. 9. 26
10. 15	cf. Plat. *Resp.* 589 a 7-b 1

I. 2

1. 3-4	cf. Plat. *Resp.* 613 b 1
1. 10-12	cf. Aristot. *Eth. Nic.* K 8. 1178b8-15
1. 16-19	cf. Plat. *Phaed.* 82 a 11-b 2; *Resp.* 430 b 9-d 2
1. 18-19	cf. Plat. *Resp.* 431 e 8-432 a 8

FONTES ADDENDI

I. 2

2. 14	ἄνω cf. I. 2. 1. 16
4. 13	cf. Plat. *Phileb.* 21 a 1–2
5. 7–8	cf. Aristot. *Eth. Nic.* H 6. 1147ᵇ24
5. 14 et 16	cf. Aristot. *Eth. Nic.* B 4. 1106ᵃ2–3
7. 1–2	cf. Albin. *Didasc.* 29, p. 183. 3
7. 21	περιστατικῶς cf. *Stoic. Vet. Fr.* iii, n. 496 = Diog. Laërt. 7. 109

I. 3

1. 1	cf. Aristot. *Eth. Nic.* A 1. 1094ᵃ1
3. 1–2	cf. Plat. *Phaedr.* 246 c 1 et 249 c 4–5
3. 3	cf. Plat. *Epist.* vii. 341 a 6
3. 7	cf. Plat. *Resp.* 376 b 8–9
3. 8	ἐνάρετον cf. *Stoic. Vet. Fr.* iii, n. 295 = Diog. Laërt. 7. 126
4. 9–10	cf. Plat. *Phaed.* 79 d 4–5
5. 5–6	τιμιωτάτην . . ἕξιν cf. Plat. *Resp.* 591 b 4
5. 7	ἐπέκεινα cf. Plat. *Resp.* 509 b 9
5. 9–10	cf. *Stoic. Vet. Fr.* ii, n. 49a = Alex. Aphrod. *In Anal. priora* p. 1. 8–9

I. 4

1. 11–12	cf. *Stoic. Vet. Fr.* iii, n. 3 et 65
3. 32	cf. Plat. *Phileb.* 60 b 10
5. 7	cf. etiam *Stoic. Vet. Fr.* iii, n. 585
5. 9–11	cf. Ps.-Archytas *Fr.* 46 Nolle = p. 11. 4–5 Thesleff = Stob. *Anth.* iii. 1. 112, p. 61. 20–62. 2
7. 33	cf. Hom. *X* 62 et 65
8. 1–2	cf. Epicurus *Fr.* 447–8 Usener = *Fr.* 64–5 Bailey; Diogenes Oenoandensis *Fr.* 42
8. 3–4	cf. Aristot. *Eth. Nic.* A 11. 1100ᵇ30–1
10. 9	cf. Plat. *Tim.* 46 b 2–3
13. 3	περιστατικαί cf. *Stoic. Vet. Fr.* iii, n. 496 = Diog. Laërt. 7. 109
16. 5	μικτὸν βίον = Plat. *Phileb.* 22 d 6
16. 12	cf. Plat. *Resp.* 613 b 1; *Theaet.* 176 b 1
16. 23–7	cf. Alex. Aphrod. *De an.*, Suppl. Aristot. ii. 1, p. 112. 25–7

I. 5

1. 3	μνήμη cf. Epicurus *Fr.* 436 Usener
6. 19–20	cf. Chrysippus apud Plut. *De Stoic. repugn.* 26, p. 1046 c = *Stoic. Vet. Fr.* iii, n. 54
8. 7	περιχαρίας cf. Plat. *Phileb.* 65 d 8

FONTES ADDENDI

I. 6

1. 43-4	cf. Plat. *Symp.* 210 c 3-7 et 211 c 6
3. 28-9	cf. Heraclit. *Fr.* B 54
4. 20-1	κεντοῦνται cf. Plat. *Phaedr.* 251 d 5
5. 43-4	cf. Heraclit. *Fr.* B 5 et Plat. *Phaed.* 110 a 5-6
6. 20	cf. Plat. *Resp.* 613 b 1 et *Theaet.* 176 b 1
7. 2	εἶδεν . . οἶδεν ὃ λέγω = Pausanias i. 37. 4 et Plot. VI. 9. 9. 46-7
7. 5-7	cf. Plat. *Gorg.* 523 c-e; Philo *Leg. allegor.* 2. 56
8. 9-12	cf. Pausanias ix. 31. 7
8. 24	cf. Pind. *Pyth.* 10. 29-30
9. 23	θαρσήσας περὶ σαυτῷ = Plat. *Theaet.* 148 c 9
9. 24	δεικνύντος cf. Plat. *Epist.* vii. 341 a 6
9. 37	ἐπέκεινα τούτου cf. Aristot. *Fr.* 49 Rose³ = p. 57 Ross = Simplicius *In De caelo* ii. 12, p. 485. 22
9. 38	cf. Plat. *Phileb.* 60 b 10
9. 41	εἰδῶν τόπον cf. Aristot. *De an.* Γ 4. 429ᵃ27-8; τόπον cf. Plat. *Resp.* 508 c 1; ἐπέκεινα = ibid. 509 b 9
9. 42-3	cf. Plat. *Alcib.* 116 c 1-2

I. 7

1. 1-4	'Aristot. *Eth. Nic. A* 8. 1098ᵇ14-16' tollendum
1. 20	ἐπέκεινα νοῦ cf. Aristot. *Fr.* 49 Rose³ = p. 57 Ross = Simplicius *In De caelo* ii. 12, p. 485. 22
1. 22	cf. Plat. *Phileb.* 20 d 8; Aristot. *Eth. Nic. A* 1. 1094ᵃ3
3. 2-3	cf. Plat. *Resp.* 353 b 14; Aristot. *Eth. Nic. A* 6. 1097ᵇ30-2

I. 8

2. 1	cf. Plat. *Phileb.* 60 b 10
2. 3	cf. Plat. *Phileb.* 20 d 8; Aristot. *Eth. Nic. A* 1. 1094ᵃ3
2. 8-9	cf. Plat. *Resp.* 509 d 2
2. 19	cf. Anaxagoras *Fr.* B 12
3. 15	παμπαθές cf. Plat. *Tim.* 52 d 6-e 1
3. 16	cf. Plat. *Symp.* 203 b 4
5. 9	ἀγαθοῦ μοῖραν cf. Plat. *Phileb.* 20 d 1 et 54 c 10 et 60 b 4
6. 28	ἐπέκεινα οὐσίας = Plat. *Resp.* 509 b 9
6. 40-1	cf. Aristot. *Categ.* 6. 6ᵃ17-18 et *Eth. Nic. B* 8. 1108ᵇ33-4
6. 45	cf. Plat. *Soph.* 266 e 1
10. 1	cf. *Stoic. Vet. Fr.* i, n. 85 = Diog. Laërt. 7. 134
14. 1	cf. Plat. *Gorg.* 477 b 3-4 et *Resp.* 444 e 1-2 et Posidonius *Fr.* 164, p. 146. 27 Edelstein-Kidd
14. 4	συγκαταθέσεις cf. *Stoic. Vet. Fr.* iii, n. 172 et 548 et Alex. Aphrod. *De fato* 14, Suppl. Aristot. ii. 2, p. 184. 2

FONTES ADDENDI

II. 1

1. 2   cf. Plat. *Tim.* 41 b 4 et Atticus *Fr.* 4. 87 Baudry = *Fr.* 4. 95
        des Places = Eusebius *Praep. Euang.* xv. 6. 15, p. 362. 19
        Mras = p. 803 d Vigier

1. 9-10 cf. Aristot. *Metaph. Δ* 6. 1016ᵇ31-2; *De gen. et corr. B* 11.
        338ᵇ13

1. 12-16 cf. Plat. *Tim.* 33 b 2-4; Aristot. *De caelo A* 9. 279ᵃ23-8

1. 14   τι ἔξωθεν cf. Aristot. *De caelo A* 9. 279ᵃ6-7 et *Fr.* 19 Rose³
        (= p. 86 Ross = Philo *De aetern. mundi* 21) et Ocellus
        Lucanus § 13, p. 13. 26

1. 27   cf. Plat. *Leg.* 721 c 2-6; Aristot. *De gen. et corr. B* 11.
        338ᵇ8-9

1. 35-6 cf. Aristot. *Politic. H* 4. 1326ᵃ32-3

2. 2-5   τὸ τόδε et τὸ κατ' εἶδος et τὸ καθ' ἕκαστον cf. Aristot. *De caelo*
        A 9. 278ᵃ9-13

2. 20-1 cf. Aristot. *De caelo A* 3. 270ᵇ1-4

2. 22-4 cf. Plat. *Tim.* 30 b 4-5

3. 13   ὀξὺ cf. Plat. *Tim.* 56 a 5

3. 22   ῥοπὴν cf. Plat. *Phaedr.* 247 b 4

6. 7-8   τῷ εἰκότι cf. Plat. *Tim.* 56 d 1 ('30 b 7' tollendum)

6. 23-4 cf. Anaxagoras *Fr.* B 12, p. 39. 3-7 et *Fr.* A 41, p. 15. 19-20
        = Theophr. *Phys. Opin. Fr.* 4 = *Doxogr. Gr.* p. 478. p. 23-4

6. 46   εὔθρυπτος cf. Aristot. *De an. B* 8. 420ᵃ8

7. 4   ἑδραία cf. Plat. *Tim.* 59 d 6

7. 7   cf. Plat. *Tim.* 31 b 5

7. 8-9   cf. Plat. *Tim.* 32 c 2-8

7. 25-30 cf. Plat. *Tim.* 45 b 4-6

II. 2

1. 16   cf. Plat. *Tim.* 30 b 9

2. 13   ἀμφαγαπάζεται cf. Hom. Π 192

II. 3

6. 11-13 cf. Porph. *Introductio.* Catalogus Codicum Astrolog. Gr.
        5. 4, p. 213. 5-14

7. 17-18 σύμπνοια μία = Ps.-Hippocrates *De alimento* 23; cf. *Stoic. Vet.*
        Fr. ii, n. 543 = Diog. Laërt. 7. 140

7. 19   cf. Plat. *Tim.* 30 d 3-31 a 1

12. 5   cf. Aristot. *Phys. B* 2. 194ᵇ13; *Metaph. Θ* 8. 1049ᵇ25-6

12. 16   ἔδοξεν cf. II. 3. 5. 19-20

12. 31   ἀναλόγῳ cf. Plat. *Tim.* 32 c 2

13. 17   cf. Heraclit. *Fr.* B 11 ('Plat. *Critias*' tollendum)

13. 44   cf. Plat. *Phaed.* 65 a 10

16. 53   cf. Heraclit. *Fr.* B 10

FONTES ADDENDI

II. 4

1. 9	cf. *Stoic. Vet. Fr.* i, n. 85 (= Diog. Laërt. 7. 134) et 87; ii, n. 316 (= Diog. Laërt. 7. 150)
1. 12-13	cf. Calcid. *In Tim.* cap. 294 = *Stoic. Vet. Fr.* i, n. 87
1. 13-14	cf. *Stoic. Vet. Fr.* ii, n. 309 (= Sext. Emp. *Adu. math.* 10. 312) et 326
1. 14-18	cf. Aristot. *Metaph. Z* 10. 1036ᵃ9-11 et *H* 6. 1045ᵃ33-5
4. 16-17	ποικίλον καὶ πολύμορφον cf. Alex. Aphrod. *De an.*, Suppl. Aristot. ii. 1, p. 85. 23-4
5. 10	cf. Plat. *Resp.* 508 b 1-3; φωτοειδὴς cf. Posidonius *Fr.* 85 Edelstein-Kidd = Sext. Emp. *Adu. math.* 7. 93
5. 24	ἡ νοητὴ cf. Aristot. *Metaph. Z* 10. 1036ᵃ9-11 et *H* 6. 1045ᵃ34
7. 4	cf. Anaxagoras *Fr.* B 12; Plat. *Phaed.* 97 c-98 c
10. 3	cf. Philolaus *Fr.* A 29; Empedocl. *Fr.* B 109; Democrit. *Fr.* B 164
12. 1-13	cf. II. 4. 11. 4-7
15. 10	cf. Anaximander *Fr.* B 1
16. 1-2	cf. Plat. *Soph.* 258 e 2-3
16. 20	cf. Plat. *Symp.* 203 b 4
16. 25	cf. Plat. *Resp.* 509 b 9

II. 5

1. 9-10	cf. Aristot. *Categ.* 10. 13ᵃ30-1
3. 18	cf. Aristot. *Metaph. H* 4. 1044ᵇ7; *De caelo A* 3. 269ᵇ29-31 et 270ᵇ1-3; Atticus *Fr.* 5. 66-9 Baudry = 5. 71-4 des Places = Euseb. *Praep. Euang.* xv. 7. 7, p. 806a; Origenes *C. Cels.* 4. 56, p. 329. 13-15
5. 34	ἀνώλεθρον cf. Plat. *Tim.* 52 a 2

II. 6

1. 8-9	ἓν πάντα cf. Heraclit. *Fr.* B 50
1. 15-29	cf. II. 6. 2. 1-5; VI. 1. 10. 20-7; VI. 2. 14. 14-23; VI. 3. 15. 15-19 et 17. 8-10
1. 55	cf. Plat. *Soph.* 248 a 11
2. 1-5	uide ad II. 6. 1. 15-29

II. 7

1. 1	cf. *Stoic. Vet. Fr.* i, n. 102; ii, n. 471
1. 6	ὁμοιομερὲς cf. Alex. Aphrod. *De mixt.* 15, Suppl. Aristot. ii. 2, p. 231. 26-7
1. 20-2	cf. *Stoic. Vet. Fr.* ii, n. 479 = Diog. Laërt. 7. 151

FONTES ADDENDI

II. 8

2. 1   cf. Euclid. *Opt.* Definitio 4: τῶν ἴσων διαστημάτων καὶ ἐπὶ τῆς αὐτῆς εὐθείας ὄντων τὰ ἐκ πλείονος διαστήματος ὁρώμενα ἐλάττονα φαίνεται

II. 9

1. 1   cf. Plat. *Phileb.* 60 b 10

1. 17   φήσουσιν Stoicorum quidam, cf. [Galen.] *Phil. hist.* 24 = *Doxogr. Gr.* p. 615. 4-6

1. 18   νοῦν καὶ τὸ πρῶτον cf. Aristot. *Metaph.* Λ 7. 1072^{b}18-30

1. 18   ἐδείχθη e.g. V. 1. 8. 9-10

5. 24   καινὴν cf. ξένη II. 9. 11. 12

6. 2   παροικήσεις cf. Schmidt *Unbekanntes altgnostisches Werk*, p. 362. 1; *Nag Hammadi Library* (= *NHL*), cod. viii. 1, p. 5. 24; 8. 15; 12. 12; ἀντιτύπους cf. Schmidt ibid. p. 361. 39-362. 3; Irenaeus *Adu. Haer.* i. 5. 6 = Patrologia Graeca 7. 501B et i. 24. 3 = Patrologia Graeca 7. 676A; *NHL*, cod. viii. 1, p. 12. 13 et 16; μετανοίας cf. Schmidt ibid. p. 361. 38-362. 1; Irenaeus ibid. i. 3. 1 = Patrologia Graeca 7. 468A; *NHL*, cod. viii. 1, p. 5. 27; 8. 16; 12. 14

6. 13   cf. Plat. *Phaed.* 81 d-82 a et 111 d-114 b

6. 14-15   Numenius *Test.* 25 Leemans = *Fr.* 22 des Places

6. 38   ψυχῆς ἀθανασίαν cf. Plat. *Phaedr.* 246 a 1

6. 39   νοητὸν κόσμον cf. Plat. *Resp.* 517 b 5

6. 40   φεύγειν cf. Plat. *Theaet.* 176 b 1; χωρισμὸν cf. Plat. *Phaed.* 67 d 9

9. 21   cf. Plat. *Epinomis* 983 e 5-984 a 1

10. 3   cf. Plat. *Resp.* 595 b 9-10

10. 30-1   δημιουργόν, μητρὸς cf. Irenaeus *Adu. Haer.* i. 7. 1 = Patrologia Graeca 7. 512A-B

11. 12   γῆ . . ξένη cf. Philo *De agric.* 65; Hermae Pastor *Simil.* 1. 1; Plot. II. 9. 5. 24 γῆν καινήν

11. 18   ἐννόημα cf. ἔννοια Irenaeus *Adu. Haer.* i. 1. 1 = Patrologia Graeca 7. 445A

11. 22   τόλμαν cf. Irenaeus *Adu. Haer.* i. 2. 2 = Patrologia Graeca 7. 453A

12. 3   μήτηρ cf. Irenaeus *Adu. Haer.* i. 7. 1 = Patrologia Graeca 7. 512A

12. 16   ἐνθυμήσει cf. Clem. Alex. *Excerpta ex Theodoto* 7. 1-3, t. iii, p. 108. 3-9; Irenaeus *Adu. Haer.* i. 2. 4 = Patrologia Graeca 7. 460A; i. 4. 1 = Patrologia Graeca 7. 480A; 1. 14. 7 = Patrologia Graeca 7. 609A

13. 8   = Pind. *Olymp.* i. 30

15. 7   ἐν ἄλλοις cf. Plot. I. 8. 1. 9-10

FONTES ADDENDI

II. 9

15. 8-9   cf. Epicurus *Epist.* iii = Diog. Laërt. 10. 129

17. 12   cf. Plat. *Leg.* 715 e 8–716 a 1

17. 36   ἀμήχανον κάλλος = Plat. *Resp.* 509 a 6 ('*Symp.* 218 e 2' tollendum)

III. 1

2. 31   ἐπιπλοκήν = Chrysippus apud Gellium 7. 2. 3 (= *Stoic. Vet. Fr.* ii, n. 1000), εἱρμόν cf. *Stoic. Vet. Fr.* ii, n. 917-18; 920; 962

4. 1   cf. *Stoic. Vet. Fr.* i, n. 495 et ii, n. 1027 (= *Doxogr. Gr.* p. 306. 5-6); Atticus *Fr.* 8. 15-16 Baudry = *Fr.* 8. 18-19 des Places = Euseb. *Praep. Euang.* xv. 12. 3

4. 3-5   αἰτίων ἀκολούθων . . συμπλοκήν cf. *Stoic. Vet. Fr.* ii, n. 962; ibid. n. 976 = *Doxogr. Gr.* p. 322ᵃ12

4. 4   cf. *Stoic. Vet. Fr.* ii, n. 948 = Alex. Aphrod. *De fato* 25, Suppl. Aristot. ii. 2, p. 195. 3-4

4. 11   cf. III. 1. 2. 31

4. 20   cf. Heraclit. *Fr.* B 50

5. 27-8   cf. Cleanthes, *Stoic. Vet. Fr.* i, n. 518 = Tertullianus *De an.* 5. 4 = Nemesius 2, p. 76-7 (= Patrologia Graeca 40. 545ᴀ)

6. 2-3   cf. Aristot. *Metaph.* Θ 8. 1049ᵇ25-6

7. 3-4   cf. *Stoic. Vet. Fr.* ii, n. 1027 = *Doxogr. Gr.* p. 306. 3-4

8. 15-19   cf. Nemesius 40, p. 323 = Patrologia Graeca 40. 779ᴀ-ʙ

9. 9   λόγον . . ἡγεμόνα cf. Plat. *Gorg.* 527 e 2

III. 2

1. 1   cf. Aristot. *Phys.* B 4. 195ᵇ31; *Metaph.* A 3. 984ᵇ14 et Z 7. 1032ᵃ29

2. 4-5   cf. Empedocl. *Fr.* B 17. 7-8 = B 26. 5-6

5. 4   cf. Thuc. ii. 46. 1

6. 2   cf. Plat. *Apol.* 41 d 1

6. 18   cf. Plat. *Leg.* 903 e 4-5

8. 6   γῆ . . κέντρον cf. Marc. Anton. iv. 3. 8: γῆ στιγμή

11. 9-11   (pro '11. 5-6') cf. Plat. *Resp.* 420 c-d

16. 40   cf. Heraclit. *Fr.* B 8

16. 48   cf. Heraclit. *Fr.* B 51

17. 25   εἵλετο cf. Plat. *Resp.* 620 e 4

III. 3

1. 9   cf. Heraclit. *Fr.* B 10

7. 2-3   cf. Chrysippus apud Gellium 7. 1. 2 = *Stoic. Vet. Fr.* ii, n. 1169

FONTES ADDENDI

III. 4

1. 2   ἐλέγετο cf. V. 2. 1. 18–21
1. 15   cf. Plat. *Tim.* 49 a 6
2. 23   cf. Plat. *Phaed.* 67 e 5 et 81 a 1
2. 28–30   cf. Plat. *Phaed.* 82 a 11–b 7; Aristot. *De animal. hist. A* 1. 488ᵃ7–9
5. 15–17   cf. Plat. *Resp.* 617 d 4–5 et e 1 et 618 a 1–3
5. 16   τύχαις cf. III. 2. 17. 36; IV. 3. 12. 22

III. 5

1. 9   cf. Plat. *Symp.* 203 b–c
1. 21–3   cf. Aristot. *Metaph. A* 5. 986ᵃ23 (Pythagoreorum doctrina)
1. 22   cf. Aristot. *Metaph. N* 6. 1093ᵇ12–13 ('*Eth. Nic. A* 4. 1096ᵇ6' tollendum)
1. 49–50   cf. Plat. *Symp.* 206 c 4–5
1. 57   μικτὸν ἔρωτα cf. Plat. *Leg.* 837 b 4–6
2. 19   cf. Epimenides *Fr.* B 19
2. 32–3   ἐφεπομένη cf. Plat. *Resp.* 611 e 4
3. 13–15   cf. *Etymol. magnum* p. 379. 50 s.u. Ἔρως
4. 5   cf. Plat. *Phaed.* 107 d 6 et 113 d 2
5. 5   κόσμον cf. Cornutus 25, p. 48. 5; Plut. *De Is.* 57. 374 d
6. 18   = Numenius *Testim.* 24 Leemans = *Fr.* 21 des Places
6. 21–2   cf. Plat. *Tim.* 40 d 4
6. 32–3   συμπληροῦσι cf. Plat. *Symp.* 202 e 6
6. 37   ἀέρινα cf. Plat. *Epinomis* 984 e 1
6. 44   cf. Aristot. *Metaph. Z* 10. 1036ᵃ9–11; *H* 6. 1045ᵃ34
7. 7–8   cf. Plat. *Resp.* 505 e 1
7. 19   οἶστρος cf. Plat. *Phaedr.* 240 d 1 et 251 d 6
7. 19–20   ἄπορος cf. Plat. *Symp.* 204 b 7
7. 24–7   ἀμήχανον, ἔνδειαν, ποριστικὸν cf. Aristoph. *Ranae* 1429; Plat. *Symp.* 203 d 3 et 7; Plut. *De Is.* 57. 374 d
7. 26   cf. Plat. *Symp.* 202 d 13
7. 31   cf. Plat. *Phileb.* 21 a 1–2
7. 51   cf. Parm. *Fr.* B 3
7. 57–8   cf. Aristot. *Metaph. Δ* 30. 1025ᵃ32 et *Θ* 9. 1051ᵃ24
8. 17   cf. *Etymol. magnum* p. 179. 13–14 s.u. Ἀφροδίτη
9. 7–8   cf. Plat. *Symp.* 203 b 2 et 6
9. 9   ἀγλάισμα cf. Aesch. *Ag.* 1312; πλούτου ἐγκαλλώπισμα cf. Thuc. ii. 62. 3
9. 16   cf. Plat. *Symp.* 203 b 5
9. 42   ἐνδείας cf. Plat. *Symp.* 203 d 3
9. 43   εὐπορίας cf. Plat. *Symp.* 203 e 2
9. 45   cf. Plat. *Symp.* 203 c 5

FONTES ADDENDI

III. 6

1. 9	cf. *Stoic. Vet. Fr.* i, n. 141 et 484 (= Sext. Emp. *Adu. math.* 7. 228)
1. 17	ὕστερον cf. III. 6. 4. 1 sqq.
1. 25	cf. *Stoic. Vet. Fr.* i, n. 142 et 518; ii, n. 780 et 790
1. 31	ἀριθμὸς cf. Pythag. apud Stob. *Anth.* i. 49. 1a, p. 318. 21 = *Doxogr. Gr.* p. 386ᵇ8; Xenocrates *Fr.* 60
1. 31	λόγος cf. Heraclit. *Fr.* B 115
2. 31	ἐπαῖον cf. Heraclit. *Fr.* B 112
3. 29	cf. *Stoic. Vet. Fr.* ii, n. 53 (= Diog. Laërt. 7. 46) et 65 (= Sext. Emp. *Adu. math.* 7. 248)
3. 30	cf. *Stoic. Vet. Fr.* i, n. 484 (= Sext. Emp. *Adu. math.* 7. 228) et ii, n. 458, p. 150. 16–17
4. 6–8	cf. Plat. *Tim.* 69 c 7–d 2
4. 31	cf. Aristot. *Polit.* A 5. 1254ᵇ8
4. 42–52	cf. Plat. *Phaed.* 85 e–86 b
6. 5	cf. *Stoic. Vet. Fr.* ii, n. 309 (= Sext. Emp. *Adu. math.* 10. 312) et 318
6. 23	ὁμοῦ πάντα = Anaxagoras *Fr.* B 1
6. 40	ἐμβριθὲς cf. Plat. *Phaed.* 81 c 8
7. 30	ἀμενηνὰ cf. Hom. κ 521
9. 6	ἐλέγετο cf. III. 6. 1–5
12. 11	εἰκότος cf. Plat. *Tim.* 53 d 5
12. 12	σχήμασιν cf. Plat. *Tim.* 54 c 8
12. 31–2	cf. Plat. *Tim.* 52 d 5–6 (pro '51 b 4–6')
13. 55	cf. Plat. *Soph.* 254 d 1
14. 17	εὐμηχάνῳ cf. Plat. *Symp.* 203 d 6
19. 21–2	cf. Anaxagoras *Fr.* A 107 = Aristot. *De gen. an.* Δ 1. 763ᵇ32–3; cf. ibid. A 20. 729ᵃ9–11

III. 7

5. 21	ἀτρεμὲς cf. Parm. *Fr.* B 8. 4
6. 28	cf. Plat. *Tim.* 35 a 2–3; Albin. *Didasc.* 14, p. 169. 21–2; Apul. *De Plat.* i. 6, p. 88. 6–8 ('*Stoic. Vet. Fr.* ii, n. 599' tollendum)
6. 55–7	cf. Plat. *Tim.* 37 e 4–38 a 2
7. 23–4	τὴν τοῦ παντός cf. Plat. apud Theophr. *Phys. Opin. Fr.* 15 (= *Doxogr. Gr.* p. 492. 2); Plat. *Definit.* 411 b 3; Plat. apud *Doxogr. Gr.* p. 318ᵃ9–10; Aristot. *Phys.* Δ 10. 218ᵃ33
7. 25	σφαῖραν cf. Pythagoras apud *Doxogr. Gr.* p. 318ᵇ4; διάστημα κινήσεως cf. Plat. apud *Doxogr. Gr.* p. 318ᵃ4–5 et ᵇ6–7
7. 26	μέτρον cf. Xenocrates *Fr.* 40 = *Doxogr. Gr.* p. 318ᵇ13–14
8. 3	ἐν χρόνῳ cf. Aristot. *Phys.* Z 4. 235ᵃ11
8. 23	cf. III. 7. 7. 20 et 25
8. 50	ἀθρόα¹ cf. Aristot. *Phys.* A 3. 186ᵃ15

FONTES ADDENDI

III. 7

9. 3-4	ὥσπερ—κινήσεως cf. III. 7. 8. 23-4
9. 21	cf. Aristot. *Phys. Δ* 12. 220ᵇ14-18
9. 32	εἴπομεν cf. III. 7. 9. 22
11. 53-4	cf. Parm. *Fr.* B 8. 6
12. 30-3	cf. Plat. *Tim.* 39 b 6-c 1; 47 a 4-6; *Epinomis* 978 d 2-4
13. 49	cf. Critolaus *Fr.* 14 Wehrli

III. 8

1. 22	cf. *Stoic. Vet. Fr.* ii, n. 1016 = Sext. Emp. *Adu. math.* 9. 114
2. 19	τις Stoicus, λόγος . . ἀκίνητος cf. λόγον . . βέβαιον καὶ ἀμετάπτωτον *Stoic. Vet. Fr.* i, n. 202
8. 34	βεβαρημένος = Plat. *Symp.* 203 b 7
9. 33	ἐν διεξόδῳ = Numenius *Fr.* 21 Leemans = *Fr.* 12 des Places = Euseb. *Praep. Euang.* xi. 17. 9, p. 537ᶜ
10. 27	ἀρχὴν καὶ πηγὴν = Plat. *Phaedr.* 245 c 9

III. 9

1. 9-10	cf. Plat. *Resp.* 508 d 5 (pro 'Phaedr. 247 c-e')
1. 14-15	cf. Plat. *Tim.* 30 c 7-8 et 39 e 9
1. 23-5	cf. II. 9. 6. 14-15 et Numenius *Testim.* 25 Leemans = *Fr.* 22 des Places
8. 4	ἀσύνθετον cf. Plat. *Phaed.* 78 c 3-7 et *Theaet.* 205 c 7
9. 1	cf. Plat. *Resp.* 509 b 9

IV. 2

2. 40 et 53	cf. Plat. *Parm.* 155 e 5

IV. 3

1. 12	ἐραστότατον . . θεαμάτων cf. Plat. *Tim.* 87 d 7-8
9. 15	διδασκαλίας . . χάριν cf. Xenocrates *Fr.* 54, p. 180. 9
9. 28	ἀμυδρὸν ἐν ἀμυδρῷ fortasse prouerbium
12. 5	cf. Hom. *Δ* 443 et Plat. *Phaedr.* 248 a 2-3
12. 25	ἐναρμονίως cf. Plat. *Resp.* 530 d 7
23. 12-16	cf. Galenus *De placitis Hippocrat. et Plat.* 7. 8. 4 (p. 645 K = p. 645. 10-12 M) et 8. 1. 4 (p. 649 K = p. 650. 8-9 M)
23. 25	cf. Plat. *Tim.* 90 a 5 (pro 'Phaed. 96 b 5-6')
23. 38-40	cf. Galenus *De placitis Hippocrat. et Plat.* 6. 8. 77 (p. 582-3 K = p. 577. 13-15 M)
23. 40	μοῖρα τῆς ψυχῆς = Plat. *Tim.* 71 d 2
24. 10	θεῖος νόμος = Plat. *Leg.* 957 c 7

IV. 4

1. 27-9	cf. Aristot. *Categ.* 12. 14ᵃ35-8
2. 25	ἀμετάβλητον cf. Albin. *Didasc.* 25, p. 177. 20

FONTES ADDENDI

IV. 4

IV. 6

IV. 7

IV. 8

V. 1

FONTES ADDENDI

V. 1

4. 3-4	cf. Plat. *Tim.* 40 d 4
4. 41	ἡ διαφορὰ ἑτερότης = Aristot. *Metaph.* Γ 2. 1004ᵃ21
5. 6-9	cf. Aristot. *Fr.* p. 114. 22-3 Ross = Alex. Aphrod. *In Metaph.* A 6, p. 56. 20-1
5. 14	cf. Alex. Aphrod. *In Metaph.* A 9, p. 85. 17 (pro '87. 17')
6. 52	cf. Pherecydes *Fr.* A 7 = Aristot. *Metaph.* N 4. 1091ᵇ10
8. 21	cf. Plat. *Tim.* 30 c 7-8
8. 23	cf. Plat. *Soph.* 245 a 5-b 1
9. 7	cf. Aristot. *Metaph.* Λ 7. 1073ᵃ4; *De an.* Γ 5. 430ᵃ17
9. 25-7	cf. Aristot. *Metaph.* Λ 8. 1074ᵃ32-4
10. 9	cf. Plat. *Phaedr.* 247 c 2
10. 14-15	cf. Alex. Aphrod. *De an.*, Suppl. Aristot. ii. 2, p. 84. 10-11
10. 17	cf. Aristot. *De an.* Γ 4. 429ᵃ24-5

V. 2

1. 1	= Plat. *Parm.* 160 b 2-3; cf. Heraclit. *Fr.* B 50

V. 3

10. 44	τοῦ θιγγάνοντος οὐ νοοῦντος contra Aristot. *Metaph.* Λ 7. 1072ᵇ21
14. 19 et 15. 1	cf. Plat. *Resp.* 508 e 1
15. 22	cf. Plat. *Parm.* 144 e 5
16. 18-19	cf. Plat. *Resp.* 509 a 3
16. 30	cf. Plat. *Parm.* 144 b 2
17. 10	cf. Anaxagoras *Fr.* B 1

V. 4

1. 3-5	cf. Plat. *Epist.* ii. 312 e 3-4
1. 8-9	cf. Plat. *Parm.* 141 e 10-11

V. 5

4. 33-5	cf. Aristot. *Metaph.* M 7. 1082ᵃ1-7
4. 38	ὕστερον cf. VI. 6. 5 et 11
6. 27-8	cf. Plut. *De Is.* 75, p. 381 f; *De E apud Delphos* 20, p. 393 c
8. 12	πληρωθεὶς μένους cf. Plat. *Polit.* 290 d 7

V. 7

2. 12	ὥρᾳ cf. Plat. *Resp.* 475 a 2

V. 8

1. 38-9	cf. Cic. *Or.* 8-9
3. 13-14	cf. Plat. *Resp.* 503 a 5-6

FONTES ADDENDI

V. 8

4. 41-2   cf. etiam Plut. *Alex.* 52. 6; Arrian. *Anab.* 4. 9. 7

7. 25 et 31   cf. Xenophanes *Fr.* B 25

V. 9

3. 15   συγκρίματα cf. Democrit. *Fr.* A 1, t. ii. 84. 14 = Diog. Laërt. 9. 44

9. 9-10   cf. *Stoic. Vet. Fr.* i, n. 102 = Diog. Laërt. 7. 136

11. 11   ῥυθμὸν καὶ ἁρμονίαν cf. Plat. *Resp.* 398 d 2; *Symp.* 187 c 5 (pro '187 e 5'); *Leg.* 655 a 5

12. 6   cf. Plat. *Resp.* 474 d 8-9

303

ADDENDA ET CORRIGENDA
AD TEXTVM ET APPARATVM LECTIONVM

	in textu	in apparatu
Vita		
2. 2	τοῦ	τοῦ *Vita*: του H–S²
2. 26	῞πειρᾶσθε	πειρᾶσθε de Strycker: πειρᾶσθαι *Vita*
2. 26	τὸν ἐν ἡμῖν θεὸν	τὸν ἐν ἡμῖν θεὸν Schwyzer, *Mus. Helv.* 33, 197(τὸ ἐν ἡμῖν θεῖον BJy H–S¹: τὸ ἐν ὑμῖν θεῖον wR ἐν ὑμῖν θεὸν AʸᵖᵐᵇEʸᵖᵐᵇRʸᵖᵇ H–S²
2. 27	θεῖον῎	
3. 26-7	—	ἀνεκεκάθαρτο medium, cf. Plat. *Leg.* 642 a 2–3
7. 9	—	τὰ τελευταῖα τῆς ἡλικίας senectus Plotini
8. 6-7	ἐχόμενος. καί	sic interpungendum
8. 8	διετέλεσε· συντελέσας	sic interpunxit Igal, nam 7 ἐκεῖνο ad lin. spectat
9. 1	φιλοσοφίᾳ προσκειμένας	φιλοσοφίᾳ προσκειμένας BJ: προσκειμένας wRy
9. 5	[σφόδρα φιλοσοφίᾳ προσκειμένας]	σφόδρα—προσκειμένας del. Brinkmann
10. 13	—	ἤ idem ac μᾶλλον ἤ
10. 13	—	Πλωτῖνον obiectum ad δρᾶσαι
14. 14	—	ἐλέγετο medium
15. 25	πολλαχοῦ κατ' αὐτῶν	πολλαχοῦ κατ' αὐτῶν H–S²: πολλαχοῦ καὶ τῶ πολλὰ τῶν y H–S¹⁻²
15. 25	—	ἐν τοῖς συγγράμμασιν *in suis scriptis*
16. 2	—	ἀνηγμένοι *egressi* Ficinus recte
17. 37	—	ἀνδρὸς: Numenii
17. 41	—	φιλοπράγμων: ὃς πράγματα παρέχειν φιλεῖ
17. 42-3	—	εὐθύνειν τε καὶ ἀποποιεῖσθαι scil. Plotini doctri Igal, *Cronología* 120
18. 23	Ἀμέλιος	Ἀμέλιος A(ον A¹ᵇ): Ἀμέλιον xy H–S¹⁻²: -ος uel
18. 23	ἐποίησεν	ἐποίησεν *Vita*: ἐποίησα Cᵖᶜ H–S¹⁻²
19. 13	ἀσθένειαν κἂν	interpunctionem ante κἂν (= καὶ ἐὰν) su Igal, *Perficit* 2, 1970, 311
19. 13	οἰηθείς. παρ'	a παρ' incipit noua sententia
19. 33	ἀξίου	ἀξίου Dübner: ἄξια *Vita* H–S¹⁻²
20. 14-15	῞Λογγίνου . . τέλους῎	titulus libri
20. 43	Πολιτείαν	Platonis opus

ADDENDA AD TEXTVM

in textu	in apparatu

a

2. 12   οἷα   οἷς error typographicus

2. 42   —   ἀχλύος cum δίνῃσι coniungendum

2. 58   εὐφροσύνῃσί τ'   εὐφροσύνῃσί τ' Dübner, cf. *Vita* 23. 38: εὐφροσύνῃσιν *Vita*

3. 35   δὲ τοιοῦτοι Πλάτων   δὲ τοιοῦτοι H-S³: δὲ οὗτοι *Vita*: τοιοῦτοι Wolff

7. 7   —   καὶ εἰ etiamsi

7. 18   —   ἄνω cum ἐφεστηκότες coniungendum

8. 19   πᾶν ⟨ὁ⟩ ἄλλο   ⟨ὁ⟩Igal collato Plat. *Tim.* 69 c 7

2. 12   —   αὐτῷ scil. τῷ Πλάτωνι

3. 2   τὸ δὲ "τῇ ψυχῇ"

1. 28   [κἂν εἰ μὴ τοιαύτας]   κἂν—τοιαύτας del. Müller

2. 18   εἶναι κατὰ τὸ   κατὰ H-S³: καὶ *Enn.* ('17 τῷ² regit etiam τὸ μεμετρημένον' tollendum)

    2   τίνι ⟨θεῷ⟩ φανερὰ καὶ ἡ ταυτότης [τίνι θεῷ].   θεῷ transp. et τίνι² del. H-S³

5. 7-8   —   τὰς ἀναγκαίας . . αἰσθήσεις coniungendum, quamquam Porphyrius *Sententiae* 32, p. 23. 15M = 33. 1L. intellegit ἀναγκαίας ἡδονάς, quod Marinus *Vita Procli* 19, p. 33. 6-7 scribit

5. 20   —   μετὰ et προτυπούς: μέχρι et προπετούς Porphyrius *Sententiae* 32, p. 24. 12-13M = 34. 9L et Marinus *Vita Procli* 20, p. 37. 1

5. 12   —   καὶ φρόνησις Porphyrius *Sententiae* 32, p. 20. 13-14 M = 27. 9L: om. *Enn.*

7. 1   —   ἀντακολουθοῦσι Porphyrius *Sententiae* 32, p. 20. 18 M = 28. 4-5L

7. 2   [αἱ]   αἱ del. Kirchhoff recte, nam nullae uirtutes in intellectu, cf. I. 2. 3. 31

7. 5   —   ἀυλότης: ταυτότης Porphyrius *Sententiae* 32, p. 21. 7 M = 29. 6L

7. 14   —   ὁ Porphyrius *Sententiae* 32, p. 21. 18M = 30. 3L: ἢ *Enn.*

4   κοινότης ἐν   interpunctio ante ἐν tollenda

ADDENDA AD TEXTVM

<table>
<tr><td>in textu</td><td>in apparatu</td></tr>
</table>

I. 4

	in textu	in apparatu
2. 9	προσλαμβάνειν, εἰ	
2. 9-10	[ἢ καταστάσει]	ἢ καταστάσει del. Harder²
2. 11	αἰσθήσει;	sic interpunxit Cilento
3. 25	τὸ εὖ,	εὖ coniecimus: εὐδαιμονεῖν Enn.
8. 3-4	ἔσται ⟨καὶ⟩ ἐν τῷ ἀλγεῖν, ἀλλὰ τὸ αὑτοῦ [καὶ ἐν τῷ] ἔνδον φέγγος οἷον	καὶ transposuimus et ἐν τῷ² deleuimus
8. 12	ἄλλα [οὔτε ἀλγεινὰ]	οὔτε ἀλγεινὰ del. Page
12. 11	περὶ τὸν [σπουδαῖον]	σπουδαῖον¹ deleuimus

I. 5

2. 2	—	λέγοι significet
6. 19-20	ἐνταῦθα ἐπίδοσις et χρόνον ὥστε	τις . . ἐπίδοσις scil. ἐστί
6. 22	—	ἐπαινεῖ: subiectum e lin. 17 λεκτέον petendum
7. 11	[παρεῖναι]	παρεῖναι ut glossam del. H-S²
7. 12	συμμεμενηκέναι	συμμεμενηκέναι H-S²: συμβεβηκέναι Enn.
10. 7-8	μᾶλλόν ⟨ἐστι⟩ τὸ ἐν πλείονι εὐδαιμονῆσαι [μᾶλλόν ἐστι].	ἐστι transposuimus et μᾶλλόν² deleuimus

I. 6

1. 6	—	αὐτὸ ipsum (pulchrum)
2. 25	ὁτὲ	ὅτε error typographicus
7. 14	ἂν ⟨οὐκ⟩ ἐκπλαγείη	οὐκ ins. Roussos, Φιλοσοφία (Athenis) 4, 1974

I. 7

1. 15-16	—	οὖσαν¹ cum ἐν ἡσύχῳ coniungendum, οὖσαν² πηγὴν καὶ ἀρχὴν
3. 2	ὄμμα τῷ	ὄμμα τῷ Volkmann: ὄμματι Enn. H-S¹: ὄμμ H-S²
3. 6	οὐ τούτῳ	οὐ τούτῳ Bury, Proceedings: οὐδ᾽ οὕτω Enn.
3. 6-7	κακὸν ⟨οὐδέν, ὥσπερ οὐδὲν κακὸν⟩ τῷ λίθῳ	οὐδέν, ὥσπερ (uel εἴπερ) οὐδὲν κακὸν add. Emerita 43, 1975, 188

I. 8

5. 14	κακόν. τῷ χρὴ τὸ	κακόν¹ neutrum; post χρὴ add. δὴ xyQ, sed glos τῷ = τούτῳ

in textu	in apparatu
41 [τὰ ἄλλα]	τὰ ἄλλα del. Dodds, *Gnomon* 37, 1965, 420
46 τὸ ⟨μὴ⟩ κατ'	⟨μὴ⟩ H-S² e lin. 32 et 48, cf. Simplicius *In Categ.* 5, p. 110. 13-14: οὐδὲ τὸ μὴ κατ' οὐσίαν τῷ κατ' οὐσίαν .. ἐναντίον
26 πάντες ἅπερ τοῦ	ἅπερ H-S²: ὑπὲρ Enn., 26-7 ἅπερ—ἐκείνου *quippe quae* sint *recipientis illius* scil. τοῦ ζῴου
15 παράπαν ⟨πᾶν⟩ εἶδος	⟨πᾶν⟩ Schröder e deleto [πᾶν εἶδος]
4 —	ἕξει: subiectum ψυχή
4 διάθεσιν, καὶ	interpungendum, nam ἄκρατον τὸ κακόν nominatiuus
1 —	τούτῳ spectat ad ᾗ
18 πληγῇ	πληγῇ Igal: πληγὴ Enn.
26 ἵν' ἄμουσα	ἵν' ἄμουσα Dodds, *Gnomon* 37, 1965, 420: ἵνα οὖσα Enn.
4 προσαγωγὴ	προσαγωγὴ J^ypmsy H-S¹: ἐξαγωγὴ Q H-S²: προσεξαγωγὴ wBR: προεξαγωγὴ J
ndix	Eliae textus de uoluntaria morte ex operibus Plotini tollendus
14 μηδέ τι	τι F³ms = Ficinus: τὸ Enn.
11 ἀεὶ καινὸν ἥλιον	καινὸν H-S²: καὶ τὸν Enn.: καινὸν τὸν Holwerda 89, cf. Heraclit. *Fr.* B 6
22 δέοιτο ἢ	ἢ uel
13 —	γῆ ⟨δυσκίνητος καὶ στερεά⟩ Igal, *Helmantica* 28, 1977, 244, sed δυσκίνητος et στερεά uel ἑδραία subintellegi potest
20 [ἐν τῇ ψυχῇ]	ἐν τῇ ψυχῇ del. Müller ut glossam ad ἐν καλῷ τόπῳ
14-15 ἀρίστοις κειμένην δυνάμει θαυμαστῇ κινουμένην	κειμένην δ. θ. κινουμένην Creuzer: κινουμένην δ. θ. κειμένην wxUSQ H-S¹⁻²: κινουμένην C
12 τά τε	τά σε error typographicus
23 συλλαμβανομένη	συλλαμβανομένη xyQ: συνεκλαμβανομένη w
44 —	ἀπελθεῖν. ⟨ἢ ἀπώλεσεν ἂν πρὶν ἀπελθεῖν.⟩ Igal, *Helmantica* 28, 1977, 246
7 πυρός, ἔχοι δὲ	ἔχοι δὲ e lin. 8 huc transp. H-S²: μετέχειν δὲ Enn.
7 —	ὕδατος genetiuus partitiuus, πρὸς τὸ regit etiam 9 κωλύεσθαι

ADDENDA AD TEXTVM

in textu		in apparatu

II. 1

7. 8   αὐχμηρὸν [ἔχοι δὲ] καὶ   ἔχοι δὲ wBRUS: ἔχει (οι C²) δὲ CQ H-S¹: ἔχτι Js) δὲ J: ἔχειν δὲ Jᵖᶜ H-S²: ut correctionem μετέχειν δὲ transp. H-S²

7. 17-19   διδόναι, καὶ   τὸ συναμφότερον et γῆν et φύσιν subiecta ad ποι

7. 19   πυρότητα   πυρότητα Gollwitzer: πυκνότητα Enn.

7. 23-4   —   πυρὸς¹ genetiuus ut Thuc. i. 83 ἔστιν ὁ πόλεμος ὅπλων .. ἀλλὰ δαπάνης

7. 24   οὐδέτερον   οὐδέτερον Gollwitzer: οὐδετέρων wBᵖᶜRJy: δευτέρων Bᵃᶜ: οὐδετέραν Q; οὐδέτερον et 25 reguntur a 23 νομίζειν

II. 2

1. 11   ἄλλοθι κατὰ   κατὰ Kirchhoff: καὶ Enn.

1. 11-12   περιλαμβάνειν· τοῦ

1. 44   ἐστιν, αὐτῆς πάντη   πάντη H-S²: παντὸς Enn.

2. 21-2   —   τοῦτο ποιεῖ i.e. συνέπεται λεπτόν

3. 22   τῷ "κύκλῳ"   ad τῷ "κύκλῳ" cf. VI. 3. 24. 2 τὸ "κύκλῳ"

II. 3

1. 6   πλάνητας   πλάνητας wxUCQ; πλανήτας S Perna H-S¹⁻²

6. 5   πέρα   πέρα Igal, Helmantica 28, 1977, 248: πέρας Enn

6. 13   ἀναμονῆς   ἀναμονῆς Igal: ἀναφορᾶς Enn.

7. 16   πάντα—καὶ

7. 17-18   ἔκαστα τοῦ εὖ εἰρημένου "σύμπνοια μία"   τοῦ (pendet ab τῶν) — σύμπνοια μία idem ac co humani (Westerink)

7. 18   παντί—καὶ

7. 19   —   πολὺ del. Deichgräber, Pseudohippocrates 79, sed εἶναι ζῷον πολὺ III. 3. 1. 22

9. 17   —   ἀπειλημμένοις (scil. ἡμῖν) passiuum, cf. Plat. 522 a 4

9. 36   μέρος ἐστὶ τοῦ   ἐστὶ Igal: εἰσὶ Enn., 36-7 καθὸ—ἐψυχω uertendum: qua corpus stellarum quamuis ani pars est uniuersi

9. 37   σῶμα καὶ   σῶμα καὶ Enn.: καὶ σῶμα Müller H-S²

12. 15-16   —   πρὸς τὸν πυρώδη pertinet ad ἀγαθή, πρὸς ἡμ ἀφώτιστος οὖσα, cf. II. 3. 5. 19-20

12. 17   —   τὸ (accusatiuus): τῷ Theiler, sed ἀνταρκε uerbum transitiuum

ADDENDA AD TEXTVM

in textu	in apparatu
2. 17–18 —	ἀνταρκεῖ—ὄντος *contra enim exaequat* luna *uim illius qui magis igneus est quam ipsum decet*
2. 31 ἀναλόγῳ	ἀναλόγῳ Orth: ἀλόγῳ Enn.
3. 10 ὅλῳ ⟨τὰ⟩ πάντα	⟨τὰ⟩ Theiler
3. 10–11 αὐτοῦ [τὰ πάντα]	τὰ πάντα del. Theiler
4. 5 γεγένηται	γενένηται error typographicus
4. 13 καὶ ⟨ὃ⟩ τι	⟨ὃ⟩ H–S³
4. 26 ἑλομένων ἢ	
4. 26–7 διαπραξάμενον, ⟨ἔτε ρον δ'⟩ ἑταίρων	⟨ἕτερον δ'⟩ inseruimus, ἑταίρων Kirchhoff: ἑτέρων wxCQ; ἑτέρῳ US
4. 27 —	συστάσει *coetu*, cf. Isocr. 3. 54 et Plot. VI. 7. 35. 37
7. 6–7 —	ἄλλου—ποιεῖν locus fortasse nondum sanatus
1. 12 ἀντεῖν	ἀντεῖν (ironice) H–S³: αὐτῶν wxy: αὐτῷ Q
1. 13 —	εἶναι Enn.: θεῖναι Igal, *Helmantica* 28, 1977, 250 tenens 12 αὐτῶν
5. 34 —	καί¹ *etiam*
5. 34 ὕλη καθὸ ἕτερον	καθὸ Bury: καὶ τὸ Enn. H–S¹⁻²
8. 7 —	αὐτῇ .. τῇ φύσει coniungendum
9. 12 ἄνοια	ἄνοια Igal, *Emerita* 43, 1975, 182, cf. lin. 8 et 20 et III. 6. 2. 22–4: ἄγνοια Enn.
9. 13 —	ἀπουσία scil. νοήσεως
2. 1 —	συμβάλλεται subiectum ὕλη
2. 1 σώμασι. τά	
2. 2 μεγέθεσι· περὶ	
2. 3 —	ταῦτα scil. τὰ σώματα
3. 22 ἢ ⟨ὁτουοῦν⟩ ἄλλου	⟨ὁτουοῦν⟩ e deleto [ἢ ὁτουοῦν ἄλλου²] transp. Igal, *Helmantica* 28, 1977, 250
3. 22 ἀψοφία τοῦ ψόφου [ἢ ὁτουοῦν ἄλλου]	τοῦ Igal ibid.: οὐ wRJyQ; om. B: del. Creuzer
9. 6 τεταγμένον, ⟨ὁ⟩ οὐδὲ τάξις	⟨ὁ⟩ Igal, οὐδὲ τάξις del. Harder
9. 19 —	δυνάμεως et τοῦ ἀεί attributa ad ἀπειρίας
9. 26 ὣς	ὣς B: ὡς wRJyQ
5. 8 οὖν οὐκ ἀπολεῖ	οὐκ del. Heintz H–S², sed tenendum, nam 8–10 πῶς—ὄντος ἀπείρου obiectio cuiusdam adversarii

ADDENDA AD TEXTVM

<table>
<tr><td></td><td>in textu</td><td>in apparatu</td></tr>
</table>

II. 4

16. 27   πρὸς τῷ κακῷ, τοῦ ὄντος.   πρὸς τῷ κακῷ (supra malitiam) Igal, Helmantic‹ 1977, 250: πρὸς τῷ καλῷ Enn.; τοῦ ὄντος coniun dum cum 26 ἕτερον

II. 5

1. 4   ἐστιν ἐνεργείᾳ   ἐνεργείᾳ Harder H–S²: ἐνέργεια Enn. H–S¹⁻²

1. 4   καὶ ἐνέργεια   ἐνέργεια Bᵃᶜ Harder H–S²: ἐνεργείᾳ wBᵖᶜR H–S¹⁻²

1. 9   ἐνέργειαν οὕτω τῷ   οὕτω τῷ Igal, Emerita 41, 1973, 88: οὐ τῷ wxQ: ‹

1. 9–10   —   τῷ cum ἐξείργεσθαι coniungendum

1. 32   —   τὰ μὲν .. τὰ δὲ partim .. partim Ficinus recte (δυνάμει ὄντα σπεύδει ἐλθεῖν' tollendum)

2. 24   κωλύει κατ' ἄλλον   κατ' Igal: καὶ Enn.

II. 6

1. 6–8   —   οὐσία (ter) praedicatum

1. 13   —   οὐσίας genetiuus

1. 16   —   ἀλλὰ scil. ἄτοπον ἂν ἦν

1. 21   —   κύκνῳ: χιόνι Bréhier, sed κύκνῳ tenendum Simplicius In Phys. i. 3, p. 119. 16. Et hic et li Plotinus de aliorum placitis refert

1. 23   ποιόν; ἢ   sic interpunxit Igal

1. 29   γίγνοιτο; ἀλλ'   sic interpunxit Igal

1. 40   ἆρα   ἆρα BRJᵖᶜUQ Kirchhoff: ἄρα wJᵃᶜSM H–S¹⁻‹

1. 42   οὔ τι; ὅθεν   τι (aliquid); sic interpungendum ob 40 ἆρα

1. 47–8   τι ὡς ὁρίζεσθαι   ὡς Harder² H–S²: καὶ Enn.; ὁρίζεσθαι med subiectum ἡμᾶς

2. 23   πῇ   πῇ Enn., cf. VI. 5. 4. 1: πὴ H–S¹⁻²

II. 7

1. 41   —   τὸ .. μέγεθος accusatiuus

1. 46   κέοιτο ⟨τῷ⟩ κατὰ   ⟨τῷ⟩ Theiler, et 47 'συνάψαι infinitiuus secutiuus' tollendum

II. 8

1. 37   εἴδους ⟨τοῦ⟩ καθ'   ⟨τοῦ⟩ Theiler

1. 37–8   [τοῦ καθ' ἕκαστον] ἡ ὄψις μετροῦσα   [τοῦ καθ' ἕκαστον] ἡ ὄψις Theiler: τοῦ καθ' ἕκ‹ εἶδος Enn.

1. 49   ὅσον, οὐ   ὅσον scil. ἐστίν ideoque interpungendum post

ADDENDA AD TEXTVM

in textu	in apparatu

3. 10   ζῆν ζώη   ζώη Perna H-S²: ζωὴ wxy: ζωῇ Q

4. 6   —   τὴν ποιοῦσαν coniungendum cum νεύσιν

4. 10   ἔνευσεν· οὐδὲ γάρ, εἰ   sic interpungendum
ἀμυδρῶς ἔχει, οὐ

4. 11   ἴδῃ. διὰ   sic interpungendum

5. 16   ψυχῇ ἐφιεμένης   ἐφιεμένης H-S²: ἑλομένης wxQ; ἐφεμένης Theiler: om. y

6. 6   αἱρέσεως   αἱρήσεως error typographicus

6. 6   —   ῾Ελληνικῆς scil. φωνῆς Igal collato NT Apoc. 9. 11

6. 19   σχεῖν", οἱ   sic interpungendum

6. 43   —   οἷς neutrum, θέλουσι uerbum finitum, intellegendum: *nulla inuidia si dicunt quibus rebus dissentire uelint*

6. 43-4   λεγόντων, οὐδ'   sic interpungendum

6. 54   εἴρηται, καὶ   sic interpungendum

6. 55-6   γνωσθήσεται τάδ'   τάδ' H-S²: τὰ δ' Enn.
ὕστερον

6. 57   ἕν γε οἷς   ἕν γε Müller: ἕν τε wxQ; ὥστε y

9. 19   ἑκάστῳ κατ' ἀξίαν   κατ' Roussos, Φιλοσοφία (Athenis) 4, 1974, 461: τὴν Enn.

9. 34   —   καὶ *imprimis*

9. 57-8   παῖδες, οὐδ'   sic interpungendum; οὐδ'—λαβόντες *sed neque etiam quae ipsi ritu maiorum colunt* (nempe astra) *dei filii sunt* Ficinus recte

9. 61   ἀκούοι, ⟨μόνον δὲ   μόνον—μέγας e 63-4 huc transp. Theiler
φαντάζοιτο ὡς τὰ
χίλια ἀριθμὸς μέγας⟩,
τί

9. 61-2   τί ἂν ἢ χιλιόπηχυς   ἢ J Creuzer: ἦ BR: ἢ Q: ῇ y: εἰ w

9. 62-4   τοὺς ⟨δ'⟩ ἄλλους   ⟨δ'⟩ Kirchhoff, εἶναι ἀκούοι—μέγας del. Theiler
πενταπήχεις; [εἶναι
ἀκούοι μόνον—
ἀριθμὸς μέγας]

9. 77   [πάντα]   πάντα del. Kirchhoff

9. 80   οὐ γὰρ ᾗ ἐπαγγέλ-   ἐπαγγέλλοιτο A Kirchhoff: ἐπαγγέλλει τὸ RJUSQ;
λοιτο, ἔχει ὁ   ἐπαγγέλει τὸ EBC; ἔχει coniecimus: ἔχειν Enn.

9. 81   πολλοὶ καὶ εἰδότες   πολλοὶ Volkmann: πολλὰ Enn.

ADDENDA AD TEXTVM

	in textu	in apparatu

II. 9

10. 20-1 — τῆς τοιαύτης—σοφίας intellegendum: σοφία ἐγ‹
αἰτία τῆς τοιαύτης scil. τῆς ψυχῆς νευσάσης

10. 32 αὐτοῦ ἕλκουσιν ἐπ' ἕλκουσιν Theiler: λέγουσιν Enn.

11. 26 — δώσει scil. τις

12. 6 κινηθῆναι ⟨καὶ⟩ ⟨καὶ⟩ Heigl
ἐλθόντας

12. 11 καὶ κόσμου ⟨ἐκείνου⟩ ⟨ἐκείνου⟩ transp. et κόσμου² del. H-S²
λαβεῖν ἔννοιαν
[κόσμου ἐκείνου],
ἀλλὰ

14. 4 — πείσεις persuasiones

14. 9 — οἱ A¹ˢE(o in alia litt.)xUC: οἷς A(in ras.)Q; εἰ

15. 7 ὡς δὲ ἐν

15. 15 ἀνεῖλε [τε τὸ σωφρο- τε τὸ σωφρονεῖν Exy: τό τε σωφρονεῖν Q; τὸ σωφρ‹
νεῖν] A: ut iteratum e lin. 13 del. Beutler

16. 4 πρότερον [πᾶς κακὸς] πᾶς κακὸς Enn.: πάγκακος Heigl H-S²: ut iterat
e lin. 3 del. Kirchhoff

16. 13 ὅτι quod

16. 13-14 καταφρονοῦντες [ὅτι] ὅτι del. Kirchhoff
μηδὲ

17. 8-9 μεγέθει τοῦ et τὸ τοῦ τὸ τοῦ παραδείγματος scil. μέγεθος et ‹
ἐξισωθῆναι uertendum: ut magnitudine impertil‹
quod gignitur magnitudo exemplaris quod ad uim o‹
adaequaretur H-S¹

17. 52 παιδὶ ὡς ὡς Kirchhoff: ὡς Enn.

17. 53 προσιόν τι προσιόν τι H-S²: προϊόντι uel προϊόν τι Enn.

18. 13 καὶ μὴ ποιεῖται εἴπερ—δυσχεραίνειν uertendum: nisi insuper aff‹
se indignari

III. 1

1. 23-4 ἐκίνησεν· ἢ ⟨οὐδ' ἂν ⟨οὐδ'—ἐκινήθη⟩ e deleto [ἢ—ἐκινήθη] transp.
ὅλως ἐκινήθη⟩, εἰ Emerita 43, 1975, 180
μηδὲν ὀρεκτὸν
ἐκίνησεν. [ἢ οὐδ' ἂν
ὅλως ἐκινήθη]

2. 14 — ἀνάγκην Aᵖᶜ: ἀνάγκη A(ν A²⁻³ˢ)ExyQ

2. 19-20 — οὐ μόνον Aᵖᶜ: μόνον οὐ Aᵃᶜ(οὐ eras. et ante μόνο‹
A²)ExyQ

ADDENDA AD TEXTVM

	in textu	in apparatu

I

3. 5 — οἶόν τε Aᵉᶜ: οἴονται Aᵃᶜ(αι eras., ε scr., acc. et spir. mut. A²⁻³)ExyQ

4. 5 εἱμαρμένην ⟨εἶναι⟩ ⟨εἶναι⟩ Orelli

4. 6 διήκουσαν διήκουσαν Kirchhoff: διοίκησιν *Enn.* H–S¹⁻²

5. 9 πάσχοντα· τούς sic interpungendum

5. 50 ἡ ἑκάστου σχέσις ἐπὶ τῶν ἑκάστου σχέσις ἐπὶ *Enn.* H–S¹ defendit Igal, *Emerita* 43, 1975, 191: ἐπὶ ἑκάστου σχέσις Kirchhoff H–S²

5. 56–7 ἅμα ⟨γίνεσθαι⟩ ζῷά τε παντοδαπὰ καὶ ἀνθρώπους [ἅμα γίνεσθαι]· ⟨γίνεσθαι⟩ e deleto [ἅμα γίνεσθαι] transp. Igal

6. 4–5 τοῖς γειναμένοις γειναμένοις Sleeman: γινομένοις *Enn.*

6. 11–12 σπουδαίους ⟨τὰ καλὰ⟩ πράττειν καὶ ἐπ' αὐτοῖς [τὰ καλὰ πράττειν], ⟨τὰ καλὰ⟩ e deleto [τὰ καλὰ πράττειν] transp. H–S³

2

2. 27 γένεσιν ἄλλοις ἄλλοις (cf. III. 2. 5. 11) Harder: ἀλλήλοις *Enn.*

4. 1 — ἕτερον alia res

4. 38 — τροπὴν *Enn.* Theodoretus *Graec. aff. cur.* 6. 65 defendit Theiler t. vi, p. 173: ῥοπὴν Heintz

4. 38 παρά του παρά του H–S³: παρ' αὐτοῦ *Enn.* Theodoretus ibid.: παρὰ τοῦ Kirchhoff

4. 39 ῥοπὴ καταρχὰς ῥοπὴ Theiler: τροπὴ *Enn.* Theodoretus ibid.

5. 13 τὰ² Aᵖᶜ (τ in ras., ι eras. prob. A²): καὶ AᵃᶜExyQ

7. 4 ἱέναι ⟨τι⟩ ⟨τι⟩ Kirchhoff

7. 5 πᾶν, ἀγαπᾶν δὲ ἀγαπᾶν Harder: ἀπαιτεῖν (e 2 ἀπαιτεῖν huc irrepsit) *Enn.* Theodoretus *Graec. aff. cur.* 6. 68

8. 6 — πρὸς (praepositio) *Enn.*: ὡς A³⁸ = Ficinus; 6–7 καὶ—ἄστρων etiamsi conferas cum quolibet astro

8. 23–4 αὐτοῖς [οἶδ'] οἶδ' del. H–S³

9. 20 ἐὰν ζωὴ παρῇ ζωὴ MacKenna: μὴ Aᵃᶜ(eras.)ExyQ: del Creuzer; 'παρῇ scil. αἴσθησις' tollendum

9. 38 — σύμφωνον cum διήγησιν coniungendum

9. 27 — οἱ τοιοῦτοι Aᵃᶜ(οἱ eras. et post τοιοῦτοι add. A²ˢ) ExyQ: τοιοῦτοι οἱ Aᵖᶜ

9. 54–6 — 54 τι et 55 ὑποκρινομένους et 56 τούτους et κυρίους lectiones ab A²(= Ficino) correctae

313

	in textu	in apparatu

III. 2

17. 81 — ἀλλήλας et καὶ (post εἶναι) lectiones ab A Ficino) mutatae

18. 18 εἰ οὐκ ἄτοπος οὐκ coniecimus: οὖν *Enn.*: οὖν ⟨οὐκ⟩ Igal

III. 3

3. 9 — τούτῳ: τοῦτο τῷ Kirchhoff, sed cf. VI. 2. 21. 2

4. 11 — κἀκεῖνα (= καὶ τὰ κρείττω): κἀκείνη Cilento: κα νος Igal

4. 39–40 ὕλην μὴ σύμφωνον μὴ Igal: ἢ *Enn.*

6. 5 ὄντος ὅτι ⟨ὁ⟩ τὴν ὅτι (= δῆλον ὅτι) ⟨ὁ⟩ Creuzer: ὅ τι H-S¹⁻²

6. 15 ὅσα ⟨τε⟩ δίδωσιν ⟨τε⟩ Igal

6. 15 εἰς τὸ ἐπικείμενον παρ' ἐπικείμενον (cf. VI. 7. 40. 7-8) Igal, *Emerita* 1975, 182: ὑποκείμενον *Enn.*: del. Bréhier

III. 4

1. 4 — οὖσαν (scil. αἴσθησιν καὶ φύσιν) Perna: οὖσα *Enn*

3. 2 τοῦτο ἕκαστον ἄγει ἕκαστον (masculinum) AB: ἑκάστου ERJyQH

4. 6 ἐνοχλοῦν μὲν οὐδὲ ἐνοχλοῦν μὲν οὐδὲ H-S²: ἐνοχλουμένου δὲ *Enn.*

5. 16 ἔπειτα ταῖς τύχαις ⟨δαίμονα ὡς αἱρησό-μεθα⟩ καὶ τύχαις ⟨δαίμονα ὡς αἱρησόμεθα⟩ coniecimus e *Resp.* 617 e 1: ψυχαῖς (cum codice B) ⟨ὡς αἱρήσο τὸν δαίμονα⟩ Igal, *Emerita* 41, 1973, 85

5. 17 τοὺς βίους scil. αἱρησόμεθα

6. 26 εἶναι, καὶ et ἑκάστης, καὶ sic interpungendum

6. 28 καὶ [τοιούτῳ] τοιούτῳ del. Theiler recte, nam correctio a τούτῳ

6. 29 αὐτῷ τοιούτῳ χρήσεται αὐτῷ τοιούτῳ (scil. ἄστρῳ) coniecimus: αὐτῷ τ *Enn.*; χρήσεται scil. ψυχή

6. 32 — γενέσεως ⟨ὡς⟩ καὶ ὅλως ἐν Igal

III. 5

1. 1 — ἢ¹ uel, ἢ² an

1. 10 Ἔρωτα

1. 38 — ἔκπτωσις lapsus intemperantium Ficinus recte

1. 54–5 — κάλλους εἰκόνος pulchritudo imaginis.

1. 55 — οἵ τε iidem atque 38 ὅτῳ μὲν et 58 οἱ δὲ

1. 56 καλῶν [καὶ] ⟨μὴ⟩ διὰ καὶ del. Volkmann, ⟨μὴ⟩ A³ᵐᵍ(= Ficinus)

1. 57 — οἵ τε .. γυναικῶν μέν iidem atque 40 ὅτῳ δὲ

314

ADDENDA AD TEXTVM

	in textu	in apparatu
5		
1. 58	—	μὴ τοιούτων id est μὴ γυναικῶν ἀλλὰ παιδικῶν
1. 59	—	ἄμφω nempe 55 οἵ τε et 57 οἵ τε . . γυναικῶν μέν
1. 59	—	ἀλλ' . . καὶ uerum . . super haec
1. 62	—	οὗτοι nempe et 59 οἱ μὲν et 60 οἱ δὲ
1. 63	—	οἱ δὲ cf. 38 ἔκπτωσις et 58 σφαλλόμενοι
2. 1	οὐ μόνον	πόνον error typographicus
2. 8	⟨Ἀφροδίτης λέγεται γεννηθῆναι ὁ Ἔρως, ἀλλ' ἐν τοῖς⟩ Ἀφροδίτης	cf. Plat. Symp. 203 c 3; in archetypo duos uersus excidisse suspicamur
2. 13–14	—	τίνα τρόπον ἔχει quomodo se habet
2. 14	ἔχει τὸ[ν] αὐτὸν [τὸ]	τὸ αὐτὸν (scil. τὸν Ἔρωτα) [τὸ] Igal: τὸν αὐτὸν τὸ Enn., sed τὸ correctio ad τὸν falso loco inserta
2. 14	σὺν αὐτῇ;	sic interpungendum
2. 15–16	οὐρανοῦ	Οὐρανοῦ Plat. Symp. 180 d 7: οὐρανοῦ Plotinus interpretatur
3. 30	ἄνω, ὅθεν	sic interpungendum
3. 31	ἔχοι ⟨τὸ⟩ ἐξ αὐτοῦ	τὸ ἐξ αὐτοῦ e lin. 32 transp. Igal: ἐξ ἑαυτοῦ Enn.
3. 32	φῶς [τὸ ἐξ αὐτοῦ]	τὸ ἐξ αὐτοῦ del. Igal
3. 39	—	τούτῳ spectat ad 38 ἄλλο καλὸν
3. 39	ἔχουσα, μεταξὺ	sic interpungendum
3. 40	ποθουμένου ὀφθαλμὸς	sine interpunctione
3. 40	ποθοῦντος, παρέχων	sic interpungendum
4. 30	—	αὕτη Kirchhoff: αὐτὴ Enn.
4. 7	ψυχῆς, ὀριγνωμένης	sic interpungendum
4. 4	γεγεννημένος	γεγεννημένος xU (cf. γεννηθεὶς Plat. Symp. 203 c 3): γεγεννημένος wSCQ
4. 12	—	αὐτῷ scil. τῷ Πλάτωνι
4. 7	δαιμόνων· καὶ	sic interpungendum
4. 9	γένος, τὸ	sic interpungendum
4. 33	—	τῷ παντὶ datiuus commodi
4. 13	—	λόγος οὗτος idem atque 9–10 λόγος γενόμενος ἐν οὐ λόγῳ
4. 16	ψυχῆς ὡς ⟨ἀρχῆς⟩ ἐξ et γενόμενος, [ὡς ἀρχῆς]	⟨ἀρχῆς⟩ transposuimus et ὡς² deleuimus
4. 20–1		ἔχει potest, ἔχειν posse, τὸ μίγμα subiectum ad ἔχειν
4. 22	ὃ δὲ	ὃ Ficinus: ὁ Enn.
4. 24	ἀμήχανον	ἀμήχανον Kirchhoff: εὐμήχανον Enn. H-S¹⁻², sed cf. Plut. De Is. 57, 374 d μητρὸς δ' ἀμηχάνου . . καὶ δι' ἔνδειαν ἀεὶ γλιχομένης ἑτέρου

315

ADDENDA AD TEXTVM

<table>
<tr><td></td><td>in textu</td><td>in apparatu</td></tr>
</table>

III. 5

	in textu	in apparatu
7. 33–4	—	ὃν ἁπλῶς εἶχον *quem simpliciter habuerant* Ficinus
7. 46–7	ἀληθῆ, κατὰ et ὡρισμέ-νοις, οὐσία	sic interpungendum
7. 48	—	ἐνεργεῖν scil. κινδυνεύει ἡ ψυχή
7. 49	—	εἶναι scil. κινδυνεύει τὰ ἄλλα
7. 53	[καὶ νοῦν τὸν ἐν ἑκάστῳ], εἰ δεῖ καὶ ⟨νοῦν τὸν⟩ ἐν ἑκάστῳ	⟨νοῦν τὸν⟩ ex deleto καὶ[1]—ἑκάστῳ[1] transp. Emerita 43, 1975, 180; εἰ δεῖ Dodds: εἴδει Enn.
7. 54	νοητὸν καὶ μὴ ὁμοῦ· καὶ	καὶ μὴ ὁμοῦ *nec simul quidem* (scil. νόησιν καὶ νο-Ficinus recte
7. 54–5	ἡμῶν τοῦτο καὶ ἁπλῶς· ὅθεν	ἡμῶν recipit 52 ἑκάστῳ, ἁπλῶς autem 52 ἁπλά
7. 54	—	τοῦτο i.e. quod in unoquoque et intellegentia et intellegibile
7. 56	τινες	τινες (scil. νοήσεις) coniecimus: τινος Enn.
7. 57	θεωρεῖ ⟨τις, θεωρεῖ⟩ καθόσον	⟨τις, θεωρεῖ⟩ coniecimus
9. 10–11	—	τὰ καλλωπίσματα praedicatum, τὰ[2]—ἀγλαΐα subiectum
9. 20	οὐκέτι αὑτοῦ ὤν	αὑτοῦ *sui ipsius* Ficinus recte: αὐτοῦ Enn.
9. 53–4	—	τὸ—μένον *quod autem ad seipsum spectat, specie solum permanens in seipso*
9. 54–5	—	καὶ—παρασκευάζει *sin autem insuper recipere materiam parat*, nempe *receptaculum aduenienti*

III. 6

	in textu	in apparatu
1. 34–6	σωμάτων ⟨καὶ κατ' ἀναλογίαν⟩ μετενηνεγ-μένα et ἕκαστα [καὶ κατ' ἀναλογίαν μετενηνεγ-μένα],	⟨καὶ κατ' ἀναλογίαν⟩ transp. et μετενηνεγμένα Theiler
2. 35	αὐτὴ τὴν οὐσίαν	τὴν οὐσίαν Theiler: τῇ οὐσίᾳ Enn.
2. 36	ἔχει [τὴν οὐσίαν]	τὴν οὐσίαν ut correctionem ad 35 τῇ οὐσίᾳ Theiler
4. 50	—	μὴν Q Porphyrius *Sententiae* 18, p. 7. 4M = 9. μὴ wxy
4. 51	—	post χορδὴ add. μουσικῶς ibid. p. 7. 5M = 9.
6. 12	—	ῷ wBRC cf. V. 3. 16. 30: δ J[ac](in δ scr. ῷ)US
6. 34	στερεὰ καὶ	sine interpunctione

316

ADDENDA AD TEXTVM

in textu	in apparatu

6

6. 36   οὐσίαν; εἰ   sic interpungendum

6. 59   πέπληκται, καὶ   sic interpungendum

6. 61-2   †πτῶμα . . ἄλληλα†   locus nondum sanatus

1. 25   —   τὸ αἰσχρὰ εἶναι appositio ad πρότερον

2. 7   ζητῶν παράδειγμα   ζητῶν Cizensis e corr.: ζητοῦσα Enn., mendum ex 6 μένουσα ortum

2. 13   —   ἐμψύχοις Enn.: ἐνύλοις Heintz: ἀψύχοις Igal (ἀψύχοις σώμασιν = στοιχείοις)

2. 29   ὡς ⟨οὐ⟩ χρὴ   ⟨οὐ⟩ Volkmann

2. 30   ὅταν ⟨φῇ⟩   ⟨φῇ⟩ (scil. Plato) Igal

3. 12-13   ἕξουσιν "ἡ δὲ . . ἀπάσης."   "ἡ δὲ—ἀπάσης" i.e. 11 τὸ λεγόμενον εἰ

3. 23-4   ὄντες—[ἀνάγκη δὴ αὐτὴν]   ἀνάγκη δὴ αὐτὴν ut correctionem ad 25 del. Igal, Emerita 43, 1975, 180

3. 25   σωτηρίαν, ἀνάγκη ⟨δὴ⟩ αὐτὴν   ab ἀνάγκη incipit apodosis, ⟨δὴ⟩ Igal ibid.

5. 18-19   —   δοκοῦσα, θέλει, χρῆται, ἔκριψε subiectum φαντασία

5. 21   καὶ τοιαύτην   καὶ τοιαύτην Kirchhoff: καίτοι αὐτὴν wxC: καί τι αὐτὴν USQ H-S¹⁻²

7. 15   [τὸ ἑκάστου λόγου μετὰ] τὸ "τὶ μέγα" ⟨τὸ ἑκάστου λόγου⟩   i.e. "transpone τὸ ἑκάστου λόγου post τό τι μέγα" ideoque transposuimus

7. 16   —   πᾶσα scil. ὕλη

7. 17   —   αὐτόμεγα (genetiuus): αὐτὸ μέγα Enn.

8. 14-15   ὄγκῳ τὸ ⟨τοῦ μεγάλου εἰδώλου⟩ ἴσον ἔτι [τὸ τοῦ μεγάλου εἴδωλον] εἶναι   ⟨τοῦ μεγάλου εἴδωλον⟩ transp. et τὸ² del. Igal, Emerita 43, 1975, 180

9. 39   κεχωρηκὸς [πρὸς αὐτήν]   πρὸς αὐτὴν wBJy: om. RQ Perna

7

1. 9   —   ἀποφάσεις idem quod ἀποφάνσεις ut VI. 2. 3. 34

2. 7   ὅτι   ὅ τι H-S¹⁻² falso

2. 30-1   —   ἔξω et τοῦ αἰῶνος coniungendum

3. 12   εἰς ἕν, ⟨ὥστε⟩ ὁμοῦ   ⟨ὥστε⟩ coniecimus

3. 12   μόνην ἐν τούτοις, τὴν   sic interpungendum

3. 13   συστείλας καὶ   sine interpunctione, nam συστείλας (contrahens Ficinus recte) regit 12-15 ἑτερότητα—ἀδιαστάτως

317

ADDENDA AD TEXTVM

in textu	in apparatu

III. 7

	in textu	in apparatu
3. 28–9	ἤδη. οὔτε	sic interpungendum
3. 30	τοῦτο· οὔτε	sic interpungendum
4. 1	τοῦτον	τοῦτο error typographicus
4. 3	γὰρ ἐνὼν παρ'	ἐνὼν Theiler: ἐνοῦσα Enn.
4. 3	—	παρ' αὐτῆς i.e. παρ' ἐκείνης τῆς φύσεως
4. 26–7	ἐστί· τοῦτο	sic interpungendum
4. 39	καὶ [τὸ] μηδὲν	τὸ Aᵃᶜ(ὁ in ῷ mut.)ExyL: τῷ Q; del. H-S³
6. 7	—	ἀλλ' ἢ wBCL H-S¹⁻²: ἀλλ' ἢ RJUS H-S³: ἄλλη ἀλλ' ἢ Perna
6. 8–9	ζητοῦμεν. [καὶ τὸ οὕτω μένον αἰὼν εἶναι]	εἶναι del. Dodds, καὶ—εἶναι ut glossam ad lin. 9-del. Theiler
6. 25	ἔμβασιν	ἔμβασιν (occupatio) coniecimus: ἔκβασιν Enn.: ἔκτα Bury H-S¹⁻²
6. 44	—	μεμετρημένον masculinum, 43–5 'μήτε—fut tollendum
6. 51	—	τοῦ παντὸς universi intellegibilis Jonas, Festgabe für Voegelin, 1962, 306, 11 recte, nam secundᵘ Plotinum "ἦν" (pro ἐστιν) demonstrat demiurgᵘ cumque eo uniuersum intellegibile ante ull tempus exstitisse
6. 51	—	τῷ ἐπέκεινα παντὶ supergredienti uniuerso
8. 3–4	λεγομένη. εἰ	sic interpungendum
8. 5	εἶναι, ὡς	sic interpungendum
8. 9–11	καὶ αὕτη ⟨περιφέροιτο ἂν εἰς τὸ αὐτό⟩, εἴπερ τὴν περιφορὰν λέγοι, ἐν χρόνῳ τινί [καὶ αὕτη περιφέροιτο ἂν εἰς τὸ αὐτό], οὐκ	⟨περιφέροιτο—αὐτό⟩ transp. et καὶ αὕτη² del. Iᶢ Emerita 43, 1975, 180
8. 50	—	κίνησις οὐκ ἀθρόα praedicatum
8. 50–1	[τὸ δὲ μὴ ἀθρόα εἰς τὸ ἀθρόον ἐν χρόνῳ]	τὸ—χρόνῳ ut glossam ad 51-2 del. Beierwal 50-1 'τὸ δὲ—accidit' tollendum
8. 51	τὸ ⟨δὲ⟩ μὴ	⟨δὲ⟩ coniecimus, nam errore in glossam (lin. transpositum esse suspicamur
8. 51–2	ἀθρόως ἢ τῷ ἐν χρόνῳ;	sic interpungendum
9. 3	"πάσης"	cf. III. 7. 8. 24
9. 19	[μέγεθος]. μέγεθος	μέγεθος¹ del. Kirchhoff
9. 21	συνθεῖ; τί	sic interpungendum
9. 23	συνθεῖ. τοῦτο	sic interpungendum

ADDENDA AD TEXTVM

in textu	in apparatu

	in textu	in apparatu
9. 42	—	ὅση pendet a μετρεῖται
9. 43	ἔσται ⟨τοῦ⟩ τῇ	⟨τοῦ⟩ Kirchhoff
9. 70	γὰρ [ἂν] τὸν	ἂν *Enn.*: αὖ H–S[1–2]: del. Theiler
0. 2	—	οὐδὲ εἴρηκέ τι Page H–S[2]: οὐδὲ εἰρηκέναι *Enn.*
1. 24	—	αὐτὸν seipsum
1. 54–5	—	τό[1] regit εἰς—ἀεί
1. 55	[ἐσόμενον]	ἐσόμενον deleuimus
2. 1–4	—	χρόνος praedicatum, τό[1]—ἔχον explicat φύσις
2. 13	ὕστερον; [ἢ μᾶλλον]	ἢ μᾶλλον del. Beutler
2. 14	ἐστι⟨ν⟩; ⟨ἢ⟩ μᾶλλον	⟨ἢ⟩ e lin. 13 huc transp. H–S[2]
2. 16–17	ἢ οὐ πρώτως ὑπάρχει χρόνος· ἐν	ἢ οὐ πρώτως Igal, *Emerita* 41, 1973, 79: ἢ οὐ πρώτως xUS: ἢ οὐ πρώτως C: ἢ οὐ πρότερον w; χρόνος del. H–S[1–2]
2. 38	λέγοι μετρῶν; τοσοῦτον	sic interpungendum
2. 52	κινήσεως, τὸ	sic interpungendum
2. 53	ὡρισμένης καὶ et ταύτης, ἄλλο	sic interpungendum
2. 54	—	καί[2] etiam
3. 1	αὐτή	αὐτή Kirchhoff: αὕτη *Enn.*
3. 21		εἰλῆφθαι passiuum
3. 42		ἐκείνης motus universi
3. 50	δηλονότι ψεύδεσθαι καταθετέον αὐτόν	καταθετέον (cf. Parmenides *Fr.* B 8. 39) H–S[2]: καὶ τὸ (uel τὸν) θεὸν *Enn.*
3. 64	οὐκέτι ἐν ᾧ	ἐν ᾧ *Enn.* H–S[1]: ἐν τῳ Dodds H–S[2]

	in textu	in apparatu
1. 10–11		ἐν τῷ παρόντι cum παίζοντες coniungendum
1. 16	ἐπιπλέον, τὴν	sic interpungendum
2. 2–3	[ἐφ' ἧς ποιήσει]	ἐφ' ἧς ποιήσει ut glossam ad lin. 3 del. H–S[2]
2. 3	καθ' ἣν	καθ' H–S[2]: καὶ *Enn.*
2. 3	—	ἐν εἴδει ποιεῖ *Enn.* recte, cf. ἐν λόγοις πεποιηκότος IV. 4. 35. 18: ἐνειδοποιεῖ suspic. H–S[1–2]
4. 5	ἐμὸν σιωπώσης	σιωπώσης Coleridge H–S[2]: σιώπησις *Enn.* H–S[1–2]: σιωπησάσης Creuzer
4. 19–20	καὶ [οἷον συναισθήσει] τῇ συνέσει ταύτῃ καὶ ⟨οἷον⟩ συναισθήσει	⟨οἷον⟩ transposuimus et συναισθήσει[1] deleuimus
4. 22	χάριεν	

319

in textu	in apparatu

III. 8

4. 24	τὴν καθύπνου	καθύπνου H-S³: τοῦ ὕπνου Enn.
4. 43	τίς	τίς Aᵖᶜ(quis Ficinus): τί Aᵃᶜ(ς add. A²)Exy H-
5. 7	ἐν παιγνίῳ	παιγνίῳ Theiler: παιδίῳ Enn.
5. 9-10	θεωρήματα. τὸ πρῶτον [τὸ λογιστικὸν] οὖν	τὸ λογιστικὸν del. Kirchhoff
5. 12	μεταλαμβάνον ⟨πρό-εισι⟩· πρόεισι	⟨πρόεισι⟩ Theiler
5. 13	ἐνέργεια	ἐνέργεια wy: ἐνεργείᾳ x H-S¹⁻²
5. 14-15	πρότερον [τὸ ἑαυτῆς πρόσθεν] μέρος οὗ	τὸ ἑαυτῆς πρόσθεν del. Dodds
5. 16	τὸ ⟨ἑαυτῆς⟩ πρόσθεν	⟨ἑαυτῆς⟩ e lin. 15 huc transp. H-S³
5. 26	—	μηδὲν aduerbium
5. 27	—	δεῖται subiectum πάντα
5. 27-8	—	ψυχὴ—θεωρῆσαν subiectum ad 29 ποιεῖ
5. 29	ποιεῖ· καὶ	sic interpungendum
5. 31	δέ—ἢ καὶ διὰ τοῦτο—πανταχοῦ·	διὰ¹—πανταχοῦ ob id autem—uel etiam ob contemplatio ubique est animae
6. 18	—	ᾠκείωσεν transitiue, subiectum ψυχή
6. 27	γὰρ εὖ	εὖ Theiler: οὐ AEᵃxy: om. E
7. 24-5	παραφοραί	παραφοραί Müller: παραφορά w: παραφορᾷ xy
8. 12	ζῶν δι' ἐκεῖνο	ζῶν δι' Dodds: ζῶντι uel ζῶν τι Enn.
8. 18	ἐναργεστέρα· αὕτη	ἡ δὲ subiectum, ἐναργεστέρα praedicatum, alterum subiectum, πρώτη—19 εἰς praedicatum
9. 24	αὐτοῦ. τὸ	τὸ Enn.: τῷ Kirchhoff H-S²
9. 25	πανταχοῦ παρὸν στήσας	παρὸν στήσας (cf. 28 στήσας) Theiler: παραστ Enn.
9. 31	†κἀκεῖνα	si rectum, κἀκεῖνα = καὶ τὰ εἰς ὄπισθεν a accusatiuus respectus Igal, Emerita 41, 1973, 8
10. 6	πᾶσαν	πᾶσαν Mras: πᾶσιν Enn.
10. 33	—	ἐντὸς αὐτοῦ (scil. τοῦ ἑνός) H-S²: ἐν τοῖς αὐτοῦ
11. 3-4	αὐτοῦ [οἷον καὶ ἡ κατ' ἐνέργειαν ὅρασις], ὕλη	οἷον—ὅρασις ut glossam ad lin. 4-5 del. Theiler
11. 24	ἐκεῖ⟨νος⟩	ἐκεῖνος Theiler: ἐκεῖ wxy: ἐκεῖνο z

III. 9

1. 9	—	ἐκεῖ (bis) scil. ἐν νῷ
1. 15	—	ἐν αὐτῷ² in seipso
1. 18	—	ἐν αὐτῷ in seipso

ADDENDA AD TEXTVM

in textu	in apparatu

. 19 ἐκεῖνον ⟨εἶναι⟩ οἷον   εἶναι transp. et ἐκεῖνον² del. H–S³
     [ἐκεῖνον εἶναι] νοῦν

. 20 —   ἐκεῖνον² obiectum ad νοοῦντα Ficinus recte

. 21 —   μεμιμῆσθαι medium

. 31 πρὸς   πρὸς RUCGD H–S¹: πρὸ wBJ H–S²

5 ἄνω [καὶ κάτω] οὔσης   καὶ κάτω Enn.ᵃ⁻ᵇ: del. Bréhier ||οὔσης Enn.ᵃ: ἰούσης Enn.ᵇ H–S¹⁻²

7 ὅρα ὡς   ὅρα Igal: ὁρᾷ Enn.ᵃ⁻ᵇ ||ὡς Enn.ᵇ Igal: ᾧ Enn.ᵃ H–S¹⁻²

. 12 ἐραστότατον ποθοῦντες   ἐραστότατον (cf. Plat. Tim. 87 d 8) Westerink,
     λαβεῖν θεαμάτων   Mnemosyne 30, 1977, 322: ἐραστὸν Enn. ||θεαμάτων
       Enn.: θέαμα τοῦ νοῦ Dodds H–S²

4 μίαν καὶ ἑκάστην   καὶ per errorem omissum

9-10 —   pro ἡ αὐτὴ δὲ—οὖσα exspectandum: μία δὲ καὶ ἡ
       αὐτὴ ἐν πολλοῖς ἅμα οὖσα πανταχοῦ ἔσται ἡ ὅλη

21 —   δι᾽ ὧν scil. πάντα εἰσι

5 ᾗ τὰ   ᾗ τὰ Igal: εἶτα Enn.: ᾗ τὰ Theiler H–S²

19 εἰδωλον Enn.: εἰδώλων Perna: εἰδώλου Igal ||φύσεως
       H–S² (cf. V. 8. 1. 33): φύσιν Enn.: φάσιν Igal

23 —   καὶ συνεῖναι olim deleuerat Theiler, nunc ante οὐ
       transponit

26 αὐτοῖς ⟨τοῖς⟩   αὐτοῖς τοῖς Kirchhoff: αὐτοῖς Enn.: τοῖς H–S²

14 οὔσας καὶ πάμπαν, σώματα

15 οὐρανῷ, ὅσα

16 διαλέγονται   διαλέγοντα error typographicus

9 καί φησι   καί (etiam) Enn.: del. Vitringa H–S²

22 οὖσα   οὖσα Theiler: οὔσης Enn.

23 ἂν ⟨φύσις⟩   φύσις post ἂν transp. Igal; φύσις γειτονοῦσα = 23
       λόγος, 24 αὕτη, 29 τὸ—κοινωνοῦν, 33 τὸ λογιζόμενον

24 αὕτη   αὕτη Igal: αὐτὴ Enn.

27 —   ἐκείνως illo modo supra lin. 15-21 descripto

28 —   τῷ . . δεκτικῷ i.e. τῷ ἐγκεφάλῳ

29 —   ἐκείνῳ scil. τῷ αἰσθητικῷ

ADDENDA AD TEXTVM

ADDENDA AD TEXTVM

in textu	in apparatu

9 —   ὅτι quia

10   ἀλκή   ἀλκὴ E Ficinus: ἀλκῇ ARJUCz: ἀλκῆς B

25   τοιαύτη

12-13 —   ἢ ἐλθεῖν ἤ: μὴ ἐλθεῖν ᾖ Igal

6   μέσῳ, ἀναιρεθέντος

35   ὅλως φῶς τὸ   φῶς del. Kirchhoff, sed αὐτὸ . . φῶς idem atque αὐτοφῶς

18   αὐτῷ A¹UC: αὐτῷ x

25   ἀντιλήψεται· ᾗ   ᾗ A¹JUC: ἡ BR H–S¹⁻²

25-6   ἀντιληπτὰ ⟨ἀντιληπτά⟩, ἔσται οὐχ   ⟨ἀντιληπτά⟩ Igal

29   ἐκεῖ εἴη ψυχὴ   εἴη Igal: ἡ Enn.

37   καὶ δύο   καὶ¹ defendit Igal collato V. 5. 11. 4

13 —   ἐνιζάνειν intransitiuum (αὐτά¹ subiectum) ut Hom. Υ 11

38   τῆς ὑστέρας   τῆς om. RJ: del. Theiler H–S²

42-3 —   ἀπαγγελία recitatio quae fit memoriter

15   γενόμενον ἕν, οὐκ   ἕν, ⟨ἕν⟩ Igal

23-4 —   κατὰ—ὄργανον se habet ut species ad corpus tamquam materiam uel ut utens ad corpus tamquam instrumentum

4   σκεπτέον, εἰς   εἰς: εἰ error typographicus

22   ὅτι   ὅ τι H–S¹⁻²

41   ἐφ'   ἀφ' error typographicus

51   ἄρα ἡ

10   εἰς τὸ   εἰς: εἰ error typographicus

5-6 —   τοῦ πνεύματος obiectum, ἄλλου—μέρους aliud (est spiritus) ac membrum dolens

13   θιγεῖν   θίγειν Enn. Eusebius

7   χεῖρον πρῶτον ποιεῖν   πρῶτον per errorem omissum

42 —   τοῦδε scil. τοῦ σώματος

42-3   [οἷον ζῴου οὐ τὸ σῶμα τὴν ψυχὴν γεννήσει]   οἷον—γεννήσει (sicut animalis animam non generabit corpus) ut glossam del. Page

ADDENDA AD TEXTVM

	in textu	in apparatu

IV. 8

2. 7	ἡμέτεραι ψυχαί	
2. 27	τὸ μέν	τὸ Igal: τοῦ *Enn.*
2. 27-8	—	κοσμοῦντος pendet e κελεύσει, ἐπιστασ◌ κοσμοῦντος
4. 36	αὖ τὰ	αὖ τὰ Igal: αὐτὰ *Enn.*: αὐτὰς Kirchhoff
7. 20	φύσεως δὲ ἀνάγκῃ	δὲ *Enn.* defendit Igal, *Helmantica* 28, 1977, collato II. 9. 6. 19; VI. 7. 6. 22: δή Creuzer
8. 10	—	⟨οὐ⟩ C²ˢ = Schegk, testatur *Theologia*
8. 16	—	τὸ—ὅλου locus fortasse nondum sanatus

IV. 9

3. 27-8	—	ad πλάττειν et ἐποίησεν subiectum αἴσθησις

V. 1

2. 17	οὐρανὸς ἀκήμων	ἀκήμων (*silens*) Schwyzer, *Mus. Helv.* 37, 1980, ἀμείνων ARJᵖᶜ: ἀμείνω EBJ(ν Jᵃ)UC
2. 18	ἑστῶτα	ἑστῶσα error typographicus
6. 12	νεῷ	
6. 21-2	αὐτοῖς ⟨ἀποδόσει⟩ αἰτίας καὶ τάξεως [αὐτοῖς ἀποδώσει] τὸ	⟨ἀποδόσει⟩ e lin. 22 huc transposuimus, ◌ genetiuus (testatur *Theologia*), αὐτοῖς ἀπο◌ (ἀποδόσει cod. Ottobonianus: ἀποδώσειν H-deleuimus, distinctio ante τὸ tollenda
7. 7	ἄλλο ἢ αἴσθησις	ἢ: ἡ error typographicus
9. 9	αὖ οὐ τὸ	οὐ per errorem omissum
10. 26	ταῖς ⟨μὴ⟩ φαντασίαις	⟨μὴ⟩ Page collato III. 6. 5. 25

V. 3

10. 46	δῷ τὴν σιωπῶσαν.	σιωπῶσαν Page: σιωπήν *Enn.*
10. 46	—	κἂν—σιωπῶσαν etiamsi intellegentiam praebet qua◌
12. 2	—	συνθέσεις: σύνθεσις Igal, *Emerita* 43, 1975, 184
12. 14	—	ἀλλ' ⟨εἰ⟩ ἐξ Igal
14. 18	—	18 (non autem 17) λεγόμενον Cilento: λέγο◌ *Enn.*
15. 13	ἔστιν ὃ ἂν εἴποι	ὃ ἂν de Strycker: ὃν *Enn.*: ἂν Kirchhoff: ὃ τ◌ H-S²
15. 23	—	αὐτὸ δὲ ἐκεῖνο i.e. ὁ νοῦς
15. 23	ὅτι μετὰ τὴν	μετὰ τὴν Igal: μεγάλην *Enn.*
17. 9	μετέχει ⟨τοῦ αὐτο⟩ενός	τοῦ αὐτοενός coniecimus: ἑνός *Enn.*: ⟨τοῦ αὐτοῦ H-S²

ADDENDA AD TEXTVM

	in textu	in apparatu

. 7   ἄλλοις   ἄλλος error typographicus

. 13   τὸ γάρ τοι μὴ   τοι μὴ Igal: τὸ μὴ A^{pc}BU: μὴ τὸ x: μὴ A(τὸ A¹ˢ)EC

. 15   γεγονέναι

. 19   —   οἷον spectat ad 22 οὕτω

. 19–21   —   οἷον—φθεγξάμενον quod *ad sonum* attinet: *ut cum locutor eum impegit id quod sonuit subsistit monstrando unum quod ab Vno* procedit *ac significando ens*, sic fere Igal

. 20   —   τοῦ φωνοῦντος masculinum

. 21   —   'τὸ φθεγξάμενον—τὸ ὄν' in apparatu tollendum

. 21–2   δύναται, οὕτω

. 23   —   ἡ δὲ scil. οὐσία

. 26–7   —   φθεγγομένου pendet ex ὑπόστασιν ('genetiuus absolutus' tollendum)

. 12   ὑπέκειτο   ὑπέκειτο Harder: ἐπέκειτο Enn.

. 12   —   αὐτῷ i.e. τῷ φωτί

. 11   —   ὁ accusatiuus

. 13   —   ad ἔχῃ subiectum ὁ νοῦς, obiectum τὸ νοητόν

. 12   ἐν ἄλλῃ ὥρᾳ   ὥρᾳ (*flore aetatis*, cf. Plat. *Resp.* 475 a 2) Igal: χώρᾳ Enn.

. 23   ὅ ἐστι

. 8   ποιητὴς

. 1   Τοῦτον   Τοῦτο error typographicus

. 17   ἐπιθέουσα ⟨ἀγλαΐα⟩   ⟨ἀγλαΐα⟩ (cum 16 ἡ δὲ coniungendum) Page

. 29   τῆς χρόας

. 16   εἰς ⟨τὰ συγκριθέντα καὶ εἰς⟩   ⟨τὰ συγκριθέντα καὶ εἰς⟩ Heintz, uel talia conicienda

INDEX FONTIVM

INDEX FONTIVM

327

INDEX FONTIVM

ARISTIPPVS

apud Diog. Laërt.
2. 88:   I. 4. 1. 26

ARISTOPHANES

Aves

1576:   II. 9. 3. 20

Ranae

1429:   III. 5. 7. 24-7

ARISTOTELES

Analytica priora

24ᵃ: I. 3. 5. 19
              I. 8. 1. 12-13
              V. 5. 1. 38
43ᵃ: VI. 3. 6. 18-19

Analytica posteriora

71ᵇ et 72ᵃ: VI. 5. 2. 5-6
76ᵇ: I. 2. 3. 29
              V. 1. 3. 7-8
83ᵃ: VI. 3. 3. 3-4
89ᵇ: VI. 8. 11. 6-7
90ᵃ: VI. 7. 2. 12
              VI. 8. 14. 29

ARISTOTELES

Categoriae

1ᵃ: VI. 1. 9. 32-4
              VI. 3. 5. 8-9
1ᵇ: VI. 1. 1. 11
              15. 1
              23. 1
              VI. 2. 9. 5
2ᵃ: VI. 1. 2. 12-13
              3. 19
              13. 1-2
              14. 1
              18. 3
              19. 36
              23. 6 et 20
              24. 1-2
              VI. 3. 5. 14-15 et
                    20-1
              9. 19 et 29-30
              19. 14
              VI. 6. 13. 32-3
2ᵇ: VI. 2. 19. 14
              VI. 3. 9. 38-9
3ᵃ: VI. 1. 3. 13-14
              VI. 3. 5. 7-8 et
                    24-7
              14. 4-5
3ᵇ: I. 8. 6. 28-9
              VI. 1. 3. 12
4ᵃ: VI. 1. 2. 16-18
4ᵇ: VI. 1. 4. 1-3 et 11
              5. 2-3
              13. 5-6
              VI. 3. 11. 1 et 6-7
              12. 25-8
              13. 2 et 9-10
                    et 25
              VI. 6. 16. 3-5

329

INDEX FONTIVM

ARISTOTELES

Categoriae

5ᵃ:	VI. 3. 13. 2 et 12–14
5ᵃ⁻ᵇ:	VI. 1. 4. 1–3
5ᵇ:	VI. 1. 4. 47–9
	VI. 3. 11. 14–17
	12. 1–7
6ᵃ:	I. 8. 6. 40–1
	VI. 1. 4. 47–9
	5. 23
	6. 7–15
	14. 5
	VI. 3. 11. 11–13
	12. 20–3
	15. 1–2 et 6
	20. 7–8
6ᵇ:	VI. 1. 6. 7–15
	9. 15–21 et 26
	12. 30–1
	24. 10
	VI. 3. 28. 4–5
7ᵇ:	VI. 1. 7. 28–38
	VI. 3. 28. 5
8ᵃ:	V. 4. 2. 45
	VI. 3. 28. 7–8
8ᵇ:	VI. 1. 10. 1 et 5–11
	et 61–3
	11. 1–3
	12. 46
	VI. 3. 18. 24–5
	19. 1 et 32
9ᵃ:	VI. 1. 10. 5–11 et
	16 et 52–3
	11. 7–8
	VI. 3. 17. 24
	19. 31
9ᵃ⁻ᵇ:	VI. 1. 11. 16–21
9ᵇ:	VI. 3. 19. 18–20
	et 25–31
	21. 36–7

ARISTOTELES

Categoriae

10ᵃ:	II. 6. 2. 26–7
	VI. 1. 10. 5–11 et 48
	11. 21 et 24–8
	et 32
	VI. 3. 14. 1–2 et
	7–8 et
	18–22
10ᵇ:	VI. 3. 20. 1–4 et
	39–40
11ᵃ:	VI. 3. 15. 7–8
	18. 18
11ᵇ:	VI. 1. 15. 1
12ᵃ:	VI. 3. 13. 3
	18. 7–8
	19. 15–16
	20. 11–12
12ᵇ:	VI. 3. 20. 13–14 et
	19–20
13ᵃ:	II. 5. 1. 9–10
14ᵃ:	I. 8. 6. 36–7
	IV. 4. 1. 27–9
14ᵇ:	I. 4. 3. 16–17
15ᵃ:	VI. 3. 9. 36
	21. 32–3
	22. 35–7
	25. 2–3
15ᵇ:	VI. 1. 23. 1 et 3–10
	et 16
	VI. 3. 25. 38–9
	27. 1

De anima

403ᵃ:	I. 1. 9. 16
	I. 8. 8. 15
	II. 3. 15. 25–6
	IV. 7. 8⁵. 32
403ᵇ–404ᵃ:	IV. 7. 3. 1–2

INDEX FONTIVM

ARISTOTELES

De anima

ARISTOTELES

De anima

De animalibus historia

ARISTOTELES

De caelo

269ª:	V. 9. 4. 3
269ᵇ:	II. 5. 3. 18
270ᵇ:	II. 1. 2. 12–13 et 20–1
	II. 5. 3. 18
271ª:	VI. 3. 24. 1–3
272ᵇ:	VI. 3. 14. 28–9
278ª:	II. 1. 2. 2–5
279ª:	I. 6. 7. 10–1
	II. 1. 1. 12–16
	II. 2. 1. 29
	III. 2. 3. 33–7
	III. 7. 4. 42–3
	9. 1
280ª:	IV. 7. 8ᵈ. 24–5
284ª:	II. 2. 1. 38
289ª:	VI. 7. 11. 38–9
298ᵇ:	V. 1. 9. 5
306ᵇ:	II. 4. 6. 18–19

De generatione animalium

729ª:	III. 6. 19. 21–2
763ᵇ:	III. 6. 19. 21–2
769ᵇ:	I. 6. 2. 16–18
770ᵇ:	I. 6. 2. 16–18

De generatione et corruptione

319ᵇ–320ª:	VI. 3. 21. 32–3
320ª:	VI. 3. 25. 14–15
322ᵇ:	VI. 3. 25. 9
323ᵇ:	I. 1. 4. 12
	III. 6. 9. 12
324ª:	III. 6. 8. 1
329ᵇ:	VI. 3. 10. 10

ARISTOTELES

De generatione et corruptione

330ª–ᵇ:	VI. 3. 10. 1–3
330ᵇ:	IV. 4. 31. 34
338ᵇ:	II. 1. 1. 9–10 et 27

De interpretatione

16ª–ᵇ:	VI. 1. 5. 3–4

De memoria

449ᵇ:	IV. 3. 30. 2–3
	IV. 6. 3. 64
450ª:	IV. 6. 1. 1
	3. 4–5
	IV. 7. 6. 39–40
451ª:	IV. 6. 3. 44

De motu animalium

698ª–ᵇ:	VI. 3. 26. 5–6
700ᵇ:	III. 1. 1. 23–4

De mundo

392ª:	III. 5. 8. 22–3

De partibus animalium

639ᵇ:	III. 2. 15. 13–14
640ª:	VI. 3. 16. 13
642ª:	IV. 7. 4. 1–2
645ª:	III. 5. 6. 17

ARISTOTELES

Metaphysica

983ᵃ:	V. 5. 8. 24–6
983ᵇ:	VI. 1. 1. 2
	25. 25–6
984ᵃ:	VI. 1. 1. 2
	VI. 3. 25. 25–7
984ᵇ:	III. 2. 1. 1
	VI. 8. 8. 26
	VI. 9. 5. 1
985ᵇ:	VI. 3. 25. 34
	VI. 6. 5. 10–12
986ᵃ:	III. 5. 1. 21–3
987ᵇ:	III. 6. 7. 17
	V. 4. 2. 7–8
	VI. 6. 3. 29
988ᵃ:	II. 4. 7. 1–2
	11. 33–4
988ᵇ:	VI. 1. 1. 8
989ᵇ:	VI. 3. 2. 27
990ᵇ–991ᵃ	II. 6. 1. 7–8
994ᵇ:	VI. 1. 1. 9
998ᵇ:	VI. 2. 9. 37
999ᵃ:	VI. 1. 1. 13 et
	27–8
	25. 16–17
	VI. 2. 2. 11
	VI. 3. 13. 12–14
1001ᵇ:	VI. 6. 5. 24
1003ᵇ:	VI. 1. 1. 18
	VI. 2. 11. 12–14
	VI. 6. 5. 2–3
	VI. 9. 2. 9–10
1004ᵃ:	V. 1. 4. 41
	VI. 6. 13. 36
1004ᵇ:	III. 7. 6. 31
1005ᵇ:	VI. 5. 1. 9
1007ᵃ:	VI. 2. 2. 44–6
1007ᵇ:	VI. 3. 6. 18–19
1013ᵇ:	V. 9. 5. 38–40
1015ᵃ:	VI. 5. 11. 37

ARISTOTELES

Metaphysica

1016ᵇ:	II. 1. 1. 9–10
	VI. 4. 1. 23–4
1017ᵃ:	VI. 1. 1. 18
	VI. 3. 6. 10–11 et
	23–7
1017ᵇ:	VI. 3. 9. 3–5
1020ᵃ:	VI. 3. 14. 4–5
1020ᵃ⁻ᵇ:	II. 6. 1. 16–18
1020ᵇ:	VI. 3. 28. 9
1022ᵇ:	VI. 1. 20. 22
1023ᵃ:	VI. 1. 23. 1
1024ᵇ:	II. 4. 4. 4–7
1025ᵃ:	III. 5. 7. 57–8
1028ᵃ:	VI. 1. 1. 18
	VI. 6. 13. 32–3
1028ᵇ:	VI. 1. 1. 1–3
	VI. 6. 17. 16
1029ᵃ:	II. 6. 2. 11–14
	VI. 1. 2. 11–12
	VI. 3. 4. 26–7
	8. 14–19
1029ᵇ:	VI. 3. 4. 25–6
	VI. 7. 4. 26–7
1030ᵇ:	II. 4. 14. 11–12
	VI. 7. 4. 22–3
1032ᵃ:	III. 1. 6. 1–3
	III. 2. 1. 1
	VI. 8. 8. 26
	VI. 9. 5. 1
1032ᵃ⁻ᵇ:	VI. 3. 16. 13
1035ᵇ:	IV. 7. 1. 24–5
1036ᵃ:	II. 4. 1. 14–18
	5. 24
	III. 5. 6. 44
1037ᵃ:	VI. 3. 4. 17
1042ᵃ:	V. 9. 12. 2–3
1043ᵃ:	VI. 1. 2. 9
	VI. 3. 3. 1–2
	4. 14
	5. 11

ARISTOTELES

Metaphysica

1090^b:	VI. 3. 14. 13
1091^b:	V. 1. 6. 52
	VI. 9. 6. 17-18
1093^b:	III. 5. 1. 22

Meteorologica

340^b:	II. 1. 4. 11
341^b:	II. 1. 4. 11
355^a:	II. 1. 2. 11
378^b:	IV. 4. 31. 34
381^b:	V. 8. 1. 33
389^a:	II. 1. 6. 51

Physica

184^b:	VI. 1. 1. 1-3
186^a:	III. 7. 8. 50
	VI. 1. 16. 34-5
187^a:	II. 4. 7. 1-2
	11. 33-4
187^b:	VI. 1. 1. 8-9
188^a:	V. 8. 7. 45
189^a:	VI. 1. 1. 9
190^b:	II. 4. 6. 10
192^a:	I. 8. 11. 2
	II. 4. 1. 1
	14. 1-2
	VI. 7. 28. 4
192^b:	III. 7. 8. 25
194^a:	IV. 3. 10. 17-19
	V. 8. 1. 33
194^b:	II. 3. 12. 5
195^b:	III. 2. 1. 1
	VI. 8. 8. 26
	VI. 9. 5. 1
196^b:	III. 1. 1. 27

ARISTOTELES

Physica

197^a:	I. 8. 14. 7
198^a:	VI. 8. 7. 33-4
199^b:	IV. 8. 8. 15-16
200^b:	VI. 1. 16. 17
	17. 4
201^a:	II. 5. 1. 12-13 et
	20
	VI. 1. 16. 30
	VI. 3. 22. 3-6
201^b:	II. 4. 5. 30-2
	VI. 1. 16. 1
	VI. 3. 22. 19-20 et
	25-6 et 42
202^a:	VI. 3. 23. 5-6 et
	13-17
203^a:	II. 4. 11. 33-4
	VI. 6. 3. 29
203^b:	VI. 6. 2. 1
204^a:	II. 4. 7. 14-20
	15. 28-9
204^{a-b}:	VI. 6. 17. 11
206^b:	VI. 6. 2. 7-8
207^a:	VI. 6. 17. 5-7
207^b:	II. 4. 7. 14-20
	VI. 6. 3. 11-12 et
	22-3
	17. 13-14
	VI. 9. 6. 10
208^a:	VI. 6. 2. 14
	17. 5-7
208^b:	VI. 8. 11. 15-16
209^b:	IV. 3. 20. 12 et 24
	VI. 4. 2. 8
210^a:	IV. 3. 20. 15 et
	33-4
212^a:	VI. 3. 5. 34
	11. 9
	VI. 4. 2. 7-8

INDEX FONTIVM

ARISTOTELES

Physica

212ᵇ:	VI. 1. 14. 8–9
	VI. 2. 16. 4
213ᵃ:	VI. 4. 2. 9
214ᵃ:	II. 4. 11. 29
216ᵇ:	VI. 3. 25. 34
218ᵃ:	III. 7. 7. 23–4
218ᵇ:	III. 7. 2. 4
	7. 25
219ᵃ:	III. 7. 7. 20
	VI. 1. 3. 15–16
219ᵇ:	III. 7. 9. 1 et 55
	VI. 6. 15. 40–1
220ᵇ:	III. 7. 7. 26
	9. 21
	12. 34 et 44
	13. 9–10
	et 14
220ᵇ–221ᵃ:	VI. 2. 16. 7–8
	VI. 3. 5. 30–1
	11. 8
221ᵃ	IV. 4. 15. 19–20
221ᵇ:	III. 7. 13. 6 et 49
222ᵇ:	III. 7. 9. 64–5
	VI. 3. 21. 47
223ᵃ:	III. 7. 9. 78–84
225ᵃ:	VI. 3. 21. 24–5 et
	28–31 et
	36–9
225ᵇ:	VI. 6. 3. 19–20
226ᵃ:	VI. 1. 20. 3
	VI. 3. 22. 1–2
226ᵇ:	VI. 3. 27. 10–11
227ᵇ:	VI. 1. 16. 6
228ᵇ:	III. 7. 9. 33
229ᵃ⁻ᵇ:	VI. 3. 23. 28–31
229ᵇ:	VI. 3. 21. 28–9
	27. 19–20

ARISTOTELES

Physica

230ᵃ	VI. 3. 26. 6–7
	27. 11–13 et
	37
232ᵇ:	VI. 1. 16. 15
235ᵃ:	III. 7. 8. 3
	VI. 1. 16. 10–17 et
	27–30
237ᵃ:	VI. 1. 16. 13–14
237ᵇ:	VI. 1. 16. 36–7
243ᵇ:	VI. 3. 25. 1–5
246ᵃ:	VI. 3. 18. 23–4
247ᵃ:	I. 4. 2. 42–3
251ᵃ:	VI. 1. 17. 4
259ᵇ:	V. 9. 6. 23
265ᵇ:	VI. 3. 25. 7 et
	25–7
267ᵃ:	IV. 5. 2. 37

Politica

1254ᵇ:	III. 6. 4. 31
1326ᵃ:	II. 1. 1. 35–6
1333ᵃ⁻ᵇ:	VI. 3. 16. 31
1335ᵃ:	VI. 3. 18. 41

Protrepticus

Fr. 11 Walzer	
= p. 44 Ross	
= *Fr.* B 13	
Düring:	V. 8. 1. 33

Topica

103ᵇ:	VI. 1. 1. 11
108ᵇ:	VI. 3. 12. 12–13

INDEX FONTIVM

INDEX FONTIVM

341

INDEX FONTIVM

EPICVRVS

Fragmenta

Fr. 244 et 247:	V. 5. 1. 12–14
280:	III. 1. 1. 16
	VI. 6. 3. 26
294:	III. 7. 7. 26
	VI. 3. 3. 23–4
352:	IV. 4. 12. 40
436:	I. 5. 1. 3
447–8:	I. 4. 8. 2
601:	I. 4. 13. 7
apud Aëtium:	VI. 3. 25. 1–5
Cf. insuper:	III. 2. 4. 27
	V. 9. 1. 7

EPIMENIDES

Fr. B 19:	III. 5. 2. 19

EPIPHANIVS

Panarion

39. 5. 1:	Vita 16. 6–7
40. 7. 5:	Vita 16. 6–7

ETYMOLOGICON MAGNVM

sub uerbo
Ἀφροδίτη: III. 5. 8. 17
sub uerbo δυάς: V. 1. 1. 4
sub uerbo
Ἔρως: III. 5. 3. 13–15
sub uerbo
Ἑστία: V. 5. 5. 18–25
    VI. 2. 8. 7–8

EVCLIDES

Optica

Definitio 4:	II. 8. 2. 1

EVRIPIDES

Andromache

265:	Vita 26. 40

Melanippe

Fr. 486:	I. 6. 4. 10–12
	VI. 6. 6. 39–40

Troades

887–8:	IV. 4. 45. 28

Fragmenta incertae sedis

Fr. 944:	IV. 4. 30. 19
1018:	VI. 5. 1. 3

GALENVS

De placitis Hippocratis et Platonis

6. 8. 77:	IV. 3. 23. 38–40
7. 8. 4:	IV. 3. 23. 12–16
8. 1. 4:	IV. 3. 23. 12–16

INDEX FONTIVM

GALENVS

In Hippocratis de natura hominis

I, uol. 15, p. 32: II. 7. 1. 8

Ps.-GALENVS

Philosopha historia

24:                    II. 9. 1. 17

GELLIVS

7. 1. 2:   III. 3. 7. 2–3
7. 2. 3:   III. 1. 2. 31
                              4. 11

GNOSTICI

Unbekanntes altgnostisches Werk

ed. Schmidt
    p. 342. 2:   *Vita* 16. 5–7
        352. 9:   II. 9. 5. 24
        361. 38–
        362. 3:   II. 9. 6. 2
Plures fontes cf. ad *Vitam* 16. 5–7; cf.
Clemens, Irenaeus, *Nag Hammadi Library*

HERACLITVS

Fr. A 1:	V. 1. 9. 5
A 8:	III. 1. 2. 35
A 9:	III. 5. 6. 17
B 5:	I. 6. 5. 43–4
B 6:	II. 1. 2. 11
B 8:	III. 2. 16. 40
	IV. 4. 41. 8
B 10:	II. 3. 16. 53
	III. 3. 1. 9
B 11:	II. 3. 13. 17
B 13:	I. 6. 6. 5–6
B 50:	II. 6. 1. 8–9
	III. 1. 4. 20
	V. 2. 1. 1
	VI. 5. 1. 26
B 51:	III. 2. 16. 48
B 54:	I. 6. 3. 28–9
B 60:	IV. 8. 1. 13
B 82:	VI. 3. 11. 24–6
B 84 a et b:	IV. 8. 1. 13–15
	5. 6
B 90:	IV. 8. 1. 12
B 92:	II. 9. 18. 20
B 96:	V. 1. 2. 42
B 101:	V. 9. 5. 31
B 112:	III. 6. 2. 31
B 113:	VI. 5. 10. 12
B 115:	III. 6. 1. 31
	VI. 5. 9. 14

apud Aristot.
Metaph. 984[a]:   VI. 1. 1. 2

HERMAE PASTOR

Similitudines

i. 1:   II. 9. 11. 12

343

344

INDEX FONTIVM

HOMERVS

κ 555:	IV. 7. 8. 36
λ 601-2:	I. 1. 12. 31
	IV. 3. 27. 7 et 13
	VI. 4. 16. 40-3
μ 421:	V. 1. 2. 15-16
ν 332:	IV. 6. 3. 64
ξ 262:	VI. 8. 13. 39
ρ 486:	VI. 5. 12. 31-2
σ 353:	IV. 3. 16. 23
τ 178-9:	VI. 9. 7. 23-4

IAMBLICHVS

Protrepticus

p. 49. 28-50. 1:   V. 8. 1. 33

Vita Pythagorica

6. 31:   VI. 7. 4. 11

Ps.-IAMBLICHVS

Theologoumena Arithmeticae

ex eodem fonte ac Plotinus

2, p. 7. 19 et
  9. 5-6:   V. 1. 1. 4

IRENAEVS

Aduersus haereses

i. 1. 1:	II. 9. 11. 18
i. 2. 2:	II. 9. 11. 22

IRENAEVS

Aduersus haereses

i. 2. 4:	II. 9. 12. 16
i. 3. 1:	II. 9. 6. 2
i. 4. 1:	II. 9. 3. 18-20
	10. 19
	12. 16
i. 5. 6:	II. 9. 6. 2
i. 7. 1:	II. 9. 10. 19 et
	30-1
	12. 3
i. 14. 7:	II. 9. 12. 16
i. 24. 3:	II. 9. 6. 2
ii. 30. 2 et 8:	II. 9. 9. 54-9

LEVCIPPVS

Fr. A 6:   VI. 3. 25. 34

LVCIVS

apud Simpl. *In Categ.*

p. 48. 1-8:   VI. 3. 4. 22-6

LYDVS

De mensibus

2. 7:	V. 1. 1. 4
4. 76:	*Vita* 16. 3

MARCVS ANTONINVS

4. 3. 8:	III. 2. 8. 6
5. 26. 1:	III. 6. 1. 16
12. 14. 4:	V. 1. 2. 15-16

INDEX FONTIVM

INDEX FONTIVM

INDEX FONTIVM

PHILOLAVS

Fr. A 29:   II. 4. 10. 3
              VI. 9. 11. 32

PINDARVS

Olympia

1. 30:   II. 9. 13. 8
8. 21-2:   V. 8. 4. 41-2

Pythia

4. 74:   VI. 1. 14. 5-6
10. 29-30:   I. 6. 8. 24

PLATO

Alcibiades

116 c: I. 6. 9. 42-3
129 e: I. 1. 1. 3
               3. 3
               IV. 7. 1. 24-5
               VI. 7. 5. 24
129 e-130 a: VI. 7. 4. 10
130 a: I. 1. 5. 8
130 c: I. 4. 14. 1
               III. 5. 5. 14
               IV. 7. 1. 24-5
131 a: I. 4. 4. 26
132 a: IV. 4. 43. 20-1
133 c: V. 3. 7. 7-8

PLATO

Apologia

21 a: *Vita* 22. 11
41 a: *Vita* 23. 32-3
41 d: III. 2. 6. 2

Axiochus

366 a: *Vita* 22. 45

Cratylus

396 b: III. 5. 2. 19-21
            III. 8. 11. 38-41
            V. 1. 4. 8-10
                7. 33-6
            V. 9. 8. 8
400 c: *Vita* 22. 45
            IV. 4. 22. 30
            IV. 8. 1. 31
                3. 4
                4. 28
            V. 9. 5. 46
            VI. 7. 25. 25-6
401 c: V. 5. 5. 18-25
            VI. 2. 8. 7-8
403 a: VI. 4. 16. 37
420 a: III. 5. 3. 12

Definitiones

411 b: III. 7. 7. 23-4

Epinomis

978 d: III. 7. 12. 30-3
981 b: V. 1. 10. 29-30
            VI. 9. 1. 18

348

PLATO

Epinomis

981 b–c:	VI. 7. 11. 44–5
983 e–984 a:	II. 9. 9. 21
984 b–c:	VI. 7. 11. 44–5
984 c:	VI. 9. 1. 18
984 e:	III. 5. 6. 37

Epistulae

ii. 312 e:	I. 8. 2. 28–32
	III. 5. 8. 8
	III. 9. 7. 3
	IV. 7. 13. 16
	V. 1. 8. 1–4
	V. 4. 1. 3–5
	V. 5. 3. 3–4
	VI. 4. 11. 9
	VI. 5. 4. 21 et 24
	VI. 7. 42. 3–6 et
	9–10 et
	15–20
	VI. 8. 9. 18–23
ii. 313 a:	V. 3. 17. 16
vi. 323 d:	V. 1. 8. 4
	VI. 8. 14. 37–8
vii. 340 b:	Vita 7. 7
vii. 341 a:	I. 3. 3. 3
	I. 6. 9. 24
vii. 341 c:	VI. 9. 4. 11–12
vii. 341 c–d:	V. 3. 17. 29
vii. 343 c:	II. 6. 1. 43–4

Gorgias

477 b:	I. 8. 14. 1
485 a:	IV. 4. 32. 39
491 d:	VI. 8. 20. 28
491 e:	I. 6. 1. 46–8

PLATO

Gorgias

493 a:	Vita 22. 45
523 c–e:	I. 6. 7. 5–7
523 e:	Vita 23. 32–3
524 b:	I. 7. 3. 15
525 a:	I. 6. 5. 26–9
527 e:	III. 1. 9. 9

Hippias maior

282 a:	IV. 7. 15. 5
289 a:	VI. 3. 11. 24–6
289 b:	VI. 3. 11. 24
297 e–298 b:	I. 6. 1. 1–5

Io

533 c:	V. 3. 14. 9–10
540 b:	IV. 3. 17. 22

Leges

624 a–b:	VI. 9. 7. 23–5
642 a:	Vita 3. 26–7
644 e:	IV. 4. 45. 26
655 a:	V. 9. 11. 11
689 b:	VI. 4. 15. 33
705 a:	V. 1. 3. 5
715 e:	VI. 9. 9. 21
715 e–716 a:	II. 9. 17. 12
716 a:	III. 2. 4. 44
	V. 8. 4. 41–2
716 c:	VI. 8. 18. 3
721 c:	II. 1. 1. 27
731 c:	III. 2. 10. 1
740 d:	III. 1. 1. 34–5

PLATO

Phaedo

69 c:	I. 8. 13. 16–17
	VI. 7. 31. 26
72 d:	IV. 7. 12. 1–2
72 e:	IV. 3. 25. 32
	V. 9. 5. 32
72 e–73 a:	IV. 7. 12. 8–11
73 a:	VI. 8. 3. 4–5
74 e:	VI. 6. 13. 41
75 d:	VI. 5. 6. 11
77 e:	I. 4. 15. 19–20
78 c:	III. 9. 8. 4
	IV. 7. 12. 12–13
	VI. 7. 30. 39
78 d:	VI. 9. 3. 43
79 c:	I. 6. 5. 38
	IV. 7. 8. 3
	VI. 7. 4. 10
	5. 24
79 d:	I. 3. 4. 9–10
80 e:	IV. 7. 10. 10–11
81 a:	III. 4. 2. 23
	IV. 8. 3. 2
	VI. 7. 23. 4
81 b–c:	V. 9. 1. 1–10
81 c:	III. 6. 6. 40
	VI. 4. 16. 37
81 d–82 a:	II. 9. 6. 13
81 e:	III. 4. 2. 21
	V. 5. 11. 12–13
82 a:	I. 1. 11. 9
	I. 2. 3. 8
82 a–b:	I. 2. 1. 16–19
	III. 4. 2. 28–30
82 b:	III. 4. 2. 16
	V. 9. 1. 16
83 b:	I. 1. 1. 1
	III. 6. 3. 1–2
83 d:	I. 2. 3. 13
83 d–e:	IV. 8. 5. 19–20

PLATO

Phaedo

85 e–86 b:	III. 6. 4. 42–52
86 b–c:	IV. 7. 8⁴. 3–5
88 b:	IV. 7. 9. 11–12
92 b–c:	IV. 7. 8⁴. 11–12
93 e:	III. 6. 2. 5–6
94 b–e:	IV. 7. 8⁴. 12–13
94 c:	III. 1. 3. 24
95 c:	V. 3. 8. 48
95 d:	IV. 8. 3. 2
96 b:	IV. 3. 23. 14
96 e–97 b:	VI. 6. 14. 15–24
97 c:	V. 1. 8. 4–5
97 c–98 c:	II. 4. 7. 4
97 d:	I. 8. 1. 12–13
100 d:	VI. 6. 14. 27–9
100 e:	VI. 1. 12. 42–3
105 d:	IV. 7. 11. 17
107 d:	I. 8. 5. 29
	III. 4. tit.
	3. 3–4 et 10
	6. 11
	III. 5. 4. 5
109 c:	II. 3. 17. 24
109 d–e:	V. 8. 3. 27–36
	VI. 9. 8. 17–19
110 a:	I. 6. 5. 43–4
110 b:	VI. 7. 15. 25
111 a:	V. 8. 4. 43–4
111 d–114 b:	II. 9. 6. 13
113 a:	IV. 8. 5. 13
	VI. 4. 3. 5–6
	VI. 7. 1. 1
113 d:	III. 5. 4. 5
113 e:	IV. 8. 5. 20–3

Phaedrus

230 a:	IV. 2. 1. 5
	IV. 8. 7. 6

PLATO

Phaedrus

PLATO

Phaedrus

PLATO

Phaedrus

PLATO

Phaedrus

Philebus

PLATO

Respublica

342 b:	II. 3. 16. 39–40
344 b:	IV. 4. 31. 52–3
348 c:	I. 6. 1. 46–8
352 d:	V. 3. 10. 7–8
353 b:	I. 7. 3. 2–3
374 c:	III. 1. 6. 9–10
376 b:	I. 3. 3. 7
379 c:	VI. 7. 19. 19
380 e:	I. 8. 14. 7
381 d:	VI. 5. 12. 31–2
382 a:	II. 5. 5. 23–4
398 d:	V. 9. 11. 11
403 c:	I. 3. 2. 1
403 e:	VI. 5. 9. 29–30
411 b–c:	II. 3. 11. 6
420 c–d:	III. 2. 11. 9–11
426 d–e:	II. 9. 9. 60–1
427 c:	VI. 1. 14. 5–6
427 d:	I. 4. 16. 11–12
429 c–d:	I. 1. 1. 1
	III. 6. 3. 1–2
430 a–b:	I. 1. 1. 1
	III. 6. 3. 1–2
430 b–d:	I. 2. 1. 16–19
	IV. 7. 8. 27–8
431 e–432 a:	I. 2. 1. 18–19
434 c:	I. 2. 1. 20
	6. 20
439 d–e:	IV. 4. 28. 64–5
	IV. 7. 14. 9
440 b:	IV. 4. 28. 46
441 a:	IV. 7. 14. 9
443 b:	I. 2. 1. 20–1
443 c–d:	VI. 8. 6. 20–1
444 e:	I. 8. 14. 1
474 d:	V. 9. 12. 6
475 a:	V. 7. 2. 12
490 b:	V. 3. 17. 16
	VI. 9. 4. 27–8

PLATO

Respublica

496 d:	I. 4. 8. 4–5
498 b:	II. 1. 2. 11
503 a:	V. 8. 3. 13–14
505 a:	I. 4. 13. 5–6
	VI. 7. 36. 4–5
505 d:	V. 5. 12. 23–4
505 e:	III. 5. 7. 7–8
	VI. 7. 29. 21–2
507 b:	V. 8. 5. 24–5
508 a–b:	V. 5. 8. 7–8
508 b:	I. 6. 9. 31
	II. 4. 5. 10
	VI. 7. 16. 26
508 c:	I. 6. 9. 41
	V. 6. 6. 14
	V. 8. 13. 23–4
	VI. 2. 4. 29
	VI. 4. 16. 19
	VI. 7. 35. 5 et 41
508 d:	III. 9. 1. 9–10
	IV. 7. 10. 36
508 e:	V. 3. 14. 19
	15. 1
	VI. 7. 16. 27–8
509 a:	I. 2. 4. 12
	I. 6. 8. 2
	9. 31
	II. 9. 17. 36
	III. 8. 11. 16
	V. 3. 16. 18–19
	V. 5. 3. 8
	V. 6. 5. 13
	V. 8. 3. 19
	8. 21
	VI. 7. 15. 9
	32. 29
	37. 23–4
	VI. 8. 15. 19
509 b:	I. 3. 5. 7

INDEX FONTIVM

PLATO

Theaetetus

176 b:	I. 8. 7. 12
	II. 9. 6. 40
	15. 39
176 b–c:	I. 2. 3. 1
177 a:	I. 8. 6. 5
184 d:	IV. 3. 3. 19–20
191 d:	IV. 7. 6. 39–40
198 d:	I. 1. 9. 15
205 c:	III. 9. 8. 4
	VI. 7. 30. 39
208 a:	V. 8. 6. 11
208 d:	II. 1. 7. 22

Timaeus

27 d:	VI. 2. 1. 17–18 et
	25 et 28
27 d–28 a:	VI. 5. 2. 9–16
	VI. 7. 3. 5
28 a:	III. 1. 1. 1–2
	IV. 7. 8⁶. 48–9
	VI. 2. 1. 20–1
28 c:	V. 9. 5. 20
29 a:	IV. 8. 1. 43–4
29 b–c:	VI. 5. 2. 16–19
29 e:	II. 9. 17. 16–17
	III. 7. 6. 50
	V. 4. 1. 35
30 b:	II. 1. 2. 22–4
	II. 2. 1. 16
	IV. 3. 1. 23–4
	IV. 8. 1. 44–6
30 b–c:	VI. 8. 17. 1–4
30 c:	III. 9. 1. 14–15
	V. 1. 8. 21
	VI. 6. 7. 16–17
	VI. 8. 18. 3
30 c–31 a:	IV. 8. 3. 14–15

PLATO

Timaeus

30 d:	III. 2. 3. 21
	IV. 4. 33. 31
30 d–31 a:	II. 3. 7. 19
	IV. 4. 32. 4–5
	VI. 7. 11. 2–3
31 a:	VI. 6. 7. 16–17
	8. 18–19
	18. 41
31 b:	II. 1. 6. 2–4 et 38
	7. 2–3 et 7
	et 32
	VI. 2. 21. 57–8
	22. 1–3
	VI. 6. 7. 16–17
	15. 8–9
	17. 39
	VI. 7. 8. 31
	12. 3
	36. 12
31 c:	III. 3. 6. 28
32 b:	II. 1. 6. 14–15
32 c:	II. 1. 7. 8–9
	II. 3. 12. 31
	III. 3. 6. 28
33 a:	VI. 7. 1. 9
33 b:	II. 1. 1. 12–16
	V. 9. 9. 4
33 c:	III. 4. 4. 8–10
	IV. 4. 24. 33–4
	IV. 8. 2. 18–19
33 c–d:	VI. 5. 10. 38
33 d:	III. 5. 5. 8
	IV. 4. 24. 36
34 a:	II. 2. 1. 1
	VI. 4. 2. 41
	VI. 7. 1. 20 et 30
34 b:	III. 5. 5. 8
	IV. 8. 1. 42–3
	V. 1. 2. 24

INDEX FONTIVM

PLATO

Timaeus

41 a–d: IV. 8. 4. 40
41 b: I. 8. 7. 9–10
           II. 1. 1. 2
           IV. 7. 11. 14
41 d: III. 3. 4. 46
           III. 4. 6. 27
           IV. 3. 6. 27
               7. 9–12
           IV. 8. 4. 35–6
           V. 1. 8. 5–6
           VI. 4. 4. 3–4
41 d–e: IV. 8. 5. 13
           VI. 7. 1. 1
41 e: III. 4. 6. 48
           IV. 8. 4. 37–8
42 c: I. 1. 11. 9
           III. 3. 4. 41
           III. 4. 6. 17
           VI. 7. 6. 33–4
42 d: III. 4. 6. 20
42 e: IV. 8. 6. 10
           V. 2. 2. 2
           V. 3. 12. 34
           V. 4. 2. 21 et
               33–4
43 b: I. 1. 9. 25
           III. 4. 6. 6
           V. 1. 2. 15–16
43 b–c: II. 9. 18. 25
           VI. 4. 15. 20–3
43 c: I. 1. 6. 11
           I. 4. 8. 4–5
           II. 3. 16. 35–6
43 e: VI. 9. 8. 3
45 b: II. 1. 7. 25–30
           VI. 7. 1. 2
45 b–c: IV. 5. 1. 10–13
               2. 8
45 d: I. 1. 6. 11

PLATO

Timaeus

46 b: I. 4. 10. 9
47 a: III. 7. 12. 30–3
           VI. 6. 4. 11–15
47 e: II. 3. 9. 43
47 e–48 a: I. 8. 7. 4–5
           III. 3. 6. 12
48 a: III. 2. 2. 33–6
           VI. 7. 3. 23–4
48 b–c: VI. 3. 2. 14–16
48 e–49 a: VI. 4. 2. 2
49 a: II. 4. 1. 1
           III. 4. 1. 15
           III. 6. 13. 12–13
               19. 17–18
49 e: III. 6. 13. 8 et
               16–17
50 b: III. 6. 10. 18–19
               11. 36–7
               13. 9–10
50 c: III. 6. 7. 27–8
               11. 2–3
           IV. 4. 13. 22
           V. 9. 3. 37
           VI. 5. 8. 8–9
50 d: I. 6. 2. 14–15
           III. 6. 19. 1
50 d–e: VI. 9. 7. 12–13
51 a: III. 6. 10. 9
               19. 1 et
               17–18
51 a–b: III. 6. 12. 5–7
           VI. 5. 8. 8–9
51 b: VI. 5. 8. 25
52 a: I. 6. 7. 26–7
           II. 5. 5. 34
           III. 6. 8. 11–12
52 a–b: III. 6. 13. 18
           VI. 5. 2. 9–16
52 b: II. 4. 10. 11

363

PLATO

Timaeus

52 b:	II. 4. 12. 34
	II. 5. 3. 36
	III. 6. 13. 19
	18. 38
	VI. 1. 28. 17-18
	VI. 2. 8. 7
	VI. 3. 4. 3
52 c:	III. 6. 14. 4
	V. 3. 8. 12-13
52 d:	III. 6. 12. 31-2
52 d-e:	I. 8. 3. 15
53 a:	II. 3. 16. 50-1
53 d:	III. 6. 12. 11
54 c:	III. 6. 12. 12
55 e:	IV. 4. 22. 26
56 a:	II. 1. 3. 13
56 b:	VI. 6. 17. 31-2
56 d:	II. 1. 6. 7-8
58 c:	II. 1. 7. 25-6
59 b:	II. 1. 6. 51
59 d:	II. 1. 7. 4
60 b:	II. 1. 7. 33
61 c-d:	I. 1. 1. 12-13
63 a:	VI. 3. 12. 20-3
67 e:	VI. 3. 17. 16-21
68 b-c:	VI. 3. 20. 11-12
69 c:	I. 1. 8. 19-20
	II. 1. 5. 2-4
69 c-d:	I. 1. 12. 9
	II. 3. 9. 7-9
	III. 6. 4. 6-8
69 d:	I. 1. 1. 1
70 a-b:	IV. 3. 19. 20-1
	23. 43-5
71 a:	IV. 3. 19. 20-1
71 d:	IV. 3. 23. 40
74 c:	III. 8. 2. 6
86 e:	I. 8. 8. 3-4
	III. 6. 2. 65-6

PLATO

Timaeus

87 d:	IV. 3. 1. 12
87 e:	IV. 3. 25. 38
	26. 1 et 18
90 a:	III. 4. 5. 23
	IV. 3. 23. 25
	V. 1. 10. 24
	VI. 7. 6. 33
90 c-d:	IV. 3. 1. 26-7
	IV. 3. 7. 20
90 d:	VI. 5. 1. 16
	VI. 9. 8. 14-15 et
	26
91 d:	III. 4. 2. 26-7
92 c:	II. 3. 18. 17
	IV. 8. 1. 48
	V. 1. 2. 40
	VI. 2. 22. 42-3

Fragmenta

apud Aristot.	
Metaph. 987ᵇ:	III. 6. 7. 17
	V. 4. 2. 7-8
	VI. 6. 3. 29
ibid. 988ᵃ:	II. 4. 11. 33-4
ibid. 1081ᵃ:	V. 1. 5. 14
	V. 4. 2. 7
apud Aristot.	
Phys. 187ᵃ:	II. 4. 11. 33-4
ibid. 203ᵃ:	II. 4. 11. 33-4
	VI. 6. 3. 29
apud Theophrast.	
Phys. opin. Fr.	
15 (= *Doxogr.*	
Gr. p. 492. 2);	
cf. *Doxogr. Gr.*	
p. 318ᵃ 9-10:	III. 7. 7. 23-4

INDEX FONTIVM

PLATO

Fragmenta

apud *Doxogr. Gr.*
p. 318ª4–5
et ᵇ6–7:   III. 7. 7. 25

PLVTARCHVS

Alexander

52. 6:   V. 8. 4. 41–2

An uitiositas ad infelicitatem sufficiat

3. 499 d: I. 4. 7. 28

De animae procreatione in Timaeo

6. 1015 b: I. 8. 10. 1

De E apud Delphos

20. 393 c: V. 5. 6. 27–8

De facie in orbe lunae

28. 943 d: VI. 4. 3. 4
30. 944 f: I. 1. 12. 31

PLVTARCHVS

De Iside et Osiride

57. 374 d: III. 5. 5. 5
                     7. 24
                     9. 49
75. 381 f: V. 1. 1. 4
                V. 5. 6. 27–8

De primo frigido

16. 952 b: II. 1. 6. 25–6
21. 954 f: V. 5. 5. 18–25
                VI. 2. 8. 7–8

De Stoicorum repugnantiis

26. 1046 c: I. 5. 6. 19–20

Pericles

4. 6:   V. 3. 2. 22

Ps.-PLVTARCHVS

De placitis philosophorum

i. 28. 885 a: III. 1. 2. 35
iv. 13. 901 a: IV. 5. 2. 12
iv. 13. 901 b: IV. 5. 2. 11
iv. 15. 901 d–e: IV. 5. 1. 18
iv. 21. 903 b: VI. 4. 1. 14
v. 10. 906 c: IV. 7. 5. 42–5

INDEX FONTIVM

366

INDEX FONTIVM

SIMONIDES

Fr. 4. 7: III. 3. 6. 16–17

SIMPLICIVS

ex eodem fonte ac Plotinus

In Categorias

p. 11. 20:   VI. 1. 14. 1
    48. 1–8:   VI. 3. 4. 22–6
    63. 9–11:   VI. 1. 17. 1
    66. 33–
      67. 2:   VI. 1. 25. 1–3
    91. 15–17:   VI. 1. 2. 9
   188. 3–6:   VI. 3. 28. 7–8
   231. 20–1:   VI. 1. 11. 1–3
   258. 18–22:   VI. 1. 12. 16–17
   263. 19–22:   VI. 1. 11. 32
   268. 19–20:   VI. 1. 11. 24–8
   302. 15–17:   VI. 1. 17. 15–19
   304. 32–3:   VI. 1. 16. 26
   314. 16–18:   VI. 1. 20. 16–17
   373. 7–8:   VI. 1. 30. 20–1
   433. 30–1:   VI. 3. 27. 19–20

In De caelo

p. 293. 22–3:   VI. 7. 14. 23
   295. 1–2:   VI. 1. 1. 2
   485. 22:   I. 6. 9. 37
                I. 7. 1. 20
                V. 1. 8. 7
                V. 3. 11. 28
                   12. 47–8
                   13. 2–3
                V. 4. 2. 2–3
                V. 8. 1. 3–4
                V. 9. 2. 24
                VI. 8. 16. 34

SIMPLICIVS

In Physica

p. 31. 23:   VI. 7. 14. 23
   700. 19–20:   III. 7. 2. 4
                 7. 25

SOPHOCLES

Electra

221:           *Vita* 17. 40
837–8:   I. 8. 15. 25

Oedipus Coloneus

54:            I. 8. 14. 36–7
1382:   V. 8. 4. 41–2

SOSIGENES

apud Dexipp.
  i. 3:   VI. 1. 19. 26–8

SPEVSIPPVS

Fr. 30:   I. 2. 6. 13

INDEX FONTIVM

STOBAEVS

Anthologium

ex eodem fonte ac Plotinus

i. 8. 40 b,
p. 103. 6:   III. 7. 7. 26
               VI. 3. 3. 23-4
i. 20. 1 d, p.
170. 14-17:   VI. 3. 25. 1-5
i. 25. 4, p. 212.
17-18:   VI. 7. 11. 38-9
i. 49. 1 a,
p. 318. 21:   III. 6. 1. 31
               V. 1. 5. 9
               VI. 5. 9. 14
               VI. 6. 16. 45
i. 52. 3, p. 483.
16-17:   IV. 5. 2. 5
i. 52. 7, p. 484.
7-12:   IV. 5. 4. 1-4
iii. 1. 112, p. 61.
20-62. 2:   I. 4. 5. 9-11
iii. 1. 180,
p. 130. 5:   VI. 5. 9. 14
iv. 1. 49, p. 15.
20-1:   VI. 7. 20. 4

STOICI

Stoicorum Veterum Fragmenta I

n. 65:   VI. 6. 12. 14
85:       I. 8. 10. 1
           II. 4. 1. 9
               5. 20
           IV. 7. 3. 8
           VI. 1. 25. 12-14
           VI. 3. 7. 1-2

STOICI

Stoicorum Veterum Fragmenta I

n. 85:   VI. 9. 7. 12-13
87:       II. 4. 1. 9 et 12-13
               5. 20
           VI. 1. 25. 12-14
               26. 11-12
           VI. 3. 7. 1-2
93:       III. 7. 7. 25
98:       V. 8. 12. 20-1
102:     II. 7. 1. 1
           IV. 7. 8^2. 7-8
           V. 9. 9. 9-10
105:     II. 3. 17. 24
140:     IV. 7. 8. 28
141:     III. 6. 1. 9
142:     III. 6. 1. 25
           IV. 7. 2. 5
153:     VI. 1. 26. 11-12
183:     I. 4. 1. 29
197:     VI. 7. 27. 18
202:     III. 8. 2. 19
234:     III. 6. 1. 14
374 et 377: IV. 7. 8^3. 8-9
           V. 9. 4. 4
484:     III. 6. 1. 9
               3. 30
           IV. 3. 26. 30-1
495:     III. 1. 4. 1
           IV. 3. 1. 17-18
518:     III. 1. 5. 27-8
           III. 6. 1. 25
           IV. 7. 2. 5

Stoicorum Veterum Fragmenta II

n. 49 a: I. 3. 5. 9-10
53 et 65: III. 6. 3. 29

INDEX FONTIVM

STOICI

Stoicorum Veterum Fragmenta II

STOICI

Stoicorum Veterum Fragmenta III

INDEX FONTIVM

INDEX FONTIVM

VETTIVS VALENS

ii. 37, p. 118.
  10–11:   II. 3. 6. 1

XENOCRATES

Fr. 40:   III. 7. 7. 26
  54:    IV. 3. 9. 15
  60:    III. 6. 1. 31
        V. 1. 5. 9
        VI. 5. 9. 14
        VI. 6. 16. 45

XENOPHANES

Fr. B 25:   V. 8. 7. 25 et 31

XENOPHON

Institutio Cyri

8. 7. 20:   V. 3. 2. 22

ZENO STOICVS

Stoic. Vet. Fr. i,
  n. 93 et ii,
  n. 510:   III. 7. 7. 25